YINGYONGXIEZUO

应用写作

上册

主　编　曹丽娟

副主编　叶黔达　廖　华

编　者　叶黔达　周玉成　曹丽娟　游功惠　廖　华

四川人民出版社

图书在版编目（CIP）数据

应用写作：全2册 / 曹丽娟主编. —3版. —成都：四川人民出版社，2017.3
ISBN 978-7-220-10031-4

Ⅰ.①应…　Ⅱ.①曹…　Ⅲ.①汉语—应用文—写作
Ⅳ.①H152.3

中国版本图书馆CIP数据核字（2017）第001089号

YINGYONG XIEZUO
应用写作（上、下册）
主　编　曹丽娟
副主编　叶黔达　廖　华

责任编辑	王定宇
装帧设计	戴雨虹
责任校对	蓝　海　梁　明
责任印制	王　俊　许　茜
出版发行	四川人民出版社（成都槐树街2号）
网　　址	http://www.scpph.com
E-mail	scrmcbs@sina.com
新浪微博	@四川人民出版社
微信公众号	四川人民出版社
发行部业务电话	（028）86259624　86259453
防盗版举报电话	（028）86259624
照　　排	四川胜翔数码印务设计有限公司
印　　刷	自贡市华华广告印务有限公司
成品尺寸	185mm×260mm
印　　张	41
字　　数	820千
版　　次	2017年3月第3版
印　　次	2017年3月第28次印刷
书　　号	ISBN 978-7-220-10031-4
定　　价	56.00元

再版前言

“应用写作”是一门逐渐成型的新兴学科。为了填补教学上的空白，提供适合教学使用的教材，经过数年的反复策划、调研、撰写、修改，我们精心组织编写了《应用写作》（上、下册）教材，于1998年出版了第一版。使用十多年来，得到了高校的普遍认同，还被后来其他编写同类教材的作者选为参考文献。同行们对这本教材给予了充分肯定，认为本教材无论是体例内容，还是配套练习，都比较科学、规范、新颖，很适合教学使用。而这三大特点，正是我们当初编写本教材所希望达到的。

根据2012年7月1日新实施的《党政机关公文处理办法》和《党政机关公文格式》国家标准（GB/T 9704—2012）等一系列加强新形势下公文处理工作的新规定，以及十多年来使用本教材的教学实践经验，我们对本教材部分内容作了大的修改、调整和补充。新版教材立足四川，面向全国，更加符合当前新形势下的教学实际，更加突出了科学性、规范性、新颖性的特点。既可作为高校教材，又可供各级国家机关公务员、各类企事业单位管理人员培训、自学使用。

为了通过系统的应用写作基本理论知识的教学和严格的写作训练，使学生提高应用写作能力，能写出正确、规范的应用文，适应学员今后工作的需要，《应用写作》重点介绍公务应用文即公文写作知识。全书分为上、下两册。上册系统阐述公文写作基本理论，包括应用文概说、公文的特点、公文写作中的思维、公文撰写过程及其语言表达等，介绍常用公文，包括机关主要公文、法规规章和管理规章文书、计划决策与反馈文书、公务信息文书、日常事务文书、经济文书、企业管理文书、诉讼文书以及学术论文、毕业论文等文种写作知识，为帮助学生毕业后的求职应试，本书列出专章介绍求职应试文书写作、应试知识，希望对同学们有所裨益。下册是和上册各章节内容配套的练习题。练习题采用了大量实用的判断题、单项和多项选择题、填空题、简答题、阅读分析题、写作题等。书中还附录有新的、正在实施的国家有关文件。

本教材知识面广、涵盖面宽、实用性强，不同学校、不同专业、不同人员也可从专业实际、工作实际出发，重点选教选学相关章节。

尽管我们作出了积极努力，书中难免有不尽如人意之处，希望大家不吝赐教。

编　者

2016 年 11 月

目　录

第一章 应用写作概论

第一节　应用文概说

一、 什么是应用文

应用文是机关、团体、企事业单位和个人，在日常工作、生产、学习和生活中，办理公私事务所使用的、具有直接实用价值和一定惯用文章体式的文字材料，也就是文书。它是信息传递的一种重要载体、一种基本工具、一种稳定形式。

应用文分为公务应用文和私人应用文两类。公务应用文是机关、团体、单位所使用的公务文书。私人应用文则是个人、家庭在私人活动中使用的私人文书，如书信、日记、自传、遗嘱等。

值得注意的是，应用文的绝大多数能够从文种上明确地区分出属公务文书还是私人文书，但也有少数应用文难以从文种上断定是公务文书还是私人文书。例如启事，若是以单位名义制发的，是公务文书；若是以个人名义写的，则是私人文书了。这得从作者的属性来断定。

应用文是应用写作的物化形态。应用写作是写作的重要分支。写作是人们在认识、感受客观事物的过程中，用语言、符号把思维结果记录、表达出来的创造性的精神劳动。应用写作是以实用为目的的写作。

无论是从应用文的起源、发展上看，还是从应用文的现实功能去分析，应用文的主体都是公务应用文，即公务文书。因此，本书所研究的应用写作，其范围主要限定在公务文书写作之中。

二、什么是公务文书、公文、文件

公务文书即公文。公文是党政机关、团体、企事业单位实施领导、履行职能、处理公务的过程中形成的、按照规定程序办理并在法定的范围内使用的、具有特定效力和规范体式的文书；是传达贯彻党和国家的方针政策，公布法规、规章或管理规章，施行行政措施和领导管理职能，指导、布置和商洽工作，请示和答复问题，报告、通报和交流情况等的重要手段和工具。

人们又常把公文称作文件，文件可以从广义和狭义两个角度来理解。广义的文件包括公务文件和私人文件，实质上就是文书的别称。本书不用此说。

狭义的文件即指公文。从这个角度上来理解，文件就是公文，只不过不同场合用法不同。一是在泛指或使用集合说法时，一般用“公文”；而在具体指称公文即专指时，一般不说“公文”而说“文件”。如“公文写作学”“公文培训班”，一般不说为“文件写作学”“文件培训班”；而“一份文件”“贯彻×号文件精神”，一般也不说为“一份公文”“贯彻×号公文精神”。二是在口头表达时，习惯上都说文件而不说公文，如“学习文件”“红头文件”“去领文件”，其中“文件”一般不说为“公文”。

值得注意的是，随着社会的进步和科学技术的发展，例如民营企业、个体企业、个体文化教育事业单位的不断增加，信息载体物质材料的变化（如磁带、胶片、照片的广泛应用），“公文”“文书”的内涵也将发生变化。

三、公文的稿本

在公文形成过程中，常有多种稿本（文稿、文本）产生，它们在内容、外观形式，特别是效用方面均有不同之处。

（一）草稿

这是草拟成文的未定稿，是供讨论、征求意见、修改、审核使用的非正式文稿，不具备正式公文的效用。它又包括征求意见稿、讨论稿、修改稿、送审稿、代拟稿等文稿。

征求意见稿是印发给有关部门、有关人员，供多方征求意见的草稿。

讨论稿是需要多方征求意见，印发给有关方面或会议讨论的重要文件的草稿。

修改稿是根据各方面的意见，对征求意见稿、讨论稿修改后形成的文稿，虽比征求意见稿、讨论稿成熟、完善，但仍属未定稿。

送审稿指下级机关送上级机关审批的文稿；或是本机关制定并修改、核定，送主管领导审阅签发的文稿；或是送有关会议批准通过的文稿。仍未具备正式公文的效用。

代拟稿指下级代上级机关、主管业务部门代综合部门或政府机关起草的公文文稿。

（二）定稿

亦称原稿、底稿，是已履行法定生效程序的最后完成稿，具备正式公文的法定效用，是制作公文正本的标准依据。它保留了公文形成过程中的各种原始痕迹，如核稿、签发等，因而有极大的权威性。

（三）正本

这是根据定稿印制、发给主送机关以供贯彻执行或办理的、格式正规并有各种生效标志的、具有法定效用的正式公文文本。

正本还有试行本、暂行本、修订本、不同文字文本等几种特殊形式。

（四）副本

是再现正本内容及全部或部分外形特征的公文复制本或正本的复份。主要用于供抄送、传阅、分送、存查、知照等。

作为抄送件的副本，与正本在内容形式上并无区别，只是作用和使用价值不同。而报刊上登的公文副本（不含党报、党刊上正式发布而不另行文的正式文本），形式与正本也有不同。

四、公文的文种

（一）文种的含义及其作用

在公文写作和处理中，把性质和用途相同的公文归并为同一种，对每一种公文规定了固定的名称，这就是文种的名称，即公文种类，简称文种。文种是公文必不可少的组成部分，所有公文都必须在标题中标明文种。

在公文中正确标明文种，有利于维护公文的严肃性、规范性，为公文的撰写、处理提供方便。撰写公文时，务必正确选用文种。不用、错用或生造文种，都会损害公文的效用。

（二）选择文种的依据

1. 依据国家的有关法律、法规以及党和国家有关领导机关关于公文处理的有关规定。

2. 要看作者与主要受文者（即主送机关）的工作关系。只有当作者是主要受文者的所属上级机关单位时，才能选用具有规定性、领导指导性、公布性的下行文种。当作者是主要受文者的所属下级机关单位时，才能选取呈报性的上行文种。当作者与主要受文者是同级或不相隶属关系时则只能选用商洽性的平行文种。

3. 要看作者权限。有一些文种对使用者的权限有明确规定，如作者不具备规定的法定权限，则不能使用这些文种。如命令、决议、议案、公告等文种的使用。

4. 要看行文目的和行文要求。每一种文种都有特定的适用范围，只在实现某一行文目的和要求方面有效。因此，应选取最有利于表达和实现具体行文目的、行文要求的文种。

（三）正确区分一些易混淆的常用公文文种

公文中有的文种之间既有相似之处，又有不同之处，既有联系又有区别，使用时容易混淆。能否正确选用文种，直接关系到公文质量的高低、表达效果的好坏和公文处理的方便与否。要注意正确区分一些容易混淆的文种。

1. 决定和决议

决定是领导机关对重要事项或者重大行动做出安排部署和决策所使用的一种下行公文。决议是发布经会议通过的重大决策事项的一种下行公文。它们都是带有制约、规范、指挥或指导作用的指挥性公文，在性质、写法上都有许多相似之处。

从写法上看，它们一般都不在正文前写主送机关，而可在文尾抄送栏标明“主送”或者“分送”单位。正文都由行文依据、行文事项和结语三部分构成；都可视内容多少写成篇段合一式、多段式、总分条文式和分部式结构。但是它们又有以下显著区别。

（1）成文过程不同。决定可经会议议论通过，也可由领导机关或机关单位领导审定签发。而决议成文程序严格，须经全体会议或代表大会例如党代会、人代会、职代会、会员代表大会讨论通过方才生效。

（2）发文机关（组织）不同。各级领导机关及机关、单位领导机构都可以制发决定；而决议只能由有关会议发布，不能以机关、单位的名义制发决议。

（3）涉及内容不同。决定内容多为对某一领域、某一方面的重要事项、重大行动做出安排部署。因此它可分为部署指挥重要工作的决定（简称部署性决定）、处理具体事项的决定（简称事项决定）和表彰处分决定。决议内容多是某系统、某单位、某组织带全局性、原则性的重要决策事项。它可分为部署指挥性决议、批准性决议和专门问题决议。

（4）作用不同。决定都带指令性，起领导、指导作用。决议则有多种作用：有的带指令性，如《四川省人民代表大会常务委员会关于依靠科技振兴农业的决议》；有的带说理性，对有关人和事作出评价，如《中国共产党中央委员会关于建国以来党的若干历史问题的决议》；有的带号召性，如《中共中央关于社会主义精神文明建设指导方针的决议》；有的带批准性，如党代会、人代会对各种工作报告所作的决议。

（5）写作格式上签注和落款不同。决议都在标题下加括号签注通过决议的会议名称和通过日期，正文后就不另标落款了。凡会议通过的决定，也同决议一样签注；由领导人签发的决定，则在正文后写明发文机关和成文日期。

其中，第（1）、（2）项是主要区别点。

2. 公告与通告

3. 请示和报告

4. 请示和函

（以上 2、3、4 略，详见后。）

五、 公文的分类

为了认识、使用和处理公文的需要，通常依据不同的标准，从不同角度对公文分类。

（一）根据形成和使用的公务活动领域划分

可分为通用公文和专用公文。通用公文是各级各类机关、团体、企事业单位，在公务活动中普遍使用的公文。专用公文指一定的专门业务机关、部门、组织在业务工作范围内，因特殊需要专门使用的公文，例如外交文件、司法文件、军事公文等。

（二）按发文机关的行文方向划分

可分为上行文、下行文、平行文三类。上行文指向上级领导机关或组织发出的公文。下行文指向被领导的下级机关或组织发出的公文。平行文指向同一组织系统中的同级机关、组织或非同一组织系统中不相隶属的任何机关、组织制发的公文。大部分公文文种的行文方向是固定的，也有少数文种比较特殊，其行文方向有灵活性，应视写作意图、公文内容等具体情况而定。

（三）根据内容涉及秘密的程度划分

可分为对外公开件、限国内公开件、内部使用件、秘密件、机密件、绝密件六类。对外公开件指内容不涉及任何秘密，可直接对国内外公布的公文。限国内公开件指内容不涉及秘密但不宜或不必向国外公布而只在国内公开发布的公文。内部使用件指内容虽不涉及秘密，但不宜或不必对社会公开，只限在国内某系统、某部门内部使用的公文。

秘密件指内容涉及国家一般秘密，一旦泄露会使国家的安全和利益遭受一定损害的公文。机密件指内容涉及国家重要秘密，一旦泄露会使国家的安全和利益遭受严重损害的公文。绝密件指内容涉及国家核心秘密，一旦泄露会使国家的安全和利益遭受重大损害的公文。

（四）根据处理时限的要求划分

可分为平件、加急件、特急件三类。平件指无特殊时间要求，需按工作常规依次传递处理的公文。加急件指内容重要并紧急，需打破工作常规优先迅速传递处理的公文。特急件指内容至关重要并特殊紧急，已临近规定的办结时限，需随时随地优先迅速传递处理的公文。如系电报，可分为特提件、特急件、加急件、平急件。

（五）根据来源划分

可分为收文、发文两类。

（六）根据处理方式划分

可将收到的公文分为阅件、办件两类。阅件即阅知性公文，指只需按规定交有关部门、有关人员阅知的收文。办件即承办性公文，指必须交有关部门、有关人员及时办理（或答复，或贯彻执行）的收文。

（七）按性质和作用划分

在通用公文和专用公文的不同范畴内，可以有不同的类型。如法律公文、外事公文等。

（八）从物质载体的角度分类

有纸质文书，感光介质文件（以感光胶片、相纸等感光材料为物质载体的文件，如照片文件、影片文件、缩微胶片文件、显微胶片文件等），磁介质文件（以磁带、磁盘、磁鼓等磁性材料为物质载体的文件，如录音文件、录像文件、计算机磁带文件和磁盘文件以及磁光盘文件等）以及电子文件（借助于电子计算机生成、传输和处理的文件）等。它们的制作方式、处理方法和保管要求均各不相同。

六、 公文的文面格式

（一）规范的公文格式的作用

1. 保证公文的完整、正确、庄重，是公文权威性、有效性的具体表现形式。如公文的红色版头，可区别于其他应用文，形式上更显庄重、严肃；加盖发文机关印章，是公文生效的重要标志，等等。

2. 可以为公文的撰写、处理与运用提供方便，也为公文的立卷归档提供方便，有利于提高办文效率，进而提高工作效率和质量。

3. 可以为办公自动化奠定基础。公文格式的规范化、标准化，是采用计算机技术和其他先进设备来处理公文的前提和要求。没有公文格式的规范化，是难于实现公文处理的现代化的。

（二）公文的文面格式分类

1. 公文式文面格式

公文式文面格式即公文格式。这也是公文中使用最多的文面格式。机关、单位、团体往来的正式公文，通常采用了公文格式这种文面格式。这种文面格式由中共中央办公厅、国务院办公厅联合发布的《党政机关公文处理工作条例》（以下简称《条例》）和国家质量监督检验检疫总局、国家标准化管理委员会发布的《党政机关公文格式》国家标准（GB/T9704—2012）（以下简称《国标》）作出了统一规定，显得正规、庄重、严肃、规范。

2. 专业规范文本式文面格式

这是指行政职能机关和管理部门在职能管理工作中所制发的一些专用公文规范文本形式。在不同的领域、部门、行业、专业，各类规范文本的文面格式都有所不同。如司法文书与税务文书、专利文书、商标文书，其规范文本格式迥异。但在同一专业、行业、领域中的规范文本，其文面格式则是一样的，如经济合同规范文本，在全国各地都通用。这类文面格式规范、简明，填写、处理和使用都比较方便。

规范文本将有关内容分项列出，设计好项目名称和应填写的内容，编制成表格文书。各项目之后留下足够空白，让使用单位和个人按规定填写。填写好经审查无误后，要按规定分别盖上单位公章。法人代表（法定代表人）、代理人或经办人，或者承担相应权利义务的自然人（个人）也要签名盖章。有时，有关各方（如必需的中介方、担保方、委托方、主管方）也要盖章联署。有的还要经有关方面公证、签证并签字盖章。有些需经职能主管部门批准方能生效的规范文本，甚至连文书处理过程中的有关程序如审查、批准意见和审批签字盖章都一并在同一文本上反映出来。这种经有关各方都签字盖章后制作的一式若干份规范文本，具有同等法定效力，受到法律保护，是特殊的正本形式。而虽已填上相关内容，却未经有关各方签字盖章的规范文本，则不具备法定效力，一律视为草稿。

3. 一般文章文面形式

有些公文如工作研究、会议讲话稿、调查报告、总结、经济活动分析等，也常采用一般文章的文面形式单独印发。这种文面形式灵活、简便，但却不够规范。这也就是通常说的“白头文件”文面形式。

第二节　通用公文的类型

我们从管理工作的性质和公务活动的内容相结合的角度将通用公文分为以下类型。

一、 党政机关主要公文类

这是《条例》规定的党政机关正式文件常用的主要文种。其他机关和单位也可以参照使用。机关单位常用主要公文有 15 种，它们可分为几个小类。

（一）领导指导性公文

决议　用于发布经会议讨论通过的重大决策事项（行政机关不用此文种）。

决定　用于对重要事项作出决策和部署、奖惩有关单位和人员、变更或者撤销下级机关不适当的决定事项。

命令（令）　用于公布行政法规和规章、宣布施行重大强制性措施、批准授予和晋升衔级、嘉奖有关单位和人员。法定的国家机关才有权在规定的权限和范围内，依法发布命令。

通知　用于发布、传达要求下级机关执行和有关单位周知或者执行的事项，批转、转发公文。

通报　用于表彰先进、批评错误、传达重要精神和告知重要情况。

批复　用于答复下级机关请示事项。

纪要（会议纪要）　用于记载会议主要情况和议定事项。

（二）呈报性公文

议案　用于各级人民政府（或者法定人数的人民代表）按照法律程序向同级人民代表大会或者人民代表大会常务委员会提请审议事项。

请示　用于向上级机关请求指示、批准。

报告　用于向上级机关汇报工作，反映情况，回复上级机关的询问。

（三）公布性公文

公报　用于公布重要决定或者重大事项。

公告　用于向国内外宣布重要事项或者法定事项。

通告　用于在一定范围内公布应当遵守或者周知的事项。

（四）商洽性公文

函　用于不相隶属机关之间商洽工作、询问和答复问题、请求批准和答复审批事项。

（五）兼容性公文

意见　用于对重要问题提出见解和处理办法。

二、法规和规章

条例　用于对某一方面的行政工作作出比较全面、系统的规定的法规。国务院各部门和地方人民政府制定的规章不得用条例。管理规章也不能用条例。

条例作为党内法规，用于对党的某一领域重要关系或者某一方面重要工作作出全面规定。只能用于中央党内法规。

规定　用于对某一方面的行政工作和事务制定出带有约束性的措施和部分的规定。既可用于法规、规章，又可用于管理规章。

规定作为党内法规，用于对党的某一方面重要工作或者事项作出具体规定。既可用于中央党内法规，也可用于中央纪律检查委员会、中央各部门和省、自治区、直辖市党委制定的党内法规。

办法　用于对某一项行政工作作出比较具体的、可操作性的规定。既可用于法规、规章，又可用于管理规章。

办法作为党内法规，用于对党的某一方面重要工作或者事项作出具体规定。既可用于中央党内法规，也可用于中央纪律检查委员会、中央各部门和省、自治区、直辖市党委制定的党内法规。

守则　管理规章的一种，用于在一定范围内对有关人员作出行为准则、道德规范。

规则　党内法规和管理规章的一种，用于在一定范围内对某项工作或活动作出行为规范。

规则作为党内法规，用于对党的某一方面重要工作或者事项作出具体规定。既可用于中央党内法规，也可用于中央纪律检查委员会、中央各部门和省、自治区、直辖市党委制定的党内法规。

准则　党内法规和管理规章的一种，用于在一定范围内对组织的成员，或者限定的有关人员作出的行为规范。

准则作为党内法规，用于对全党政治生活、组织生活和全体党员行为作出基本规定。只能用于中央党内法规。

细则　党内法规和规章、管理规章的一种，用于具体执行实施有关法律、法规和行政规章而制定的一种解释性、操作性的规章。

细则作为党内法规，用于对党的某一方面重要工作或者事项作出具体规定。既可用于中央党内法规，也可用于中央纪律检查委员会、中央各部门和省、自治区、直辖市党委制定的党内法规。

章程　管理规章的一种，用以规定一个组织或团体的性质、宗旨、任务、组织机构、组织成员及其权利义务、活动规则等事项。

规范　管理规章的一种，用于对某项工作质量标准、质量要求作出的规定。

规程　管理规章的一种，用于对某项工作、某项活动的操作过程、实施办法作出的有序的规定。

制度　管理规章的一种，用于对某项具体工作、具体事项制定出一些切实可行而又必须遵守和执行的纪律、规定。

公约　管理规章的一种，某一组织、群体为了做好某一工作，正常开展某项活动或维护正常的工作、生产、学习、生活秩序，经过商量确定的、必须共同遵守的行为规则。

三、 会议文书

开幕词与闭幕词　有关领导人在庄重、严肃的大型会议开幕时和闭幕时的短篇讲话稿。

会议工作报告　主要领导人在代表会议、工作会议上代表领导机构所作的，说明成绩和经验、问题和教训，介绍形势与工作情况，提出任务与措施的全面性报告。

专题讲话　有关领导人在会议上围绕形势与任务，就某方面工作、某一专门问题所作的指导性讲话。

提案　与会代表按规定向某些重要会议提出并提请大会讨论或处理的书面意见和建议。多用于各级政协会议。

会议记录　当场记录会议基本情况，即会议组织情况、会上的报告、讲话、发言以及会上讨论的问题、议定的事项等内容的书面材料。

四、计划、决策与反馈文书

可行性分析（研究）报告　领导机关、部门、单位对某项工作作出重大决策前，对决策方案进行比较、分析等可行性论证，根据论证结果写出的报告。

计划　机关、单位、团体预先对一定时期内的工作提出目标、要求、措施和安排的公文。通常说的安排、方案、设想、打算、要点、纲要、规划等，都属计划。

总结　是对前一阶段的工作回顾、检查和分析研究，找出成绩与问题、经验与教训，用以指导今后工作的一种公文。

答复　是各级政府办公厅（室）及有关部门，对人大代表建议（批评和意见）、政协提案办理之后，将办理意见或处理结果直复提出建议、提案的有关人员和组织的公文。

五、公务信息文书

调查报告　对客观事物调查研究后写成的反映调查结果的公文。

简报　机关、单位、团体用来反映情况、传递信息、交流经验的一种公文。

公务信息　及时反映公务活动运转情况，供领导和有关部门决策和指挥工作参考的一种短篇公文。

信访摘报　信访部门对群众来信来访内容摘要整理而成的简要汇报稿。

信访分析报告　信访部门对一段时间内群众来信来访反映的问题，作出综合分析研究而写出的分析报告。

六、机关日常事务文书

这是党政机关、单位、团体在处理机关日常具体事务时所使用的、格式很固定的公文。它的种类较多，可分为如下类型。

（一）公务书信

常用的有：

介绍信　用于证实单位有关工作人员的身份，介绍其工作使命，凭此与其他单位接洽工作的一种证明性函件。

证明信　用于证明有关人员身份或有关事情真相的一种证明性函件。

公开信　机关、单位、团体就某项重要工作或者某个重大问题，向一定范围的有关人员公开发布的书信。

倡议书　机关、单位、团体或会议，或某一群体就人们所共同关心的事情，向社会或有关方面首先提出的带有号召性建议的一种专用书信。

慰问信　机关、单位、团体或群体向有关方面、有关人员表示安慰和问候的一种专用书信。

感谢信　机关、单位、团体或群体向有关方面、有关人员表示感谢的一种专用书信。

贺信　向取得成绩或遇上喜事的有关方面、有关人员表示庆贺的一种专用书信。

邀请书（请柬）　在举行某项活动、开展某项工作、召开某个重要会议时，向有关单位、有关人员发出邀请而使用的一种专用书信。

聘请书　单位、组织招聘、聘任某些专门人员所使用的一种专用书信。

（二）告启文书

启事　机关、单位、团体需要公开向大家说明某项事情或者希望公众协助办理某件事情而使用的文书。

海报　机关、单位、团体向公众公布有关文艺、体育、科技、学术、展览等方面活动消息的文书。

声明　国家、政府、政党、团体、机关或有关人员对重大事件和问题表明立场、态度、主张而发表的一种文书。

广告　有关单位通过一定的舆论媒介，进行有关商品或劳务智力服务的公开宣传、传递市场信息的文书。也属经济文书的一种。

（三）条据

单位之间、单位与个人之间，在收、领、借钱财物品时所写的凭据。如收条、领条、借条、欠条等。

（四）大事记

按时间顺序连续记载某个机关、单位在一定时期的重要工作、重大事件、重要活动的书面材料。

（五）丧事礼仪文书

讣告　机关、单位、团体或者亲属把某人不幸去世的消息告知亲属好友和有关方面的一种文书。

唁函（电）　机关、单位、团体向死者家属或死者所在单位发出的，向死者表示哀悼、向其家属或所在单位表示慰问的专用书信（电报）。

悼词　领导人代表机关、单位、团体在追悼会上对死者表示悼念与哀思的致辞。

值得注意的是，机关日常事务文书的不少文种（如启事、条据、讣告等），具有兼容性的特点，它们用于私人时则不属公文而是私人文书了。

第三节　公文的作用

公文中不同类型文书的作用各有侧重。但总的来说，作为实施领导和管理的重要工具，公文具有下列重要的作用。

一、明法传令，指挥工作

公文的许多文种，不同程度地规定了有关机关、团体和单位的办事准则和行为规范。特别是各级党政领导机关的公文、法规规章、计划决策类文书，常常是发布法律、法规和规章，传达党和国家的方针、政策，传达领导意图、决策，实施领导管理职能，布置、指挥、指导工作的载体，具有申明法度、传达政令、指挥指导工作的作用。

二、联系公务，沟通信息

机关、团体、单位联系公务、沟通信息有多种渠道，但公文是其中重要的、主要的渠道。无论是同一系统的，或者是不同系统的各级各类机关、团体、单位，都经常利用公文与上下左右互相联系有关事宜，商洽工作，协同处理问题。离开了公文，上下左右就无法更好协调，工作就不能正常运转。而在信息工作越来越重要的当今社会，机关、团体、单位常凭借它互通情况，交流经验，取长补短，促进工作开展；凭借它向领导、上级反映民情、社会动态和其他重要情况，使下情上传，为领导决策提供信息。

三、宣传教育，引导舆论

机关、团体、单位常常利用下行公文、会议报告、专题讲话等公文，宣传形势，宣讲政策，提出任务，以动员群众，提高认识，统一思想，推动工作。常常把它作为重要的、特殊的舆论工具，凭借公文特有的权威性和上下左右通达的传播渠道，正确引导舆论。同时，也通过公务信息、调查报告、信访摘报、信访分析报告、议案、提案等公文，对各级领导机关和领导人的工作进行舆论监督，促使机关工作高效、廉洁地进行。

党政领导机关常在报刊上发布一些重要文件，或者迅速地、直接地向基层群众传达一些重要文件，都是为了达到上述目的。

四、记录记载，以为凭据

公文常常是领导意图、决策的载体，因而它往往是执行公务、安排工作、解决问题、办文办事的依据。例如，凭借上级的政策性通知，下级就明确该怎样去实施；依据一份请示，上级机关就会作出相应的批复；双方签订了经济合同，就会据此明确各自的权利、义务和责任；一份资历证明，本身就是一种具有直接效力的凭证。

公文又总是公务活动的真实记录和单位工作的历史见证。不少公文在其现实效用消失后，仍具有历史效用、档案效用。

第四节　公文的特点

这是指公文写作载体的特点，这种特点基本上属静态的。

一、明确的工具性

这既是公文的基本特点，也是它的基本性质。公文是各级各类机关、团体、单位等组织行使管理职能和业务职能的重要工具，是为国家政务、社会公务和公众事务服务的，为“两个文明”建设服务的。《条例》规定：“党政机关公文是党政机关实施领导、履行职能、处理公务的具有特定效力和规范体式的文书，是传达贯彻党和国家的方针政策，公布法规和规章，指导、布置和商洽工作，请示和答复问题，报告、通报和交流情况等的重要工具。”公文总是代机关、团体、单位立言的，是组织领导意图、意志的载体，是服从于组织领导意志，服务于组织的领导和管理工作的。

二、 直接的实用性

实用是应用文（文书）的基本特点、基本要求。公文是根据公务活动的实际需要，为解决实际问题、为达到某一具体目的而撰写的，是直接用来处理公务的。因此，它的内容总是有特定的指向，总是直接针对某一具体、现实的公务活动的，并对处理这一事务有直接的实用价值，或指挥指导，或反映情况，或商洽工作，或沟通信息，等等。

公文往往有特定的受文对象，公文在法定的时间、空间范围内，对受文对象的行为能产生不同程度的强制性影响，具有强制阅读、强制执行或强制复文等执行效力。公文的这种强制性，来源于发文机关的法定权威性，来源于公文本身的公务性和规定性。而受文对象总是要对其作出反应的，或办理，或答复，或接受，受文对象不接受这种强制，就意味着失职或渎职。

公文的实用性还体现在它的时效性上，其实用价值往往受到时间限制。“精简高效”是公文处理工作的基本原则。行文必须讲究时效，迟了就可能误事甚至失效。时间就是效率，公文撰写、公文处理都要求迅速。

三、 客观的真实性

“实事求是”是公文处理工作的原则。真实是公文的生命，也是公文写作的基本出发点。失实，是机关行文的大忌，也是公文写作中易犯的主要毛病。下发的公文失实，会造成指挥指导失策；上报的公文失实，为领导提供了假情况，有可能造成决策失误。切忌行文失实给工作带来损失。

公文的真实，不同于文艺作品那种“艺术的真实”，它必须是客观的真实。它的观点必须正确、鲜明；情况、材料甚至每一个细节、数据都必须真实准确；用词、造句也必须准确、贴切，不容曲笔、虚饰。事实胜于雄辩，越真实越可信，越能发挥公文的作用。公文一定要叙真事、说真话、讲真理，尤其要注意辩证地反映客观事物的本质的真实。

四、 极强的法规政策性

公文特别是党政机关公文、法规和规章公文等类公文中的不少文种，本身就是党和国家方针、政策和国家的法律、法规的载体，反映了党和国家的政治立场、政策原则，内容自然颇具政策、法规性。其他公文的内容，也应符合有关法律、法规、行政规章和上级有关政策规定，不得与之抵触，并要与其他机关、组织的有关规定协调一致，不得政出多门。

公文的作者（即发文机关）必须是依法建立并能以其名义行使权利、承担义务的机关、团体和企事业单位。确有必要时，也可以是代表这些组织的行政首长、法人代表。必须在作者职权范围内依法制发公文，越权制发的无效。任何人不得将个人私事以公务名义制发公文。公文的文种，必须按有关法律、法规和行政规章选定，不能乱用文种。

公文特别是党政机关公文、法规和规章公文等类公文的制发行文，必须履行法定程序与审批手续，如履行文稿审核后的签发、会签制度，发出时的盖章、封发制度，行文中的传递保密制度等。

五、 特定的程式性

在长期的实践中，公文逐渐形成一定的习惯形式。有关领导部门不断总结经验，对其作了相应规定，使这些习惯形式更臻完善，成为大家行文的规范。“准确规范”也是公文处理工作的原则。公文惯用的体式、约定俗成的语言习惯、规范化的行文格式，就形成了它特定的程式性。

公文特别是党政机关公文具有规定的文种和规范格式。按照《条例》规定正确选用文种，不仅能为撰写与处理公文提供方便，而且有利于维护公文的权威性、严肃性，保证公文的有效性。而公文格式是长期实践中发展形成并由国家有关部门明文规定的。《条例》和《国标》都对公文的版式和公文体式作了明确规定。公文格式的这种规范性，有利于加强对公文的科学管理，提高公文写作质量和公文处理效率，更有效地发挥公文的作用。

强调公文的程式性，首先要求它的写作、处理都必须严格遵循中共中央办公厅、国务院办公厅等主管部门的有关规定，做到规范化、制度化、标准化，促进公文处理工作的科学化、现代化，不断提高办文效率。其次，要熟悉公文约定俗成的语体和语言习惯，去掉学生腔、八股调，使文章写得更加简洁、明快、朴实、得体。

第五节　公文写作的特点

这是指公文写作主体的写作活动的特点。这种特点呈现在写作过程中，因而是呈动态的。

一、写作主体的服从性、被动性

文艺创作总是体现着作者个人的意志，作者写作时常有一种创作欲望、创作激情，写作是主动进行的。公文写作却不一定体现撰写者个人的意志，它通常是代机关立言，是应领导之命而作。撰写者是服从于、服务于领导意志，被动接受写作任务。这是由公文工具性这一基本属性所决定的。这也是公文写作的基本特点。

公文总是按照工作需要、领导意图而写的，因而公文写作的行为目标、活动目的是确定的。而撰写者的内部动力（即写作的需要、写作的欲望）又往往是被动的。公文写作这种写作目标的确定性和撰写者写作动力的被动性，常常可能造成写作行为的矛盾，呈现出多种情况。有时目标、动力一致，很乐意写；有时目标、动力不一致，勉强地写；有时完全不愿意写但又必须写。面对后两种情况，撰写者必须通过多方努力，处理好这种矛盾，在被动服从中求得写作的主动性。

首先，要用理智、意志去培养写作动机，而不能单纯从兴趣出发。要充分认识到公文写作是“经国之大业，不朽之盛事”（曹丕《典论・论文》），是事业的需要、工作的需要。要靠提高事业心责任感建立起乐意从事公文写作的思维定式，保持一种“需要我写，我就尽力写好”的心理常态。

其次，要通过调查研究、积累材料，置身于特定的公务活动领域中，了解、熟悉所要反映的人或事。关心、理解所赞扬、歌颂的好人好事；反对、愤恨所批评、抨击的坏人坏事；想群众之所想，急群众之所急，与群众同呼吸、共命运。总之，要通过积极的思维，调动起写作的兴趣，增强写作的主动性。

最后，要通过各种方式，尽可能创造一个愉悦的写作环境，使自己的身心在一个既紧张而又愉快的气氛中去从事写作。

当然，领导也要尽可能为起草者的写作创造条件，以外因去促进起草者的内因，充分调动其主观能动性，使之形成更大的写作合力。

公文写作的这种服从性、被动性贯穿在整个写作过程始终。从构思到成文、修改、定稿，撰写者都要善于服从、尊重领导。即使提出不同意见，也要以领导的裁定为准。而各级各类机关、单位、团体的应用文章，都要服从于中央的路线、方针、政策这个大局，服从于上级的有关规定这个大局。

二、写作活动的群体性

文艺创作一般是作者的个体劳动，文责自负。公文写作从交拟、构思、拟稿到修改、定稿，则需要撰写者、领导和群众等许多人的共同参与。无论是集体讨论、分头执笔、共同修改、反复琢磨的重要文件，还是领导交拟、个人起草的简短公文，都是群体思维的结果、集体智慧的结晶。中央的重要文件，例如《中国共产党中央委员会关于建国以来党的若干历史问题的决议》，甚至是成百成千人多次讨论，反复修改，最后经政治局审定而成的。就是基层单位一则会议通知、一篇信息简报，也要经修改、核稿、签发等环节，不可能由撰写者“一锤定音”。

这就要求公文的撰写者要处理好个人与群体、与领导的关系。首先，要乐于奉献，摆脱名利的羁绊，甘当无名英雄。其次，既要充分发挥个人的智慧才干，各尽所能，各展其长，更要与他人协调配合，尊重并虚心听取有关人员的意见，服从集体和领导的决定，决不能我行我素、固执己见。而签发文稿的领导，也要集思广益，从善如流，使出台的文章精益求精。

三、 写作过程的及时性

精简高效是公文处理工作的原则之一。公文的撰写过程，自然也应遵循这一原则。在信息传播速度加快、人们的生活节奏加速的当今社会，公文必须尽快地反映新情况、介绍新经验、处理新问题、解决新困难、预测新趋势，才能充分发挥其效用。

除了中央和各级领导机关有一些重要文件、大型文稿，例如《中共中央关于全面深化改革若干重大问题的决定》《××市经济与社会发展规划》等文稿撰写、修改时间较长外，多数公文都要求写得快、发得快，有时甚至需要“倚马可待”的“急就章”，迟了就可能误事。例如当天发生的重大事件，出现的紧急情况，当天或者次晨就要编写成信息快报，尽快上报下发。否则时过境迁，反馈信息不及时，就会影响各级领导出主意下决心。事实上，提高机关单位办事效率的关键之一，就是要提高办文效率。

公文写作过程的及时性，对撰写者提出了更高的要求。作者要有较高的政策理论水平，熟悉本行工作，思维敏捷，写作能力较强，才可能较快地写出质量较高的文章来。

四、 构思行文主要运用逻辑思维

写作是一种较高层次的思维活动，不同类型的写作，会采用不同类型的思维形式。文艺创作主要采用以形象组合为主体的形象思维，整个写作过程始终不脱离具体感性形象的思维。而公文写作则主要采用抽象思维即逻辑思维。

逻辑思维是一种舍弃具体表象，依靠概念、判断、推理而进行的思维活动，它要在思维过程中实现由形象到概念、由具体到抽象的转变，并以抽象的概念来揭示事物的本质，表述认识的结果。

在公文写作中，要表述对某一事物的整个看法、对某一问题的全面认识，必须在接触感性材料的基础上，经过反复的分析、综合、归纳，升华、提炼出一个抽象概念的主旨来。很显然，这个选题立意的过程，主要是凭借逻辑思维来实现的。作者在围绕主旨选择材料时，要对占有的材料分类、归类、分析、比较，判断出材料有无价值，从“可能有用”的材料中，筛选出“必然有用”的材料组织进文章中。这个选材的过程，也主要是凭借逻辑思维来完成的。而安排结构，作者也是按照事物发展的内在规律，按照公文特定的要求和比较稳定的惯用格式，按照一定的逻辑顺序来组织内容的。至于落笔行文时，也主要是靠严谨的、理性的逻辑思维驱动笔端。

逻辑思维是以逻辑推导为主体的思维形式，因此，要提高公文写作能力，就必须学点逻辑，懂点逻辑。逻辑思维不像形象思维那样除凭借语言外还可凭借色彩、声音来思维，它只能依靠语言来思维。因此，公文写作绝不是像有些人说的那样对语言的要求不如文艺创作高。恰恰相反，它对语言的要求很高，有时甚至到了“一字入文，九牛不出”“一字千金”的地步。要提高公文的质量，非在语言文字上狠下功夫不可。

当然，强调公文写作以逻辑思维为主，并不排斥以形象思维为辅，有时还要借助灵感思维。要增加公文的可读性，要使文章更鲜明、生动，除增强它本身的逻辑力量外，有时还需要形象地叙述、说明人或事，需要适当采用少量的诸如比喻、借代等修辞手段变虚为实，变呆板为生动，这些都离不开形象思维。

第六节　公文写作的客体

有人把读者当作写作的客体，笔者不赞成这种说法。写作所要反映的客观社会生活实际，才是写作的客体。而公文写作的客体，就是公文写作所要反映的公务活动本身。公文写作的客体具有相对稳定性和多变性相结合的基本特点。

说它相对稳定，一是说公文所反映和作用于的公务活动，即领导和管理工作的全过程，都会受到国家法律以及党和国家的路线、方针、政策的规范和制约。而坚持一个中心、两个基本点这一基本国策，将在一个相当长的时期规范着公务活动的各项工作。这个政治方向和总路线，是稳定的、坚定不移的。沿着这个政治方向和总路线前进、发展的公务活动，从这个意义上说，大局是稳定的。二是说公文反映的公务活动必须限制在“公务”的范围内，这一性质也是稳定的。

说它多变，一是说改革开放的形势日新月异，不断发展变化，公务活动中的许多新情况、新问题层出不穷。二是说不同性质、不同行业、专业的公务活动中的机关、单位、团体，在不同时间、地点、环境，都可能有不同的具体公务活动，这也是不断发展变化着的。

考虑并注重到公务活动的这个基本特点，在公文写作中就应吃透两头，随时研究阶段性特征，注意以下几点。

一、 顾全大局

各级各类机关、单位、团体撰写公文时，都要坚持以大局为重。把本地区、本部门的工作任务，作为实现党的总路线、总任务的必要步骤和环节。当前，就是要服从于、服务于“建设中国特色的社会主义，全面建成小康社会，加快推进社会主义现代化，实现中华民族伟大复兴的中国梦”这个大局。要克服本位主义、分散主义、小团体主义和地方保护主义，坚持民主集中制，做到个人服从组织，少数服从多数，下级服从上级，全党服从中央。决不能文件“打架”，政出多门，各搞一套，不能“上有政策，下有对策”，自行其是。

在办文工作中，顾大局、识大体的一个重要方面，就是要做好协调工作。起草公文，要符合党的路线、方针、政策和国家的法律、法规，符合上级的有关规定，与有关部门现行规定相吻合。凡涉及其他部门或者地区的问题，主办单位应当主动与有关部门或地区协商、会签，部门之间对有关问题未经协商一致或未经上级机关批准、裁决的，不得各自向下行文。如擅自行文，上级机关有权责令纠正或撤销。

二、 坚持实事求是， 一切从实际出发

在深化改革开放的实践中，许多问题有待处理，许多矛盾有待解决，而公文常常是解决问题、处理工作的重要方式和依据。从实际情况出发，从群众的实际需要出发是我们解决问题搞好工作的基本出发点，也应是写作公文的基本出发点。办文一定要遵循《条例》规定的实事求是的公文处理工作的基本原则。任何机关、单位、团体制发公文，都要在实践中接受检验，以群众是否拥护、是否赞成、是否肯定、是否喜欢作为衡量公文质量和效益高低好坏的试金石和标准。

这就要求公文撰写者首先要了解、熟悉实际情况。一是了解并懂得社会主义市场经济的实际，学习社会主义市场经济理论和实践，逐步掌握社会主义市场经济的规律。二是了解本地区或本部门的工作实际，熟悉本行业、本专业的基本情况，不说外行话，不写外行文。三是了解基层和群众实际，知道群众的甘苦。只有这样，我们写文章才不会“无病呻吟”，才不会假话、大话、空话连篇，而做到“有的放矢”，通篇实实在在，公

文才会真正成为实施领导和管理工作的重要工具。

为此，必须深入实际、深入群众搞好调查研究，从群众中、从实践中汲取营养和智慧，汲取写作的源头活水。

三、坚持依法行文

法治是治国理政的基本方式。加强民主和法制建设，已经是推进社会主义市场经济体制的重要前提。依法办事，依法行政，已经是各项工作的基本准则。这种客观实际，也就要求公文的制发要依法行文。

公文撰写者要学法、知法、懂法、守法，尤其要熟悉与本部门工作、与公文写作有关的法律、法规，克服种种违法行文的现象。

要做到依法行文，一是要依法确定发文机关和单位。公文作者必须依法成立并具有法定职权；必须在作者职权范围内依法制发公文，越权制发无效。二是公文内容要合法，这是依法行文的关键。三是公文特别是党政机关公文的文种，必须按有关法律、法规和规章的规定选用。四是制发公文必须履行法定生效程序与审批手续。只有做到上述几点，才能确保公文的法定地位和作用。

总之，只有不断地研究、了解不断变化发展着的公务活动，才能使公文在服务于改革开放、服务于“两个文明”建设中起到应有的作用。

第七节　公文写作的受体

公文作为一定意义上的社会交际和公共关系的一种重要工具和手段，它的作用要得以实现，必然涉及交际的双方即言者（写作主体）和受者（写作受体）。公文的写作，目的是给对方（即接受对象）看的，写作效益的体现，关键还在于接受对象（即受文对象）对所收到的公文的理解、认可、办理程度和执行情况。正因为如此，写作公文一定要充分考虑读者，注意研究读者（即受文对象、接受对象）的接受心理，以增强文章的针对性、可读性、可受性，增强文章的执行承办效益。而公文写作中的这一重要的也是基本的课题，却长期未引起大家的重视，这不能说不是极大的疏忽和遗憾。

公文的读者不同于文艺作品、新闻文章读者有随意性，它的读者有明确的限定性，往往有特定的受文对象，不是谁都可以看，或者谁都必须看的。这种读者的限定性，使公文撰写者事先就能明白文章是写给什么人看的，就有可能考虑到怎么写才能更符合受文对象的“口味”和接受心理，更注重文章的实用性。可见，读者的限定性这一特点，为公文写作也提供了一定的方便。

在强调读者有限定性特点的同时，还要注意到读者的变化性。公文受文对象的接受心理，也要受内因外因的驱使而发生变化。一方面，社会政治变革、经济发展这些外因，会使受文对象的接受心理随着时代的变化发展而发生变化，这是“境（心境）随时迁”。假如有人现在写文章还用“文化大革命”的手法和语言，那只会授人以笑柄。另一方面，年龄差异、文化层次的区别等内因，也会使受文对象的接受心理随不同语言环境而有所不同，这则是“因人而异”。例如写给群众看的通告要通俗易懂，而写给教师的慰问信宜典雅古朴，不能失体失格。

从当今我国经济和社会发展的时代特征出发，从各级各类各方面接受对象的实际状况考虑，公文写作时，要着重考虑受文对象以下各种接受心理。

一、 求实心理

实事求是，一切从实际出发，是辩证唯物主义的根本要求，是党的思想路线和优良传统，是公文处理的基本原则之一，也是接受对象（无论领导还是群众）的衷心愿望和迫切要求。事实胜于雄辩，公文的事实、理论越真实，就越可信，就越能说服、教育、鼓动或指挥受文对象去照“（文）章”办事。公文受文对象的这种求实心理，是人民群众主人翁地位所决定的。随着人民群众民主意识、参政议政意识的增强，他们迫切需要了解各级领导、各个方面的真实意图、真实情况，以认清形势，行使自己的职责和权利。

此外，这也是历史的经验教训所激发出的一种心理。“大跃进”“文化大革命”的历史教训，现实生活中少数公文的浮夸虚假之风，这些不实事求是的文风、作风，已使有的领导和少数公文失信于民。长期的积淀，使人们形成了一种“一朝被蛇咬，十年怕井绳”的泛化心理。要消除这种不良影响，也要求公文说真话，写实情，求实效，不搞浮夸虚假，不搞花架子，不做表面文章，真正取信于民。

在公文写作中务求实际，除按前面讲到的要求内容的绝对真实、本质真实之外，还要注意把握“平衡”的手法。即在突出讲某一个主要因素时，还要顾及其他因素，特别是相反的因素；在强调某一方面的主要意见时，还要注意到其他意见，特别是不同的意见。要寓倾向性于平衡性之中。不注意这一点，过分强调一个因素、一种意见、一方面观点，极有可能出现片面性和绝对化，不能全面、准确地反映出当今复杂的公务活动、社会事物等“系统工程”的客观全貌，甚至可能给更大的“系统工程”输送误导信息。例如，有的单位写文章讲先进、成绩时，总是笔下生花，说过头话，报假数字，不讲实际，不留余地，以致上报的报告或者总结，竟不敢同本单位群众见面，怕露了马脚。这种误国误民的文风，必须坚决制止。而我们党中央领导同志和不少各级领导同志的报告、讲话和文章中，在充分肯定改革开放的巨大成绩的同时，也常常非常深刻、尖锐地说明困难和问题的严重性。这种实事求是之风自然会得到广大干部、群众的充分理解和信任。

二、 求新心理

明代江盈科曾在《蔽箧集序》中说道："新者见嗜，旧者见厌，物之恒理……新则人争嗜之，旧则人争厌之。"喜新厌旧，人之常情。观点、内容陈旧的文章，是不能激起读者的阅读兴趣的，公文写作也同样如此。那种一个典型材料反复用，变换角度经常用，改换包装"新瓶装旧酒"的写法，那种"从别人的文章中找点子，从下面的材料中找例子，东拼西凑成稿子"的做法，那种"下面写文章抄上级的，上级抄中央的"，层层照抄照转的办文方式，显然都背离了工作实际，也不能满足受文对象的求新心理，那种公文只会成废纸一堆。

事实上，我国改革开放的形势和发展变化是日新月异的，许多新情况有待去研究，许多新问题有待去发现，许多新矛盾有待去解决，许多新事物有待去认识，许多新人物有待去表彰，许多新经验有待去总结，许多新气象有待去宣传，许多新理论有待去探讨。公文要力求出新，尽可能给受文对象提供他们欲知而未知的这些新信息。现实生活中，公务活动中，群众和领导所关注的热点、焦点问题，正是公文所要反映、介绍的热点信息、新信息。公文写作要力求想群众和领导所想，急群众和领导所急，写群众和领导所需，不说套话、空话，自然就会受到大家的欢迎。

不但内容要新，为适应信息社会、高科技时代人们观念和能力的变化，公文的写作形式、语言、角度、技巧，都要既遵循规范，又不断创新，才可能适应社会的发展变化。同是一年一度的国务院总理作的政府工作报告，其内容、观点、写法、语言却年年有新意，都给人大代表和全国人民以耳目一新之感，成为推动社会主义事业前进的纲领性文件。而有些单位的年终总结、领导工作报告，年复一年，框架、观点依旧，只是数据、时间不同，给人以"似曾相识""千部一腔"的陈旧感，这种文章的效果自然可想而知了。

三、 求尊心理

随着社会的发展，人的主体意识增强，处于社会关系中各种地位的人，都越来越需要别人和社会的尊重。需要尊重，这是人们高层次的心理需要。需要争取受文对象理解、认同、支持、办理的公文，首先必须对受文对象给予必要的尊重，满足其求尊心理，才能取得受文对象的支持与合作。

从另一个角度讲，作为公共关系和协调的重要工具、手段、渠道之一的公文，也只有对有关的社会组织或者公众以必要的尊重，才能树立起本组织的良好形象，实现其公关和协调的目的。

明白了这一点，就不难懂得为什么“绿的大地，美的心灵——请勿入内”“翠竹千竿，请勿刻划”“杜鹃居山久，春萌夏盛开，劝君莫采折，美从自然来”等标语，比“不准进入草坪”“不准刻划”“不准攀折”之类标语为好；为什么国防部发言人在接受国外、境外记者善意或恶意的提问后的结束讲话中，会极有分寸地说道“感谢大家对中国国防感兴趣”，而使人无可挑剔了。

对受文对象的尊重，要得体适度。尊重上级而不要有阿谀逢迎之词；尊重下级和群众，而又要不失身份；尊重兄弟单位而又不要有惧强凌弱之感；尊重外宾而又不失国格人格。就是与对手和敌人的公文往来，既要坚持原则，针锋相对，又要适当运用文明礼貌的策略，行文做到有理、有节、有利。

对受文对象的尊重，要在行文内容、语言、形式等各方面表现出来。例如模糊语言的巧妙运用，某些公文如信函的格式变化，都会体现出不同程度的尊重。

四、求近心理

这是交际、传播学中的“距离论”在公文写作中的体现。受文对象出于正常的功利目的，总要求公文内容与他们的工作和生活更贴近，不大想看那种“隔山放炮”、不着边际的文章。都希望公文讲出大家的心里话、身边事，写大家关注的热点、焦点问题。希望“文中有我，我中有文”，即文章中写出了我们想做的事、想说的话，而我们想到的文章中也写到了。这也就是通常说的“想群众所想，急群众所急，办群众所需”。

受文对象这种求近心理，要求公文与他们在时间、空间、情感上都尽可能接近，即做到事近、理近、情近、心近。这也是情感因素在公文写作中的体现。

为满足受文对象的这种心理，我们在写作公文时，就要从实际出发，注意针对性、及时性和实效性。而语言的运用，要尽可能注意生动性、群众性和适当的幽默感（这当然要因文制宜），以增强文章的可读性。

当前，随着80后、90后一代年轻人逐渐成为机关单位重要组成部分，我们的公文（尤其是领导讲话稿）如何贴近他们的心理需求，更是应当注意的问题。

例如，四川省及广元市有关领导机关发出决定，号召广大党员干部“远学孔繁森，近学马生贵”，使大家从身边的基层领导干部身上体会到一种可敬可亲的认同感，体会到学习英雄模范人物的必要性和可能性。李燕杰在对少管所的少年犯作报告时，称他们为“触犯了国家法律的年轻朋友们”，一下子就把少年犯听众的心理拉近了，其教育效果是相当突出的。

五、求简心理

当今社会已进入信息社会，社会变动加剧，人们生活节奏加快，大家越来越重视时间的经济效益和社会效益。人们都希望办事由繁变简，办事需要的时间由长变短，希望讲求效率。随着干部、职工队伍的年轻化、知识化，这种求简心理反应更为突出。大家都不希望开“马拉松式”的长会，听言之无物、套话连篇、口是心非的长篇报告，看又长又空的文章，而希望开短会，说短话，写短文。

公文写作要适应这种要求，就必须贯彻“精简高效”的公文处理工作原则，克服形式主义、文牍主义，没有必要就不行文，必须行文时尽可能写短些。要实话实说，长话短说，尽力摒弃废话、空话、套话。不写长而空的文章，写短而精的文章，给受文对象提供尽可能多的实信息，而不要那些言之无物的空信息。有的人认为文章写得越长越有“政绩”，越有水平，这是一种误解。其实，把文章写短，对作者提出了更高的要求。公文撰写者要努力提高思维能力和表达能力，起草文稿要以“能少则少、能短则短、能精则精、能简则简”为原则，力求言简意赅，开门见山，意尽言止，竭力删去可有可无的内容和语句，做到篇无赘句、句无赘字。而在制发公文时，公文格式也要既规范又简明，不要无实际意义和用途的空信息。总之，要做到简短、简明、简洁。

六、求知心理

求知心理就是人们常说的求知欲。它是人们力求认识世界，渴望获得文化、科学知识和不断探索真理而带有情绪色彩的意向活动。求知需要，是高层次的需要。在当今社会，随着文化、科学的发展加剧，人类知识更新速度的加快，人民群众特别是机关、单位、团体职工队伍的知识化、年轻化，大家为适应在社会的生存与发展，更渴望从各种渠道了解、学习新知识。公文这一实施领导和管理职能的重要工具，当然也应担负起传播新知识的重任，以满足受文对象的这种需求。它必须尽可能给受文对象提供一些新内容、新观点、新知识、新信息，而不能重弹陈词滥调，不能写得不深不透，言之无物，也不能以艰深掩饰浅陋，故作高雅。

七、 求利心理

追求最大利益、最大效益，是社会主义市场经济条件下办事的基本准则，也是各类机关单位制发公文的目的。这种利益，涉及有关机关、单位、群体的职权、责任、利益，涉及各方的社会利益、经济利益。制发公文时，不能不考虑到受文对象和有关各方面的切身利益和长远利益。一定要顾全大局，兼顾各方，充分考虑到国家、部门、集体、群众、个人各方面的实际利益。例如某地要出台有关招商引资政策的文件，要与外地有关方面签订合作开发的协议书，都要考虑到对方的求利心理，树立双赢、多赢观点，互利互惠。

八、 求便心理

深化行政体制改革，必须建立服务政府、便民政府，作为行政管理的公文，势必体现利民、便民的服务宗旨和理念。而助人为乐的社会公德、服务群众的职业道德规范，现代社会生活细分化的需求，都要求“我为人人，人人为我”，要求与人方便，才能与己方便。因此，满足受文对象的求便心理，是体现全新的执政理念、是调整新型人际关系的必然要求。

党政机关、企事业单位领导部门，都应把满足对方求便心理作为行文的逻辑起点，行文中处处体现便民思想，权为民所用，情为民所系，利为民所谋，努力为人民群众办好事，行善事，做实事。公文中凡设事定责、下达任务、提出要求，都应注意换位思考，设身处地为受文者着想，利其执行，便其办理，强调落实。

九、 求公心理

党的十八大强调，“必须坚持维护社会公平正义。公平正义是中国特色社会主义的内在要求。要在全体人民共同奋斗、经济社会发展的基础上，加紧建设对保障社会公平正义具有重大作用的制度，逐步建立以权利公平、机会公平、规则公平为主要内容的社会公平保障体系，努力营造公平的社会环境，保证人民平等参与、平等发展权利”。2010 年 3 月 14 日十一届全国人大三次会议期间举行的记者会上，温家宝总理指出，“我们国家的发展不仅是要搞好经济建设，而且要推进社会的公平正义，促进人的全面和自由的发展，这三者都不可偏废……社会公平正义，是社会稳定的基础。我认为，公平正义比太阳还要有光辉”。这是对国民渴求公平正义的高度认同、积极回应，是对党和政府廉政履职、务实为民的庄严承诺，是对我国当今经济社会发展的科学把握。公平正义是当今社会全人类普世价值观的必然要求；是我国社会主义社会公民权利的基本体现；是党政机关转变执政理念，立党立国为公、还政于民所必需的。

作为“实施领导、履行职能、处理公务的”公文，必须充分反映立党立国为公、坚持公平正义的执政理念，在公文中力求体现公平、公正、公开的民主思想。对下面、对社会，尤其是对广大群众制定政策、作出部署、提出要求、采取措施的公文，都应该换位思考，设身处地为受文对象尤其是广大群众着想，所涉事宜该不该办，能不能办，好不好办，行文力求真正体现以人为本的民本思想。权利平等体现了地位平等，而权利平等就包括了人们的话语（言论）与行为（行动）等的权利平等。因此党政机关各部门、地方各级党政机关的公文，既要“上达天听”，和以习近平同志为核心的党中央保持高度一致；又要“下接地气”，充分反映民情、民意、民心，赋予群众话语权，畅通民间诉求渠道。

公文撰写者是否考虑和研究受文对象的上述接受心理，其写作效果是大不相同的。研究受体的接受心理，应引起公文作者和研究人员的高度重视。

第二章 公文写作主体的修养和能力

公文写作质量的高低，由公文写作主体的修养和能力决定。公文写作主体的修养和能力主要包括政治修养、知识结构和智能结构。

第一节　政治修养

由于公文具有明法传令、指挥指导、联系公务、沟通信息、宣传教育、引导舆论、记录记载、以为凭据的多方面作用，其内容具有强烈的鲜明的政策性，是为解决实际生产、工作中的问题服务的。因此，公文写作主体必须具备较高的政治修养。

一、坚定正确的政治方向

公文的性质和公文的写作主体所处的地位和作用，决定了任何时候都要把坚定正确的政治方向放在第一位。公文的写作主体绝大部分在党政机关、企事业单位和社会团体内工作，其工作岗位往往处于机关、单位、团体的中枢地位，其工作与活动对领导部门和领导人起着重要的助手和参谋作用。公文写作主体必须具备较好的政治品质，要求具有明确的政治方向、坚定的政治立场、敏锐的政治洞察力和政治鉴别力。

二、较高的政治理论水平

由于公文具有政策性强的特点和明法传令、指挥指导作用，这就要求公文的写作主体要有较高的政治理论水平。

公文的写作主体必须认真学习马列主义毛泽东思想，读原著、学原文、悟原理，并着力在正确把握党的最新理论成果的深刻内涵和精神实质上下功夫，在深刻理解党的最新理论成果的新思想、新观点、新论断上下功夫，在全面掌握科学理论的立场、观点、方法上下功夫。公文的写作主体只有具有了较高的政治理论水平，才能正确理解和贯彻国家的法律法规、党和国家的方针政策，正确领会上级和领导的意图。通过制作公文有效地参与政务，辅助决策，推动工作，才能不断地加强自我修养，提高自身的素质，全心全意为人民服务。

三、 实事求是的思想作风

实事求是，是我党的优良传统，是做好一切工作的基本条件，也是公文写作主体应该坚持的良好的思想作风。在撰拟公文的过程中，应当始终坚持实事求是的思想作风，深入调查研究，全面了解情况，获取丰富翔实的第一手资料。

在制作公文时，更应当按实事求是的原则办事。如果在调研中出了一些疏漏或偏差，还有弥补的机会，如果已经制作成公文，而且已经发生效力，那就可能铸成大错。所以，在制作公文中，总结工作成绩、检讨工作缺点时，要实事求是，不夸大，不缩小；在引用数据、资料时，要准确无误，不掺假，不发水；在规划发展远景时，要立足于我国社会主义初级阶段的基本国情，结合本单位基本情况，一切从实际出发，不浮夸虚构，不好大喜功；在文字表述上，要直陈其意，平易通俗，不搞花架子，不能哗众取宠。否则，我们制发的公文就不能充分发挥其应有的作用，甚至适得其反。

第二节　知识结构

我国社会主义市场经济体制的确立，社会生产力的提高，科学技术的飞速发展，对公文写作主体提出了更高的要求。他们必须具备广博的、必需的专业知识，才能承担起公文制作的重任。面对知识迅猛增长的现实，公文写作主体必须尽可能敏锐、广博地获取知识，为完成公文制作奠定基础；同时，还必须锻炼自身能力，增长才干，提高高效完成写作活动的技巧和本领。因此，公文写作主体应当建立一个较为完整合理的知识结构。

所谓知识结构，是指个体为实现一定的目标，在对人类知识体系进行学习和定向选择后，在自己头脑中形成的具有一定层次的互相协调的知识系统。

公文写作的主体作为“通才型”的人才，其知识结构一般应包括以下三个层次：

一是基础知识层，由科学文化基本知识、马克思主义基本理论知识、法律基本知识几大部分组成，是制作公文时必备的知识基础和依据。

二是中间知识层，由经济学知识、软科学知识、社会学知识、心理学知识等组成。掌握这些知识有助于公文写作质量、水平的提高，也有利于公文写作主体自身素质的提高。

三是专业知识层，这和公文写作主体本身所从事的工作性质、内容、范围紧密相关。如果说公文是传达、运载写作主体思想的工具，这部分专业知识就是构成公文内容的知识核心。

由于公文写作主体所要求的知识结构庞大、复杂，我们仅就其中的政治理论知识、管理知识、相关专业知识和写作知识作一些扼要介绍。

一、 政治理论知识

公文的作用和特点，决定了公文写作主体应当具有较为全面的政治理论知识，只有如此，才可能写出合格的公文。公文写作主体应掌握的政治理论知识主要包括：

（一）马克思主义基本理论知识

包括马克思主义哲学、马克思主义政治经济学、科学社会主义理论、毛泽东思想和邓小平理论、科学发展观理论。只有全面、完整地理解、掌握马克思主义、毛泽东思想和邓小平理论，认真领会习近平同志系列重要讲话精神，才能高屋建瓴，洞察全局，透过现象看本质，认识客观规律，把我们的事情办好。

（二）党的路线、方针、政策

要全面认真贯彻党和国家的路线方针政策，高举中国特色社会主义伟大旗帜，以邓小平理论、“三个代表”重要思想、科学发展观为指导，解放思想，改革开放，凝聚力量，攻坚克难，坚定不移沿着中国特色社会主义道路前进，为全面建成小康社会而奋斗。

（三）法律法规基本知识

中国共产党十八届四中全会，专题研究部署全面推进依法治国这一基本治国方略。依法办事是公文写作主体必须遵循的准则，尤其是一些公文本身就在明法传令，就具有极强的法规政策性。即使是在经济管理等方面的专用文书也离不开法律法规的规范。社会主义市场经济，从本质上讲，也是一种法制经济。因此，我们应认真学习宪法，有关法律、法规、法学理论，严格依法办事、依法行文。

二、管理知识

公文写作的主体，应该说都在从事管理或辅助管理工作，都是管理者，他们写作公文，就是运用公文这个载体来实施管理行为。所以，应当具备相应的管理学知识，掌握管理的一般原理、方法和技术等。

三、相关专业知识

这是一个相对宽泛的概念，也因公文写作主体的具体工作岗位不同而不同。以在党政机关、企事业单位工作而言，公文的写作主体除了必须了解我国的国情、省情、市情、厂情、校情之外，还需要掌握所在行业和机关的业务知识，以及办公厅（室）的业务知识。

（一）机关业务知识

从事党政机关工作的应当掌握本机关的有关知识。以政府机关为例，必须了解政府的机构设置、职权范围和隶属关系，以及诸如财政、税务、工商、农业、人事、劳动、文化、教育和科技等部门的职责分工与业务范围，否则，便难以胜任公文的写作任务。

（二）行业业务知识

在企事业单位工作的应当掌握本行业的有关知识。以在企业工作为例，必须了解本企业的组织机构、生产设施、工艺流程、国有资产、流动资金、原材料、能源动力，职工的技术水平与工程分布，科技人员、管理人员的专业与分工，产品的数量、质量、销售、市场动向，工艺和科技的发展方向，以及成本、利润、工资福利、规章制度等。

（三）办公厅（室）业务知识

包括机构设置、内部分工、部门职能，人员编制、工作任务、工作程序，工作制度、工作手续和办公设备的使用知识等。

四、写作知识

这是公文写作主体的必备知识。应当了解应用文的有关概念、分类和公文的作用，明确公文写作载体、客体和受体的特点。了解公文写作的思维特点，懂得公文写作中的常用思路。熟悉公文的撰写过程，掌握公文写作中确立主旨、选择、处理材料、安排结构的基本方法，学会编写提纲、起草和修改文稿。懂得公文写作的表达方式和语言特点，正确地、规范地使用公文语体。熟知有关公文写作的有关法规和规定，掌握各类公文文种的用途和写作要求。具备这些知识，对形成和提高写作能力具有积极的意义。

第三节　智能结构

所谓智能，是指一个人内在的智力和能力的总和。智能结构则是由个人的智力、能力因素所组成的互相联系、互相影响的动态综合系统。

在公文写作主体的智能结构中，智力是其核心要素，实质性地影响着公文写作的效能，是公文写作主体获取知识、发展能力的必要前提。所谓智力，就是保证人们有效进行认识活动的那些具有稳定心理特点的有机综合，主要包括观察力、记忆力、想象力、思维力和注意力等五个基本要素。

能力与智力紧密联系，而又有所不同。能力是人们在实践中高效率完成一定活动的本领。能力是在实践中形成、发展和表现出来的，因而具有实践性；能力是各种知识、智力与实践活动的综合结晶，因而具有综合性；能力是某些专业领域内所需要具备的实际本领，所以又具有专业性。在公文写作主体的智能结构中，能力是智力的主要检验标准，又是智力活动的主要目标，两者相互促进，共同发展。

在公文写作主体的智能结构中，最重要的是采集能力、思维能力和表达能力。

一、 采集能力

所谓采集能力，是指公文写作主体深入基层、现场、工作实际，采用谈话访问、现场观察、调查研究等方法，获取公文写作的第一手材料的能力。它又可分为调查能力和研究能力。

（一）调查能力

调查能力即全面、准确、迅速获取有关材料的能力。公文写作主体在进行采集材料的活动时，首先应制定缜密的调查计划，熟练运用座谈、访问、问卷等调查方法，及时记录、记载（包括运用录音、录像、拍照、复印等先进技术手段）所需的材料。

（二）研究能力

在现场调查收集到的材料，往往繁乱芜杂，这就需要公文写作主体具备较强的研究能力，才能围绕调查的主题和目的，经过大量认真、仔细的分析、整理、综合、归纳等工作，去伪存真，去粗取精，由点到面，由表及里，得出正确的调研结论，为公文的制作准备好真实、准确、新颖、典型的材料和正确观点的雏形。

总之，在采集材料的过程中，一定要保持明确的目的性、观察的客观性、搜集的全面性、思考的敏锐性和理解的深刻性。

二、思维能力

思维能力是人对客观世界的认识能力，它以观察、注意、记忆、想象为基础，又将其综合，使之深化。思维，是把感觉、知觉加以抽象、概括、比较、分析或综合，或是利用概念进行判断、推理。人的思维有深刻或肤浅、广阔或狭隘、灵活或呆板、清晰或紊乱、独创或因循、缜密或粗疏之分。公文的写作主体应培养和锻炼自己的思维能力，使思维敏捷、缜密，合乎逻辑，使思维具有广度、深度和创造性。从公文写作主体的具体情况看，尤其需要思维的敏捷和合乎逻辑。

（一）思维的敏捷性

所谓思维的敏捷性，指的是能在较短的时间内对客观事物进行认识，了解其表象和特征，了解其内在和外部联系，迅速地分析和综合，做出判断和推理。像公文拟稿，就需要才思敏捷，能迅速地对采集来的大量资料分类、甄别、选择，形成符合领导意图的观点，然后能较快地构思，准确地表达。

（二）思维的逻辑性

思维的逻辑性是指公文写作主体对客观事物的认识要掌握准确的概念，并善于作出正确的判断和科学的推理。从本质上讲，公文应该是一种逻辑构成，讲求严谨性，要条理清楚，言之成理，这就要求公文写作主体思维具有严谨的逻辑性。

三、表达能力

表达能力是人们运用语言、动作、表情等来表现客观事物或主观感受的能力。表达能力其实是人的多种能力的综合表现。文字表达和口头表达是人们的两种基本表达能力，而公文写作主体的表达能力主要是指文字表达能力。

文字表达能力是公文写作主体运用书面语言写作公文的能力，被看作领导和管理人员的看家本领和基本功之一。

由于公文在内容上的政策法规性、格式上的规范性，决定了对公文写作主体的表达能力有以下要求。

（一）准确

在公文写作中，不论是选字用词、判断推理、分析综合，还是阐释观点、表述意见、引用材料，以至语气的把握、标点的使用、格式的设计，都必须准确无误，无懈可击。

（二）简洁

公文应力求用最精练的语言，表达出最必要的内容，达到言简意赅，“文约而义丰”“言简而理周”。

（三）迅速

公文写作具有较强的时限性，迅速、及时是公文写作的一大特点，因此其写作主体就得具备出手快、下笔准的表达能力。

（四）得体

公文行文关系复杂，涉及范围广，公文写作主体必须充分掌握各类文种的不同特点和写作要求，准确把握公文的实质和内容，充分认识语言表达的对象和环境，使行文得体，分寸得当，充分发挥公文的作用。

第三章 公文写作中的思维

第一节　公文写作的思维特点

写作是思维的艺术，在公文写作过程中，熟悉生活、准备材料、构思成文，每个环节都离不开思维，思维主宰着写作的整个过程。写作有其共同的思维规律，如从客观——主观——客观及从物化——意化——物化这一认识论、反映论过程的转化规律等。而不同门类的写作，又有其不同的思维特征。一般说来，公文写作有以下思维特点。

一、构思行文主要运用逻辑思维

第一章第五节之四已详述，此处不再赘述。

二、思维主体注重群体思维

公文写作之外的其他写作，特别是文艺创作，是以个体思维为主的脑力劳动。个体思维是个人独自进行、独立运作的思维活动，尽管它有社会性的特点，要吸收别人的思维成果，但终究是以个人的思维活动来从事写作的，作品一般只反映作者个人的思维成果。公文写作则注重群体思维，这是一个群体目的、结果相对一致的思维活动。这一思维特点是由公文工具性的本质和公文写作服从性的基本特点所决定的。公文要代机关立言，反映集体的意志、领导的意图，其构思、成文、制发的整个过程，已经集中了领导和群众的众多意见、主意，不再只是某人的个人意愿，而是体现了集体劳动的成果、群体思维的结晶。

这就要求公文的撰写者要摆正角色地位，既要充分发挥个体思维的积极性，更要注意个体思维和群体思维相协调，服从于群体思维，尊重群体思维的结果。尤其要力求和领导做到思维共振、思维同步，撰写文稿时摆脱“小我”的约束，站在领导的角度思考问题，总揽全局，使所写的公文稿尽可能符合领导要求，符合工作实际，成为“大我”的心声。

三、 思维走势以定向思维为主

执笔者在起草公文时，通常有较强的被动性、服从性，不能过分强调表现自我所见所闻所思所感的主体意识。构思行文都要受到较大的制约，或是领导意图的制约，或是行文规则的制约。受其制约，构思确立主旨往往是“意在笔先”；选择材料常有一定的目标、范围；安排结构，直至选用文种、确定格式，都常常事先有个大体轮廓；语言也讲求得体。这一切，都反映出公文写作构思行文以定向思维为主，而不是可以随意采用发散思维、求异思维的。强调定向思维，有助于提高公文写作的质量和效率，使其不出格、不误时。

公文写作思维的定向，从宏观看，应服从党和国家大政方针的大局；从微观看，要服从于机关单位领导的意图、群众的意愿和工作实际。公文写作的构思行文以定向思维为主，但并不排除思维的创造性。

四、 思维过程常有一个由被动思维向主动思维的转化过程

文艺创作过程中，作者常有写作的激情冲动，有写作的兴趣、欲望、情绪，其思维起点通常是作者的主动思维。而公文撰写者常常是“奉命而作”，不一定是有感而发。有时即使无兴趣、不愿意、情绪不好，只要领导布置、工作需要，也得去写。公文撰写的思维起点常常是被动思维。但一味被动思维，就会缺乏写作的积极性，甚至影响写作质量，贻误工作。因此，在公文写作中，必须努力实现、尽快实现由被动思维向主动思维的转化，在被动中求得主动。由“要我写”变为“我要写”。撰写者、有关领导应通过各种努力，尽快实现这种转化。

五、 思维效率强调敏捷思维

公文实用性、时效性强的特点，要求提高办文效率，否则就要误事，就会影响到公务信息传输、反馈的及时性和有效性。这就要求公文写作要敏捷思维，不能像文艺创作

那样有时可以旷日持久地构思。

敏捷思维要求构思速度快，而构思速度取决于作者的基本素质、写作前有无准备、文种类型及内容容量等诸多因素。可见，强调敏捷思维，对公文撰写者提出了更高的要求，必须在提高写作能力的同时，注重“文外功夫”，以提高自己的思维速度和质量。

公文要写得快、办得快。这对写作、传播手段也提出了更高的要求。公文格式的规范化、标准化，公文处理工作的科学化、制度化、规范化，都有助于敏捷思维，提高办文效率。而以计算机为主体的办公自动化的推行，更为敏捷思维的运行添上了腾飞的翅膀。

第二节　公文写作的思路

一、 思路的含义

思路是思维活动的运行轨迹，文章的思路，就是构思文章时，作者有规律、有条理、有方向、连贯的思维过程的“路线”。思路是作者整体思维、系统思考的结果。正如张志公先生在《怎样锻炼思路》中剖析的：“作者的思路是他对客观事物怎样观察、理解、认识的反映。思路不是凭空产生的，而是以客观事物为基础的。客观事物反映在作者头脑里，经过观察、理解、认识的过程，形成了他对这件事物的印象、看法、态度或感情。把这些印象、看法、态度或感情理出一个头绪来，就是所谓思路。”

文章思路的发展和推进是有一定走向的，不同文体，可分别沿着时空线、逻辑线、情感线或意识流线展开思路。公文主要沿逻辑线和时空线展开思路。

文章的结构和作者对客观事物的观察、理解、认识以及思想脉络是紧密相关的。因此，结构实质上就是作者认识客观事物的思想脉络在文章结构上的反映，是作者思路的体现。只是不同的文体这种反映和体现的程度是不同的。文艺作品的这种反映和体现是曲折迂回的，深藏含蓄的；而公文的结构，通常是作者思路的直接体现。叶圣陶说：“作者思有路，遵路识斯真。”（叶圣陶：《语文教学二十韵》，见《叶圣陶语文教育论集（上册）》第 7 页，教育科学出版社 1980 年第 1 版。）

如果说结构是文章的骨架的话，思路则是文章的脉络。思路是结构的内核和基础，结构是思路的外在表现，有了结构，思路就可以物化了。文章的结构提纲，就是作者用文字把自己的思路反映出来。可见思路和结构的关系是十分密切的。文章结构是否严谨清楚，取决于思路是否严密清晰。有的文章结构杂乱无章，主要原因就是思路不清。所以，“思路，这是关乎文章结构的最根本的东西”（张志公：《怎样锻炼思路》，《中国青年》1963 年第 12 期）。为了完整、严谨、条理清楚地组织结构，为了写出通顺流畅的文章，准确地表达思想，就要先把思路理清、理顺。

二、 公文常用思路

写作是思维的艺术。在公文写作过程中，观察生活、采集材料是写作的基础和起点，构思阶段则是写作的核心和关键。从采集材料到写成文章，必须靠构思来实现从客观——主观——客观及从物化——意化——物化这一认识论、反映论过程的转化和联系。而构思的每个环节，如确立主旨、选择材料及安排结构，都离不开思维，思维主宰着构思的整个过程。

公文写作构思主要是运用逻辑思维来进行的。不同的文种，不同的写作意图和出发点，会运用不同的逻辑思维方法来构思，以形成文章不同的思路。而这种思路又常常体现在公文的结构形式上。

（一）归纳和演绎思路

这是运用归纳和演绎的逻辑思维方法形成的两种思路。

1. 归纳

这是从两个以上个别的、特殊的事物或道理的共同属性中，推出同一类事物或道理的普遍性结论的推理方法。它是从个别到全体，从特殊到一般的思维方法。公文写作中运用这种思维方法形成了归纳思路。如对某类客观事物共同规律的探讨，对先进经验或错误教训的提炼总结等，都可运用这种思路。

归纳又可采用以下几种方法。

一是完全归纳法，即穷究同类事物中所有个别事物，推出普遍性结论的方法。这种方法不允许漏掉任何一个性质相同的个别事物。例如《国务院关于表彰国家科委等单位长年深入基层开展扶贫工作的通报》，它概括而重点不同地历数了国家科委等 10 单位组成扶贫团（组）定点联系帮助贫困地区，使贫困地区经济、社会面貌发生了可喜变化；国家民委等 27 个单位也相继确定了扶贫联系点，不定期派干部为贫困户做好事，办实事；国家计委等其他中直机关都做了大量工作，为贫困地区解决了许多困难和问题。然后强调指出：“这些部门艰苦细致、卓有成效的扶贫工作，受到了贫困地区广大干部、群众的热烈欢迎，得到了社会各界高度赞扬。国务院特予通报表彰。”如不采用这种完全归纳法，文章的效果就不同了。

一般说来，运用归纳法来认识客观事物时，完全归纳法最可靠。但实际上，只在少数情况下才能做到完全归纳。一则因为人们很难在一定时间内完全无遗地穷究同类事物中的所有个别事物，特别是较大范围的同类事物。二则完全归纳法赖以凭借的个别事物总是发展变化的，这个别事物的显著变化，极有可能动摇甚至推翻原来归纳出的结论。因此，在工作、生活中，在公文写作中，较少用到完全归纳法。

二是简单枚举法，即根据某类事物部分对象的概括，推出一般性结论的方法。这属不完全归纳法。如《中共××县委员会关于向徐庆文、吴春山同志学习的决定》中，归纳出的结论是“徐庆文、吴春山同志忠诚地为党和人民的事业奋斗了一生，他们的一生是光荣的一生。他们不愧是我党的优秀党员”。而归纳出这个结论的依据，就是选择他们一生中一些典型事迹来介绍，而没有罗列出全部事迹（那样写没有必要，也因篇幅所限而不可能）。不少调查报告、总结、情况报告、表彰或处分的文稿，大都运用了这种方法构成思路。

简单枚举法运用虽然很方便，但它极容易出现轻率归纳，以致以偏概全使结论出现片面性、绝对化等错误。运用这种归纳方法，应注意：第一，不要轻易下结论，如果要下结论也不必因个别事物未能归纳而迟疑不决，可选择诸如“一般情况下”“大体上”“在一定条件下”等类限制词语，以表明其相对性，留有余地。第二，不要仅仅注意同类事物的数量或表面相似处，而忽略了同类事物的本质属性，使结论偏离事物本质。要注意对重要的归纳对象或结论进一步深入分析，充分考虑到时空变化后的情况，使归纳的结论更正确、更深刻。

三是科学归纳法，即由某类事物部分对象与某种属性有必然联系，推出这类事物都具有这种属性。它是以科学实验和科学分析的结果为主要依据，从研究同类事物的少数对象与某一属性之间必然的内在联系中，从探求现象之间的因果关系中，概括出普遍性结论。它比简单枚举法可靠，但其结论仍要受实践的检验。科学归纳法考察的对象要有典型代表性，才能使结论正确。说理性较强的公文常用此法展开思路。例如《××市经委关于国有大中型企业转换经营机制的调查报告》，正是通过对该市几个有代表性的国有企业的典型调查、科学分析，而得出该市国有企业转换经营机制的几条可行措施的。文章就运用了科学归纳法，必然性结论令人信服。

2. 演绎

这是从普遍性的前提推出特殊个别性结论的思维方法。它与归纳的思维方向正好相反，是从全体到个别、一般到特殊。我们根据一般原理（公理、真理、常识或人们认同的共识等）可认识到包含在这一原理中的个别事物或道理。由此可形成公文的演绎思路。例如《××市××局关于勤政廉政的规定》写道：“廉洁奉公是中国共产党的优良传统，是党的根本宗旨的具体体现，是党取信于民的根本保证，也是国家公务员应具备的职业道德。只有做到高效廉洁，党的工作才能得到群众的信任和支持，党的事业才能得到群众的关心和拥护，党和政府才有可能带领和团结大家同心同德，深化改革，实现‘四化’。全局干部特别是党员领导干部必须‘从我做起，从现在做起’，以身作则，勤政廉政。根据我局工作实际，特作如下规定。”这里采用的就是演绎思路。在说理性较强的公文中，较多运用演绎法。

写作中运用演绎法时，要注意到作为根据、前提的一般性结论必须正确无误，才能进行直接演绎。如果作为前提的一般性结论只是相对正确，那推理过程中在肯定其大多数个别事物或道理的同时，也要注意到个别事物的特殊性，以避免结论的片面性。

至于演绎法常用到的推理方法，本书就不详细介绍了。

3. 归纳和演绎的关系

归纳和演绎既是两种方向完全不同的对立的思维方法，又是互相依存的辩证统一体。归纳是演绎的基础，演绎的前提常常是依靠归纳而获得的。可以说，归纳的结论就是演绎的前提，离开归纳，演绎不可能进行。而归纳也离不开演绎，归纳时对个别事物的选择必须准确、典型，得依赖演绎法对这些个别事物进行检验，决定弃取，即根据尚未确定的、假设的一般去寻找、考察个别，才能正确进行归纳；而归纳得出的一般结论，也要靠演绎去验证、去推广扩大。正如恩格斯在《自然辩证法》里所指出的：“归纳和演绎……是必然相互联系着的。不应当牺牲一个而把另一个捧到天上去，应当把每一个都用到该用的地方，而要做到这一点，就只有注意它们的相互联系、它们的相互补充。”

公文写作中分别运用到归纳思路或演绎思路时，一定要注意到这种联系，以防出现片面性。

（二）总分思路

总分思路是运用综合和分析两种思维方法所形成的文章思路。分析和综合是两种最重要的辩证思维方法，因此，总分思路在公文写作中也是最为常见的思路。

分析就是把事物分成若干部分，分别加以研究，也就是由总到分，化整为零。对实体事物就是分解，对抽象事物分类地剥离就是剖析。综合就是把事物的各个部分联合起来，从整体上加以考察，也就是由分到总，集零为整。对实体事物就是组装，对抽象事物就是概括。

分析和综合也是互相依存、互相联系、互相转化的。分析是综合的基础，没有分析，认识不可能具体深入，也就无从综合；综合是分析的前导，没有综合，不能统观全局，就可能只见树木不见森林，分析就缺乏方向和目标。分析重在发现事物的本质，分析不是目的，而是认识事物的手段。分析之后，又要把事物的各个部分放到事物的整体中，放到各个部分的相互联系、作用和矛盾中，放到事物的运动、变化中去考察它的地位、作用，从而去把握其本质。而综合也不是现象的罗列，不是事物各个部分机械地相加，而是要按照事物各个部分间的有机联系，对事物各个方面作全面的、本质的反映，从而从整体上把握事物的特征。这也才是分析的目的。

比如我们要就某国有企业转换经营机制后的情况写一份调查报告，刚去调查时，我们对这个企业的认识是一般的、笼统的，甚至可能是模糊的。当我们逐一了解、考察了这个企业的产、供、销各个生产、流通环节，各级管理机构和生产部门，各类职工的状况甚至企业内外的各种联系，并且有秩序有步骤地对企业各个方面分析研究，然后对各方面的分析加以综合之后，我们对这个企业就有了比较全面、深入、科学的认识和了解了。这个朦胧的综合→分析→科学的综合的过程，就是运用这种思维方法认识事物的一般过程。

在公文写作中，文章要铺陈得开，首先取决于思路要拓展开。关键在于构思时要懂得分析，学会在分析基础上的综合。怎样对客观对象进行分析呢?

1. 善于分类和归类

把较为复杂的集合性事物中特征相同的类型分在一起就是分类。从一定的写作意图出发，把散乱的材料归拢成若干并列的类别就是归类。分类、归类是综合——分析思维方法中的重要步骤。分类、归类是全面、深入分析事物的基础。善于分类、归类，有助于分析事物时的条理化、系统化。例如要就某市党政机关的后勤工作改革写个专题经验总结，如果笼笼统统地写，就会不深不透，甚至使人看后不得其要。而把机关后勤改革分为机关事务管理、财务管理、房产管理、车辆管理、膳食管理、物资管理等类型分别介绍其改革的措施、办法，那就具体、深刻得多了。

分类、归类时要注意以下几点。

第一，分类要尽可能全面深入。分类可以有一次分类（也称一级分类）；也可多次（多级）分类，即把事物分成若干大类之后，再对每个大类继续划分，直到多级分类。所谓全面，就是说不论是一级还是多级分类，每次分类归类都要尽可能周全，不要遗漏有关事物，尽可能使分类出来的各方面内容与事物的本来面貌相符合。如单位的全面工作总结，对各方面工作情况和成绩可分类加以总结，视其工作成效可有详有略，但不能遗漏掉某方面的工作。所谓深入，就是说根据事物实际情况和写作意图，对分类对象能够分类的，应尽可能多级分类，以利深入说明、深刻分析。事实上，分类级数少，易看出事物全貌；分类级数多，能深入分析出事物的本质属性。

第二，分类标准要正确、灵活。对事物分类时，既可以按照事物表象等非本质属性为标准分类，也可按照事物本质属性为标准分类。但同一级分类时，要用同一的标准，以保证分类的正确。只有标准一致，才能使分出的各类事物具有并列关系、对立关系或矛盾关系，而不具有交叉关系。否则分类不正确，文章就会缺乏逻辑力量。例如某县政府在总结一年来深化改革，突出重点，各项工作取得显著成绩时，对各项工作作了如下分类。

- 水利设施恢复发展
- 农业战线抗灾夺丰收
- 工交战线转换经营机制初见成效
- 清河大桥建成通车
- 财贸战线承包收效
- 教科文卫工作取得成绩
  - 计划生育上新台阶
  - 科技兴农促进丰收
  - 高考升学率提高
  - 实现“创卫”目标
  - 坚持“两手硬”狠抓精神文明建设

无论一级分类还是二级分类，分类标准都不尽一致，因而内容显得零乱、交叉。如果按照这个分类框架写成文章，其效果显然是不会好的。

强调同级分类标准一致，也并不是说分类永远坚持同一标准进行。有时，对于较为复杂的同一事物，可以根据需要从不同角度，依照不同特点分类。例如对某机关干部队伍现状的调查，就可根据其年龄、文化程度、政治面貌、工龄等标准分别分组分类，但每组的分类标准仍是一致的。这样就能更全面地反映出干部队伍的现状。

分类标准的灵活性还体现在分类的相对性上。事物联系的相对性，决定了事物差异的相对性。有时在对事物分类时，要划分得绝对清楚是办不到的。有些事物难于归入各类，但又包含于各类之中，那就可以将其单独列为一类，这样也可使分类更科学、更周全。

2. 学会纵剖横断

分类是把复杂的事物分成若干相对独立的类型，分类后任何类型的事物都没有改变原来事物的性质。而剖析和分解则是相对独立的事物进行解剖，解剖分割后的每一部分却不具有原有整体事物的性质了。运用剖析和分解，可以深入事物内部结构研究事物，从而更深刻地认识事物的本质。剖析和分解事物通常采用纵剖和横断的方法。

纵剖就是纵向剖切，即从事物的发展过程上把它分成若干阶段，逐段考察和分析。对于本身存在时间阶段和发展进程的事物，写作时可采用纵剖的方法。横断则是横向分析，即从事物内部的各个侧面、各种因素上把它分成若干部分，逐一考察和分析。事物中各种要素处于并列关系的，写作时则常用横断的方法来分析。比如要写一份做好环境保护工作大检查的总结，可以用纵剖的方法去分析各个阶段的工作，从中总结出检查工作的做法和成绩。

分析环保形势，认清检查意义→加强舆论宣传，充分发动群众→统筹组织力量，做好检查计划→分步自查抽查，检查认真细致→严肃执法执纪，奖惩分明逗硬→总结经验教训，搞好环境保护。

也可以用横断的方法分析各个侧面的经验，从中探索检查工作的规律。

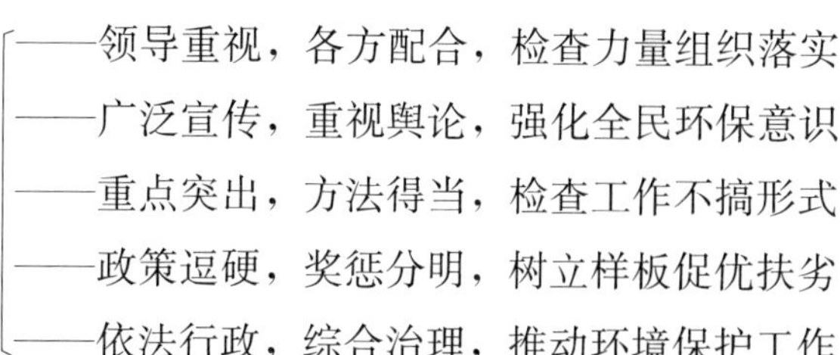
——领导重视，各方配合，检查力量组织落实
——广泛宣传，重视舆论，强化全民环保意识
——重点突出，方法得当，检查工作不搞形式
——政策逗硬，奖惩分明，树立样板促优扶劣
——依法行政，综合治理，推动环境保护工作

不难看出，用纵剖法分类，写出的总结侧重反映工作的进程、做法和成绩；而用横断法分类，写出的总结侧重探索工作中的经验和规律。两者的重点明显不同。而两种方法也常交错使用。

3. 注重定性分析与定量分析

对任何事物的分析，都离不开定性分析和定量分析。定性分析是对分析对象的各种因素及其性质作出断定和分析。定量分析是对分析对象及其各种因素间的数量关系加以判定和分析。前者注重对事物质的断定，后者注重对事物量的判定。而任何事物都是质和量的统一体，正如毛泽东同志在《党委会的工作方法》一文中指出的："对情况和问题一定要注意到它们的数量方面，要有基本的数量的分析。任何质量都表现为一定的数量，没有数量也就没有质量。"因此，要尽可能将定性分析与定量分析结合使用。这样使分析更加深入、准确，在表达上也更加直观，更有说服力。比如要反映一个地区经济和社会发展的成就，如果只有定性分析，会显得空洞，说服力不强；如果只有定量分析，又会显得枯燥，甚至使人不得其要。只有将两种分析方法结合起来，才会更准确、深刻、生动地说明事物的性质。

除上述分析方法外，还可分析事物的原因和结果之间的逻辑关系，这将放在因果思路中去介绍。

（三）因果思路

因果思路是运用探因和寻果的思维方法形成的文章思路。任何事物或现象与有关事物或现象都有一种因果联系，有果无因、有因无果的事物或现象是不存在的。探因和寻果正是发现事物间必然逻辑联系的一种思维方法。可以由因及果，先分析事情发生的原因，再推导出必然结果、结局、影响或发展态势。也可以由果溯因，先摆出事情结果或现状，再探究导致这种结果或现状的原因、条件或根据。公文写作中，从写作意图和考虑接受心理出发，较多采用由果溯因的思路。

公文写作中采用因果思维方法时，一是要全面分析导致结果或现状的原因。在诸多原因中首先抓住主要的、根本的原因，同时也不忽视次要原因。要实事求是地、全面地分析事物的内因和外因，不能只抓一点不及其余，防止片面性和绝对化。二是要深刻地分析导致结果的原因，要多问几个为什么，不能只满足于表面的、浅层面的原因。要深入分析，从原因中去探究产生原因的原因，这就是所谓因因分析。因为有时表面的原因也只不过是个现象，如果我们的分析浅尝辄止，只根据这个表层的原因得出结论，这种认识就可能是十分肤浅的。因此，要力求“打破砂锅问到底”，揭示出最深层的、最根本的、最起作用的原因，这样才有助于抓住事物的本质。比如某厂生产的传统产品出现销售疲软势头，要就此作出调查写出市场销售情况的调查报告。通过调查，发现销售疲软存在广告宣传不力、营销渠道不畅、产品包装陈旧、产品式样单一、产品质量下降等多种原因。经过分析研究，认定其中质量下降是关键。再进一步分析，质量下降的原因是生产第一线工人不顾质量，检验工不负责任。又深入分析，造成这种状况是管理不善，制度不严，职工普遍缺乏质量意识。再追本溯源，关键在厂领导班子缺乏市场优胜劣汰的竞争意识，只抓产品数量、产值，忽视产品质量。这样层层深入，抓住了深层次的根本原因，提出了“领导重视，狠抓质量，注重宣传，打通渠道”的对策，才能更好地指导工作。

（四）比较思路

比较思路是运用比较和鉴别的思维方法形成的一种文章思路。人们认识一切客观事物，总是通过比较来实现的。有比较才有鉴别，比较是一切理解、一切思维的基础。比较就是确定事物之间的差异和相似，鉴别就是辨析、判定，它是比较的结果。比较和鉴别是在事物的相互关系中认识事物本质属性的一种极为重要的思维方法。

比较大体可分时间、空间两类比较。时间比较是在历史形态上的比较，通过比较能发现同一事项或不同事物在不同时期呈现出的差异，这也叫纵向比较（纵比）、历史比较。空间比较是在现实既定形态上的比较，通过比较能鉴别出不同事物在同一时期呈现出的异同，这也叫横向比较（横比）、现实比较。纵比能追本溯源，使思路清晰，易于看到事物的发展变化，但思路又显狭窄，拓展不开。横比思路宽阔，易于看到事物与相关事物的差距，但又可能浮于事物表面，看不到事物的发展和实质。二者各有长短，可取其长综合运用，即采用方案比较法，又称为综合比标法或优选法。这是在同等条件下，综合考虑到时空等多方面因素，将几种方案、几种情况进行全面比较，鉴别出最佳方案、最正确情况来。在撰写规划、方案、可行性报告、经济预测报告、决策意见等文种的构思中，常采用这种综合比标法。

任何比较都要注意事物的可比性，即比较的标准（简称比标）要一致。比较一定要在有紧密联系的事物之间进行，否则会显得不伦不类。被比较的事物之间不但应有并列关系，还应有对立或矛盾关系，一般不应有重合关系、交叉关系或从属关系，否则也无从比较。要注意抓住事物的本质特征进行比较，以更深刻地认识和把握事物的异同和性质。还要注意比较的灵活性，根据实际情况和写作需要，从多角度、多方面对事物作比较，以便更全面、更准确地认识事物。

（五）递进思路

递进思路是运用递进思维方法形成的一种文章思路。递进思路是认识事物或事理由浅入深、由表及里、由低到高、由小到大、由轻到重、层层递进、循序渐进、逐步深入的一种思维方法。运用这种方法，可以深入地、清晰地阐释某些比较复杂的事理，说明某些比较复杂的关系，有助于深刻认识事物的本质属性，使文章有一定深度。因而一些说理性较强的公文常循此法形成文章思路。或者是认识问题的由浅入深层层推进，或者由提出问题——分析问题——解决问题。例如《农村文化活动设施量少质差的现状亟待改变》的调查报告，按以下思路写成：

××县农村文化活动设施量少质差→“文化饥饿症”带来农村精神文明滑坡→文化活动量少质差的主要原因→采取有力措施重视农村文化活动阵地建设

很明显，全文是典型的递进思路。

运用递进思路时，文章至少不得少于三个层次，否则就无所谓层递了。各层次常用一些表示递进关系的关联语句引出下文。各层次之间必须有直接的必然联系。要从前一个层次合乎逻辑地递进过渡到后一个层次，不能在逻辑上没有递进（层递）关系而只在关联词语上做文章。各层次间要环环扣紧，先写哪一层次，后写哪一层次，顺序不能随意调换、中断。

公文写作中的思路不止上述几类，但这些是常见的主要思路。既可以用其中一种思路形成文章整体格局，也可综合运用几种思路，但综合运用时一定有主有辅。以前面所举调查报告《农村文化活动设施量少质差的现状亟待改变》为例，全文总的是递进思路，而文中第一部分说明“量少质差的现状”时，分别从文化站（室）、农民夜校、电影和广播、墙报黑板报等四类文化设施数量的减少和私人录像点数量增加录像内容不健康的渐多等方面加以说明，这里既有局部的总分思路，又有局部的比较思路。文章第三部分分析原因与第一部分存在问题之间又是由果溯因的因果思路。

公文的撰写

第一节　交　拟

一、 交拟的含义和内容

领导向有关人员布置拟稿任务，交代写作意图、写作要求和有关事项，这一过程就是交拟。

交拟是撰制公文的起点，是必不可少的第一环节，是公文质量的首要保证、重要步骤。必须高度重视交拟。

领导在下达起草任务特别是重要文稿的起草任务时，不能只简单地交任务，而应向有关人员交代清楚写作目的、背景、要点、要求，有时还要尽可能为起草人员提供必要的参考材料。要使他们明确为什么写，主要写什么和该怎么写。

二、 交拟的方式

从领导者的角度看，有领导个人交拟、领导班子集体交拟两种方式。机关多数文稿采用前一种方式交拟，但重要、大型的文稿，如工作报告、重要决定等，常由领导班子集体向起草者交代写作意图和要点。

从拟稿者的角度看，有直接交拟和间接交拟。直接交拟是领导采取个别谈话或者会议方式，向拟稿者布置起草任务。间接交拟则是由秘书部门、业务科室负责人向起草者转达领导下达的起草任务。

从交拟形式看，有口头交拟和书面交拟。口头交拟是领导者采取个别交谈或者会议形式向起草者说明起草任务。书面交拟则是领导者通过在文件处理单上签注批办意见，或对有关问题批示办文意见等方式布置起草任务。发文办理例行公事、处理一般事项，多采用书面交拟方式。

从交拟程序看，分一次性交拟和多次性交拟。一次性交拟是指领导将文稿的写作目的、写作要求和写作要点等，向起草者一次交代清楚。多次性交拟则是指领导反复向起草者交代写作意图、要点、内容，阐明一些重要的观点，调整文稿的思路。多次性交拟对保证文件的质量有重要作用。

三、交拟注意事项

公文写作中，领导和撰稿人对“交拟”这一环节，都应具有严肃认真的态度，各自根据自己的职责做到对国家、人民高度负责，具体说来，要注意如下几点：

（一）高度重视，明确制文目的。

（二）领导向有关人员交代写作任务时，既要给任务，又要给条件。

（三）注意党和国家的有关方针政策及国家法律、法规要求。

（四）注意调查研究，及时了解对交拟内容的反馈意见，不断充实、完善甚至校正交拟内容。

（五）掌握公文有关文种体式的规范要求、发送对象和阅读对象的范围要求。

第二节　确立主旨

一、主旨的含义和作用

公文主旨是社会生活的客观反映和作者主观思想结合的产物，是文稿中通过全部写作材料所表达的中心思想和公务活动的行为意向的统一。可见，公文的主旨，一般由写作目的和中心思想（或主要内容）两部分内容组成。但一些短小的公文如任免令、公告等，其主旨可以只写主要内容而不必写出写作意图。

确立公文的主旨，要寻求对具体事物或问题的正确认识，追求公文行文目的和写作材料的统一，准确把握公文的中心思想及主要内容。

公文的写作主旨，在文稿构思写作的过程中是统帅、是轴心，起着纲领作用。它决定写作材料的取舍和详略、结构的布置和安排、语言表达的方式等。

二、 对主旨的要求

（一）正确

公文主旨关系着公文价值和生命。公文的主旨，首先必须符合国家的法律、法规，符合党和国家的路线、方针、政策。其次必须符合实际情况，必须揭示事物本质，反映事物的内在联系和发展规律。还必须经得住实践和时间的检验。为此，写作中就应该实事求是，科学客观，尽可能地“吃透两头”。

（二）鲜明

公文主旨的鲜明，是指观点直白、显露，态度明确、明朗，不模棱两可，不含糊暧昧。无论是赞成或反对、提倡或禁止、肯定或否定都要旗帜鲜明，使人一目了然。

（三）集中

公文主旨的集中，是指内容要单一，要一文一旨，要凝聚，不可多中心。只有这样，文稿才能写得集中、深刻、重点突出，才能有好的表达效果，容易为受文对象理解、掌握和执行。为此，写作中要注意对思路作定向控制。

三、 公文主旨的确立及显示方法

（一）公文主旨的确立

如何确立公文的主旨，实际上是公文写作如何形成主旨的问题。确立公文写作主旨的途径有：

1. 来自机关单位领导

机关单位领导意图对确立公文主旨是极为重要的。它是某一机关、单位领导依据国家的法律、法规及党和国家的路线、方针、政策，为解决本部门、本单位的某个（或某些）具体问题提出来的。是党和国家方针、政策的具体化，是机关、单位意志的体现。公文写作是一种遵命行为，因而撰稿者在接受拟写任务时，一定要善于领会和把握领导的意向。

2. 来自工作实践

工作中必然会遇到一些实际问题，如要求立即回答、处理和解决问题，要制定政策、布置任务、提出处理办法，要向领导请求指示、反映情况或提供参考，要进行洽商、研究等等，这些都可能成为公文写作的主旨。

3. 来自党和国家以及上级的文件

我国党政机关、企事业单位的工作，都是根据上级的文件及其精神进行的。因而公文写作的主旨往往直接根据国家的法律、法规，党的路线、方针、政策和上级的文件精神来确立。

（二）公文主旨的显示方法

显示公文主旨，实际上是解决如何表述公文主旨的问题。

1. 标题点旨

用标题概括点明主旨，即题目明旨。如《成都市人民政府关于取消聘请外国专家单位资格认可行政许可事项的公告》《增强服务意识，繁荣社会主义文艺——中宣部文艺局、人民日报文艺部联合召开学习毛泽东〈在延安文艺座谈会上的讲话〉座谈会纪要》，都在标题中概括点明了主旨。

2. 开宗托旨

在正文开头用主旨句来托出写作主旨，即开门见山、开宗明义。通知、通报、通告、报告等常用此方法。如《成都市人民政府关于限期拆除违法违章建筑的通告》，正文开头就写道："为加强我市城市规划建设管理，认真贯彻落实建设部、省人民政府关于开展'城市规划年'活动的要求，巩固发展创建国家卫生城市成果，根据《中华人民共和国城市规划法》《成都市城市建设管理条例》的规定，现就限期拆除违章建筑通知如下。"法规、规章则往往将其第一条作为写作主旨。如《中华人民共和国教师法》第一条："为了保障教师的合法权益，建设具有良好的思想品德修养和业务素质的教师队伍，促进社会主义教育事业的发展，制定本法。"

3. 篇末点旨

在公文正文的结尾"卒章显志"，点明写作主旨，即篇末点题。如《共青团成都市委关于表彰萧明等同志英勇抢救列车的通报》（1993 年 8 月×日）正文的结尾："为了表彰萧明等同志的英勇事迹，团市委决定授予萧明'模范共青团员'的称号，给予李小艳、王玲娟、杨华通报表扬，并给予他们物质奖励。希望全市共青团员、广大青年学习他们英勇无畏的革命精神，为祖国和人民争作贡献。"

4. 呼应显旨

在正文的开头和结尾前后呼应，以突出主旨。如《优质优价不失为解决"就医难"矛盾的良策——从北京儿童医院患儿家长意向调查看医疗收费制度改革的可行性》一文，开头写道："生产、销售等经营部门的商品实行优质优价，已经为人们所接受。但医院能不能实行？有的同志存有疑虑。为此，我们最近对北京儿童医院门诊患儿家长的就医意向进行了连续一周的抽样调查。”文稿的结尾则写道：“这次抽样调查的结果有力地说明，当前群众对医疗服务存在着多层次的需求。因此，根据服务水平实行多层次的收费标准，优质优价是完全符合实际的，它一定会得到患者的理解和欢迎。我们对此不应再有顾虑。可以相信，医疗服务实行优质优价必将大大增强医院的活力，也将进一步强化医疗单位的竞争意识，这将有利于扩大医疗服务范围，提高医疗质量，从而使广大患者直接受益。”

5．转换揭旨

在内容重大转换处揭示主旨，即片言居要。如《四川省农牧厅、四川省国土局关于加强国营农场土地管理的报告》中，在说明国营农场土地近年来较为突出地被一些地方划拨与占用，严重影响了农场繁育良种、示范和推广先进农业技术任务的完成，影响了农场的巩固和职工的生活，造成不安定因素，增加了国家的负担之后，内容转换，就用如下语句直截了当地揭示主旨：“为了切实保障国营农场生产用地，管好用好土地，发挥好农场‘一个中心，三个基地’（繁育良种和农业科技试验、示范中心，商品生产、外贸出口产品和城市工矿区副食品生产基地）的作用，特提出如下意见。”

6．小标题显旨

把主旨分解成几个部分，每个部分用一小标题来显示，即一线贯通。如题为《加强市场经济条件下卫生防疫部门的职业道德建设》的工作研究，其主旨针对当前卫生防疫队伍中存在不少令群众不满意的问题，提出卫生防疫部门的职业道德建设必须加大力度，采取切实可行的措施。这个主旨体现在该文的三个小标题句中：“一、加强职业道德教育，增强职业责任感；二、建立完善、严格的道德行为规范；三、强化监督机制，发挥职业道德规范的效应。”也有一些主旨句不是以小标题形式出现，而是以段旨句或条旨句的形式出现。

必须说明的是，在公文写作中，为使写作主旨更加突出、鲜明，常常将以上显示主旨的方法综合使用。

第三节　选择材料

一、材料的含义及作用

公文的材料，是指为了写作公文而采集的，用以提炼、确立、表现写作主旨的事实与理论。

它既包括写作者在写作前搜集、积累的各种事实、数据、意见、观点、经验、问题以及上级的有关指示精神等，也包括用在文稿中表现写作主旨的所有材料。从材料的性质形态分，公文的材料可分为事实材料和理论材料两大类。人物、事件、工作情况、现象、细节、数据图表等是事实材料。经典著作、文件、报刊重要社论、重要理论文章及领导讲话观点等则是理论材料。从获得途径分，则有直接材料和间接材料。

公文的材料既是提出问题的依据，形成主旨的基础，又是表述观点的物质内容。如写一份通报，往往要用一些表彰或批评有关单位及人员的先进事迹或错误事实作材料，以教育某些单位和人员。如果没有翔实的材料，就不能使主旨得到具体、有力的证明，也就难以发挥通报的引导、教育作用，使读者信服，实现由精神向物质的转化。

二、 选择材料的要求

材料是公文写作的前提和物质基础。没有充分翔实的材料，是写不出好的公文来的。因此，从事公文写作，首先要搜集好丰富、准确的材料。但由于写作者采集能力的高低和对客观事理认识程度的深浅不同，加之受到时间地点或其他条件因素的限制，就使写作者所搜集到的材料不可避免地真伪混杂、良莠并存。因此，写作时必须根据所写文稿的具体要求，对搜集到的材料作一番严格的鉴别和筛选，从核实无误的材料中选取最有价值的、最适用的材料适量地写进公文里去。

撰写公文选择材料的标准是确凿、切题、典型、新颖。

确凿，即真实、准确，是指写进公文里的材料，无论是大的事件、小的细节，或是一句引语、一个数据，都不允许有丝毫的失实或虚假，必须做到一真二准，确凿无误。这是公文选择材料必须坚持的一条基本原则。材料的真实可靠是公文产生令人信服的现实效应的前提和基础。如果材料不真实，有偏差，便会使人对整篇公文产生怀疑。写作中要保证材料确凿，就必须坚持实事求是，注重事物本质的真实，注意核查，防止和克服诸如“凭空编造想当然”“道听途说以讹传讹”“华而不实笔生花”等错误做法。

切题，是指写进公文里的材料，必须有针对性，能紧扣写作主旨；有实用性，能具体显示或说明观点。材料是否切题，要以主旨作为衡量的标准。一个材料对这份公文可能不切题或不够切题，要舍弃；但对另一份公文可能比较切题或十分切题，应当选用。材料是否切题的实质是观点和材料是否统一的问题，我们应当做到观点统率材料、材料表现观点。材料与观点分离是公文写作的大忌。

典型，指写进公文里的材料，应该是深刻地揭示事物的本质，又具有代表性与说服力的材料。典型的材料能以一当十，令人注目，具有支撑观点的基础作用。例如《财政部关于外商投资企业必须依法委托注册会计师验资查账的通知》中，采用了“在已开业的外商投资企业中，委托注册会计师验资的只占41%，委托注册会计师查账的只占48%”这一典型材料，有力地说明了问题的严重，为重申凡批准设立外商投资企业必须委托注册会计师验证并出具验资报告书这一规定提供了坚实的依据。为此，应当根据公文主旨和观点的需要，在同类材料中选出最有代表性、最有特点和最有说服力的材料来。

新颖，是指写进公文里的材料，应该是有强烈的时代感，能够表现客观事物的发展变化趋势，反映客观事物的最新面貌，以及现实生活中人们最关心的那些新人、新事、新思想、新成果、新问题的材料。为及时解决各种实际问题而撰写的公文，本身具有很强的现实性和目的性。因此，撰写者必须善于从发展变化着的现实中选取新的材料，才能更好地发挥对社会实践的指导作用。为此，写作者要跟上时代步伐，进行科学思维，用新的眼光考察各种现象，以高度的敏感发现新事物、新经验、新问题，以选出新颖的写作材料来。

三、 材料处理的具体方法

（一）类化法

这是按材料的共同属性和特征将纷繁的材料进行梳理和归并，使之显示出“类”的特点。这个工作的关键在于确定一个能反映事物本质特征的、与分类目的相适应的、始终一贯的标准，没有这个标准的分类是没有多少意义的。公文写作中，用这种方法可以找出各“类”间的内部联系，从而逐渐提炼出有价值的小观点甚至全篇的主旨。这种类化后的材料因其具有重要的类别特征而极具使用价值。

（二）筛选法

这种方法强调对材料的选用不能停留在一般的认识上，必须像掘土找矿、沙里淘金、凿璞发玉那样，反复地多次地鉴别、筛选，力求从纷繁的材料中找到那个最切合主旨的材料，或那个材料最深刻的含义、那个材料与主旨的切合点。

（三）浓缩法

这是把有价值但又非常详尽纷繁的材料加以压缩，使之更为凝练地、去粗取精地处理材料的方法。用这种方法处理材料要采用留主干、抓要点、除细节、科学抽象等方法，以凝聚出对表现事实或说明观点最有价值的内容。

（四）截取法

这是选用一个完整事件的片断或一个完整事物中的部分去表现观点的一种删繁就简的处理材料方法。用这种方法，不求事件的连贯、事物的完整，只求能言简意赅地说明问题和阐明观点。那些叙事性较强的公文，如简报、通报、调查报告以及公文中的叙事性较强的部分，常用此法。运用此法要注意：

1. 要服从公文写作主旨的需要。从写作目的和材料本身的实际（诸如在文稿中的地位与作用、本身的构成与被读者接受的程度等方面）综合考虑。
2. 不能断章取义，扭曲原意。
3. 要注意上下文衔接过渡的自然顺畅及表述角度的前后一致。

三、合理安排材料

合理安排材料，是指公文写作中要根据表现主旨的需要，按照一定的思路去逻辑地、和谐地组织材料，使材料与观点形成一个有机的整体。

公文安排材料的方法主要有：

（一）先亮观点，后举材料

这是先用层、段、条首句概括出观点，然后列举理论材料或事实材料来陈述观点的方法。用这种方法安排材料优点是观点鲜明，引人注目。

（二）先举材料，后亮观点

这是先举事实、列举数字或说明根据，然后推导出结论、归纳出观点的方法。这种方法的优点是由事到理，说服力强。在叙事性公文或文中叙说性较强片断的写作中常用此法。

（三）边举材料，边亮观点

这是一边举材料，一边亮观点的夹叙夹议的方法。这种方法的优点是既摆事实又讲道理，行文层层深入，使人便于理解。公文中就事说理较强的部分常用此法写作。

第四节　安排结构

一、 结构的含义及作用

公文的结构，指公文内部的组织构造及其所反映出的外部形态，安排结构即是公文的谋篇布局，实质上是解决以怎样的思路来处置材料，用怎样的外部形态来反映内容的问题。文学作品都讲究章法变化，反对模式，提倡创新。而公文因其自身的实用性质，从一开始就强调结构的程式化、格式的规范化，这有利于保证公文的科学性、效用性、统一性和权威性，便于撰写、阅读、理解、传递和保管，提高办事效率。一篇好的公文的结构，要能准确、充分、清晰地表现内容、表达主旨，以激发阅者的阅读兴趣，使其顺着作者的思路准确、完整地理解和领会公文的内容，更好地办理和执行公务。

二、 结构的基本内容

（一）标题

公文的标题是公文结构的有机组成部分，公文的标题要做到中肯、简明、醒目和得体。

中肯是指标题既要能揭示主旨，又要能展示写作内容。简明是指标题要简洁明快，不拖泥带水。醒目是指标题要鲜明突出，引人注目，激发阅读欲望。得体是指标题要符合公文相应文种的有关写作规范。

公文的标题通常有三种形式。

1. 公文式标题

公文式标题即公文标题，它程式性强，表达平直。一般情况下，它由发文机关、事由和文种三项组成，人们把它称为“三要素”。

2. 新闻式标题

新闻式标题即通常说的文章题目式，它又可分单标题和双标题。

单标题即单行标题，通常有三种标题方式：

（1）主旨式标题提出公文的主旨，如《必须按照中国特色社会主义事业总体布局》《药品销售中回扣现象再也不能继续下去了》。

（2）事实式标题陈述基本事实、情况，如《大巴山捕蛇严重导致鼠害猖獗》。

（3）问题式标题提出问题，规范内容走向，如《低碳乡村梦想遥远?》。

双标题即有正题和副题的双行标题，其中正题符合单标题的要求，更多地突出公文的主旨，副题则对正题起补充说明的作用，通常说明公文写作的内容范围和文种，如《高校发展重在学科建设——××××大学学科建设实践思考》。这种标题信息量丰富，表现灵活，简报、信息快报、总结、调查报告等常用这种标题。

3. 四项式标题

这是由公文式标题变通而成的一种规范的标题形式，通常由单位（或对象）、时限、事项和文种等四个部分组成。如《四川省人民政府 2016 年工作要点》《×××市××研究所 2015 年度科研工作总结》等。这种形式的标题程式性强，常用于公文中的计划、总结以及法规、规章、经济文书等。单位（或对象）、时限，可以视具体情况而省略一项或两项。

不管用什么方式标题，作为公文，其标题的关键都在于显示主旨或者提示主要内容，这是硬性的要求，也是与文学作品灵活多变、异彩纷呈的标题的不同之处。

（二）开头

公文的性质和特点决定了公文的开头必须直截了当、开门见山，愈简洁愈好。开头应当点题或揭示公文的内容走向，并领起下文。常用的开头方式有：

1. 概述情况

这种方式要求开头简明扼要、切题地介绍有关情况或背景。报告、会议纪要、总结等常用此法开头。运用概述法开头，概述情况要根据文种的不同而有所侧重，力争开门见山，直截了当，以达到迅速引出正文的目的。如《国务院关于开展第三次大督查的通知》（国发明电〔2016〕4 号）的开头："今年以来，各地区、各部门认真贯彻党的十八大和十八届三中、四中、五中全会精神，围绕中央经济工作会议部署和《政府工作报告》提出的任务要求，坚持稳中求进工作总基调，积极适应经济发展新常态，着力推进供给侧结构性改革，实施创新驱动发展战略，大力推动大众创业、万众创新，培育发展新动能，各项工作取得积极进展。但一些地区和部门还存在改革不深入、工作不协调、政策不配套、措施不到位等问题，存在个别干部懒政怠政和不作为乱作为等现象，影响了决策部署落地生效。为进一步推动各项重大政策措施贯彻落实，国务院决定对各地区和各部门工作开展第三次大督查。现就有关事项通知如下。"

2. 说明根据

这种方式多用于公文制作，开头即引用上级指示精神或有关法律、法规，常以"根据""遵照""按照"等词语领起下文，鲜明标示出行文有据，表明公文内容的权威性。通知、批复、规章等常用这种方式开头。如《成都市禁止违法建设管理规定》的开头：

第一条　为了加强城市规划管理，禁止违法建设，保证城市规划的顺利实施，根据

《中华人民共和国城市规划法》《四川省〈城市规划法〉实施办法》和《成都市城市建设规划管理条例》等法律、法规，结合成都市实际，制定本规定。

3. 直陈目的

这种方式开头，常用“为了”“为”等介词领起下文。法规、规章、决定、通知等公文常用此方式。如《海南省人民政府关于加快发展互联网产业的若干意见》（琼府〔2015〕42号）开头：“为贯彻落实国家‘互联网＋’的战略部署，顺应新一轮科技革命和产业革命趋势，加快发展互联网产业，推动全省经济转型升级，全面提升海南国际旅游岛建设水平，结合我省实际，提出以下意见。”

4. 交代原因

这种方式开头，常用“由于”“因为”“鉴于”等词领起下文，也可直接陈述发文原因。如《××市防汛指挥部关于做好201×年防汛工作的紧急通知》的开头：“鉴于目前汛期已到，及早做好防汛工作，对保障国民经济建设顺利进行和人民生命财产安全至关重要……”

5. 阐明观点

这种方式开头先提出观点，或者点明主旨，接着加以解释说明，以引起读者的重视。如《国务院关于统筹推进县域内城乡义务教育一体化改革发展的若干意见》（国发〔2016〕40号）的开头，就提出：“义务教育是教育工作的重中之重，是国家必须保障的公益性事业，是必须优先发展的基本公共事业，是脱贫攻坚的基础性事业。当前，我国已进入全面建成小康社会的决胜阶段，正处于新型城镇化深入发展的关键时期，这对整体提升义务教育办学条件和教育质量提出了新要求。同时，户籍制度改革、计划生育政策调整、人口及学生流动给城乡义务教育学校规划布局和城镇学位供给带来了巨大挑战。在许多地方，城乡二元结构矛盾仍然突出，乡村优质教育资源紧缺，教育质量亟待提高；城镇教育资源配置不适应新型城镇化发展，大班额问题严重。为落实全面建成小康社会要求，促进义务教育事业持续健康发展，现就统筹推进县域内城乡义务教育一体化改革发展提出如下意见。”

6. 表明态度

这种方式开头直截了当地对批转、转发或发布的公文或者有关的事项、会议表明态度，作出评价，提出看法。如《四川省人民政府批转省安全生产委员会关于进一步加强安全生产工作报告的通知》开头写道：“省政府同意安全生产委员会《关于进一步加强安全生产工作的报告》，现转发你们，请结合实际认真贯彻执行。”

7. 引述来文

这种方式开头先引述对方来文、来电的标题、文号，然后引出下文。复函、批复普遍使用此方式开头。如《国务院办公厅关于同意建立农村留守儿童关爱保护工作部际联席会议制度的函》（国办函〔2016〕30 号）的开头："你部关于建立农村留守儿童关爱保护工作部际联席会议制度的请示收悉。经国务院同意，现函复如下：国务院同意建立由民政部牵头的农村留守儿童关爱保护工作部际联席会议制度。联席会议不刻制印章，不正式行文，请按照国务院有关文件精神认真组织开展工作。"

8. 提出问题

这种方式开头摆出问题，提示公文的主旨或主要内容，引起阅读者的注意与思考。各类调查报告常用这种方式引入。比如《××市教育局关于学生素质教育的调查报告》的开头这样写道："在变应试教育为素质教育的口号下，我市教育部门的领导、专家和各中、小学的校长、老师们做了大量工作，极大地减轻了学生的学业负担，开展了丰富多彩的课余活动，学生的德、智、体、美、劳和多种技能得到了全面发展。但是有不少人担心，这是否会影响教学质量，学生的学习成绩会不会因此而有所下降呢？带着这个问题，我们用一个月时间作了如下调查。"

大多数情况下，公文的开头，是上述方式的结合运用。比如行文原因和目的的结合，发文根据和目的的结合，概述情况和阐明观点的结合等。如《教育部科技部关于加强高等学校科技成果转移转化工作的若干意见》（教技〔2016〕3 号）的开头："为深入贯彻落实《中共中央国务院关于深化体制机制改革加快实施创新驱动发展战略的若干意见》《中共中央关于深化人才发展体制机制改革的意见》和《中共中央办公厅关于印发深化科技体制改革实施方案的通知》精神，推动高校加快科技成果转移转化，依据《中华人民共和国促进科技成果转化法》、国务院《实施〈中华人民共和国促进科技成果转化法〉若干规定》和国务院办公厅《促进科技成果转移转化行动方案》，结合高校实际，提出如下意见"就是目的和根据的结合。又如《中共中央关于加强社会主义精神文明建设若干重要问题的决议》的开头："中国共产党第十四届中央委员会第六次全体会议，根据全面实现我国国民经济和社会发展'九五'计划和 2010 年远景目标要求，分析了社会主义精神文明建设面临的形势，总结了经验和教训。鉴于教育和科学的发展中央已有全面部署，本次全会主要讨论思想道德和文化建设方面的问题，并作出如下决议"就是根据和原因的结合。

（三）结尾

公文常见的结尾方式有以下方法。

1. 作强调

正文结束时对文中的主要问题作强调说明，以引起阅读者的重视。如 1996 年 1 月 27 日通过的《中国共产党中央纪律检查委员会第六次全体会议公报》的结尾："全会指出，1996 年反腐败工作总的要求是，以邓小平同志建设有中国特色社会主义理论和党的基本路线为指导，全面贯彻党的十四届五中全会精神，紧紧围绕经济建设这个中心，坚持反腐败三项工作的格局，加强思想政治建设，强化党内监督机制，标本兼治，综合治理，把反腐败斗争进一步引向深入，保证中央经济工作会议确定的1996年经济工作方针和任务落到实处，为‘九五’计划顺利实施创造良好环境。”

2. 作请求

正文结束时，写上请求上级批复、批转、批准或请求对方帮助之类的话语。公文中的请示、函普遍使用此法结尾。

3. 作总结

正文结束时，对文中的主要观点或问题作出归纳或总结，使读者对全文有一个较完整的印象。例如首都钢铁公司的专题性经验总结《从落实责任制入手加强企业管理的基础工作》，在交代背景、将经验实施的全过程分三个阶段说明之后，结尾将三条经验归纳起来，上升到理论高度加以肯定，指出：“实践说明，制定岗位考核标准，严格按标准考核和根据考核结果实行奖惩三位一体，是落实岗位责任制，把企业各项管理基础工作进一步扎根基层的行之有效的办法。”这就深化了主旨，给人以完整的印象。

4. 作要求

正文结束时提出要求、希望或发出号召。如《中国共产党第十八届中央纪律检查委员会第六次全体会议公报》的结尾：“全会号召，要更加紧密团结在以习近平同志为总书记的党中央周围，求真务实、真抓实干，不负重托、不辱使命，不断开创党风廉政建设和反腐败斗争新局面，为夺取全面建成小康社会新胜利作出新的更大贡献。”

5. 作补充

正文结束时，补充交代有关事宜。通知、法规、规章等常用这样的结尾。如《党政机关公文处理条例》的结尾：“第四十二条　本条例自2012年7月1日起施行。1996年5月3日中共中央办公厅发布的《中国共产党机关公文处理条例》和2000年8月24日国务院发布的《国家行政机关公文处理办法》停止执行。”

6. 显文种

以模式化的方式把名词性文种作动词使用，并以此结尾。如“特此通告”“特此通报”“特此通知”“特此报告”等。

除上述几种结尾方式外，还有祝贺、慰问式的结尾。也有主体部分即意尽文完，自然结尾。

（四）层次

每篇应用文都是反映一定事理的逻辑体系，它包含着若干层次。所谓层次，是作者在表述主旨过程中形成的相对完整、相对独立的思想单位和意义单位，通常称“意义段”，它是作者思路的展开步骤和公文内容阶段性的逻辑体现。

公文的层次是公文正文结构安排中的一个重要内容，必须予以高度重视。一篇公文正文的层次组成及划分是否清楚和合乎逻辑，直接关系到公文主旨的表达并因此影响阅者对公文内容的理解。

（五）段落

段落是文章布局谋篇的基本单位，是作者为了表达文章思想内容而作出的划分，习惯上称作“自然段”，一般有换行空两格的明显外在标志。公文正文分段的目的，在于清晰而有次序地把内容展示出来，它着眼于表达的效果。

公文正文写作中，划分段落的原则是必须做到单一、完整、有序与合理。单一，指在一个自然段里，只说一个意思，不把其他无关的意思混杂在一起说。完整，指一个自然段把一个意思说完全，不残缺不留尾巴，除为了特殊的表达效果，一般不把一个意思分散在几段去说。有序，指段内的句子之间、段落之间的组合关系要合理，要有逻辑性与连贯性。合理，指段落的划分要注意长短适度，匀称得当，既要服从公文内容表达的需要，又要注意公文阅读者接受心理的需要。

（六）过渡

过渡，指文章中相邻层次、段落间的衔接。它的作用是承上启下，使文章内容转换更自然，联系更紧密，文气更通畅。公文正文写作中，需要过渡的地方，一是内容的转换处；二是行文的开合处；三是表达方式的转换处。具体说，一是内容从一个方面转到另一个方面，或从一层意思转移到另一层意思；二是总述到分述，或由分述到总述的开合处；三是由一种表达方式转换到另一种表达方式时，如由叙述到议论的转换等。公文正文写作中过渡的方式有四种：一是以词语过渡，如“为此”“对此”“总之”“由此可见”“综上所述”“但是”“相反”等；二是用总括句、设问句等表承上启下的句子过渡，这些句子可以放在前段的段尾，也可放在后段的段首；三是用一个相对独立的自然段来承转过渡；四是不用任何明显过渡标志，而是靠文中内容的内在联系过渡。

（七）照应

照应，指文中不相邻的层次、段落间的关照与呼应。它的作用是加强文章前后内容的联系，增强文章的整体感。内容复杂、头绪众多、篇幅较长的公文，结构安排上尤其要注意照应。公文写作中的照应，主要用于强调公文内容重点，引起读者注意；突出公文写作主旨，以加深读者印象；深化公文写作主旨，帮助读者了解公文的脉络和内在联系。

常见的照应方式有：

1. 首尾照应。这种照应使文章首尾圆合，结构严谨。

2. 文题照应。公文的标题往往体现其主旨，照应标题有突出主旨的作用。

3. 前后照应。围绕主旨或基本事件，行文中针走线行，多处照应。这种方式由于多处相互照应、发挥，可以起到强化主旨、突出中心事件的效果。

三、 公文正文结构的基本形式

公文正文结构的基本形式，是指作为公文文章内部的组合层次、基本框架、写作结构的基本依据和形式。它是文章材料之间的逻辑关系的体现，是文章思路的反映，是文章层次推进的表现，并能从文章内部起到制约行文的先后次第的作用。

公文正文结构的基本形式主要有以下几种。

（一）纵向结构

1. 直叙式

这种结构的思路是纵向展开的。这是以时间先后为序，按照事情的发生、发展变化过程的次序安排层次。采用这种方式，一定要体现事件的过程性特点，表达上要注意突出重点，不平均用力。这种直叙式头绪单一，便于将事情的来龙去脉表达清楚，常用于内容单纯、叙事性强的文种。反映公务活动进展情况的调查报告、总结的正文就常采用这种方式安排层次。

2. 递进式

这是按事理的展开顺序或对事物的认识深化过程为序来安排的结构。它体现着递进思路。在公文中，这种方式可以程式化为“叙事—说理—结论”或“提出问题—分析问题—解决问题”。说理性较强的文种常用这种方式安排结构。工作研究《农村卫生人才断层危机的研究与思考》就是先写农村卫生人才断层危机的问题与症结，然后针对问题与症结写原因探析，最后在分析问题的基础上得出解决农村卫生人才断层危机问题的结论。

3. 因果式

这是按前因后果或前果后因的顺序来安排层次。如公文中的通报，其正文结构安排一般先写通报原因，再写表彰或处理意见，行文体现由因而果的逻辑思路。

（二）横向结构

这是按事物的不同方面或不同类别来排列的层次，常体现总分思路。这种横向展开的方式在党政机关常用公文中使用相当普遍。

1. 简单列举式

这种结构通常围绕主旨逐条逐项加以展开，并列排出材料。它条理清楚，简洁醒目。法规、规章及合同等条文式公文，常采用这种结构。

2. 总分并列式

这是一种辐射式展开的结构，其特点是中心突出，层次分明，条理清楚，鲜明地体现着领属关系或整体与部分关系，即体现总分思路。这种层次在公文中，多为先总后分，也有从总到分再到总，很少是先分后总的。通告、通知、会议纪要等的正文结构常用这种层次。

（三）纵横交叉结构

这是将纵向推进和横向展开综合起来交叉安排层次的方式。采用这种纵横交叉方式要注意有主有从：或是以纵向为主，以横向为辅；或是以横向为主，以纵向为辅，不能平均用力。一些内容复杂，时空变换较大，篇幅较长的公文往往采用这种方式。一些工作总结的层次就是从纵向安排全文层次，而在每一个部分内部又采取横向展开。

四、 公文的结构原则要求

公文的结构原则和要求是：

（一）要反映客观事物的本质联系和规律

客观事物本身有它的存在形式，有它的特点，有它的运动规律。文章表现的对象是客观事物，其结构形式应取决于内容，体现客观事物本身的内在本质联系。公文写作也是如此。如写总结，就要根据总结对象自身的存在形式和特点，找出其内在的因果联系（取得的经验或存在的问题总是要反映一定的因果关系的）。这就要求公文的写作者根据这些情况，考虑总结的标题，安排总结的段落、层次，处理好总结的开头、结尾、过渡与照应，以反映出总结对象的一定的因果联系。又如写通报，无论是用于传达重要情况，还是用于表彰或批评，都必须把事实叙述清楚。因此，公文写作者就要依据事情发展的过程、事物的特征来安排正文结构，以反映通报对象的内在本质及规律。

（二）要服从于表现主旨的需要

文章的结构安排，就是要把内容材料组合成一个统一的有机整体以表现主旨。因此，内容材料的详略先后、层次段落的划分等，都必须紧紧围绕主旨，让主旨贯穿全文始终。例如写请示，顺序上应先写理由，再叙事项，最后提出请求；详略上，理由部分应简明扼要，概括性强；请示事项部分包括意见与建议，这部分是全文重点，要详写，要写得具体明确。最后以模式化请求语结束。

（三）要做到层次清楚、思路清晰

层次的划分与段落的安排，具体展示作者的思路与文章的结构。公文写作中，要特别注意根据写作主旨的需要安排好层次段落，以清晰地展示作者的思路。如写事件，一般就有发生、发展、结局的过程，写问题就有暴露、认识和解决的过程，而这些都要求作者循着“开端——发展——结局”或“发现问题——分析问题——解决问题”的逻辑顺序安排层次。

（四）要适应不同文种的体式特点

凡文种都有相对稳定的结构体式，公文一般更具有严格的体式规范。公文的结构安排要适应体式的规范要求。这就要注意研究、把握公文体式的规范。如写“通知”，要写通知的目的、依据、通知的事项和执行的要求；写“请示”，就要写请示缘由、请示事项和办法意见；写“总结”，则应考虑写情况概述、基本做法、主要经验、存在的问题、今后的打算；写“调查报告”，要求写上调查工作本身或被调查对象的概况、调查到的基本事实或主要情况、归纳出来的成绩或问题，以及抽象出来的规律性认识等；写“经济活动分析报告”，要写上基本情况、分析评价和建议；写法规、规章则要以总则、分则和附则作总体布局。

五、 公文的文面结构类型

公文文面结构的类型，指公文的文章结构在外部形态上所表现出的形式。公文的外部形态尽管各有不同，但大体有以下类型。

（一）篇段合一式

正文全文内容包容在一个完整的自然段内，一个段落就是一篇完整的文章。这种形式常用于内容简洁、单一、篇幅极短的公文。通常把写作目的缘由、行文事项、结语三个层次融进一段，这是公文中段落大于层次的一种特殊形态。有时也可省掉写作目的缘由或者结语，其余部分组合成段。有的没有开头、结尾部分，只有主体部分列为一段。值得注意的是，规范的篇段合一式的结语不能提行，否则就成为两段式了。

（二）三段式

这是短篇公文一种比较规范的外部结构形式。正文把写作目的缘由、行文事项、文章结语分为三个层次。这是公文中段落与层次完全一致的一种特殊形态。三段式中，文章重点部分往往在中段即行文事项部分，这一段篇幅一般比开头段和结尾段长些。

（三）两段式

这是内容简单、篇幅简短的公文常用的形式。这种外部结构形式一般用于以下几种情况。(1) 把篇段合一式中的结语部分单独列为一段，成为两段式。即行文的缘由和行文事项一段，希望要求等结尾语句为一段。(2) 把三段式中的结语部分省略，写作目的、缘由和行文事项各为一段。(3) 在转发、发布性文书中，将转发、发布对象和批注意见列为一段，把转发、发布强调的重点要求列为另一段。(4) 在答复性文书如复函、批复等文种中，将答复对象写为一段，且多为独句段，如“你局《关于成立法规处的请示》(×城管〔2016〕27 号) 收悉，现批复如下。”将答复事项及结尾另列为一段。(5) 没有开头、结语部分，而将主体内容列为两段。

（四）多段式

它用于内容稍多、篇幅稍长的公文，总在四个自然段以上。一般是开头概述情况，说明缘由、目的或依据，结尾单独成段或省略结尾段，主体部分内容稍多分别写为若干段，各部分都不分条列项。要注意文章各部分的逻辑关系，给人以清晰、简洁的印象。内容特多、篇幅很长的公文，一般不宜采用多段式。而多段式公文中，若主体部分内容过繁、段落过多时，也不宜采用多段式而用分部式或总分条文式为好。

（五）条文式

这是公文基本结构形式横式结构中简单列举式的体现。法规、规章和职能部门的一些行业文书，不少都使用这种形式。全文从头到尾都用条文组织内容，显得眉目清楚，排列有序，简洁明了。公文中的条文式结构，一般可采用以下两种。

1. 章断条连式

适用于内容多、篇幅长的法规、规章。这是以章为序划分为有关法规、规章的层次，各章下的“条”不依章断开另起开头，而是连续编号。这便于执行承办时援引有关条文。章下可分条，极少数还在章下分节，节下再分条。章、节、条均用小写汉字数目表示，如第一章、第一节、第一条。条下可分款，款不带序数，一个自然段就是一款。条下也可列项。项冠以带圆括号的汉字数码，如（一）、（二）等。项下可分目，目冠以阿拉伯数字，如1、2等。

2. 条文并列式

适用于内容不太多、篇幅不太长的法规、规章和其他公文。若是法规、规章层级稍多的，可分条、项、目，分别用“第一条”、“(一)”和“1.”标示；层级少只有条这一级时，条文可冠以“第一条”或“一、”之类序数，一般不以“（一）”或“1.”这类写法作条的序数。若是非法规、规章的其他公文，条文层次序数，第一层则为“一、”，第二层为“(一)”，第三层为“1.”，第四层为“(1)”。最好不要另以其他数码为序数。若是只有一层时，则以“一、”这类数码为序数。

不管采用上述哪一类的条文式，一般都把写作原因、依据、适用范围等开头部分的内容放在第一、二条，而把结尾部分的内容写在最后一两条。中间各条则写有关规定、要求、事项等主体内容。写作时，应注意条文内容的单一、完整，条文前后排列要符合逻辑。为使观点鲜明，一般在章、节写上小标题，说明该章、节内容范围；常常在条文前写上条首句，或提示本条内容范围，或揭示本条内容中心。这样也便于阅者把握文章重点。有的条文内容也用表格式列出，更为清楚、简明。

（六）总分条文式

这是公文基本结构形式横式结构中总分并列式的体现。这是公文用得较多的一种外部结构形式，公文、规章、合同等文书，都常采用这种结构。文章开头部分（即引言部分）先总说，或概述情况，或说明写作目的、依据、原因，或阐明主旨，摆出结论。后文则分条文分述有关内容，每条或说明事物的一个方面，或围绕主旨阐述一个问题，或分析事情的一个原因，或提出一项要求、措施、办法，如此等等。条文的层级结构序数，像条文式的写法一样。有的在分条之后还有一个总说的结尾，则成了总说——分说——总说的结构。按照条文的要求，与条文式结构一样。

（七）分部式

按这种结构形式，通常把文章分成几个大部分，每个部分就是一个层次。为了做到眉目清楚，每个部分可用小标题或者序号列出，但多用序号加小标题的形式。小标题或者作为层旨句概括该部分中心，或者提示该部分内容范围。这种结构形式容量较大，眉目清楚，头绪分明，适用于内容较多、篇幅较长的公文。工作总结、理论文章、调研文章等类文种常用这种结构。它常体现公文基本结构形式纵式结构中的递进式结构，写作时一定要注意前后各部分间由浅入深或者由实到虚、由表及里的逻辑顺序，以及各部分间的逻辑联系。

（八）贯通式

有人把它与多段式归为同类，但它与多段式也有些区别。贯通式是围绕中心，按时间顺序、事物发展顺序或者事理深化、认识顺序，抓住主要线索，逐层分析、叙述说明，比较完整地说明一件事情、一项工作、一个道理。它不分条文，不用小标题，前后贯通，按自然段安排层次，以自然段落组成全篇。这种结构适用于内容比较单一的叙述性或者说理性为主的公文。因为它的外部形态不显得程式化，因而见诸报刊的公文，如反映经济工作的小型专题总结、专题调查报告、工作研究等文种，常采用这种形式，使读者有阅读兴趣。有时，也在有关段落前写上诸如“他们的主要经验是”、“这个厂领导‘四抓’的做法是”或“首先”“其次”之类的语句、词语，起提示内容范围或表明层次结构的作用。还有的在分项的几个并列段落前加上“——”号，以标示几个相关段落的并列关系。

（九）表格式

这是公文不同于其他文体所特有的一种结构形态。不少经济管理的职能部门如工商行政管理部门、税务部门、专利管理部门等机构和不少企业如银行、保险及厂矿、公司等单位，他们制发的各种专门文件，大都采用了表格式。表格式的公文通常有两种形式。

1. 由职能机关或企事业管理部门事先印制好的有关文件表格式规范文本。这是将有关内容分项列出，设计好项目和应填写内容，事先编制成表格文书，各项之后留下足够空白，让使用单位和人员按规定填写。有的规范文本甚至连文书处理过程中的有关程序如审查意见和审批签名盖章都印制在有关文本上。一般都要写明表格各项填写要求和注意事项。如申报专利、商标有关文书，有些行业的专用文本如税务征管文书、财务会计文书等，都采用了这种形式。有时，这种文书还填写一式若干份，以利存查、验讫。这种形式的文书，大大方便了填写、处理和保管，是一种值得推荐的形式。随着公文处理过程中电子计算机等办公自动化设备的应用，表格式公文会越来越多。

2. 由作者单位临时撰制的表格式文书。这是有关职能管理部门或者企事业，为反映某一地区、行业或者企事业的某些情况，根据写作目的，将有关统计数据编制成表格。这样显得简明、直观，比只用文字叙述说明效果更好。一般要对统计数据加以适当的说明，对其中主要的、突出的数据，变化明显的数据加以必要的分析，使表格式文书的表达效果更好。有时，一份文书中还从不同角度编制几个统计表格，使反映的情况、说明的问题更加全面、客观。

（十）不成文式

这是公文特别是其中的告启类文书所特有的一种外部形态。它不像一般文章那样有完整的结构内容，开头、结尾、层次、段落、过渡和照应都不一定齐备或有明显标示，从其外部形态来看也不像传统的文章样式，语言表述方式也有其特殊性，通常运用图文相间的形式或者图表形式。典型的不成文式如有些广告、海报等类告启文书，所要告知的重点突出、鲜明，事项清楚、简明，语言简洁、生动、形象、直观，有的还图文相映，更有吸引力。它同表格式文书一样，看似不成文，没有传统文章的形式，但表达效果比成文还好。运用这种形式撰写告启文书时，值得注意的有两点：一是告启事项要周全，不要把该说的内容漏掉了，以致使阅者不能获得完整、有用的信息。二是虽采用了灵活多样的形式，但要注意重点明确，不要因图害意，让图画冲淡、掩盖了主要内容。

第五节　起草与修改

起草，又称拟稿、撰文。公文写作的起草，是写作者根据领导的意图执笔为文的过程。通常情况下，起草的最初形态是草稿。草稿完成后，往往需要进一步修改、润饰，直至定稿。

一、公文的起草

（一）草拟提纲

1. 提纲的重要性

写作者在明确了公文行文意图、写作主旨，并熟悉了有关情况，掌握了有关写作材料后，就可先草拟写作提纲。提纲是将公文写作构思物化成具体写作内容的不可缺少的中介环节。有了纲明目细的写作提纲，写作起来就能条理清楚、主次分明，就能避免盲目和可能出现的混乱。所以草拟公文写作提纲，可提高文稿写作质量，加快文稿写作速度。实践中，除篇幅极为短小的公文不必草拟提纲而只需有个腹稿外，一般篇幅较长、内容较复杂的公文，都应先草拟提纲。

2. 提纲的内容

公文的写作提纲，应循着将要形成的文稿写什么、该怎样写和写成什么样的思路去草拟，具体说来，一般应包括标题、主旨句、层次的安排、各部分的观点句和主要材料、关键部分的内容等。

3. 提纲的形式

提纲有条文式和图表式。条文式提纲用序码来编排内容，这种提纲可以将公文内容编写得详细、清晰、具体，因而更接近公文的雏形。图表式提纲则是用图表方式显示文稿的总体框架与局部关系，因而具有系统性、直观性，能清楚显示文稿的总体思路，各层次间的关系、内容的详略和重点材料等。草拟提纲可粗可细。篇幅较短容量较小的公文，宜拟粗纲；篇幅长内容多的公文，宜拟细纲。无论用哪种方式草拟提纲，都要力求用概括凝练的语言较大容量地反映作者的构思。

（二）草拟文稿

1. 草拟文稿的方式

公文文稿草拟有两种方式，即个人草拟和集体草拟。小型的公文，由一人独立草拟。容量大的公文，如单位的总结、调查报告、会议大型讲话稿等往往是由起草小组集体草拟。重要的公文还应由领导亲自主持或动手草拟。值得提出的是，集体起草能集思广益，发挥写作班子的整体优势，加快写作速度，提高公文文稿的质量，但也容易出现文稿内容交叉重复、层次深浅不一以及语言风格不协调等问题。鉴于此，集体起草除了要明确分工、分头执笔、一人负责总纂外，每个参与者都必须做到：动笔前，心中有全局，尽可能地把有关问题讨论清楚，看法统一；写作中，对新出现的情况和问题，要及时通气，随时协调，反复讨论，认真研究，修改提纲，取得共识。

2. 草拟文稿应注意的几点

第一，要紧紧围绕公文的写作主旨。

第二，要遵守法定的或约定俗成的有关公文的撰写要求。

第三，写作过程中要处理好新生成的观点和新搜集的材料。

第四，要集中精力起草，保持草拟过程的连续性。

第五，草拟文稿若较长时间间歇后，再重新动笔起草时，要重新熟悉写作提纲和已草拟的内容，以保持文稿内容的连贯。

第六，草拟过程中要从整体着眼，不拘泥于个别词句。

第七，集体草拟文稿，每个参与者必须在主持人领导下，顾全局，识大体，通力合作，高度协调。

二、 公文的修改

（一）公文修改的重要性

公文文稿修改是确保公文质量必不可少的环节。要使草拟的公文文稿具有极强的政治性和实用性，体现机关单位的意见和整体思维的成果，发挥最佳的社会功用，文稿草拟者就必须以对领导、群众和工作的高度责任感对待文稿的修改，要把草拟的文稿中存在的偏差、错误和不足，消除在定稿之前。

（二）公文修改的范围

公文文稿修改的范围包括内容和形式两个方面。从内容看，如果写作主旨和观点欠稳妥或不正确，就要修改，使之符合事理，符合国家的法律、法规，符合党和国家的路线、方针、政策，符合人民的根本利益。从形式看，凡是语言、结构、格式、标点符号等方面有毛病、错误，都要修改。

（三）公文修改的原则和方法

公文文稿修改的原则和方法是：

1. 要着眼内容、注重全面。
2. 要借助调查研究，听取意见。
3. 要注重效果，进行换位思考。
4. 要采用增、删、改、调等适当的方式。
5. 要正确使用修改符号。

公文的语言表达

公文的制发是为了解决机关、团体、单位在工作中亟须解决的实际问题，因此，它的语言表达体现出应用语体的特点和风格。

第一节　公文语言的特点

语言是人类思维的工具，又是思维成果物化的重要手段，是公文写作的基本工具和细胞。公文种类众多，尽管内容不同，体式各异，但在语言运用上，都遵循一个基本的原则，即：准确、简洁、质朴、得体。

一、准确

所谓准确，就是要从质和量两个方面恰如其分地反映事物，说明情况，分析问题，得出结论。这是公文语言最基本的特征和要求。具体的要求是：

（一）用词要切合文章的内容

语言是文章的物质外壳，要充分表现文章的主题思想和内容。

例如《关于筹委会工作完成情况的报告》一文写道："筹组由400名香港永久性居民组成的香港特别行政区第一届政府推选委员会，是筹委会的一项重要任务，也是筹建香港特别行政区的'龙头'。""龙头"一词就非常准确地反映出这项工作在筹建香港特别行政区中的先行的、首要的地位和作用。

又如："香港能够实现平稳过渡，在于认真执行了邓小平同志确定的方针，坚持按照香港特别行政区基本法规定的原则和精神办事；今后的 50 年乃至更长时间，要保持香港的繁荣稳定，关键仍在于坚定不移地、不折不扣地实施基本法。”文中的“坚定不移”“不折不扣”都十分准确地强调了坚持基本法的决心和态度，用语坚决肯定，给读者留下深刻的印象。

（二）要辨析词语，讲究分寸感、精确感

汉语的语汇极其丰富，同义、近义词语极其纷繁，措辞用语时应当准确、精当，把词语的细微差别体现出来，避免产生歧义。

例如：“没有能源的开发和交通运输的发展，工业的发展是不可想象的。”“不可想象”一语，意思就含混不清，不知是指“根本不可能”，还是指“很困难”。应该在“根本不可能”和“很困难”两者中选择一个准确达意的。

在选用近义、同义词时，要注意“辨异”。如“时代”“时期”，“现代”“近代”都表示时间划分，但它们所表达的范围大小不同。“希望”“盼望”“渴望”，三个词都表达愿望，但主观上的强烈程度却一个强于一个，依次递增。“书”“语文书”属于同一事物，前者表示概括的、一般的事物，后者表示具体的、个别的事物。

汉语词汇多有各种色彩，主要应注意区别词语的感情色彩，分清其褒义、贬义还是中性，根据具体语境来选用。例如：在科学研究中，有时会遇到瞬息万变的高速运动过程，依赖人的眼睛是无法细致观察的。这里陈述的是一种客观现象，是不带感情色彩的，“依赖”含有贬义，可选用中性词“依靠”。

（三）要正确使用关联词语

正确使用关联词语能准确地表明事物和事理关系，如果滥用和错用关联词语，就会造成意思的混乱和悖谬。常用的关联词语有：

表假设的有：“假如”“如果”“即使……也”等。

表条件的有：“只要……就……”“只有……才……”“无论……都……”等。

表选择的有：“或”“不是……就是……”“要么……要么……”“与其……不如……”“宁可……也不……”等。

表并列的有：“也”“又”“一面……”“既……又……”等。

表递进的有：“甚至”“并且”“不但……而且……”“既……要……”“都……何况……”等。

表转折的有：“虽然”“但是”“然而”等。

（四）句子表意要恰如其分，不悖事理

公文的内容，上要符合国家法律、法规，党和国家的方针、政策，下要符合实际，这就要求用以表达其内容的语句要正确反映客观事物的本质，无论是用判断句说明事理，还是用陈述句说明情况，或者用祈使句提出要求，都要表达得合情合理，恰如其分，周密得体。

（五）造句要符合语法规范，以准确达意

即要求句子成分完整不能残缺，相关句子的成分搭配恰当，顺序合理，从而准确无误地表达意思。例如：

1. 他们必须以开拓的精神，为完成改革的任务。

2. 两年间，这个厂的生产总产量，以平均每年递增百分之二十的速度，大踏步向前发展。

3. 市级各有关部门认真贯彻，大力宣传了这次会议精神。

4. 由于玩具厂努力提高产品质量，我国玩具的出口深受各国消费者的欢迎。

5. 他买了很多书和《经济预测》、《成本会计》、《审计学》。

例 1 缺谓语，去掉“为”或者在“任务”后加上“努力工作”来做谓语成分。例 2 的主语“总产量”与谓语“发展”搭配不当，可将“大踏步向前发展”改为“大幅度地提高”。例 3 应调整语序，将“认真贯彻”放到“大力宣传”的后面。例 4 应将修饰限制词和中心词的位置调整一下，将“玩具的出口”改为“出口的玩具”。例 5 是将表概括的词和表个别的词并列起来用，应把“书”放在“《审计学》”后面，并在其前面加上“等”，同时删去“和”。

在复句中常常出现的错误是错用关联词，或关联词搭配不当。如“我爱我的家乡，但是我更爱我的祖国。”由于错用了转折联词“但是”，使原来是递进关系的语句，变成了语意上出现逻辑错误的句子。

二、简洁

公文的语言讲究言简意赅，干净利落。不啰嗦重复，不拖泥带水。具体的要求是：

（一）遣词造句，紧扣主旨

为达到这个要求，遣词造句应从行文目的、对象出发，只讲最必要的话。

《××市人民政府办公厅关于在全市范围开展“安全月”活动的通知》一文在叙述

"安全月"活动的总体指导思想时，语言简洁有力："今年'安全月'活动的总体指导思想是：狠抓安全生产责任制的落实，加强基层安全管理工作，夯实安全管理基础，消除事故隐患，保障安全。"文章行文没有套话、空话，指导思想明白无误，与主旨无关的不写，众所周知的道理也不再加以说明，做到了无赘字、无赘句。

（二）力戒浮词冗言，摒弃空话、套话

公文是为了解决实际问题而撰写的，因此要求用最简练的语言表达尽可能多的实际内容。篇幅冗长、烦琐芜杂的表达不但使人厌读，而且让人不易抓住关键，而空话、套话不承载任何有用信息，这些都妨害公文作用的发挥。所以要精心遣词造句，删去一切浮词冗言、空话、套话，以求以少寓多，简洁明快。

公文的体式是在长期的应用写作实践中约定俗成的，在拟写时应遵循有关的规范。特别是表达方式上的特色，有助于语言简洁。说明事理多采用直接说明、简要说明，陈述事实多用概括式叙述，议论多是直接阐明观点，作出结论。

例如："对已经确定停产整顿或搬迁而未执行，以及检查中发现事故隐患拒不整改的企业，要采取强制性手段，落实各项整改措施。"这是布置性通知中对落实整改措施的具体要求，文章并不详说道理，而直接讲明要求，语言简洁，语气坚决。

（三）多用专用词语和有生命力的文言词语

公文常用许多文言词语，它们凝练典雅，具有特定的含义，很难用同义白话替代，而且言简意赅，易为人们领会、理解，经长期使用，淘汰选择，已趋于定型形成专用词语，使用位置也比较固定。如表根据有"根据、遵照、兹因"等；表目的有"为、为了、为着"等；表请示有"恳请、拟请、特请"等；表称代的有"本部、贵厂、该单位"等；表询问的有"当否、妥否、是否可行"等；表结论的有"为荷、为要、此令"等。还有很多单音节的文言词语也是常用的。公文中适当使用一些专用词语和文言词语，有助于使语言简明，强化其公文语体，起到白话所起不到的作用。

（四）使用缩略语、数据、图表等

缩略语包括简缩和数概，它是把多音节的词语或短句，简缩成较少音节的词语的一种方式。如：香港特别行政区筹备委员会，简缩为"筹委会"，"物质文明和精神文明"简化为"两个文明"。使用缩略语、数据、图表等，可以使公文文约而辞丰。例如：

乡镇企业的生产经营活动，几乎涉及国民经济的各个领域，目前乡镇企业的许多产品，特别是日用消费品，已占全国相当大的比重，如电子及通信设备制造占17%，机械占26%，原煤占40%，水泥占40%，食品饮料占43%，服装占80%，中小农具占

95%，砖瓦占95%，为繁荣我国的城乡市场做出了历史性贡献。（农业部《关于我国乡镇企业情况和今后改革与发展意见的报告》）。

这段关于乡镇企业是增加社会有效供给力量的叙述，在行文中用了有说服力的数据，使文章语言简洁而内容充实。

公文中，用数字来介绍情况，说明问题，提出工作目标的情形较普遍，它以简明和准确性，增强公文内容的具体感和真实感。但要正确使用好数字，就要注意以下几点：

1. 数据要准确

引用到公文中的数字要做到准确无误，避免因数字失实影响文章的真实性与可信度。

2. 要尽量将定性与定量相结合

使用数据时，应将其背景材料作必要的说明，运用数据说明时，要做必要的分析和评价。

3. 要做到表述正确

倍数只能用于表数量的增加，不能用于表减少；分数则既能用于表数量的增加，也能用于表减少；番数多用于表数量的增加，不用于表数量的减少。

“增加到”与“增加了”的数量不相等；“以上”“以下”表示数目的界限，使用时是否包括本数，要加以明确。凡是“增加”（提高、扩大、上升）后面带“到”“为”“至”的，便包括原底数，指增加后的总数。“增加”后面带“了”或不带“了”的，则不包括原底数，只指净增加数。同样，“减少、下降、缩小、降低”后面带有“到”“为”“至”的，均指减少后的余数。“减少”后面带“了”或不带“了”的，系指差数，即纯减少数。

定数和约数不能在同一句子中使用。一般报请性公文中涉及的事项，统计资料，均要用定数。在介绍基本情况，作预测、估计时，则可用约数。约数反映粗略的认识和数量的近似值，在具体表述时，可在数字前或后标注“约、大约、近”或“左右、上下、以上、以下”等字样。

在具体书写数字时，要参照《出版物上数字用法的规定》来书写，不得任意混用、乱用汉字数字和阿拉伯数字。目前，文章中使用阿拉伯数字日益增多，成为与世界接轨的一种发展趋势。

三、质朴

质朴是指公文要用朴实无华、平易通俗的语言，直截了当的方式，深入浅出，直言其意。其具体要求是：选用词语时，多用词语的本义、直言义，适当选用专用词语、专业词语。一般应避免藻饰和渲染。

选用句式多为平直的陈述句，不过多地使用修饰限制词。

选用表达方式时，以说明、叙述、议论为主要方式，一般不用描写和抒情。

以消极修辞为主，选用积极修辞方式时，应以行文需要为条件，有时可选用引用、比喻、节缩、数概、设问、排比等修辞手法，使事理讲述得明白、生动，道理阐述得深刻、有力，易于读者领悟理解。一般不用夸张、拟人等艺术性强烈的修辞方式。

《中国共产党廉洁自律准则》一文开头写道：

中国共产党全体党员和各级党员领导干部必须坚定共产主义理想和中国特色社会主义信念，必须坚持全心全意为人民服务根本宗旨，必须继承发扬党的优良传统和作风，必须自觉培养高尚道德情操，努力弘扬中华民族传统美德，廉洁自律，接受监督，永葆党的先进性和纯洁性。

这段文字语言朴素，表意准确、明白。在句式上多为直述式，没有用更多的修饰成分。用排比的修辞手法强调提出对党员干部廉洁从政的要求，节奏紧凑，条理清晰地把该强调的重点逐一写来，简洁明了，语气坚决。

四、 得体

得体是指公文语言符合文种要求，符合行文目的，适应使用场合。

公文文种丰富，各类文种均有自己的用语要求和语言风貌。如指令性公文命令、决定、指示等注重庄重、严肃；周知性公文通知、通告、通报等讲究平实、通俗、具体；总结、情况反映等强调客观、准确、具体；可行性研究报告突出严谨、周密，等等。

农业部《关于我国乡镇企业情况和今后改革与发展意见的报告》中写道：

今后十五年，乡镇企业经济总量和整体水平要有一个较快的增长和较大的提高。“九五”期间，乡镇企业增加值年均增长率可保持在15%左右。到2000年乡镇企业增加值力争达到30000亿元左右，工业增加值达到20000亿元左右，出口商品交货值达到10000亿元左右，新安置农村富余劳动力3000万人，从业人员达到1.6亿人。到2010年乡镇企业要继续保持良好的发展势头。为了实现上述目标和任务，乡镇企业改革和发展总的指导思想是：以邓小平建设有中国特色社会主义理论和党的基本路线为指导，认真贯彻党的十四届五中全会、六中全会精神，实施《国民经济和社会发展“九五”计划和2010年远景目标纲要》和《中华人民共和国乡镇企业法》，坚持两个文明一起抓，积极推进两个根本性转变，以市场需求为导向，以改革开放为动力，以提高质量效益为中心，发挥优势，优化结构，合理布局，不断完善机制，依靠科技进步，强化企业管理，增强整体素质，推动乡镇企业再上一个新台阶。

这是一个指导乡镇企业“九五”至2010年发展的纲领性文件，措辞准确，表意晓畅，语言平实，语气肯定、严肃，整个用语风貌与文件的地位、目的十分扣合。

在长期的公务活动中，形成了各种不同的文种，办同类公务时都使用同样的文种，需要说一些同类型的话。时间长了，使用多了，这些同类型的话逐渐从使用上、位置上稳定下来，形成公文特有的用语和表达模式。正确使用这些用语模式是使语言得体的重要内容。比如“近查”“据查”“业经”“综上所述”“为此”“切望”“迅当处理”等。

公文还大量使用介词短语，使表达更趋严密，如表对象、关联的“对、对于、将”；表提示范围的“关于”；表时间、处所的“自、自从、从、到、在、当、于”；表原因的“由、由于、鉴于”；表排除的“除、除了”，等等。

公文语言的得体还表现在适当地使用模糊语言和委婉用语上。

模糊语言是指外延不确定、内涵无指定的弹性语言。模糊语言具有概括性特点。它与含糊不清、模棱两可的歧义语言有着本质的区别。模糊语言可用来反映现实生活中大量存在的各种模糊现象。如：“全国绝大多数地区解决了温饱问题，开始向小康过渡；少数地区已经实现小康；温饱问题尚未解决的少数地区，人民生活也有不同程度的改善。”“绝大多数地区”“少数地区”“不同程度”等这些模糊语言，准确地反映出我国的实际情况，使表达更简洁、清晰。当然，在使用模糊语言时，要适当、适量，该用精确语言的地方就不能用模糊语言代替。一般可将模糊语言与精确语言结合使用，使表情达意疏密有致、张弛有度。

“近期内”“部分”“全厂上下”“显著”“逐步”“按有关规定”“有参考价值”“有显著转变”“三番五次”“经常”等，都是常用的模糊词语。

委婉用语和表达在公文中使用也较为广泛，一些不便于也无法直说的内容，可以用模糊语言表述，恰当地使用委婉用语和委婉表达，可以增强语言的分寸感，使文章表现出礼貌、典雅，加强亲和力。如在记者招待会上，有关领导同志表示“在可能的范围内回答提出的问题”“感谢中外记者朋友对中国国防感兴趣”等，可以说这也是一种模糊语言。

当然，公文的语言特点，在具体篇章中是综合体现的，不可能截然分开，所以在撰写公文时，写作者的语言、文化素养是十分重要的。

第二节　公文常用表达方式

表达是将思维成果用语言反映出来的一种行为。所谓表达方式是运用语言来介绍情况、陈述事实、阐述观点、总结经验、探索规律、表达情感的具体方法、手段。

文章是客观事物的反映。客观事物是千差万别的，并且人们在反映客观事物，表达主观认识感受时，由于出发点不同，目的、角度不同，因而使用的方法和手段也各自不同，从而形成不同的表达方式。通常人们使用的表达方式有五种，即叙述、议论、说明、描写、抒情。公文受其性质和写作目的之制约，常用的表达方式为：说明、叙述、议论。这三种表达方式的使用在不同文种中，多有不同侧重，往往以其中一种为主，同时辅以其他两种表达方式。

一、说明

说明是用简洁明了的文字，客观地解说事物或事理，以便人们清楚地认识事物或事理的性质、状态、特征、成因、构成、关系、功能等的表达方式。

说明的对象非常广泛，可以是具体的事物，如山川河流、工艺文物，也可是抽象的事理，如思想观念、名词术语。

（一）说明的作用

说明作为一种语言表达手段，不但是说明类文章的基本表达方式，而且也是记叙、议论文章常用的表达方式，在各类文种中被广泛地应用。

在记叙类文章中，它常用作解说人物经历、事物特点，介绍背景。在议论类文章中，它可以交代论据，对某些概念、知识做注释性介绍。

在公文中，说明是主要的表达方式之一。法规、规章的制定，启事、合同、计划、产品说明书等的撰写都以说明为主要表达方式。

公文中的说明，常与叙述议论同时使用。如工作报告、决定、通报、总结、调查报告、简报等文种，在交代背景、叙说事实、提供论据时，常把叙述与说明结合使用；在阐述道理、得出结论、提出要求时，又常常是议论与说明结合使用，使表述的事理更加清晰、透彻、具体。

（二）说明的种类

1. 定义说明

定义说明是对事物的本质属性做简要说明的方法，其重点是讲明事理、事物的质的规定性。

《电子出版物管理规定》第二条对什么是电子出版物做了定义说明："本规定所称电子出版物，是指以数字代码方式将图、文、声、像等信息编辑加工后存储在磁、光、电介质上，通过计算机或者具有类似功能的设备读取使用，用以表达思想，普及知识和积累文化，并可复制发行的大众传播媒体。”

在定义说明中，判断词“是”的前、后项是可以互换的，在互换后对定义内容并无影响。

2. 分类说明

分类说明是将事物按一定的标准划分成不同类别，并分门别类地加以说明的方法。

《1998年国家留学基金资助出国留学人员选拔简章》（《光明日报》1998年1月8日）就“申请者条件”，从“基本条件”和“类别条件”两个方面进行说明。在说明“类别条件”时，用分类说明做了详细介绍：

2. 类别条件：

（1）高级访问学者

应是高等学校、科研院所及大中型骨干企业的重点学科、重点实验室、重点科研项目的学术带头人或技术骨干及列入带头人梯队的后备人员，或目前参与国家、部门、地方重点科技攻关、重点学科、重点实验室建设和重点工程项目建设，并确有需要到国外进行高层次研究的人员，应有针对性很强的研究项目和课题，有明确的、高水平的国外合作对象。

具有高级专业技术职称，年龄不超过55岁。在国内教学、科研、管理和生产建设中做出突出成绩（如近期获得省、部级以上科研、技术攻关成果奖，有突出的科研技术成果和高水平的专著，或在国内外一级刊物上发表有较大影响的学术论文，或有重大的科技发明创造，或在生产、管理中有突出的工作业绩等），年龄在45岁以下者，优先选拔。

（2）访问学者/进修人员

应是在本人所从事的学科领域内有较深入的研究并取得一定成果、确有必要出国培养的教学、科研、技术、管理人员。

年龄在50岁以下，具有大学本科以上学历人员，大学本科毕业人员一般应有五年以上工作经历，具有硕士学历人员一般应有二年以上工作经历，具有高级专业技术职称或已获硕士以上学位者，优先选拔。

部分从事非通用外语语言学习、地区问题或某些特定专业研究的人员，可以是具有大学以上学历、毕业后已工作二年以上人员（主要通过与有关国家互换奖学金或双边协议派出），年龄一般在45岁以下（部分奖学金项目要求申请人年龄在35岁以下）。

（3）研究生

根据双边文化教育使用交流项目或其他合作项目的形式选派，具体条件与选派办法另行通知项目单位，不受理个人申请。

这种说明方式可以既让读者了解某一事物的概貌特征，又可以使事物的各个部分得以清晰地展示。

在使用分类说明时，要注意每次分类只能选用一个标准，不能多标准。如“通知”按内容和性质，可分为布置性通知、会议通知、转发性通知、发布性通知、任免聘用通知、事项性通知等。若用几个标准从几个角度同时划分，把通知分为公务性通知、事务性通知、周知性通知等，这就会失去科学性。

3. 举例说明

举例说明是列举具体的例子说明事物特征的方法。其作用是把比较抽象、复杂的事物和事理解说得更加具体而明晰。通常有典型举例和列举性举例两种。前者能使被说明的事物更为具体、清楚，后者能使被说明事物的范围更清楚。

举例说明要求所选例子真实、具体，有代表性，否则不能达到变抽象为具体、变复杂为简明的目的。

4. 数字说明

数字说明是用确凿的数据来说明事物和事理。

《中华人民共和国国家统计局关于 2015 年国民经济和社会发展的统计公报》在说明我国控制人口增长取得的新成绩时写道：“年末全国大陆总人口 137462 万人，比上年末增加 680 万人，其中城镇常住人口 77116 万人，占总人口比重（常住人口城镇化率）为 56.10%，比上年末提高 1.33 个百分点。全年出生人口 1655 万人，出生率为 12.07‰；死亡人口 975 万人，死亡率为 7.11‰；自然增长率为 4.96‰。全国人户分离的人口 2.94 亿人，其中流动人口 2.47 亿人。人均预期寿命 76.34 岁。”

国务院总理李克强于 2016 年在第十二届全国人民代表大会第四次会议上作的《政府工作报告》中，介绍基础设施建设等方面的成就时指出：“基础设施水平全面跃升。铁路营业里程达到 12.1 万公里，其中高速铁路超过 1.9 万公里，占世界 60%以上。高速公路通车里程超过 12 万公里。南水北调东、中线工程通水。建成全球最大的第四代移动通信网络。”

通过以上例子不难看出，用数字来说明事物，能更科学、精确、简洁地勾勒出事物的客观面貌，给读者十分具体的印象。

5. 比较说明

比较说明是将相似或不同的事物进行类比、对比来说明事物的特征的方法。

国家统计局 2015 年国民经济和社会发展的统计公报，在介绍我国邮电通信业发展时指出：

全年完成邮电业务总量 28220 亿元，比上年增长 29.2%。其中，邮政行业业务总量 5079 亿元，增长 37.4%；电信业务总量 23142 亿元，增长 27.5%。邮政业全年完成邮政函件业务 45.8 亿件，包裹业务 0.4 亿件，快递业务量 206.7 亿件；快递业务收入

2770 亿元。电信业全年新增移动电话交换机容量 6529 万户，达到 211066 万户。年末全国电话用户总数达到 153673 万户，其中移动电话用户 130574 万户。移动电话普及率上升至 95.5 部/百人。固定互联网宽带接入用户 21337 万户，比上年增加 1289 万户；移动宽带用户 78533 万户，增加 20279 万户。移动互联网接入流量 41.9 亿 G，比上年增长 103%。互联网上网人数 6.88 亿人，增加 3951 万人，其中手机上网人数 6.20 亿人，增加 6303 万人。互联网普及率达到 50.3%。软件和信息技术服务业完成软件业务收入 43249 亿元，比上年增长 16.6%。

通过例文不难看出，在公文中，比较说明常常与数字说明同时使用。通过用数字对比反映的量的变化，将客观事物的变化特征给予鲜明的展示。

在使用比较说明时，应考虑比较的事物之间要有可比性，比较的标准应一致。

在公文中，除经常使用上述几种说明方法外，还常用“图表说明”“引用说明”，在特殊情况下还选用“比喻说明”“描写说明”。

（三）公文中说明的特点

1. 公文行文时往往是说明与议论、叙述结合使用，只用“说明”一种表达方式的情况极少。即使是以说明为主的一些文种，也大都离不开议论、叙述表达方式结合使用，这样可以相辅相成、相得益彰，使表达清楚、有力。

2. 多种说明方式常常同时使用。如数据说明和比较说明结合运用，可以从定量、定性两个方面把工作、生产、经济活动等情况的历史、现状和发展变化解说得更为具体、确切，增强人们对事物认识的直感。

3. 公文在使用说明时，更讲究说明的客观性、内容的科学性和语言的准确性。

二、叙述

叙述是有次序地将人物的经历、事件的发展变化过程叙说交代出来的一种表达方式。完整的叙述一般有六要素，即时间、地点、人物、事件、原因、结果。

（一）叙述的作用

叙述在写作中的使用频率最高，不论非文学作品还是文学作品都离不开它，是最基本的表达方式。在公文中，它是情况报告、表彰或处分通报、调查报告、事故报告等文种的主要表达方式，它主要用于交代背景，介绍文章涉及的人、事、单位的概况，记叙事件的发生、发展、结局，以及为议论文提供事实依据等。

（二）叙述的人称

人称是指作者叙述的观察点、立足点。

叙述时，以参与者的身份出现，叙述“我”“我们”的见闻、经历、认识感受，称为“第一人称”叙述。选用第一人称叙述能给读者真实、亲切的感受，这是主观性叙述。

叙述时，作者以旁观者的身份，置身于事件之外，从旁叙述“他”“他们”的言行，交代事件、环境，称为“第三人称”叙述。选用第三人称叙述，可不受时空和是否亲身经历的限制，因此叙述面较广、较自由，这是客观性叙述。

作者直接叙述“你”“你们”的思想、行为的方法称为“第二人称”叙述。使用第二人称叙述，有直接对话的亲临感，让读者感到在面对面地交流。

在公文中，三种人称大都单独使用。如撰写总结、拟定计划，必须采用第一人称，而调查报告主要使用第三人称。在有些文种中，三种人称须同时使用，如涉及第三单位的来函、去函，情况通报，常出现“我们”“你们”“他们”。在交叉使用两种人称时，应十分慎重，不能随意打乱叙述线索，在人称转换时，应有交代和过渡，要注意人称的准确，叙述脉络的合理、清晰。

（三）叙述的方法

1. 顺叙

顺叙是按照人物经历或事件发生、发展的自然时序进行的叙述。

李铁映在祝贺新华书店创建60周年的贺信中写道：

新华书店是我党在新民主主义革命时期创立的集出版、印刷发行为一体的机构。在革命战争的年代，新华书店所印刷、发行的大量革命书籍，激励着无数战士冒着敌人的炮火，冲锋陷阵，吸引着众多的进步青年追求真理，投奔革命。新中国建立以后，新华书店作为我国图书发行事业的主渠道，在社会主义两个文明建设中发挥了巨大的作用。今天，凡是能够识字的中国人，几乎都读过由新华书店发行的图书；新中国一代又一代的知识分子，都把新华书店作为自己学习知识、探求真理的良师益友。（《新闻出版报》1997年4月25日）

贺信按照时间顺序将新华书店的诞生、发展及其在各历史时期的作用、地位，简洁明了地作了介绍。这种顺叙的方式使行文顺乎自然，来龙去脉条理分明，便于组织材料，贯通文理，符合人们的认知规律，易为读者理解，是公文中常用的叙述方法。

2. 倒叙

倒叙是把事件的结局或事件中最突出的片断提到前面来叙述，然后再以顺叙的方式进行的叙述。

《寻找新的经济增长点的不懈努力——春兰集团集约型经营道路的调查》（《人民日报》1997 年 5 月 20 日）开篇就介绍春兰集团取得的成绩：江苏春兰集团从走集约型经营道路入手，将国有企业的“三改一加强”有机结合在一起，依靠自己的力量，努力提高经济效益，成为发展速度很快的企业之一，从 1986 年到 1995 年的 10 年间，他们的资产增值 700 倍，规模扩大 600 倍，效益增长 500 倍，在国家经贸委、国家统计局公布的中国企业综合评价 500 优中，春兰名列第五。江泽民总书记曾专门视察春兰集团，夸奖“春兰人有志气！”文章先交代春兰集团在走集约型经营道路上取得的成绩，然后才从事情的缘起、发展、成果次第叙说。这种表达方式开卷生波，形成悬念，能够很好地突出重点，增强读者的阅读兴趣。

3. 插叙

插叙是在叙述主要事件的过程中，因为需要，暂时中断叙述主线，插入与中心事件有关的内容的叙述。

插叙可以对人、事、景物做说明、补充和解释。它可以丰富文章的内容，使行文疏密有致。使用插叙，要注意自然妥帖地插在关键部位，插叙结束即回到叙述主线上，使主线的重要地位得到保障。

这种叙述方式，在公文中使用较少。

（四）公文叙述的特点

1. 以概述为主，一般不使用具体叙述。公文的叙述要求概括准、线条粗，着重事件的整体勾画，不要求具体、详尽。着眼于借以显示原委，表明事理。掌握这种叙述方法的关键在于对事件要有整体的清晰的认识，否则难以把握好取舍详略的尺度。

2. 以顺叙为主，讲究平铺直叙，注重事件的过程性特点，符合人们的认识规律，能让读者尽快了解所叙内容。

3. 常与其他表达方式结合运用。如夹叙夹议、叙事论理、叙述说明等。

三、议论

议论是作者就某个问题、事件进行评论、分析，表明自己的观点、意见、态度的一种表达方式。

（一）议论的作用

议论这种表达方式被广泛地运用在各类文体中。在文章中使用议论，能更有效地突出文章的观点，使主题更为鲜明，同时也能加深文章的理论深度，使人们对事物的认识从感性上升到理性。

（二）议论的构成

完整的议论由论点、论据、论证构成。

1. 论点

论点是议论价值的体现，是作者的观点、主张、态度。常常由作者直截了当地提出。如："党政领导干部选拔任用工作，是关系党和国家全局的大事。"

论点分为中心论点和分论点。中心论点是文章论述的核心，也称作基本论点、大论点。分论点是围绕中心论点、支撑中心论点的小论点。

2. 论据

论据是论点成立的理由和依据，即证明论点的材料。论据包括事实论据、理论论据。事实论据指客观存在的情况、数据、事实等。理论论据指被实践证明了的正确的理论，如科学原理、定律、公理、格言、警句等。

论据支撑论点，论点统帅论据，两者相辅相成。

3. 论证

论证是组织和运用论据证明论点成立的过程和方法。

在三要素中，论点是核心，论据是基础，论证是连接论点和论据的桥梁。

（三）议论的类型

若从证明论点的方式来分，有立论和驳论两种。

立论又称证明，是针对问题或事件，运用论据从正面证明自己的主张和见解。公文在写作时往往省略论证过程，直接出示结论、结果。例如：

维护宪法权威，就是维护党和人民共同意志的权威。捍卫宪法尊严，就是捍卫党和人民共同意志的尊严。保证宪法实施，就是保证人民根本利益的实现。只要我们切实尊重和有效实施宪法，人民当家作主就有保证，党和国家事业就能顺利发展。反之，如果宪法受到漠视、削弱甚至破坏，人民权利和自由就无法保证，党和国家事业就会遭受挫折。这些从长期实践中得出的宝贵启示，必须倍加珍惜。我们要更加自觉地恪守宪法原则、弘扬宪法精神、履行宪法使命。（习近平 2012 年 12 月 4 日在首都各界纪念现行宪法公布施行 30 周年大会上的讲话）

驳论是反驳对方观点，证明对方观点错误，从而确立自己观点正确的论证方法。

立论和驳论是相辅相成的，其划分也并不是绝对的。在立论文章中，常有驳论，同时要确立任何一个观点、主张，便意味着要否定、批驳与之相对立的观点，破与立是辩证统一的，只不过在运用时有所侧重而已。

（四）论证的方法

论证的方法有许多种，公文常用的有：

1. 例证法

例证法是用事实作论据，直接证明论点的方法。例如：

国际追逃追赃工作取得重要成果。党中央高度重视追逃追赃工作，推动反腐败成为国际合作重要议题，占据道义制高点。中央和地方反腐败协调小组加强组织协调，健全追逃追赃协调机制。落实《北京反腐败宣言》，借助《联合国反腐败公约》、亚太经合组织、二十国集团、国际刑警组织等多边平台，发挥双边合作机制的作用，加强与美、俄、英、加、澳等国的合作，推动追逃追赃工作取得实效。发布百名外逃人员红色通缉令，2015 年共有 18 人归案；开展“天网行动”，共追回外逃人员 1023 名、追赃 30 亿元，首次实现追回人数超过新增外逃人数。接受公约第一周期履约审议，我国反腐败工作获得国际社会高度评价。（王岐山在中国共产党第十八届中央纪律检查委员会第六次全体会议上的工作报告，2016 年 1 月 12 日）

运用例证法应做到选用的论据无论是具体事例、统计数据、概括的事实，都要真实典型，为论点服务，有说服力，防止以偏概全。量要适度，不能太少，亦不可过多，以免冲淡论点。

2. 引证法

引证法是引用经典性言论、党和政府的文件、科学上的公理和定理、格言、谚语来直接证明论点正确性的方法，具有极大的权威性和鲜明的理论性。例如：

全党同志必须牢记，我们要建设的是中国特色社会主义，而不是其他什么主义。历史没有终结，也不可能被终结。中国特色社会主义是不是好，要看事实，要看中国人民的判断，而不是看那些戴着有色眼镜的人的主观臆断。中国共产党人和中国人民完全有信心为人类对更好社会制度的探索提供中国方案。

邓小平同志曾经语重心长地说：“基本路线要管一百年，动摇不得。只有坚持这条路线，人民才会相信你，拥护你。谁要改变三中全会以来的路线、方针、政策，老百姓不答应，谁就会被打倒。”党的基本路线是国家的生命线、人民的幸福线，我们要坚持把以经济建设为中心作为兴国之要、把四项基本原则作为立国之本、把改革开放作为强国之路，不能有丝毫动摇。（习近平在庆祝中国共产党成立 95 周年大会上的讲话）

引证法在公文中被广泛使用，在使用这种方法时，要完整、准确地把握原义，不能断章取义。在引用原文时，要做到引用的语句、标点都完全正确。只有这样，才能使引证为文章增强表现力和说服力。

3. 对比法

对比法是将性质相反相对或有区别的事物进行比较、对照，以证明论点的论证方法。例如：

我们党执政以后，特别是在新的历史条件下，能不能成功地解决党内监督问题，尤其是对高中级干部的监督问题，是加强党的建设需要解决的一个重要问题。从党的建设的实践看，这方面既有经验也有教训。哪个地方、部门什么时候党内监督工作抓得比较紧、民主集中制执行得比较好，个人专断、滥用职权和“有令不行、有禁不止”的情况就比较少，消极腐败现象也会受到抑制，出了问题一般也能得到及时解决。反之，监督工作薄弱，民主集中制受到破坏，权力被滥用而又得不到制止，往往就会出问题，甚至出大问题。

4. 因果法

因果法是通过分析事理，揭示论点和论据之间的因果关系来证明论点正确的方法。

例如：

使用有机肥料，是我国农业生产的优良传统。但近几年来，在农村出现了重化肥轻有机肥、重用地轻养地、重产出轻投入的倾向，不少地区农家肥的使用量减少，绿肥作物种植面积下降，大中城市的粪肥、垃圾也很少利用。出现这种情况的主要原因：一是普遍放松了对有机肥料工作的领导，没有把它摆到应有的位置；二是积造有机肥料工作的劳动强度大，手段落后，加上农民对土地利用存在短期行为，不愿多投入有机肥；三是没有制定相应的政策，缺乏必要的经济扶持政策。实践证明，长期单一使用化肥，不能满足农作物对多种养分的需要。各地应十分重视有机肥资源的开发和利用，鼓励农民多施有机肥料，增加对土地的投入，搞好地方建设。

因果分析是说明的重要方法，因为事物发展没有无因之果，也没有无果之因，因果联系是事物的客观联系，采用这种论证方法，便于阐明道理，说明原因，指明发展趋势。

（五）公文议论的特点

1. 常常采用不完整论证，简化论证过程，直接表明论证结果、立场、主张等。

2. 多以正面论证为主，旗帜鲜明地表明观点。

3. 往往与其他表达方式结合使用，夹叙夹议是最常见的方式。这样可以节约叙述、说明的笔墨，又使言论适宜地突出矛盾的焦点、问题的中心，使文章的篇幅、行文节奏得到较好的控制。

第六章 机关主要公文

第一节 概 说

一、 什么是机关主要公文

《条例》规定，党的机关公文种类主要有决议、决定、命令（令）、意见、公报、公告、通告、通知、通报、报告、请示、批复、议案、函、纪要（会议纪要）等15种，我们将其称为党政机关主要公文，即机关主要公文。企事业单位、人民团体也常酌情比照使用。也有人称之为机关公文、法定公文、正式公文。

机关主要公文是公文的主体，但不是公文的全部。

二、 机关主要公文的特点

机关主要公文除具有公文的特点外，还具有以下显著特征。

（一）制发主体（即发文机关）的限定性

并非所有的机关、团体、单位都可以使用机关主要公文中的各个文种。宪法、有关法律、法规和《条例》，分别对有关文种的发文机关（制发主体）及其权限作了明确的规定。发文单位必须依照法定权限和职能制发公文，不能越权行文、违法违章行文。

（二）适用范围的规定性

《条例》及有关法律、法规对机关主要公文中每一种公文的适用范围都作了规定。按照有关规定正确选用文种，不仅能为撰写与处理机关公文提供方便，而且有利于维护机关公文的权威性、严肃性，保证机关公文的有效性。

（三）发布形式的标准性

机关主要公文在发布时，都要以按规范的公文格式印制的公文文本为载体。公文格式是在长期实践中发展形成并由国家有关部门明文规定的。国家标准 GB/T9704—2012《党政机关公文格式》则是各级机关、团体、单位都应该参照执行的公文格式标准。公文格式的这种标准性，有利于加强对公文的科学管理，提高公文写作质量和公文处理效率，更有效地发挥公文的作用。

其他类公文发布时，则常常要以机关主要公文为文件头，附着在机关主要公文（如命令、公告、通知等）后。

（四）制发程序的规范性

机关主要公文在制发时，从交拟、起草、审核、签发到印制的整个过程，每个步骤都必须严格按照《条例》和有关文件的规定运行，决不允许违规操作。

三、公文格式

公文格式指机关常用公文正本的组成部分和文面格式。这是公文的三种文面格式中使用得最多的一种。

公文格式具有规范性和确定性的特点。按照《条例》和《国标》的规定，公文的组成部分是确定的，不能随意更换增删；公文格式是有统一规定的，各级机关、单位、团体都必须按确定的、规范的格式撰制、印发公文。只有这样，才有利于提高公文处理和公文写作的质量和效率。

公文格式指公文各组成部分（要素）的文字符号在载体（缮印公文正件的纸张）上排列的规定。公文格式内容包括：公文组成部分（要素）的排列顺序和标识规则、纸张规格尺寸、印刷要求等（现行公文通用格式见下页图）。

×××

机密★3年

急件

××市××局文件

××〔2016〕××号

××市××局关于×××××的通知

主送机关：

正　文

附件：1. ××××××××××××××1份

　　　2. ××××××××××××××××1份

××市××局

2016年×月×日

（此件发至××级）

抄送：××××、××××、××××，××××。

××市××局办公室　　　　2016年×月×日印发

（一）公文各组成部分（要素）及其标识规则

1. 版头部分

俗称眉首。位于公文首页上端。包括份号、密级和保密期限、紧急程度、发文机关标志、发文字号、签发人等 6 个要素（组成部分）和分隔线。

（1）份号　公文印制份数的顺序号。并不是所有公文都要编制份号，只有涉密公文应当标注份号，以利于公文的分发、保密和查找、清退。如有必要，发文机关也可以对不带密级的普发性公文编制份号。每份编一个号，发文机关根据份号可以掌握每一份公文的去向。因此，收发公文都要登记份号，清退、销毁公文时，就可以对照份号查对，看是否有遗漏或丢失。份号一般用 3～6 位 3 号阿拉伯数字，顶格标印在版心左上角第一行。在实际操作中，有的单位是用印号机手工在成文上加盖份号。因此对份号字体没有统一规定，各单位可从印制公文的实际出发来掌握。但推荐使用黑体字。

（2）密级和保密期限　涉密公文应当根据涉密程度分别标注“绝密”“机密”“秘密”和保密期限。公文标识密级，其作用是表明文件涉及国家秘密的程度与保密要求，唤起受文者警觉，提示其分别采取不同的措施，维护国家安全和利益。

公文如需标志密级和保密期限，一般用 3 号黑体字，顶格标志在版心左上角第 2 行（即份号之下一行）；在密级之后标志“★”号，然后用阿拉伯数字标志保密期限。密级的两字之间不空格；如果只标密级不标保密期限，密级的两字之间空 1 字。

（3）紧急程度　指公文送达和办理的时限要求。根据紧急程度，紧急公文应当分别标注“特急”“加急”，电报应当分别标注“特提”“特急”“加急”“平急”。其作用是维护公文时效，避免延误。

紧急程度一般用 3 号黑体字，顶格标注在版心左上角。具体排在第几行，要视具体情况而定。单独使用则标注在版心第一行位置。如果同时有份号、密级和保密期限，就按照份号、密级和保密期限、紧急程度的顺序自上而下分行排列。如果同时标注密级和保密期限、紧急程度的，紧急程度的汉字之间就不空格，如标为“特急”；如果只标注密级或紧急程度而不标注保密期限的，紧急程度的汉字之间就空 1 字，如标为“特　急”字样。

（4）发文机关标志　俗称“公文名称”“红头子”。一般由发文机关全称或规范简称加“文件”组成（俗称大版头），居中排一行。或者只列发文机关全称或者规范化简称（俗称小版头）。

党政机关公文发文机关标志通常有以下两种形式：

一是《×××人民政府文件》，主要用于向上级机关报告、请示工作，颁布行政规章，发布政府的决定或通知、印发重要会议纪要和政府领导重要讲话，转发上级或批转下级重要文件等。俗称为“文件版头”（大版头）。

二是《×××人民政府》，主要用于印发函件及处理一般事项的通知、批复等下行文。俗称为“函件版头”（小版头）。

联合行文时，发文机关标志可以并用联合发文机关名称，也可以单独用主办机关名称。如需同时标注几个发文机关名称，一般应将牵头、主办机关排列在前，“文件”二字置于发文机关名称右侧，上下居中排布。党政联合行文，一般使用党委机关的公文名称。有时因联合行文机关过多，尤其是上行文，也可只标志发文机关名称而不标志“文件”二字。如联合行文机关过多，必须保证公文首页显示正文。

000001

机　密

特　急

签发人：×××　×××

×××〔2012〕10号　　×××

在民族自治地方，公文名称可并用自治民族文字和汉字，将自治民族文字排列在前。

（5）发文字号　这是发出文件的代号，是由发文机关对其所制发的公文依次编排的顺序号码。由发文机关单位代字、年份、发文顺序号构成。其作用在于为检索和引用公文提供专指性较强的代号，为管理和统计公文提供依据。一件公文只有一个发文字号，联合行文时，使用主办机关的发文字号。

机关代字文字要简洁，一般在两三个字以内，但也不能因过于简单而与其他单位代字混同；专指性要强，在一个市、县范围内不能有重复的机关代字；要相对稳定，确定了的机关代字就长期连续使用，不轻易变更。

年份用阿拉伯数字写全称“2016”之类，置于六角括号“〔　〕”中。

发文顺序号（序号）是一个发文机关单位一年内制发文件的统一流水号。每年从1号开始，按先后顺序编到当年最后一份文件为止。序号不编虚位，不用“0”占空位，

（即 1 不编为 01），序号前也不写“第”，以显简明。

发文字号用 3 号仿宋体字，位于发文机关标志下空二行位置居中排一行。上行文发文字号居左空 1 字。函件式公文的发文字号位于上端红色双线（武文线）下，与版心右边缘空 1 字距顶格标志。

（6）签发人　指代表机关核准并签发公文的领导人。上行文要由本机关的主要负责人签发，并在上报公文上标注签发人姓名。其作用是表明公文的具体负责者，督促有关领导人认真严肃地履行权利义务，强化公文质量；同时让上级单位的领导人了解下级单位谁对上报事项负责，为直接联系工作、迅速有效地询问和答复有关问题提供方便。

签发人姓名居右空 1 字，与发文字号平行编排。“签发人”用 3 号仿宋体字，后加全角冒号，签发人姓名用 3 号楷体字标注。

联合上行文所有联合发文机关的负责人都要标注签发人。如有多个签发人，签发人姓名按发文机关的排列顺序从左到右、自上而下依次均匀顺排，牵头主办机关的签发人放在第一位。一般每行排两个姓名，两个姓名之间空 1 字，回行时与上一行第一个签发人姓名对齐，最后一个签发人姓名应与发文字号处在同一行。

若联合上行文签发人太多时，可能导致首页无法显示正文，这时也可以采取每行增加签发人编排个数的办法，以确保首页显示正文。

（7）分隔线　发文字号之下 4mm 处居中印一条与版心等宽的红色分隔线，其高度一般应为 0.35mm～0.5mm 之间酌定，这样比较美观。

2. 主体部分

系置于公文首页红色分隔线（不含）以下至公文末页首条分隔线（不含）之间的各要素，统称主体。排列在文头的红色分隔线之下下空 2 行。包括标题、主送机关、正文、附件说明及附件、发文机关署名、成文日期、印章和附注。

（1）标题　由发文机关、事由和文种三部分构成。标题应力求简明、扼要、醒目。为了阅文和管理的方便，公文标题一般要求完整，不能省略发文机关和事由，这样使标题更庄重，也便于下级引用。

几个机关联合行文，标题中应将主办的机关排列在前，几个机关之间空一字距，不加标点（正文中引用这类标题时，联合行文机关名称则连排了）。有时，由于联合行文的单位多，标题可能冗长，可采用以下方法使标题简练一些。一是使用各发文机关规范化简称，通常用于 3 个以下机关单位联合行文时，如《省工商局省质监局关于××××××××的通知》。二是使用概括法，通常用于 4 个以上机关联合行文时，标题中只标志牵头主办机关名称加“等”的方式，如《省住房城乡建设厅等五部门关于加强城市照明管理促进节约用电工作的意见》。

标题一般用 2 号小标宋体字，题下的签注的字号，应小于标题，一般用 3 号仿宋体字。位于公文首页红色分隔线下空2行位置，与正文间隔一行（这就是通常说的一行题4行文，即一行标题占4行文字的行间距。以此类推，两行题5行文）。分一行或多行居中排布；回行时，要做到词意完整，排列对称、美观，长短适宜，间距恰当；人名、地名、词或词组不能拆开分置两行，以免产生歧义。标题排列一般应使用梯形或菱形，从视角美出发，首行和尾行一般应上短下长（即上梯形），给人以标题结构稳定感，头重脚轻（即下梯形）就不好看了。

要注意公文标题中"关于"的正确使用。"关于"对事由中的中心词语起关涉、介绍、提示的作用，它和事由部分的词语组成介词结构后，就改变了事由部分词语原有的语法性质。绝大多数情况下，公文标题中的"关于"不能省略，否则就会产生歧义。只有在转发、发布性通知的标题中，因批转、转发、印发发布有关文件、规章的行为主体与发文机关是一致的，事由前没有"关于"不会造成歧义，因此才可省略掉"关于"。而且，为了使标题更为简练，"批转、转发、发布"前的"关于"最好省略。例如《四川省人民政府办公厅关于转发住房城乡建设厅等部门关于进一步加强城镇液化石油气安全监督管理工作的意见的通知》就不如《四川省人民政府办公厅转发住房城乡建设厅等部门关于进一步加强城镇液化石油气安全监督管理工作的意见的通知》为好。

要正确使用标题题注即题下签注。会议通过批准发布的决定、决议和经报刊、文件汇编的一些法规、规章以及管理规章，常在标题之下正文之上加括号注明何时经何会议通过或何机关批准，有的还注明何时由何机关发布、何时生效。凡标题下加签注的，正文后就不再落款写发文单位和成文日期了。

（2）主送机关　是公文的主要受理机关，也称为主送单位、主送对象，受文对象。要写明对所收公文负实际办理或答复责任的机关、单位或团体的全称、规范化简称或者同类型机关统称。写明主要受文者的作用，是概括表明公文的空间效力范围，明确对文件办理、答复负法定责任的机关、单位、团体。因此，主送对象力求明确、具体地写出。

用3号仿宋体字标于标题下空1行位置，居左顶格，回行时仍顶格，最后一个机关名称后标全角冒号。

如主送对象稍多时，应按其重要程度、性质、级别和有关规定或惯例依次排列。各有关机关单位之间用顿号或逗号分隔，最后标全角冒号（若主送机关分层级，则大层级间用逗号分隔，层级内机关单位之间用顿号分隔），如"各省、自治区、直辖市人民政府，国务院各部委、各直属机构："“各市（州）、县（市、区）人民政府，省政府有关部门、有关直属机构："之类。

如主送机关名称过多导致公文首页不能显示正文时，应将主送机关名称移至版记部分"抄送机关"之上一行，其间不加分隔线，其标注方式就与"抄送机关"一样了。

标注主送机关还应注意：

第一，上行文原则上只能有一个主送机关，不得多头主送，以便公文的办理；受双重领导的机关单位向其中一个上级请示，需使用抄送方式同时报送另一个上级机关。

第二，普发性的下行文主送对象可使用泛称，如“各市、州、县人民政府，省政府各部门”“各区、县委，各区、县政府，市委、市政府各委办局，各总公司，各人民团体，各高等院校”之类。除特殊情况外，尽可能不使用“各有关单位”之类不明确的模糊称呼，那不利于落实公文的承办责任。

第三，除上级机关负责人直接交办事项外，所有上报文件都应主送机关而不宜主送领导个人，不得将主送对象写为“市委并×书记”“市人民政府并×市长”之类，更不要同时送几个领导人去批，以免重复批示造成处理上的混乱或发生错漏。有些专门事项的下行文，如职能管理部门的某些专项工作的通知书、有些会议通知等，主送对象则可能包括有关人员或指定的个人。也不得以本机关负责人名义向上级机关报送公文。

第四，对下的联合行文、联合对上的报告，主送对象应是各联合行文单位相对应的各个下级机关单位或对应的各个上级机关。联合向上的请示，主送机关一般只能有一个上级机关，并抄送其余对应的上级机关，以明确负答复责任的承办者。

第五，公开发布的周知性公文如决定、决议、公告、通告、公报以及法规、规章、管理规章等，可不写主送对象。会议纪要在版记处标明“分送”的机关单位。

准确确定公文的主送对象，是文件发出能及时处理的关键。要根据对方的职责、行文关系和当前工作实际情况认定主送对象。既要防止错送、漏送，延误工作，也要防止滥送，造成人力、物力和时间的浪费。

（3）正文　即公文的主体，用来表述公文的内容。这是公文信息的主体部分。用于表达使受文者对特定事物获得明确认识、形成完整印象所需要的信息。

要讲究行款格式，正文位于主送机关之下，文字从左至右横写、横排，按自然段依次排列，每段开始、各条项开始，都提行空两格，回行顶格。一般每面排 22 行，每行排 28 个字，并撑满版心。特定情况可以作适当调整。应按国家标准 GB/T 148－1997《印刷、书写和绘图纸幅面尺寸》印制。

公文的结构层次一般不超过四层，结构层次序数一般用 3 号字。第一层为“一、”，第二层为“（一）”，第三层为“1.”，第四层为“（1）”。第一层一般用黑体字、第二层一般用楷体字、第三层和第四层一般用仿宋体字标注。正文用 3 号仿宋体字。

缮印时文字要正确、端正、清晰，排列要整齐，行列要分明。要正确使用标点符号、数字、计量单位，其书写形式和标注位置，都要符合国家标准 GB 3100－1993《国际单位制及其应用》、GB/T 15834－2011《标点符号用法》、GB/T 15835－2011《出版物上数字用法》、GB 3101－1993《有关量、单位和符号的一般原则》、GB 3102.1～GB

3102.13《量和单位》。

（4）附件及附件说明　附件指附属于公文正件，而又不便于穿插在正文中的其他公文、图表或材料。其自身本来是一个相对独立的实体，一旦被一件正式公文规定为附件后，即成为该公文的一个组成部分，如无专门说明，其效用与正件相同。不是每件公文都有附件，只有内容需要，而又不便写入正文的材料，才用附件反映。附件的作用是：使正文内容具体化、完整化；为受文者正确理解和执行公文提供依据材料或参考材料；被正件确认其作用与效力。

如有附件，在正文中涉及附件内容处应加括号注明“见附件”或“附后”，然后在正文之后标明附件说明，即公文附件的顺序号和名称。要注意，正文中涉及附件处的标注内容、附件说明处的标注内容与附件本身的标注内容，前后要一致。

应在正文下空1行左空2字位置用3号字标志“附件”二字，后标全角冒号和附件名称。有几个附件时，还应用阿拉伯数码标出序号，每件一行（如“附件：1. ×××××”）。附件名称后不加标点符号。附件名称较长需回行时，应与上行附件名称的首字对齐。

附件通常有两种形式。

第一，有些专门为发布法律、法规、规章、规章制度、批转或转发有关公文的公文，是为批准、确认其附件的作用、效力或明令执行其附件而制发的。这类公文的主体内容通常在其附件部分，有些人把这类正件叫作“文件头”或“文件头子”。这类有附件的公文，在标题和正文中都已写明所发布或批转、转发文件的名称，就不再于正文之后加附件说明标注附件名称了。

第二，另一些有附件的公文，为证实附件与正件的关系，则须在公文正文之后、成文日期之前具体明确作出附件说明标志。不能笼统写为“附件如文”“附件×件”。有些附件比较重要的，在收文登记、立卷归档组卷编目时，还应将附件名称写在正件之后，以便日后查找利用。

附件应另面编排，并在版记之前，与公文正文一起装订。“附件”二字及附件序号用3号黑体字顶格编排在版心左上角第1行。附件标题居中编排在版心第3行。附件序号和附件标题应与附件说明的表述完全一致。否则，可能导致附件失去与正文同等效力的结果。附件格式要求同正文。

如附件与正文不能一起装订，应在附件左上角第1行顶格顶左编排公文的发文字号并在其后标注“附件”二字及附件序号。

（5）发文机关署名、成文日期和印章

这三个要素联系紧密，编排位置相互影响关联，它们是公文生效的主要标志。通常发文机关及成文日期也合称为落款。

发文机关署名指制发公文并对文件负全责的作者的署名，亦称公文作者署名。它可表明文件的责任者及法定权威性。所有公文都要有发文机关署名。通常情况下，落款部分的发文机关署名，要与版头发文机关标志中的发文机关和标题中的发文机关名称一致。联合行文时，若版头发文机关标志并用了发文机关名称，则发文机关署名的顺序应与发文机关标志的排列顺序一致。有的公文如命令、政府制发的议案、有些经济文书，也可以不落发文机关而由机关主要领导人签署，即写明签署的领导人职务全称和加盖领导人签名章，如“市长　×××”“厂长　×××”。

发文机关署名或者领导签署位于正文（附件说明）后面右下方。会议纪要、电报文件、党政领导机关普发性的下行公文，通常不加盖印章，而标志发文机关。除此之外，其他一切公文均应加盖印章。

成文日期指定稿形成公文的时间。通常情况下，除公文正文中专门说明生效日期者外，公文的成文日期就是生效时间。成文日期通常以领导人签发的日期为准；经发文机关几个领导人传批签发的文件，以主要负责人签发日期为准；联合行文时，以最后签发的机关负责人签发的日期为准；凡是经会议通过方能生效的公文，以会议通过日期为成文日期；电报以发出日期为成文日期。成文日期的位置，除法规、规章、规章制度及决议、决定、会议纪要等会议文件常以签注形式安排在标题之下外，其他都位于正文（或附件）之后右下方，一般右空 4 字用阿拉伯数字将年、月、日标全，年份应标全称，月、日不编虚位（即 1 不编为 01）。

印章是公文的生效标志。除了按规定可以不加盖印章的上述文种外，不加盖印章的公文应视为无效。印章是证实公文作者合法性及公文效力的标志，印章还是鉴定公文真伪的最重要的标志。印章应与发文机关署名相符一致。联合上报的公文，可由主办机关加盖印章；联合下发的公文，联合发文机关都要加盖印章。公开张贴的通告、通知等，一般也应印上套红印章。

发文机关署名、成文日期和印章的标志形式有以下四种情况。

一是单一机关行文时，成文日期右空 4 字距，发文机关署名在成文日期之上、以成文日期为准居中编排，印章端正、居中下压发文机关署名和成文日期，使发文机关署名和成文日期居印章中心偏下位置，印章顶端应上距正文（或附件说明）1 行之内。这是通常说的“上不压正文，下骑年盖月”的下套方式。若发文机关全称较长，应使用规范化简称，若规范化简称也较长，可分两行编排。

二是联合行文时，应将各发文机关署名按发文机关标志的顺序排列在相应位置，并使印章加盖其上，最后一个印章端正、居中下压发文机关署名和成文日期。每排最多盖 3 个印章，排列整齐、美观。

三是采用领导人签署形式有两种情况。单一机关制发的公文加盖签发人签名章时，在正文（或附件说明）下空 2 行右空 4 字加盖签发人签名章，签名章左空 2 字标注签发人职务，相对于签名章上下居中。在签发人签名章下空 1 行右空 4 字标注成文日期。联合行文时，应先编排牵头主办机关签发人职务、签名章，其余机关签发人职务、签名章依次向下编排，与主办机关签发人职务、签名章上下对齐；每行只编排 1 个机关的签发人职务、签名章；签发人职务应标注全称。签名章一般用红色。在最后一个签发人签名章下空 1 行右空 4 字标注成文日期。

四是不加盖印章的公文（通常指县级以上党委政府机关普发性下行文）的发文机关署名，都标注在正文（或附件说明）下空 1 行位置。单一机关行文成文日期标注在发文机关署名下 1 行右空 4 字位置，发文机关署名相对成文日期居中排列。若发文机关长于成文日期，则应以发文机关署名为准来确定成文日期位置。

当公文排版后所剩空白处不能容下印章或签名章及成文日期位置时，一般应当采取调整正文行距或字距的措施加以解决，务使印章与正文同处一面，不得采取标注“此页无正文”的方法解决，以便堵上私加公文也就是变造公文的漏洞。

无论是手工加盖印章，或者套印印章，都不能漏盖、错盖，应与发文机关、单位名称一致。也不能盖得歪歪斜斜或者模糊不清，要端正、清晰无误。

（6）附注　主要用以标注秘密文件的发送、阅读、传达范围，以适应工作和保障党和国家机密安全的需要。也用于对不便在正文中直接出现的名词术语及需要说明的有关事项的解释、说明，以简化正文，突出主要问题的表达，或者说明相关事项。“请示”件应在附注处注明联系人及电话。附注位于公文末页左下方，排列在成文日期之下空 1 行，另起一行左空两字距加圆括号标示，如“（此件发至××级）”或“（此件公开发布）”之类。每项（名词术语、事项等）说明为一个自然段，如两项和两项以上的，每项前标明序号。附注用 3 号仿宋体字。

3. 版记（文尾部分）

这一部分位于公文正件末页下端，包括抄送机关、印发机关和印发日期等部分。

（1）抄送机关　指除主送机关外需要执行或知晓公文的其他机关、单位和组织。

无论对上级、对下级、对平级和不相隶属机关、单位，一律使用“抄送”。抄送机关应用全称或规范化简称，或者同类型机关单位统称。

要严格控制抄送机关、单位和个人，可送可不送的不抄送，完全无关的坚决不送。需要抄送的一般有以下几种情况。

第一，公文内容涉及主送机关单位以外机关单位工作职责的，公文中需办理的工作要主送机关单位以外机关单位协助、配合办理的，应根据需要抄送相关机关单位。

第二，向下级的重要行文，应当同时抄送发文机关的直接上级机关。

第三，受双重领导的机关单位向一个上级机关行文，应抄送另一个上级机关。上级机关向受双重领导的下级机关单位行文，必要时要抄送该下级机关单位的另一个上级机关。

第四，上行文原则上只写一个主送机关，对相关的其他机关单位则用抄送。但不得抄送下级机关。

第五，批复某一机关、单位而要求其他单位也依照或参照此批复精神办理的，应抄送有关单位。

第六，除控告、检举上级机关、单位外，越级上行文要抄送被越过的上级机关、单位。

第七，须报上级职能部门备案的法规性文件（如地方法规、行政规章），对下发布时应抄送上级机关有关部门。

抄送机关单位应准确具体地写明，不宜笼统地写“各有关单位”之类。一般也不抄送个人。

抄送机关用 4 号仿宋体字编排在公文最后一页的下方位置，左右各空 1 字。“抄送”两字后标全角冒号，冒号后标注抄送机关名称，回行时与冒号后的抄送机关名称首字对齐。应按机关单位的级别、性质、有关规定或惯例依次排列抄送单位名称，同一系统内同级机关之间用顿号“、”分隔，不同系统机关之间用逗号“，”分隔，最后标句号。

如需把主送机关移至版记中，应将其置于抄送机关之上一行位置，主送、抄送机关两行之间不用分隔线。编排方法除将“抄送”两字改为“主送”外，其他与抄送机关的编排相同。例如：

主送：×××××、×××××××××，××××××××××××。

抄送：××××××、××××××××、×××××××，××××，×××××。

××××××办公室　　　　　　　　2016 年×月××日印发

抄送机关单位较多时，排列次序可按以下办法处理：上级机关在前，然后是平级机关单位，最后是下级机关单位。若系同一级别的，则按党委、人大、政府、政协、法院、检察院、军事机关的顺序排列。若是在党委或者政府系统行文，地方党委或者政府在前，部门在后；地方党委政府按行政区划的顺序排列；部门按党委政府机构的顺序排列。其余各单位则按其与该项工作或事项的相关程度排列，关系密切者排前面。本单位各部门及领导均不应列入抄送栏，也不必写“存档 2 份”之类。

（2）印发机关和印发日期　指公文的送印机关（即公文的印制主管部门）和送印日期。这是对公文印制发出情况的说明，准确反映公文的生成时间，以界定生效日期与印发日期的区别。其作用既可以使发文机关掌握制发公文的效率，又可以使收文机关掌握公文的传递时间，有利于公文的办理，为其与文件承印承发单位联系，或为迅速复文提供便利。其内容包括承制单位、印发日期等。印发机关一般为机关单位的办公厅（室）或文秘部门，有的发文机关单位较小没有专门的办公室或文秘部门，也可标识发文机关单位。印发日期以公文付印的日期为准。

印发机关和印发日期一般用 4 号仿宋体字编排在抄送机关之下 1 行位置，与抄送机关之间用分隔线隔开。无抄送机关栏的则在公文最后一页的下方位置，形成印发机关和印发日期栏。印发机关左空 1 字，印发日期右空 1 字。年、月、日用阿拉伯数字标全，最后注明“印发”（或者“翻印”）。

（3）版记应置于公文最后一面（封四），版记的最后一个要素置于版心最后一行。也就是说版记一定要放在公文的最后一面（公文必须双面印刷）的最下面的位置，以保证公文的完整性。

版记中第一个要素之上、各要素之下均加一条分隔线，宽度同版心，第一条和最后一条分隔线用粗线（推荐使用 0.35mm），中间的分隔线用细线（推荐使用 0.25mm）。最后一条分隔线与公文最后一页的版心（图文区）下边缘重合。分隔线宽度与版心（图文区）同宽。

4．页码

即公文页数顺序号。页码用 4 号半角宋体阿拉伯数码标志，置于版心下边缘之下一行，数码左右各放一条 4 号一字线。单页码居右空 1 字，双页码居左空 1 字，以方便阅读。空白页和空白页以后的页（包括版记页）不标志页码，以防止在空白页私加文字。公文的附件与正文一起装订时，页码应当连续编排。不一起装订时附件另编页码。

5．公文中的表格

公文如需附表，竖排表格按照公文通行格式编印。横排 A4 纸型表格，应将页码放在横表的左侧，单页码置于表的左下角，双页码置于表的左上角，单页码表头在订口一边，双页码表头在切口一边。当遇 A3 纸型表格为公文最后一页时，为避免表格的脱落，应将其贴在封三之前，不应贴在文件最后一页（封四）后。

（二）公文的特定格式

1．信函格式

即函件。它用于处理日常事务的平行文或下行文，如函、一般事项的通知、批复等，而且使用频率很高。这种公文通常使用专门的函件版头，其用法如下。

（1）发文机关单位标志　通常用发文机关全称，后不加“文件”二字。联合行文使用主办机关标志。

（2）在发文机关标志下 4mm 处印一条红色双线（上粗下细，俗称武文线），距下页边 20mm 处为一条红色双线（上细下粗，俗称文武线），线长均为 170mm，均以版心为准居中。

（3）份号、密级和保密期限、紧急程度的位置：如需标注份号，顶格居版心左边缘编排在第一条红色双线下，如需同时标注密级和保密期限、紧急程度，密级和保密期限顶格编排在份号下 1 行，紧急程度顶格编排在密级和保密期限下 1 行（一般说来，“信函式”公文很少同时出现这三项）。

（4）发文字号顶格居版心右边缘标志在第一条红色双线下，距其的距离为 3 号汉字字高的 7/8。

（5）正文标题居中编排，与其上最后一个要素相距 2 行，与正文相距 1 行。正文每行居中排 28 个字。两线之间其他要素的标志方法与“文件式”公文的要求相同。第 2 条红色双线上一行如有文字，距其的距离为 3 号汉字字高的 7/8。正文行长通常比前述红色双线少 14mm，这是编印函件时要注意的。实际上函件版心比文件的大些。

（6）信函格式公文首页不显示页码，其后由第 2 页开始标注。第 2 页后不再标志红色双线。

（7）关于版记，公文格式国家标准规定，“不加印发机关和印发日期、分隔线”，而对抄送机关标注方式未作规定。从实用美观出发，信函格式公文的版记可以参照通用文件版记标志方法。建议有关机关单位，一是要加注印发机关和印发日期，以有利于对函件类公文的掌控和处理。二是版记都在第二页之后，同样可以标志分隔线形成版记区域，这样更加醒目，方便阅文和处理，也更为美观。

2. 命令（令）格式

命令（令）是国家行政机关发文的最高级形式，它是一种极具权威性、重要性的公文。为了从表现形式上维护国家政令的权威性和统一性，应按照《党政机关公文格式》国家标准规定的格式执行。

（1）命令标志　由发文机关名称加“命令”或“令”组成。发文机关名称应用全称，命令标志推荐使用红色小标宋体字，字号由发文机关酌定，但要掌握在不超过国务院的字号的程度。

（2）令号　在发文机关标志下空 2 行居中标志，用黑体字，即“第×号”。令号的编制通常按届编号，自发第 1 号令开始，不受年度限制，这与发文字号以年度为限编制不同。

（3）正文　令号之下空 2 行标志正文，与“文件式”公文不同，其间没有红色分隔线。正文编排格式与“文件式”公文正文的要求基本一致，命令正文的内容一般都比较简短，大多是一个自然段，通常采用了篇段合一式结构。命令（令）一般没有标题。结语若用“特此命令”，应紧接正文主体之后，后面应该用句号。现在不少行政机关发布命令的结语“特此命令”都没有标点符号“。”，这是不规范的。

（4）正文下空2行右空4字标志签发人签名章，签名章左空2字标志签发人职务，相对于签名章上下居中；签发人职务应标注全称。命令（令）的签发人应是发文机关的最高领导。联合发布的命令，应先编排主办机关签发人职务、签名章，其余机关签发人职务、签名章依次向下编排；签名章一般用红色。

（5）在签发人签名章之下空1行右空4字，用阿拉伯数码标志成文日期。

（6）命令（令）　若有版记不标志分隔线，不用“主送、抄送”而采用“分送”这一特定形式；一般不加印发机关和印发日期。

3. 纪要（会议纪要）格式

这是针对党政机关、单位的办公会议纪要而言。至于其他会议纪要，可用通知来转发或者印发。党政机关、企事业单位的办公会议议定的事项，都是本机关、单位的决策事项，通常以固定形式的《会议纪要》印发。

（1）纪要标志　由“×××××会议纪要”组成，推荐使用红色小标宋体字，字号大小由发文机关酌定。

（2）纪要编号　在纪要标志下空2行居中标志。编号可用3号黑体字或仿宋体字，即“第×号”。编号的编制按年度为限依次编制。

（3）编号下空1行编排发文机关和成文日期，发文机关居左空1字，成文日期居右空1字。成文日期是会议召开日期即会议纪要议定事项生效日期（有明确规定生效日期的除外）。

在发文机关和成文日期下4mm处标注一条与版心等长的红色分隔线（一般用0.35mm～0.5mm高度）。

（4）在编号下空2行用2号小标宋体字编排会议纪要标题。纪要标题下空1行用3号仿宋体字编排纪要正文，其印制形式要求与“文件式”公文的主体部分基本一致，不同处在于要标明出席等事项，以确认与会者责任及相关要求。

在正文（或附件说明）下空1行左空2字一般用3号黑体字标志“出席”两字，后标全角冒号，冒号后用3号仿宋体字标注出席人单位、姓名，回行时与冒号后的首字对齐。

若要标注列席人员名单和请假人员名单，除依次另起1行并将“出席”两字改为“请假”或“列席”外，编排方法同出席人员名单。必要时应在请假人员姓名后加括号简要标明请假缘由，以备查考。

（5）版记部分　办公会议纪要版记部分的各项要求、编印格式与文件格式公文版记格式基本一致。办公会议纪要不分主送、抄送，而用“分送”这一特定形式；同样要标注印发机关和印发日期。

会议纪要不加盖印章。

（三）公文用纸规格

一般使用纸张定量为 $60g/m^2$～$80g/m^2$ 的胶版印刷纸或复印纸。采用国际标准 A4 型纸，其成品幅面尺寸为 210mm×297mm。公开张贴的公文用纸大小，根据实际需要确定。

为了实用、美观和装订方便，公文用纸分为可以书写、印刷文字、图形等符号的版心（图文区）和除页码外不允许出现其他文字符号的白边区两个区域。国际标准 A4 型公文用纸天头（上白边）为 37mm±1mm，地脚（下白边）为 35mm±1mm；订口（左白边）为 28mm±1mm，翻口（切口、右白边）为 26mm±1mm。版心尺寸为 156mm×225mm（不含页码）。应注意天头比地脚宽，订口比翻口宽，这样既美观，又便于使用。

（四）公文的排版、印刷、装订格式

1. 所有文字符号从上到下、从左至右依次横写横排，少数民族文章可按其习惯书写、排版。

2. 公文印刷字号一般按发文机关名称、标题、标识字符、正文及注释说明等顺序，依次从大到小地选用。

公文名称一般用小标宋体字套红印刷。公文标题字号应小于公文名称而大于正文，一般用 2 号小标宋体字。份号、密级和保密期限、紧急程度用 3 号黑体字；正文中的小标题可用 3 号黑体字或小标宋体字；公文发文字号、签发人（姓名用 3 号楷体字）、正文、主送机关、发文机关署名、成文日期、附件说明、附注用 3 号仿宋体字。抄送机关、印发机关和印发日期用 4 号仿宋体字。图文区所有文字符号排印一定要端正、清晰。

公文印制每页排 22 行，每行排 28 个字，并撑满版心。

公文中除了发文机关标志、版头中的分隔线、发文机关印章和签发人签名章为红色外，其余文字部分均为黑色。

3. 制版要求：版面干净无底灰，字迹清楚无断划，尺寸标准，版心不斜，误差不超过 1mm。

4. 印刷要求：双面印刷；页码套正，两面误差不得超过 2mm。印品着墨实、均匀；字面不花、不白、无断划。

5. 装订要求：公文应左侧装订，不掉页，无毛茬或缺损。可以根据不同情况采用平订或骑马订。

第二节 决议、决定

一、决议、决定的含义

《条例》规定，决议“适用于会议讨论通过的重大决策事项”。决议是发布经会议讨论通过并要求贯彻执行的重大决策事项的一种下行公文。

决定是领导机关对重要事项或者重大行动做出安排和决策所使用的一种下行公文。按照《条例》规定，决定“适用于对重要事项作出决策和部署、奖惩有关单位和人员、变更或者撤销下级机关不适当的决定事项”。

决议只用于党派、组织、团体的全体会议或代表会议，而任何机关、单位、团体或者会议都可以使用决定。

决定、决议在性质、写法上都有许多相同之处，但又有明显不同，我们要掌握它们的异同。

二、决议、决定的分类

根据用途的不同，可将决议、决定分为不同类型。

（一）决议的分类

1. 部署指挥性决议 用于发布经会议通过的要求贯彻执行的重大决策事项。

2. 批准性决议 用于表明会议对某项法规、规章、议案、报告等文件或者某一事项作出批准。如《中国共产党第十八次全国代表大会关于中央纪律检查委员会工作报告的决议》。

3. 专门问题决议 用于表明会议对某项重大的专门问题的态度，如《台盟三次全盟代表大会关于反对美国国会干涉中国内政制造“两个中国”的决议》。

（二）决定的分类

1. 部署性决定 适用于对重要事项或者重大行动做出决策、部署、安排，如《中共中央关于加强和改进党的作风建设的决定》《国务院关于大力开展农田水利基本建设的决定》。

2. 事项性决定　适用于处理具体事项，运用范围比较广泛，如批准有关条约、文件，设置或撤销机构，安排处理人事问题，决定召开重要会议，处理某项重大事项或者具体工作等。如《全国人民代表大会常务委员会关于确定中国人民抗日战争胜利纪念日的决定》《全国人大常委会关于修改〈中华人民共和国人口与计划生育法〉的决定》。

3. 奖惩性决定　常用于比较重要的奖励或惩处。如《国务院关于2015年度国家科学技术奖励的决定》。

4. 变撤性决定　适用于上级机关变更或者撤销下级机关不适当的决定事项。如《国务院关于取消和调整一批行政审批项目等事项的决定》。

三、决议的写作

（一）决议的一般结构和写作要求

1. 标题

一般要求三要素齐全，应写明发布决议的会议，以表明其权威性。

2. 签注

决议都是由会议通过而发布的，因而都在标题下加括号签注通过决议的会议名称及通过日期。正文后就不另标落款了。

3. 正文

决议的正文由决议缘由、决议事项和结语三部分构成。

决议缘由一般要简要说明有关会议审议决议涉及事项的情况，陈述作出决议的原因、根据、背景、目的或意义。要写得依据充分，目的明确。

决议事项写明会议通过的议决事项，或会议对有关文件、事项作出的论断，或对有关问题、事件作出的评价、决定，或对有关工作作出的部署安排和要求、措施。撰写时应做到观点明确，态度鲜明，分析表述清楚，要求切实可行，层次结构严谨，语言简明有力。

结语一般紧扣决议事项有针对性地提出希望、号召和执行要求。有的决议也可不单列这部分。

决议正文可根据内容多少，分别采用篇段合一式、多段式、总分条文式、分部式等结构形式。

决议只能写经会议通过的决议事项，未经会议决定的事项或分歧意见一律不能写入。遣词用句要准确而无歧义，不能有含糊不清、模棱两可的提法。原则性规定和灵活性处置的表述要有分寸感，恰如其分。

决议常以第三人称口气来写，一般用“会议听取（讨论、审议）了”“会议决定”

“会议指出（认为）”“会议号召（要求、希望）”等作为过渡起首语，这样显得客观、严正。

决议通常不在正文前标示主送机关，可在文尾的抄送机关栏注明发送机关。

（二）撰写各类决议注意事项

1．部署指挥性决议

这是由有决策权的会议如党代会、人代会对重要工作、重要决策讨论、通过后公布于众要求贯彻执行的一类决议。它有极强的指挥性，既要写明必须贯彻执行的决议事项，使有关方面明确做什么、怎么做，又要简明扼要地阐明作出决议的原因、根据，使有关方面明确为什么做，以增强执行决议的自觉性。行文时这两方面内容孰重孰轻，要看具体情况而定。如《四川省人民代表大会常务委员会关于依靠科技振兴农业的决议》就着重阐明做什么、怎么做。而《中共中央关于社会主义精神文明建设指导方针的决议》则是要引导大家“充分地认识加强精神文明建设的紧迫性和长期性”，重点在阐明为什么做，理论色彩极浓。

这类决议内容一般较多，常采用总分条文式或者分部式结构。

2．批准性决议

这是有关会议依照其法定权力，对某项决定、议案、报告、法规、规章或某一事项表明同意、批准的态度而作出的决议。

这类决议一般内容单一、篇幅简短，只写明某某会议审议、批准了什么即可，多为篇段合一式。也有少数这类决议如党代会批准工作报告、人大会批准政府工作报告的决议等，采用了多段式结构，还简要说明会议审议情况，分析形势，肯定成绩，指出问题，提出希望、号召。

这类决议正文之后常要附上所批准的文件。文中对被审议的文件态度要明确，或“批准”“同意”，或“基本同意”“原则通过”“原则批准”，要注意掌握分寸。

3．专门问题决议

这类决议所涉及的专门问题，都是一定范围内的重大问题。它的写法随文而异，但都要注重针对性。它要针对会议讨论同意的专门事项表明会议的态度、立场和观点，语言鲜明、剀切。

这类决议议论性极强，注重透辟、精要的说理，有的已成为议论文的典范，如《中国共产党中央委员会关于建国以来党的若干历史问题的决议》，通篇夹叙夹议，对新中国成立以来一系列历史事件做出了实事求是的、科学公正的评价和精辟的论述。

这类决议的内容多少不一，篇幅有长有短，可分别采用篇段合一式、多段式、总分条文式或分部式结构。

四、决定的写作

（一）决定的一般结构和写作要求

1. 标题

一般要求三要素俱全。

2. 正文

一般由决定依据、决定事项、结语三部分构成。

决定依据应写明发布决定的原因、目的、根据、背景或意义。内容较少、涉及大家比较熟悉的工作的决定，这部分可略写。对大家不熟悉的、事关重大的工作的决定，这一部分则应讲清楚、讲透彻，以使受文方面充分理解行文意图，更好地去贯彻执行决定。

决定事项是决定的主要部分。要写明决定事项的具体内容，诸如对某项工作确定的原则、提出的要求、作出的规定、提出的措施办法，对某事某人表明的态度、作出的安排或处置，对某一文件表示批准的意见等。根据不同情况，这部分内容可多可少，或长或短。但都要写得明确具体，态度鲜明，行文干脆，语言准确、简明。

结语简要提出希望或号召，是对决定事项的强调或补充，以唤起受文方面对决定事项的重视。也有的决定可不单写结语部分而将其内容列入决定事项之中。

正文根据内容多少，可分别采用篇段合一式、总分条文式或者分部式。采用总分条文式时，每条常加条首句，以使观点鲜明。采用分部式的，或在各部分冠以汉字序码，或在每部分前加上小标题。

3. 签注或落款

凡会议通过的决定，通常在标题之下加括号签注通过决定的会议名称和通过时间。由领导人签发的决定，则在正文后写明发文机关和成文日期。

4. 主送机关

一般不在正文前写明，可在文尾抄送栏内抄送机关的上方，标明“主送”或者“分送”的机关单位。

（二）撰写各类决定注意事项

1. 部署性决定（即部署指挥重要工作的决定）

这类决定是对一定范围的某项重要工作作出部署，有较强的政策性和指挥作用。决定依据部分常常要简明扼要而透辟地阐述行文的目的意义，讲清道理。决定事项既要高度概括，又要明确具体，切实可行；态度要鲜明，语言要确切，常用“必须”“要”“不准”之类用语表明态度、作出规定、提出要求。这类决定通常篇幅较长，大多采用总分条文式结构，有的采用分部式结构。要注意结构严谨，层次条文排列逻辑有序。

2. 事项决定（即处理具体事项的决定）

这类决定一般篇幅简短，多采用篇段合一式结构。要写得直截了当，简洁明白。写法较为单一，简明扼要地写明决定依据、决定事项即可，不必多加议论和陈述，也常常不写结语部分。

3. 奖惩决定

应简要写明被表彰者的先进事迹及评价（或者被处分者的错误事实及评论），作出的表彰或处分决定，提出的希望、号召。要写得开门见山，直接陈述而不求全求详，对先进事迹的评价或对错误根源、错误性质的分析要中肯、恰当而不多加议论，提出的希望、号召要符合实际，有较强的针对性而不空泛。

这类决定多采用多段式、三段式或者篇段合一式。

撰写时要实事求是，无论表彰先进或者处分错误，都要准确、恰当、言之凿凿，不可任意拔高、夸大或歪曲。例如：

中共四川省委关于追授兰辉同志“实践党的群众路线优秀党员领导干部”称号的决定

（2013 年 6 月 26 日）

兰辉，男，回族，北川羌族自治县人，1965 年 4 月出生，中共党员，1983 年 7 月参加工作，先后在学校、乡镇、县直机关工作，历任北川团县委副书记、书记，通口镇党委副书记、镇长、党委书记，县政府办公室主任，副县长等职务。兰辉同志带病坚持工作，2013 年 5 月 23 日，在下乡检查工作途中不幸意外坠崖，因公殉职，年仅 48 岁。

兰辉同志参加工作近 30 年来，始终把党的事业和人民群众放在心中最高位置，扎根基层、亲民为民、服务群众，用生命谱写了一曲为民务实清廉的壮丽赞歌。他一心为民、无私奉献，时刻牵挂群众安危冷暖，奉行“群众的事再小都是大事，自己的事再大也是小事”，家境不宽裕却先后帮助了近 200 名困难群众、困难学生。他坚毅进取、负重前行，遇困难不退缩、遇矛盾不回避、遇不幸不绝望，在汶川特大地震后，强忍失去 3 个亲人的悲痛，勇挑重担、主动作为，始终战斗在抢险救灾、灾后恢复重建一线，一次又一次组织抢通了灾区的“生命通道”。他爱岗敬业、恪尽职守，始终对工作充满激情，宁可让身体透支，也不让工作欠账。担任副县长以来，坚持深入基层、深入一线，平均每天行车 200 多公里，车里常备军大衣、雨具、干粮，即使生病住院动手术也丢不下工作，生命最后一刻还奋战在交通建设和防汛现场。他清正廉洁、艰苦奋斗，身处领导岗位，从不违背原则乱打招呼，从没为亲人办一件私事，妻子和兄弟至今还是临聘工人。兰辉同志的先进事迹生动诠释了一名党员领导干部对党和人民的无限忠诚，为党员干部特别是领导干部为政、干事、做人树立了一面光辉旗帜。兰辉同志是当代共产党人的优秀代表，是新时期党员领导干部的学习楷模，是弘扬伟大抗震救灾精神的先进典型，是自觉践行党的群众路线的时代榜样。

兰辉同志的先进事迹，既集中反映了汶川特大地震锤炼出的四川党员干部特别是灾区党员干部对党忠诚、对人民深情的政治品质，超常付出、敢于牺牲的奉献精神，坚忍不拔、感恩奋进的顽强斗志，亲民爱民为民的务实作风，更反映了党的十八大后四川党员干部敢于跨越、敢于追梦、敢于同步小康，善于联系群众、联系基层、联系实际，乐于为民务实清廉的新风貌、新状态、新精神，这是我省在全面实施“三大发展战略”、加快推进“两个跨越”伟大征程中的宝贵财富。为激励各级党组织和党员干部坚定信念、拼搏实干、服务群众，凝聚全面建成小康社会的强大正能量，省委决定，追授兰辉同志“实践党的群众路线优秀党员领导干部”称号。

全省各条战线的共产党员和广大干部要向兰辉同志学习。学习他信仰坚定、对党忠诚的政治本色，始终坚守共产党人的精神追求，永葆共产党员先进性和纯洁性，做与党同心、政治过硬的党员干部。学习他牢记宗旨、一心为民的公仆情怀，始终坚持直接联系群众、服务群众，做与群众心心相印、勤政为民的党员干部。学习他恪尽职守、躬身实干的工作作风，始终坚持深入基层、深入实际，直面问题、解决难题，做求真务实、攻坚克难的党员干部。学习他超常付出、忘我奉献的拼搏精神，始终保持昂扬向上、奋发有为的精神状态和工作激情，做埋头苦干、夙夜在公的党员干部。学习他艰苦朴素、廉洁自律的为政品行，始终保持清廉本色，艰苦奋斗、淡泊名利、克己奉公，做秉公用权、廉洁坦荡的党员干部。

各地、各部门要紧密联系实际，精心组织部署，采取多种形式，迅速在广大党员干部中掀起学习兰辉同志的热潮。要围绕发展开展学习活动，把学习活动与贯彻落实省委十届三次全会精神结合起来，与“实现伟大中国梦，建设美丽繁荣和谐四川”主题教育活动结合起来，教育引导党员干部学习先进、争当先进、赶超先进，坚持把经济建设作为兴省之要，脚踏实地、埋头苦干、艰苦创业，一心一意谋发展、凝心聚力奔小康。要围绕转变作风开展学习活动，把学习活动与党的群众路线教育实践活动结合起来，教育引导党员干部以兰辉同志为镜子，自我净化、自我完善、自我革新、自我提高，以作风建设的新成效凝聚推进科学发展、加快发展的强大力量。要围绕党建工作开展学习活动，把学习活动与为四川发展提供坚实组织保障结合起来，在党员干部中大力传承兰辉精神、弘扬兰辉作风、争做兰辉式干部，着力建设一支品行优秀、拼搏实干、群众公认的执政骨干队伍，为全面建成小康社会提供坚强的组织保障。

4. 变撤性决定

通常只简要具体直接说明决定依据、决定事项和要求，篇幅短小，多采用篇段合一式或者多段式文面结构。例如：

成都市人民政府关于取消和调整一批非行政许可审批项目的决定

各区（市）县政府、市政府各部门：

根据省政府《关于全面清理非行政许可审批事项的通知》（川府发〔2014〕35号）精神，经市政府第62次常务会议审议通过，决定取消和调整一批市级设定的非行政许可审批项目，其中：取消15项，调整2项。

各区（市）县政府、市政府各部门要认真做好取消和调整的非行政许可审批项目的落实和衔接工作，转变管理方式，切实加强后续监管及服务。

附件：1. 取消的市本级非行政许可审批项目目录（共15项）

2. 调整的市本级非行政许可审批项目目录（共2项）

成都市人民政府

2015年2月5日

（附件略）

第三节 命令（令）

一、命令（令）的含义、用途及分类

命令（令）是法定的领导机关或领导人对下级发布的一种具有强制执行效力的指挥性公文。《条例》规定，命令（令）“适用于公布行政法规和规章、宣布施行重大强制性措施、批准授予和晋升衔级、嘉奖有关单位和人员”。

命令和令在古代有所区分，在现代则区别不大，已合并为一个文种。只是在不同的场合，文种名称的使用有细微的区别，如《中华人民共和国国务院令》《戒严令》之与《国务院关于在我国统一实行法定计量单位的命令》《国务院关于在西藏自治区拉萨市实行戒严的命令》等。

根据不同用途，命令（令）可以分为公布令、行政令、嘉奖令、任免（授衔）令、通缉令、赦免令等。根据新的规定，撤销下级机关不适当的命令、决定、决议等不再使

用命令，而使用决定。

二、命令（令）的特点

（一）有法定的发令机关

除军事部门外，并不是所有领导机关都可以发布命令。根据《中华人民共和国宪法》《中华人民共和国国务院组织法》和《中华人民共和国地方各级人民代表大会和地方各级人民政府组织法》等法律、法规的规定，国家主席，国务院及其所属各部、各委员会，县以上地方各级人民政府，以及特殊情况下由县级以上人民政府授予指挥权力的机构（如防汛指挥部）等，才可以在法律规定的权限内发布命令。党的领导机关不用命令（令）行文，确有必要时，可以与国家行政机关联署发布命令。其他机关、单位均不使用命令（令）。

（二）有法定的权威性

发布命令是以法律、法规为依据的，有些命令本身就是为颁布和执行法规文件而发布的，因而有强烈的权威性和指挥性。发布命令必须严肃审慎，“慎乃令出，令出惟行”（《周书》）。

（三）有强制的执行效力

受令方面必须无条件执行，做到令行禁止。

三、命令（令）的正本形式和基本结构

（一）命令（令）的正本形式

一般不使用“××××文件”的版头，而是使用“发令机关（或法定领导人职务）+文种”的专用版头，如“中华人民共和国主席令”“中华人民共和国国务院令”“××省人民政府令”等版头。令头的发文机关名称应用全称，不能用简称，包括规范化简称。

命令（令）一般单独编文号，在其版头下列上“第×号”。可在领导人任期内统一编大流水号，任期届满换届后另编新号。有些机关发令极少，也可同其他公文一样统一编发文字号。

（二）命令（令）的基本结构

1. 标题有两种形式

——两项式标题　即命令（令）专用标题。由“发令机关（或领导人职务）+令”

组成。若已将这类标题列为专用版头（公文名称）的，版头（公文名称）与标题则合二为一了。

——公文式标题　由“发文机关＋事由＋文种”组成，如《国务院中央军委关于授予胡笑云、吴承志武警少将警衔的命令》。

2. 主送机关有两种形式

——多数命令（令）如公布令、行政令等，因是“号令天下，一体周知”，可不必在正文前标明主送机关。确有必要时，可在抄送机关栏的首行标注主送或分送机关。

——少数命令（令）如任免令、嘉奖令等，可在正文前写明主送机关。

3. 正文

除少数行政令、嘉奖令外，命令（令）篇幅一般都比较短。视其内容多少，可分别采用篇段合一式、多段式或者分条式的结构。不同类型的命令（令），其正文写法有所不同。但应注意结语“特此命令”“此令”的规范用法。因其表意完整，后面应加句号。在篇段合一式文面结构中，结语最好不提行，其语段逻辑结构更为严谨。

4. 署名

落款可署发文机关名称，或者发令机关领导人职务及姓名。若是以机关领导人名义发出的命令，则署领导人职务及姓名，职务应标全称。署名之后写上成文日期。

四、各类命令（令）的写法

（一）公布令

这是用于依照有关法律规定公布行政法规和规章的命令。公布令正文内容单一，篇幅简短，多为篇段合一式。它一般由发布对象、发布根据、发布决定和执行要求等部分组成。发布对象指发布的行政法规或规章的名称。发布根据指经什么会议何时通过或者什么机关批准，有的还简要说明发令缘由。发布决定即公布或批准的决定，一般用“现予公布（发布）”“现予发布施行”等语。执行要求一般指生效实施的日期，有的可简要说明发布的法规或规章的解释权、修改权等；有的写明同时废止的旧法规或规章的名称，或说明“过去颁布的有关规定，与本规定有抵触的，以本规定为准”等。例如：

中华人民共和国主席令

第二十一号

《中华人民共和国食品安全法》已由中华人民共和国第十二届全国人民代表大会常务委员会第十四次会议于2015年4月24日修订通过，现将修订后的《中华人民共和国食品安全法》公布，自2015年10月1日起施行。

中华人民共和国主席　习近平

2015年4月24日

（二）行政令

这是用于采取重大的政治、军事行动或宣布施行重大强制性行政措施的命令。戒严令、动员令等也属此类。例如：

关于立即全面投入防汛抗洪斗争的紧急命令

各乡镇政府、县设各防汛指挥所、县防指各成员单位：

6月30日夜间起，我县普降大暴雨，严桥、石涧、无城、开城、赫店、红庙、陡沟等多数地方降雨量现已超过100毫米，西河、永安河、郭公河、花渡河等河流水位正在迅猛上涨，内河很快将达到和超过保证水位。据气象部门预测，未来7—10天我县仍处于沿江强降雨带，预测雨量200—250毫米，局部雨量可能高达300—400毫米，我县面临的防汛抗洪形势十分严峻，全县上下要立即全力以赴投入防汛抗洪斗争，现命令如下：

一、立即全线投入抗洪实战。各地各部门要充分认清当前我县防汛抗洪工作面临的异常严峻形势，坚决克服麻痹思想和侥幸心理，充分发扬98抗洪的伟大精神，充分做好打恶仗、打持久仗和内河长江“双线”作战的思想准备。要把当前防汛抗洪排涝工作作为压倒一切的中心任务对待，全力以赴投入抗灾斗争。

二、所有人员务必在岗在位。全县上下各级防汛干部必须严格按照既定的防汛责任分工，全力履行防汛工作职责。所有防汛干部要日夜坚守在各自分工的圩口、水库、堤段，现场组织开展好防汛抗灾斗争，百分之百地尽职尽责，绝不能擅离职守。

三、必须重视几个关键问题。

一是必须坚持“以人为本，生命至上”。任何时候任何情况下都要确保人民群众生命安全。各乡镇尤其是严桥、襄安、石涧、刘渡、牛埠等集镇，要落实好紧急情况下人员转移撤离的一切措施，坚决确保不死人。

二是必须全力查险抢险，每公里巡查民工不少于10人。所有圩口、水库要进行24小时不间断地毯式巡逻查险，现场搭盖好防汛棚，做到“有人、有灯、有物料、有设备”。一旦发现险情，全力抢护。

三是必须全面突击开展河堤、闸桥清障。所有圩口要全面清除堤身高杆树木杂草。尤其要做好重要节点闸桥的清障，县交通局、铁办要24小时派员驻现场督办城南比亚迪大桥、庐铜铁路西河特大桥、郭公河、杨塘河特大桥、北沿江高速花渡河大桥、芜湖长江二桥接线工程西河大桥、黄陈河大桥和无六路大桥等施工单位，立即全面彻底拆除施工栈桥等阻水障碍物，安排挖掘机、车辆日夜清理、运送水花生，确保行洪畅通。有关乡镇要调集挖掘机现场清理河道节点闸桥水花生，无城镇负责西河黄雒闸、姚沟镇负责西河黄湾闸、十里墩乡负责花渡河花渡闸、开城镇负责永安河开城桥、刘渡镇负责凤凰颈闸、赫店镇负责花渡河平安桥阻水障碍物清障。

四要加大城乡排涝抢排力度。各排灌站要开足马力，日夜抢排积水，最大限度降低涝灾损失。要全力做好城区、各个集镇涝水抢排，尤其是县住建局和高沟镇，要确保县城、高沟新城等重要城区不受淹，保障城乡居民正常出行。

五要抢险队员日夜待命。从现在起，县、镇、村各级防汛抢险队伍所有队员不得外出，要分点分区域集中食宿，随时听候调遣投入抗洪救灾。

六要抢险物资设备到位。各乡镇所有圩口防汛抢险器材、救生器材、抢险机械、车船，要就近就地存放和调集到位，随时投入抗洪抢险救灾。

四、严肃防汛抗洪纪律。

一是全党动员，全民动员。各级领导干部要带头奋战在抗洪一线，凡请假外出的干部要一律赶回投入抗洪救灾。联系各乡镇的县四大班子负责人和县直各联系单位主要负责人，要到各联系乡镇指导、帮助组织开展抗洪抢险。

二是严格实行包保责任制。各乡镇所有圩口的防汛行政责任人、技术责任人、管理责任人要全部在所分工的责任堤段，绝不能出现防汛抗洪“空挡和盲点”。

三是各成员单位要各司其职。县防指所有成员单位要按照职责分工，全力做好抗洪抢险工作。水务部门要及时掌握、分析水情、雨情和工情、汛情，适时提出防汛抗洪工作措施；国土部门要做好地质灾害监测、预报和防御工作；财政部门要落实防汛抗灾经费；供电、通讯部门要保障防汛抗灾用电和通讯畅通，及时兑现抗灾农补电量；气象部门要做好天气预测、预报，及时发布重要天气公告；县人武部、水务、城管部门和陡沟、福渡、泥汊镇的县级防汛抢险队员，要全天候待命支援应急抢险；公安部门要帮助转移和救助受灾群众，支援抢险救灾；县电视台、县政府网站等新闻宣传单位要确定专人，及时宣传报道防汛抗洪工作。其他县直各单位都要全力服从防汛抗洪工作需要。

四是严明防汛工作纪律。县纪委监察局、督查室，要对各地防汛抗洪工作进行现场督查、督导。各乡镇凡出现险情、灾情，要及时上报县防指，不得瞒报、漏报和迟报。各级各部门一切行动听指挥，坚决服从县防汛抗旱指挥部的命令、调度和部署安排。凡是不听指挥、违反防汛抗洪工作纪律的，一律先撤职后处理，保障政令畅通。

无为县防汛抗旱指挥部

2016年7月1日10时

行政令的正文一般由发令缘由、命令事项和执行要求组成。

发令缘由简要说明发令的原因、目的或根据，或者扼要写明发令的背景，揭示发令的意义，以增强受令者执行命令的自觉性。根据写作实际，这些内容或多或少，篇幅可长可短。

命令事项写明要采取的重大强制性措施。一般分条逐项地写，有些内容少的则可不分条。语言表述要肯定、简练、庄重，不做议论，直述规定做什么、怎么做。

执行要求或对受令方面提出要求、号召，如《国务院关于进行第四次人口普查登记的命令》最后写道："我国城乡居民要积极参加，如实申报"；或说明生效规定。若前面两部分已写明执行要求的内容，也就不必单独写这部分。

内容多的可采用总分条文式结构，内容少的则用多段式甚至篇段合一式。

（三）嘉奖令

这是授予荣誉称号、表彰功勋业绩、嘉奖成绩卓著的先进集体和个人时所使用的命令。

嘉奖令的正文一般包括优秀事迹、性质和意义、嘉奖决定、号召和希望等内容。

优秀事迹是构成嘉奖令的依据和基础，主要写嘉奖对象的英雄模范事迹、贡献或成就。叙述要概括、简要，抓住关键和重点。

性质和意义部分是对英模事迹做出评价，议论要恰如其分、实事求是。

嘉奖决定部分一般用一两句话说明是什么机关或什么会议决定给予什么奖励。

号召和希望部分与前面特别是第二部分相呼应，主要写明号召、希望的范围和内容。先要根据英模事迹的意义和影响的广度，确定号召对象的范围；然后扼要写出对受奖者的勉励和对大家的希望。这部分要感情真挚有号召力，实实在在有针对性，切忌空泛、含糊、不着边际。

嘉奖令一般采用多段式结构。例如：

周口市人民政府对市体育局的嘉奖令

各县（市、区）人民政府，市人民政府各部门：

市第二届运动会是2012年我市工作中的一件大事，自2012年5月至11月历时半年有余，各项竞赛组织、开闭幕式、场馆建设和保障等方面任务繁重。面对困难局面，市体育局不等不靠，克服人员不足、经费困难、时间紧、任务重等不利因素，精心组织，勇于创新，埋头苦干，出色地完成了各项工作任务，办出了周口历史上规模最大、档次最高一次体育盛会，极大提振了全市人民的精神面貌，充分展示了我市改革开放新成就。为此，市政府决定，给予市体育局通令嘉奖。

希望市体育局和全市广大体育工作者发扬成绩，着眼长远，努力工作，再接再厉，为贯彻落实党的十八大精神，为周口市体育事业全面发展再立新功。希望各级、各部门以市体育局为榜样，发扬积极进取、开拓创新、顽强拼搏的精神，为推动周口富民强市新跨越作出新的更大的贡献。

周口市人民政府

2013 年 1 月 10 日

（四）任免（授衔）令

这是国家机关或领导人任免干部、批准授予和晋升衔级使用的命令。它只用于任免政府机关的主要领导人，其他人事任免一般不用命令。

任免令的正文比较简短，一般由任免依据和任免事项两部分构成。

任免依据应简要写明做出任免决定的机关、会议和时间。

任免事项直述任免决定，即任命谁担任什么职务或者免去谁的什么职务。

单项任免的命令常用篇段合一式，多项任免的命令则常用总分条文式结构。例如：

中华人民共和国主席令

第一号

根据中华人民共和国第十二届全国人民代表大会第一次会议的决定，任命李克强为中华人民共和国国务院总理。

中华人民共和国主席　习近平

2013 年 3 月 15 日

第四节　公　报

一、 公报的含义、分类及用途

公报是用于公开发布重要决定或者重大事件的一种周知性公文。《条例》规定，公报“适用于公布重要决定或者重大事项”。

公报可分为会议公报、行政公报。

——会议公报通常用于公布经较高级别重要会议（例如全国党代会、人民代表大会）议决的重要决定、重大事件。如《中国共产党第十七届中央委员会第六次全体会议公报》。

——行政公报用于政府及有关职能机关公布重要情况，例如国家统计局的统计公报、环保部门的环境监测公报等。公报还是一种重要的外交文件，例如国与国之间的联合公报等，本书对此不加论及。

此外，公报还作为党委、人大、政府机关公布文件的一种汇编本，例如《全国人民代表大会常务委员会公报》《国务院公报》《四川省人民政府公报》等。本书所讲公报亦不涉及此类。按照《中华人民共和国立法法》规定，在政府公报上刊登的各类公文与正式文件具有同等效力。

二、 公报的特点

作为一种周知性公文，公报与公告、通告相比较，既有共同之处，也有不同之点。

（一）权威性

会议公报通常由具有权威性的党代会、人代会通过后发布，其内容都是经会议通过认定的；行政公报也是由法定的行政机关公布的，其内容是限定在有关法规文件的规定范围内的，其公布程序也是按照有关法规文件授权的。一般机关、单位、团体，不会随意使用公报。

（二）新闻性

公报一般是通过新闻媒体直接向社会和广大群众发布的，它不同于公告、通告还可以采用张贴等形式。这样，既注重了权威性，又增加了透明度、公开性。

（三）直观性

公报所公布的内容都十分真实、客观。会议公报一般不采用第一人称的写法，而是用“会议通过了”“会议认为”“会议强调”“会议号召”等类客观性用语。行政公报例如统计公报是用大量统计数据说明某方面情况，有时还配以各式图表，有时还说明统计方法、依据，使人感到非常直观、真实。

三、 公报的写法

（一）标题及签注

会议公报一般采用“会议名称＋公报”的形式，例如《中国共产党第十八届中央纪律检查委员会第六次全体会议公报》。标题下加括号注明通过公报的会议及时间。如上例题下加注：“（2016 年 1 月 14 日中国共产党第十八届中央纪律检查委员会第六次全体会议通过）”。

行政公报可以采用以下形式：

一是公文式标题　例如《中华人民共和国国家统计局第三次全国工业普查办公室关于第三次全国工业普查主要数据的公报》《青川县统计局关于 2015 年国民经济和社会发展的统计公报》。

二是四项式标题　写为“单位＋时限＋事由（或者事项）＋文种（公报）”，也可以省略为三项或者两项，但都必须有事项和文种。例如《中华人民共和国 2015 年国民经济和社会发展统计公报》《四川省第二次全国农业普查主要数据公报》《第三次全国经济普查主要数据公报》等。

（二）正文

都不必标示主送对象。

1. 会议公报

一般分为会议基本情况、会议精神、会议希望等部分。

例如：

中国共产党第十八届中央委员会第二次全体会议公报

（2013 年 2 月 28 日中国共产党第十八届中央委员会第二次全体会议通过）

中国共产党第十八届中央委员会第二次全体会议，于 2013 年 2 月 26 日至 28 日在北京举行。

出席这次全会的有中央委员 204 人，候补中央委员 168 人。有关负责同志列席了会议。

全会由中央政治局主持。中央委员会总书记习近平做了重要讲话。

全会听取和讨论了习近平受中央政治局委托作的工作报告，审议通过了中央政治局在广泛征求党内外意见、反复酝酿协商的基础上提出的拟向十二届全国人大一次会议推荐的国家机构领导人员人选建议名单和拟向全国政协十二届一次会议推荐的全国政协领导人员人选建议名单，决定将这两个建议名单分别向十二届全国人大一次会议主席团和全国政协十二届一次会议主席团推荐。审议通过了在广泛征求意见的基础上提出的《国务院机构改革和职能转变方案》。李克强就《国务院机构改革和职能转变方案（讨论稿）》向全会做了说明。全会建议国务院将这个方案提交十二届全国人大一次会议审议。

全会充分肯定党的十八届一中全会以来中央政治局的工作。一致认为，面对严峻复杂的国际环境和艰巨繁重的国内改革发展稳定任务，中央政治局全面贯彻党的十八大和十八届一中全会精神，高举中国特色社会主义伟大旗帜，以邓小平理论、“三个代表”重要思想、科学发展观为指导，团结带领全党全军全国各族人民，解放思想，改革开放，凝聚力量，攻坚克难，按照稳中求进的工作总基调，着力转变工作作风，着力推动经济持续健康发展，实施“十二五”规划纲要，全面推进社会主义经济建设、政治建设、文化建设、社会建设、生态文明建设，全面推进党的建设新的伟大工程，各项工作取得新进展。

全会认为，开好十二届全国人大一次会议和全国政协十二届一次会议，对进一步动员全党全国各族人民为全面建成小康社会、不断夺取中国特色社会主义新胜利而团结奋斗，具有重大意义。

全会强调，行政体制改革是推动上层建筑适应经济基础的必然要求，要深入推进政企分开、政资分开、政事分开、政社分开，健全部门职责体系，建设职能科学、结构优化、廉洁高效、人民满意的服务型政府。全会通过的《国务院机构改革和职能转变方案》，贯彻党的十八大关于建立中国特色社会主义行政体制目标的要求，以职能转变为核心，继续简政放权、推进机构改革、完善制度机制、提高行政效能，稳步推进大部门制改革，对减少和下放投资审批事项、减少和下放生产经营活动审批事项、减少资质资格许可和认定、减少专项转移支付和收费、减少部门职责交叉和分散、改革工商登记制度、改革社会组织管理制度、改善和加强宏观管理、加强基础性制度建设、加强依法行政等做出重大部署。要深刻认识深化行政体制和政府机构改革的重要性和紧迫性，处理好政府和市场、政府和社会、中央和地方的关系，深化行政审批制度改革，减少微观事务管理，以充分发挥市场在资源配置中的基础性作用、更好发挥社会力量在管理社会事务中的作用、充分发挥中央和地方两个积极性，加快形成权界清晰、分工合理、权责一致、运转高效、法治保障的国务院机构职能体系，切实提高政府管理科学化水平。要坚持以人为本、执政为民，在服务中实施管理，在管理中实现服务。要加强公务员队伍建设和政风建设，改进工作方式，转变工作作风，提高工作效率和服务水平，提高政府公信力和执行力。国务院机构改革和职能转变任务艰巨，事关改革发展稳定大局，事关社会主义市场经济体制完善，要精心组织实施，确保改革顺利进行。

全会认为，进一步把学习宣传贯彻党的十八大精神引向深入，对做好党和国家各项工作具有重大意义。要继续把学习宣传贯彻党的十八大精神作为全党全国的首要政治任务，在学习理解上深化，在宣传阐释上深化，在贯彻落实上深化，确保把党的十八大确定的各项任务落到实处。把学习宣传贯彻活动引向深入，重在领导带头，贵在深入持久，关键在进一步转变作风、端正学风、改进文风，在求实、务实、落实上下功夫，在学以致用、学用结合、学用相长上下功夫。要坚持用党的十八大精神武装头脑、指导实践、推动工作，着力回答和解决实际问题。

全会强调，当前，国际形势依然复杂多变，国内改革发展稳定任务依然艰巨繁重，我们具有做好工作的许多有利条件，但也面对着许多严峻挑战。全党同志要增强忧患意识和风险意识、保持清醒头脑，增强工作前瞻性、进取性、创造性。要进一步保持经济发展良好势头，紧紧围绕以科学发展为主题、以加快转变经济发展方式为主线，坚持稳中求进，坚持扩大内需，加大统筹城乡发展力度，强化创新驱动，加快产业结构战略性调整，继续实施区域发展总体战略和主体功能区战略，积极稳妥推进城镇化，加强节能减排，推动经济持续健康发展。要进一步做好保障和改善民生工作，时刻把群众安危冷暖放在心上，落实好各项惠民政策，完善基本公共服务体系，加大对扶贫对象和贫困地区的扶持力度，不断在实现全体人民学有所教、劳有所得、病有所医、老有所养、住有所居目标上取得实实在在的进展。要进一步深化改革开放，尊重人民首创精神，深入研究全面深化体制改革的顶层设计和总体规划，把经济、政治、文化、社会、生态等方面的体制改革有机结合起来，把理论创新、制度创新、科技创新、文化创新以及其他各方面创新有机衔接起来，构建系统完备、科学规范、运行有效的制度体系。要进一步加强党的建设，突出党要管党、从严治党，增强自我净化、自我完善、自我革新、自我提高能力，全面加强党的思想建设、组织建设、作风建设、反腐倡廉建设、制度建设。对党内存在的突出矛盾和问题，不能视而不见，不能回避，不能文过饰非，必须下大气力加以解决。要持之以恒抓好改进工作作风各项工作，建立健全管用的体制机制，不断取得人民满意的成效，以此带动党的建设各方面工作。

全会号召，全党全国各族人民更加紧密地团结起来，在以习近平同志为总书记的党中央领导下，坚定不移坚持和发展中国特色社会主义，锐意进取，扎实工作，团结奋进，为实现党的十八大确定的目标任务而共同奋斗。

会议基本情况简要介绍会议的名称、时间、地点、出席情况、主持人、主要议程等。

会议精神列举会议议决事项、会议主要成果、会议形成的共识、对会议的基本评价等。这部分可以分段写，也可以分条列项写。通常以“会议决定”“会议审议并通过”“会议认为”“会议指出”等类语句领起下文。

会议要求是会议的结尾部分，简要提出贯彻、落实会议精神的希望、号召。有的也可不写这部分内容。

会议公报一般采用了贯通式（即多段式）的纵式结构，循递进思路展开。少数篇幅较长的公报也采用了分部式的纵式结构。

2. 行政公报

一般包括公报缘由、公报事项、附件说明等部分。

公报缘由或简要说明公报事项生成的原因、经过、背景。例如：

根据国务院的决定，我国于2000年11月1日进行了第五次全国人口普查的登记工作。在国务院和地方各级人民政府的统一领导和全国各族人民的支持配合下，通过近千万普查工作人员艰苦努力，又经过事后质量抽查，圆满完成了人口普查的现场登记和复查任务。目前，普查的全部资料正在用电子计算机进行数据处理。主要数据的快速汇总工作已经结束，现公布如下……

或概述公报的基本精神、主要内容。例如：

2015年，面对错综复杂的国际形势和艰巨繁重的国内改革发展稳定任务，党中央、国务院团结带领全国各族人民，按照“五位一体”总体布局和“四个全面”战略布局的总要求，牢固树立和贯彻落实创新、协调、绿色、开放、共享的发展理念，适应经济发展新常态，坚持改革开放，坚持稳中求进工作总基调，坚持稳增长、调结构、惠民生、防风险，不断创新宏观调控思路与方式，深入推进结构性改革，扎实推动大众创业万众创新，努力促进经济保持中高速增长、迈向中高端水平，转型升级步伐加快，改革开放不断深化，民生事业持续进步，经济社会发展迈上新台阶，实现了“十二五”圆满收官，为“十三五”经济社会发展、决胜全面建成小康社会奠定了坚实基础。

或直截了当地引出公报事项。例如：

现将2000年第五次全国人口普查快速汇总的人口地区分布数据公布如下……

公报事项则陈述需要让社会和公众知道的有关情况。其内容必须实事求是，不允许弄虚作假；语言要简洁明白，不允许浮夸粉饰。统计公报涉及大量数据、图表，一定要准确无误，直观易懂。如果有难懂的专业术语，要加以必要的解释说明。这类公报可以根据不同情况，采取以下几种结构形式。

一是篇段合一式或者贯通式，常用于内容单一、篇幅较短的公报。例如《第五次全国人口普查公报（第2号）》公布2000年第五次全国人口普查的人口地区分布数据，因其内容单一，就采用了篇段合一式结构；而《中华人民共和国国家统计局关于一九九〇年人口普查主要数据的公报（第五号）》，汇总各地数据后还有简短解说，就采用了多段式。

二是总分条文式，常用于内容较多的公报。例如《2010年第六次全国人口普查主要数据公报（第1号）》，就分十条陈述了公报事项。

三是分部式，常用于篇幅较长且各部分容量大的公报。例如全国农业普查办公室《关于第一次全国农业普查快速汇总结果的公报（第 4 号）：农村镇区规模及其社会经济状况》，在前言后就分为“镇区规模”“镇区的企业数量与结构”“农村镇的集市数量和结构”等三部分来写。国家和各地的年度统计公报，因其内容多，通常采用这种结构。

四是图表式，用数据图表公布统计结果非常直观明了，常用于统计公报。例如国家统计局《2010 年第六次全国人口普查主要数据公报（第 2 号）》载明“现将 2010 年第六次全国人口普查分地区的常住人口有关数据公布如下”，即将全国和各省市区人口数和在全国总人口中所占比重列表公布，非常简洁。

（三）落款

行政公报都要写明发文机关和成文日期。会议公报因常在标题下加上了签注，文后就不必再有落款了。

（四）附件和附注

这是行政公报所特有的部分。有的行政公报特别是统计公报，为了补充说明相关内容，或者证实公报内容的真实、准确性，必要时就列举了附件或者附注。若有附件时，要在正文后加上附件说明。

第五节　公告、通告

一、公告、通告的含义及同异

（一）含义

公告是较高级别的国家行政机关、法定机关向国内外宣布重要事项或者法定事项的周知性公文。

通告是行政机关、企事业单位用于在一定范围内公布应当遵守或周知事项的周知性公文。

（二）同异

公告和通告都是周知性公文，内容都不涉密，都要张贴或者通过媒体公开发布。它们的写法也相似。但它们在适用范围、制发单位、发送对象、作用等方面有明显区别。

1. 内容适用范围不同

这是两个文种最主要的区别。公告用于向国内外宣布重要事项，公布某些法定专门事项，通告用于向一定范围公布应当遵守或周知的事项。

2. 制发单位不同

公告由较高级别的国家机关、人大机关和有关法律、法规规定的行政机关制发。党群机关一般不用公告，企事业单位非因法定事项授权，也不使用公告。

规定性通告多由行政机关或者单位领导机构发布，周知性通告则任何行政机关、团体、单位均可发布。

3. 发送对象不同

公告向国内外有关方面、法定有关方面发布。通告向一定范围内的机关单位和人员发布。

4. 作用不同

公告强调法定权威性，其周知事项常有较强的法律效力或行政效力。

规定性通告有一定的规定性，涉及的事项往往要求一定范围的机关、单位、群众遵守或办理，对其有一定的约束力。而周知性通告只具有告知性、知晓性作用。

二、公告的分类

（一）向国内外宣布重要事项的公告

主要用于级别较高的国家行政机关郑重地宣布重要事项、重大事件。也用于人大及其常委会宣布重要事项、重大决定，如颁布法律、法令、法规，公布选举结果等。

（二）公布法定事项的公告

这是有关法律、法规规定使用的专门事项公告。如《中华人民共和国专利法》规定的专利公告，《中华人民共和国商标法》规定的商标公告，《中华人民共和国民事诉讼法》和《中华人民共和国企业破产法》规定的破产公告，《中华人民共和国产品质量法》规定的产品质量状况公告，《中华人民共和国种子法》规定的主要农作物品种、主要林木良种公告，《中华人民共和国招投标法》规定的招标公告，《中华人民共和国证券法》规定的上市公司公告，《中华人民共和国商业银行法》规定的设立、吊销商业银行及其分支机构的公告，《中华人民共和国矿产资源法》规定的矿区范围公告，《中华人民共和国水土保持法》规定的水土保护管理公告，《中华人民共和国拍卖法》规定的拍卖公告，《中华人民共和国土地管理法》及其实施细则规定的土地总体利用规划公告、征地补偿安置公告，《中华人民共和国公司登记管理条例》和《中华人民共和国企业法人登记管理条例》规定的企业法人登记公告，《国家公务员暂行条例》规定的招考公告，《中华人民共和国水土保持法实施条例》规定的水土保持监测公告，《中华人民共和国税收征收管理法实施细则》规定的税务文书送达公告，《中药品种保护条例》及《药品行政保护条例》规定的中药（药品）行政保护公告，《城市房屋拆迁管理条例》规定的房屋拆迁公告，《民办事业单位登记管理暂行条例》和《社会团体登记管理条例》规定的登记公告，《中华人民共和国政府采购法》及其实施条例规定的集中采购公告，等等。随着法制的健全，这类公告会越来越多。

（三）法院公告

这是按照《中华人民共和国民事诉讼法》规定发布的一系列公告。诸如通知权利人登记公告、送达公告、开庭公告、宣告失踪或死亡公告、财产认领公告、强制执行公告等。

（四）人大公告

用于人大及其常委会宣布重要事项、重大决定，如颁布法律、法令、法规，公布选举结果等。例如《四川省人大常委会办公厅关于公民旁听四川省人民代表大会会议的公告》。

除上述四类公告之外，机关、企事业单位、团体公布其他事项时，都不应使用公告。

三、通告的分类

（一）规定性通告

突出规定性，只限政府行政机关及机关单位领导机构使用。

（二）周知性通告

突出周知性，政府机关、团体、企事业单位均可使用。

四、通告和公告的写作

规定性通告的标题通常要写明事由、文种，重要的通告还要写明发文机关。通告的正文通常由通告缘由、通告事项、通告结语组成。

通告缘由通常用“为了……根据……特通告如下”的句式写明发布通告的目的、依据和原因；也有些针对存在问题作出相应规定的通告，开头简要说明存在问题的情况、严重性和紧迫感，再引出下文。

通告事项是正文的主体，写明需要大家知道或者遵守的事项，要写得具体明确、简洁明白。周知性通告的事项通常比较单一，篇幅很简短；规定性通告一般都分条写明应当遵守的有关事项。

通告常用“特此通告”作结语。有的通告事项写完即结束全文，也可不再写结语。有的也以提出希望或执行要求作结。

无论是张贴的或者登报的通告，落款处都应写明发文单位和成文日期。

事项简单的通告常采用篇段合一式结构，内容稍多的通告则常用总分条文式结构。

例文：

停水公告

因配合沈吉铁路道改工程，市自来水公司对供水管线进行切换。定于2014年5月28日早8点至29日早8点对河南中央大街以西至望花桥地区停水，站前地区减压供水。

望上述地区居民及企事业单位提前做好蓄水准备，给您带来的不便敬请谅解！因特殊原因停水计划发生变更（提前或延后），不另行通知。

抚顺市自来水公司

2014年5月26日

成都市人民政府关于禁止焚烧秸秆的通告

为提高农业资源利用水平，防治大气污染，保护人民群众身体健康，保障航空和交通安全，推进城乡环境综合治理，促进经济社会环境的协调发展，根据《中华人民共和国大气污染防治法》和《成都市禁止焚烧农作物秸秆办法》（市政府令第79号）和市政府《关于推进农作物秸秆综合利用和禁烧工作的意见》（成府发〔2014〕16号）的有关规定，特通告如下：

一、禁止任何单位和个人在本市行政区域内露天焚烧农作物秸秆、落叶等产生烟尘污染的物质，禁止向河道、沟渠抛弃农作物秸秆。

二、各区（市）县政府和成都高新区、成都天府新区管委会作为责任主体，负责本区域农作物秸秆禁烧工作。鼓励和倡导村（居）民委员会制定和完善秸秆禁烧和综合利用村规民约（居民公约），把责任落实到农户。

三、市和区（市）县环保部门是禁止焚烧农作物秸秆的执法主体，农业部门配合环保部门做好监督管理工作；发改、城管、教育、科技、公安、财政、国土、交通、水务、林业园林、卫生、督查、气象等部门和市农林科学院、成都传媒集团、市农发投公司、省机场集团等单位要根据各自职责协助做好禁止焚烧农作物秸秆工作。

四、凡违反本通告规定露天焚烧秸秆的单位和个人，由环境保护行政主管部门或其依法委托的组织责令其停止违法行为，情节严重的，依据《中华人民共和国大气污染防治法》第一百一十九条规定，处以五百元以上二千元以下的罚款，并按修订后的耕地保护基金管理办法，扣发其当年的耕地保护基金；造成环境污染或火灾事故的，由环保、公安部门分别按有关规定处罚。

五、拒绝或妨碍农作物秸秆禁烧秸秆监督管理人员执行公务的，由公安机关按照《中华人民共和国治安管理处罚法》的有关规定处罚，构成犯罪的，依法追究其刑事责任。

六、本通告自公布之日起执行，有效期1年。

成都市人民政府

2016年4月15日

第六节　意　见

一、 意见的含义和特点

意见是用于对重要问题提出见解和处理办法，以起到指导或建议作用的一种公文。意见最具兼容性的特点，这体现在以下几个方面。

（一）内容的多样性

它既可以对工作作出指导，提出要求，又可以对工作提出建议，或者对工作作出评估，提出批评；它主要用于党政领导机关，但也可用于人民团体、企事业单位；既可用于上级，又可用于下级甚至基层组织。

（二）行文方向的多向性

它既可以用作下行文，表明主张，作出计划，阐明工作原则、方法和要求；又可以用作上行文，提出工作建议和参考意见；还可以用作平行文，就某一专门工作向平行的或者不相隶属的有关方面作出评估、鉴定和咨询。

（三）作用的多用性

有的意见具有指导、规范作用，如《中共中央关于坚持和完善中国共产党的多党合作和政治协商制度的意见》《××县人民政府关于切实减轻农民负担的意见》；有的具有建议、参考作用，如《关于深化机关后勤改革的意见》就是四川省人民政府机关事务管理局上报省人民政府的一份建议性意见；有的具有评估、鉴定作用，如《关于成都市创建国家卫生城市工作的考核鉴定意见》；有的具有批评作用，如人民代表按规定就某项工作对政府职能机关提出的意见和批评。

正因为意见具有上述特色，使用起来比较灵活，因此越来越受到各方面的重视。

二、意见的分类

按照性质和用途的不同，可将意见分为四类。

（一）指导性意见

这是党政领导机关用于布置工作的下行文。它同决定、指示、通知等文种一样，对下级有一定的规范作用和行政约束力。但它有别于这类公文的特点是更突出指导性。内容上更注重原则性和灵活性相结合，规定性和变通性相结合，为下级办文留有更多的创造性余地。有时部署工作不宜以决定、指示、命令、通知等文种行文时，即可用意见行文。这类意见常常阐明工作的原则、方法，提出要求，作出工作安排。若需下级机关遵照执行的，文中要对贯彻执行提出明确要求；无明确要求的，下级机关则参照执行。

（二）计划性意见

这是对某一段时期的某方面工作规定了目标和任务，列举了措施、方法和步骤，提出了实施的要求。这种意见也是指导下级工作的，但它也可列为计划的一种，如《××县人民政府关于2016年成人教育工作的意见》。

（三）建议性意见

这是向上级提出工作建议、设想的上行文。它又可分为呈报类意见和呈转类意见。

呈报类意见是向上级机关提出某方面工作的建议、意见，向上级献计献策，以供上级决策参考。如《××市林业局飞播站关于飞播造林工作的意见》，就是提出了进一步搞好这项工作的7项意见，“供领导决策参考”；××省委办公厅《对〈党政机关公文处理条例〉（征求意见稿）的意见》，也是为中共中央办公厅修改时“提出参考建议”。

呈转类意见是职能部门就开展和推动某方面工作提出初步设想和打算，呈送领导审定后，批转更大范围的有关方面执行的意见。职能部门为保证工作的顺利进行，必须采取一些措施，需要有关方面配合，但又无权向平行的或不相隶属的机关、部门、地区行文布置工作、发布指示。这就必须就工作的见解、措施和处理办法写成意见，呈请上级审定并批转有关部门有关地区共同执行、协同办理。例如灭鼠防病工作，涉及许多方面的支持、配合和协调，已非卫生部门职能范围内能推行的了，因此，四川省爱国卫生委员会等三单位撰拟了《关于认真开展灭鼠防病工作的意见》报送给省政府。省政府审定同意后，以《四川省人民政府批转省爱卫会等单位关于认真开展灭鼠防病工作意见的通知》行文，要求各地政府及省级各部门“认真贯彻执行”。实际上，这类意见与过去建议性报告的用途、写法完全相似，而新颁布的《条例》已经取消了报告提出建议的适用范围，建议报告已经被这类意见所取代。

（四）评估性意见

这是业务职能部门或专业机构就某项专门工作、业务工作经过调查、研究、评审后，把商定的鉴定、评估结果写成意见送交给有关方面，它虽可上行、下行，但主要是不相隶属组织间的平行文。它又可分为鉴定性意见和批评性意见。

为加强决策的科学性，对某项工作的成果、某项决策的可行性进行调查、论证、评估、鉴定后，即可写成鉴定性意见，如国家爱国卫生委员会国家卫生城市考核鉴定组《关于成都市创建国家卫生城市工作的考核鉴定意见》《关于××地区开发××旅游区的可行性论证意见》。

随着社会主义民主政治的推进，人大、政协监督职能的加强，人民群众监督作用的发挥，对政府及其职能部门、公务人员的工作提出意见、批评会越来越多，这就需要写批评性意见。人大代表在人大会上对各方面工作提出的书面“意见”即属此类。

三、 意见的一般结构和基本写法

同其他公文的结构大体相似。

（一）标题

一般要三要素齐全，如《中共四川省委四川省人民政府关于加强我省科学技术普及工作的意见》。有时也写为“对××××的意见”。而人代会上人民代表使用的“意见”，也常采用新闻式标题，列入专门用纸的“事由”栏内。

（二）主送机关

除一些评估性意见外，绝大多数意见都要写明主送对象。

（三）正文

多数意见的正文采用了总分条文式结构。引言部分简要阐明撰文的目的、依据，或者概述行文的原因、背景；扼要说明意见的主要意思或指导思想。然后以条文形式分述目标任务、实施要求、措施办法，或者建议事项、意见看法等。

要注意语言得体。一是无论哪一类意见，语言既要严肃、决断，更要平和、简明，少用指令性词语，多用祈请性、指导性词语，以体现出注重商榷、尊重对方的民主作风。二是不同类的意见，采用不同的结语。如呈报性意见可用“以上意见供领导决策参考”“以上意见供参考”作结；呈转类意见均用“以上意见如无不妥，请批转各地执行”之类语句作结；而指导性意见则常用“以上意见，请结合实际情况贯彻执行”等语作结。

（四）落款

写明发文机关和成文日期。

例文：

国务院办公厅关于深化改革推进出租汽车行业健康发展的指导意见

各省、自治区、直辖市人民政府，国务院各部委、各直属机构：

为贯彻落实中央关于全面深化改革的决策部署，积极稳妥地推进出租汽车行业改革，鼓励创新，促进转型，更好地满足人民群众出行需求，经国务院同意，现提出以下意见。

一、指导思想和基本原则

（一）指导思想。深入贯彻党的十八大及十八届二中、三中、四中、五中全会精神和习近平总书记系列重要讲话精神，落实党中央、国务院决策部署，按照“五位一体”总体布局和“四个全面”战略布局，牢固树立和贯彻落实创新、协调、绿色、开放、共享的发展理念，充分发挥市场机制作用和政府引导作用，坚持优先发展公共交通、适度发展出租汽车的基本思路，推进出租汽车行业结构改革，切实提升服务水平和监管能力，努力构建多样化、差异化出行服务体系，促进出租汽车行业持续健康发展，更好地满足人民群众出行需求。

（二）基本原则。

坚持乘客为本。把保障乘客安全出行和维护人民群众合法权益作为改革的出发点和落脚点，为社会公众提供安全、便捷、舒适、经济的个性化出行服务。

坚持改革创新。抓住实施“互联网＋”行动的有利时机，坚持问题导向，促进巡游出租汽车转型升级，规范网络预约出租汽车经营，推进两种业态融合发展。

坚持统筹兼顾。统筹公共交通与出租汽车，统筹创新发展与安全稳定，统筹新老业态发展，统筹乘客、驾驶员和企业的利益，循序渐进、积极稳慎地推动改革。

坚持依法规范。正确处理政府和市场关系，强化法治思维，完善出租汽车行业法规体系，依法推进行业改革，维护公平竞争的市场秩序，保护各方合法权益。

坚持属地管理。城市人民政府是出租汽车管理的责任主体，要充分发挥自主权和创造性，探索符合本地出租汽车行业发展实际的管理模式。

二、明确出租汽车行业定位

（三）科学定位出租汽车服务。出租汽车是城市综合交通运输体系的组成部分，是城市公共交通的补充，为社会公众提供个性化运输服务。出租汽车服务主要包括巡游、网络预约等方式。城市人民政府要优先发展公共交通，适度发展出租汽车，优化城市交通结构。要统筹发展巡游出租汽车（以下简称巡游车）和网络预约出租汽车（以下简称网约车），实行错位发展和差异化经营，为社会公众提供品质化、多样化的运输服务。要根据大中小城市特点、社会公众多样化出行需求和出租汽车发展定位，综合考虑人口数量、经济发展水平、城市交通拥堵状况、出租汽车里程利用率等因素，合理把握出租汽车运力规模及在城市综合交通运输体系中的分担比例，建立动态监测和调整机制，逐步实现市场调节。新增和更新出租汽车，优先使用新能源汽车。

三、深化巡游车改革

（四）改革经营权管理制度。新增出租汽车经营权一律实行期限制，不得再实行无期限制，具体期限由城市人民政府根据本地实际情况确定。新增出租汽车经营权全部实行无偿使用，并不得变更经营主体。既有的出租汽车经营权，在期限内需要变更经营主体的，依照法律法规规定的条件和程序办理变更手续，不得炒卖和擅自转让。对于现有的出租汽车经营权未明确具体经营期限或已实行经营权有偿使用的，城市人民政府要综合考虑各方面因素，科学制定过渡方案，合理确定经营期限，逐步取消有偿使用费。建立完善以服务质量信誉为导向的经营权配置和管理制度，对经营权期限届满或经营过程中出现重大服务质量问题、重大安全生产责任事故、严重违法经营行为、服务质量信誉考核不合格等情形的，按有关规定收回经营权。

（五）健全利益分配制度。出租汽车经营者要依法与驾驶员签订劳动合同或经营合同。采取承包经营方式的承包人和取得经营权的个体经营者，应取得出租汽车驾驶员从业资格，按规定注册上岗并直接从事运营活动。要利用互联网技术更好地构建企业和驾驶员运营风险共担、利益合理分配的经营模式。鼓励、支持和引导出租汽车企业、行业协会与出租汽车驾驶员、工会组织平等协商，根据经营成本、运价变化等因素，合理确定并动态调整出租汽车承包费标准或定额任务，现有承包费标准或定额任务过高的要降低。要保护驾驶员合法权益，构建和谐劳动关系。严禁出租汽车企业向驾驶员收取高额抵押金，现有抵押金过高的要降低。

（六）理顺价格形成机制。各地可根据本地区实际情况，对巡游车运价实行政府定价或政府指导价，并依法纳入政府定价目录。综合考虑出租汽车运营成本、居民和驾驶员收入水平、交通状况、服务质量等因素，科学制定、及时调整出租汽车运价水平和结构。建立出租汽车运价动态调整机制，健全作价规则，完善运价与燃料价格联动办法，充分发挥运价调节出租汽车运输市场供求关系的杠杆作用。

（七）推动行业转型升级。鼓励巡游车经营者、网络预约出租汽车经营者（以下称网约车平台公司）通过兼并、重组、吸收入股等方式，按照现代企业制度实行公司化经营，实现新老业态融合发展。鼓励巡游车企业转型提供网约车服务。鼓励巡游车通过电信、互联网等电召服务方式提供运营服务，推广使用符合金融标准的非现金支付方式，拓展服务功能，方便公众乘车。鼓励个体经营者共同组建具有一定规模的公司，实行组织化管理，提高服务质量，降低管理成本，增强抗风险能力。鼓励经营者加强品牌建设，主动公开服务标准和质量承诺，开展安全、诚信、优质服务创建活动，加强服务质量管理，提供高品质服务。

四、规范发展网约车和私人小客车合乘

（八）规范网约车发展。网约车平台公司是运输服务的提供者，应具备线上线下服务能力，承担承运人责任和相应社会责任。提供网约车服务的驾驶员及其车辆，应符合提供载客运输服务的基本条件。对网约车实行市场调节价，城市人民政府认为确有必要的可实行政府指导价。

（九）规范网约车经营行为。网约车平台公司要充分利用互联网信息技术，加强对提供服务车辆和驾驶员的生产经营管理，不断提升乘车体验、提高服务水平。按照国家相关规定和标准提供运营服务，合理确定计程计价方式，保障运营安全和乘客合法权益，不得有不正当价格行为。加强网络和信息安全防护，建立健全数据安全管理制度，依法合规采集、使用和保护个人信息，不得泄露涉及国家安全的敏感信息，所采集的个人信息和生成的业务数据应当在中国内地存储和使用。网约车平台公司要维护和保障驾驶员合法权益。

（十）规范私人小客车合乘。私人小客车合乘，也称为拼车、顺风车，是由合乘服务提供者事先发布出行信息，出行线路相同的人选择乘坐合乘服务提供者的小客车、分摊部分出行成本或免费互助的共享出行方式。私人小客车合乘有利于缓解交通拥堵和减少空气污染，城市人民政府应鼓励并规范其发展，制定相应规定，明确合乘服务提供者、合乘者及合乘信息服务平台等三方的权利和义务。

五、营造良好市场环境

（十一）完善服务设施。城市人民政府要将出租汽车综合服务区、停靠点、候客泊位等服务设施纳入城市基础设施建设规划，统筹合理布局，认真组织实施，妥善解决出租汽车驾驶员在停车、就餐、如厕等方面的实际困难。在机场、车站、码头、商场、医院等大型公共场所和居民住宅区，应当划定巡游车候客区域，为出租汽车运营提供便利，更好地为乘客出行提供服务。

（十二）加强信用体系建设。要落实服务质量信誉考核制度和驾驶员从业资格管理制度，制定出租汽车服务标准、经营者和从业人员信用管理制度，明确依法经营、诚信服务的基本要求。积极运用互联网、大数据、云计算等技术，建立出租汽车经营者和驾驶员评价系统，加强对违法违规及失信行为、投诉举报、乘客服务评价等信息的记录，作为出租汽车经营者和从业人员准入退出的重要依据，并纳入全国信用信息共享平台和全国企业信用信息公示系统。

（十三）强化市场监管。要创新监管方式，简化许可程序，推行网上办理。要公开出租汽车经营主体、数量、经营权取得方式及变更等信息，定期开展出租汽车服务质量测评并向社会发布，进一步提高行业监管透明度。要建立政府牵头、部门参与、条块联动的联合监督执法机制和联合惩戒退出机制，建立完善监管平台，强化全过程监管，依法查处出租汽车妨碍市场公平竞争的行为和价格违法行为，严厉打击非法营运、聚众扰乱社会秩序或煽动组织破坏营运秩序、损害公共利益的行为。

（十四）加强法制建设。要加快完善出租汽车管理和经营服务的法规规章和标准规范，明确管理职责和法律责任，规范资质条件和经营许可，形成较为完善的出租汽车管理法律法规体系，实现出租汽车行业管理、经营服务和市场监督有法可依、有章可循。

（十五）落实地方人民政府主体责任。各地要成立改革领导机制，加强对深化出租汽车行业改革的组织领导。要结合本地实际，制定具体实施方案，明确工作目标，细化分解任务，建立有关部门、工会、行业协会等多方联合的工作机制，稳妥推进各项改革任务。要加强社会沟通，畅通利益诉求渠道，主动做好信息发布，回应社会关切，凝聚改革共识，营造良好舆论环境。对改革中的重大决策要开展社会稳定风险评估，完善应急预案，防范化解各类矛盾，维护社会稳定。

国务院办公厅

2016年7月26日

四、撰写各类意见的注意事项

（一）指导性意见

不同层次的领导机关使用这类意见时，内容的侧重点应有所不同。高层领导机关发布的意见更原则，理论色彩更浓；下层领导机关的意见更具体，操作性更强。

（二）计划性意见

其写法则与计划的写作要求一样，要写明任务、措施、步骤和实施监督四要素。

（三）建议性意见

提出的建议、设想要切实可行。其中呈转性意见常经领导机关以通知形式批转各地执行，它的写法、用法与建议报告相似，是“形式上的上行文，实质上的下行文”。正文中提出的建议、意见主要不是针对上级而是针对下级和有关方面提出的执行意见、指导性要求，撰写时尤其要注意行文的语气。

（四）评估性意见

这类意见作出的评价、鉴定一定要科学、客观、公正。要用事实和数据来说明情况；提出的结论要实事求是，恰如其分，既不夸大拔高，也不缩小降低。其中的批评性意见一定要有据有理，既要批评不足与错误，也要尽可能提出改进建议。

第七节　通　知

一、通知的含义、作用及特点

（一）含义及作用

通知是用于发布、传达要求下级机关执行和有关单位周知或者执行的事项，批转、转发公文的一种公文。

一部分通知对下级或有关人员有约束力，起指挥指导作用；另一部分通知则主要起知照作用。

（二）特点

1. 应用广泛，使用频率高

它不受发文机关级别高低的限制；它的行文路线限制不严，主要用作上级机关对下级机关、组织对所属成员的下行文，但平行机关之间、不相隶属的机关之间，也可使用通知知照有关事项；它写作灵活自由，使用比较方便，内容根据需要可多可少，行文无须过分拘泥于固定的结构。

2. 有一定的权威性

大多数通知对受文对象总是有所要求，总是提出了需要执行或办理的事项，有一定的指挥、指导作用。

3. 有明显的时效性

通知事项一般是要求立即办理、执行或知晓的，不容拖延。有的通知如会议通知等，只在指定的一段时间里有效。

二、通知的分类

根据不同用途，可将通知分为以下几类。

（一）工作通知（即布置工作的通知）

凡是上级机关对下级机关、单位就某项工作、某方面工作发出指示、提出要求、作出安排，又不宜采用命令和指示行文时，就可以使用这种通知。

（二）会议通知（即召开会议的通知）

这是通知中应用广泛、内容单一、格式简单的一类，以下行为主，也可平行。

（三）批转、转发、发布性通知（即批转、转发有关文件和发布规章和管理规章的通知）

上级机关转发下级的文件，可用批转性通知；下级机关单位照转上级文件，同级或不相隶属的机关单位之间转发文件，均可用转发性通知。

（四）任免通知（即任免聘用有关人员的通知）

用于任免干部、聘用有关人员。

（五）事项通知（即公布某些专门事项的通知）

这类通知主要起知照性作用，设置机构、启用印章、更正文件、迁址办公等专门事项，均用这类通知。

三、通知的基本结构和写法

各类通知均可按以下结构来组织全文。

（一）标题

一般要求三要素齐全。根据工作需要和行文目的，有的标题还要写明是紧急通知、重要通知或补充通知等。

（二）主送机关

该写的受文单位不要遗漏，以免误事。

（三）正文

要交代清楚发文的原因、意图和目的，通知的什么事情，有哪些具体要求和意见，受文单位应如何办理。

正文的结构是灵活多样的，大体说来，可以有三种写法。

一是总分条文式，引言之后将通知事项分为几点，用顺序号分条拟写，这样写的好处是条理清楚，一目了然。

二是归纳式，按性质将正文分为几大部分，如原因、要求、具体措施等，每一部分集中说明一方面的事情，使受文者易于掌握和遵照办理。

三是篇段合一式，有些内容简单的通知，正文不再分条分部分，通篇就是一段话甚至一句话。

（四）落款

在正文右下方注明发文机关和成文日期。

四、写作要点

（一）工作通知

这类通知的正文包括通知缘由、通知事项、通知要求。它通常采用总分条文式结构。

通知缘由或介绍背景，分析形势；或肯定成绩，指出问题；或说明依据，阐明发通知的目的、意义或指导思想。这部分一般不宜写得过详过细。

通知事项是这类通知的主要部分，要写明做什么、怎么做，即写明工作任务、原则规定、执行要求、具体措施、注意事项等。

通知要求是通知的结语部分。以要求、希望来结束全文，是这类通知写法上的一个特色。有的通知不写这部分，通知事项言尽文止。

例文：

四川省人民政府办公厅

关于深刻汲取事故灾害教训进一步做好汛期安全生产工作的紧急通知

各市（州）、县（市、区）人民政府，省政府各部门、各直属机构，有关单位：

近期，全国接连发生重特大灾害和事故。6 月 23 日，江苏盐城部分地区遭受突发龙卷风冰雹特别重大灾害。灾害发生后，党中央、国务院高度重视，习近平总书记、李克强总理立即作出重要指示，要求强化气象监测预报和地质灾害评估等工作，做好重特大自然灾害防范和处置工作，切实保障人民群众生命财产安全。6 月 26 日，湖南郴州宜凤高速发生特别重大道路交通事故，给人民群众生命财产造成重大损失，教训十分惨痛。李克强总理，刘延东、马凯副总理和杨晶、郭声琨、王勇国务委员等作出重要批示，要求查明事故原因，严肃追责；针对当前正值暑期、旅游人数增多的情况，要深刻汲取事故教训，严格落实安全生产责任和各项措施，消除隐患，坚决遏制重特大事故发生。

我省近期发生了广元市白龙湖“双龙号”游船翻沉事故、宜宾市兴文县环远煤业公司中毒死亡事故、阿坝州松潘县学生溺亡事故、宜宾市兴文县境内成贵铁路工地山体垮塌等事故或灾害，王东明书记、尹力省长等省委、省政府领导同志作出一系列重要批示，指出今年的防汛减灾、安全生产任务重，要求各地、各部门严格安全生产责任制，认真落实“党政同责、一岗双责、失职追责”要求，克服麻痹思想，采取有效措施，精心部署，严格督查，落实到位；要对全省安全生产尤其是当前汛期安全生产工作再安排、再检查、再落实，强化安全生产举措，坚决遏制重特大事故发生，确保全省安全生产总体平稳。

为深刻汲取事故灾害教训，举一反三，进一步做好汛期安全生产工作，有效防范和坚决遏制重特大事故发生，经省政府领导同志同意，现就有关事项通知如下。

一、认清形势，增强做好汛期安全生产工作的紧迫感

我省已进入主汛期。受超强厄尔尼诺现象影响，暴雨、洪水、大风、雷电、高温、泥石流等自然灾害多发频发。极端天气不时引发次生安全生产事故，各类新产业、新业态不断暴露出新的安全问题，灾害性气象风险与安全生产压力叠加，全省汛期安全形势十分复杂严峻。各地、各部门、各单位一定要以对人民群众生命安全高度负责的精神，认真贯彻习近平总书记、李克强总理等中央领导同志和省委、省政府领导同志关于当前安全生产工作一系列重要批示精神，严格执行省委常委会议防汛减灾工作安排部署以及全省汛期安全生产工作紧急电视电话会议要求，务必保持清醒认识和高度警觉，切实增强责任感、使命感和紧迫感，深刻汲取事故灾害教训，立足防大汛、抢大险、救大灾，坚决克服因重特大事故间隔周期延长而产生的麻痹侥幸思想和疲劳厌战情绪，做到把困难考虑得更严峻、把应对措施准备得更充分，对汛期工作进行再强调、再安排、再检查和再落实。

二、突出重点，全力以赴抓好汛期安全各项工作

（一）集中组织开展汛期安全生产“打非治违”和安全整治专项行动。

各地、各部门、各单位要有针对性地开展汛期安全生产“打非治违”和安全整治专项行动。专项行动要结合“安全生产月”活动要求，对本地区、本行业领域汛期安全工作进行周密安排，制定更具操作性的工作措施，切实把各项工作落到实处。要严格执行《中华人民共和国安全生产法》等法律法规，对存在重大事故隐患的生产经营单位要作出停产停业、停止施工、停用设施设备等决定；对拒不整改安全隐患、有发生事故现实危险的生产经营单位要坚决依法采取停止供电、停止供应民用爆炸物品等行政强制措施，做到从严查处、整治到位。

（二）着力抓好重点行业领域汛期安全生产工作。

水上运输：要立即组织开展水上交通安全隐患排查治理专项检查行动和渡口渡船专项整治。要持续整治水上交通突出问题，重点治理危险货物运输船舶、客渡船、旅游船、涉砂船舶、渔业船舶、餐饮娱乐船、漂流船艇筏以及自用船舶等存在的突出问题。坚决执行“六不发航”规定，持续开展“救生衣行动”，严格落实警戒水位减载、客渡船签单发航、汛情传递、水利水电工程蓄放水预警等汛期水上安全制度。全面检查客运码头、渡口和船舶的安全设施设备配备、视频监控识别系统使用和规章制度落实等情况，广泛开展应对恶劣天气的安全警示教育，严厉打击水上非法违法运营行为。

道路运输：要结合“道路运输平安年”活动，立即组织开展客运车辆特别是旅游包车安全隐患专项整治。要督促道路运输企业切实落实安全生产主体责任，强化对客运车辆驾驶人的安全教育培训，提升驾驶人安全意识和应急处置能力。要完善车辆源头管理措施，严禁车辆带病运行。严把出站、出城、上高速、过境“四关”，对卧铺客车、长途客车、旅游包车、校车做到逢车必查。切实加强交通隐患防治，加大汛期巡查监控力度，发现重大险情要采取果断措施进行交通疏导管制。

旅游：要集中开展旅游行业夏秋旅游旺季安全整治，突出旅游车辆、旅游景区（点）游乐设施、旅游社团队线路、星级饭店、星级农家乐、旅游集散地、旅游道路交通等重要部位和环节隐患排查，严防重特大安全事故发生。

学校：要针对暑期放假和秋季开学时段，加强应急演练，做好危房改造、防溺水、易燃易爆物品和消防、校车安全等工作，确保学校正常办学秩序和安全稳定。

公众聚集场所：针对暑假等节假日期间群体性出行、游乐、聚会和商贸活动集中增多的特点，各级政府应首要承担“属地监管”职责，督促有关政府部门落实“行业监管”责任，严把体育竞技、文艺演出、商贸会展等大型公众聚集活动的“审批关”，增加一线检查执勤频次，采取有效管控措施，强化公共安全管理，严防沉船溺水、拥挤踩踏、火灾、车祸等事故发生。

煤矿和非煤矿山：要加强水害和瓦斯等隐患的排查治理，对存在突（溃）水和突（溃）泥危险的矿井，要立即停产撤人。尾矿库特别是“头顶库”、病险库等要防止溃坝漫坝事故发生。

危险化学品和易燃易爆物品：要集中开展危险化学品安全专项整治，加快推进油气输送管道安全隐患整治，实施危化品储存场所安全专项整治。烟花爆竹企业要严格执行高温、雷雨天气停产的规定。

同时，要在建筑施工领域深化安全生产专项整治，对存在地质灾害和安全隐患的施工现场要采取提前防范或坚决撤离等措施，继续开展市政公用设施、老旧房屋及风景名胜区的隐患整治；要加强水电站库区上下游之间的协调沟通，提前预警预报泄洪放水作业；要组织开展电梯安全监管攻坚战，对露天作业的起重机械、客运索道及大型游乐设施等进行专项检查；要对消防安全重点单位和易燃易爆场所开展夏季消防安全工作。继续加强冶金工贸、涉爆粉尘和有限空间作业等行业领域和环节的安全工作。其他行业领域和生产经营单位要结合自身实际，分别做好防汛度汛工作。

三、落实责任，严格督导检查和责任追究

（一）扎实做好地方换届选举期间安全工作。针对当前各地正处于党委、政府换届的关键时期，各地要严格落实“党政同责、一岗双责、失职追责”工作要求，建立一一对应的任务链、责任链，切实将责任落实到安全生产各个方面，把换届选举期间的防汛度汛相关安全工作落实到一线、任务分解到现场，坚决防止因换届选举导致安全监管工作出现断档和盲区。

（二）严格督导检查和责任追究。各地、各部门要加大对汛期各项专项工作的督查力度，从即日起用1个月时间，由主要领导带队对本地区、本行业领域的汛期安全生产工作进行全面督促检查。省政府安委会组织督查组，对各地、各有关部门工作开展情况进行专项督查，并作为年度安全生产目标考核内容。要按照“失职追责”要求，强化效能问责，对仅停留在传达会议文件精神而没有实际开展检查督查工作，以及因思想麻痹、工作疏忽、责任不落实、工作不到位、处置失当等造成严重后果的，依法依规追究有关单位和责任人的责任。要按照“四不放过”和科学严谨、依法依规、实事求是、注重实效的原则，及时组织开展安全生产事故调查处理工作，依法追究事故责任者责任，杜绝出现失之于软、失之于宽的现象。

四、强化应急处置，加强汛期信息协调沟通

（一）健全汛期预警信息共享机制。各地、各部门、各单位要继续加强协调沟通，建立完善汛期汛情、灾情预测预报和信息共享机制。要严格落实领导干部带班、24小时值班制度，加强汛期值班值守。要主动加强与气象、防汛等部门的联系，通过电视、应急广播、手机短信、微信、微博等媒体渠道，及时发布通报气象和水文信息。各级政府要采取必要措施，确保辖区重大天气和汛情预警信息快速有效地传达到政府及其部门的有关责任人和生产经营单位的一线员工。

（二）落实主动应对防范措施。要进一步完善应急预案，加强应急演练，强化应对措施，确保各类应急救援队伍进入战备状态。要坚持“主动避让、提前避让、预防避让”工作原则，落实橙色及以上预警天气室外工作有序避让、极端天气下景区危险地带撤人及禁入、缆车停驶、停航封渡、调整或停运道路客运等应急防范措施，做到反应灵敏、处置果断、保障有力、救援有效，最大限度减少人员伤亡和财产损失。

四川省人民政府办公厅

2016年6月29日

（二）会议通知

这类通知写法简单、灵活。

一种是通过文件传递渠道发出的会议通知，这种通知一般应写明召开会议的原因、目的、会议名称、主要议题、出席人员、报到时间、地点、需要准备的材料等。上述内容并非每个通知都须写上，但不管怎么写，都要做到内容周密、语言清楚、表述准确，不致产生歧义或语意模糊，它通常采用总分条文式或条文式。

一种是供机关、单位内部张贴或广播的周知性会议通知，这种通知正文开头可不写受文对象，在通知事项中说明出席人员。语言力求简短、明白。

例文：

会议通知

经校长办公会商定，于7月11日（星期一）下午2至4时在本校第一会议室召开全校部门负责人会议，布置学期末各项工作。请准时出席。

××学校办公室

2016年7月7日

一种是传阅式会议通知，受文对象不在正文开头，常在正文之后用“此致”引出，或在通知后面附表列出出席会议人员名单，供签“知”用。这种通知也可事先印成表格式，将有关内容填入就行了。

例文：

××市××局　　　　会议通知

会议时间：200　年　月　日上（下）午　　时至　　时

会议地点：本局第　　会议室

会议议题：

×××		企管处		办公室	
×××		规划处		工　会	
×××		生产处			
人事处		监察处			
财务处		科教处			

××局办公室

200　年　月　日

（三）批转、转发、发布性通知

批转、转发性通知正文包括两个部分：批转、转发对象和批注意见。这类通知应注意行文的完整性。通知成了正件，原文件、规章（或管理规章）成了附件。正件、附件一起，才组成了完整的通知。

批转、转发对象要写明批转、转发文件名称及原发文单位；批注意见则写明对所批转、转发文件的态度、意见和执行要求。正文可长可短，有的照批照转，只极为简要地表明态度、作出评价、提出要求；有的强调重点，在写明态度、评价和要求之后，再针对实际情况，对所批转、转发文件的重要意义或者某一方面的精神加以强调，以引起重视；有的补充完善，对所批转、转发文件作出基本肯定外，还就其不够完善的地方加以补充、说明。

发布规章或者管理规章（规章制度）的通知正文写法比较简单，一般写上“现将《××××（规章或者管理规章名称）》印发给你们，望认真贯彻执行”即可。有的还要写明批准、通过的依据、时间、形式或生效日期，有的简要写明规章的基本精神和贯彻执行的原则意见。

这两类通知都要注意恰如其分地使用表态、评价、要求和希望的习惯用语。

这两种通知中标题的使用要注意以下几种情况：

一是不要漏掉批转、转发、发布性通知本身的文种“通知”。

二是层层转发有关文件的通知，可省略掉中间转发的层层过桥，直转最上级领导机关发文标题，而正文中说明转发情况。

三是党的机关公文标题若引用其他公文一律加书名号。政府机关、企事业单位除法规、规章或者管理规章名称加书名号外，转发的其他公文一律不加书名号。

例文：

四川省人民政府办公厅转发科技厅财政厅
关于改进加强省级财政科研项目和资金管理的实施意见的通知

各市（州）、县（市、区）人民政府，省政府有关部门、有关直属机构，有关单位：

科技厅、财政厅《关于改进加强省级财政科研项目和资金管理的实施意见》已经省政府领导同志同意，现转发给你们，请认真组织实施。

四川省人民政府办公厅

2015 年 8 月 10 日

《关于改进加强省级财政科研项目和资金管理的实施意见》略

（四）任免聘用通知

其正文写法极为规范、单一，只需简明扼要地写明任命或免职的根据和内容。有的还要写明任命、聘用的任期和待遇。制发任免通知一定要注意依法行文。

例文：

成都市人民政府关于宋志斌等 2 人职务任免的通知

各区（市）县政府，市政府各部门：

经 2012 年 4 月 18 日市政府第 109 次常务会议决定：

宋志斌任成都高新技术产业开发区管理委员会副主任。

免去：

冷晓燕成都市教育局副局长职务。

特此通知。

成都市人民政府

2012 年 4 月 23 日

（五）事项通知

这类通知涉及的内容和写法都与通告、启事相似，但用法又有不同。它的主送对象是确指的，而通告主送对象是不确定的。

这类通知格式简单，大都篇段合一，直陈其事，简明扼要。少数内容稍多的则采用多段式或总分条文式等结构形式。

第八节　通　报

一、通报的含义、特点及作用

（一）含义及特点

通报是在一定的范围内表彰先进、批评错误、传达重要精神或交流重要情况，以推动面上工作的一种下行公文。

通报具有知晓性和指导性的特点，它对下级和有关方面的指导作用重于指挥作用。

（二）作用

1. 嘉奖和告诫作用

在一定范围内对具体的人和事表扬或批评，借以达到鼓励先进、发扬正气或批评错误、打击歪风邪气的目的。

2. 交流作用

凡传达重要情况和知照事项的通报，能及时交流信息，上情下达，促进上下级之间、有关部门之间相互了解。

二、 通报的分类

（一）根据通报的作用和应用范围，可将通报分为三类

1. 表彰性通报用于在一定范围内表彰先进。

2. 批评性通报用于在一定范围内批评错误，纠正不良倾向。

3. 情况通报多用于向有关方面知照应该掌握和了解的信息、动态，以作为工作的参考。

（二）从写法上看，又可分直述式通报和转述式通报

1. 直述式通报是作者直接叙述通报事项，再在此基础上作出分析、评价、处理。

2. 转述式通报则是针对附件（如下级报送的情况报告、调查报告、通报、来信等）所反映的先进事迹、错误事实或严重情况分析、评价，提出处理意见。

三、 通报的写作

（一）通报的一般结构

1. 标题有两种写法

一是公文标题；一是新闻式双标题，多是正题加副题，也可写为眉题加正题。前者突出庄重、严肃，后者更鲜明、醒目。

2. 主送机关

行文对象有专指的，写明主送机关；普发性的通报，也可不写主送机关，而在文后的发至范围中注明。

3. 正文

各类通报写法上的差异体现在正文中，直述式和转述式通报正文的写法也有区别，后面将分类介绍。

写进正文的材料和事件，务求真实、准确、实事求是，这样才令人信服；必须典型而有普遍意义，这样针对性才强，才对工作有指导作用，对群众有教育作用。它的内容切忌一般化，宁可不发，不可滥发。

正文通常采用递进式结构，也有的情况通报采用总分条文式结构。

4. 落款

注明发文机关和成文日期。

（二）表彰性通报的写作

这类通报的正文一般包括先进事迹、先进事迹评价、表彰决定、希望和要求四个部分。

先进事迹　在直述式通报中，这部分内容直接在通报正文中叙述，写得就详细些。在转述式通报中，这部分内容已出现在通报后面附的材料和公文中，就不再重复叙述，只需概括地强调或突出要点。直述式通报在介绍先进事迹时，应注意把时间、地点、人物、事件、结果简明地交代清楚；实事求是，不任意夸大、渲染；突出重点，涉及能体现先进的思想境界和突出通报中心的，就把事实写得详细些，无关紧要的可一笔带过或略而不记。

先进事迹评价　着重表彰先进事迹的通报，应在介绍事迹的基础上说明其意义，分析评议其精神实质。着重突出先进经验的通报，应在介绍先进事迹的基础上，归纳和论述其典型经验，以供人们效法、借鉴。这部分评价要客观、恰如其分，文字要简明，不必过多议论。

表彰决定　要写得具体、准确，言简意明。

希望和要求　既包括对被表彰者的勉励和期望，更包括对有关方面和群众的希望和号召。要求要切实可行，符合实际；行文要有针对性，做到概括、鲜明，不千篇一律。

例文：

四川省人民政府办公厅关于表扬在宁南县“6・28”特大泥石流灾害防灾避险中作出突出贡献先进个人的通报

各市（州）、县（市、区）人民政府，省政府各部门、各直属机构：

2012 年 6 月 27 日至 28 日，凉山州宁南县遭受局部暴雨侵袭，诱发多处山洪泥石流灾害。由于州、县及时发布预警信息，监测人员通宵值守，村民保持高度警惕，在暴雨来临时迅速组织群众和施工人员 670 人转移避险，避免了地质灾害造成的重大人员伤亡。

6 月 27 日晚，宁南县保格乡杉木箐村 6 组副村长、民兵连长韩长毛接到预警信息后，一直保持高度警惕。凌晨 5 时左右，韩长毛见河水猛涨，立即叫醒村文书胡拉子，分头进村入户唤醒并组织 13 户 75 名村民安全转移避险。凌晨 6 时左右，13 户村民房屋全部被泥石流摧毁，但因及时撤离，75 名村民幸免于难，成功避险。

6月27日晚，宁南县白鹤滩镇和平村民兵连长兼团委书记何美全接到预警信息后，立即将信息告知各村民并密切关注雨情。凌晨6时发现雨量剧增后，立即通知村民起床避灾并帮助33户159人撤至安全区域。

6月28日凌晨5时，白鹤滩镇和平村9组组长孙洪友发觉水声异常，第一时间通知村民起床躲避；并主动通知居住在白鹤滩电站导流洞工棚内的工人尽快撤离。10多分钟后，全组村民和38名工人全部安全撤离。

6月28日凌晨，曾受2009年国土资源部表彰的地质灾害防治优秀群测群防监测员、白鹤滩镇和平村二组村委会主任袁正武，在巡查中发觉沟水声响异常，意识到可能出现灾害险情，立即叫醒2户村民，采取互相通知的方式及时组织42户190人撤至安全地带。

在宁南县"6·28"特大泥石流灾害防灾避险中，孙洪友、何美全、袁正武、韩长毛、胡拉子等5名同志积极作为，主动组织村民撤离避险，作出了突出贡献，现对他们予以通报表扬，并给予奖励。

当前，我省已进入主汛期地质灾害防治的关键时期，防灾形势极为严峻。希望各地、各部门高度重视，充分发挥广大基层干部和地质灾害监测员的作用，加强灾害预警预报，及时发布预警信息，主动避让、预防避让，全力以赴做好汛期地质灾害防治工作，切实保护广大人民群众的生命财产安全。

四川省人民政府办公厅

2012年7月3日

（三）批评性通报的写作

这类通报的惩戒作用十分突出，除在一定范围内批评处理错误外，着重是要从中吸取教训，引起有关方面和干部群众警觉，以防止类似事件再发生。

这类通报用于批评错误、公布处分决定的，篇幅较短。除批评错误、宣布处分外，侧重于分析情况、总结教训、指导改进工作的，篇幅就要长些。

它的写法与前一类大同小异。正文包括错误事实、错误原因和教训、处理决定、希望和要求四部分。也不一定每份通报都要写出这几部分，可从写作意图和目的出发决定取舍详略。

错误事实部分要围绕通报批评的主要问题，如实反映情况。在直述式通报中这部分要详写，要写明涉及的单位和人员、时间、地点、经过、结果以及产生的后果和影响。而在转述式通报中，错误事实一般在附件中已经说清楚了，通报正文对此则可从略，不必再重复赘述。通报批评的问题若属有代表性的，在介绍错误事实时，就要注意点面结合，以点衬面，更全面地反映出问题的严重性，以引起大家的重视。

错误原因和教训部分，一般要针对错误事实分析原因，点明实质，总结教训，指出危害。要写得准确中肯，实事求是，既不可无限上纲，也不可大事化小。分析评议要合情合理，令人信服。

处理决定部分要简明扼要。有的通报为了突出问题的严重性，也把这部分写在开头，以引起大家的关注和警觉。这种结构上的变化，也常增强公文的可读性。

要求和希望部分是针对错误及其教训，提出切实可行的改进措施和要求，告诫来者，教育大家。这部分要写得简洁、明快，有的通报在前面已经写了这类内容，就不必单独写这部分了。

（四）情况通报的写作

这类通报内容集中，多为一事一报；写作比较灵活自如，结构因文而定。主要是据实反映情况，分析问题，有的还要针对通报的情况提出要求和希望。行文要突出重点，抓住本质。无论是陈述情况的始末、发展过程，还是分析问题，都要不枝不蔓，语言要简洁、得体。

例文：

国务院办公厅关于第一次全国政府网站普查情况的通报

各省、自治区、直辖市人民政府，国务院各部委、各直属机构：

为进一步做好全国政府网站信息内容建设有关工作，有效解决政府网站“不及时、不准确、不回应、不实用”等问题，维护政府公信力，2015 年 3—12 月，国务院办公厅组织开展了第一次全国政府网站普查。现将有关情况通报如下：

一、总体情况

《国务院办公厅关于开展第一次全国政府网站普查的通知》（国办发〔2015〕15 号）印发后，各地区、各部门高度重视，迅速行动，确保普查工作顺利推进。通过普查，基本摸清了全国政府网站底数，有效解决了群众反映强烈的政府网站“僵尸”、“睡眠”等问题，政府网站管理服务水平不断提高，社会公信力稳步提升，正在成为各级政府提升治理能力、推进“互联网＋政务服务”的重要平台。

（一）摸清了全国政府网站底数，实现整体达标合格。截至 2015 年 11 月，各地区、各部门共开设政府网站 84094 个。其中，普查发现存在严重问题并关停上移的 16049 个，正在整改的 1592 个。正常运行的 66453 个政府网站中，地方网站 64158 个，国务院部门及其内设、垂直管理机构网站 2295 个。经抽查，全国政府网站总体合格率为 90.8％。其中，省部级政府门户网站合格率为 100％，市、县级政府门户网站合格率超过95%，其他政府网站合格率达到80%以上。从地域上看，北京、上海、浙江、湖南等地政府网站合格率超过95%，山西、辽宁、黑龙江、云南、西藏、青海、宁夏、新疆等地和新疆生产建设兵团政府网站合格率低于85%。

（二）提高了政府网站管理服务水平，有序推进集约化建设。各地区、各部门强化政府网站主管职责，普遍建立了责任到人、层层督办的推进保障机制。不少地方和部门创新工作方法，通过督查、问责和考评等抓手，推动本地区、本部门政府网站管理服务水平不断提高。广东、四川和税务总局等建立了技术监测、群众监督、绩效考核等“多管齐下”的监管模式；发展改革委、农业部、气象局等部门印发文件明确责任，完善流程，优化服务，提升了网站效能。一些地方和部门还探索从源头上解决基层网站无力维护等问题，有序推进本地区、本部门网站集约化建设。江苏、安徽、贵州和海关总署等对问题严重网站关停整改，对同质同类网站归并整合，利用门户网站对分散资源进行整合迁移，集中提供服务，探索建立统一规划、统一建设、统一管理的集约化模式。

（三）建立了政府网站基本信息数据库，社会公信力稳步提升。政府网站基本信息数据库记录了全国84094个政府网站的名称、地址、主管单位、运行状态等基本信息，形成了准确、完整的政府网站动态档案库。该数据库在中央政府门户网站开放后，两个月时间搜索量达8万余次，下载1.3万余次。据统计，国务院各部门政府网站有关内容媒体转载量较2014年上升15%，省级政府门户网站上升13%，计划单列市和省会城市政府门户网站上升17.5%，各级政府网站社会公信力稳步提升。

二、整改工作的成效

各地区、各部门对普查中发现的问题认真查找原因，着力推进整改。通过整改，全国政府网站信息不更新、内容严重错误、咨询信件长期不回复、服务不实用等问题明显减少。

（一）信息更新更加及时。政府网站空白栏目数由普查前的平均每网站20个降至2.3个，降低88.5%；更新不及时栏目数由平均每网站15个降至5.5个，减少63.3%。

（二）内容准确性普遍提高。政府网站首页不可用率由普查前的12.8%降至3.6%，降低71.9%；链接不可用数由平均每网站196个降至23.4个，降低88.1%。普查前被频频曝光的严重错别字问题大幅减少；办事表格、材料清单、联系电话、收费标准等内容不准确问题由平均每网站17个降至2.3个，减少86.5%。

（三）互动回应情况明显改善。网上信箱等咨询渠道开通率由普查前的57%上升至85.3%，公开的回复信件数由平均每网站27件增加到110件，咨询类留言长期不回复的比例降至0.7%，1年内开展调查征集活动的次数由平均每网站不足1次增加到4次。

（四）办事功能不断完善。各地区、各部门积极开展网上办事事项梳理，着力提高服务信息实用性。因内容不齐全、指南不实用造成的“办事难”、“办证难”问题有所减少。95%以上的政府门户网站规范了办事指南的基本要素，一些地方和部门还依托政府网站探索推进“互联网+政务服务”，以“数据多跑路，群众少跑腿”为目标，优化服务流程，推动线上线下资源衔接，不断提高群众满意度。

三、需要进一步解决的问题

在全国政府网站建设管理水平大幅提升的同时，一些政府网站仍存在需要进一步解决的问题。主要是：

（一）部分基层网站仍不合格，少数网站问题严重。抽查发现421个不合格网站，少数基层网站问题严重。青海省格尔木市国土资源局、新疆维吾尔自治区莎车县人民政府网站空白栏目数超过20个；新疆生产建设兵团石河子市供销合作社网首页多个栏目“开天窗”；山西省泽州县林业局、辽宁省建昌县教育局网站个别栏目7年未更新；云南省维西傈僳族自治县政府网站个别栏目5年未更新。国务院部门垂直管理机构网站中，国家统计局莆田调查队、红河哈尼族彝族自治州邮政管理局、阿里地区邮政管理局网站不合格。

（二）个别地方检查走过场、整改不彻底。湖北省浠水县巴河镇政府网站“新闻动态”栏目近60条新闻属“旧稿新发”，部分发布时间为2015年6月的新闻实际上是6年前的信息；河南省许昌市魏都区西关办事处、海南省儋州市统计局网站因存在严重问题申请关停，其计划整改完成时间超过10年；黑龙江省林口县物价局、宁夏回族自治区固原市人民政府、西藏自治区山南地区工业和信息化局等网站自查评分超过90分，而实际抽查发现问题较多，为不合格网站。

（三）一些网站便捷性、实用性亟待提升。部分网站没有提供规范清晰的服务流程，缺少可供下载的必要表格和文件，不能提供实用有效的申报、查询等办事服务；14.7%的网站互动功能缺失，政府与公众交流缺少有效途径；还有一些网站结构混乱、页面繁多、不便使用，给公众查找政府信息、网上办事带来较大困难。

四、下一步工作要求

各地区、各部门要高度重视，加强对政府网站建设和管理工作的领导，并针对普查发现的问题举一反三，进一步查漏补缺，加大对本地区、本部门网站的检查力度，巩固普查成效，避免出现整改不彻底、问题反弹等情况。要切实把办好政府网站摆到服务人民群众、提高治理能力、提升政府公信力的高度，加强督查考核，按照推进“互联网+政务服务”的工作要求，扎实推动各级政府网站持续健康发展。

对本次通报的网站问题，各有关地区和部门要采取有力措施进行整改，并于2015年12月31日前将整改情况书面报送国务院办公厅政府信息与政务公开办公室。

附件：1. 各地区政府网站抽查合格率

2. 国务院部门及其内设、垂直管理机构政府网站抽查合格率

3. 抽查发现的不合格政府网站名单

国务院办公厅
2015 年 12 月 4 日

第九节　报　告

一、 报告的含义及作用

报告是用以向上级机关汇报工作、反映情况、回复上级机关询问的一种上行公文。

它是机关、单位、团体使用较多的，比较重要的呈报性公文，作用十分突出。用好报告，能帮助上级及时了解情况，掌握下情，为领导决策提供依据；能向上级及时反馈基层机关、单位的工作情况，以便接受上级的监督和指导，使本单位工作少出差错、少走弯路。

二、 报告的分类

可从不同角度对其分类。

（一）按报告内容和用途分类

工作报告用于向上级汇报工作进程，反映工作问题，总结工作经验教训。

情况报告用于向上级反映情况，特别是反映调查了解到的重大情况、特殊情况、新情况，比较系统、全面地为上级机关和领导提供社情、民情等信息动态。

答复报告用于回复上级机关的查询、提问；按要求如期汇报执行上级机关某项指示、意见的结果；回答有关代表大会、委员会及其执行机构提出的质询，交付处理的提案、议案的处理意见或处理结果。

报送报告用于向上级机关说明报送有关文件、材料或物品的情况。

（二）按报告写作范围分类

综合报告用于反映一定阶段、一定范围的多方面工作情况，注重综合、全面。

专题报告用于反映某一项专门工作或某一方面工作的情况，注重专一性。实际工作

中的报告大多是这种类型。

综合报告与专题报告的划分有相对性，有时部门的综合报告对全局而言，就成了专题报告了。

（三）按报告时限分类

例行报告即定期向上级机关所作的工作报告，如周报、旬报、月报、季报、年度报告等。有严格的期限规定，必须按时完成。

不定期报告指无严格的期限规定，根据工作实际需要而写的报告。

在撰写报告时，要事先明确所写报告属何种类型，以便根据各类报告的特点写好报告。

本书后面各章介绍的一些报告，如调查报告、可行性论证报告、经济活动分析报告、技术鉴定报告等，则是由报告衍生出的一些各有特色的不同文种，它们的用途、写法都与机关常用公文类的报告有所不同，故不宜将其都列入这种报告之中。

三、报告的一般结构和写作要求

报告的结构和其他公文大同小异。

（一）标题

一般由发文机关、事由和文种组成。有的报告因事情紧迫，还要在文种前加“紧急”二字，以便引起足够重视。如《林业部关于抢救大熊猫的紧急报告》。

（二）主送机关

主送机关也力求单一。

（三）正文

不同内容性质的报告，写法不尽相同，但正文结构一般由四部分构成。

1. 报告缘由　简明扼要地说明为什么写报告。若无必要也可略而不述。

2. 报告内容　这是正文重点所在。内容较多时，可依事情的发展变化脉络、认识处理问题的由浅入深，以纵式结构安排材料；也可按情况、经验、教训或问题的方方面面，以并列的横式结构安排材料，而且常分条列项使层次段落更分明。

决不能在报告中夹带请示事项。

3. 报告结语　各类报告一般以“特此报告”“请审阅”等语作结。也可以不要结语。

4. 落款　写明发文机关和成文日期。

（四）撰写报告尤其是综合报告注意处理好三个关系

第一，点与面的关系。要突出重点，兼顾全面。所谓重点，就是影响全局的主要工作、工作中的显著成绩、有普遍意义的经验教训、带倾向性的事物或苗头、工作中的严重困难和突出问题。报告中既要根据写作意图突出上述重点，又要注意围绕重点反映一般情况，做到点面有机结合。有点无面，不能给人总体印象，这种报告也不成其为综合报告了。而有面无点，又使人抓不住重点，感到不具体，缺乏说服力。

第二，事与理的关系。如果不介绍情况、列举事实和数据，报告会显得空洞；只罗列事实、数据，报告又会显得肤浅。必须把各种情况、成绩、问题归纳起来，对其进行深入的、去粗取精的综合分析，使之系统化、理论化，从中找出带有规律性的经验、教训和意见，用以指导以后的工作。如果一个综合报告只简单地堆砌事实，罗列材料，不加分析，不予综合，就会使人看后不得要领，更谈不上指导工作了。但是又切忌在报告中脱离实际地空发议论，高谈阔论，照抄上级文件、领导重要讲话和党报党刊社论，去教育上级，做上级的思想工作，这是极不得体的。

第三，详与略的关系。一是重点内容详写，非重点内容略写，做到详略得当。二是根据报告的不同类型和不同作用而定详略。例如偏重总结成绩的报告，就详写成绩、经验，其余方面从略。根据需要，工作报告、情况报告既可写成综合报告，也可写成专题报告，而答复报告通常都写成专题报告。

专题报告可用于专题总结工作的经验教训，汇报专项工作情况。这样写，可以避免总结性工作报告写作中的一般化和流于形式，提高报告的写作质量，发挥报告的作用。撰写专题工作报告要注意：明确重点，突出中心，力求“一文一事一报”；它不一定在工作结束后才写，也可在工作进程中当工作告一段落时撰写，以便及时向上级反馈工作情况和工作建议；写作要及时、迅速，注重时效，力求向上级反映新情况、反馈新信息、汇报新经验、提出新办法。

四、各类报告写作要点

（一）工作报告

正文内容一般包括基本情况、主要成绩、经验体会、存在问题、基本教训、今后意见等几部分。这类报告篇幅较其他类型报告长，应恰当安排其层次结构。可标出序数分条分项陈述，也可列小标题分部分或分问题写。

基本情况可简要交代时间、背景和工作条件；主要成绩应把工作的过程、措施、结果和成绩叙述清楚；经验体会是对工作实践的理性认识，要从实际工作中概括出规律性的东西来，以便指导今后的工作；存在问题是写出工作中的缺点与不足；基本教训是分析工作失误的原因和反思值得吸取的教训；今后意见是提出改进工作的意见，或者提出今后开展工作的建议。

不同类型的工作报告，在这些内容上各有不同的侧重点。例如偏重总结经验的工作报告，可以主要写情况、成绩和问题，少写或不写经验教训。就以写存在的问题来说，有的可简要提及，不加分析；有的却要逐一提出，认真分析，总结教训。

例文：

中共绵阳市卫生局委员会关于“三级联述联评联考”工作情况的报告

市委组织部：

2012年，市卫生局党委按照《中共绵阳市委组织部中共绵阳市委党建办关于集中开展“三级联述联评联考”工作的通知》（绵组通〔2012〕2号）要求和统一部署，全面落实党组织书记抓基层党建工作责任制，稳步扎实推进“三级联述联评联考”工作，形成了上下联动、齐抓共管的基层党建工作新格局，市直医疗卫生系统各级党组织的创造力、凝聚力和战斗力得到明显增强。现将工作情况报告如下。

一、加强组织领导，扎实开展“三级联述联评联考”工作

局党委把该项工作作为贯彻落实党的十八大精神、助推党建工作的一项重要措施来抓。一是成立了“三级联述联评联考”工作领导小组，分管领导和有关科室具体落实抓好“三级联述联评联考”工作；二是印发了《中共绵阳市卫生局委员会关于召开党建工作专项述职会议的通知》（绵卫委〔2012〕20号），要求各市直医疗卫生单位党组织就围绕深入推进基层组织建设年认真履行党建责任制、党风廉政建设职责等内容形成述职材料，重点是对贯彻落实上级精神、履行基层党建和党风廉政建设“第一责任人”职责、开展“三分类三升级”活动（即按照“先进党组织上水平、一般党组织上台阶、后进党组织换新貌”的目标实行分类升级）加强基层党建工作保障、治理商业贿赂和纠正行业不正之风等情况进行专项述职。

二、强化三个突出，扎实推进“三级联述联评联考”工作

（一）突出一个“实”字，搞好“双向联述”。

一是规范述职程序。明确规定基层党建工作述职分为向上级党委述职和向基层党员干部群众述职两个层面进行。市直医疗卫生单位党组织书记每年两次向局党委和基层干部群众报告抓党建工作情况。

二是规范述职内容。要求各市直医疗卫生单位述职报告体现“三个度”，谋划和指导党建工作有高度、抓落实有力度、对问题的分析有深度；做到“四个实”，即文字平

实、数据真实、内容属实、工作落实。

三是规范整改、督办。专项述职后，局党委主要领导约请市直医疗卫生单位党组织书记进行专题谈话，交流述职情况，对反馈的问题落实分管领导和科室督办。各党组织书记根据群众质询和领导点评意见，提出整改方案，并将整改方案上报局党委。

（二）突出一个“准”字，搞好“三级联评”。

一是对比承诺评。年初，各市直医疗卫生单位党组织结合工作实际，就基层党建重点工作、责任分工、完成时限、预期效果等，以责任书形式向局党委做出承诺，并以承诺书的形式公开。开展领导点评和民主测评时，以责任书为依据，确保了评价准确。

二是局党委领导评。局党委按照工作分工，坚持每季度深入市直医疗卫生单位对党组织抓基层党建工作情况进行检查指导，通过随机点评、现场点评、会议点评等方式，肯定成绩、指出问题，提出加强和改进工作的方向。专项述职后，局党委为各市直医疗卫生单位党组织把关定向，使其明确努力方向。

三是扩大民主评。明确规定述职测评中，来自一线的代表要不少于参会人数的10%，评议人员除各级党委委员外，还邀请党代表、人大代表、政协委员、基层群众代表参加，参加评议人员当场填写《市直医疗卫生系统落实基层党建工作情况民主评议测评表》，并将评议结果公开。

（三）突出一个“严”字，搞好“量化联考”。

一是量化考核指标。将党建工作考核分为履行基层党建工作责任制、日常工作和重点工作、创新工作和特色工作等多项具体内容，每一项内容设定分值，进行细化量化，实行百分制考核。

二是健全督查制度。局党委成立了党建工作督查组，做到党建工作日常工作随机督查、重点工作重点督查、阶段性工作适时督查，将督查结果作为年终考核的重要依据，保证了基层党建各项工作有序推进。

三是强化考核结果运用。局党委将市直医疗卫生单位党组织“双向述职”、工作督查和年度考核结果按一定权重进行综合评价。综合评价90分（含）以上，确定为“好”；综合评价80—89分，确定为“较好”；综合评价60—79分，确定为“一般”；综合评价60分以下的，确定为“较差”。将考核结果作为评先选优、选拔任用的重要依据。

四是联考注重结果运用。各市直医疗卫生单位党组书记党建工作民主评议结果分别纳入领导班子和党政正职考核体系，作为干部政绩评价的重要内容，考核结果按一定权重计入领导班子和领导干部年度考核总分，坚持同等条件下基层党建突出的单位优先评优。

三、以“三级联述联评联考”为契机，强力助推党建工作

市直卫生系统各级党组织坚持“书记抓、抓书记”，做到述职述党建、评议评党建、

考核考党建，以制度的权威性和约束力增强推动党建工作的执行力，使“三级联述联评联考”成为基层党建工作的强力助推器。

我们深入开展学习型、创新型、服务型和廉洁型党组织建设工作，进一步完善局党委中心组学习制度，成立了市卫生系统党建工作领导小组，实行主要领导负责制，把党建工作与全系统的行政中心工作同部署、同考核、同奖惩。局党委定期或不定期召开专题会议研究党建工作，各直属医疗卫生单位均成立了相应组织机构，每半年向局党委述职述廉。全系统新增民营医疗机构党组织 4 个，调整党支部 32 个；坚持以党建促群建，在全省卫生系统率先新成立了工、青、妇组织；建立了业余党校，今年自培、送培入党积极分子 180 余人、发展新党员 67 名。目前，全市卫生系统共有党员 6415 名（其中市直单位党员 2114 名），直属基层党支部 60 个，实现了基层党组织的全覆盖。市直卫生系统 9 个党组织跨入特别先进行业，6 个后进党组织全部实现了晋位升级。按照群众公议、注重实绩、选强配齐了市直单位的领导干部。

局党委把党建工作作为推进全市卫生事业科学发展的重要基础和内在动力，团结带领全市卫生系统干部职工，在服务城乡群众健康需求和全市经济社会发展的进程中负重自强、真抓实干。2012 年底与地震前的 2007 年同期相比，全市总诊疗人次增长了 205%，开放病床总数增长了 48%，固定资产增长了 78%，床位使用率提高了 22%，重点学科增加了 310%，服务能力和服务水平走在省内市州同行的前列。局党委被省卫生厅表彰为“创先争优先进集体”，市三医院党委被省委表彰为“创先争优先进基层党组织”；局党委书记、局长秦晓明同志被卫生部表彰为“全国医药卫生系统创先争优指导工作先进个人”。

四、下一步工作打算

2012 年，全市卫生系统坚持抓党建促卫生事业发展，抓卫生事业发展促党建，党建工作取得了一定成效，积累了一定的经验。下一步，局党委将按照市委的要求，结合 2013 年“启动城市新区医疗机构建设、人才队伍建设、全国中医先进市创建、医疗质量安全、医药卫生体制改革、行业作风建设”重点工作，以科学发展为主题，以卫生文化建设为动力，以深化创先争优活动为载体，深入贯彻党的十八大精神，促进全市卫生系统党建工作取得更大成效。

附件：绵阳市直卫生系统落实基层党建工作责任制测汇总表

中共绵阳市卫生局委员会

2013 年 2 月 26 日

（附件略）

值得注意的是，不少工作报告的标题也冠以“情况报告”，但其内容及写法明显是工作报告，如上例就是如此。

（二）情况报告

常用于向上级汇报下列事项：

1. 严重的灾害、事故、案情、敌情。

2. 重要的社情、民情，如社会生活中的新动态和上级某项有关国计民生的新政策、新规定的贯彻执行情况及群众反映等。

3. 督促办理或检查某项工作的情况，如财务、税收、物价、质量、安全、卫生等项工作的检查结果。

4. 举办重大活动、召开重要会议的基本情况，各级各类代表会议的选举结果等。

5. 对某项工作造成失误和问题的检讨与反思。

6. 其他重要的、特殊的、突出的新情况。

例文：

××市人民政府关于我市遭受严重干旱的紧急报告

省政府：

去秋以来，我市已连续发生了7个多月严重冬干春旱，特别是进入5月以后，气温持续偏高，日照多，降雨少，蒸发量大，这种冬干春旱连夏旱的灾害性天气，在我市历史上都是少有的，给农业生产和人民生活带来了严重威胁。目前旱情还在全市蔓延，危害在进一步加重，部分地方人畜饮水十分困难。现就我市有关抗旱救灾工作情况紧急报告如下。

从去年11月至今年5月中旬，全市气候一直“干暖”，气温异常偏高，累计积温比历年同期高200多度，创历史最高纪录。日照同比偏多57%～74%。降水总量仅73.6～158毫米，同比少23.5%～66.2%，创40年来历史同期最少纪录。蒸发量比历年同期多130毫米。已经造成大小溪河断流，沱江河水位急剧下降，沱江河两岸提灌站不能抽水提水。全市水利工程现有蓄水量严重减少。全市342座水库，有半数以上蓄水在死库容以内；31404口山平塘，已经干涸的达26713口，占81%。其中资中县的山平塘12601口，已干涸的达11900口，占总数的95%。

这种无水局面造成一些地方大面积出现人畜饮用水困难，致使土壤墒情急剧恶化。这给全市小春生产带来严重影响，大春作物播栽进度缓慢。据统计，全市有111个乡镇，2078个村全部遭受干旱危害，受灾农户92万户，受灾人口达到304万人，其中严重受灾达71万户，235万人。有46个乡镇，48万人，63万头牲畜出现饮用水困难。有17个乡镇场镇需要用车拉水供应学校和机关饮用，不少地方农民要到几里路以外找水吃。资中县铁佛镇高云村3、4社，两社见不到一滴水和一株秧苗。全市大春作物栽插困难，生长严重受阻。全市计划栽插水稻140万亩，现只栽插94.5万亩，占计划面积的67.86%，还有45.5万亩要等水栽秧。资中县配龙镇有66个社还未开秧门。玉米计划播种100万亩，实际只播85.82万亩。全市现有农作物受灾面积达280万亩。当前，旱情还在继续发展，危害正逐步加重。

市委、市政府高度重视当前的旱情工作，发出了《切实抓好当前抗旱工作的紧急通知》，组织了抗旱救灾工作组，由市级领导带队，深入抗旱救灾第一线，了解灾情，指导、帮助当地政府和农民开展抗旱救灾工作。各级党政机关把抗旱救灾作为当前中心工作来抓，集中了时间精力抓抗旱，集中了物力财力保抗旱，集中了科技力量、群众经验搞抗旱。抗旱救灾工作正在有序地进行。

一是对旱情特别严重的地方，已组织车辆送水到乡镇、学校和村社，并动员村民在一切可能有水源的地方挖坑打井，寻找水源，解决人畜饮水问题。

二是所有联系乡镇的市县机关均已抽派干部深入基层，出钱出物支援抗旱；乡镇干部包村、包社、包户，帮助农民解决具体困难和问题。

三是市委、市政府作出决定，在抗旱期间和旱情未解除之前，不准召开与抗旱救灾无关的大型会议，不准组织领导干部外出参观考察，如因抗旱救灾组织不力，造成重大损失和影响的，要追究有关人员，尤其是党政领导的责任。

四是千方百计抗旱保苗。采取电排提灌、人工降雨、节水灌溉、挖坑打井等综合措施，保苗保种，尽量扩大栽播面积；大力推广趋利避害技术，切实管好“五苗”，力争把灾害的损失降低到最低限度。

五是落实改种补种措施。对无水源的旱片死角、高望天田，及时改走旱路，大种红苕、玉米、豆类、蔬菜等旱作品种，制定好晚秋生产计划，落实好晚秋生产的具体措施。加大养殖业的发展力度，实现种植业损失养殖业补，确保农业目标任务的完成。

由于全市采取了有力的抗旱减灾措施，市县两级已安排了500余万元抗旱救灾资金，确保重灾区人畜饮水不出大的问题，目前旱区群众情绪稳定。但我市高温天气仍在持续，旱灾还在加重。为了搞好生产自救，解决灾区生活、生产用水，搞好补救措施，促进经济持续发展，特恳请省政府从资金和物资上给予我市大力的支持。对此，我们将另文请示。

××市人民政府

20××年5月15日

情况报告与工作报告的区别在于：工作报告反映的是经常性的常规工作情况，而情况报告汇报的是偶发性的特殊情况；工作报告的内容相对确定，而情况报告的内容多不确定，因时因事而异；工作报告的写法基本稳定，而情况报告的写法灵活多样；有的工作报告有不同程度的说理，而情况报告重在叙述说明有关情况。

情况报告写法不强求一律，但都要力求做到：

1. 内容集中、单一，突出重点，抓住事物本质，实事求是地反映情况。

2. 把情况和问题讲清楚，把事情的经过、原委、结果、性质写明白。例如特大事故，就要按国务院 2007 年 4 月 9 日发布的《生产安全事故报告和调查处理条例》的要求，写明事故发生单位概况，事故发生的时间、地点以及事故现场情况，事故的简要经过，事故已经造成或者可能造成的伤亡人数（包括下落不明的人数）和初步估计的直接经济损失，已经采取的措施，其他应当报告的情况以及事故报告单位。事故报告后出现新情况例如事故造成的伤亡人数发生变化的，应当及时补报。

3. 提出处理意见和建议，要写得具体、明确、简要，尤其要注意提出意见、建议的写作角度，不能在报告中夹带请示事项。

4. 理顺文章思路和结构，无论是纵式结构还是横式结构，都要脉络清楚，层次分明。

5. 写作要及时，以便让上级机关和有关领导尽快了解重大、特殊、突发的种种新情况。

（三）答复报告

其内容要注意针对性，有问必答，答其所问，以示负责。表述要明确、具体，语言要准确、得体，不可含糊其词、模棱两可。它的正文包括答复依据和答复事项两部分内容。答复依据指上级要求回答的问题，要写得十分简要，有时一两句话即可。答复事项指针对所提问题答复的意见或处理结果，既要写得周全，又不要节外生枝，答非所问。正文写法比较灵活，或先写依据，后一并答复；或边写依据，边逐一答复。

（四）报送报告

这类报告正文极为简单，有的甚至只有三言两语，把情况说明就行。例如：“现送上我县参加××市妇女美术作品展览的作品 15 件及作者介绍资料 11 份。请查收。”

第十节　请　示

一、请示的含义和用途

请示是用于向上级机关请求批准或指示的一种上行公文。凡是下级无权解决、无力解决以及按规定应经上级决断的问题，必须正式行文向上级机关请示。

具体说来，遇到下列问题要用请示行文。

1. 对上级有关方针、政策、指示或法规、规章不够明确或有不同理解，需要上级机关作出明确解释和答复。

2. 从本地区、本单位的实际情况出发，需要对上级的某项政策、规定作出变通处理，有待上级重新审定明确作答。

3. 在工作中出现了新情况、新问题需要处理而无法可依、无章可循，需要上级机关作出明确指示。

4. 需要请求上级解决本地区、本单位的某一具体问题和实际困难。

5. 按上级机关和主管部门有关政策规定，不经请示有关部门批准，无权自行处理的问题。

除此之外，凡自己职权范围的工作，经过努力能处理和解决的问题、困难，应尽力自行解决，不要动辄请示，把矛盾上交。

二、 请示的写作

请示的写法都基本一致，它的结构是相对稳定的。

（一）标题

通常要求三要素齐全。不能把文种“请示”误为“请示报告”“报告”或者“申请”。标题中的事由要明确，语言要简明。不宜写为“关于请求（或申请）××××的请示”，请示中本身就含有请求、申请的意思了。

（二）主送机关

一般只写一个主送机关，如需同时送其他机关，应用抄送形式。

（三）正文

一般由请示原因、请示事项和请示结语三部分组成。

请示原因应简明扼要而又充分地陈述请示的原因、依据。如果原因比较复杂，就不能因为要求简要而简单化，必须讲清情况，举出必要的事实、数据来说明原因，才能为请示事项提供充分依据，令人信服。在概述情况时，不能笼统、含糊；在陈述困难时，不能夸大事实。要注意，即使情况写得较多，这部分仍然不是请示的重点所在，它仍然是为请示事项作铺垫的。因此，不要轻重倒置，喧宾夺主。

请示事项是文章重点，是请求上级机关给予指示、批复、答复的具体事项。内容要具体，所提建议和要求要切实可行；用语要明确肯定，不能含糊其词；若内容稍多时，可分条列项；语气要得体。

请示结语常用“妥否、请批复”“特此请示，请予审批”“请批准”等惯用语，不要用“可否（妥否、当否），请批准”之类不合逻辑的用语作结。

正文根据内容多少，可分别采用篇段合一式、三段式、多段式或总分条文式结构。不论采用哪种结构，请示总是循请示原因——请示事项——请示要求的递进思路成文的。

例文：

浙江省旅游局　嘉兴市人民政府
关于浙江省桐乡市申报国家旅游驱动新型城镇化综合改革试点市（县）的请示

国家旅游局：

浙江省桐乡市位于长三角杭嘉湖平原腹地，产业经济发达，人文底蕴深厚，旅游资源丰富，是中国优秀旅游城市和浙江省旅游经济强市。近年来，该市围绕地方特色，坚持改革创新，始终把发展旅游产业作为经济转型升级与科学发展的重大战略，旅游业已成为桐乡市国民经济的战略性支柱产业。2012 年，桐乡市接待游客 1200 万人次，实现旅游收入 103 亿元，其中乌镇接待游客 601 万人次，实现旅游营业收入 6.9 亿元。以乌镇旅游为龙头的古镇保护与开发在旅游驱动新型城镇化方面做了有益的探索，该市坚持把旅游发展的理念和城市建设的理念有机融合，通过旅游带动其他产业发展，使农民就地变市民、农村就地变城镇、产业就地转型，实现了农民市民化、农村城镇化和农业产业化“三化”同步发展。浙江省人民政府已于去年批准其为省级旅游试验区，全面推进以镇区景区化、景区全域化为主要内容的“两区两化”工作，取得了明显成效。在此基础上，桐乡市委市政府又进一步深化改革措施，确立了以“一地四镇”为核心的旅游驱动新型城镇化发展的综合改革试点，以桐乡城区（包括高桥新区、振东新区）为全市游客集散地，向四周辐射至四大旅游特色精品小镇，即乌镇世界一流风情小镇、濮院时尚旅游购物小镇、石门乡村休闲体验小镇和崇福运河文化小镇，规划面积 300 平方公里。计划通过八年时间，以“双十双百双千”工程为抓手，到 2020 年，建立十大景区、十大旅游系列；打造 100 个优质旅游景点，引进 100 位旅游领军人才；累计投入 1000 亿元，完成旅游收入 1000 亿。实现“日游乌镇，周游桐乡”的目标，成为宜居宜业的旅游天堂，“美丽中国”的样板间，以一业兴百业，闯出一条经济发达地区以旅游带动经济转型的特色之路，实现“中国旅游第一大县”的宏伟梦想。

桐乡市旅游驱动城镇化的发展势头强劲，以发展旅游业为导向的城镇化模式目标明确、主题鲜明、措施有力，符合党的十八大提出的构建“生态文明”和“走新型城镇化”发展道路的精神，示范作用明显。为有效推动该市旅游试验区建设，特恳请国家旅游局同意命名桐乡市为国家旅游驱动新型城镇化综合改革试点市（县），并在资金、土地、项目审批等方面给予重点支持。

特此请示，请予批准。

浙江省旅游局

嘉兴市人民政府

2013年5月29日

汉中市人民政府关于追认王雷同志为烈士的请示

省人民政府：

王雷，男，汉台区人，1979年4月出生，中共党员，大学文化。2005年9月考入宁强县交通征费稽查所任科员，2013年通过公务员招录考试录用为汉中市交警支队高速公路大队四中队民警。因工作努力，成绩突出，2008年被省交通厅征费稽查局评为“优秀征稽员”，2013年12月被市公安局交警支队党总支评为“优秀共产党员”。

2月8日22时21分，京昆高速洋县段良心隧道入口处发生一起单方交通事故。执勤民警王雷接到派警通知后，立即带领协警周忠赶往事故现场进行处置，就在王雷同志指挥、协助事故当事人向安全地带转移，并对肇事车辆进行拍照取证时，一辆帕萨特轿车从后方应急车道上疾驶而来，首先发现险情的王雷一把推开同事及报案司机，自己遭到轿车撞击，跌落至近30米的高架桥下，随即赶来的民警立即展开救援，在桥下农田中找到了王雷，经抢救无效，于2月9日凌晨1时45分牺牲，年仅35岁。

王雷同志牺牲后，他的事迹被省、市、区多家媒体报道，在人民群众中广为流传。2月13日的追悼大会上，上百群众自发为王雷送行。2014年5月13日王雷同志被公安部追授全国公安系统二级英雄模范称号。王雷同志恪尽职守、舍己为人的事迹充分体现了他作为一名共产党员的优秀品格和高尚情操，他用生命诠释了一名人民警察的忠诚。

经认真调查核实，依据《烈士褒扬条例》第二章第八条，王雷同志的事迹符合“抢险救灾或者其他为了抢救、保护国家财产、集体财产、公民生命财产牺牲”和“其他牺牲情节特别突出，堪为楷模的”两款规定的烈士评定标准，为进一步弘扬王雷同志这种英勇无畏的牺牲精神，特请省政府追认王雷同志为烈士。

请予批准。

汉中市人民政府

2014年10月17日

三、 撰写请示的注意事项

（一）应一文一事

内容力求单一，切忌把互不相关的几件事写在一件请示里。

（二）制发请示时要注意与各方面的协调

请示不宜多头主送、多级主送，一般只主送一个直接上级，以免因责任不明或者互相推诿影响到办文效率和质量。即使是受双重领导的机关、单位上报请示，也应根据内容写明主送机关和抄送机关，以根据主次分清承办责任，由主送机关负责答复请示的问题。除领导直接交办的事项外，请示不得直接主送领导者个人，更不应同时主送多位领导。

请示一般不得越级上报。只有在以下特殊情况，请示才可越级行文。一是情况特殊紧急，如发生重大灾情、险情需要上级采取相应措施，而逐级上报会延误时机造成重大损失时。二是经多次请示直接上级机关，而问题长期未予解决时。三是涉及检举、控告直接上级时。四是直接上下级产生争议且无法解决时。五是处理不涉及直接上级机关职权范围的偶发事件或问题时。而在越级请示时，一般应抄送被越过的上级。

请示的内容若涉及其他部门或者地区时，主办机关单位应当主动与有关部门或者地区协商取得一致意见，必要时还要由有关部门、地区会签或联合行文，以便统一认识、统一政策、统一行动。如有关方面意见不一致，应当如实在请示中反映出来，并抄送有关方面。

请示不得抄送下级机关、单位，以免在上级作出批复表明态度前造成混乱。

（三）注意请示与报告的区别

1. 行文目的、作用不同

请示旨在请求上级批准、指示，需要上级批复，重在呈请。

报告要向上级汇报工作、反映情况、提出意见或建议、答复上级询问，一般不需上级答复，重在呈报。

2. 行文时间不同

请示需要事前行文，报告一般在事后行文。

3. 主送机关不同

请示一般只写一个主送机关。报告有时可有多个主送机关，如情况紧急需要报上几级领导机关尽快知道的灾情、疫情等。

4. 受文机关处理方式不同

请示均属办件，收文机关必须及时批复。报告均属阅件，收文机关对其不作答复。

5. 涉及内容不同

请示用于向上级机关请求批准、指示，凡是下级机关、单位无权解决、无力解决以及按规定应经上级机关批准认定的问题，均可写为请示。而报告用于向上级机关汇报工作、反映情况、答复询问。

6. 写作侧重点不同

它们虽然都要陈述、汇报情况，但报告的重点只在汇报工作情况，报告中不能夹带请示事项。而请示中陈述情况只是作为请示原因，即使反映情况所占篇幅再大其重点仍在请示事项。

正因为有上述区别，绝不能把向上级请求批准、指示的请示写成报告，也不能写为请示报告。

（四）正式印发请示送上级时，应在文头注明签发人姓名

第十一节　批　复

一、批复的含义和特点

批复是用于答复下级机关、单位请示事项的一种下行公文。

它的一个显著特点就是有针对性。

它总是针对请示被动行文。上级决不会主动发出批复，总是下级有请示，上级才有批复。

批复内容总是针对下级来文的请示事项作出答复的。批复事项紧扣请示事项明确作答，不能答非所问，复非所求，节外生枝。

批复的主送对象一般就是请示的发文单位，有时甚至标题就体现出针对性而与其他公文不同。例如《××县人民政府关于对县工商局等单位联合成立“打假”办公室的请示的批复》，标题中就写明了受文机关。

二、批复的写作

（一）标题

可以是表明主旨的，如《国务院关于同意浙江省撤销台州地区设立地级台州市的批

复》。也可以说明批复内容涉及的范围，如《国务院关于〈婚姻登记管理条例〉的批复》《××省国家税务局关于对××石油地质局征税问题的批复》。

（二）主送机关

一般就是呈报请示的发文机关。

（三）正文

包括批复对象、批复事项和批复结语三部分。

1. 批复对象指批复所针对的请示事项。必须在正文开头引述来文的标题、文号，有的还极其简要地直接引述来文所请示的事项。引述应十分简练，一般都用一句话说清楚，然后一般用“现批复如下”引出下文。

2. 批复事项是批复的主要部分，它要针对请示事项给予明确答复或具体指示。批复内容应一文一事。对下级请示事项的答复，应态度鲜明，观点明确，语言简洁明了，不能模棱两可，含糊其词，使下级无所适从。

有的直截了当地对请示事项作出明确答复，不必阐述批复理由和根据。这多涉及常规事项、例行工作的批复，特别是同意有关请示的批复。

有的要简要陈述批复原因，但不直接重述请示中说明的请示缘由，因两者角度分别是从上级和从下级的地位来说的。这多涉及批准解决有关实际困难和问题的批复。若是不同意请示事项的批复，除表明态度陈述意见外，一定要阐明不同意的理由，以使对方接受，好及时作出相应安排。

凡引用有关法规、规章及其他文件的规定为依据答复问题时，应写明引据出处，先引文件标题，后引发文字号（可列入引文标题后括号内）。

3. 批复结语一般在正文末尾写上“特此批复”并加上句号，若紧缩写为“此复”，也要加上句号。少数批复也在结语部分简要提出执行要求。

正文视内容多少，可分别采用篇段合一式、三段式（三部分各一段）、两段式（省去结语部分）和总分条文式结构。

（四）落款

写明发文机关、成文日期。

例文：

国务院关于同意设立“全国交通安全日”的批复

公安部：

你部《关于将12月2日设立为“全国交通安全日”的请示》（公部请〔2012〕83号）收悉。同意自2012年起，将每年12月2日设立为“全国交通安全日”。具体工作由你部商有关部门组织实施。

国务院

2012年11月18日

三、写作批复注意事项

（一）注意协调

批复内容若涉及其他部门，起草批复时应同有关部门商量，取得一致意见方可行文答复，或者会签后联合行文。例如《国务院关于对宣传文化单位实行财税优惠政策有关问题的批复》中，就专门说明“经商有关部门并经国务院领导同志批准，现批复如下。”

（二）注意接受心理

上级制发批复时要体谅下级的实际困难和具体情况，若是不同意下级请示事项的，行文时既要态度明确又要委婉表达。

（三）批复的撰写和制发都要及时

第十二节　议　案

一、议案的含义和分类

议案是各级人民政府或法定的机构、组织、有关人员，按照法律程序向人民代表大会或人民代表大会常务委员会提请审议事项的公文。

根据制发议案作者的不同，可将议案分为以下三类。

（一）政府议案

这是各级人民政府按照法律程序向同级人民代表大会或者人民代表大会常务委员会提请审议事项的议案，如《国务院关于提请审议兴建长江三峡工程的议案》。

（二）组织议案

这是各级人民代表大会主席团、常务委员会、各专门委员会、人民法院、人民检察院，按照法定程序向人民代表大会（闭会期间向常务委员会）提交的议案。

（三）代表议案

这是符合法定人数的人民代表联名向人民代表大会或者常务委员会提交的议案。

根据写作形式，可分为公文式议案和表格式议案。

根据内容，则可分为立法案、任免案、质询案、建撤案（建立或撤销有关机构）、建议案（对重大问题或重要事项提出建议）、撤销案（撤销不适当的决议、决定和命令）、辞职案等。

二、议案的特点

（一）有法定的专门作者

按照《中华人民共和国全国人民代表大会组织法》《中华人民共和国地方各级人民代表大会和地方各级人民政府组织法》和有关法律、法规、行政规章的规定，人民代表大会主席团、常务委员会及各专门委员会、人民政府、人民法院、人民检察院等机构和组织，以及符合法定人数的人民代表联名，才可向本级人民代表大会或者人大常务委员会提出议案。人民代表联名提出议案的法定人数是：30 名以上全国人大代表，10 名以上县级以上地方各级人大代表，5 名以上乡、镇人大代表，可以联合向本级人大提出议案；人民代表大会闭会期间，10 名以上全国人大常委会组成人员，5 名以上省（自治区、直辖市）、自治州、设区的市的人大常委会组成人员，3 名以上县级人大常委会组成人员，可以联名向本级人大常委会提出议案。除此之外，其他机关、单位、组织和人员，无权提出议案。

（二）内容有限定范围

议案的内容，必须是属于本级人民代表大会或者常务委员会职权范围内的有关事项，如法律、法规或行政规章的建立或修改，有关的人事任免、奖惩，有关机构的建立、撤销，须经人大及其常委会批准的重要行政决策或措施等。

（三）有法定的受理程序

按规定提出的议案，要分别经人大有关的专门委员会审议，提出报告，再由主席团会议（或者委员长会议、主任会议）决定是否提请人民代表大会（或者常务委员会）会议审议。也可直接由主席团会议（或者委员长会议、主任会议）决定是否提请人民代表大会（或者常务委员会）会议审议。交代表大会（或常委会）审议的议案，经讨论、表决通过后，用命令、公告或决议、决定的形式正式发布。

（四）经确认的议案有法定的地位和作用

经人民代表大会主席团会议（或者委员长会议、主任会议）决定提交代表大会（或者常委会）审议的议案，就代表了整体的意志，有较高的法定权威，要交指定部门审议列入大会议程付诸讨论、表决或办理。而主席团会议（或者委员长会议、主任会议）决定不作为正式议案提交大会审议的，则改作“建议”“批评”和“意见”另行处理。议案的这种二次认定性，是它有别于其他公文的一个显著特点。

（五）有规定的提出时限和处理时限

人大会议期间，对议案提交的时间有期限规定，法定的组织和代表，可在人大会议或者常委会议举行前和会议举行中的限期前提出议案。超过期限提交的议案，一般改作“建议”处理，或移交下次大会处理。提交大会审议的议案，必须限期审议、表决或提出处理意见。

三、 议案的写法

（一）公文式议案

公文式议案由标题、主送机关、议案正文、提出议案单位（或代表）、成文日期、附件等部分组成。

1. 标题　发文机关、事由和文种三要素齐全，如《国务院关于提请审议〈中华人民共和国食品安全法（草案）〉的议案》。

2. 主送机关　指审议议案的人民代表大会或常务委员会。

3. 议案正文　是议案的主体，通常包括提出议案缘由（即立案理由）、议案事项和审议要求三部分内容。

立案理由是提出议案的原因、目的和依据，既要充分有据，又要写得简明扼要。这部分篇幅或长或短，如《国务院关于提请审议兴建长江三峡工程的议案》，就用较长篇幅对兴建三峡工程的必要性、可能性、可行性、困难性做了充分的、科学和周密的阐述，然后写道："三峡工程的建设是必要的，技术上是可行的，经济上是合理的，随着经济的发展，国力是可以负担的。"而有些议案则简要陈述缘由。

议案事项即所提出的审议事项。提出的重要意见和建议，要写得明确、可行。

审议要求，通常用一句话"请予审议"作结语。

4. 提出议案单位（或代表） 指提出议案的政府、检察院、法院或人民代表大会中的有关机构、一定人数的人民代表。通常写在正文后面右下方。这也就是议案的发文机关部分。也常签署机关主要领导人职务、姓名而不另署发文机关。

5. 成文日期 即提交议案的日期，用汉字写于提出议案单位下面偏右处。

6. 附件 指议案正文后所附的需审议的法律、法规的草案文本或其他有关文件、资料。若议案是专为提请审议所附法律、法规而提出的，因标题、正文中已有说明，则不必另写"附件"。否则，应在正文之后、发文机关之前写上附件名称。多项附件则分条列出。

政府议案多采用公文式议案，且常以函件正本形式发出。如例文。

广 州 市 人 民 政 府

穗府函〔2013〕97号

广州市人民政府关于提请审议《广州市南沙新区条例（草案）》的议案

市人大常委会：

《广州市南沙新区条例（草案）》已经市人民政府第14届79次常务会议讨论通过，请予审议。

广州市市长陈建华

2013年9月24日

《广州市南沙新区条例（草案）》略

（二）表格式议案

表格式议案是供人民代表大会专用的议案。例文：

宜宾市第四届人民代表大会代表议案

第×××号

议案标题	关于高度关注留守儿童的健康成长的议案
提议案人或代表团	长宁县代表团
联系人姓名	×××　　　联系电话　　×××××
提交议案时间	2011年11月16日

案由：

宜宾市是人口资源大市，外出务工人员多，留守儿童多。据初步统计，全市中小学留守儿童为14.1412万人，占中小学生总人数的25%。如此高比例的留守儿童，放学回家后无人管理，上一辈人无精力、无能力照顾他们的生活、学习、个性养成，在培养方式上基本上采取放任自流。由此引发许多社会问题，极大地影响一大批留守儿童的健康成长，给他们的未来发展造成极大的隐患，亟待解决。

案据：

一、《国家中长期教育改革和发展规划纲要》(2010—2020年)，对建立健全政府主导、社会参与的农村留守儿童关爱服务体系和动态监测机制，加快农村寄宿制学校建设，优先满足留守儿童住宿要求等做了规定。

二、《四川省中长期教育改革和发展规划纲要》(2010—2020)也提出要“保障流动人口子女入学，坚持以输入地政府管理为主，以全日制公办中小学为主，确保进城务工人员随迁子女平等接受义务教育”，“加快农村寄宿制学校建设，建立健全政府主导，社会参与的农村留守儿童关爱服务体系和动态监测机制，切实解决农村留守儿童受教育问题。对低收入和特殊困难家庭学生实施资助政策”。

方案：

一、出台政策，为留守儿童依法接受义务教育创造良好的环境。设立专款，以市为主，加强农村寄宿制中小学的建设和管理，努力解决好寄宿制学生的食宿问题，为留守儿童组织一个学习、生活、安全等方面的良好环境。同时各级政府要依法安排好进城务工人员子女平等接受义务教育。

二、建立健全留守儿童帮扶制度。各级人事部门要对寄宿制学校的留守儿童配备必要的生活老师，使留守儿童得到学习、生活、心理健康、情感交流和思想上的关怀和帮助。一是建立健全中小学留守儿童寄宿优先制度。市上应制定切实可行的寄宿学生管理办法，解决好寄宿制学生的食宿问题，为寄宿制留守学生提供免费午餐，保障留守儿童的身体健康。二是取消进城务工人员子女入学的户籍限制。凡是在市内的进城务工人员子女享受与正籍户口人员子女同等的教育权利。

三、切实建立健全关爱留守儿童的应急机制。教育部门、公安部门、社区、乡镇政府建立安全工作责任制和安全工作预案，建立留守儿童突发事件的应急机制；依法迅速采取适当的救助措施和联系机制，保障留守儿童的健康成长。

【末页】

第×××号

提议案人（略）

姓名	选区	详细通讯地址及电话号码	所在地邮政编码

1. 议案标题　一般用一句话概括议案主旨或主要内容范围，即新闻式单标题；也可写成“关于××××的议案”这种公文式标题。

2. 提议案人姓名或代表团名称　若是某组织机构提出的议案，则填入全称或规范简称。若按法定人数代表联名提出议案时，领衔提出议案的代表姓名写在此栏，在其后写明“等××人”，并在表格末页“提议案人”一栏逐一列出联名代表姓名，且领衔提议案者排在第一名。

3. 联系人姓名及所在代表团　应填写清楚，以便联系。

4. 议案全文　其写作内容必须包括以下部分。

（1）案由　要有简要的、较为具体明确的理由，主要内容包括所提议案的必要性、重要性和紧迫性。

（2）案据　提出议案的基本依据，包括法律的、政策的、事实的依据。议案的依据应在占有大量客观事实材料的基础上提出，才具有说服力，使人信服。案据可以是对问题的分析，对事实的阐述，也可以是对主、客观条件的概括，内容必须具体。

（3）方案　即解决问题的基本思路、观点和切实可行的方法。应明确具体，有很强的可行性、可操作性，以便能够及时得到具体解决，也便于有关部门能够有针对性地解决问题。如果是法律、法规议案，应附有法律、法规草案文本及说明。

5. 提交议案时间　填写具体的年月日。必须在大会主席团规定截止日期前提出。

填写表格式议案时，用钢笔或毛笔书写，字迹要清楚，不能潦草和写不规范的字。若字迹不清的要请代表团工作人员代为誊清。议案一般由代表本人填写；书写有困难的，可由大会工作人员代写后，经代表签名认可。

四、撰写议案的要求

（一）要注意提出议案的可行性，按照法定权限内容范围提出议案

议案的范围主要包括：制定、修改、解释本级人民代表大会制定权限范围内法律、法规的事项；听取和审议本级人民代表大会各项议案和报告的事项；本级人民代表大会讨论、决定本行政区域内的重大事项；对本级人民政府、人民法院、人民检察院实施监督方面的事项；人民代表大会的各项选举事项；人民群众普遍关心的事项；其他应由本级人民代表大会及其常务委员会决定或者批准的事项。超越上述内容范围的，不属于本级人大职权范围内的事项，就不能列入议案了。宪法、组织法对各级政府、人民代表提出议案的权限范围都有明确规定。比如，整个国家的国民经济和社会发展计划案、预算案和设置省、自治区、直辖市的议案等，只能由国务院提出，不能由全国人大代表提出。

（二）要注意议案正文内容的完整性

应写明立案理由和议案事项，不能有所缺漏。如提出制定或修改法规的议案，应提出法规的主要内容或修改意见。

（三）注意内容的单一性和有限性

应一事一案，不能把内容不同的两件以上的建议、意见写进同一份议案，以便处理。议案事项必须限定在本级人民代表大会及其常委会的职权范围内，否则不能作为议案。

（四）议案多采用贯通式（段落式）结构或篇段合一式结构，语言应力求简明、清楚

（五）加强调查研究，实事求是

为写好议案，提案机关或代表应在人代会前通过视察、调查、走访，广泛听取人民群众的意见和要求，熟悉有关法律规定，了解具体实际，使提出的议案既能反映广大选民的意愿，又切实可行。

（六）应按照各地人大规定时间、方式和渠道提出议案

第十三节　函

一、 函的含义和用途

函是不相隶属机关单位之间商洽工作、询问和答复问题、请求批准和答复审批事项所使用的一种公文。

函属平行文，主要用于平行机关之间或不相隶属的机关、单位之间。特殊情况下，也可用于上下级机关之间对一些事务性的具体问题的联系，还可用于机关、单位与个人的公务联系。

函的应用范围比较广泛，使用频率亦较高。它可具体用于以下几个方面：

1. 平行或不相隶属的机关单位之间的公务联系往来。

2. 上下级机关单位之间涉及一些事务性的具体事项的联系、询问答复。

3. 向无隶属关系的业务主管部门请求批准有关事项，业务主管机关向无隶属关系的机关、单位答复审批事项。

4. 机关单位对个人的公务联系，如答复人大代表意见建议和批评、政协委员提案，答复重要的群众来信之类。

二、 函的分类

（一）按照内容和用途分类

1. 商洽函

指用于平行的或不相隶属机关单位之间商洽工作、联系有关事宜的函。例如洽谈业务工作、联系参观学习、请求支援帮助、查询或了解有关人和事等。

2. 询问答复函

指用于上下级机关之间互相询问答复处理有关具体问题的函。上下级机关之间问答某个具体问题，联系、告知或处理某项具体工作，而又不宜采用指示、通知、批复、报告、请示等文种时，则可使用函。

3. 请批函

指向平级的或不相隶属的业务主管部门制发的请求批准函，以及业务主管部门向平级的或不相隶属的机关单位制发的审批函。有关机关、单位涉及部门业务工作，需向平级的或不相隶属的业务主管部门（例如人力资源社会保障局、财政局、工商局等）请求批准，但又因互相之间不是上下级的隶属关系而不宜用请示行文，就应用函（即请求批准函）。同理，有关主管部门向平级的或不相隶属的机关单位批准、答复某些业务事项（例如公务员录用、调动、经费拨付、企业注册等），因无上下级的隶属关系而不宜用批复行文，也就应用函（即审批函）了。但在实际工作中，这类函常常误用为请示、报告、批复，这是应该格外注意的。

（二）按照文面规格分类

1. 公函

格式较为正规，它按一般公文格式写上标题、主送机关、正文、落款，还要编上发文字号。一般按函件类编号，发文数量比较少的单位也可由办文部门按发文统一编号。

2. 便函

内容多涉及事务性的具体事项，格式灵活、简便，写法较自由，常不列入正式文件处理。

商洽函如：

农业部办公厅关于商品种子生产有关问题的函

内蒙古自治区种子管理站：

你站《关于申请对“商品种子生产有关问题”进行解释的函》（内农种站办字〔2014〕6号）收悉。经研究，现函复如下。根据《种子法》第二十条第一款和《农作物种子生产经营许可管理办法》第六条第一款的规定，生产主要农作物商品种子，应当在依法取得主要农作物种子生产许可证后，方可进行种子生产。

农业部办公厅

2014年2月24日

请求批准函如：

××省国家安全厅关于请求批准录用公务员的申报函

省公务员局：

根据《中共××省委组织部××省人力资源社会保障厅××省公务员局关于2013年省级机关公开考试录用公务员的通知》（×公〔2013〕××号）规定，我厅对拟录用到我厅机关工作的大学毕业生按规定程序进行了统一考试、面试、体检、政审。经厅党组研究，拟录用大中专毕业生×名。现将有关录用审批材料报上，请审批。

附件：录用审批材料×份

××省国家安全厅

2013 年 6 月 14 日

审批函如：

关于建设南充过境高速公路广（元）南至南广（安）段有关事宜的复函

南充市人民政府：

《南充市人民政府关于南充过境高速公路广（元）南至南广（安）段采取 BOT 模式建设的请示》（南府〔2013〕46 号）收悉。经省政府领导同志同意，现将有关事宜函复如下。

一、原则同意南充过境高速公路广（元）南至南广（安）段采取 BOT 方式进行建设，由南充市人民政府负责，优先面向社会投资者，采用招投标方式，选择实力雄厚、筹融资能力强的社会投资人投资建设。

二、南充市人民政府是项目实施的工作责任主体，具体负责该项目招商过程中的组织工作。省发展改革委、交通运输厅要对项目方案审批、建设期的施工质量、安全等实施监督管理；省直有关部门要强化协调服务，确保项目顺利推进。

三、请按照有关法律、法规和省政府有关文件规定抓紧做好项目前期工作。

四川省人民政府办公厅

2013 年 9 月 16 日

三、 函的写作

（一）标题

一般要求三要素齐全。若是去函，标题中文种只写“函”；若是复函，则可写为“复函”。

（二）主送机关

（三）正文

这是函的主干部分，不同类型、用途的函写法稍有不同。

若是商洽函、询问答复函的去函，要把商洽的原委、询问的问题、告知的情况等，写得清楚简明，以便得到对方的支持、理解和回答。若是复函，先要在开头写明“某月某日关于某个问题的来函收悉”之类，然后针对来函询问的问题、商洽的工作给予明确答复，以示互相支持和认真负责。正文的语言要得体而有分寸，要对不同的行文对象采取不同的语气。要注意礼貌用语，但也要摒弃不必要的客套、无须讲的道理和空洞无味的套话。正文结尾处要恰当运用习惯用语，如是去函可用“特此函告”“请即函复”之类，也可写“请予支持（协助）”，并紧接“为感”“为荷”“为盼”等语，其后都要加句号。有的也可不要结语。

请求批准函亦可写上“特此函报（函请）”“请批准”“请予审批”之类结语，以表示对业务主管部门职权的尊重（但不宜写“请予指示”）。而批准函的结尾，则不必写上“特此批复”之类，而可写“特此函复”之类结语，也表示对对方的尊重。

例如：

××省公务员局关于同意录用×××等×名同志为公务员的复函

省安全厅：

你厅《关于请求批准录用公务员的申报函》（国安政〔2013〕18号）收悉。根据《中共××省委组织部、××省人力资源社会保障厅、××省公务员局关于2013年省级机关公开考试录用公务员的通知》（×公〔2013〕××号）的规定，经考试、考核合格，同意录用×××等×名同志为国家公务员。特此函复。

附件：录用人员名单

××省公务员局

2013年6月19日

（附件略）

四、函的制发

函一般用函件专用的小版头形式，单独编号印发。文件少的单位也可以与其他公文一道编大流水发文号，用统一大版头印发。

第十四节　纪　要

一、纪要（会议纪要）的含义和特点

纪要即会议纪要，它用于记载会议主要情况和议定事项。它有如下特点：

（一）内容的纪实性

它是在会议后期或者会后根据会议记录和各种会议材料整理而成的，注重真实、客观、准确、全面地反映会议情况和会议精神，不容随意深化、拔高。

（二）表述的纪要性

它不像会议记录那样对会议发言和会议内容逐一记载，它是对会议结果的择要归纳。

（三）作用的限定性

它只对与会单位、与会人员有约束力，要求他们共同遵守、执行会议议定事项。若需在更大范围内发挥作用，则要由领导机关用“通知”下发执行。

二、会议纪要的分类和作用

根据会议性质的不同，会议纪要可以分为两类：办公会议纪要、其他会议纪要。

办公会议纪要用以传达机关、单位召开的办公会议研究的工作、议定的事项和布置的任务，要求与会单位和有关方面、有关人员共同遵守、执行。

其他会议纪要指专门工作会议、专题讨论会、座谈会、学术研究会等会议形成的纪要。这类纪要，有的起通报会议情况的作用，使有关人员尽快知道会议的基本情况和主要精神；有的具有指导作用，它所传达的会议精神是指导有关方面开展工作的。

根据写法的不同，会议纪要又可分为决议式纪要、概述式（综合式）纪要和记录式纪要三种类型。

三、办公会议纪要的写作

办公会议纪要由标题和正文两部分构成。

（一）标题

常写成会议名称加纪要的形式，如《××市政府2016年第×次办公会议纪要》，或者事由加纪要的形式，如《关于综合治理××地段社会治安现场办公会纪要》。

（二）正文

1. 会议组织情况

可以简要地逐一写出会议时间、地点、出席人员、主持人、列席人员、缺席人员、记录人等，有的还写明主要议题。办公会议纪要常用这种写法，以备查考，作为有关部门执行纪要的依据。如果与议决事项关系不大，这部分也可以写得更概括、简单一些，只概述一下主要的情况就行了。

2. 会议议定事项

这是纪要的主要部分。要写明研究的工作、作出的决定、布置的任务、将采取的措施等。若会议涉及的内容较多，这部分可采用决议式的写法，分条列项，简明扼要、严谨有序地写明会议议决的事项。若研究的事项比较单一，这部分亦可采用概述式写法。

从会议实际情况出发，办公会议纪要可一文数事。

四、其他会议纪要的写作

（一）标题

除可采用办公会议纪要标题的两种形式外，还可采用新闻式双标题，如《齐抓共管，综合治理——××市青少年教育研究会纪要》。

（二）正文

1. 会议组织情况部分

通常采用概述式写法，简述会议时间、地点、出席人员、中心议题和议程等。

2. 会议主要精神部分

可以写会议召开的背景和对当时形势的简要分析、估计；会议的指导思想和议题；会议报告、讲话的主要精神要点，对会议议题的讨论情况和与会者的反映；会议形成的共识和会上提出的意见、建议（包括学术会上的各种不同意见）以及贯彻会议精神的要求等。不同类型会议纪要可以各有侧重，但都须写得简要、具体、准确、清楚。这部分常采用概述式写法，用贯通式结构概括、综合地反映出会议主要精神和基本内容。也可采用决议式写法，用分条文、分部分或列小标题的形式，写明会议讨论的主要问题、研究的主要工作、形成的统一意见和作出的各项决定等。

专题讨论会、座谈会的纪要这一部分还可采用记录式的写法。不过，它不像会议记录那样有闻必录，而是对与会者的发言择其要点，归纳整理后，分类摘要记录。常用小标题揭示某类发言的要点或者范围，然后把几个人的同类发言排列在一个小标题之下。也可把一个人的发言，分类记录在几个问题之中。

五、 写好会议纪要的要求

（一）真实、准确、全面地反映会议情况和会议精神

（二）会议纪要是对会议全部材料的概括、综合和提炼，因此，要写好纪要必须做好处理材料的工作

即要注意：广泛搜集会议材料，全面掌握会议情况；按照会议精神和领导意图，对材料分类和筛选。

（三）篇幅不宜过长，语言要简明扼要

叙述中可以适当引用与会者的发言，以增强真实性。它不用第一人称而用第三人称作叙述，如“会议认为”“会议指出”“会议强调”“会议号召”之类。

（四）恰当使用发布形式

办公会议纪要多常用会议纪要的专用版头形式刊发，可不加盖发文机关印章。其他会议纪要则多用通知转发或印发。

例文：

天津市北辰区人民政府常务会议纪要

（第57次）

北辰区人民政府办公室　　　　2016年3月12日

2016年3月11日下午，区长高学忠主持召开区政府第57次常务会议，现纪要如下。

一、专题听取“促发展、惠民生、上水平”工作情况汇报

区发改委主任刘兰风在会上做了专题汇报，工信委主任徐继清、科委主任魏贺明和金融局局长穆怀增做了补充发言。

会议认为，在当前经济新常态下，又值“十三五”开局之年，市委、市政府将开展“促惠上”活动作为全年经济工作重中之重，作为2016年开门红的有效抓手，全区各级

领导和各单位、各部门必须高度重视，高标准完成好今年“促惠上”的任务。

会议要求，今年我区的“促惠上”活动，要按照“巩固位次、争创一流”的目标要求狠抓落实。要保证经济发展、城建项目、环境建设、安全稳定、社会事业等各项指标在全市各区县排名保持或进入前五位，保证增幅不低于全市平均水平，争创一流业绩，进入第一阵营。

（一）扎实抓好“一助两促”。继续深入抓好中小微企业贷款风险补偿机制，用足用好新十条补充措施，进一步扩大政策覆盖面，要继续按照全市排名“保五争四”目标和“5511”机制组织推动。金融局要继续对各镇、园区落实情况进行月度排名，形成压力传递，尽快找出目前制约我区贷款额不高的薄弱环节，采取有效措施，尽快提升位次。

（二）政策聚焦，促进发展。各镇街、园区主要和分管负责同志要充分了解掌握市区两级围绕“促惠上”活动出台的各类政策，做到了如指掌、对答如流、十分清楚，通过印发“明白纸”、宣传册等多种方式，加大政策宣传力度，要带着政策全面走访企业，特别是要深入重点企业，帮助企业吃透文件精神、用足用好政策措施，及时享受政策红利，帮助企业解决问题。

（三）创新模式，示范带动。区科委要做好牵头抓总和指导推动工作，全力打造科技小巨人企业升级版，促进“小升高”“小壮大”“小做强”，加快培育领军企业，实施“双百”并购工程，通过模式创新、能力创新、规模创新、科技创新，提升企业效益，实现科技小巨人企业能力、规模、效益全面升级。在此基础上，要提炼各类企业升级的途径、模式和方法措施，总结成功经验，选树先进典型，进行复制推广，分类组织实施，帮助更多的企业解决问题实现升级。

（四）完善机制，落实责任。发改委要牵头各责任部门建立台账、加强考核、定期通报，加强动态跟踪和更新，按月排名、按月点评，要对各项指标欠进度的单位下达督办单，并由主要负责人签字回执。各镇街、园区主要负责同志要对辖区内各项经济指标变化情况掌握清楚，按周组织推动，做好控制调度。请徐华同志组织有关部门抓紧筹备召开我区“促惠上”活动专题汇报会，要认真分析研究，将各项工作责任落实到人员、落实到点位，帮助企业渡难关，推进经济持续健康发展。

二、研究《北辰区关于进一步加强社区物业管理机制建设的实施意见》

会议听取了区民政局局长周义澄所做的情况汇报，进行了认真讨论。

会议认为，为进一步提升我区社区建设水平，理顺监督管理体制，完善长效管理机制，根据《天津市人民政府办公厅转发天津市民政局关于进一步加强我市社区物业管理机制建设的实施意见的通知》（津政办发〔2015〕27号），区民政局会同房管局结合我区实际，制定了《北辰区关于进一步加强社区物业管理机制建设的实施意见》，《意见》经广泛征求意见具备较好基础，会议原则同意，责成区民政局按照会议要求修改完善后，以区政府办公室名义转发。

会议要求，随着我区城市化进程的加快推进，我区大农村、小社区的格局正在发生变化，各类社区日益增多，社区建设任务日趋繁重，加强社区物业管理工作至关重要。要继续推广我区总结推广的三种模式，提升管理水平：一是以瑞景街熙景园为代表的商品房社区，二是以双街镇双街村为代表的城中村、示范镇社区，三是以佳荣街佳荣里为代表的旧楼区社区。特别是第三种模式是我区在全市率先提出的“党支部、居委会、楼门长、服务队”四位一体管理模式，得到了兴国同志的充分肯定，全市在我区召开了现场推动会。佳荣里、泰来东里、丹凤里等小区，管理得都不错，一定保持发扬，不能“墙内开花墙外香”。请怡本、慧生同志牵头按照这“三种模式”抓好复制推广，定期组织推动，特别是旧楼区改造后，更要加强管理，做到改造一个管好一个，落实属地责任，提高管理水平。

三、研究《天津市北辰区环卫专项规划（2013—2020 年）》

会议听取了区规划局副局长史延冰所做的情况汇报，进行了认真讨论。

会议认为，近年来随着我区城市化进程加快和人口不断增长，对环卫设施的需求日益增加，亟须制定一个从全区整体层面着眼，与城市发展定位和功能布局紧密结合，科学合理、系统全面的环卫专项规划，更好地指导北辰区环卫基础设施建设。按照区政府部署，区规划局会同市容委拟定了《天津市北辰区环卫专项规划（2013—2020 年）》，规划明确了以建设生态城市、创建国家卫生城市为目标，对生活垃圾处理设施、环卫配套设施和近期建设做了详细规划，会议原则同意。

会议要求，要细化方案，考虑周密。该规划要与上位规划搞好衔接，站点布局做到合理安排，对垃圾运输路线的设计，焚烧、分拣场站的布局，各个细节要设计周严，力争做到对居民干扰最少，同时达到环保标准。请规划局和市容委着手对接实施，做好各项工作。

出席：

高学忠　钟学军　胡学明　徐　华　赵怡本　刘金刚　王慧生　张　斌　郭献军　郑丽莉　李作明　张宗林

列席：

李顺利　张柏林……（编者：以下略）

分送：（略）

法规、规章和管理规章文书

为依法治国、依法执政、依法行政、依法办事，实现管理的制度化、规范化和科学化，确保经济和社会生活稳定、有序、协调地运行，需要制定一些法规和规章，作为人们行为的准则。而在实际工作中，任何机关、单位、团体又都离不开管理规章（一说规章制度）的写作和制发，因此，本章着重介绍常用管理规章的写作方法。由于不少人常常把法规、规章和管理规章混为一谈，因此，有必要先阐明它们的区别，以便更好地探索它们的共同点和不同的写作规律。

第一节　法规、规章和管理规章文书概说

一、法规、规章和管理规章的含义

法规是国务院和省、自治区、直辖市及法定的有关市的人民代表大会及其常务委员会为领导和管理各项行政工作的需要，根据宪法、法律和有关规定，按照法定程序制定发布的，具有法律强制执行效力的规范性文件的总称。

规章是为执行法律、法规的需要，在本部门、本行政区域的权限范围内，依照《规章制定程序条例》制定的规范性文件。它也称为行政规章，包括了国务院各部门制定的部门规章和规定的地方政府制定的地方规章。

党内法规是党的中央组织以及中央纪律检查委员会、中央各部门和省、自治区、直辖市党委制定的规范党组织的工作、活动和党员行为的党内规章制度的总称。党章是最根本的党内法规，是制定其他党内法规的基础和依据。

管理规章是机关、团体、企事业单位为实施管理和规范工作、行为的需要，在其职

权范围内制定发布的，具有行政效力的文件的总称。它也称为规章制度。

二、法规、规章和管理规章的分类

（一）法规可分为行政法规、地方性法规、自治条例和单行条例三类

行政法规是国务院为执行法律的需要，根据宪法和法律的规定，就国务院行政管理职权的事项所制定的法规。

地方性法规是省、自治区、直辖市和国务院批准的较大的市的人民代表大会及其常务委员会，根据本行政区域的具体情况和实际需要，在不与宪法、法律、行政法规相抵触的前提下制定的法规。

民族自治地方的自治条例和单行条例是自治州、自治县的人民代表大会，针对当地民族的政治、经济和文化特点，在不违背法律法规的原则下，依照法定职权和程序制定的法规。

（二）规章（行政规章）分为部门规章和地方政府规章

部门规章是国务院部门（指国务院各部及各委员会、中国人民银行、审计署和具有行政管理职能的直属机构）为执行法律或者国务院行政法规、决定、命令，根据法律和国务院的行政法规、决定、命令，在本部门的权限范围内，依照《规章制定程序条例》制定的规章。

地方政府规章是省、自治区、直辖市和国务院规定的较大的市的人民政府，为执行法律、法规的需要，涉及本行政区域具体行政管理事项，根据法律法规，依照《规章制定程序条例》制定的规章。

（三）党内法规分为党中央法规、中纪委及部门法规、地方党内法规

党中央法规指党的中央组织制定的党内法规。

中纪委及部门法规指中央纪律检查委员会、中央各部门就其职权范围内有关事项制定的党内法规。

地方党内法规指各省、自治区、直辖市党委就其职权范围内有关事项制定的党内法规。

（四）管理规章

是各级各类机关、团体、企事业单位、组织为实施管理和规范工作的需要，在其职权范围内制发的规章制度。

三、法规、规章和管理规章文书的特点

上述文书具有以下共同特点。

（一）作用的约束性

各类法规、规章、管理规章都对一定范围的有关方面、有关人员分别具有法律的，或者行政的、组织的、纪律的，或者道德的约束性和执行效力，有关单位、人员必须遵照执行。否则就会分别受到法律的、行政的、纪律的处罚或处分。

（二）内容的严密性

法规、规章、管理规章的内容都必须十分清楚、明确。提倡什么、禁止什么、应该怎么办、不该怎么办、办好怎么奖励、违反如何处理甚至规定由谁办、什么时候办，都必须表述得十分周到、鲜明、无懈可击，不能有任何歧义或语意模糊之处，以利有关方面、有关人员准确理解、认真执行。

（三）格式的规范性

法规、规章、管理规章的写作格式规范成型，比较稳定。它们通常采用条文式的主体结构，将有关规定、要求分层次、分条列项地写，逻辑严谨、眉清目楚。

它们运用直陈式语言，十分简洁明白、直截了当地陈述、说明做什么、怎么做，观点鲜明、要求明确。至于为什么要这样做，则不必多加阐述细说。这种写法，有人称其为“筋条型语言”。

这两方面都是法规、行政规章和管理规章有别于公文其他类型文种的明显标志。

（四）运行的依附性

法规、规章和管理规章一般不直接颁发，通常依附“命令”“公告”或“通知”予以发布，具有运行的依附性。“命令”“公告”和“通知”是其所依附而赖以运行的载体（即文件头）。

四、法规、规章与管理规章的区别

尽管法规、规章与管理规章文书具有一些共同特点，但它们毕竟是外部结构相似而性质极不相同的两类公文。它们的主要区别如下。

（一）效用不同

法规是法律文书，具有法律效力，违反法规就是违法行为；规章也具有法律效力。

管理规章是行政文书，具有行政效力、组织效力或纪律效力，违反规章就是违政违纪行为。

（二）作者的限定范围不同

法规不是任何机关、团体、单位都可制发的，它的作者有严格的限定。按照《中华人民共和国宪法》《中华人民共和国国务院组织法》《中华人民共和国地方各级人民代表大会和地方各级人民政府组织法》《中华人民共和国立法法》及《行政法规制定程序条例》的规定，行政法规中的部门法规由国务院制定；地方性法规由省、自治区、直辖市人民代表大会及其常务委员会，较大的市［专指省、自治区政府所在市、经济特区所在地的市和经国务院批准的较大的市（一般为计划单列市）］的人民代表大会及其常务委员会制定；民族自治地方的人民代表大会可制定自治条例和单行条例。

规章的作者也有限定性，根据《规章制定程序条例》规定，国务院各部及各委员会、中国人民银行、审计署和具有行政管理职能的直属机构可以制定部门规章；省、自治区、直辖市和较大的市的人民政府，可以制定地方政府规章。

党内法规只能由党的中央组织以及中央纪律检查委员会、中央各部门和省、自治区、直辖市党委制定。

管理规章的作者范围十分宽泛。所有的机关、单位、团体都可以制定。

（三）制发程序不同

法规有法定的严格的立法程序。行政法规须经国务院有关部门报请立项、国务院组织起草、国务院法制机构进行审查、国务院常务会议审议或者由国务院总理审批，然后由国务院总理签署国务院令公布。地方性法规制定程序的预案提出、审议和表决程序，要按《中华人民共和国国务院组织法》《中华人民共和国立法法》及相关规定执行；省、自治区、直辖市的人民代表大会及其常务委员会制定和颁布地方法规，须报全国人民代表大会常务委员会和国务院备案；较大的市制定地方法规、民族自治地方制定自治条例和单行条例，都须报省、自治区的人民代表大会常务委员会批准后施行，并由省、自治区人大常委会报全国人民代表大会常务委员会和国务院备案。

规章应按《中华人民共和国国务院组织法》《中华人民共和国立法法》《规章制定程序条例》《法规规章备案条例》等有关规定，经立项、起草、审查后决定并公布、上报备案。其中部门规章应当经部务会议或者委员会会议决定，地方政府规章应当经政府常务会议或者全体会议决定。

党内法规应按《中国共产党党内法规制定条例》和《中国共产党党内法规和规范性文件备案规定》的程序，经规划计划、起草、审批通过后发布。

管理规章只需经相应的党政机关、单位、团体领导审批，或者经有关会议通过即可发布施行。

（四）文种不同

法规规定用条例、规定、办法等文种，其中条例只能作为法规。规章一般用规定、办法。

党内法规的名称为党章、准则、条例、规则、规定、办法、细则。其中党章、准则、条例只能用于党中央。

可作管理规章的文种比较多，如规定、办法、章程、守则、规则、准则、细则、规程、制度、公约等。

正因为法规、规章与管理规章文书有上述不同，因此不能把它们混为一谈都笼统地称为法规性文件。

第二节 管理规章写作的基本方法

作为规范性文书，法规规章和管理规章的写作体式也比较规范，且大体相同。从今后工作实际出发，本书着重介绍管理规章写作的基本方法。

一、写作结构的基本型

管理规章的结构规范成型，写作形式比较固定。

（一）标题

通常采用以下两种形式。

1. 适用范围（或适用对象）＋规范事项＋文种

如《××县人民政府工作规则》《××学校门卫管理制度》《大学生守则》等。其中，“××县人民政府”“××学校”“大学生”就是适用范围或者适用对象，也就是效力范围；“工作”“门卫管理”则是规范事项。若是暂行、试行规章，可在文种前标明

“暂行（或试行）”，或在文种后注明“（试行）”。如《××学校学籍管理暂行办法》。

2. 公文式标题

如《中共××局党组关于党员干部廉洁自律的规定》《××县人民政府关于鼓励外商投资的若干规定》等。标题中除法规、规章和管理规章（规章制度）名称加书名号外，一般不用标点符号。

（二）签注（或落款）

即签注发文机关和日期。通常有以下两种形式。

1. 标题下签注

少数管理规章在标题下加括号，签注何时经何会议（或机关）通过或批准。例如：

中华全国青年联合会章程

（2010年8月24日全国青联十一届全委会通过）

2. 正文后落款

多数管理规章同公文的落款一样，在正文之后写明发文机关和成文日期。

（三）正文

可采用下列三种结构形式。

1. 章断条连式

这种结构适用于内容较多的管理规章。这是以章为序划分规章的层次，各章下的条则连续编序号。这便于执行承办时援引规章条文。通常把正文内容分为总则、分则、附则三大部分。一般把总则列为第一章，分条说明制定该管理规章的目的、根据、原因、工作指导方针和原则、适用范围或适用对象、主管机关及其主要职责、所规范事项的解释和界定、其他带有总括性的条款等。把附则列为最后一章，分条说明实施要求，生效日期，必要的名词术语解释，本管理规章解释和修改的权属机关，本管理规章与有关法规、行政规章或其他管理规章的关系，其他未尽事项的处置办法等。在总则之后、附则之前的分则各章，则是正文内容的主体部分，做出的规定、要求、具体规范、奖惩办法等，都详尽、具体地写在这一部分。

2. 条文并列式

正文全文从头至尾都用条文组织内容。有的在第一条说明制定目的、根据、原因，也可在第二条说明适用范围或对象；最后一两条说明实施要求、生效时间、解释和修改的权属机关、本管理规章与有关文件的关系或其他未尽事宜的处置办法等。其他条文则分别说明做出的规定、要求或规范。有些为经常性的常规工作或者大家熟知的工作制定的管理规章，则可不必写出制定的目的、依据、生效说明等内容。全文从头到尾各条就是对一定范围的有关组织或有关人员做出的规定、要求、规范。如《中小学生守则》，全文九条就是九个方面的行为规范。

3. 总分条文式

这是在管理规章开头的序言部分简要说明制定目的、根据、原因；后面再分条逐一写明做出的规定、要求和规范；在结语部分或者最后一两条写生效说明的有关内容。

以上第 2、3 两种结构形式适用于内容较少、条文不太多的管理规章。

（法律、法规、规章也可采用类似结构尤其是第一种结构形式。）

二、 撰写管理规章的基本要求

（一）合法求实

应依据法律、法规，体现党和国家的路线、方针、政策，适应改革开放的要求，符合科学执政、民主执政、依法执政的要求，为推进社会主义现代化建设服务。内容不能与法规、政令相抵触，要与有关方面的规定协调一致，力戒政出多门。做出的规定、要求、规范要实事求是，从实际出发。

（二）内容要周到、严密，没有疏漏

其内容顺序有很强的规律性，通常先总说后分说，从原则到具体，从一般到特殊，从主要到次要，从前到后，从正面要求到反面禁止，从奖励到惩处。

（三）语意要准确、剀切

语言文字、概念和语句的含义、语气要明确、肯定，避免产生歧义。不使用形容、夸张、比喻及带有感情色彩的修饰性语言，使用模糊语言要十分谨慎。常以“要”“应该（应）”“必须”“可以”“不得”“禁止”“反对”等类词语表明鲜明的态度。文字要简洁精练，尽力避免冗长烦琐、重复累赘。语言应当科学、规范、严谨，使用的概念、句式和词语应当前后一致。

（四）结构严谨

不论哪种结构形式，都务求结构合理，层次分明，条文内容单一、完整，简明实用，力戒烦琐重复，互不交叉、包蕴，条文排列合乎逻辑、严谨有序。

（五）充分发扬民主

应听取有关部门和群众的意见，必要时应向有关专家学者、实际工作者咨询，进行可行性论证，以保证撰制的管理规章真正成为大家的行动准则、行为规范，切实可行而不致成为一纸空文。

除此之外，各种文种还有各自的写作特点和要求。

三、 管理规章常用语言的一些具体要求

（一）注意区别设定权利和义务的用语

“可以”用于表示某项选择性权利。“应当”用于表示设定某项义务。“必须”其含义通常与“应当”相同，但语气更强烈。因此，规范表述一般采用“应当”。

（二）大量使用“的”字结构

这样可以使条文表述简化。在设定行为规范或者责任时，它起名词作用，用以指代某种行为或者相对责任人。例如，不遵守交通信号、标志的（行为），从事服务行业的（人）。

（三）慎用单音节词

一般使用“可以”“应当”“或者”“如果”“按照”之类，不用“可”“应”“或”“如”“按”等语。

（四）准确使用近义词

1. 表示并列关系的常用连接词有“与”“同”“和”等，但在管理规章中，一般采用“和”。

2. “依照”“按照”“参照”三个词都表示对某种行为规范的遵循。规定遵循上位法律、法规、规章时，一般用“依照”；规定遵循同位管理规章时，一般用“按照”；“参照”一般用于适用范围的延伸，指遵循基本规范的伸缩性。

（五）准确使用指示代词

不论指人还是指物，指示代词一般均用“其他”，不用“其它”。行为主体（如机关、团体、单位、法人、公民等）一般均以实写表示，确需要指代时，以“其”表示。

（六）“以上”“以下”“以内”“届满”均包括本数，“不满”“以外”则不包括本数

第三节　常用管理规章写作要点

一、规定、办法

（一）注意规定、办法的多用性

规定和办法既可作为法规、规章、党内法规，又可作为管理规章。它们的区别除了前面谈到的效力不同、发文机关不同、制发程序不同、发布形式不同之外，还在于以下两点。

1. 内容不同

法规类规定、办法是涉及政治、经济和社会发展中较为重要、重大而必须立法的工作和事项；规章类规定、办法是法律、法规的补充和实施，也涉及重要工作、重大事项。而管理规章类规定、办法多数是针对某方面或某机关、单位的具体工作而制发的。

2. 结构形式不同

法规、规章类规定、办法大都采用分则分章的章断条连式，篇幅一般较长；管理规章类规定、办法大部分采用总分条文式或条文并列式结构，篇幅一般不太长。

（二）规定和办法在使用和写法上的区别

1. 内容方面

规定用于对某方面工作、某项工作、某一事项做出部分的规范和要求，重在对有关方面、有关人员的规范性和强制约束性。

办法用于对某项工作、某一事项做出具体的规范和要求，重在对某一工作或事项办理的可操作性。

2. 写作方面

规定着重写明应该、必须、可以做什么，不能、禁止做什么，违者怎样处理等内容。它常使用倡禁态度鲜明、语意准确、语气肯定的祈使句式。条文内容的政策性、约束力较强，常按先原则后具体、先一般后个别、先正面后反面的顺序安排内容。

办法着重写明应该怎么做，包括贯彻实施意见、落实措施、办理方式方法等内容。它常使用说明十分具体、周密、细致的陈述句式。条文内容的程序性、可操作性较强，

常按先原则后具体、先主要后次要、先直接后间接、先怎么做后怎么做等顺序安排内容。

如《中共××市纪律检查委员会关于党员领导干部廉洁自律的规定》，就不能写为“办法”；而《××县档案馆文书档案查阅办法》，也不能写为“规定”。在写作中要掌握好它们的区别。例如：

四川省政府采购评审专家库管理办法

（四川省财政厅 2012 年 11 月 20 日发布）

第一条　为进一步完善四川省政府采购评审专家库管理制度，根据《中华人民共和国政府采购法》、《政府采购评审专家管理办法》以及其他有关规定，制定本办法。

第二条　四川省政府采购评审专家库（以下简称“评审专家库”）的建设和管理适用本办法。

第三条　评审专家库的建设和管理应遵循“统一标准，信息共享，管用分离”的原则。

第四条　评审专家库由四川省财政厅统一建设和管理，各级财政部门应积极配合。

第五条　评审专家库的评审品目设置由四川省财政厅以财政部确定的政府采购品目分类为基准，结合四川省实际工作需要确定。

第六条　四川省政府采购评审专家（以下简称“评审专家”）的选聘和日常管理应通过评审专家库实现。

第七条　评审专家库专门用于四川省政府采购活动的开展。

第八条　评审专家库根据需要设置评审专家库网络终端（以下简称“网络终端”），用于评审专家抽取。网络终端应设立在财政部门，其设立应由财政部门提出书面申请，报经四川省财政厅同意。

第九条　设立网络终端应当具备以下条件：

（一）实现“管采分离”，且财政部门单独设立政府采购监管机构；

（二）固定的办公场所，且配备专门的监控系统、连接互联网的计算机、打印机、固定电话以及评审专家抽取所需的其他条件。

第十条　设立网络终端的财政部门，其业务分管领导为网络终端负责人。网络终端应安排专门的管理人员负责网络终端的日常维护和评审专家抽取。

第十一条　网络终端安全管理制度由四川省财政厅统一制定。各网络终端应将安全管理制度公开。

第十二条　网络终端应严格按照有关规定抽取评审专家。未按规定抽取的，四川省财政厅视情节轻重责令改正、暂停或者关闭网络终端；造成严重后果的，应追究相关人员的责任。

第十三条　网络终端应对评审专家抽取的资料进行归档备查。归档内容包括专家抽取操作的监控信息、《四川省政府采购评审专家使用申请表》《四川省政府采购评审专家抽取回避表》、参加抽取的代理机构工作人员和采购人监督工作人员的有效身份证复印件以及单位介绍信原件。采取选择性抽取的，还应将《选择性抽取政府采购评审专家候选人名单》原件一并归档。

第十四条　四川省财政厅依权限通过评审专家库对评审专家进行资格检验复审、复核专家申请以及评价处理等日常管理。

第十五条　评审专家库应为评审专家提供个人用户名和密码。评审专家可以凭用户名和密码登录评审专家库进行在线请假，查看个人注册信息和历史评审记录，自行维护联系方式和评审区域，以及申请资格检验复审、退出专家库、变更除联系方式和评审区域外的其他个人注册信息。

第十六条　评审专家应妥善保管用户名和密码，密码遗失的，凭有效身份证件原件到评审专家库办理相关手续。

第十七条　政府采购代理机构或采购人应按照相关规定通过四川省政府采购电子化管理交易系统及时反馈评审专家执业情况，执业情况将在评审专家库内予以体现。

第十八条　评审专家的违法违纪违规处理结果应在评审专家库予以体现。

第十九条　本办法由四川省财政厅负责解释。

第二十条　本办法自2013年1月1日起实施，有效期至2018年1月1日。

第二十一条　本办法实施之日起，原《四川省政府采购评审专家库管理暂行办法》（川财采〔2006〕24号）和《关于开通政府采购评审专家库网络终端及相关事项的通知》（川财采〔2007〕27号）废止。

附件：1. 四川省政府采购评审专家库网络终端申请表

2. 四川省政府采购评审专家库网络终端安全管理制度

二、章程

（一）章程的含义和作用

章程是规定一个组织或团体的性质、宗旨、任务、组织机构、组成成员、活动规则等事项的法规或规章。如《中国共产党章程》《四川省秘书学会章程》《××股份有限公司董事会章程》等。

章程必须由政党、学会、研究会、协会、联合会、基金会或董事会等组织、团体的成员大会或代表大会通过并发布，是这个组织或团体全体成员必须遵守的工作、行为准绳，对全体成员有组织约束力。凡违背该组织章程的，会受到该组织或团体的纪律处理，直至除名或开除。国家行政机关及其职能部门一般不使用章程这一文种。

（二）章程结构的基本型

它一般由标题、签注（题注）和正文三部分组成。

1. 标题

由组织（或团体）名称＋文种“章程”组成。

2. 签注（题注）

这是表明章程权威性和执行效力的标志，指通过（或修订）章程的会议和日期。通常在标题下加括号标志。章程一般不再在正文后写发文单位和日期了。

3. 正文

章程视其内容多少，分别采用分则分章的章断条连式或者条文并列式结构。

（1）总则部分要分条简明、准确、郑重地写明该组织的名称、性质、宗旨、任务、指导思想和组织本身建设要求（诸如主管机关、监督机构等）等内容。这部分是统帅章程全文的，是章程的灵魂部分。为了突出这部分内容在整个章程中的地位和作用，有些党派团体的重要章程也将总则部分列为总纲，不再分章条而独立于分则的各章之前。如《中国共产党章程》《中国共产主义青年团章程》《台湾民主自治同盟章程》等，就是如此。而在条文并列式中，总则的内容通常列为第一、二条。

（2）分则部分不标示“分则”而列为各章，它是章程的主体部分。这部分要分章（在条文并列式中则分条）写明下列内容。

——组成成员：条件、参加手续和程序、承担的义务和享受的权利、对成员的纪律规定。

——组织机构：领导机构、常务机构和办事机构的设置、规模、产生方式和程序、任期、职责、权限、相互关系。

——经费：来源、管理方法。

——业务范围：具体、明确说明。

——活动内容和方式。

——其他事宜：视不同组织、团体的需要确定其内容。

（3）附则部分常用最后一章（或条文并列式的最后一两条）简要说明章程生效日期、实施要求、修订解释权限、办事机构地址或对下属组织的要求等内容。有的章程也可不写附则部分的内容，如党章、共青团章程等。

（三）章程写作的注意之点

1. 注意章程与简章的区别。

人们常把简章看作简要章程，但章程与简章在适用范围和写法上都是不同的。章程是对一个组织或团体有关事项做出的规定，国家行政机关一般不用这一文种。而简章通常是对某项工作、某一事项的办理原则、要求、方式方法做出的规定，职能行政机关也可使用，如《××市市级行政机关公开录用国家公务员简章》。

章程写作注重全面周密，对一个组织或团体所涉及的前述各方面内容都要写得清楚、明确、周到而无遗漏，以使其成员有所遵循。而简章写作注重局部性、可操作性。如《××省大学、中专招生简章》，它不必写出涉及招生工作的一切内容，而只着重写明需要让考生和社会各方面了解的有关内容。

2. 起草、撰制章程应尊重组织或团体成员的权利，充分听取他们的意见，一定要经全体成员大会或者代表大会讨论通过后，才能发布生效。

3. 适应形势的发展变化，适时修订，以使更臻完善。

4. 国家民政部根据国务院《社会团体登记管理条例》和国家有关政策，制定了《社会团体章程示范文本》，社会团体制定章程必须以此为依据。

例如：

社会团体章程（示范文本）

第一章　总　则

第一条　本团体的名称（包括英文译名、缩写）

（社团的名称应当符合法律、法规的规定，不得违背社会道德风尚。社团的名称应当反映其特征。全国性的社会团体冠以“中国”、“全国”、“中华”等字样的，应当按照国家有关规定经过批准；地方性的社会团体应冠以本行政区域名称，不得冠以“中国”、“全国”、“中华”等字样。社会团体的名称，不得使用已由社团登记管理机关明令撤销或取缔的社会团体的名称）

第二条　本团体的性质（其中必须载明：组成的人员或单位；学术性、联合性、专业性或行业性；全国性或地方性；自愿结成；非营利性社会组织）

第三条　本团体的宗旨（其中必须载明：遵守宪法、法律、法规和国家政策，遵守社会道德风尚）

第四条　本团体接受业务主管单位、社团登记管理机关的业务指导和监督管理（必须载明具体的业务主管单位和社团登记管理机关）

第五条　本团体的住所（载明×省×市）

第二章　业务范围

第六条　本团体的业务范围（必须具体、明确，但不得进行举行表彰评比活动）：

（一）×××××××××××××；

（二）×××××××××××××；

（三）×××××××××××××；

（四）×××××××××××××；

（五）×××××××××××××；

（六）×××××××××××××；

（七）×××××××××××××；

（八）×××××××××××××；

（九）×××××××××××××。

第三章　会　员

第七条　本团体的会员种类（单位会员、个人会员）

[行业协会、商会应该都是单位会员]

第八条　申请加入本团体的会员，必须具备下列条件：

（一）拥护本团体的章程；

（二）有加入本团体的意愿；

（三）在本团体的业务（行业、学科）领域内具有一定的影响；

（　）××××××××××××。

第九条　会员入会的程序是：

（一）提交入会申请书；

（二）经理事会讨论通过；

（三）由理事会或理事会授权的机构发给会员证；

（　）×××××××××××××。

第十条　会员享有下列权利：

（一）本团体的选举权、被选举权和表决权；

（二）参加本团体的活动；

（三）获得本团体服务的优先权；

（四）对本团体工作的批评建议权和监督权；

（五）入会自愿、退会自由；

（　）××××××××××××××。

第十一条　会员履行下列义务：

（一）执行本团体的决议；

（二）维护本团体的合法权益；

（三）完成本团体交办的工作；

（四）按规定交纳会费；

（五）向本团体反映情况，提供有关资料；

（　）××××××××××××××。

第十二条　会员退会应书面通知本团体，并交回会员证。

会员如果1年不交纳会费或不参加本团体活动的，视为自动退会。

第十三条　会员如有严重违反本章程的行为，经理事会或常务理事会表决通过，予以除名。

第四章　组织机构和负责人产生、罢免

第十四条　本团体的最高权力机构是会员大会（或会员代表大会），会员大会（或会员代表大会）的职权是：

（一）制定和修改章程；

（二）选举和罢免理事；

（三）审议理事会的工作报告和财务报告；

（四）决定终止事宜；

（　）××××××××××××××；

（　）决定其他重大事宜。

第十五条　会员大会（或会员代表大会）须有2/3以上的会员（或会员代表）出席方能召开，其决议须经到会会员（或会员代表）半数以上表决通过方能生效。

第十六条　会员大会（或会员代表大会）每届×年（会员大会或会员代表大会每届最长不超过5年）。因特殊情况需提前或延期换届的，须由理事会表决通过，报业务主管单位审查并经社团登记管理机关批准同意。但延期换届最长不超过1年。

第十七条　理事会是会员大会（或会员代表大会）的执行机构，在闭会期间领导本团体开展日常工作，对会员大会（或会员代表大会）负责。

第十八条　理事会的职权是：

（一）执行会员大会（或会员代表大会）的决议；

（二）选举和罢免理事长（会长）、副理事长（副会长）、秘书长；

（三）筹备召开会员大会（或会员代表大会）；

（四）向会员大会（或会员代表大会）报告工作和财务状况；

（五）决定会员的吸收或除名；

（六）决定设立办事机构、分支机构、代表机构和实体机构；

（七）决定副秘书长、各机构主要负责人的聘任；

（八）领导本团体各机构开展工作；

（九）制定内部管理制度；

（ ）××××××××××××××；

（ ）决定其他重大事项。

第十九条　理事会须有2/3以上理事出席方能召开，其决议须经到会理事2/3以上表决通过方能生效。

第二十条　理事会每年至少召开一次会议；情况特殊的，也可采用通讯形式召开。

第二十一条　本团体设立常务理事会（理事人数较多时，可设立常务理事会）。常务理事会由理事会选举产生，在理事会闭会期间行使第十八条第一、三、五、六、七、八、九项的职权，对理事会负责（常务理事人数不超过理事人数的1/3）。

第二十二条　常务理事会须有2/3以上常务理事出席方能召开，其决议须经到会常务理事2/3以上表决通过方能生效。

第二十三条　常务理事会至少半年召开一次会议；情况特殊的也可采用通讯形式召开。

第二十四条　本团体的理事长（会长）、副理事长（副会长）、秘书长必须具备下列条件：

（一）坚持党的路线、方针、政策，政治素质好；

（二）在本团体业务领域内有较大影响；

（三）理事长（会长）、副理事长（副会长）、秘书长最高任职年龄不超过70周岁，秘书长为专职；

（四）身体健康能坚持正常工作；

（五）未受过剥夺政治权利的刑事处罚的；

（六）具有完全民事行为能力；

（ ）××××××××××××××。

第二十五条　本团体理事长（会长）、副理事长（副会长）、秘书长如超过最高任职年龄的，须经理事会表决通过，报业务主管单位审查并社团登记管理机关批准同意后，方可任职。

第二十六条　本团体理事长（会长）、副理事长（副会长）、秘书长任期×年〔理事长（会长）、副理事长（副会长）、秘书长任期最长不得超过两届〕。因特殊情况需延长任期的，须经会员大会（或会员代表大会）2/3以上会员（或会员代表）表决通过，报业务主管单位审查并经社团登记管理机关批准同意后方可任职。

第二十七条 本团体理事长（会长）为本团体法定代表人〔社团法定代表人一般应由理事长（会长）担任〕。如因特殊情况需由副理事长（副会长）或秘书长担任法定代表人，应报业务主管单位审查并经社团登记管理机关批准同意后，方可担任，并在章程中写明。本团体法定代表人不兼任其他团体的法定代表人。

第二十八条 本团体理事长（会长）行使下列职权：

（一）召集和主持理事会（或常务理事会）；

（二）检查会员大会（或会员代表大会）、理事会（或常务理事会）决议的落实情况；

（三）代表本团体签署有关重要文件；

（ ）××××××××××××××。

第二十九条 本团体秘书长行使下列职权：

（一）主持办事机构开展日常工作，组织实施年度工作计划；

（二）协调各分支机构、代表机构、实体机构开展工作；

（三）提名副秘书长以及各办事机构、分支机构、代表机构和实体机构主要负责人，交理事会或常务理事会决定；

（四）决定办事机构、代表机构、实体机构专职工作人员的聘用；

（ ）××××××××××××××；

（ ）处理其他日常事务。

第五章 资产管理、使用原则

第三十条 本团体经费来源

（一）会费；

（二）捐赠；

（三）政府资助；

（四）在核准的业务范围内开展活动或服务的收入；

（五）利息；

（ ）××××××××××××××；

（ ）其他合法收入。

第三十一条 本团体按照国家有关规定收取会员会费。会费标准须经会员大会（或会员代表大会）以无记名投票的方式通过。

第三十二条 本团体经费必须用于本章程规定的业务范围和事业的发展。

第三十三条　本团体建立严格的财务管理制度，保证会计资料合法、真实、准确、完整。

第三十四条　本团体配备具有专业资格的会计人员。会计不得兼任出纳。会计人员必须进行会计核算，实行会计监督。会计人员调动工作或离职时，必须与接管人员办清交接手续。

第三十五条　本团体的资产管理必须执行民间非营利组织会计制度及国家其他有关财务管理的规定，接受会员大会（或会员代表大会）和财政部门的监督。资产来源属于国家拨款或者社会捐赠、资助的，必须接受审计机关的监督，并将有关情况以适当方式向社会公布。

第三十六条　本团体换届或更换法定代表人之前必须接受社团登记管理机关和业务主管单位组织的财务审计。

第三十七条　本团体的资产，任何单位、个人不得侵占、私分和挪用。

第三十八条　本团体专职工作人员的工资和保险、福利待遇，参照国家对事业单位的有关规定执行。

第六章　章程的修改程序

第三十九条　对本团体章程的修改，须经理事会表决通过后报会员大会（或会员代表大会）审议。

第四十条　本团体修改的章程，须在会员大会（或会员代表大会）通过后15日内，经业务主管单位审查同意，并报社团登记管理机关核准后生效。

第七章　终止程序及终止后的财产处理

第四十一条　本团体完成宗旨或自行解散或由于分立、合并等原因需要注销的，由理事会或常务理事会提出终止动议。

第四十二条　本团体终止动议须经会员大会（或会员代表大会）表决通过，并报业务主管单位审查同意。

第四十三条　本团体终止前，须在业务主管单位及有关机关指导下成立清算组织，清理债权债务，处理善后事宜。清算期间，不开展清算以外的活动。

第四十四条　本团体经社团登记管理机关办理注销登记手续后即为终止。

第四十五条　本团体终止后的剩余财产，在业务主管单位和社团登记管理机关的监督下，按照国家有关规定，用于发展与本团体宗旨相关的事业。

第八章　附　则

第四十六条　本章程经×年×月×日会员大会（或会员代表大会）表决通过。

第四十七条　本章程的解释权属本团体的理事会。

第四十八条　本章程自社团登记管理机关核准之日起生效。

三、守则、规则

（一）守则、规则的含义、作用和特点

守则是在一定范围内对有关人员的行为和品德做出规范的管理规章。规则是在一定范围内对某项工作、活动做出行为规范的管理规章。

守则和规则属同一类型的管理规章，它们的作用在于对一定范围的有关人员的行为做出某种规范和约束，要求有关人员遵照和执行。如《中小学生守则》，就是对中小学生的言行和品德提出的规范和要求；而《阅览室规则》则是为确保阅览室工作的顺利进行，对进入阅览室的工作人员和读者提出的行为规范。

守则和规则都具有作用的局部性和写作的单一性的特点。它们做出的规定、规范和要求，在一个特定的局部范围内对限定的人员发生作用，它们管辖、制约的对象及范围都比较集中。在这个限定范围之外，就没有作用了。它们的内容和写作都单一、集中，便于理解、记忆和执行。

不同之处在于守则是针对一定范围的有关人员而写的，而规则是针对一定范围的有关工作、事项或行为而写的。它们的写作角度是有区别的。

（二）守则、规则结构的基本型

守则、规则一般由标题和正文两部分组成。

1. 标题

守则的标题由适用对象＋文种“守则”组成，如《××局工作人员守则》《大学生守则》等。

规则的标题由适用范围＋文种“规则”组成，如《××县人民政府工作规则》《保密室规则》等。

2. 正文

多数采用条文式结构；少数采用总分条文式结构，引言部分简要说明制定守则、规则的目的、根据或原因；还有极少数规则，特别是党政领导机关的有关工作规则，因其内容较多，用了章断条连式结构。

较大范围使用的守则，一般应在标题下签注（题注）或在正文后写明发文机关和成文日期；机关、单位内部使用的守则，使用期限极长且属大家熟知的常规性内容的守则，可不署发文机关和日期。规则应在正文后写明发文机关和成文日期，党政机关的工作规则也有的在标题下签注发文机关和日期。

例如：

国务院工作规则

（2013年3月20日国务院第1次全体会议通过）

第一章 总 则

一、第十二届全国人民代表大会第一次会议产生的新一届中央人民政府，根据《中华人民共和国宪法》和《中华人民共和国国务院组织法》，制定本规则。

二、国务院工作的指导思想是，高举中国特色社会主义伟大旗帜，以邓小平理论、“三个代表”重要思想、科学发展观为指导，认真执行党的路线方针政策，严格遵守宪法和法律，全面正确履行政府职能，努力建设职能科学、结构优化、廉洁高效、人民满意的服务型政府。

三、国务院工作的准则是：执政为民，依法行政，实事求是，民主公开，务实清廉。

第二章 组成人员职责

四、国务院组成人员要模范遵守宪法和法律，认真履行职责，为民务实，严守纪律，勤勉廉洁。

五、国务院实行总理负责制，总理领导国务院的工作。副总理、国务委员协助总理工作。

六、总理召集和主持国务院全体会议和国务院常务会议。国务院工作中的重大事项，必须经国务院全体会议或国务院常务会议讨论决定。

七、副总理、国务委员按分工负责处理分管工作；受总理委托，负责其他方面的工作或专项任务，并可代表国务院进行外事活动。

八、秘书长在总理领导下，负责处理国务院的日常工作。

九、总理出国访问期间，受总理委托，由负责常务工作的副总理代行总理职务。

十、各部、各委员会、人民银行、审计署实行部长、主任、行长、审计长负责制，由其领导本部门的工作。

各部、各委员会、人民银行、审计署根据法律、行政法规和国务院的决定、命令，在本部门的职权范围内，制定规章，发布命令。审计署在总理领导下，依照法律规定独立行使审计监督职能，不受其他行政机关、社会团体和个人的干涉。

国务院各部门要各司其职，各负其责，顾全大局，协调配合，切实维护团结统一、政令畅通，坚决贯彻落实国务院各项工作部署。

第三章　全面正确履行政府职能

十一、国务院要全面正确履行经济调节、市场监管、社会管理和公共服务职能，形成权界清晰、分工合理、权责一致、运转高效、法治保障的机构职能体系，创造良好发展环境，提供基本均等公共服务，维护社会公平正义。

十二、完善宏观调控体系，加强经济发展趋势研判，科学确定调控目标和政策取向，主要运用经济、法律手段并辅之以必要的行政手段引导和调控经济运行，促进国民经济持续健康发展。

十三、依法严格市场监管，推进公平准入，完善监管体系，规范市场执法，维护全国市场的统一开放、公平诚信、竞争有序。

十四、加强社会管理制度和能力建设，完善基层社会管理服务，形成源头治理、动态管理、应急处置相结合的社会管理机制，维护社会公平正义与和谐稳定。

十五、更加注重公共服务，完善公共政策，健全政府主导、社会参与、覆盖城乡、可持续的基本公共服务体系，增强基本公共服务能力，促进基本公共服务均等化。

第四章　坚持依法行政

十六、国务院及各部门要带头维护宪法和法律权威，建设法治政府。按照合法行政、合理行政、程序正当、高效便民、诚实守信、权责统一的要求，行使权力，履行职责，承担责任。

十七、国务院根据经济社会发展的需要，适时向全国人大及其常委会提出法律案，制定、修改或废止行政法规，规定行政措施，发布决定和命令。

提请国务院讨论的法律草案和审议的行政法规草案由国务院法制机构审查或组织起草，行政法规的解释工作由国务院法制机构承办。

十八、国务院及各部门要坚持科学民主立法，不断提高政府立法质量。起草法律草案、制定行政法规和部门规章，要坚持从实际出发，准确反映经济社会发展要求，充分反映人民意愿，使所确立的制度能够切实解决问题，备而不繁，简明易行。

完善政府立法工作机制，扩大公众参与，除依法需要保密的外，所有行政法规和部门规章的草案都要公开征求意见。加强立法协调，对经协调仍达不成一致意见的问题，国务院法制机构要列明各方理据，提出倾向性意见，及时报请国务院决定。

行政法规和部门规章实施后要进行后评估，发现问题，及时完善。

十九、国务院各部门制定规章和规范性文件，要符合宪法、法律、行政法规和国务院有关决定、命令的规定，严格遵守法定权限和程序。

涉及两个及以上部门职权范围的事项，要充分听取相关部门的意见，并由国务院制定行政法规、发布决定或命令，或由有关部门联合制定规章或规范性文件。其中，涉及公众权益、社会关注度高的事项及重要涉外、涉港澳台侨的事项，应当事先请示国务院；部门联合制定的重要规章及规范性文件发布前须经国务院批准。

严格合法性审查，规范性文件不得设定行政许可、行政处罚、行政强制等事项，不得违法增加公民、法人和其他组织的义务。

部门规章应当依法及时报国务院备案，由国务院法制机构定期向社会公布目录。对违反宪法、法律、行政法规或国务院决定、命令或者规定不适当的部门规章和规范性文件，要依法责令制定部门纠正或由国务院予以改变、撤销。

二十、国务院各部门要严格执法，健全规则，规范程序，落实责任，强化监督，做到有法必依、执法必严、违法必究，公正执法、文明执法，维护公共利益、人民权益和社会秩序。

第五章　实行科学民主决策

二十一、国务院及各部门要完善行政决策程序规则，把公众参与、专家论证、风险评估、合法性审查和集体讨论决定作为重大决策的必经程序，增强公共政策制定透明度和公众参与度。

二十二、国民经济和社会发展计划及国家预算，重大规划，宏观调控和改革开放的重大政策措施，国家和社会管理重要事务、法律议案和行政法规等，由国务院全体会议或国务院常务会议讨论和决定。

二十三、国务院各部门提请国务院研究决定的重大事项，都必须经过深入调查研究，并经研究、咨询机构等进行合法性、必要性、科学性、可行性和可控性评估论证；涉及相关部门的，应当充分协商；涉及地方的，应当事先征求意见；涉及重大公共利益和公众权益、容易引发社会稳定问题的，要进行社会稳定风险评估，并采取听证会等多种形式听取各方面意见。

在重大决策执行过程中，要跟踪决策的实施情况，了解利益相关方和社会公众对决策实施的意见和建议，全面评估决策执行效果，及时调整完善。

二十四、国务院在作出重大决策前，根据需要通过多种方式，直接听取民主党派、社会团体、专家学者、社会公众等方面的意见和建议。

二十五、国务院各部门必须坚决贯彻落实国务院的决定，及时跟踪和反馈执行情况。国务院办公厅要加强督促检查，确保政令落实。

第六章　推进政务公开

二十六、国务院及各部门要把公开透明作为政府工作的基本制度。深化政务公开，完善各类办事公开制度，健全政府信息发布制度，推进行政权力行使依据、过程、结果公开。

二十七、国务院全体会议和常务会议讨论决定的事项、国务院及各部门制定的政策，除依法需要保密的外，应及时公布。

二十八、凡涉及公共利益、公众权益、需要广泛知晓的事项和社会关切的事项以及法律和国务院规定需要公开的事项，均应通过政府网站、政府公报、新闻发布会以及报刊、广播、电视、网络等方式，依法、及时、全面、准确、具体地向社会公开。

第七章　健全监督制度

二十九、国务院要自觉接受全国人大及其常委会的监督，认真负责地报告工作，接受询问和质询，依法备案行政法规；自觉接受全国政协的民主监督，虚心听取意见和建议。

三十、国务院各部门要依照有关法律的规定接受人民法院依法实施的监督，做好行政应诉工作，尊重并自觉履行人民法院的生效判决、裁定，同时要自觉接受监察、审计等部门的监督。对监督中发现的问题，要认真整改并向国务院报告。

三十一、国务院及各部门要严格执行行政复议法，加强行政复议指导监督，纠正违法或不当的行政行为，依法及时化解行政争议。

三十二、国务院及各部门要接受社会公众和新闻舆论的监督，认真调查核实有关情况，及时依法处理和改进工作。重大问题要向社会公布处理结果。

三十三、国务院及各部门要重视信访工作，进一步完善信访制度，畅通和规范群众诉求表达、利益协调、权益保障渠道；国务院领导同志及各部门负责人要亲自阅批重要的群众来信，督促解决重大信访问题。

三十四、国务院及各部门要推行绩效管理制度和行政问责制度，加强对重大决策部署落实、部门职责履行、重点工作推进以及自身建设等方面的考核评估，健全纠错制度，严格责任追究，提高政府公信力和执行力。

第八章　会议制度

三十五、国务院实行国务院全体会议和国务院常务会议制度。

三十六、国务院全体会议由总理、副总理、国务委员、各部部长、各委员会主任、人民银行行长、审计长、秘书长组成，由总理召集和主持。国务院全体会议的主要任务是：

（一）讨论决定国务院工作中的重大事项；

（二）部署国务院的重要工作。

国务院全体会议根据需要可安排其他有关部门、单位负责人列席会议。

三十七、国务院常务会议由总理、副总理、国务委员、秘书长组成，由总理召集和主持。国务院常务会议的主要任务是：

（一）讨论决定国务院工作中的重要事项；

（二）讨论法律草案、审议行政法规草案；

（三）通报和讨论其他重要事项。

国务院常务会议一般每周召开一次。根据需要可安排有关部门、单位负责人列席会议。

三十八、提请国务院全体会议和国务院常务会议讨论的议题，由国务院分管领导同志协调或审核后提出，报总理确定；会议文件由总理批印。国务院全体会议和国务院常务会议的组织工作由国务院办公厅负责，议题和文件于会前送达与会人员。

三十九、国务院领导同志不能出席国务院全体会议或国务院常务会议，向总理请假。国务院全体会议其他组成人员或国务院常务会议列席人员请假，由国务院办公厅向总理报告。

四十、国务院全体会议和国务院常务会议的纪要，由总理签发。

四十一、国务院及各部门召开的工作会议，要减少数量，控制规模，严格审批。应由各部门召开的全国性会议，不以国务院或国务院办公厅名义召开，不邀请省、自治区、直辖市人民政府负责人出席，确需邀请的须报国务院批准。国务院领导同志一般不出席部门的工作会议。全国性会议应尽可能采用视频会议形式召开。各类会议都要充分准备，提高效率和质量，重在解决问题。

第九章　公文审批

四十二、各地区、各部门报送国务院的公文，应当符合《党政机关公文处理工作条例》的规定。除国务院领导同志交办事项和必须直接报送的绝密级事项外，一般不得直接向国务院领导同志个人报送公文。各部门报送国务院的请示性公文，凡涉及其他部门职权的，必须主动与相关部门充分协商，由主办部门主要负责人与相关部门负责人会签或联合报国务院审批。部门之间有分歧的，主办部门主要负责人要主动协商；协商后仍不能取得一致意见的，主办部门应列明各方理据，提出办理建议，与相关部门负责人会签后报国务院决定。

四十三、各地区、各部门报送国务院审批的公文，由国务院办公厅按照国务院领导同志分工呈批，并根据需要由国务院领导同志转请国务院其他领导同志核批，重大事项报总理审批。

四十四、国务院制定的行政法规、发布的命令、向全国人大或全国人大常委会提出的议案，由总理签署。

四十五、以国务院名义发文，经国务院分管领导同志审核后，由总理签发。

以国务院办公厅名义发文，由国务院秘书长签发；如有必要，报国务院分管领导同志签发或报总理签发。

属部门职权范围内事务、应由部门自行发文或联合发文的，不再由国务院批转或国务院办公厅转发。

凡法律、行政法规已作出明确规定的，一律不再制发文件。没有实质内容、可发可不发的文件简报，一律不发。

第十章　工作纪律

四十六、国务院组成人员要坚决贯彻执行党和国家的路线方针政策和国务院工作部署，严格遵守纪律，有令必行，有禁必止。

四十七、国务院组成人员必须坚决执行国务院的决定，如有不同意见可在国务院内部提出，在没有重新作出决定前，不得有任何与国务院决定相违背的言论和行为；代表国务院发表讲话或文章，个人发表涉及未经国务院研究决定的重大问题及事项的讲话或文章，事先须经国务院同意。

四十八、国务院组成人员要严格执行请销假制度。副总理、国务委员、秘书长离京出访、出差和休养，应事先报告总理，由国务院办公厅通报国务院其他领导同志。

各部门主要负责人离京外出，应事先向国务院办公厅报告，由国务院办公厅向国务院总理和分管领导同志报告。

四十九、国务院各部门发布涉及政府重要工作部署、经济社会发展重要问题的信息，要经过严格审定，重大情况要及时向国务院报告。

五十、国务院组成人员要严格遵守保密纪律和外事纪律，严禁泄露国家秘密、工作秘密或因履行职责掌握的商业秘密等，坚决维护国家的安全、荣誉和利益。

第十一章　廉政和作风建设

五十一、国务院及各部门要严格执行改进工作作风、密切联系群众和廉洁从政的各项规定，切实加强廉政建设和作风建设。

五十二、国务院及各部门要从严治政。对职权范围内的事项要按程序和时限积极负责地办理，对不符合规定的事项要坚持原则不得办理；对因推诿、拖延等官僚作风及失职、渎职造成影响和损失的，要追究责任；对越权办事、以权谋私等违规、违纪、违法行为，要严肃查处。

五十三、国务院及各部门要严格执行财经纪律，艰苦奋斗、勤俭节约，坚决制止奢侈浪费，严格执行住房、办公用房、车辆配备等方面的规定，严格控制差旅、会议经费等一般性支出，切实降低行政成本，建设节约型机关。

严格控制因公出国（境）团组数量和规模。改革和规范公务接待工作，不得违反规定用公款送礼和宴请，不得接受地方的送礼和宴请。严格控制和规范国际会议、论坛、庆典、节会等活动。各类会议活动经费要全部纳入预算管理。

五十四、国务院组成人员要廉洁从政，严格执行领导干部重大事项报告制度，不得利用职权和职务影响为本人或特定关系人谋取不正当利益；不得违反规定干预或插手市场经济活动；加强对亲属和身边工作人员的教育和约束，决不允许搞特权。

五十五、国务院组成人员要做学习的表率，国务院及各部门要建设学习型机关。

五十六、国务院领导同志要深入基层，调查研究，指导工作，注重研究和解决实际问题。

到基层考察调研，要轻车简从，减少陪同，简化接待，减轻地方负担；地方负责人不到机场、车站、码头及辖区分界处迎送。除工作需要外，不去名胜古迹、风景区参观。

五十七、国务院领导同志不为部门和地方的会议活动等发贺信、贺电，不题词，因特殊需要发贺信、贺电和题词，一般不公开发表。国务院领导同志出席会议活动、到基层考察调研的新闻报道和外事活动安排，按有关规定办理。

五十八、国务院直属特设机构、直属机构、办事机构、直属事业单位适用本规则。

中小学生守则

1. 爱党爱国爱人民。了解党史国情，珍视国家荣誉，热爱祖国，热爱人民，热爱中国共产党。

2. 好学多问肯钻研。上课专心听讲，积极发表见解，乐于科学探索，养成阅读习惯。

3. 勤劳笃行乐奉献。自己事自己做，主动分担家务，参与劳动实践，热心志愿服务。

4. 明礼守法讲美德。遵守国法校纪，自觉礼让排队，保持公共卫生，爱护公共财物。

5. 孝亲尊师善待人。孝父母敬师长，爱集体助同学，虚心接受批评，学会合作共处。

6. 诚实守信有担当。保持言行一致，不说谎不作弊，借东西及时还，做到知错就改。

7. 自强自律健身心。坚持锻炼身体，乐观开朗向上，不吸烟不喝酒，文明绿色上网。

8. 珍爱生命保安全。红灯停绿灯行，防溺水不玩火，会自护懂求救，坚决远离毒品。

9. 勤俭节约护家园。不比吃喝穿戴，爱惜花草树木，节粮节水节电，低碳环保生活。

（三）守则、规则正文的写作注意事项

1. 内容和写法力求单一、简明。

从内容看，不求全面而求集中，无关的或关系不大的均不必写入，如《营业员守则》，只写与营业服务有关的要求，涉及营业员的其他方面的规定就不写；不求原则而求具体，即使要写原则规定，也是原则指导下的具体要求，如《营业员守则》第一条“为人民服务，对顾客负责”，这是对一切工作人员都可以提出的原则要求，但这一条后紧接着提出了具体规范，说明什么是营业员的“服务”“负责”。从结构看，层次单一，通常开门见山，无须引言导语，分条写明规范要求就行；且条文不宜太多太繁，每条一个重点。从写法看，不必议论和阐述，直接提出要求、写明规范就行。

2. 语言力求通俗简明，表意准确严谨，条文排列合乎逻辑，严谨有序。

（四）注意守则、规则写法上的区别

除前面提到的针对对象、标题、签注和落款等不同外，守则和规则在写法上还有以下区别。

1. 守则内容相对广泛些，如《××局保密人员守则》涉及保密人员在各种场合应该注意的保密规定和要求；而规则内容有相对的局部性和局限性，如《保密室工作规则》只涉及保密室工作这一特定的公务活动的规定和要求。

2. 守则篇幅短、条文少；规则篇幅视内容多少可长可短，条文可多可少。守则一般按从原则到具体、从一般到特殊、从主要到次要为序安排条文；规则一般按从原则到具体、工作程序从前到后、从直接到间接为序安排条文。

3. 守则多使用倡导、禁止相结合的对比祈使句，且常省略“要”“不要”中的“要”，使语句更和缓而易于被接受；规则多从正面做出规定、规范，既可使用祈使句，也可使用陈述性的说明句，说明该怎么做。

4. 守则常用排列整齐的短句，如汉语中传统的四字句，突出语言的行业特点，注重简明通俗，好懂易记；规则常用长短结合的散句。

5. 守则侧重倡导、引导、教育有关人员遵守一定的行为、品德规定、规范，一般

不写对违者的处理；而规则是有一定约束力的规定、规范，有的还要写明对违者的处理方式。

四、准则、细则

（一）准则

它是党派、团体、机关对所属成员提出较高标准的行为品德规范和要求，所属成员必须认真遵守执行的一种规章。

准则的写法与守则类似。标题有适用对象（或适用范围）＋文种“准则”和公文式标题两种，如《高等学校学生行为准则》《××市人民政府采购中心关于集中采购工作的若干准则》。

可用标题下签注（题注）或正文后落款写明发文机关和成文日期。

准则的正文篇幅短小，结构单一，一般使用条文并列式和总分条文式，语言严谨、简明，语气庄重、严肃。

例如：

中国共产党廉洁自律准则

（中共中央 2015 年 10 月 18 日发布　2016 年 1 月 1 日施行）

中国共产党全体党员和各级党员领导干部必须坚定共产主义理想和中国特色社会主义信念，必须坚持全心全意为人民服务根本宗旨，必须继承发扬党的优良传统和作风，必须自觉培养高尚道德情操，努力弘扬中华民族传统美德，廉洁自律，接受监督，永葆党的先进性和纯洁性。

党员廉洁自律规范

第一条　坚持公私分明，先公后私，克己奉公。

第二条　坚持崇廉拒腐，清白做人，干净做事。

第三条　坚持尚俭戒奢，艰苦朴素，勤俭节约。

第四条　坚持吃苦在前，享受在后，甘于奉献。

党员领导干部廉洁自律规范

第五条　廉洁从政，自觉保持人民公仆本色。

第六条　廉洁用权，自觉维护人民根本利益。

第七条　廉洁修身，自觉提升思想道德境界。

第八条　廉洁齐家，自觉带头树立良好家风。

（二）细则

这是为具体执行、实施有关法律、法规和规章而制定的一种解释性、操作性的规章或管理规章，它常常作为法律、法规和规章的一种延续和补充。

1. 细则主要用于根据授权对有关法律、法规、规章做出具体解释和补充，如《中华人民共和国商标法实施细则》，这常常属于规章范畴；也可用于结合当地实际情况，对有关法律、法规和规章提出执行和实施的具体意见和办法，如《××大学〈党政机关公文处理条例〉实施细则》，这多属管理规章范畴。

2. 细则的基本结构与写法和规定、办法相似。

它的标题一般采用适用对象＋实施细则的形式。

它的签注（题注）、发布形式和一般管理规章一样。

它的正文可视内容多少分别采用管理规章通用的三种结构形式，即章断条连式、总分条文式和条文并列式。

3. 撰写细则要注意以下几点。

（1）发文有据。正文开始都要写明制定实施细则的法律、法规和行政规章的依据，有的还援引出依据的条文。

（2）注重精细。细则的特点在于“细”，实施细则要提出细致周密、具体可行、可操作性强的实施意见和办法。

（3）针对性强。不但细则全文要针对它所解释或贯彻的法律、法规和行政规章，针对本地实际，而且实施细则的条文也常对应或援引有关法律、法规和行政规章做出的规定，有重点地做出具体解释和详细说明，提出具体执行意见。甚至有的实施细则条文的排列顺序也和有关法律、法规和行政规章的条款一致。

例如：

成都市房产管理局住房回购储备工作细则

（成都市房产管理局 2008 年 8 月 26 日印发）

第一条　为了进一步完善政策性住房政府回购制度，根据《国务院关于解决城市低收入家庭住房困难的若干意见》（国发〔2007〕24 号）精神、结合《成都市人民政府关于贯彻国务院〈关于解决城市低收入家庭住房困难的若干意见〉进一步加强公共住房制度体系建设的意见》（成府发〔2007〕86 号）和成都实际，制定本细则。

第二条　锦江、青羊、金牛、武侯、成华区（含成都高新区，以下简称五城区）范围内申购经济适用住房或限价商品住房并经审查符合住房保障条件家庭（以下简称申购家庭）的自有产权住房的回购，适用本细则。我市行政区域内进城务工的农民工购买政策性安居住房，其原有农村住房的回购政策另行制定。

第三条　市住房储备中心具体负责五城区范围内符合申购条件的家庭自有产权住房的回购工作。

第四条　申购家庭自有产权住房的回购价格以市场评估价确定。委托市政府采购服务中心或其他具有政府采购资质的代理机构按照政府采购法的相关规定，在财政部门指定的政府采购信息发布媒体上向社会公开发布房地产估价机构资格审查公告，邀请符合资格条件的房地产估价机构参加入围房屋市场价格的评估工作。

第五条　申购政策性住房的家庭，其自有产权住房的计价回购，按下列程序办理：

（一）资格审查　市住房保障中心会同有关部门对申请购买经济适用房或限价商品住房等各类政策性保障住房的申购家庭进行资格审查，并向符合申购条件的对象发放经济适用房或限价商品房《资格认定通知单》。

（二）签订定房合同或选房协议　申购家庭凭《资格认定通知单》，在规定的时间内选购发售的经济适用房或限价商品住房。选定房屋后，与经济适用房建设单位或限价商品住房房地产开发商签订定房合同或选房协议。

（三）住房出售申请　有自有产权住房的申购家庭，在取得《资格认定通知单》后，即可向市住房储备中心提出住房回购的申请，并填写《自愿出售自有产权住房意向申请表》。

（四）实地踏勘和产权查档　市住房储备中心应对申购家庭的自有产权住房进行实地踏勘和产权查档。实地踏勘人员应不少于三人，踏勘时应制作记录并签字。申购家庭应配合市住房储备中心实地踏勘工作。

（五）房屋评估　对回购房屋进行价格评估的估价机构由市住房储备中心和申购家庭双方通过协商在评估机构名单中选取并共同委托；协商不成的，双方在估价机构名单中采取抽签等方式确定并共同委托。估价机构不得接受市住房储备中心和申购家庭单方对回购房屋价格评估的委托。房屋评估费用由市住房储备中心承担。

（六）确定回购价格　估价机构做出房屋估价结果后，双方对评估结果均无异议，则双方以《房屋回购价格确认书》确认评估结果为房屋回购价格。如双方中任何一方对评估结果有异议，则可向估价机构书面申请复核评估价，也可由双方共同协商另行委托一家估价机构进行重新评估，重新评估费用由提出异议的一方承担。

（七）签订《政策性住房申购家庭自有产权住房出售协议》　申购家庭凭《房屋回购价格确认书》和经济适用住房或限价商品住房的定房合同或选房协议，选择以下适当的出售方式，与市住房储备中心签订《政策性住房申购家庭自有产权住房出售协议》。

1. 一次性领取售房款并立即交付原住房：在签订《政策性住房申购家庭自有产权住房出售协议》后，双方办理产权变更手续和交接手续后，市住房储备中心向申购家庭一次性支付全部购房款。

2. 一次性领取售房款并在一定期限内临时租住原住房：在签订《政策性住房申购家庭自有产权住房出售协议》后，双方办理产权变更手续，市住房储备中心向申购家庭一次性支付全部购房款；申购家庭与市住房储备中心按照市场租金标准签订《住房临时租赁合同》，租赁期限不得超出申购的政策性住房交付使用后的6个月。

3. 分期领取售房款并在一定期限内无偿居住原自有产权住房：在《政策性住房申购家庭自有产权住房出售协议》中约定付款方式为市住房储备中心为申购家庭预付购买政策性住房的首付款，最高限额不超过原自有产权住房评估总价的50%，首付款直接支付给政策性住房的建设单位，剩余房款在办理了房屋产权变更手续和交接手续后，支付给申购家庭；申购家庭应在申购的政策性住房交付使用后的6个月内将原自有产权住房交付市住房储备中心，并协助办理房屋产权变更手续。在签订《政策性住房申购家庭自有产权住房出售协议》后，市住房储备中心收取申购家庭原住房的房屋产权证、国土证后，给申购家庭出具《保管收据》，并到房地产交易中心办理预告登记。

第六条　房屋回购工作中出现下列情形之一的，可由市住房储备中心终止房屋回购工作：

（一）申购家庭拒绝双方共同委托估价机构对房屋进行评估的；

（二）申购家庭不认可自有产权住房回购价格的；

（三）申购家庭最终未申购到或放弃购买经济适用房或限价商品房的。

市住房储备中心终止房屋回购工作后，申购家庭申请购买政策性住房的行为随之终止。

第七条　本细则具体应用中的问题由市房产管理局负责解释。

第八条　本细则自2008年9月26日起施行。

五、规范、规程

（一）规范

这是对某项工作质量标准、质量要求做出规定的管理规章。

在领导、管理工作中，常常要确定岗位责任，实行目标管理，这就需要制定相应的管理规范。它可分为岗位（职责）规范和工作（程序）规范。前者着重规定某个部门、某一岗位所应承担的工作任务、职责以及应该达到的工作质量标准。如《秘书科工作规范》《档案员工作规范》等。后者则规定某项工作的质量标准要求或者工作程序、步骤，以及每个工作程序、步骤应该达到的工作质量标准。如《××县学校校容校貌规范》《××厂接待工作规范》《××大学新生入学报到工作规范》等。

撰写规范要注意内容的限定性、可行性和操作性。其工作质量要求只能限定在相关岗位、工作规定的范围内，不能失之宽泛。提出的工作标准要实事求是，使有关人员通过努力能够办到。做出的工作规定要切实有效，具有可操作性。语言以正面说明为主；条文要注意从主要到次要、从前到后的逻辑排列顺序。

例如：

双流县学校校容校貌规范

（××县教育委员会 1995 年 6 月颁行）

一、校门整洁大方，校牌规范，有学校特色。

二、校舍布局合理，三区分明，建设规范。教室、办公室等有标志牌，墙面内外无污迹；门窗油漆、玻璃完好；室内窗明几净，桌凳摆放整齐，布置美观大方，富有教育性。

三、校园环境优美，绿化、美化。花木相映，四季常青，道路硬质化，经常保持清洁，无果皮、纸屑、渣物，无卫生死角，有浓郁的教书育人气氛。

四、设立富有教育意义的宣传橱窗、学生书画廊，并按时更换，力求美观大方，书写规范。教室有定期出版的板报或专刊。

五、严格执行中小学升降国旗制度。旗台的背景和旗杆的质量、高度要规范，国旗经常保持鲜艳。

六、学校运动场平整、清洁、无障碍。晴天不起灰尘，雨后不积水。运动器械、设施安置合理，维护有方。

七、实验、电教、音乐、体育、美术、卫生等器材和设备，按规范要求存放、安置和管理。供水设施和输电线路、灯具、开关等照明设施齐全。图书充足，摆放整齐，借阅方便。

八、生活配套设施：宿舍区经常保持清洁卫生，不乱晒衣物，不乱堆杂物，不敞养家禽。寝室物品安放整齐有序。食堂、厨房的桌、案、凳及炊具、餐具清洁卫生，地面无垃圾，桌面无油垢，洗碗池无乱倒饭菜。厕所文明、安全、畅通、无蝇无蛆无积水，校内设立果屑箱、公共痰盂（盒），有固定的垃圾堆放点并经常清除。自行车棚设置适当，车辆统一停放，排列整齐，取放安全。

（二）规程

这是对某项工作、某项活动的操作过程、实施办法做出的有序的规定。

规程一般用于程序性较强的工作。如《电工操作规程》《××局工会乒乓球比赛规程》等。

撰写规程应注意内容周到、严密、科学，没有疏漏和矛盾；要具体、可行，有可操作性；要按工作进展的时间和工作运行程序组织内容和排列条文，注重程序性。

例如：

2016年四川省青少年足球锦标赛竞赛规程

一、竞赛日期和地点

（一）女子甲、乙组：2016年7月5日至14日举行。

（二）男、女丙组：2016年7月16至25日举行。

（三）男子甲、乙组：2016年7月27日至8月5日举行。

以上各组别具体竞赛地点待定（另行通知）。

二、参赛单位

各市、州代表队。

三、竞赛项目

男、女甲、乙、丙组足球。

四、参赛办法

（一）参赛运动员须按照省体育局下发的《关于做好2016年度全省青少年运动员注册工作的通知》（川体青〔2015〕59号）要求进行有效注册。

（二）参赛运动员须经县级以上医院检查证明身体健康合格，并购买了人身意外伤害保险（含赛区、往返赛区途中）。

（三）省优秀运动队的适龄运动员可代表原输送单位参加比赛。

（四）参赛运动员须与四川省足球运动管理中心签署培训协议，并在中国足球协会注册。

（五）参赛运动员年龄规定：

1. 男子：

（1）甲组：2001年、2002年出生的运动员。

（2）乙组：2003年、2004年出生的运动员（其中2003年出生的运动员限报8名，上场最多保持4名）。

（3）丙组：2005 年、2006 年出生的运动员。

2. 女子：

（1）甲组：2001 年、2002 年出生的运动员。

（2）乙组：2003 年、2004 年出生的运动员。

（3）丙组：2005 年、2006 年出生的运动员。

五、竞赛办法

（一）执行国际足联最新《足球竞赛规则》。

（二）执行《中国足球协会纪律准则》。

（三）比赛采用分组循环赛、交叉赛、决赛三个阶段进行。

（四）根据参赛队数确定分组办法。

（五）甲组、乙组比赛采用 11 人制；丙组比赛采用 8 人制。

（六）每场比赛时间：

1. 甲组 80 分钟，上下半场各 40 分钟，中场休息 15 分钟。80 分钟成平局，以互踢点球的方式决胜负。

2. 乙组 70 分钟，上下半场各 35 分钟，中场休息 15 分钟。70 分钟成平局，以互踢点球的方式决胜负。

3. 丙组 60 分钟，上下半场各 30 分钟，中场休息 10 分钟。60 分钟成平局，以互踢点球的方式决胜负。

（七）比赛用球：

1. 甲组“奥联”5 号球。

2. 乙组、丙组“奥联”4 号球。

（八）每场比赛替换下队员不得重新上场。在上半场、下半场比赛中各限换 3 人。中场休息换人不限。

（九）开赛前 30 分钟上交上场队员和替补队员名单（未在名单中的队员不得上场）。

（十）决定名次办法：

胜一场得 3 分，负一场得 0 分。按积分多少决定名次，多者名次列前；如两队或两队以上积分相等，依次按下列条件决定名次：

1. 相互间比赛积分。

2. 抽签。

（十一）队员装备：

1. 各参赛队须准备深浅不同颜色的两套比赛服装和护袜。

2. 比赛上衣背后的号码高 25 厘米，胸前小号码高 10 厘米，短裤左腿前面的号码高 10 厘米。

3. 比赛服号码必须为甲组、乙组、丙组 1—30 号，比赛队员的姓名、号码必须与报名单相符，凡不符合规定或无号、重号均不得上场比赛。

4. 守门员的比赛服装颜色须与其他队员服装颜色有明显区别。

5. 比赛队员紧身裤的颜色与短裤的颜色必须一致。

6. 场上队长必须自备 6 厘米宽且与上衣颜色有明显区别袖标。

7. 穿布面胶鞋，必须佩戴护腿板。

（十二）替补席：

1. 裁判席面向场内，其左侧的替补席为主队席位。

2. 替补席人数：甲组、乙组 15 人（替补队员 11 人，官员 4 人）；丙组 18 人（替补队员 14 人，官员 4 人）。

3. 替补席人员的服装颜色必须与场上运动员的服装颜色有明显区别，并对自己行为负责。

（十三）黄牌、红牌：

1. 运动员在一场比赛中，被裁判员出示红牌，自然停止下一场比赛（除纪律委员会有追加处罚外）。

2. 运动员累计两张黄牌，自然停止下一场比赛。

3. 运动员在同一场比赛中先得到一张黄牌，后又得到一张红牌，自然停止下一场比赛（除纪律委员会有追加处罚外），先前的一张黄牌须累计。

4. 除自然停赛和未执行完的纪律处罚外，小组赛阶段的黄牌不带入交叉赛、决赛阶段。

（十四）比赛中断：

因不能克服的原因，造成比赛中断，经大会竞委会的多方努力仍未能恢复比赛，当时的比赛成绩有效，大会须尽快（24 小时内）另选场地补足规定的比赛时间。

（十五）弃赛、罢赛、退出比赛：

1. 各参赛队无论任何原因出现弃赛、罢赛、退出比赛的行为，由参赛单位承担全部责任，按《中国足球协会纪律准则》规定处罚。

2. 所有球队已经与之比赛的成绩和红、黄牌取消，纪律委员会追加处罚有效。

（十六）违背公平竞赛原则：

1. 如参赛队被认定有严重违背公平竞赛原则的行为，组委会将取消该球队的参赛资格。

2. 所有球队已经与之比赛的成绩和红、黄牌取消，纪律委员会追加处罚有效。

六、录取名次与奖励

（一）男、女各组别分别录取前 8 名给予奖励。

（二）男、女各组参赛队不足9支，按实际参赛队数递减1名录取名次；不足3支参赛队，不录取名次。

（三）设“体育道德风尚奖”，评选办法按大会有关规定执行。

（四）比赛评选最佳教练员、优秀教练员、最佳运动员、最佳守门员、最佳射手、最佳裁判员，具体评选办法另行通知。

七、报名与报到

（一）各参赛队须通过《四川省青少年体育网》进行网上报名。报名于5月10日开始，比赛前30天截止。报名后不得更改，逾期报名不再受理。

（二）甲组、乙组、丙组各参赛队可分别报领队1名、教练员2名、队医1名、运动员30名（报到时确认22名正式参赛运动员）。

（三）各参赛队于赛前2天到赛区报到。报到时，须交验运动员以下证明材料方可参赛：

1. 县级以上医院体检证明。

2. 人身意外伤害保险证明（含赛区和往返赛区途中）。

3. 第二代身份证原件。

4. 运动员注册IC卡。

5. 2寸彩色白底免冠近照两张。

八、经费

（一）各参赛队差旅费自理。

（二）赛区接待每队26名（队员22名，官员4名），各参赛队正编人员每人每天交食宿费80元，超编人员费用自理。

九、比赛监督、裁判监督、裁判长、裁判员

（一）比赛监督、裁判监督、裁判长、裁判员由四川省足球运动管理中心按照国家体育总局体竞字〔2014〕172号《全国体育竞赛裁判员选派与监督工作管理办法（试行）》有关规定选派。

（二）仲裁委员会人员组成和职责范围按国家体育总局《仲裁委员会条例》规定执行。

十、其他

（一）各参赛单位必须为参赛运动员在所在地办理好体检和人身意外伤害保险，比赛期间出现意外事故，均由各参赛单位与保险公司按相关保险规定处理。

（二）比赛结束后10天内，承办单位负责将秩序册、成绩册（各5份）和赛区工作总结（2份）上报省体育局青少年体育处，并将成绩册（3份）及时寄发给各市、州体育主管部门。比赛结束后一周内，项目管理员负责将秩序册、成绩册的电子文档上报省体育局青少年体育处。

（三）四川省足球运动管理中心：

电话：028—85572248　　传真：028—85563636

十一、未尽事宜，另行通知。

十二、本规程解释、修改权属四川省体育局。

六、制度、公约

（一）制度

这是机关、单位对某项具体工作、具体事项制定出一些必须共同遵守的行为规范的规章。如《保密制度》《××局会议制度》等。

撰写制度应注意以下几点：

1. 内容合法合理。不能超越法定权限违法行文；要符合有关法规和政策的规定，要与有关部门的规定协调一致而不能政出多门；要结合实际，切实可行。

2. 要职责分明，要求具体，规定明确，对违反制度者处置得当。

3. 要结构单一，条文简短，语言简明质朴，使人一看就懂，便于施行。

例如：

××县学校校地校舍管理制度

一、学校校地属全民所有。学校对校地拥有使用权，且有保护好、管理好和合理使用的义务。任何单位和个人未经批准，均不得自行出租、转让、借用和调换，更不得随意侵占。

二、依据国家政策实行土地使用权的有偿出让时，乡镇学校必须先经乡、镇政府论证后（直属学校报县教委），报县教委批准并按照国家规定的政策和程序办理手续。

三、学校须对现有校地做出总体规划，经县教委审批后，任何单位和个人均无权更改。学校所有建设均应服从总体规划，不得随意乱建乱改。

四、总体规划应首先满足教学用地的需要，尽可能做到布局合理，功能分区明确，联系方便，互不干扰。规划内容包括各类用房、运动场地、校园绿化及自然科学园地等方面的要求和布局。

五、学校的建筑施工要做到有证设计、有证施工。学校应按基建程序办理建设许可证和质监证书。图纸的更改，须经设计单位同意。凡中心小学校以上校舍修建，在施工放红、会审图纸、验槽、竣工验收等环节上县教委将派员直接参与。

六、严禁在校内乱搭、乱建房舍。确需搭建临时用房的应事先报县教委批准办理临时建房手续，并按规定时限及时拆除。

七、学校现有校舍在保证教学、体育运动和师生生活不受干扰的原则下，可安排办厂及勤工俭学用房。

八、学校每期对校舍进行安全检查，对发现的危房和安全隐患应及时处理或报乡、镇政府及时排除，做到当年出现当年排除。

九、学校应严格按照《中小学校容校貌规范》对校舍进行维修，倍加爱护。

十、建立健全校舍档案。

××县教育委员会

1995 年 6 月×日

（二）公约

这是一定范围或有关群体的群众为正常进行工作和社会生活的需要，经过大家讨论民主协商而制定的某一方面的行为准则和品德规范。如《××市市民文明公约》《××村村民护林公约》等。

撰写公约应注意以下几点：

1. 公约的写法与守则、准则类似，不同之处在于角度不同。守则、规则通常由领导机关或机关单位领导部门制定，而公约是由群众协商拟定的一种自觉的行为、自我约束的规范。

2. 公约内容集中单一，结构简便，是规章中篇幅最短的。它通常采用总分条文式或条文并列式结构，且条文较少，一般在十条之内。

3. 语言简明、通俗，多用四字句等短句。有的还用顺口溜式的押韵句，朗朗上口，易读易记，便于执行。

4. 尊重群众意愿，切忌由领导包办制定公约。例如《成都市民文明公约》制定时就在机关单位、居民社区、媒体网络广泛征求市民意见，反复修改定稿而成。

例如：

成都市民文明公约

总约——遵德守礼良言善行

分约

一、传统美德，记一记；尊老爱幼明事理。

二、知书识礼，讲一讲；读书看报好修养。

三、言谈举止，净一净；网上网下都文明。

四、发生争执，让一让；平心静气别抬杠。

五、驾车出行，慢一慢；遵规行车最安全。

六、行路过街，看一看；不闯红灯莫乱穿。

七、乱吐乱丢，劝一劝；环境优美人人赞。

八、文明用餐，省一省；勤俭节约好品行。

九、依次排队，等一等；先来后到方公平。

十、志愿服务，做一做；积德行善福报多。

十一、他人有难，帮一帮；助人为乐热心肠。

十二、外出旅游，想一想；良言善行好印象。

计划、决策与反馈文书

第一节　可行性论证报告

一、可行性论证报告的含义及作用

可行性论证报告是有关部门或专家组对经济和社会发展中拟出台的决策、拟上马的项目，通过全面调查、分析和论证，形成的实施该决策或项目的可行性、有效性的书面意见和建议，又称可行性研究报告。

可行性论证报告具有为领导机关或领导者重要决策方案提供决策依据和权威性参考意见的作用。它对我国的社会发展、经济建设都有重大的作用。它可以帮助选择、确定“技术上合理、经济上合算”的最佳方案，为保证立案项目达到预期的经济效益，提出充分的科学依据。搞好可行性研究，在我国国民经济体制改革深入发展的今天显得尤为重要。目前，在我国已逐步形成了适合我国国情的一套可行性研究制度。1983 年，国家计委就已颁发了《关于建设项目进行可行性研究的试行管理办法》，其中明确规定，一切大中型项目，在编制设计任务之前，都必须进行可行性研究。2008 年，国家气象局审议通过了《气候可行性论证管理办法》，要求 2009 年起与气候条件相关的政府部门决策，必须进行气候可行性论证，否则发改委原则上可以不予审批立项。可见，可行性论证报告的写作，已成为现代科学管理的重要环节。

二、可行性论证报告的特点

（一）论辩性

可行性论证报告要对某一立案项目的可行性进行多方面论辩，使可行的结论令人心悦诚服。它除了要对立案项目的原因、目的及必要性、效益性、技术上的合理性进行论证外，还要就人们对立项可能提出的质疑进行论辩。如《关于三峡工程必要与可行的论证》中就对水库泥沙淤积、诱发地震、大坝的战争防护、生态环境、移民等人们易产生疑虑的问题进行了论辩，从而消除疑虑，接受可行的观点。

（二）请求性

可行性报告要把拟上马的该项目方案的现实情况、主客观条件、经济、社会效益以及上该项目的意见、办法、措施、设想等写清楚，并进行严格的科学论证得出可行性的结论，以请求领导机关决策。

（三）超前性

任何可行性论证都是在决策之前、项目实施之前进行的。它将对项目实施的可行性及其可能遇到的问题，运用科学的理论、方法和手段作出科学的预测和估量。

三、可行性论证报告的写作

（一）可行性论证报告的写作内容

1. 项目（或课题）

项目（或课题）是可行性论证报告的起点，指拟上马的立案项目（或课题）方案目标。

2. 论证

论证是可行性论证报告的运行所在，即运用数据和资料对项目（或课题）的决策从技术和经济各方面进行数量指标与质量指标的科学分析研究论证。如果是多种决策方案，则要进行比较分析，提出最佳决策方案。

3. 结论

结论是可行性论证报告的结果，指确定决策是否可行，或提出最佳选择的意见、建议。

（二）可行性论证报告的写作步骤

1. 针对所立项目（或课题）的各种决策方案进行全面认真的调查，在此基础上获取基本数据和依据。

2. 运用分析、比较、统计、预测等科学研究方法，论证各种决策方案的正确性、科学性和可行性，从而提出科学的结论性的意见。

3. 将上述研究论证的全部过程形成书面文字，写成书面报告。

（三）可行性论证报告的基本结构

可行性论证报告的格式，有标题、主送单位、正文、结束语、落款。

1. 标题

可采用公文式标题或三项式标题。如《××市妇幼保健院建设住院大楼可行性论证报告》《××乡关于成立乡镇中心供电所的可行性论证报告》等。标题中的关键部分是决策目标，一定要概括、扼要、清楚、明确。

2. 主送单位

指该报告所呈上级领导机关或主管部门。

3. 正文

一般有前言、主体、结论和结束语。前言要围绕项目决策目标写立项的原因、根据、组织论证的概况。另外还可写上该项目可行性论证的主要技术、经济负责人名单以及该项目建议书的审批文件目录等。主体要着眼于决策目标，对多种预选方案进行分析、比较、充分论证和科学预测，写明该立项的必要性、可能性、经济效益和社会效益。结论是在前文基础上得出的科学结论，一般可写成可行性结论、非可行性结论、弥补性结论。

4. 结束语

结束语写上“以上报告，请领导审定”“以上论证报告，请批准（或请决策）”“以上可行性论证报告，仅供领导决策参考”等习惯用语。

5. 落款

写明论证单位、机构和成文时间。

（四）可行性论证报告写作注意事项

1. 充分科学论证决策或立项的必要性、可能性、效益性，得出可行性结论。

2. 语言表述力求鲜明突出、准确精练；力戒含糊其词、模棱两可。

3. 用具体数据和有力的事实去说服上级领导或主管部门，以请求上级领导或主管部门的批准，切忌空话、大话、套话。

例文：

关于成立合资公司的可行性论证报告

一、背景

北京蓝色光标品牌管理顾问股份有限公司（以下称公司或蓝色光标）股票于 2010 年 2 月在深圳创业板成功上市，成为中国公共关系行业首个上市公司。公司未来的发展战略是区域扩张、行业拓展和服务延伸，而实现战略目标的主要方式之一就是在条件成熟的前提下与国际领先的传播集团和公共关系公司强强联手，成立合资公司，共同拓展中国的公共关系市场。

公司致力于开发具有品牌优势和商业价值的国际企业客户。在公司目前所服务的国际知名企业中有一部分日本企业和产品品牌，如广汽丰田、东风、佳能、索尼、奥林巴斯、西铁城、优衣库等，涵盖汽车、家电、消费电子、钟表、服装等行业，提供的业务主要是企业品牌传播和产品公关服务。日本在华企业的品牌传播和产品推广有其自身的特点，一方面公关与广告和其他推广手段的关联度较大，另一方面公共关系服务的需求相对集中于媒体关系、政府关系和危机管理等领域，特别是对那些在中国市场具有强大品牌和产品优势的汽车、消费电子等行业的企业更是如此。

作为公共关系行业的本土领军企业，公司近年来与全球最大的独立广告公司日本电通株式会社（以下简称电通）及其子公司电通公共关系株式会社（以下简称电通公关）进行战略和业务方面的合作，共同为在华日本企业提供专业的公共关系服务。

电通是当今全球最大的独立广告公司，成立于 1901 年，总部位于日本东京，注册资本 589.671 亿日元，员工总数 6,500 余人，在 30 多个国家和地区设有子公司。作为传播集团的电通的年度销售总额居世界前列。电通是第一个进入中国的外资广告公司，于 1994 年成立了合资的北京电通广告有限公司，在中国大陆业务包括北京电通广告、东方日海、电通东派等广告业务及其他经营机构的市场调查和市场促销业务，上述机构分别在北京、上海、广州、深圳、武汉、青岛等地设有分公司或办事处；服务的主要客户为日本在华企业以及部分中国本土知名企业。

电通公关是电通的全资子公司，成立于 1961 年，总部在日本东京，注册资本 4,000 万日元，员工人数 200 余人。电通公关是日本领先的公共关系公司，它与电通集团旗下的以及阳狮集团旗下的专业公共关系公司在全球范围内合作，在中国还通过与本土的公共关系公司合作为其客户提供服务。

为了更好地服务日本企业客户，需要打造一个新的平台，更好地整合资源，吸引更多的专业人才，公司将与电通和电通公共关系成立合资公司（以下称合资公司），进一步开拓日系客户市场，并扩大服务的领域和提升服务的水平。成立新的合资公司是公司实施发展战略和提升公司品牌形象的重要举措，同时也是公司为了将来向海外发展做准备的措施之一。

二、成立合资公司的必要性

1. 提升公司核心竞争力的需要

作为业内最具实力的专业公司之一，公司的核心竞争优势主要体现在成长、管理、人才、创新、经验、客户、品牌、业务网络等方面，合资公司的成立是强强合作，利用合资各方的优势创造一个新的公共关系服务强势合资品牌，加强公司的业务研发和创新能力，吸纳和培养优秀的人才，尤其是具有国际客户服务经验的高级人才的引进，进而提升公司的核心竞争力，推动公司积极向综合性的传播集团迈进。

成立合资公司将有助于实现公司的战略目标，合资公司立足于公共关系服务，并通过电通的客户和业务向相关的行业发展，探索服务链整合模式，完善业务布局，以实现行业拓展；以日系客户的业务支持各分区业务的开展可以完善公司已有的业务网络从而支持区域扩张，服务类别由产品推广为主向品牌传播和咨询业务发展将使服务延伸，为客户提供更加整合而系统的公关服务。

2. 开发国际客户特别是日系客户的需要

合资公司的成立将有利于公司利用电通和电通公关的品牌知名度及其强大的客户基础加强日系客户开发的广度和深度。合资公司的业务开发和客户服务团队将配备有日籍人员和具有服务日系客户的本土专业人员，不仅加强与现有日系客户高层的沟通，同时还将加大新业务开发的力度，充分挖掘潜在客户的价值，为公司未来的发展奠定良好的客户基础。同时通过电通公关的全球合作伙伴，公司有机会接触到其他欧美国际客户。

3. 加快国际化进程的需要

公司通过合资公司的建立和运作可以积累在中外合资企业管理方面的宝贵经验，并为未来向海外发展进行必要的准备。

三、成立合资公司的可行性

1. 合资方各自的优势与优势互补

合资各方均具有各自独特的优势，且各自的优势互补。蓝色光标拥有遍布全国的服务网络、良好的媒体关系和政府关系等专业技能与资源，电通有全球资源以及在华众多优秀的日企客户，在传统广告及其他市场营销领域的专业经验，电通公关有服务日本企业的长处以及在公关企划、危机管理等方面的专业经验。三方成立合资公司将是强强合作和形成多赢的局面，其所形成的综合优势和资源平台也正是在华日本企业所需要的。

2. 合资各方已有多年的合作基础

在过去的几年间，公司与电通和电通公关在信息交流、资源共享和人员培训等多个方面进行了深层次的合作，对彼此的经营和服务风格和特点均有相对的了解，也有共同开发和服务客户的成功经验，成立合资公司可以说是业务合作的必然结果。公司和电通及电通公关三方均对合资公司在中国市场的发展前景充满信心。

3. 合资公司具有较好的业务启动和人才基础

合资各方目前合作服务的日系客户均为其所在行业中领先的企业，涉及汽车、消费电子、家用电器等行业，这些企业在中国市场的公共关系服务需求强盛，发展空间很大，为合资公司的业务启动提供了一个有力的支持，并为未来合资公司的健康和可持续发展奠定了基础。

另外，合资各方已经有了比较成型的专业服务团队，且这些专业人员之间已有了一定的磨合，由此为合资公司的正常运营提供了必要的保障。

四、拟成立的合资公司基本概况

1. 名称：电通蓝标（北京）公共关系顾问有限公司，英文名称为 Dentsu BlueFocus（Beijing）Public Relations Consulting Co.，Ltd.（暂定名，最终以工商局核准的名称为准）。

2. 合资公司地址：北京市朝阳区酒仙桥路甲 10 号 3 号楼 20 层。

3. 投资总额：合资公司的投资总额约为 1,428 万元人民币，流动资金为 1,000 万元人民币。

4. 注册资本及出资比例：合资公司注册资本 1,000 万元人民币，蓝色光标出资 510 万元人民币，电通出资 340 万元人民币，电通公关出资 150 万元人民币，三方将分别占合资公司股份总额的 51%、34%和 15%。

5. 利润分配及亏损分担比例：合资公司以其全部资产对其债务承担责任。合资各方以其认缴的出资额为限承担责任，按出资比例分享利润，分担风险和亏损。

6. 经营范围：提供有关公共关系、信息咨询以及与此相关的服务，包括但不限于公共关系战略、媒体关系、活动管理、促销宣传、企业宣传、政府关系、危机管理及媒体监测。合资公司将首先致力于为在华日企提供专业公共关系服务，并逐步拓展欧美客户和中国本土客户市场。

7. 法人治理结构：

a）组织形式为有限责任公司，实行独立核算、独立经营，董事长为法定代表人；

b）设立董事会，由五名成员组成，其中公司委派三名，电通委派一名，电通公关委派一名；董事会设董事长、副董事长各一名，董事长由电通委派，副董事长由公司委派，公司拟委派赵文权担任合资公司副董事长；董事的任期为三年，经委派可以连任；

c）不设监事会，而设一名监事，由电通委派，任期为每届三年，经委派可以连任。

8. 经营管理机构：

a）设总经理一人，由公司指定，负责日常经营管理工作，对董事会负责，并向董事会报告工作；任期为每届三年，连聘可连任；

b）设财务总监一名，由公司指定，协助总经理工作，对总经理负责；

c）设副总经理两名，一名由公司指定，另一名由电通指定，协助总经理工作，对总经理负责；任期为每届三年，连聘可连任。

9. 经营规模：

a）营收预测：按照对现有和潜在业务的估算，预计在前五年的营业收入分别为人民币 1,500 万元、2,600 万元、3,600 万元、4,700 万元和 5,900 万元，与之相对应的税前利润分别为人民币 133 万元、395 万元、600 万元、790 万元和 1090 万元。

b）人员规模：初期约为 15 人，人员数量将视业务的增长逐年递增，按上述营收预测，人员数量前五年将逐年增至约 30 人、50 人、70 人和 100 人。

10. 资金来源：公司拟以所募集资金中 510 万元人民币出资。

11. 资金用途：主要用于人员成本、办公场地租金、业务开发等与经营直接相关的项目。

12. 合资期限：合资期限为 10 年，自营业执照签发之日起计算；预计在 2010 年 5 月正式成立。

五、存在的风险

合资公司成立后，将面临人员招聘、新业务开发、管理机制建立和中外方人员磨合等问题，在业务快速发展过程中，如不能有效解决上述问题，将可能对合资公司的运营造成不利影响。

六、结论

从公司的发展目标、发展战略、成立合资公司的必要性和可行性等多方面考察，公司董事会认为现阶段在北京依法与日本电通株式会社及电通公共关系株式会社成立合资公司的时机合适，条件成熟，是完全可行的。

北京蓝色光标品牌管理顾问股份有限公司董事会

2010 年 4 月 7 日

第二节　计　划

一、计划的含义、特点及作用

（一）计划的含义

计划是机关、单位、组织、部门或个人对一定时间内的工作目标、拟完成任务的措施、办法和工作步骤等作出先导性部署的书面材料。

计划是一个广义概念，规划、纲要、打算、安排、设想、方案、要点等都属于计划文书的范畴。

一般来说，规划、纲要是指实现目标期限比较长、内容比较广泛和概括的一种长远计划，如《成都市城市整体建设规划》《国民旅游休闲纲要（2013—2020 年）》等。安排、计划、打算、方案，则是指适用于时间比较短、内容比较具体的计划，如《××大学法学院团委 2014 年度工作安排》《2012 年第一期中青年干部培训班教学计划》《××大学关于开展“我的梦·中国梦”教育实践活动的打算》《四川省人民政府促进健康服务业发展实施方案》。而要点是适用于时间比较短、内容比较概括的一种粗线条提纲式的计划，常用于领导机关，如《中共湖北省委高校工委省教育厅 2014 年工作要点》。至于设想，则是一种初步的、意向性的、非正式的计划，如《政协河北省委员会和法制委员会 2014 年工作设想》。

（二）计划的特点

1. 科学的预见性

为做好未来的工作和完成今后的任务而制定的计划，应该是基于对事物的深刻认识和对事物运动的必然规律的把握。为此，计划要凭借超前思维预见到工作的发展趋势，对今后工作作出科学的和正确的决策。正是这样，计划才具有指令性和指导性。

2. 现实的可行性

计划是人们对做好未来工作和完成今后任务所作出的科学预见和正确决策，它在指挥或者指导人们的行动时，指标确当，措施得力，方法对头，步骤适当，具有现实可行性。

3. 周密的程序性

计划中，先干什么、后干什么，要有周密的时间安排与要求。执行计划时又有阶段性和轻重缓急。因此，制定计划必须有每个阶段的时间要求及相应的安排，要体现计划的周密的程序性。

4. 严格的约束性

计划虽不是正式公文，但一经有关会议通过或领导批准，在它所管辖的范围内，就有了权威性和约束，就必须坚决贯彻执行。

（三）计划的作用

1. 计划是预防和克服学习、工作中可能发生的一些偏差、缺陷的重要手段，是建立正常工作秩序，提高工作效率的重要前提。

2. 计划是本单位、本部门进行自查和总结的重要依据。

3. 计划是领导的决策具体化，更是领导指导工作、检查工作的重要手段。

二、 计划的分类

按不同标准划分，计划可作如下分类：

（一）按内容分，有生产计划、工作计划、教学计划、财务计划、科研计划等。

（二）按范围分，有国家计划、部门计划、单位计划、科室计划、班组计划、个人计划等。

（三）按时间分，有年度计划、季度计划、月计划，或者长期计划、短期计划等。

（四）按性质分，有综合性计划和专题性计划等。

（五）按效力分，有指令性计划和指导性计划。

（六）按写作方式分，有文字式计划、表格式计划、文字表格结合式计划等。

三、 计划的写法

（一）计划的主要内容

1. 目标和任务

这是指计划总的工作目标和分解的具体任务要求，常常有数量、效益和质量的指标和要求，要写得具体、详尽。

2. 措施和办法

这是指为达到计划规定目标和完成规定任务所要凭借的条件、措施与办法。人员分工、岗位责任、具体方法等，都要逐项写清楚、明确，使计划不致成为一纸空文。

3. 步骤和时间

这是指为达到计划规定目标和规定任务的时间要求和每个阶段的工作程序安排，好分时段、有步骤地去完成分解后的各项指标。步骤和时间的安排一定要有科学性，合乎某项工作自身的客观规律。

4. 检查和督促

这是指对计划执行情况的督促检查，以及计划修订的说明。

以上四项即是计划内容必需的四要素，即做什么、怎么做、什么时候做、检查做得怎样，也就是任务、措施、完成时间、督察四方面内容。

（二）文字式计划的写法

1. 标题表明制定计划的单位、期限、事由和计划种类。如《广州市发展和改革局2014年工作计划》。也可省略为三项或两项，但都需有事由（事项）、文种。

2. 正文一般包括下列内容：

（1）前言　这是计划的开头部分，主要写为什么制定计划。可以简要地说明制定计划的依据、目的。或者写明指导思想与要求，也可以是结合本单位的实际而确定的今后总的工作任务要求。这部分内容要写得简要，不写空话、套话。有的计划不写前言，直接写计划的目标任务。

（2）主体　这是计划的主要部分，计划的四要素都在其中。只是不同的计划对基本内容有不同的侧重和取舍。

（3）结尾　这是计划的结束语。或写执行计划时应注意的事项，或写需说明的问题，或提出号召和希望。是否写结束语，应根据计划的现实需要灵活掌握。计划正文可采用总分条文式、分部式或贯通式文面结构。

3. 落款写明发文单位、成文时间。

（三）表格式计划的写法

这是用预先设计好的表格形式来体现计划的项目和内容的写法。它侧重于数字、数据，其内容基本上是固定的，直接依次填入表格内。这种写法使计划眉目清楚，直观性强，令人一目了然。这种形式的计划多见于经济领域中的各个部门。

（四）文字表格结合式计划的写法

这是以数字、数据表格为主，辅以简要文字说明的一种计划的写法。通常把工作任务、措施、步骤、执行人员、完成时间等分项列成表格，依时间顺序排列。有的还列上执行情况一栏，以反映计划实施情况。它适用于任务具体、时间性强、程序性强的计划，如生产计划、招生工作计划、学校工作计划、企业生产经营计划和企业财务计划等。

四、写作计划应注意的几点

（一）要以党和国家的方针政策为指导，确保计划指导思想的正确性。

（二）要充分考虑计划的可行性，实事求是地确定计划的目标和任务，适当留有余地。

（三）要服从长远的规划，坚持整体的原则，既要服从大局，克服本位主义，又要体现本单位工作的特点。

（四）要走群众路线，集思广益，把计划变成群体的共同意志，以保证计划的认同和可行性。这样在执行计划中就能更好地发挥群众的积极性，减少阻力。

（五）要适时检查计划执行情况。如情况发生了变化，需要修改，得经过一定的手续，不能随意改动，以保证计划的严肃性，使计划不致成为形式主义的一纸空文。

例文：

河南师范大学2013年度工作计划

本年度，学校要高举中国特色社会主义伟大旗帜，深入学习贯彻党的十八大精神，坚持以邓小平理论、“三个代表”重要思想、科学发展观为指导，全面落实学校“十二五”事业发展规划，以学科建设为龙头，以人才培养为中心，以党建和思想政治工作为保证，进一步加强内涵建设，充分利用90周年校庆这一契机，努力实现各项事业又好又快发展。

一、深入学习贯彻党的十八大精神，全面落实学校“十二五”事业发展规划

1. 深刻领会党的十八大精神实质。在全校掀起学习宣传贯彻党的十八大精神的热潮。开展“我的中国梦”主题教育实践活动，引导广大学生把个人前途和祖国命运紧密相连，在追求自身梦想中增强理想信念。加大对党的十八大精神的研究力度，争取推出一定数量的理论研究成果。

2. 学习贯彻全省教育工作会议、全省教育系统党风廉政建设工作会议和第二十一次全省高校党的建设工作会议精神，认清形势，抢抓机遇，推动学校快速发展。

3. 科学调整学校“十二五”事业发展总体规划和各专项规划，并指导各学院做出相应调整。按照现有学科专业布局，做好总体目标任务分解工作。制定新成立学院责任目标；调整学校目标考核责任制相关政策规定，完善学校目标考核责任制。

4. 抢抓机遇，努力实现教育部、河南省共建河南师范大学历史性突破。认真落实“中西部高校基础能力建设工程”相关要求，加快建设现有硬件项目和软件项目。关注“中西部高等教育振兴计划”的政策动向，争取各种新项目和新资源，为学校获取更多办学资源和更大发展空间。

二、以人才培养为中心，着力提高教育教学质量

5. 深化教学改革，召开第四届教学工作会议，总结第三届教学工作会议以来的经验与不足，规划实施新一轮教学改革，抓住“突出教师教育特色，深化教师教育改革”的主题，加速推进师范教育向教师教育转型。

6. 落实“十二五”本科专业建设与发展规划，调整、优化专业结构，加强专业（特别是新增专业）内涵建设。依据教育部新的本科专业目录，配合学校专业调整，进行新一轮培养方案和教学大纲修订。加强教学管理，组织实施课堂教学质量评价新方案。

7. 继续大力推进本科教学质量工程建设，做好新增质量工程项目的规划与申报工作，扩大类别与数量，努力申报物理专业国家级实验教学示范中心。

8. 继续加强大学生科技创新工作，形成全校协抓共管的合力，召开第三届大学生创新创业论坛，总结经验，进一步拓展大学生科技创新活动的广度和深度，强化大学生创新意识，提升大学生创新能力。

9. 全面落实基础实验室第二个三年建设规划，发挥已建成实验室、示范中心的示范作用；制定实验技术人员队伍建设规划，实施《大型仪器设备开放共享管理办法》，推动实验室建设再上新台阶。

10. 继续调整研究生教育结构，加快专业学位研究生教育发展。召开专业学位工作会议，制定学校2012—2020年专业学位发展规划。加强“双师型”队伍建设和培养质量监管，提高专业学位研究生培养质量。做好新增专业学位类别的论证和申报工作。

11. 加强研究生教育创新培养基地建设，制定并实施《河南师范大学研究生教育创新实践基地管理办法》。发挥省级创新培养基地的示范带动作用，培育建设一批校级创新培养基地。

12. 扩大国际交流与合作，积极争取对外合作办学项目。做好“国培计划”“省培计划”的申报、实施工作，努力拓展培训领域，争取更多培训任务。做好省教育厅对我校体育专业专项评估工作。

三、加强学科与科研平台建设，不断提高科学研究和社会服务水平

13. 做好新增学位点的培育、申报工作。召开学位点建设工作会议，科学制定申报规划，加大对文科博士点的培育力度，力争在新一轮的学位授权审核中，理工科一级博士点数量明显增加，文科博士点实现零突破。努力扩大研究生招生规模。

14. 加快国家级重点学科培育学科的建设速度，争取实现国家级重点学科的突破；加快落实重点学科建设第二个三年规划，对建设学科实行动态评估和考核，推进省、校级重点学科内涵建设。完善以学术贡献为主要依据的多元化学科建设评价指标体系，逐步建立长效建设管理机制。

15. 统筹规划，整合资源，努力申报国家工程技术研究中心。探索科研机构管理新机制，激发科研创新活力。加强科研平台建设过程管理和绩效评价，完善科研机构准入机制、运行机制和退出机制。

16. 贯彻落实国家和河南省繁荣发展高校哲学社会科学工作会议精神，制定学校文科发展规划及实施细则。加强人文社科研究基地建设，积极申报教育部重点社科基地。努力争取省“高校哲学社会科学攀登计划”项目。

17. 落实河南师范大学协同创新计划实施方案，加强河南省协同创新中心的内涵建设，积极申报省级、国家级协同创新中心。完善创新协作共同体培育、管理机制，加强横向科研合作，加快学校与高新技术企业的协作共同体建设。完成生产力促进中心注册工作。

18. 积极申报各类重大、高层次科研项目；以国家和地方科技发展重大需求为导向，开展国家级重大科研项目的论证和谋划工作，努力增加国家级重大科研项目数量。加大专利申报支持力度。

19. 继续加大高层次人才引进力度，设置“长江学者”特聘教授岗位，争取实现“长江学者”人才计划的突破。有重点地培养引进国家杰出青年基金获得者、国家“新世纪百千万人才工程”第一层次人才等领军人才。以领军人才为核心，以优秀拔尖人才为支撑，以优秀青年教师为基础，培育更多优秀科技创新团队。

20. 积极开展学术交流活动，巩固学报文理两版在核心期刊阵营中的地位，为迎接90周年校庆营造良好学术氛围。

四、加强管理与服务，不断提高办学效益

21. 深入贯彻教育部《全面推进依法治校实施纲要》精神，落实《河南师范大学章程》，成立教授委员会，调整学校各学术管理机构；贯彻落实“三重一大”相关规定，推进党务公开和校务公开，不断提升依法办学水平。

22. 完善分配方案，健全以业绩贡献和能力水平为导向的考核机制，协调各个层次之间的收入比例，增强分配的科学性和导向性。制定特殊贡献奖励办法，引导和激励教学科研人员多出高质量、高水平成果。

23. 加强辅导员数量配备，建设一支以专为主，专兼结合的辅导员队伍；强化专业培训，加快职业化、专业化发展进程。深入开展学生工作特色品牌创建，力争在河南省第三届“学生工作特色品牌创建”评审中继续保持领先地位。积极申报“河南省大学生心理健康教育示范中心”。

24. 推进全面预算、绩效预算改革，探索专项资金“项目化”管理模式。逐步健全资源获取与资源配置工作机制。做好“开源节流”工作，对外积极争取资源，对内严格控制非业务性特别是“三公”经费支出。清产核资国有资产，提高国有资产使用效益。

25. 按照省教育厅深化考试招生制度改革要求，积极探索多元化招生录取方式，丰富类别，提高层次。创新招生宣传模式，提高宣传成效，适度扩大招生规模。积极创造条件，面向全体学生开设“创业基础”必修课，全方位完善就业指导与服务。

26. 全面完成后勤管理体制、运行机制、监管机制等改革，逐步实现“服务优质、高效节约”的改革目标。合理安排校东区物业交接，实现平稳过渡。配合市政牧野路扩建工程，做好校内锅炉房、开水房等改建工作。实现第一、二家属区的物业化管理。

27. 按照“明确任务、落实责任，完善预案、确保稳定”的工作要求，防微杜渐，做好稳定工作。强化综合治理，不断完善全方位立体化安全防范和管理体系，建设平安校园。

28. 继续做好大学生应征入伍、国防教育、文化体育、审计、语言文字、计划生育等工作。进一步提升附中、附小、幼儿园管理水平，不断提高办学质量。

五、加强基础建设，积极改善办学条件

29. 进一步完善校园规划，满足学校可持续发展需求。稳步推进校东区教学楼、教学实验楼，河南省动力电源及关键材料技术研究中心实验楼建设。做好校区绿化、美化工作。

30. 完成校西区校园网升级改造工程，开展网络学习空间试点工作；建好标准化考场和新增多媒体教学系统；进一步丰富图书馆各类资源，增强服务教学科研能力。

31. 启动新联学院二期建设工程，加强师资队伍建设，做好迎接教育部对普通高校独立学院教育工作合格评估工作。

32. 以人为本，着力改善民生。完善医疗设施，改善师生医疗条件，做好教职工年度体检工作。积极协调推进高层次人才过渡住房建设事宜。完善校东区体育场地、学生食堂建设，改善大学生学习生活条件。

六、全力做好校庆工作，切实营造良好发展环境

33. 全面落实《90周年校庆筹备工作方案》，加速推进各项筹备工作，营造良好校庆氛围，努力把校庆活动办成总结办学历史、凝聚师生力量、推动学校发展的盛会。

34. 以迎接90周年校庆为契机，加快推进校园文化建设二期工程；完成校西区大门建设及校史馆、荣誉馆、教学科研成果展览馆、学术交流中心的升级改造工作。

35. 积极推进校友会、教育发展基金会的申请注册工作。

36. 积极联系各地校友，广泛凝聚校友力量，充分利用校友资源，组织校友以多种

方式参与校庆和学校建设工作。

七、与时俱进，进一步加强党建和思想政治工作

37. 结合换届后处级领导班子及处级干部队伍实际，进一步加大教育培训力度，重点对新提拔及交流使用的处级领导干部展开培训，提升处级领导干部的政治理论水平，增强工作创新能力和执行力。优化科级机构设置，配备充实科级领导干部。制定并实施处级调研员管理考核办法。

38. 深化精神文明建设，进一步巩固全国文明单位创建成果，营造人人重视文明创建、人人参与文明创建的氛围，增强荣誉感和责任感。

39. 不断加强大学生思想政治工作。以学习宣传《社会主义核心价值体系建设实施纲要》为契机，加强社会主义核心价值观教育。充分利用网络等新媒体，网上网下互动，形成大学生思想政治教育合力。

40. 严格落实中央关于改进工作作风、密切联系群众的八项规定和省委省政府、教育部、教育厅相关具体实施办法，切实加强作风建设。按照上级部署，组织开展以为民务实清廉为主题的党的群众路线教育实践活动。

41. 加强领导干部廉洁自律和党风廉政建设责任制工作，召开党风廉政建设工作会议。深入开展“查风险、筑防线”活动，强化廉政风险防控机制建设。开展“廉政文化进校园”活动。加大对重点和热点问题的监督力度。做好民主评议学校行风工作。

八、调动一切积极因素，推动学校又好又快发展

42. 加强对统战工作的领导，做好党外干部的选拔、培养、推荐工作，充分发挥党外人士参政议政、民主监督作用。加强统战干部队伍建设，支持和指导民主党派加强自身建设。做好侨联、少数民族和宗教工作。

43. 加强对工会工作的领导，制定二级教代会实施细则，不断深化二级教代会建设。完善代表参与民主管理、民主监督机制，扩大代表的知情权、参与权和监督权，不断提升民主管理水平。

44. 加强对共青团、学生会和研究生会工作的领导，召开学生社团工作会议，团结和带领广大团员青年立志成才，为学校发展贡献力量。

45. 加强对离退休工作的领导，充分发挥离退休职工在学校改革发展中的积极作用，做好关心下一代工作。组织开展丰富多彩的文体活动，活跃离退休职工精神文化生活。

中共河南师范大学委员会

河南师范大学

2013 年 3 月 5 日

第三节　总　结

一、总结的含义及特点

总结是人们对前一阶段工作回顾、反思、分析，找出经验教训，用以指导今后工作的一种公务文书。这个含义的核心就是总结要探寻出规律性的东西，如果不探寻出规律性的东西，亦就是上升不到理论，就称不上是总结。

总结有如下几个特点：

（一）实践性

总结是当事人实践活动的真实反映。当事人通过“实践——认识——再实践——再认识”，不断地获取对客观规律的认识，写成总结以指导今后的实践。可见总结的内容完全忠实于当事人自身的实践活动。总结来自实践，它的观点是当事人从自身实践活动中抽象出来的认识和规律。它采用第一人称的写法，写“我们”亲身的实践。

（二）理论性

总结是当事人对实践活动的一种理论性认识。因为写总结虽然要以事实为基础，但它不是实践的“复制品”，一定要提到理论的高度，对事实作本质的概括。即不仅要写出“是什么”“怎么样”，还要阐明“为什么”和“怎么办”。总之，要分析、研究，从中探寻出一些规律性的东西，以正确认识把握客观事物。

（三）指导性

总结，着眼于未来，通过总结以把握事物的规律性，从而提高对今后工作的预见性、主动性，使工作上一个新台阶。总结若不能指导以后的实践，就没有其存在的价值。所以指导性是总结的生命。

（四）群体性

总结要反映群众的实践，反映群众所创造的业绩和经验。它的写作一般是自下而上进行的。不管哪一个部门、单位的总结都要发动群众，依靠群众，集中群众的智慧，这样写出来的总结才能调动大家的积极性。成功的总结是能体现群体性这一特点的。

二、 总结的作用

毛泽东同志有句名言："在生产斗争和科学实验的范围内，人类总是不断发展的，自然界也总是不断发展的，永远不会停止在一个水平上。因此，人类总得不断地总结经验，有所发现，有所发明，有所创造，有所前进。"这是对总结的作用的精辟论述。总结的作用主要有三点：

（一）通过总结，可以探寻规律，积累经验，提高认识，增长才干，改进工作，推动工作。

（二）通过总结，可以交流信息，互通情报，加强科学管理，培养和提高干部领导素质和工作能力。

（三）通过总结，可以教育鼓舞群众斗志，调动群众的积极性。

三、 总结的分类

按不同标准分类，总结有许多种。

（一）按总结的内容分，有学习总结、工作总结、思想总结、活动总结等。

（二）按总结的性质分，有综合性总结和专题性总结等。

（三）按总结的范围分，有地区总结、部门总结、单位总结、车间总结、班组总结、个人总结等。

（四）按总结的时间分，有月总结、季度总结、半年总结、年度总结、学期总结、年终总结等。

四、 总结的写作

由于总结的内容、对象、作者身份的不同，故有各种不同的写法。这里只介绍总结的一般写法。

总结的结构由标题、正文、落款三个部分构成。

（一）标题

1．四项式标题

即写明单位、时间、事由和文种。如《××市食品药品监督管理局 2015 年保健食品专项整治工作总结》《兴安盟文化产业开发办公室 2012 年工作总结》。也可省略一两项，但都必须保留事由、文种。

2. 新闻式标题

一是单标题或提示内容或揭示中心，如《××厂是怎样扭亏为盈的》《巩固责任制，发展新农业》《公费及劳保医疗制度改革的回顾》。二是正副标题结合的双标题，用正标题概括总结的内容或揭示中心，用副标题标明单位名称、时间、事由和文种。如《深化改革创新发展——××学院 2015 年工作总结》。

3. 公文式标题

如《××地区民政局关于扶贫助残工作的总结》。

（二）正文

1. 开头

总结的开头又称前言、导语。要求写得简明扼要，紧扣中心，有吸引力，先给读者一个总的印象。开头的方式有：

（1）概述情况　先概括介绍基本情况，简要交代工作背景、时间、地点、条件。

（2）提出结论　先明确提出总结的结论，使读者了解经验教训的核心所在。

（3）提示内容　先对工作的主要内容作提示性的概括介绍。

（4）作出设问　先设问，点明总结的重点，引起人们的关注。

（5）运用比较　先对总结的有关情况进行比较、表明优劣，引出下文。

以上方法常结合使用。

2. 主体

包括以下三个内容，习惯上被称作“老三块”。

（1）做法、成绩与经验。这是总结的主要内容。要写主要做法，在分析成绩中得出规律性的认识。

（2）问题与教训。这是总结的一个重要内容。写总结，要以一分为二的观点，认真分析出工作中存在的问题、缺点和不足，并由此得出教训。反映问题的总结尤其要着重写好这部分内容。

（3）设想与努力方向。这是写今后工作的努力方向，是在总结经验教训的基础上，针对学习、工作和完成任务中的实际问题，提出今后的改进措施或努力方向。以上内容也可根据写作意图和实际情况，决定其详略取舍。

正文部分的写作结构形式，具体可采用：

（1）分部式

这是按“情况—成绩—经验—问题—建议”或“主旨—做法—效果—体会”的顺序，分成几个大的部分依次写的。每个部分可用序号标示，也可用小标题标列出来。这种结构形式是长期以来写总结的惯用式，又称传统式或程序式。其优点是眉目清楚，头绪分明，容量大，适用于大型总结、全面总结。

（2）阶段式

这是把工作的整个过程按时间顺序，划分成几个阶段来写，每一个部分写一个阶段，把这个阶段的工作情况和经验教训结合在一起写。这样可看出工作的发展进程和每个阶段的特点。对周期较长而又有明显阶段性的工作进行总结宜用此式，但使用中要注意突出各个阶段的特点及各阶段之间的连贯性。

（3）总分条文式

这是在开头的总说之后，用一、二、三、四等条款形式，将总结的内容按性质和主次轻重逐条排出，行文简要、眉目清楚的写法。它可以经验体会为序，结合经验体会自然地介绍工作情况，夹叙夹议讲清问题；也可以工作项目为序，在介绍工作情况的基础上引出经验教训。总分条文式结构适用于专题经验总结。

（4）小标题式

这是把正文每部分的内容概写成若干个小标题（又叫小观点），以意义上的逻辑顺序排列，分别加以阐述的写法。

（5）全文贯通式

这是围绕写作主旨，按时间顺序或者事物发展顺序总结工作的全过程。文章不分条款，不分章节、部分，不用小标题，而是靠自然段落体现层次，文字前后贯通，一气呵成。

（6）统计图表说明式

这是用图表的方式，把总结中的工作情况、成绩分门别类地列项统计显示，并对基本状况、主要数据作适当比较说明和分析的写法。此结构式的优点是图文并茂，具体直观，一目了然。可用于可以量化的工作总结和一些生产总结，特别适用于需要突出显示现状与成绩的总结。

（三）落款

写明发文单位和成文时间。

五、写总结要注意的几点

（一）实事求是，切忌虚假。

（二）全面评价，突出重点。

（三）注重分析，切忌肤浅。

（四）条理清楚，用语准确。

（五）写出特色，切忌平庸。

例文：

进一步整顿医疗秩序　打击非法行医专项行动集中整治阶段总结

我市按照国家卫生计生委、自治区卫生厅进一步整顿医疗秩序，打击非法行医专项行动的工作部署和具体要求，精心组织，周密安排，在全市范围内开展声势浩大的打击非法行医专项行动，目前第一阶段工作基本结束，整治工作取得明显效果。

一、加强组织领导，落实工作任务

为确保打击非法行医专项行动取得实效，我市成立了由市卫生局局长担任组长，市公安局、市人口和计生委、市食品药品监督管理局等部门负责人为副组长的打击非法行医专项行动领导小组。10 月 17 日，召开了全市整顿医疗秩序，打击非法行医专项行动视频会，对全市整顿医疗秩序，打击非法行医专项行动进行了全面的安排部署和动员。11 月 13 日，市卫生局、公安局、人口和计生委、食品药品监督管理局联合印发了《乌兰察布市进一步整顿医疗秩序　打击非法行医专项行动实施方案》，进一步明确了专项行动工作目标、工作职责、工作重点、整治范围和时限进度。各旗县市区按照市里的统一部署，成立了相应的组织领导机构，制定了具体的实施方案和工作计划，明确了工作任务，细化了工作措施，落实了工作责任，在全市形成了领导有力，措施到位，目标明确，任务具体，分工协作，责任到人的整顿医疗秩序，打击非法行医工作格局。

二、强化宣传，营造良好工作氛围

专项整治行动开展以来，各地利用多种形式，广泛开展了卫生法律法规和医学科普知识的宣传教育活动，市卫生局在乌兰察布市电视台发布了“整顿医疗秩序，打击非法行医专项行动通告”，印制发放宣传单 1 万余份，向全市公布了投诉举报电话，在门户网公布了一批非法行医名单。集宁区人民政府发布了打击非法行医专项行动公告，组织辖区内各项各类医疗机构负责人集中学习卫生法律法规，丰镇市制作了宣传车，在大街小巷巡回宣传，其他旗县通过发放宣传品，张贴宣传画，开展健康咨询，利用广播、电视、报纸、网络等媒体进行了广泛宣传，做到了电台有声音，电视有画面，报纸有文章，网络有专题。通过广泛的宣传教育，强化了医疗机构和医务人员的依法执业意识，提高了人民群众正确择医、安全就医意识，为整顿医疗秩序，打击非法行医营造了良好的氛围。

三、突出重点环节，全面开展专项整治

在专项行动集中整顿阶段，全市按照国家、自治区的统一要求和部署，认真组织，周密实施，重拳出击，严厉打击。各旗县市区对辖区内医疗市场进行了拉网式检查，对无证行医的黑诊所进行了取缔，对各级各类医疗机构、计生技术服务机构进行了全面整顿。严肃查处违法违规行为，检查覆盖面达到了100%。切实做到了横向到边，纵向到底，不留死角。集中整治阶段，全市共出动执法人员896人次，出动执法车辆283台次，检查医疗计生服务单位2000余户次，查处无证行医案件119起，现场取缔无证诊所73户，没收违法所得3.37万元，罚款金额11.93万元，向公安机关移送案件1件；查处违法违规医疗机构182家，其中警告24户，责令改正98户，责令停业整顿6户，没收违法所得0.5万元，罚款26户，罚款金额1.86万元，吊销《医疗机构执业许可证》28户。

四、加强协作多措并举，确保打非取得实效

专项行动中，各地全面加强了部门间的协作配合，依法从快从重查处违法违规案件，有效震慑了不法分子，保持了打击非法行医的高压态势。为更好地指导各地联合执法，市打击非法行医专项行动领导小组专门印发了《乌兰察布市关于建立打击非法行医长效工作机制的意见（试行）》，市卫生局印发了《非法行医案件移送程序》，集宁区、兴和县卫生、计生、公安、药监等部门组成联合执法组，统一行动，提高打击非法行医成效。四子王旗充分发挥管片民警的作用，对于辖区内将房屋出租给非法行医人员的现象，依据治安规定进行处罚，从源头防范非法行医现象，使非法行医者无处藏身。丰镇市将非法行医案件及时向公安部门移送，加大了打击非法行医力度，有效保证了打击非法行医工作实效。

专项行动中，各旗县市区均公布了投诉举报电话，及时受理查处群众举报投诉。受理投诉案件2起，目前全部办结，并将结果向举报人进行了反馈。各旗县市区认真贯彻原卫生部《关于打击非法行医专项行动责任追究的意见》（卫监督发〔2005〕413号），落实打击非法行医责任追究制度，按照守法执业、执法必严、失职必究的原则，加大对违法违规人员责任追究的力度，做到有案必查，有查必果。对贯彻法律法规和政策不力，专项行动中推诿扯皮、失职渎职等行为的有关人员，绝不袒护和包庇，给予必要的处分。在专项行动中，市打击非法行医领导小组对各地打击非法行医工作进行督导检查，促进了各地的工作，12月13日，召开了全市打击非法行医工作汇报会，各地相互通报了工作进展情况，查找了问题和不足，研究了下一步工作。

乌兰察布市卫生局

2013年12月20日

第四节　工作研究

一、工作研究的含义、作用及特点

（一）工作研究的含义

工作研究是针对实际工作中存在的带有普遍意义的新情况、新问题和新事物进行研究，探求其本质，总结其规律，提出解决问题的措施办法、意见和建议，供领导决策参考的一种既有理论色彩又有实用价值的公文。

（二）工作研究的作用

1. 有助于把握工作的规律性，提高工作的自觉性，增强工作的主动性，克服工作中的盲目性、随意性和波动性。

2. 有助于增强工作中管理和决策的科学性、民主性，开创工作的新局面，克服工作中脱离实际的教条主义、因循守旧的经验主义和无所作为的懒汉思想。

3. 有助于领导干部对现行的党和国家的方针、政策本身不完善或不切实际的方面，提出补充、修正、完善的建议，克服脱离客观实践的主观主义和官僚主义的毛病。

（三）工作研究的特点

作为理论性公文和论说性文章的工作研究，除应遵循“提出问题——分析问题——解决问题”的逻辑思路和具有一般专题论说文探讨客观规律的特点外，还应有自身鲜明的个性特征。工作研究自身鲜明的特征有：

1. 论题的迫切性和极强的针对性。
2. 对策的探索性和严谨的科学性。
3. 鲜明的实践指导性和切实的可行性。
4. 灵活的自由表述性和显著的个体独创性。

二、工作研究的分类

从写作角度考察，综合内容和形式两方面，工作研究可作如下分类。

（一）总结型工作研究

这是就某地区、某单位、某部门的某项工作已经成功的经验或失败的教训进行总结，对照工作中存在的问题，探讨后阶段工作途径、方法和对策的一种工作研究。

（二）建议型工作研究

这是对工作的现状不加陈述和分析，而是为了工作的顺利进行，直书意见、建议和对策的一种工作研究。

（三）预测型工作研究

这是在对工作前阶段和现阶段情况分析的基础上，推断工作发展的方向和趋势，进而对未来工作的目标、前景及可实现的途径方法、对策提出预测的一种工作研究。

（四）质疑型工作研究

这是就某项工作的思路、计划、做法或某些政策及决策提出不同见解，提出自己的主张或办法，以期展开讨论乃至争鸣，力图说服有关方面及领导不断完善和改进工作的一种工作研究。

（五）比较型工作研究

这是在工作一定的主客观条件背景下，对同类工作的几种不同思路、不同说法、不同做法等进行比较、分析，从中选择最佳工作方案或提出自己见解的一种工作研究。

三、工作研究的写作

（一）工作研究的结构和写法

1. 标题

通常使用新闻式标题。标题要求具体、鲜明和简洁。常见的写法有：

（1）提出问题，引人深思，如《增强人大执法检查实效的思考》《如何看待“合理区间”内的下行压力》《在向经营型转换过程中，如何强化预防保健体系》。

（2）指明研究探讨的对象，如《关于制定“反浪费法”的建议》《关于大中型企业活力不强的原因及其对策建议》。

（3）直抒己见，揭示文章基本观点，如《让质询成为人大监督常态》《在对立统一中科学履职》《深化行政审批制度改革应“减”、“放”、“改”、“管”一起做》。

（4）正副标题结合的双标题，如《重建高等教育本质论、价值论与方法论——实现大学内涵式发展》《做到三个突出实现三个利于——对中纪发〔1988〕8号等纪委组织建设相关文件的几点建议》。

2. 正文

（1）前言　前言主要写要研究的是什么问题，或写研究此问题的重要性和必要性等。写法上，可以开门见山地提出所要研究的论题，也可在分析工作现状中揭露矛盾、尖锐指出工作中的不足或弊端，还可正面或反面简述分析所要研究解决问题的现实紧迫性或重要性。总之这部分在文章中起到摆明论题的作用。

（2）主体　主体主要是对前言中提出的问题进行研究。要求从理论的角度对工作中亟待研究解决的新情况、新问题、新矛盾作主客观原因上的分析，进而提出解决的办法。这部分是工作研究中的核心部分，在文章中起到分析探究论题的作用。写作上要求运用马克思列宁主义的立场、观点和方法针对前言所提出的论题进行析因探源，然后从中引出解决问题的途径和办法。具体写法上，可条分缕析层层深入，也可理论阐述结合实例剖析，还可以纵横比较、统计分析。

（3）结语　结语主要写明“怎么办”的问题。这部分是工作研究的目的所在和归宿。它是对前言所提出的论题进行探究后得出的解决问题的决策方案和建议。写法上，可以概括阐述，也可用条文式写法。

上述工作研究正文结构的“三大部分”有着严密的内在逻辑联系：前言摆明论题，是前提，确定工作研究论题的指向和范围；主体探究论题，是工作研究写作的重点，是解决工作研究论题的逻辑先导；结语提出对策，是结论，是解决工作研究论题的必然科学结果。这“三大部分”结构和方式是多种多样的，可灵活选择运用。最常用的一种是依循“提出问题——分析问题——解决问题”这一递进的逻辑思维进程安排材料。也可采用总分思路安排写作内容，即围绕一个中心多方面、多角度分析问题。这种结构方式也用得较多。还有少数工作研究采取逆向思维的方式安排材料。把解决问题的结论，即有益的建议、方案写在开头，然后再摆事实、情况并对其进行分析研究。总之不管采取哪种方式，都需依据写作的目的而有所侧重。

3. 署名

工作研究的署名可写在标题之下，也可写在文尾。

（二）写作工作研究应注意以下几点

1. 摆明的论题要做到主客观统一。

2. 探究分析论题要坚持调查研究，敢于实事求是。

3. 提出解决问题的对策要力求有独到见解，切实可行。

例文：

反对官僚主义　坚持群众路线

党的历史经验证明：群众路线是党的生命线，也是我们党一切工作的根本政治路线。什么时候党群关系处理得好，亲密无间，党的事业就兴旺发达；什么时候党群关系处理得不好，遭到破坏，党的事业就遭受挫折和损失。官僚主义常与形式主义相伴而行，形式主义迎合、助长了官僚主义，官僚主义又“捧出”了形式主义，可以说，形式主义也是一种官僚主义；官僚主义滋生享乐主义和奢靡之风并与之密不可分，在官僚主义者的价值排序中，个人利益和部门利益是至上的，他们心里只有一个膨胀了的自我，一切行为以自我利益的实现为目的，为了追求个人的享乐和奢靡的生活，全然不顾人民群众，甚至漠视、侵害群众的切身利益。

由此可见，官僚主义最令人深恶痛绝，是祸国殃民的“政治顽症”，它与群众路线格格不入、大相径庭，不破除官僚主义，党的群众路线就无从贯彻，党的群众基础也无法巩固。

官僚主义脱离实际、脱离群众

依照《辞海》的解释，官僚主义就是以争夺更多的职务和权力，缺乏主动精神和灵活性，漠视人民的需要和公众意见，常常以层层上报而推诿不作决定，或以官样文章妨碍行动为特点的一套工作作风。它表现为一种脱离实际、脱离群众、做官当老爷的领导作风。早在延安整风时期，毛泽东同志就形象地把官僚主义者比喻为泥塑的神像，说它一声不响，二目无光，三餐不食，四肢无力，五官不正，六亲无靠，七窍不通，八面威风，久坐不动，十分无用。

在政治生活中，官僚主义主要表现为，脱离实际，脱离群众，高高在上，滥用权力，贪图舒适，满足现状，做官当老爷；好摆门面，好说空话，思想僵化，墨守成规，饱食终日，无所作为；遇事推诿，办事拖拉，不讲效率，不负责任；不按客观规律办事，官气十足，压制民主，独断专行；讲求官样文章，繁文缛节，欺上瞒下，专横跋扈，徇私行贿，贪赃枉法等等。当前，官僚主义的具体表现就是，不深入基层调查研究问题，把握不好工作的重点、难点，找不到解决问题的关键点、突破点和落脚点；对群众的合理诉求和饥寒饱暖无动于衷，造成干群关系紧张，引发上访事件；“吃、拿、卡、要”不给好处不办事，服务意识缺失，雷语、官话不断；热衷于做表面文章、搞所谓的“面子工程”和“形象工程”，好大喜功，弄虚作假；大搞权物交易、权钱交易、权权交易、权色交易，操守不佳，纵欲、享乐、图安逸，热衷于声色玩乐等。可以说，官僚主义在当前社会中广泛存在，涉及政治、经济、文化、社会等领域，是一些权力拥有者最常见、也最易出现的问题。官僚主义的表现形式多种多样，具有致命的危害性，彻底治理官僚主义具有长期性。

官僚主义根深蒂固、危害深远

官僚主义严重影响了党群干群关系，疏离了党同群众的血肉联系，不断侵蚀着党的肌体，背离了党的宗旨，扭曲了执政行为，使党和政府的形象严重受损，在民众中的公信力下降；官僚主义不注重深入基层，不注重集中民智，是重大决策失误的“总病根”，是诱发各种腐败现象的“催化剂”，它严重削弱了党的执政能力；官僚主义的存在还是引起社会上仇官、恨官等不良情绪的主要根源，它损害了社会公平，伤害了群众，失去了群众的拥护和信任，动摇了党的执政基础，危及党的执政地位，危及社会的和谐稳定。因此，对待各类官僚主义必须从严从重处理，只有官僚主义得到有效遏制，贯彻群众路线才会成为现实。

官僚主义是一种长期存在的、复杂的历史现象。它的产生与我国封建社会存在的“官本位”意识有着密切的联系。在古代，通过做官可以获得声望、地位、财富等资源。做官，无论在观念上还是在事实上，都成为人们主导的价值取向，甚至是一元价值取向。因此，“官本位”价值观便侵蚀人心。再加上古代官僚体制下在用人和治事方面所坚持的“人治”原则，共同滋生了官僚主义产生的温床。而这种影响至今仍没有得到根除。

官僚主义的产生还与官僚体制本身的权力机制设计有密切关系。在官僚体制内部，上下级之间的权力层级关系要求组织成员在官僚体制内必须以服从上级为基本原则。虽然韦伯提出，服从上级的命令并非是服从他个人，而是服从那些非个人的制度，即在制度赋予他的、有合理界限的事务管辖范围之内。

但是，实际情况却是，组织成员在服从制度赋予上级的权限范围内的命令时，往往容易把对职务权力范围内的服从与对上级个人的服从相混淆。再加上对组织成员的监督、评判、晋升和任免一般都掌握在上级的手中，这就必然导致下级成员出于某种考虑而对上级唯命是从。而对于他们所服务的对象——民众而言，则变得并不重要了，漠视民众的需要和诉求，推诿扯皮，甚至收受贿赂等官僚主义现象就产生了。另外，由于组织内部职权设计不合理而产生的机构重叠、规章繁杂、人浮于事、效率低下等现象，也是官僚主义产生的具体原因。

根除顽症亟须民主精神、民主作风

造成官僚主义最重要的原因，归纳起来其实就是思想根源和体制机制的弊端。可以说，官僚主义就是民主意识缺失的体现。没有民主精神，没有民主作风，就必然产生官僚主义。因此，反对官僚主义必须解决为谁当官，怎样当官和如何当好官的问题。

明确当官为了谁。古代封建体制下的权力是统治者的私有物，而现代民主国家的权力来源于人民，人民是国家权力的主体，国家权力是人民权力意志的代表，各级权力机构的权力都是人民赋予的，任何权力机构和个人都没有谋取自身私利的特权，只有为人民服务的权力和职责。因此，领导干部只有真正认识到自己手中的权力是为人民服务的，是人民的公仆而非主人，才能在实际工作中具备走群众路线、反对官僚主义的基本条件。

明确当什么样的官。当官需要一种态度，一种作风。这种态度就是一切为民众利益着想，想人民所想，急人民所急。要尊重客观规律和实际情况，深入基层、深入群众，接地气，通下情，热心服务群众；要向群众学习，对群众负责，诚心接受人民群众的监督。坚持群众路线、改进工作作风，最重要的就是要有为民服务的责任意识，责任重于泰山，责任的有无反映的是一种态度问题。责任体现的是一种职业良心，它可以对为官动机进行自我检查，对为官活动和过程进行监督，对为官后果进行评价，是反对官僚主义、坚持群众路线的有力保障。

明确怎样当好官。有了端正的态度和良好的作风，还必须具备一定的能力才能真正当好官。一些领导干部存在的普遍问题是能力恐慌，目前面临的困难和问题越来越多、越来越复杂，这就要求各级领导干部必须具备创新的意识和能力去有效地解决这些困难和问题。但是，由于一些领导干部缺少为民服务的能力，不能拿出有效的办法创新工作、为民谋利，只能搞些花架子和官样文章来应付，这正是能力缺失的表现。因此，提高领导干部的工作能力，创新工作方法，为群众办实事、办好事、办成事，才是反对官僚主义、坚持群众路线的有力武器。

“失天下者，失其民也；失其民者，失其心也。”密切联系群众，从群众中来，到群众中去，是我们全面深化改革、实现中华民族伟大复兴中国梦的重要条件，也是我省实现转型跨越发展的重要保障。为此，我们要以“照镜子、正衣冠、洗洗澡、治治病”为总要求，开展批评与自我批评，破除官僚主义，解决作风方面存在的突出问题，始终与人民群众心连心，真正做到为民务实清廉。

（作者为中共山西省委党校哲学教研部副教授刘丽瑛）

第九章

公务信息文书

第一节　调查报告

一、调查报告的含义

调查报告是写作主体在正确思想的指导下对客观事物（某一情况、事物、人物、经验、问题）调查研究后，将所得材料进行认真分析，写成的反映调查结果的书面报告。

顾名思义，调查报告具有“调查”和“报告”的两重性质，是“调查”与“报告”的有机结合。“调查”是“报告”的基础和依据，“报告”是对调查情况综合的具体体现。

二、调查报告的作用

（一）依据作用

调查报告是提供信息的手段之一。无论是党政机关或企事业单位，在制定政策、工作目标、决定生产方向时，都不可能凭主观的想象、愿望，闭门造车，而必须以全面准确的信息为依据。一些涉及重大问题、具有政治意义的调查报告，能为领导提供高质量的信息，为领导科学决策、制定方针政策提供重要依据。

（二）指导作用

社会要前进，必须研究新情况，推广新经验。调查报告为典型经验的传播大造舆论，一经调查研究成文上报或被上级机关及有关主管部门整理下发，调查报告中的典型经验不但在同类单位或有关部门起着示范、引路的指导作用，而且其中特别先进、典型的经验还将给全社会以启迪和借鉴，从而推动工作的健康发展。

（三）揭露作用

对于社会上莫衷一是的传闻、众说纷纭的事件或问题、工作中的隐患或失误，经过周密的调查研究，可以披露真相，澄清事实，制止谣传；可以揭露工作中的问题，做到防患于未然，或者纠正失误，使工作走上正轨。

（四）培养求实精神的作用

调查研究是领导和管理者一个重要的基本功，被视为领导工作的一项重要手段。毛泽东同志一向重视调查研究，他曾指出："不了解实际情况的人，不会是真正好的领导。要了解情况，惟一的方法是向社会做调查。"（《毛泽东选集》第747页）因此，领导和管理者有时需要亲自进行调查研究，写作调查报告。这有助于领导克服官僚主义；有助于培养实事求是的精神；有助于提高干部素质，更好地为人民服务。

三、调查报告的特点

（一）有明确的针对性

写作调查报告总是有明确的目的，总是围绕一个时期党和国家的中心工作，根据客观实际需要，解决一定时空条件下的某一问题。通过对某一问题的调查研究，揭示矛盾，总结经验，吸取教训，指导工作。因此调查报告撰写要有的放矢，否则只能是隔靴搔痒，徒劳无益。调查报告的目的越明确，针对性越强，指导作用就越大。针对性被誉为调查报告的"灵魂"。

（二）有新闻的真实性

调查报告是根据调查研究的结果写出来的，它的真正价值在于真实地将客观情况报告出来，用事实说话。无论是对既定方针政策执行情况进行调查研究，探索真理，总结经验，揭露弊端，还是为制定大政方针提供事实和依据，都必须真实、可靠。一个细节、一个数据都不允许出错。真实性是调查报告的生命，对客观事实既不能缩小、夸大，也不准移花接木、张冠李戴；既不能随心所欲任意舍弃或生发，也不能把自己凭空想象、杜撰的东西硬塞进去，片面、虚假的事实会导致决策的失误。因此，应力求克服主观片面性和绝对化倾向，切忌虚假和浮夸，或以情感代替政策。应排除各种干扰，尽可能反映事物的全貌。因此，刻意求真，尊重事实，是调查报告取信于民的根本保证。

（三）有较强的事理性

调查报告不光是要反映客观现实，如仅仅满足于这一点，那与新闻就没有什么区别了。它更不是单纯的事实材料的堆砌。它注重对调查得来的材料进行认真分析、研究、归纳、综合，对所报告的情况提出看法，表示态度，进行理性升华，阐明事物发展的规律，然后做出符合客观实际的结论。这样事理相辅，调查报告才具有科学性，才能有说服力。调查报告在叙事的基础上能否上升到理论高度来认识，就事论理，找出规律性的东西，这是衡量调查报告好坏优劣的重要标准之一。因此，调查报告既是调查成果的反映，更是研究成果的反映。

（四）有一定的时效性

调查报告要关注时代的热点问题，它以反映现实生活中体现时代精神的新生事物为己任。它要回答现实生活中人们迫切需要回答和解决的问题。所以调查要迅速，报告须及时。否则，时过境迁，事物及其联系发生了新的变化，迟发的调查报告就失去了它应有的指导意义。

四、 调查报告的分类

由于写作目的不同，分类所持标准不同，加之调查报告内容的不同，这就造成了调查报告类型的多样性。下面我们从调查报告的内容和作用划分，把它分为以下五种。

（一）反映基本情况的调查报告

这类调查报告是写作主体在深入、系统地调查研究社会基本情况后写成的。它可以反映某一地区、某一领域、某条战线的基本情况，也可以报告某一事物、某个人物的基本情况。如《××市下岗职工基本生活状况的调查报告》。

基本情况的调查报告除了使读者了解社会生活诸方面的基本情况外，更主要、更直接的是给领导机关、决策部门研究、制定某种方针、政策、计划提供参考或依据。

（二）宣传新生事物的调查报告

这类调查报告主要是报告现实生活中涌现出来的新人、新事、新观念、新风尚、新发明、新创造等新生事物。如《在扶贫路上，不落下一个贫困家庭一个贫困群众——吉安市加快推进精准扶贫精准脱贫的调研与思考》。这类调查报告要求说明新生事物产生的背景、发展的过程、遇到的问题、现实意义和作用。在信息革命的今天，新事物层出不穷，扶持新事物正常、健康地成长的问题，越来越为人们所关注。这种调查报告着眼于“新”，这种“新”能反映社会风貌，能体现锐意进取的时代精神。所以，宣传新生事物的调查报告作为传递最新信息的载体的作用越来越被人们所重视。

（三）介绍典型经验的调查报告

这类调查报告因为主要是报告在贯彻执行党的方针、政策中的先进个人或先进单位的典型经验，所以它具有强烈的政策性和指导性。鉴于此，这种经验必须成熟、典型，具有榜样的意义，具有代表性和普遍意义的认识价值，具有强烈的启发性和说服力。如《农民参加保险好——对四川南充地区保险公司的调查》。这类调查报告若加以推广，便能以点带面，起到引路的示范作用，从而推动全局的工作。

（四）揭露问题的调查报告

这类调查报告是用大量确凿的事实，揭露社会生活中某单位、某个人违背人民利益、有碍于“四化”建设的种种倾向性的现象和弊端，以期引起社会和有关部门的重视，达到解决问题的目的。如《安居工程难安居——对一项优良工程质量问题的调查》。揭露问题的调查报告具有很强的战斗性及紧迫感，能起到振聋发聩、祛邪除恶的作用。

（五）考察历史事实的调查报告

这类调查报告是根据现实的需要，对某一尘封的重大历史事件、某一阶段的史实进行重新调查和审定，用确凿的事实还历史的本来面目，使事实真相大白于天下。其政治性、政策性都很强。它有着强烈的针对性和现实意义。它往往是历史发展到一个新的阶段时，对某个历史现象、历史事件的结论产生怀疑时，才去重新调查。大量的纠正冤假错案的调查即属此类。它意在恢复历史的原貌，作出实事求是的定性结论。

五、调查报告的写作

（一）掌握调查研究的艺术

调查报告是调查研究的产物，没有周密细致的调查，就没有成功的调查报告。深入实际进行调查研究，搜集大量的感性材料，是写好调查报告的前提和基础。调查研究是一种能力，也是一门学问、一门艺术。要写好调查报告，首先要搞好调查研究，掌握以下几个环节。

1．调查前的准备阶段

（1）要有正确的指导思想。调查前要学习和掌握与调查对象有关的党的方针、政策。这是调查的思想武器。有了这个武器，写作主体的观察、分析、判断就有了准绳，写出来的调查报告才符合政策精神，才能对调查对象作出符合实际的结论。

（2）要熟悉、了解调查对象。调查对象一经确定下来，就要根据调查的目的和任务，熟悉和了解调查对象的基本情况，查阅与本次调查有关的历史材料，并掌握现实情况，做到了然于心，为进一步深入调查做好充分准备。

（3）要制定调查提纲。调查工作应是有目的、有范围、有重点、有步骤地进行。所以调查前一定要制定出周密的调查提纲，才不至于临阵时乱了方寸，没有调查提纲，兴致所至的提问必然导致调查的失败。提纲大致应包括调查的目的、宗旨及要求，调查的对象、范围、要点和项目。

2. 调查阶段

（1）要有端正的调查态度。

①眼睛向下，尊重群众。社会调查离不开人民群众，它要求调查者不畏艰苦，怀着满腔热忱和求真求知的精神，放下架子，甘当小学生，拜民众为师。切不可以“钦差大臣”自居，更不能居高临下当审问官，那样会引起被调查人的反感，给自己的工作造成困难。只有尊重群众，平等待人，不耻下问，才能取得他们的信任、合作与支持。只有当群众把你当成知己时，他们才会知无不言，言无不尽。这样你才会取得调查的成功。

②实事求是，尊重事实。搞好调查研究必须一切从实际出发。调查者在调查的过程中不能戴着有色眼镜去寻找材料，取其所需，不中意则弃。这种先入为主的态度是不足取的。也不能为了迎合某种需要，歪曲事实真相。调查研究应反映真实情况，做到对成绩不夸大，对缺点及失误不隐瞒，服从真理，尊重事实。这样得来的材料，才能为正确的决策提供可靠的依据。

（2）要选择恰当的调查方法。

①个别访问　这是最常用的调查方法。它简单易行，个别交谈顾虑少，便于深入了解情况，大多数第一手材料常用这种方法获得。这种调查方法要注意选好被调查的对象。与调查内容有关的当事人、事件的参与者、知情者等是调查对象的首选。访问中要消除被访问者的顾虑、紧张和戒备的心理，建立起相互信任的关系，使调查在轻松、愉快的氛围中完成。调查中询问的技巧也是不可忽视的。这要因人而异，可采取正面提问、侧面探问、迂回询问、激将法追问等。

②开调查座谈会　这是在同一时间、地点里，对某一个问题进行全方位调查的一种调查方式。它可以节约时间，相互启发，集思广益，使其谈得更广、更深一些。参加会的人要有代表性，各种类型的人都应有。运用此调查方法要先发“安民告示”，把开会的目的、内容、要求告诉大家，使其做好准备。座谈会主持人要善于引导，避免出现冷场、沉默不语的僵局，或毫无准备、言不及义的侃侃而谈。主持人态度应亲切自然，围

绕会议宗旨，循循善诱，启发大家，使其畅所欲言，以便获得最佳的效果。

③问卷调查　这是一种书面调查的方法。把要调查的问题制成问卷，请被调查人填写，到期收回。把收回的问卷再进行归纳、整理、分析，使之成为具有参考价值或决策价值的信息。根据需要，这种调查可记名，也可不记名。多数问卷调查往往不记名，以便消除顾虑，减轻压力，使之获得真实的材料。

④实地观察　调查者亲自深入事发现场观察并了解事件产生、发展的过程及其背景。这种调查方法可以使调查者获得真切的现场感，从而把自己耳闻目睹的实声、实情、实景反映到调查报告中去，甚至可以为某些细节提供证据。这种调查的真实性和可信性都较高。

以上几种调查方法是最基本、最常用的调查方法。除此而外，还有查阅书面资料、听录音、看录像、蹲点、抓典型等的调查方法。调查者可根据不同的调查对象及自己的调查设备、条件，选取恰当的调查方法，以期达到最佳的效果。

3. 搜集、整理材料阶段

在调查的过程中要随时搜集材料，可以说这是调查的主要任务。材料是分析研究问题、解决问题的基础。它包括现实材料和历史材料，直接材料和间接材料，点上的材料和面上的材料，正面材料和反面材料。总之搜集材料宜多多益善，写作时才不会出现捉襟见肘的窘况。要对充分占有的材料进行认真、科学的分析研究。对材料不断地综合、分析、比较、鉴别、选择，即经过“去粗取精，去伪存真，由此及彼，由表及里”的加工制作，并从中提炼出调查报告的主题，找出带规律性的东西。

（二）调查报告的格式及写法

调查报告由标题、前言、主体、结尾、署名、日期等部分组成。

1. 标题

调查报告常用两种标题：

（1）公文式标题或揭示主旨，或说明调查报告内容范围。如《关于自贡市解决群众三难问题的调查报告》。

（2）新闻式标题可用单标题，提示调查报告内容范围，如《2016 年农村空巢家庭老年人状况调查报告》；或揭示其主旨，如《90 后新生代海归就业压力有多大》。可用双标题，正标题说明中心，副标题标明调查对象、事由、文种，如《单身只因你太“宅”——2016 福建婚恋状况调查报告》。

2. 正文

（1）前言

也可称为引言，它包括以下内容：

①有关调查工作本身的概况。如调查的起因、目的、时间、地点、范围、对象、经过和方法。

②有关调查对象的概况。如有关调查对象的背景、历史和现实状况。

③有关调查研究结论的概括。点明调查研究的主旨、肯定意义，指出影响，介绍主要内容或提出所要回答的问题。

不同的调查报告，对以上内容可有不同的侧重和取舍。也有的调查报告开头没有前言部分，直接从主体部分写起。这部分要扣住中心，写得简明扼要。

（2）主体

调查到的具体事实，总结出来的经验、问题和规律，都写在这一部分里。它是前言的延伸和发展，也是结论产生的依据。调查报告写得成功与否，主要取决于此。

（3）结尾

它是调查报告的结论部分，其写法多种多样。可以总结全文，深化主题；可以展望前景，催人奋进；可以归纳主题，强调意义；可以指出不足，引人思考；可以提出发人深省的问题，给人以启迪；可以提出建议，供领导参考等。有的调查报告没有专门的结尾段落，而是在主体部分就缩结了全篇。不管哪种写法都要求结尾简短有力，不要拖泥带水。

正文的结构形式有三种：

第一，纵式结构。它按照事物发生、发展、结局的先后顺序组织材料，把事物的来龙去脉报告清楚。这种结构形式体现出递进思路，要求线索单一、脉络清楚。

第二，横式结构。它根据事物的内在联系、问题的逻辑顺序组织材料，即按事物之间主次、并列、点面等关系安排调查报告的内容。它体现出总分思路，要求从不同的侧面、角度安排内容，注意各部分之间的逻辑关系。

第三，综合式结构。它是纵横结合交错使用的一种结构形式。它既有纵向的递进线索，又有横向的分门别类问题的排列。它要求重点突出，层次清楚。

3．署名及时间

常在调查报告文后右下方标明作者及成文时间。供报刊发表的也可在标题下署名。

（三）写作调查报告应注意的问题

1．观点与材料统一

调查报告是一种就事论理的公务信息文书，要求既要有观点，又要有材料，在观点与材料的结合上大做文章。观点是报告者从材料中抽象出来的结论，材料是调查得来的具体事实。光有材料的罗列，对其不分析，不讲道理，材料就缺乏统帅，就谈不上有理性认识的高度，只能是一篇流水账。光有观点，泛泛说些理论概念而缺乏材料，这样的调查报告内容空洞、言之无物。如果有观点，也有材料，但帽子大内容小，观点材料不协调，或者两者是牵强附会，勉强捏合，甚至两者脱节，这也必然是败笔。好的调查报告总是从大量的事实中抽象出科学的结论，鲜明地表示赞同什么、反对什么，并用有说服力的材料来加以证明。二者有机结合不可分割。这种事（材料）理（观点）交融、言之有物、实而不空的调查报告，一定会受到读者的青睐。

2. 坚持好而短的写作原则

调查报告要用事实来说话，但并不是事实用得越多就越好。因为这不但会使调查报告缺乏理性升华，降低其价值，还会把它写得拉杂、烦琐。即使是好的长文也容易使人望而生畏，弃而不阅。所以，应强调写好而短的调查报告，做到“以一当十”。坚持一篇调查报告只解决一个重点问题。如果问题太多可单独写若干篇，用调查报告之一、之二……的办法来解决，那样会收到事半功倍的效果，也能提高调查报告的时效性。

3. 恰当选用表达方式

写作调查报告主要是叙述、议论与说明。调查报告常常采用第三人称叙述调查的事实，介绍、说明情况，在此基础上通过议论说理，抽象出观点，揭示出事物内在规律，分析研究问题，并提出解决问题的办法。无论是前叙后议，先议后叙，还是夹叙夹议，叙述、说明都要简洁具体，议论要明确中肯。

例文：

在扶贫路上，不落下一个贫困家庭一个贫困群众

——吉安市加快推进精准扶贫精准脱贫的调研与思考

今年春节前夕，习近平总书记来到江西看望慰问广大干部群众。在吉安、井冈山等地调研考察时，他对乡亲们说：我们党是全心全意为人民服务的党，将继续大力支持老区发展，让乡亲们日子越过越好。他指出，在扶贫路上，不能落下一个贫困家庭，丢下一个贫困群众。扶贫、脱贫的措施和工作一定要精准，要因户施策、因人施策，扶到点上、扶到根上，不能大而化之。这些重要指示，对于我们大力推进具有标志性意义的井冈山脱贫攻坚，是一个巨大的激励和鞭策。

党的十八大以来，吉安市深入贯彻习总书记系列重要讲话精神，按照江西省委、省政府的部署和省委书记强卫提出的“脱贫要以产业为根、立志为本”的要求，把脱贫攻坚作为农村工作主战场和原中央苏区振兴重点任务，紧扣“两不愁三保障”目标，探索了基础设施扶贫、搬迁扶贫、产业扶贫、智力扶贫、劳务扶贫、保障扶贫“六大精准扶贫”措施和以一户一亩井冈蜜柚为重点的“四个一”产业扶贫模式，脱贫攻坚取得明显成效。全市农村贫困人口由2011年的59.8万人减少到2015年的27.2万人，贫困发生

率由15.6%下降到6.9%，4年减贫32.6万人。

围绕如何贯彻落实习总书记调研考察江西时的重要讲话精神，我们在认真调查研究的基础上深入思考，进一步明确了如何在脱贫攻坚工作中“作示范、带好头”，如何加快推进精准扶贫精准脱贫的思路和对策。

一、思想“导航”，扶贫先扶志，致富先治心

物质上的贫困贫一时，精神上的贫困贫一世。扶贫，应从扶志开始；致富，当从治心起步。

吉安作为革命老区，党中央、国务院和江西省委、省政府给予了特殊的关心和厚爱，原中央苏区振兴、罗霄山脉集中连片开发等为老区脱贫带来了巨大支持，江西省委、省政府安排11位省领导、52个省直单位挂点吉安脱贫攻坚。吉安市把脱贫攻坚摆在突出位置，安排市县各级干部挂点帮扶，特别是习总书记调研考察井冈山后，吉安市委、市政府迅速行动，安排17名市四套班子成员、17户有实力的企业、126个市直单位，对井冈山市所有乡镇和行政村挂点帮扶全覆盖，举全市之力支持井冈山率先脱贫。

但我们更清醒地认识到，要拔除穷根，与全国人民同步全面建成小康社会，仅仅靠外部支援还不够，根子上必须自身立志，紧紧依靠群众，激发老区发展的内生动力。为此，我们树立“戴穷帽可耻，摘穷帽光荣”的观念，广泛组织发动群众，不等不靠、自力更生，内外兼修、奋发有为。

立志，干部要为先。我们深刻认识到，井冈山革命老区脱贫，是弘扬井冈山精神的行动注解，更关乎我们党的政治信誉。当年整个井冈山革命老区追随毛主席、追随共产党参加红军的有18万多人，有名有姓的革命烈士达5万余名，为中国革命作出巨大牺牲和贡献。行程万里，不忘初心，让老区人民过上幸福生活是我们党对这片红土地的庄严承诺。习仲勋同志1985年来江西考察时，看到当时宁冈县农民人均收入只有184块钱。他说：“解放都三十多年了，改革开放也这么久了，老区人民还是这么穷，帮助老区脱贫是我们中国共产党的政治信誉。”时隔30年，习总书记在井冈山调研考察时表示：“我们党是全心全意为人民服务的党，将继续大力支持老区发展，让乡亲们日子越过越好。”“让乡亲们日子越过越好”这份“义不容辞的责任”正光荣地落在我们身上，沉甸甸地激励着我们。

立志，认知要清醒。这些年，吉安发展取得了长足进步，老区百姓生活大为改善，但差距不容忽视：吉安作为欠发达地区，全面小康实现程度仅为80.2%，其中城乡居民收入小康实现程度仅为60%。作为国定罗霄山脉集中连片扶贫开发区和原中央苏区振兴主战场，目前仍有5个国定贫困县、566个贫困村，还有27.2万人生活在国定贫困线以下，贫困发生率比全国高出1.2个百分点。这些贫困人口主要分布在集中连片特困地区，自然条件差，贫困程度深，脱贫难度大。

立志，群众要起来。最大的贫困是依赖心态，外部主导的扶贫既可能改变这种心态，也可能强化这种心态。唯有把老百姓的积极性调动起来，志气立起来，劲头鼓起来，脱贫致富才有希望，也唯有如此，老区才能具备自我积累、自己发展的能力。为此，新一轮脱贫攻坚中，我们更加注重调动群众脱贫攻坚的积极性，激发群众脱贫的强烈愿望，克服“等靠要”思想，从骨子里挖掘“病根”，激发其想脱贫、能致富的内生动力，真正发动群众干起来，“唤起工农千百万，同心干”，形成贫困群众自己与贫困作决断的战斗。

对照习总书记提出的扶贫、脱贫的重要要求，我们结合实际确立了脱贫攻坚三年决战的总目标：集中力量打好罗霄山脉片区脱贫攻坚战，力争全市每年减少农村贫困人口10万人，到2018年基本消除绝对贫困现象，贫困发生率降至3%以下；5个国定贫困县中井冈山市、吉安县今年率先脱贫摘帽，永新县、万安县在2017年、遂川县在2018年脱贫摘帽，在“十三五”时期坚决完成好总书记和党中央交给我们的政治任务。

二、斩断“穷根”，杜绝大呼隆，精准下功夫

小康路上，“一个也不能少”。大而化之的脱贫方案已经不合时宜，必须坚决杜绝以往走访式、粗放式、大呼隆式的扶贫。

领会习总书记关于扶贫攻坚“贵在精准，重在精准”的要求，落实扶真贫、真扶贫，首要解决“扶持谁”。

变“面上掌握”为“逐户摸准”。从2012年开始，吉安探索并推广“核定对象、分类施策、责任帮扶、限期摘帽”的精准脱贫工作机制——组织661个调研组深入走访摸底核查，在精准识别的基础上，按照贫困户贫困情况差异，将贫困户分为“黄卡户、红卡户、蓝卡户”三类，实行分类施策。对有一定劳动能力、占贫困人口近70%的黄卡户和红卡户，重点帮助发展产业、增加务工收入，把他们从贫困线下“拉”回来；对年老体弱或因病因残丧失劳动能力的蓝卡户，则采取特惠性措施予以保障“兜底”。

变“固定受益”为“动态管理”。不仅“户有卡、村有册、乡有簿、县有电子档案”，而且动态管理，“贫困在库、脱贫出库”。为确保扶贫对象真实、精准，今年1月和3月先后两次在全市开展专项检查，重点解决了精准识别中优亲厚友、不够公平公正，贫困户甄别标准粗糙、不接地气，工作作风不扎实、不深入、不细致等问题，特别是对一些已经脱贫的群众及时剔除出了贫困库，实现了由精准识别到精准甄别的转变，确保了脱贫攻坚底数清、靶向准、针对性强。

其次解决“怎么扶”，坚持宏观普惠式与微观精准式双向发力。

“十二五”时期，吉安市立足实际，统筹推进搬迁、产业、基础设施、劳务、智力、保障“六大精准扶贫举措”，探索了一条适合老区的脱贫新路子，取得了明显成效。“十三五”时期，我们将坚持推进“六大精准扶贫举措”不动摇，特别是抓住“牛鼻子”，

着力打好产业扶贫、安居扶贫和保障扶贫三大攻坚战，让贫困户“住上砖瓦房、种上摇钱树、走上致富路”，如期脱贫，共奔小康。

打好产业扶贫攻坚战。小康不小康，关键看老乡。为避免走入“一个一千万，八九穷光蛋”的平均数小康，我们一是抓现代农业的引领。大力鼓励、支持、引导贫困户加入到井冈蜜柚、茶叶烟叶、高产油茶、绿色蔬菜和竹木花卉等六大特色富民产业中来，鼓励因地制宜发展传统本土产业，增收致富。同时在市本级及各县努力办好一个真正意义上的现代农业示范园，引进了一大批现代农业项目，成为农业开放的主平台、农业产业的孵化器和培训农民的重要阵地，真正做给贫困群众看，带着贫困群众干。二是抓贫困群众千村万户的参与。吉安举全市之力大力实施井冈蜜柚“千村万户老乡工程”，引导群众在荒山荒坡、房前屋后种植井冈蜜柚，政府无偿提供每户 30 株柚苗，每年扶持 5 万户农户，户均可从中增收万元以上，为广大农民打造了一个增收致富的“绿色银行”。目前已有 14.5 万农户参与“老乡工程”，种植面积 9.5 万亩，三年后可达 15 万亩以上。调研中，老百姓称：“家有一亩柚，就是万元户；家有十亩柚，小康不用愁。”三是抓农民的组织化程度。这是很关键的。吉安或龙头带动，或抱团发展，或合作经营，或托管经营，把贫困户牢牢拴在农业产业链、价值链上。吉安县永阳镇江南村将荒地、旱地利用起来，通过统一流转、统一规划、统一种植、统一管理、按股分红、贫困户全覆盖的“四统一分”模式发展井冈蜜柚，贫困户由县财政担保贷款入股，病残户、孤寡户、五保户在村两委的帮助下无偿入股，做到家家种蜜柚、户户是股东。

打好安居扶贫攻坚战。为落实贫困户“居者有其屋”，我们把改善贫困群众居住条件作为脱贫攻坚的突破口，同时认真解决空心村、危旧房改造问题，坚决打一场拆旧建新、空心村整治、落实一户一宅的攻坚战，一场节约用地、保护耕地、传承民居传统文化的保卫战，一场“抓两头带中间”的美丽乡村建设、统筹城乡发展的持久战。实践中，或拆旧建新，或加固改造，或“交钥匙”，或整村搬迁，充分发挥村民自治作用，统筹运用村民自治手段、经济手段、法律手段和行政手段，因地制宜，充分尊重群众意愿，实施农村土坯房、危旧房改造和移民搬迁“三位一体”农村安居工程，将全市 12.6 万户危旧土坯房一揽子纳入攻坚范围，确保“不让一户贫困户住在危旧房里奔小康”。

打好保障扶贫攻坚战。对没有劳动能力的贫困群众，通过低保措施保障其基本生活，做到“一个都不能少”。全市 14 万农村贫困人口纳入农村最低生活保障。在完善兜底保障的同时，实行“一户一亩井冈蜜柚”保障计划，为贫困户加上一道“双保险”。

在打好三大攻坚战的同时，统筹推进教育脱贫、旅游脱贫、生态补偿脱贫等，保障贫困户家庭收入可持续、不返贫。尤其是立足于阻断贫困代际传递，把教育脱贫作为扶贫工作的治本之策来抓，通过设立“圆梦助学金”，在各级中学开设励志班，对贫困户子女就读普通高中免除学杂费、就读市内中职学校享受生活补助，积极资助贫困学生上学。大力恢复农村教学点，充实教师力量，变“学生走读”为“老师走教”，方便农村孩子就近入学。同时着力办好吉安职业技术学院和每县一所职业技术学校，50%以上的学生来自农村贫困家庭，并整合打造了职教联盟，引导教育投入向职业教育和贫困学生倾斜，构建“招生—成才—就业—跟踪管理”的职教服务体系，努力放大职业教育对脱贫攻坚的带动效应，让贫困家庭孩子用知识改变自己和家庭命运，阻断贫穷的代际传递。同时，为了把农村教育、健康医疗和实用技术送到贫困群众手上，由政府买单，为贫困村订单式免费培养农村教师、乡村医生，扎实推进农村实用技术培训和推广，各级农技人员定期下乡办班讲课，深受群众欢迎。

三、统筹协同　笃行更谋远，打好融合仗

吉安作为传统农业大市，群众生活还不富裕，脱贫攻坚任务艰巨。如何让吉安在农业农村工作中大有作为，我们在调研后进一步明确：一方面要发挥好自身优势，大力发展现代农业，推进美丽乡村建设，提升“三农”工作水平；另一方面要补齐短板，把脱贫攻坚与发展现代农业、美丽乡村建设等结合起来，使扶贫效果可持续，实现永续发展。

精准脱贫与发展现代农业相融合。深入的调研使我们认识到，农业产业化和现代化是农民群众能脱贫、可致富、不返贫的关键。以工业化的理念谋划农业，以项目化的手段推进农业，目前，吉安已形成了以井冈山国家农业科技园为龙头、各县（市、区）园区为支撑的“1+13”现代农业示范园区体系。市本级和13个县（市、区）都规划建设了一个核心区2000亩以上的现代农业示范园，探索建立“园区+企业+农户”联结机制，引导龙头企业与农民结成利益共享、风险共担的经营共同体，让农民成为农业现代化的“主角”和受益者，在这里能够真正“学得到良法、拿得到良种、找得到市场、分得到红利、看得到希望”。

精准脱贫与美丽乡村建设相融合。吉安积极探索并形成了“严格规划、带状推进、镇村联动、扩权强镇、产业升级、生态永续”的美丽乡村建设思路，按照“五美”内涵，遵循“八不八多”理念和庐陵风格，狠抓农村规划和建房管控，打造了一道道靓丽的风景线。由点到线——绝不仅仅做几个参观点，而是由村到镇、由局限的村庄整治到产业发展的变化；由内而外——绝不搞简单的“穿衣戴帽”，而是坚持物态（庐陵风格）、生态（绿化）、文态（庐陵文化）、业态（产业）“四态合一”；由表及里——绝不仅仅是“面子工程”，而是包括环境整治、危旧房改造、空心村整治、移民安置、雨污分流、管线下地等，既重“面子”，更重“里子”。每一个脱贫新村，就是一个美丽乡村。

精准脱贫与新型工业化、现代服务业相融合。我们明确提出，贫困家庭的剩余劳动力确保每户一人就近在所在地的工业园区企业务工，实现“一人务工，全家脱贫”。为此，辖区内各工业园区都开通了公交班线，方便贫困群众进园务工，初步实现了“在工业园上班、在新农村居住”。为确保农民尤其是贫困群众在工业园区能深扎根、留得住，吉安全面开展“订单式”培训，为企业提供优质充足的劳动力，促进企业扩产升级。同时积极扶持贫困对象就业创业，鼓励有创业愿望、有一技之长、有一定经验的贫困群众开农村淘宝店、个体经营店，创办小微企业，推动大众创业、万众创新，激活产业升级的“毛细血管”，助推现代服务业发展。

四、“领”干牵“头” 秉承严和实，作风须过硬

脱贫攻坚关键靠实干，作风过硬才能见实效。精准扶贫的“战场”，也是检验干部纪律作风的“考场”。

吉安老区加快脱贫，时间紧，任务重，意义大，这更加考验着老区干部的作风和作为，担当和毅力。习总书记在江西调研考察时指出：井冈山时期留给我们最为宝贵的财富，就是跨越时空的井冈山精神。今天，我们要结合新的时代条件，坚持坚定执着追理想、实事求是闯新路、艰苦奋斗攻难关、依靠群众求胜利，让井冈山精神放射出新的时代光芒。我们理解，弘扬跨越时空的井冈山精神，就是要拿出当年的信念和定力，各级党员干部带头冲在脱贫攻坚第一线，带领贫困群众一块苦、一块干，共商脱贫致富大计，在这一轮脱贫大考中经受考验、当先锋、站前列，以实际行动践行跨越时空的井冈山精神。

为此，吉安要进一步建立健全“领导挂村帮户、单位蹲村驻点、干部结对帮扶”的责任帮扶机制，对脱贫工作做到“四有三过硬”，即心里有数、方略有谱、工作有序、脱贫有望，时间过硬、作风过硬、工作过硬。

干群“1+1”，帮扶更精准。脱贫目标的精准，倒逼我们绝不能实施粗放式的帮扶，必须力求干群“一对一”帮扶、“一个不落下”。挂村方面，市委、市政府主要负责同志和分管同志每人挂点帮扶2个贫困村，其他厅级干部每人挂点帮扶1个贫困村，每个市直单位挂点帮扶1个贫困村；帮户方面，每位厅级干部帮3户、县级干部帮2户、科级以下干部帮1户，带动全市1172个工作组、2.5万名干部进村入户挂点帮扶，实现所有贫困村全覆盖，实现产业、项目、资金、干部帮扶、保障、跟踪管理“六个到村到户”。

“党建+扶贫”，成效更凸显。党的农村基层组织是党在农村全部工作和战斗力的基础，是农村各种组织和各项工作的关键。为此，我们在扶贫攻坚战役中，要进一步发挥各级基层党组织的战斗堡垒作用，全面推行“党建+脱贫攻坚”工作模式，探索试行“131”治理模式，狠抓基层廉政建设，健全村级“资产、资金、资源”管理，强化基层党组织核心地位，规范组织职责、规范工作程序、规范干部行为，注重村党支部、村小组干部和村民理事会、监事会发挥作用。把脱贫攻坚与“两学一做”活动结合起

来，认真研究帮扶机制和办法，切实把帮扶工作落到实处。选派 679 名优秀年轻干部担任贫困村“第一书记”，按照“时间过硬、作风过硬、工作过硬”的要求，吃住在村、工作到户，每月驻村工作时间不少于 20 个工作日。“派去一名‘第一书记’，带去一张脱贫规划”，成为各地生动实践。我们还深入推广“干部学用技术”“干群心连心，点亮微心愿”“红色扶贫信贷”等经验做法，在农民合作社、家庭农场等农村经济组织上建立 715 个党支部，发挥核心引领作用。

“社会＋合力”，力众贫困移。井冈山市、吉安县今年率先脱贫摘帽，我们把它当铁一般的任务坚决完成。特别针对井冈山率先脱贫的特殊困难，采取系列措施，领导挂乡、单位挂村、企业扶乡，市财政专项安排 1000 万元，举全市之力帮助井冈山打赢脱贫攻坚战。

“没有比人更高的山，没有比脚更长的路。”我们相信，80 多年前缔造中国革命传奇的大地上，一定能再次打赢这场老区振兴、共奔小康的脱贫攻坚战。

（作者为中共前吉安市委书记王萍）

（《光明日报》2016 年 4 月 27 日第 10 版）

第二节　简　报

一、 简报的含义及作用

简报是机关、团体、单位用来汇报工作、传递信息、交流经验的上下左右通用的一种信息文书。

简报的使用范围越来越广泛。它可以下情上报，向上级有关部门反映情况，汇报工作；它可以上情下达，把上级有关部门的指导性意见、精神、意图及时传达给所属基层单位；它可以在平级间相互转发，沟通信息，交流经验。它在公务活动中发挥着重要的舆论工具的用途，因此被人们誉为公务信息文书中的“轻骑兵”，使用率极高。

二、 简报的特点

（一）简

简报姓“简”，顾名思义，它应含有简明、简练、简要的意思。简，不仅是指文字少、篇幅短，更主要的是它追求用少量的文字概括出事实的精髓及意义。如果写得烦琐、冗长，就失去了它固有的属性。它以简取胜，几百字、千把字做到文约意明。但也不能因简短而失之疏漏。

（二）快

这是指反映问题迅速及时，强调时效性。简报发挥作用的大小，与它传递信息的快与慢是成正比的。发现问题，反馈情况要及时上报，以便领导掌握新动态，好不失时机地指导工作。新鲜经验要尽快交流，以便总结推广。有的问题要抓紧解决，时过境迁，问题发生质的变化，才来过问，那会使工作处于被动局面，甚至会造成损失。当然，快，决不等于粗制滥造。

（三）新

简报的内容要富有新意。要把关注的目光投向新事物、新经验、新情况、新问题、新动向，并迅速将其反映出来，给人以启迪、借鉴、警戒。缺乏新意的简报是没有生命力的。只有那些内容、观点具有新意的简报才能开拓新的工作领域，才能推动工作进一步向前发展。

（四）真

简报的内容是真实、客观的，没有虚构和想象，没有人为的"包装"。哪怕一个细节、一个数据都经得起客观事实的检验。可以说真实是简报的生命，一旦失真，也就失去了简报存在的价值。

三、简报的分类

（一）工作简报

工作简报是机关、团体、单位用以反映工作进展情况的简报。它分为定期和不定期两种。它可以介绍工作经验、工作方法，也可以反映工作中出现的问题。一段时期的简报大致能反映出该单位在这段时间的工作情况。如四川师大高考阅卷场，每年在阅卷期间不定期地出几期《阅卷工作简报》，反映阅卷工作的进展情况。

（二）动态简报

动态简报是机关、团体、单位用以及时、简明地反映不同群体的人在新形势下的各种思想动态及新近发生的重大事情、新近出现的新情况、新问题、新动向的动态性简报。

（三）会议简报

会议简报是机关、团体、单位报道、交流有关重要会议的内容及反映重大会议进展情况的简报。它的时间性很强。其内容包括会议的准备情况、会议的内容、领导的讲话、代表的发言、会议决定等。它一般由会议秘书处或主办会议单位在会议期间编写，会议结束即终止。

四、简报的写作

（一）简报的基本格式

简报由报头格式、正文格式、报尾格式三部分组成。

1. 报头格式

简报的报头在首页上方，约占 1/3 的版面。它包括简报名称、期数、密级、份号、编发单位、印发日期等内容。

2. 正文格式

一期简报由一篇或数篇文章组成。如果是多篇文章组成的一期简报就应写目录。

例如：

共青团云南大学委员会

团　学　工　作　简　报

2015 年下学期第六期

（总第 126 期）

共青团云南大学委员会编印　　2015 年 12 月 30 日

目　录

〖团学快讯〗

2015 年秋季学期校团委学生干部干事述职报告会

首届校园模拟招聘大赛圆满结束

云南大学首届校园导游大赛落幕

〖园区简讯〗

2015—2016学年上学期梓苑学生自律委员会干部补选报道

梓苑"欢庆元旦·文明考试"系列活动

〖学院巡礼〗

商旅学院学生会艺术团为第七届中国旅游论坛添彩

爱撒洋浦——城建学院青协开展防火防盗宣传活动

正文前需要有标题，字号小于简报名称而大于正文的字号。它在间隔线下居中的位置。正文结束后在右下角用括号标出供稿者，如供稿者即编发者就不用标出。

3. 报尾格式

它位于简报最后一页的末端处。它的上方有一条间隔线与正文相分开。它包括发送范围和印发份数。发送范围指可以阅读此简报的对象。对上级、平级用"送"，对下级用"发"。在右下方须明确标出"共印××份"。

例如：

送：××××。

发：××××。

（共印××份）

（二）写法

1. 标题

简报的标题多为一行题，如《得人心者得人才》《"廉"花朵朵开　清风正气扬》。也有正副双行题，如《坚持标准质量第一——记语文科评卷工作》。标题要求简洁、醒目，能准确概括其内容，对读者有一定吸引力。

有的简报在标题下有编者的"按语"即"编者按"。它是编者观点的体现，是简报编者对所编简报材料附加的说明、提示、评论的一段文字。编者按根据不同的内容可分为三种：

明式按语主要是向阅知者简要介绍背景，交代编发此材料的原因、目的或推荐有关材料。

提示式按语主要是向阅知者提示内容的重点和要点，并加以必要的强调，以帮助其阅读时抓住重心，掌握要领。

评论式按语主要是对简报所编发材料的表态和评价，或强调典型指导意义、作用，或指出偏颇及不足之处，或指出值得注意的倾向问题，以引起重视。

不管哪种按语的写作都要做到：第一，符合原文的基本精神。第二，既依附于编发的材料，又不拘泥于此，还应高于它。按语游离于材料，就成了无源之水、无本之木。拘泥于编发的材料就没有什么价值，而应依托编发的材料来指导一般。把其提高到一定政策、理论、思想的高度来认识、评价，才能以高人一筹的见解，给阅读者以启迪。第三，要言简意赅，中肯、新鲜，针对性强。第四，忌用武断的命令语气写作，而应用商讨性、期望性的委婉语气表达。

例文：

去年，我们在州政协十一届四次会议期间创办了《简报》，多视角报道了政协会议全貌，多侧面反映了政协委员参加会议情况，重点刊发了相关领导在政协全会上的讲话精神和政协委员在分组讨论、专题论坛、大会发言中所提出的意见和建议。在为参加会议的领导和政协委员及时全面了解政协全会进程和委员建言献策情况、进一步激发广大政协委员履行政协职能的热情、提高政协全会的质量和成效等方面发挥了积极作用。今年，我们将继续秉承服务会议、服务委员的宗旨，努力把《简报》打造成全面反映会议情况的平台、委员建言献策的平台。

2. 正文

（1）基本内容

前言　简报开头的话。或用简洁的语言提纲挈领地写出简报的主要内容、点明其中心；或交代清楚时间、地点、事件、人物、原因及结果，给读者一个总的印象。

主体　它是简报精华，核心所在。它承接前言并把它的内容具体化。这部分的写法较灵活，没有固定的模式，它因简报的内容不同而各异。

结尾　或用一句话或几句话概括主题，或对全文做小结，或指出不足及存在的问题，或提出今后的打算。内容较多、事情较复杂的简报才写结尾。内容单一的简报一般就在主体部分缩结全篇，不需要一个专门的结尾段落。

（2）常用写法

总分条文式　将材料分条列项写出。开头或概述情况，交代背景，或概括全文主要内容，或提问揭示重点。然后再分条写明所做的工作、取得的成绩、归纳的经验、反映的意见或存在的问题等。

列小标题式　它把简报的材料分成几个部分来写，部分与部分之间用小标题衔接，每个小标题应概括这部分的内容，简报内容涉及面较广泛就可采用此法。会议简报一般采用此法。

新闻报道式　简报的内容采取新闻那种导语、主体、背景、结尾的格式来安排材料。反映重大事件、重要活动情况的简报多采用此法。这种写法应交代清楚时间、地点、事件、人物、原因及结果。

转发式　转发式简报指的是把有关单位的有关材料，转登在所编发的简报上。所登材料要有借鉴或警戒的参考价值。

集锦、动态式　这种简报是围绕一个中心，选取不同的典型材料（事件、情况、问题、动态），分别写成几则“事件情况”“动态”，把它们集纳在一篇简报中，从不同的侧面表现同一主旨。

数据、图表分析式　有的简报采用数据统计、图表统计加以文字分析的形式，通过定性定量分析，客观、全面地反映情况，说明问题。

不管采取哪种写法，都要求材料要典型、具体、充分，观点应鲜明，层次须清晰，做到言之有序。

3．写作简报应注意的问题

写作简报首先须实事求是，全面、真实、客观地反映情况。反对报喜不报忧，反对合理想象，反对以偏概全。其次，内容要新，使人读后有耳目一新的感觉。再次，编发须及时，以加强信息的有效性。最后，语言应简洁，往往一事一报（动态简报除外），把情况说明即可。如果问题多，可分作几期编写。

例文：

州政协十一届五次会议简报

第3期

大会秘书处　　　　2012年1月10日

编者按：1月9日上午，来自各族各界的政协委员，肩负全州人民的重托，参加了州政协十一届五次会议开幕会。会上，省委常委、州委书记张××在讲话中对政协工作提出了新的要求，州政协主席高×在常委会工作报告中对政协工作作出了新的部署。

张××书记对政协工作提出新的要求

开幕会上，省委常委、州委书记张××在讲话中对今后政协工作提出了新的要求。全州各级政协组织和全体政协委员要切实肩负起历史和时代赋予的光荣使命，着力研究全面建设小康社会新要求对政协工作赋予的新使命，着力研究开发开放新形势对政协工作提出的新课题，着力研究不同阶层、不同民族、不同信仰、不同方面人士对政协工作的新期待，多献加快发展之策，多尽促进和谐之力，积极投身到推动延边实现跨越发展的宏伟事业中，努力创造新业绩，不断开创新局面。全州各级政协组织要从加快“富庶、开放、生态、和谐、幸福延边”建设出发，紧紧围绕一些事关全局、事关长远的重大问题和重点工作，积极为州委、州政府建言献策，进一步把政协的人才优势和智力优势转化为工作优势、发展优势。当前，要紧紧围绕州委九届十四次全会确定的各项工作任务，重点在提高招商引资和项目建设水平、加快特色城镇化建设、提升开发开放层次、推进文化产业发展和深化文化体制改革、搞好州庆60周年活动、农村环境提升等方面开展深入调研，提出可操作性的建议，帮助党委政府破解难题、聚合力量，助推延边加快发展。要充分发挥在改善民生、维护稳定、促进和谐等方面的独特优势，坚持以人为本，善于把党的主张转化为广大群众的思想共识和自觉行动，不断促进党群、干群和谐，进一步筑牢党执政的社会基础。要主动适应新形势、新任务对政协自身建设提出的新要求，深入贯彻落实州第十次党代会和州委九届十四次全会精神，以改革创新精神加强自身建设，推进政协履行职能的制度化、规范化、程序化。

高×主席对政协工作作出新的部署

州政协主席高×在常委会工作报告中指出，2012年全州政协组织和广大政协委员要紧紧围绕州第十次党代会提出的“开放先导、项目带动、城乡统筹、文化引领、民生优先”的发展战略和“加快建设富庶、开放、生态、和谐、幸福延边”的奋斗目标，发挥智力优势，积极建言献策，努力推动延边经济社会发展实现新跨越。围绕建设富庶延边，组织委员对招商引资和重大项目建设、扩大内需、促进消费等进行调研视察，为我州经济总量实现大幅跃升，各项经济指标稳步增长建言献策，努力助推我州主要经济指标增幅进入全省先进行列。围绕建设开放延边，组织委员针对《长吉图规划纲要》中关于将我州建设成为“现代物流基地”的战略定位，开展全州物流业发展情况的调研，研究探讨加快物流示范城市、物流园区、物流集散地建设问题。开展对俄贸易视察，在扩大经贸合作、推动大流通、大商贸等方面提出建议，为全力打造开发开放新高地作出努力。围绕建设生态延边，组织委员对农村卫生环境建设进行视察，重点在村屯整治、改善村容村貌等方面提出建议。对我州林产工业发展情况进行调研，重点研究转变林业发展方式、搞好林业生态建设问题。开展“关注森林”活动，努力推进生态州建设，为使延边青山绿水蓝天长在、人与自然和谐共生作出贡献。围绕建设和谐延边，组织委员围绕促进文化繁荣发展进行调研，重点研究朝鲜族文化的传承、保护和挖掘，文化与旅游业、高新技术产业以及特色城市建设相结合等问题。同时，在物业管理、妇幼卫生、“六五”普法、禁毒工作等方面开展调研视察，积极推进社会管理创新，努力维护边疆长治久安，促进民族团结进步。围绕建设幸福延边，组织委员对增加城乡居民收入方面进行调研视察，重点在专业农场建设、畜牧特产业发展、增加农民收入等方面提出参考意见。同时，继续开展好“三帮扶”活动，组织政协委员和机关干部深入基层帮助贫困户排忧解难，努力使更多群众摆脱贫困，为增进各族人民新福祉积极作为。

（供稿：材料宣传组）

第三节　公务信息

一、公务信息的含义与作用

公务信息是机关、团体、单位在公务活动中及时反映公务活动运转情况，为领导决策和科学管理提供信息服务的一种信息文书。现代社会，信息极其重要。信息、材料（物质）、能源被誉为社会的三大支柱。在当今这个时代，谁掌握了最重要的信息，谁就掌握了行动的主动权，谁就是竞争中的佼佼者。一个国家掌握和利用信息的程度如何，直接反映了一个国家现代化程度如何。甚至有人认为，最有希望的民族是最能利用信息的民族。“信息是效率”“信息是生命”在今天已逐渐成了人们的共识。

公务信息在公务活动中有着极大的作用。它可以为领导决策提供服务。领导工作是离不开信息的，如果没有信息，就会变得耳不聪、目不明。听不到群众的呼声，看不到灿烂的前景，就不可能制定出高瞻远瞩的方针、政策来指导工作。所以，信息是决策的基础，领导决策过程的前、中、后都需要信息。全面、准确、及时的信息是做出切合实际、正确无误决策的依据。在执行、实施政策的具体过程中，有什么经验，或存在哪些问题也需要反馈的信息。反馈信息可作为判断、检验政策、决策正确与否的主要尺度。它可以沟通、协调、改善部门与部门、单位与单位之间的关系，能加强上下左右之间的联系。任何部门、单位都需要和其他部门、单位发生关系，互通信息。一个企业、一个单位要想发展进取，开拓未来，必须要信息灵通。可以说现代社会组织的生存、发展的快慢都是和掌握信息程度及传递信息的速度密切相关的。

二、公务信息的特点

（一）政策性

各机关、团体、单位领导决策层的主要任务是制定、贯彻执行政策。各项工作的优劣成败，都与制定、执行某种政策有关。因此，为机关、团体、单位领导决策层提供信息服务的公务信息，不管是传达上级指示，或是制定决策，或是反映情况，总是要涉及政策。所以公务信息具有政策性的特点，这也是它和其他信息的不同之点。

（二）广泛性

领导决策层的工作，涉及面广，要涉及政治、经济和社会生活的各个领域。因此，这就决定了公务信息的广泛性。它必须反映社会生活的方方面面，以助决策层开阔视野，把握全局，制定出对路的方针、政策。这一特点使它和主要反映本部门、本系统工作情况的简报区别开来。

（三）宏观性

机关、团体、单位领导的职能主要是宏观管理、宏观调控，对重大问题进行决策。因此，辅助领导决策的公务信息也就具有了宏观性。它应着重反映关系全局的、战略性的、方向性的、高层次的重大问题。这是它和反映事情可大可小的简报的一个重要区别。

（四）及时性

公务信息的撰写、制发都要求迅速及时，不允许放马后炮。信息的价值在很大程度上取决于时效。为决策者提供信息服务的公务信息必须提供最新的信息，特别是那些最重要的事件、情况，重大事故、灾情更是需要及时提供以便领导决策参考。决策迅速及时，可以抓住战机，避免不必要的损失。要做到这一点，就要求公务信息反映要快、搜集要快、整理要快、传递要快。迟到的信息，就失去了应有的价值。信息社会是机遇与挑战并存的社会，领导者若能得到及时的信息服务，就能抓住机遇果断决策。

（五）真实性

公务信息所反映的内容必须是真实的。它是信息工作者主观意识之外客观存在着的事物，不是他们主观臆造、合理想象的。真实性是公务信息的生命所在。它的真实与否直接影响到决策的正确与否，如果为领导决策服务的公务信息提供的情况有水分，或夸大或缩小，甚至弄虚作假，是捏造、歪曲、粉饰的东西，那么带来的后果不堪设想，它会导致决策的失误。

三、 公务信息的格式及写法

公务信息的基本格式与简报类似，也采用专用版头形式印发，常用“××信息”“信息快报”之类表示。

公务信息的标题要能一语破的，反映出信息的主要内容，让人一看就知道信息的核心内容是什么。

正文可采取简报的各种形式撰写。可以采用记叙式、说明式、议论式写法。

记叙式写法即只需要把时间、地点、人物、事件的主要内容及结果概述出来。也就是只摆事实，不写结论，供领导决策时参考。

说明式写法即对某些事物的性质、特征、状态、背景、来源、作用、方法进行介绍说明。它不需要对以上情况一一说明，只要抓住重点，准确地说明问题即可。它多用于介绍情况的信息。

议论式写法即根据内容需要，可先议后叙，开门见山，拿出观点；可先叙后议，步步深入。不管采取哪种方法，都要求在事实情况的基础上议论，反对空发议论。这种写法应把问题提高到理论的高度去认识，为领导决策当好参谋。它多用于政治、思想、经济等方面有全局意义的信息。

公务信息虽然在为领导决策层提供信息服务时也可能带有主观色彩的褒贬、抑扬的倾向，但从总体来讲，它更多的是提供问题和情况，坚持用事实说话，不妄加评论。

四、 写作公务信息应注意的问题

（一）高瞻远瞩，树立参谋意识，撰写有价值的公务信息

公务信息要为领导决策服务，这就要求撰写者应有参谋意识。要围绕决策需要，立足全局，尽可能提供全面、系统、新鲜的信息。如贯彻执行党的方针、政策中出现的新情况、新问题、新经验，广大群众关注的热点问题，突发的重大事件、重大灾情等。总之，应对领导的意图有深切的了解，急领导所急、想领导所想，拿出经过认真筛选、分析、比较、综合的信息，供领导决策时参考。

（二）注意信息的质量，提供及时、真实、适用的信息

对搜集到的信息应加工、筛选、鉴别。因为并非所有的信息都在一个档次上，都有同等的价值。所以应尽量为领导提供高层次、高质量的信息。高质量的信息除具有及时性、真实性外，还要有一定的广度和深度。所谓广度，是指无论从什么角度、方面、层次编写信息，都要注意内容的广泛性。要通过典型的事例、数据及其他材料，反映出政治、思想、文化、工交、财贸、机关、学校等各方面的真实情况、全面情况。提供的信息量越大、越全面，越能克服决策中的片面性。所谓深度，是指透过现象看到本质。要经过“去粗取精，去伪存真，由此及彼，由表及里”的分析研究，从感性认识上升到理性认识，探索事物的发展规律，才不至于把目光仅仅停留在反映一般的工作情况、偶发

事件等直观、感性的初级信息上。而应花大力气，搞好调查研究，克服主观随意性，经过综合分析，剖析事物的内在联系，揭示事物的本质。不仅要提出问题，分析问题，还应提出解决问题的意见、建议。

（三）运用发展的观点，增强信息的预测性

在有的情况下，某些事实存在着构成信息的某些条件，在它的变化发展过程中，总会有前兆显露，预示着可能发展成为重大事态，或可能是一个很好的势头。公务信息不只是要反映已经发生的事实，还要注意预测未来，抓住苗头性、倾向性的问题，探索事物发展的趋势和前景，为领导决策提供超前服务。公务信息的撰写者一定要用发展的观点看问题，一定要有敏感的信息意识，一旦发现新情况、新问题、新事物、新矛盾的蛛丝马迹，就能从历史和现实的运动轨迹中科学地预测出事物发展的方向、发展规律。公务信息若能为领导提供预测性信息，就会大大提高公务信息的价值。

第十章 日常事务文书

第一节　日常事务文书概说

一、日常事务文书的含义

它是指党政机关、社会团体、企事业单位在处理日常具体事务时使用的、具有广泛实用性和某种惯用体式的文书。

二、日常事务文书的特点

（一）广泛性

随着社会的发展与进步，人们的社会交往、信息交流日益频繁，工作中交换意见、商洽事务的相互联系越来越广泛，事务文书在其中起着重要的交际工具的作用。它在处理公务、解决问题中具有多种功能，所以上下左右都可以使用。在现代社会里，凡有人群的地方，人与人之间就有信息的交流、就有人际关系的交往，所以就一定有事务文书的用武之地。

（二）实用性

日常事务文书在处理公务中有很大的作用，所以它的使用频率比其他公文高，应用范围更广。可以这样说，实用性是日常事务文书写作的出发点和终结点。如果失去了实用性的特点，就没有日常事务文书的存在价值。一则启事、一份声明、一纸聘书、一张海报可以激发起人们的参与意识，并作出积极的反应。

（三）体式性

日常事务文书在长期的使用过程中，逐渐形成了约定俗成的固定格式和习惯用语。这一点是区别于其他文种的标志。如感谢信有“此致敬礼”的惯用语，而写海报就没有“此致敬礼”的说法。正是因为不同的事务文书有不同的固定格式和惯用语，才使我们把不同的事务文书区别开来，便于写作和应用。如果写作中违背了特定的固有格式，就会给工作带来麻烦。

（四）兼容性

部分日常事务文书例如启事、声明、感谢信等，机关单位可以使用，家庭、个人也可以使用，其性质具有兼容性。不能单从文种来断定其属性，而要从作者判断其属性。

三、日常事务文书的分类

日常事务文书多种多样，因所持的标准不一，站的角度有异，分出的类别就不相同。我们把它分为告启文书、公务书信、礼仪文书三类。

第二节　告启文书

告启文书是指机关、团体、单位就某一事项提请公众注意或要求其协助时，通过张贴、标牌或广播、电视、报刊等形式向社会公开说明、宣传、介绍使其周知的一种应用文。

它内容单一集中，写作简便，传递迅速，在社会生活中得到广泛运用。常用的有启事、声明和海报。

一、启事

（一）含义及用途

启事是机关、团体、单位有事情需要公开告诉民众，或希望别人给予支持，协助办理某事时所使用的告启文书。

启事使用广泛，处理公、私事务均可使用，其性质因作者属性而定。机关、团体、单位需要公众周知某些具体事项，不必或不能以通告、通知、公告等文种行文时，则可用启事。它不如机关常用公文那样具有较强的约束力和强制性，多具祈请性、商洽性和周知性。

（二）基本格式及写法

启事的种类很多，如寻人启事、寻物启事、招领启事、招聘启事、征稿启事、征订启事、开业启事、征婚启事、庆典启事、更名启事、鸣谢启事、迁移启事等。各类启事的写法大体相同。

1. 标题

在正文上方居中写标题，它可以由事由和文种构成，如“征订启事”；也可以由单位、事由和文种构成，如《成都电视体育频道招聘启事》；还可以只写文种“启事”“紧急启事”，或单独以事由为题，如《拾物招领》。

2. 正文

另起一行空两格写启事的内容，一般应写清楚在什么时间、地点，要办什么事情，有哪些要求。因启事的文种不同，这部分的内容也各异。如招聘启事应写清楚招聘单位的性质，招聘目的、对象、人数，招聘的条件、待遇、办法，报名的时间、地点，询问事宜及联系电话等内容。招领启事就要写清楚拾到物品的情况，如物品的名称，拾到物品的时间、地点及失主应到何处去认领等。它忌讳把拾到物品的详细情况写出，以免冒领。

3. 落款

在正文的右下方写明发启事的单位名称及日期。刊登在报上的启事，以当天日期为准，也可不再写日期。用于张贴的启事还应加盖公章以示负责。

（三）写作启事要注意的问题

1. 一事一启，内容单一。

简明扼要，抓住关键，突出那些最需要说明的问题。

2. 通俗易懂，讲究礼貌。

写启事的目的是让人愿意看，一看就明白有什么事，需要做什么和怎么做。因此语言一定要浅显、通俗、大众化。需要公众协助、支持的启事，一定要注意礼貌得体。

例文：

黄山广播电视报社招聘启事

黄山广播电视报诚聘编辑记者2名。

一、招聘条件

1. 全日制本科以上学历，新闻或中文相关专业优先。

2. 热爱新闻事业，具有高度的事业心、责任心和团队精神，有一定的沟通协调能力。

3. 具有扎实的文字功底和较强的专题策划、采访能力。在报刊上发表过文章者优先录用。

4. 35岁以下，性别不限。

二、招聘方式

采取笔试、面试相结合的办法进行。

三、报名办法

报名时携带本人简历、1寸免冠照片2张、身份证、学历证书原件及复印件，于10月31日前到黄山广播电视报社二楼编辑部报名。

四、待遇

试用期满后，经考核成绩优异者签订聘用合同，享受报社同等职工工资及待遇。

地点：黄山市屯溪天都大道6号（黄山广播电视中心二楼）

联系人：汪女士　电话：2310195

黄山广播电视报社

2016年9月19日

二、声明

（一）含义及用途

声明是国家政府、党派、机关、团体、单位就某一事件或问题公开表明自己的观点、立场、态度或说明真相的一种告启文书。

它可以分为两类。一类是作为国家政府、外交部及其代表，就某一事件或问题阐述政府的观点、立场、态度、主张而发表的正式外交文件，如国与国之间的建交声明、澄清是非的郑重声明、政府之间的会谈声明等。另一类是作为机关、团体、单位使用的一般声明，如单位宣布更名、公章作废的声明，维护自身合法权益的声明，遗失重要证件宣布作废的声明等。声明的目的意在引起公众的注意，告白于天下，以免发生后患。

（二）基本格式及写法

本书着重介绍一般声明的写法。各类声明的写法基本相同。

1. 标题

在正文上方居中写标题，它可由单位、事由、文种组成，如《中华人民共和国政府关于领海的声明》；也可由声明的事由、文种构成，如《除名声明》《解除合同声明》；可以由单位、文种组成，如《金盾出版社声明》；也可以只用文种，如《声明》《严正声明》。

2. 正文

写清楚声明的原因及声明的具体事项。即交代清楚为什么要声明，就声明的具体问题明确表示自己的立场、观点、态度，写明提请有关单位及人员需要注意的问题。

3. 落款

在正文的右下方写明声明的单位和时间。也可只签署法人代表的姓名、职务；有的还要联署法律顾问的姓名，还有的只写法律顾问的姓名。

（三）写作声明要注意的问题

1. 力求文字简洁

写清楚声明的事由，并做到庄重有力。

2. 态度鲜明，语气肯定

在权益、是非、荣辱等问题上要坚持原则，旗帜鲜明，决不能马虎、含糊。有关后果及其责任该谁承担应写明白。

例文：

声　明

近日，连续接到网站用户反映，称有“人民要闻”、“人民购物”等网站以人民网的名义在社会上从事商业活动。据查，上述两个网站非法转载人民网内容，非法直接链接人民网地方频道，极易使网友误以为系人民网所办网站。对此，人民网严正声明：

一、人民网从未开设“人民要闻”、“人民购物”等网络页面；

二、人民网从未委托或授权“人民要闻”、“人民购物”从事相关活动；

三、“人民要闻”、“人民购物”所从事的任何活动与人民网无关。

人民网已向有关部门反映，要求查处上述网站。上述网站的行为已对人民网的声誉造成了实际损害，人民网保留依法追究的权利。

特此声明。

人民网股份有限公司

2013 年 1 月 24 日

三、 海报

（一）含义及用途

海报是机关、团体、单位向广大群众公布有关文化、艺术、体育、学术报告会和展览等信息的一种招贴式告启文书。凡公布上述消息就不宜用启事、广告、通知而应用海报。

（二）基本格式及写法

根据海报的内容，可分为戏剧海报、电影海报、体育竞赛海报、报告会海报、展览会海报、文艺表演海报等。从形式上可分为文字海报和文字加美术设计海报两种，两种海报的写法大体相似。

1. 标题

在正文上方居中写标题，力求醒目。它可以以活动内容或名称为题，如《周末舞会》《“蓉城之声”通俗歌曲大奖赛》；也可以由单位名称和活动内容组成标题，如《川师大“雄狮杯”男子足球赛》；还可以以文种《海报》或《好消息》几个字为题。

2. 正文

写明活动的目的、项目、时间、地点、参加对象、参加方式、注意事项。若需购票入场，须注明票价及售票时间、地点、方式。结尾可用一些鼓动性、祈请性的词语。美术设计的海报文字配上图画，字画相映，妙趣横生，从而增强宣传效果。

3. 落款

在正文右下方写明主办单位及日期。

（三）写作海报要注意的问题

1. 内容必须真实，不能为了增强宣传效果而夸张失实。
2. 配图海报力求图文并茂，但不可因画害意。
3. 文字要简明易懂、生动活泼，条目要清楚，主题要突出。

例文：

海　报

庆祝元旦化装晚会

滑稽！

　　生动！

　　　　有趣！

请踊跃参加，莫失良机。

地点：学生活动中心

时间：2015 年 12 月 31 日

主办单位：××××大学校学生会、校团委会

2015 年 12 月 29 日

第三节　公务书信

公务书信是指机关、团体、单位在某种特定场合下用来联系公务，具有一定使用范围和专门用途的书信。

现代社会的通信技术十分发达，为信息的迅速传递提供了极为方便的条件。但在社会交往中，公务书信仍是不可缺少的工具，它的使用非常广泛。在众多的传递手段中，公务书信最为简便、灵活，便于制作，且费用经济。它在单位之间互通信息、商洽事务、推销自我争取公众，在发展事业的公务活动中具有公关的作用。有些公务书信还具有一定的史料价值。

一、公开信

（一）含义及用途

公开信指的是内容无须保密，就某一项重要工作或某个重大问题向社会或某一群体公开，表明自己态度和主张的一种公务书信。

多数公开信是机关、单位、团体在重大事件、法定假日、传统节日、某项纪念活动时发出的，内容以问候、表扬、鼓励为主。也有的是提出倡导、建议或批评。它的内容都具普遍的指导作用、教育意义和宣传价值。

（二）基本格式及写法

1. 标题

一般由发信单位名称或个人姓名、受文对象和文种组成，如《中华人民共和国全国人民代表大会常务委员会告台湾同胞书》。

2. 称谓

另起一行顶格写受信对象的称呼，称呼前可加修饰语“尊敬的”“敬爱的”，后加冒号。

3. 正文

另起一行空两格写公开信的内容。第一行写问候语或表示关怀的话，应独立成段。接下来针对不同的对象写出以下内容：写信的背景、原因；赞扬收信人的品德、成绩、贡献、影响；或提出批评，或提出建议；或表示对某人某事的态度、主张；或提出要求、希望或发出号召。结尾写祝颂语，如“此致敬礼”。另起一行退后两格写“此致”，另起一行顶格写“敬礼”。

4. 落款

在正文右下方写发信单位及个人名称、日期。

（三）写作公开信要注意的问题

1. 赞扬要中肯，有分寸，反对言过其实和溢美之词；批评要有善意，要准确，做到有的放矢；建议、主张应是受信对象普遍关注又切合实际的问题，以使其乐意接受你的观点。

2. 针对不同的对象选用不同的语气，语言应具有一定的说服力和感召力。

例文：

致首都市民的公开信

尊敬的市民朋友们：

2015 年是中国人民抗日战争暨世界反法西斯战争胜利 70 周年。9 月 3 日，将在天安门广场隆重举行中国人民抗日战争暨世界反法西斯战争胜利 70 周年纪念大会（含检阅部队），这是全党全国人民政治生活中的一件大事，对于团结动员全党全军全国各族人民更加奋发有为地为实现中华民族伟大复兴的中国梦而奋斗，具有十分重要的意义。

做好纪念活动的服务保障工作，是党中央和全国人民交给北京市的一项光荣的政治任务。为确保纪念活动的安全顺利进行，我市将采取相关临时交通管理措施，并视情况调整公共交通的运行时间、线路和车次；此外，还将对纪念活动涉及的部分区域社会车辆进行集中清移，并已安排了临时停放地点，请您注意收听收看媒体发布的有关信息，按照街道、社区工作人员的提示，及时将涉及的车辆挪移至指定地点停放，认真遵守临时交通管理措施。上述措施将可能给您的生活和出行带来不便，市政府恳请您给予充分理解和大力支持。

首都市民历来具有顾全大局、爱国奉献的光荣传统，在2008年北京奥运会、新中国成立60周年庆祝活动、APEC会议等重大活动中，都表现出了国家利益高于一切的责任感和无私奉献的精神，为首都赢得了荣誉。

尊敬的市民朋友们，为纪念活动的安全顺利进行创造良好的环境和条件，是我们大家共同的责任。请大家积极响应市政府的号召，发扬首都光荣传统，展现良好精神风貌，用实际行动贡献自己的一分力量。

衷心感谢您的理解、支持、参与和奉献！

北京市人民政府

2015年8月20日

二、慰问信

（一）含义及用途

慰问信是机关、团体、单位向有关方面或有关个人表示安慰、问候、鼓励和致意的一种公务书信。它能体现组织的关怀、温暖，社会的爱心与支持，朋友、亲人间的深厚情谊，能给人以奋进的勇气、信心和力量。

慰问信使用范围很广，可以慰问在各条战线做出贡献的集体或个人，如对在抗灾救灾、保家卫国、建设社会主义事业中作出巨大贡献的人民解放军、公安干警及有关人员进行慰问，并表彰其英勇行为和先进事迹。可以慰问在灾害、事故中蒙受巨大损失、面临巨大困难的集体或个人，对其表示同情和安抚，鼓励他们战胜眼前困难，迅速改变现状。可以在节日来临之际慰问有关人员，如“三八”节向全国女同胞表示节日的问候和祝贺。不管是表彰性慰问、慰勉性慰问或节日慰问，其写作格式都是一样的。

（二）基本格式及写法

1. 标题

可直接以文种“慰问信”为标题，可由发信单位和受文对象、文种组成标题，如《中共成都市委、成都市人民政府致全市职工的慰问信》。

2. 称谓

写被慰问的单位名称、群体称谓或个人姓名，后加冒号。

3. 正文

首先写明慰问的原因、背景及表示慰问、致意、祝贺的话。其次，针对不同的慰问对象或侧重赞扬对方的工作成绩、高尚品德，慰问对方的辛苦；或侧重对其不幸表示同情和安慰，对其克服困难的勇气、行为表示钦佩；或节日慰问。最后，提出希望和勉励，指出前景。结尾提行写祝颂语，表达良好的祝愿。

4. 落款

在正文右下方写发信单位名称、日期。

（三）写作慰问信应注意的问题

写慰问信感情要真挚，语气要诚恳，语言要富有感染力，使被慰问者从中得到慰藉与鼓励。

例文：

中华全国总工会致全国环卫工人的慰问信

全国环卫工人同志们：

10 月 26 日，适逢党的十八届五中全会胜利召开，广大环卫工人又迎来了属于自己的节日。在此，中华全国总工会、中华人民共和国住房和城乡建设部谨向一直以来辛勤工作的广大环卫工人致以崇高的敬意和亲切的慰问，向长期关心和支持环卫事业的社会各界人士和环卫工人亲属表示诚挚的感谢！

1959 年的今天，时任国家主席刘少奇亲切接见全国劳动模范、掏粪工人时传祥。此后，在党中央和国务院的持续重视与关怀下，在一代代环卫劳模的示范带动下，广大环卫工人在艰苦而平凡的岗位上，用辛勤的汗水换来城市的清洁与美丽，用勤恳的劳动彰显出城市的形象与品位，形成了“宁愿一人脏，换来万家净”和“特别能吃苦、特别能战斗、特别能奉献”的行业精神，为创造整洁文明的城市环境、为经济社会发展作出了巨大贡献。

今年 4 月 28 日，党中央和国务院在北京人民大会堂隆重表彰了全国劳动模范和先进工作者，其中有来自全国环卫行业的五十余名先进模范人物受到表彰。习近平总书记特别指出，在我们社会主义国家，一切劳动，无论是体力劳动还是脑力劳动，都值得尊重和鼓励，要引导广大人民群众树立辛勤劳动、诚实劳动、创造性劳动的理念，让劳动光荣、创造伟大成为铿锵的时代强音，让劳动最光荣、劳动最崇高、劳动最伟大、劳动最美丽蔚然成风。明年是“十三五”规划的开局之年，未来五年，是全面建成小康社会的关键时期，不断提升城市基本公共服务水平，实现中华民族伟大复兴的光荣梦想，离不开环卫工人和广大劳动群众的拼搏努力和辛勤汗水。

各级环卫主管部门、工会组织要深入贯彻落实党中央、国务院的一系列重大部署，按照《党中央、国务院关于构建和谐劳动关系的意见》要求，保障环卫工人权益，推动形成劳动关系和谐的环卫工作新风貌，进一步营造全社会尊重环卫成果、关爱环卫工人的良好氛围。要不断推进体制机制改革，改进环卫作业方式，改善劳动环境，提高环卫保洁效率和水平。希望广大环卫工人继续传承和发扬行业精神，爱岗敬业，锐意进取，以饱满的热情投入到“学习中卫经验、清洁城市环境”活动中去，在建设美丽中国进程中作出新的贡献。

祝全国广大环卫工人节日快乐、幸福安康！

中华全国总工会

中华人民共和国住房和城乡建设部

2015 年 10 月 26 日

三、 感谢信

（一）含义及用途

感谢信是机关、团体、单位获得有关方面和人员的关心、支持、帮助、慰问、馈赠后，向对方表示感谢的公务书信。

感谢信在公务活动及日常生活中用得很广泛，只要是答谢另一方（位）的好意，以表达感激之情并赞扬对方的高尚风格及奉献精神均可使用。

（二）基本格式及写法

1. 标题

可直接以文种“感谢信”为标题；可以由受文单位和文种组成标题，如《致四川××大学培训部的感谢信》；还可由发文单位、受文单位及文种组成，如《中共中央致各民主党派中央、全国工商联的感谢信》。

2. 称谓

写被感谢的单位名称或个人姓名，后加冒号。

3. 正文

写感谢的内容。交代写感谢信的原因，简述值得感谢的事项（写清楚事件发生的时间、地点、经过及结果），赞扬对方的所作所为及由此产生的社会影响和效果，怀着感激的心情，对对方的好思想、好作风、好品德作出恰当的评价。结尾写致敬语，表示诚挚的谢意和良好祝愿。

4. 落款

在正文右下方写上写感谢信的单位名称或个人姓名、时间。

（三）写作感谢信应注意的问题

感谢的事项必须真实，字里行间流露出的感激之情应是由衷的、真挚的、诚恳的，反对虚伪、应付、假装客套。

例文：

感谢杭州市民！感谢全省人民！

举世瞩目的G20杭州峰会，取得了圆满成功，实现了“西湖风光、江南韵味、中国气派、世界大同”的有机结合，受到了与会嘉宾和国内外的高度赞誉。中共中央总书记、国家主席、中央军委主席习近平同志给予了充分肯定、高度赞扬，这是对全省和杭州市各级干部群众巨大的鼓舞和亲切的勉励。峰会的成功举办，离不开全省人民特别是杭州市民的理解支持和共同参与。在此，浙江省委、省政府向杭州市民和全省人民表示衷心的感谢并致以崇高的敬意！

回顾G20峰会从筹备到举办的近三百个日日夜夜，我们深深感到：正是在以习近平同志为总书记的党中央坚强领导下，在全国各有关方面的鼎力支持下，全省干部群众上下同欲、夙兴夜寐，以最高标准、最快速度、最严作风、最好效果，精心做好峰会服务保障各项工作，才圆满完成了这项光荣而重大的政治任务，并通过峰会充分展示了杭州历史和现实交汇的独特韵味，展示了浙江“干在实处、走在前列”的优异成绩，展示了中国改革开放的伟大成就，展示了中国方案、中国道路、中国智慧的无穷魅力。

回想G20峰会从筹备到举办的无数个点点滴滴，我们不能忘记：杭州市民、全省人民以当好东道主的主人翁意识，喜迎八方来客、服务四海宾朋，在全世界面前充分展现了中华儿女勇于牺牲、甘于奉献、顾全大局、爱国敬业的优秀品质和包容大气、事必尽善、文明重礼、热情好客的传统美德。当城乡环境改造提升需要配合的时候，杭州市民、全省人民以实际行动支持交通基础设施建设、城乡环境美化、电网管网建设改造等工作，为提高城市功能品质和城乡居民生活品位作出了重要贡献。当峰会按国际惯例需要加强安全保卫工作的时候，杭州市民、全省人民迅速行动起来，争当“平安巡防员”“信息收集员”“纠纷调解员”，主动查找死角盲区，积极配合出租房、地下室、物流寄递、民宿等方面的检查监管，为筑起峰会安保铜墙铁壁、确保各国与会嘉宾的安全作出了重要贡献。当一些服务保障措施给群众生产生活带来某些不便的时候，杭州市民、全省人民给予了最大程度的理解，并努力加以克服，为峰会期间市容整洁、市场繁荣、交通顺畅、秩序井然作出了重要贡献。当出现干扰峰会的谣言传言、噪音杂音的时候，杭州市民、全省人民不信谣、不传谣，挺身而出，用自己的所见所闻和切身感受澄清是非，义正词严地驳斥谬论和各种不实传言，有力地捍卫了事实和真相，为营造峰会祥和氛围作出了重要贡献。当各方来宾需要帮助的时候，杭州市民、全省人民主动提供服务，传递最美浙江人的温度和热情，为浙江树立文明开放的良好形象作出了重要贡献。特别是广大志愿者忙碌在重要场馆、坚守在车站码头、活跃在街头巷尾，用微笑、用爱心、用真情，给四方来客留下了美好印象。G20 杭州峰会的成功举办，饱含着杭州市民、全省人民的努力和付出。我们为杭州市民、全省人民感到无比骄傲！

G20 杭州峰会为浙江发展赢得了全新机遇，浙江再一次站到了一个历史新起点。我们要紧密团结在以习近平同志为总书记的党中央周围，深入贯彻落实习近平总书记系列重要讲话精神，坚持以“八八战略”为总纲，秉持浙江精神，用好机遇、乘势而上，坚定不移打好转型升级系列组合拳，确保高水平全面建成小康社会如期实现，让全省人民有更多的成就感和获得感，真正做到“干在实处、走在前列、勇立潮头”。

祝愿全省人民中秋愉快、幸福安康！

中共浙江省委

浙江省人民政府

2016 年 9 月 8 日

四、 倡议书

（一）含义及用途

倡议书是机关、团体、单位、会议或某一群体就共同关心的事情向社会、向有关方面公开提出建议与意见，希望对方能够响应，以促进工作或公益活动能积极开展、顺利进行时使用的一种公务书信。

它带有宣传性、鼓动性、号召性，能在一定范围里调动大家的积极性，使其齐心协力，共同为完成某项任务、做好某项工作而努力。

（二）基本格式及写法

1. 标题

可以直接以文种“倡议书”为标题，也可由倡议内容和文种构成，如《让人类多一些朋友，爱鸟护鸟保护野生动物倡议书》。还可由单位名称、倡议内容和文种构成，如

《教育部、中国文字改革委员会等十五个单位提请大家说普通话的倡议书》。

2. 称谓

写受倡议的对象。称谓前可加修饰语。有的称谓放入正文中提及，此处就不写。

3. 正文

写倡议的内容。首先写明发倡议的目的、原因，形势与背景。然后分条列出倡议的具体事项，写清楚希望大家做什么、怎么做，以便使响应者做到心中有数，好采取行动。结语用鼓动性的语言，表示倡议者的决心和希望。

4. 落款

写倡议单位名称及日期。

（三）写作倡议书应注意的问题

1. 倡议的内容要有时代感，是时代、公众关心的事，才能让更多人积极响应。

2. 倡议的事项应切实可行，且必须写得清楚明白，使响应者的行动有一个明确的方向和依据。

3. 语言应有鼓动性和号召力。

例文：

“每天一万步健康我做主”倡议书

健康的身体，是你我的共同愿望；幸福的生活，是你我的共同追求。当前，我国仍面临多重疾病威胁并存、多种健康影响因素交织的复杂局面；不良的生活方式与习惯，也在悄然侵蚀着我们的身体健康。没有健康，必将阻碍人的全面发展，给幸福生活蒙上阴影。政府竭尽全力保障群众生命健康，但“人人参与、人人有责”才是全民健康的正确路径。在此，我们向全市发出“万步健走”活动倡议，日行万步，将健康自主权牢牢掌握在自己手中，真正做到“我的健康我做主”。

万步健走，强身健体。健步走是一项古老的健康运动，不受时间场地限制，技术门槛低，老少皆宜。早在几千年前它就被中医誉为“百炼之祖”，是人类最天然的健康之道。健步走既能强身健体、调节心情、提高睡眠质量，也能降低血压和血液黏度、强健心肌，减少血栓等心血管疾病的发生。

万步健走，持之以恒。万步易走，贵在坚持。只有持续、长期的健走活动，才能达到理想的健身效果。要把“万步健走”作为一种爱好，做到乐于走、勤于走，有计划地走、持之以恒地走，最终使之成为一种运动习惯和生活方式，真正走掉疾病，走出健康。

万步健走，科学为先。万步健走，目的是健身，虽简单易行，也必须掌握科学健走方法，掌握适宜的运动量和运动强度，做到量力而行，循序渐进。

“每天一万步，健康我做主！”为了自身的健康，为了家庭的幸福，让我们走起来吧，日行万步，用实际行动去拥有健康身体、享受幸福生活！

××市卫生和计划生育局

2016 年 9 月 5 日

第四节　礼仪文书

礼仪文书是机关、团体、单位在各种社交活动中用以增进友谊、沟通感情、协调工作、改善双边关系使用的一种礼仪性的应用文书。

在社交活动日益频繁的今天，随着社会的文明进步，礼仪文书的使用越来越广泛，在交际应酬的公务活动、公关活动中发挥着重要的作用。

一、贺信

（一）含义及用途

贺信是机关、团体、单位向取得重大胜利，有突出成绩或喜庆之事的有关方面及人员表示祝贺或庆贺的一种礼仪文书。

它的用途比较广泛，如某项重大工程竣工、某项科研取得了成功、某重大会议胜利闭幕、某单位或个人作出了巨大贡献、某重要人物的寿辰等，凡属喜庆之事都可以用贺信表示祝愿。

（二）基本格式及写法

它的基本格式及写法和公务书信差不多，也由标题、称谓、正文、落款等部分组成。

正文部分应包括以下的内容：

1. 表示祝贺、庆贺之意

概括说明祝贺的原因及其背景。

2. 祝贺的事项

叙述对方的成绩，并对成绩的取得及其意义给予充分的肯定和适当评价。如是庆贺重要会议的召开，应说明会议的重要性。如是上级对下级取得优异成绩、做出了卓越贡献的贺信，应是祝贺、褒奖、希望、鼓励、指导并重。如是同级之间的贺信，除了表示祝贺之外，还应表示向对方学习。如是下级对上级领导机关的贺信，除了表示祝贺之外，还应表示对贯彻执行上级指示的决心、态度和措施。如是单位给重要人物的贺信（贺寿、贺成绩、贺获得某种荣誉及奖励），除了表示祝贺之外，还应说明被祝贺者值得人们学习的品德。

（三）写作贺信应注意的问题

1. 交代清楚祝贺的事项。
2. 充分肯定成绩，“美其盛德”。但应实事求是，评价应把握好分寸，反对吹捧。
3. 祝贺的感情要真挚浓烈，语言文字应有明显的感情色彩。

例文：

贺 信

中国女子排球队：

欣闻在刚刚结束的第三十一届里约奥运会女排比赛中，中国女排披荆斩棘，劈波斩浪，在小组赛第四名出线的困难情况下，抱着顽强拼搏、永不言弃的信念，发扬了敢打敢拼，不畏强手的作风，接连战胜巴西、荷兰与塞尔维亚诸多强手，时隔12年再次站在奥运会的最高领奖台，继2015年世界杯夺冠后再次屹立世界女排之巅，为祖国争得了荣誉，为自己赢得了赞许！这一场场艰苦卓绝、来之不易的胜利，是对女排精神与中国梦的最佳诠释，是女排精神的再次传承和发扬！你们称得上新时代的中国骄傲！在此，中国排球协会向中国女子排球队全体运动员、教练员和工作人员表示热烈祝贺！

近年来，中国女排在主教练郎平带领下，克服重重困难，通过脚踏实地、勤奋刻苦的训练，通过教练员与运动员的共同努力，不断提高身体与心理素质，不断提升技战术水平，不断锤炼意志品质与精神作风，和衷共济，砥砺前行，这场伟大的胜利是对无数辛勤汗水的最好回报！

我们希望中国女排继续发扬老一代中国女排精神和光荣传统，弘扬中华体育精神，不骄不躁，勇往直前，为祖国争取更多荣誉，为中国的体育事业续写新的辉煌！

中国排球协会

2016年8月21日

二、 欢迎词

（一）含义

欢迎词是在迎接宾客的仪式、集会、宴会上，用于对宾客的光临表示热烈欢迎的一种礼仪文书。它属于礼节性社交活动的讲话稿。

（二）基本格式及写法

1. 标题

标题可直接以文种“欢迎词”为题。可以以欢迎场合和文种为题，如《在开学典礼上的欢迎词》。可以以主人的名称、被欢迎的宾客和文种组成，如《国家主席习近平在G20峰会欢迎宴会上致辞》。

2. 称谓

写被欢迎宾客的称呼。称呼前可加修饰语“尊敬的”“敬爱的”之类，称呼后可加头衔，也可加“先生”“女士”“夫人”等。

3. 正文

写欢迎的内容。首先写表示欢迎的话，接着写宾客来访的目的、意义、作用；回顾双方交往的历史与友情，赞扬宾客在某些方面的贡献及双方友好合作的成果；表示继续加强合作的意愿。结尾写祝颂语，对宾客的光临再次表示热情的欢迎和良好的祝愿。

4. 落款

致辞者的姓名及日期。

（三）写作欢迎词应注意的问题

1. 感情需真挚、诚恳，有利于密切关系，推动双边合作。
2. 注意礼貌，言辞情真意切，又有分寸。既尊重对方，又不卑不亢。
3. 有分歧的问题、意见不一致的问题不在欢迎词中流露（可在会谈中去解决）。
4. 要便于朗读。它用于交际场合宣讲，力求上口、好读。

例文：

国家主席习近平在G20峰会欢迎宴会上致辞

尊敬的各位同事、各位来宾、女士们、先生们、朋友们：

大家晚上好！

这是一个让人期待的夜晚，在二十国集团领导人第十一次峰会召开之际，我们相聚西子湖畔。我谨代表中国政府和人民、代表我夫人，并以我个人名义，对各位贵宾的到来表示热烈的欢迎。

杭州素有“人间天堂”美誉，湖光山色、人文美景俯拾皆是，西湖十景或近观，或远眺，引人无限遐思，流连忘返。连通这些美景的是一座座历史悠久、造型优美的桥，本届峰会会标的设计灵感就来源于此。

二十国集团就宛若一座桥，让大家从四面八方走到了一起。这是一座友谊之桥，通过这里我们把友谊的种子播向全球，增进互信、互爱，让彼此的距离不再遥远；这是一座合作之桥，通过这里我们共商大计、加强协调、深化合作、谋求共赢；这是一座未来之桥，通过这里我们同命运、共患难，携手前行，共同迎接更加美好的明天。

杭州，与在座各位的国家有着密切的联系，我在这里举几个例子：

400 多年前，1583 年，意大利人利玛窦来到中国，他于 1599 年记述了“上有天堂，下有苏杭”的说法，据说这是首个记录、传播这句话的西方人。

也是 400 年前，德国的克雷菲尔德市就同杭州开始了丝绸贸易。

140 年前，1876 年的 6 月，曾经当过美国驻华大使的司徒雷登先生出生于杭州，在中国生活了 50 多年，他的骨灰就安放在杭州半山安贤园。

90 多年前，1924 年 4 月，印度诗人泰戈尔先生游览了西湖，特别喜欢并写下了不少诗，其中一首写得很好，“山站在那，高入云中，水在他的脚下，随风飘荡，好像请求他似的，但他高傲地不动”，他还表示想在西湖边买个小屋，住上几天。

20 多年前，1992 年 10 月，南非前总统曼德拉先生来到杭州，游览了西湖后表示，“愿意在这里住上一辈子”。

此时此刻，我们汇聚杭州，承载着各国人民的厚望和期待。我们为了共同的使命而来，当前是世界经济和国际经济合作的重要转折点，二十国集团要勇于担当、敢为人先，构建创新、活力、联动、包容的世界经济，引领新一轮强劲增长。

我们为了更紧密的伙伴关系而来，同舟共济的伙伴关系、伙伴精神是二十国集团最宝贵的财富。我们要秉持共赢理念，着眼促进增长和发展的长远目标，不断增进理解、扩大共识、凝聚合力。

我们为了人类命运共同体的愿景而来。当今世界正在发生前所未有的深刻变革，二十国集团有责任引领世界前进步伐，有责任带动全球发展潮流，有责任为实现人类共同繁荣和进步作出更大贡献。

尊敬的各位同事、女士们、先生们、朋友们，我们知道，二十国集团成员具体国情、发展阶段不同，就像杭州的山山水水，各具其态；世界经济的起落波动，就像西湖的晴晴雨雨，乍起还歇。共同应对复杂局面，绝非易事，但只要我们不畏浮云、极目远望，就能看到山明水秀、无处不美的景色。只要我们彼此包容，守望相助，就能无论晴时好、雨时奇都坚定前行，共抵彼岸。

秋日的杭州，仍可感受到夏季的热情。看到盛开的荷花，中国宋代诗人曾描写西湖荷花是“接天莲叶无穷碧，映日荷花别样红”。今天下午，我们已经开始了富有成效的讨论，明天的交流同样令人期待。钱塘江，我们路过了，最具魅力的是七八月的潮水。我们二十国集团领导人齐聚钱塘江畔，要做世界经济的弄潮儿，以我们的智慧引领世界发展潮流，为全球经济治理书写新的篇章。

现在我提议，大家共同举杯，为世界经济的美好未来，为二十国集团携手合作，为杭州峰会圆满成功，也为各位嘉宾和家人的健康，干杯！

三、 欢送词

欢送词是在欢送宾客的仪式、集会、宴会上主人对宾客的即将离去表示热烈欢送的一种礼仪文书。

欢送词的基本格式及写法与欢迎词大致相同。它的正文应包括这样的内容：先写对宾客的离去表示热烈欢送的话；后写欢送的具体内容，如宾客逗留的时间及离别的日程；叙述访问的行程及收获；对宾客的希望及要求，表示继续加强交往的意愿。再次对宾客的即将离去表示热烈的欢送。

例文：

欢送词

同志们、朋友们：

刚好在两个星期以前，我们愉快地在这里欢聚一堂，热烈欢迎×××博士。今天，在×××博士访问了我国的许多地方之后，我们再次欢聚一起，感到特别亲切、高兴。×××博士将于明天回国。

×××博士的访问虽然短暂，然而是极其成功的。在北京期间，他会晤了有关方面的领导同志，参观了工厂、农村、学校，与各界人士进行了谈话，并认真研究了我国的政治、经济、文化和教育。

在向×××博士告别之际，我们真诚地希望×××博士给我们提出批评、指导和宝贵意见，以便我们改进工作。同时，我们想借此机会请求他转达我们对×国人民的深厚友谊，请他转达我们对他们的亲切问候和敬意。

祝×××博士回国途中一路平安，身体健康！

四、答谢词

答谢词是在答谢主人的仪式、集会、宴会上，宾客对主人的热情接待表示衷心感谢的一种礼仪文书。

答谢词的基本格式及写法与欢迎词写法基本相同。它在正文部分应首先写明对主人的热情接待表示感谢，接着概述来访期间留下的美好印象，然后主要写来访取得的成果，赞扬主人某方面的业绩、崇高精神并给予评价；对双方共同感兴趣的问题表达自己的观点、看法和愿望，再次对主人的盛情款待表示谢意。

例文：

莫言在诺贝尔文学奖晚宴上的答谢词

尊敬的国王、王后和王室成员，女士们、先生们：

我的讲稿忘在旅馆了，但是我记在脑子里了。

我获奖以来发生了很多有趣的事情，由此也可以见证到，诺贝尔奖确实是一个影响巨大的奖项，它在全世界的地位无法动摇。我是一个来自中国山东高密东北乡的农民的儿子，能在这样一个殿堂中领取这样一个巨大的奖项，很像一个童话，但它毫无疑问是一个事实。

我想借这个机会，向诺奖基金会，向支持了诺贝尔奖的瑞典人民，表示崇高的敬意。要向瑞典皇家学院坚守自己信念的院士表示崇高的敬意和真挚的感谢。

我还要感谢那些把我的作品翻译成了世界很多语言的翻译家们。没有他们的创造性的劳动，文学只是各种语言的文学。正是因为有了他们的劳动，文学才可以变为世界的文学。

当然我还要感谢我的亲人，我的朋友们。他们的友谊，他们的智慧，都在我的作品里闪耀光芒。

文学和科学相比较，没有，的确是没有什么用处。但是文学的最大的用处，也许就是他没有用处。

谢谢大家！

五、聘书

（一）含义及用途

聘书亦称聘请书。它是机关、团体、单位聘请有关人员担任某一职务或承担某项工作时使用的一种礼仪文书。

随着人事制度改革的不断深入，人才流动势在必行，聘书的使用越来越广泛。如聘请外单位具有某方面专业特长的人为我所用，可聘请兼职教师，可聘请技术指导、顾问、参谋等。实行聘任制的单位，对本单位人员的聘用也可发聘书。

聘书的使用固定了用人单位与受聘者之间的关系，表示双方的约定而具有一种“凭据”作用。确定了双方的责任、权限、利益，双方都应为此而守约。同时聘书可增加受聘者的责任心和荣誉感，也起着促进人才交流、加强协作的作用。

（二）基本格式及写法

1. 标题

直接以文种“聘书”或“聘请书”为题，写在封面正中或正文上方居中的位置。

2. 称谓

提行顶格写受聘者姓名。也可放入正文中写。

3. 正文

主要写聘请事项。简单交代聘请的原因（也可不写），受聘人的具体任务，担任什么职务（职称），干什么工作，有哪些权限，受聘起止日期。有的也可对受聘者提出希望与要求。结语写惯用语“此聘”或表示敬意、祝颂之词，有的也可省略。

4. 落款

发聘书的单位、日期，并加盖公章。

（三）写作聘书应注意的问题

1. 聘请事项必须交代清楚，使受聘人心中有数，不至于盲目应聘。
2. 文字必须简洁，在有限的篇幅里把应交代的内容写完，力戒繁词冗句。
3. 态度谦恭，有礼貌。
4. 聘书形式应庄重大方。

例文：

聘　书

×××同志：

兹聘请你为四川省2010年普通高考语文学科评卷指导委员。

四川省大学中专招生委员会（盖章）

2010年7月9日

六、请柬（邀请书）

（一）含义及用途

请柬（邀请书）亦称请帖。它是机关、团体、单位邀请有关单位、有关人员参加某项活动、出席某个会议使用的一种礼仪文书。

它是社交活动中传递感情、通报事务的一种便捷的联络工具之一。可以说它也是礼貌性的“通知书”，通知对方在什么时间、地点、参加什么活动或集会。有时它也作为入场的凭证。

（二）基本格式及写法

1. 标题

以文种“请柬”“请帖”为题写在封面上。有的还可写上活动名称，如《纪念××师大建校55周年请柬》。

2. 称谓

写被邀单位或个人姓名。有的又将此内容放入正文中交代。

3. 正文

写邀请的事由，交代清楚活动的内容、时间、地点。结语写上表敬意或希望的话，如“敬请光临”“敬请惠临指导”。

4. 落款

发请柬的单位、日期并加盖公章。

（三）写作请柬应注意的问题

1. 交代要清楚

邀请的内容、时间、地点，被邀请者的姓名、头衔必须准确无误。

2. 措辞须讲究

用语要简短、热情、文雅，宜用企盼的语言表达。突出“请”意，避免使用“务必”“必须”之类带强制性词语，不能有半点强求之意。

3. 制作宜精美

装帧尽可能美观、大方以示对被邀者的尊重。

4. 使用场合有区别

隆重的礼仪场合多用请柬，参加学术研讨会、纪念会、订货会多用邀请书。邀请的事项单一，用请柬；邀请的事项较复杂或需要向被邀者说明有关问题用邀请书。

例文：

邀请书

×××同志：

兹定于十一月四日上午九时，在本社召开建社六十周年座谈会。特邀您光临指导。

致以

敬礼。

××出版社

××××年 11 月 1 日

七、讣告

（一）含义及用途

讣告又称“讣文”“讣闻”。它是一种报丧的礼仪文书，一般由死者的单位或治丧委员会或家属向社会、向生前友好发出。

一般人去世用讣告报丧，通常把它公开张贴在死者生前工作的单位，这是普通式讣告。党和国家最高领导人去世不用讣告，而用告人民书或公告报丧。它由党和国家或一定机关、团体发出。这是最高规格的讣告。在国际、国内享有崇高威望的知名人士去世后也可用公告、讣告报丧。还有一种新闻式讣告，它是用发消息的形式在报纸上公布，起到向社会知照的作用。有一定地位和广泛社会影响的重要人物，或有特殊贡献者去世，常用此形式报丧。

（二）基本格式及写法

1. 标题

通常以文种“讣告”为题。

2. 正文

写讣告的内容。首先介绍逝者的姓名、籍贯、去世的原因、时间（年、月、日、时、分）、地点、享年岁数。如是有影响的知名人士，在名字前还应有盖棺定论的评价性语言。如沈从文逝世的消息是这样称谓的：“我国现代杰出的文学家、历史文物研究家”。其次简介死者的生平事迹。对死者生前有代表性的重要经历作简要的评价。最后写明有关吊唁、向遗体告别、追悼会事宜，告知具体的时间、地点。有的正文结束后有惯用结尾语“特此讣告”“谨此讣闻”等。

3. 落款

在正文右下方写明发讣告的单位名称或治丧委员会名称、日期。

（三）写作讣告应注意的问题

1. 讣告用语一定要郑重、严肃、简洁，以表示对死者的哀悼之情。
2. 对死者的介绍需准确无误，对其评价需客观公正。
3. 讣告应写在黄纸上，以示庄重、严肃。

例文1：

讣　告

中国社会科学院考古研究所原所长、中国社会科学院荣誉学部委员王××先生于2015年9月24日12时40分病故，享年九十岁。

遵照王××先生生前遗愿，不开追悼会，不搞遗体告别仪式，丧事一切从简。

特此讣告。

中国社会科学院考古研究所

2015年9月24日

例文2：

讣　告

中国作协××省分会理事、××市文联主席×××先生因病医治无效，于20××年×月×日上午11时在××医院逝世，享年78岁。×××先生生前曾任地委办公室秘书、办公室主任、地委统战部部长、地区文联副主席等职务。出版小说五部，为党为人民做了许多有益的工作。×××同志的逝世，是我党的一个损失。为了表示对×××同志的哀悼，特定于×月×日（星期三）上午8时在××殡仪馆××厅举行遗体告别仪式。

送花圈的单位和个人请与×××治丧委员会联系，电话×××××××××。

×××治丧委员会

20××年×月×日

学术论文

第一节　学术论文

一、 学术论文的含义和特点

学术论文是人类认识社会，改造社会的一种工具。它既是一种重要的科研手段、工具，又是进行学术交流的有效手段之一。

（一）学术论文的含义

学术论文是专门探讨和研究某一领域中有一定学术价值或亟待解决的问题，并就此发表自己有创建性的见解，表述科研成果的议论文。人们也称它是“论文”。

学术论文属于议论性文体，说到“论文”就给人一种庞大、厚重的感觉，它除具有一般议论文的抽象概括、议理为主、以理服人的特点外，在质与量上还有自己的文体特点。

（二）学术论文的特点

1. 创造性

创造性是学术论文的使命，是衡量论文价值的尺度。学术论文是探寻真理，揭示客观规律，传播新观点、新学说的工具和手段，因此它要求写作者要积极主动地探索真理，要善于发现新问题，解决新问题。科学研究是需要继承与借鉴的，在学术上的推陈出新也是一种创造，这就要求研究人员要勇于创新，积极进取，为社会的进步付出不断的努力。

2. 科学性

写作学术论文是从客观实际出发，对客体进行认真、仔细、周密的观察、了解，获取大量的材料作为立论的依据，从中找出规律，揭示其本质，从而得出符合客观实际的结论。它论证时讲究严密的逻辑性，不得违背生活的常理，不违反科学，能经得起实践的检验。

3. 理论性

第一，论述表现出完整性，一篇论文应是一个理论认识系统。从问题的提出、分析、解决，都要围绕一个中心，环环相扣。论文的行文自觉地纳入一个严密的推理过程之中。第二，学术论文的内容要有一定的深度，要从对事物的表面认识上升到对事物的理性认识。学术论文论述的不应只是一般的现象和浅显的经验，而应揭示反映对事物本质和规律的理论认识，也正是这一特点，使学术论文区别于一般的议论文。

4. 平易性

学术论文是用来研究和介绍社会生活中林林总总的现象、问题的，这就要求论文在语言文字表达上要通俗易懂、明白晓畅，使广大的读者能读懂、记牢。同时，平易性还应体现在论文所研究的问题是社会所关注的，有一定的应用、实际价值，这样才能更好地让学术论文为社会进步服务。

5. 实用性

研究的问题应是社会所关注的问题，具有一定的实用价值，能解决现实中的热点和难点问题，能阐释发展中的焦点问题和敏感问题。

二、 学术论文的分类

从不同的角度划分，学术论文可分为不同的类别。

从学术论文研究的范畴来分，可分为自然科学论文、社会科学论文。

从学术论文研究对象的性质上分，可分为基础理论论文、应用理论论文。

从学术论文的写作者来分，有科研人员的交流性的学术论文和学生撰写的学位论文。学位论文可分为学士学位论文、硕士学位论文、博士学位论文。大专院校的学生所写的学术论文包括毕业论文、学年论文等。

从学术论文具体研究的领域来分，有经济学术论文、农业学术论文、科学技术学术论文、教育科学论文等。

三、 学术论文的写作

（一）选题

要成功地完成一篇学术论文的写作，首先要明确“为什么”。这就要恰当地选题，它关系到论文的成败，因而有人说有一个好的选题论文就成功了一半。

选题是主观愿望和客观需要相结合的产物，必须以严谨的科学态度从客观实际需要出发，选择和确立论文课题。一般要遵循以下两个原则。

1. 科学性原则

要选择那些客观上有科学价值和对现实有实际意义的课题，如学科发展的新动态、研究国计民生的大问题、创立新学说、补充完善已有的理论、纠正流行的“通说”等。

我国著名的经济学家厉以宁，在我国由计划经济向市场经济转轨阶段，就我国出现的经济伦理问题专门做了研究，撰写了《经济学的伦理问题》。文章就“效率与公平”“产权交易”“宏观经济政策目标”“合理的经济增长率”“个人消费行为”“个人投资行为”等问题从伦理学角度做了分析，解决了我国目前研究和现实生活中新出现的经济伦理学问题。同时，文章写得通俗易懂，能使广大读者了解、理解经济学中的一些价值判断问题。这个选题较好地体现了学术论文选题科学性的原则。

2. 可行性原则

除选择有科学价值和现实实际意义的选题，还应依据自己的主观条件、客观研究条件量力而行进行选题。如学中文的要写出经济学方面的论著，将面临巨大的挑战；学经济的要撰写法学方面的论著，要花费较多的心血，还不一定会成功。所以，在选题时，要考虑到自己的研究兴趣，要立足于自己的学科专长。同时还要根据自己的研究能力、理论水平、可利用的时间、占有的资料及在某一方面确有真知灼见等条件来确立选题，尽量使自己游刃有余，避免心有余而力不足。

除考虑自己的主观条件，还应根据客观条件来选题。诸如可获得专家教授的指导、可以搜集到大量相关的资料等，这些都是顺利完成论文选题所必须考虑的条件。

一般说，确立选题可以从以下两个方面着手。

（1）掌握基本情况，确定方向

选题是一种创造，创造力的强弱与选题者的知识和信息占有量密切相关。如果确定某一选题，就要全面系统地了解本选题研究的历史情况和现状。要理清在本选题领域里，有哪些重要的科研成果，还有哪些问题没有解决。研究过程中，有哪些有争议的问题，争议的焦点是什么，各学派的代表性意见是什么，学科研究的薄弱环节在哪里，还有哪些空白领域尚待填补，还有哪些具有重大意义和广阔前景的研究内容，等等。当从宏观角度了解了这些基本情况后，再确定自己的选题，就不会和别人“撞车”，也不会做无用功了。所以，选题前必须充分了解基本的学术动态，掌握有关信息是十分必要的。

（2）善于捕捉矛盾，选出课题

事物发展运行中往往产生矛盾，而有些矛盾一旦被解决，将产生突破性的进展。因此善于捕捉矛盾，就可以为自己选定一个合适的课题。

首先，在社会发展中，新旧传统、模式间的冲突，可以给选题者提供解决新问题的契机。如社会主义市场经济的价值观、人才观、用工制度、择业观念等，都与旧有的观念有较大不同的内涵，若有心选这类课题，不仅可以提高自己分析问题、研究问题、解决问题的能力，还可以为社会发展作出贡献。

其次，在学派林立的领域中去发现矛盾，选择课题。学术研究常发生论争，若我们在选择课题时能综合各家之长，或能在争论中发现新问题、提出新观点，这样的选题也是有益的。

最后，要在悉心研究矛盾的基础上，敢于开拓科研的新领域，敢于提出“为什么”，这样也可以找到具有开拓性质的课题，取得创造性成果。

（二）学术论文课题的类型

课题是指论文研究的范围。它和论文的选题是内涵完全不同的两个概念。学术论文课题类型有开创性研究课题和发展性研究课题两大类。

1. 开创性研究课题

这是指研究前人未曾研究过的问题，是探索性的创新研究。填补空白，创建新学说，解决亟待解决的问题等就属于这类课题。如对举世瞩目的三峡工程的科学论证，就是这类课题的例证。

2. 发展性研究课题

这是对前人研究过的课题，更深入、扩展延伸地研究，以便提出新的结论。科学的发展是有承继关系的，对前说的补充、匡正通说等都属于这类课题。如我国就目前的消费类型、消费心理方式的研究，就是这类课题的例证。

（三）资料搜集

充分搜集有用的资料，是写好学术论文的又一重要条件。

资料的种类很多，一般有通过观察、体验、调查研究获得第一手材料，即直接材料，属动态材料。有从书籍、文献、报刊、音像资料中搜集到的第二手材料，即静态材料。第三类是发展性资料，是对上述两种资料进行分析研究，通过联想、推理、判断，升华出的新资料，是高层次的材料，是产生新见解的基础。

获取资料的途径也很多。首先，可以充分利用图书馆，通过图书检索网络查找所需的资料。尤其可以利用工具书获取所需的资料，捕捉学术信息。其次，利用计算机网络查询资料。最后，还可以亲自参加实践、调查，通过科学观察、实验，考察获取写作资料。

积累储蓄资料的方式很多，如可以做笔记，积攒调查、观察、采访等获得的资料；也可以写读书笔记，记下自己的思考所得；还可以采用剪贴的方式，把对自己论文有用的报纸、杂志、网络上的资料搜集起来，剪贴在资料本上；可以用计算机储存资料，等等。较为常用的储存资料的方式是做资料卡片或者用磁盘储存。做资料卡片或者用磁盘储存与其他记录方式比较有它的优越性。它可以摘录对同一问题各学派、各家的不同观点，通过比较获得集各家、各学派之长的新观点。写论文时，顺手做的资料卡片可为所需论据提供引用之方便。资料卡片和用磁盘储存是写作论文的好帮手。

搜集完材料，还应做鉴别、整理，以便去伪存真，筛选出能为自己论文主题服务的资料。

（四）学术论文的撰写

1. 确立论点，选择论据

论点是论文提出并得到证明的观点。

在论文写作的前期准备工作就绪后，就要细细掂量论文的论点。论说性文章的论点都是一个判断，保证论文判断的成立，是确立论点的关键。因此，论文提出的论点应是符合客观实际的，是正确的。若论点用语言形式固定下来就是一个判断句，或陈述，或反问，或是一个带有判断性的词组。如“实行法制是历史的必需”“实现可持续发展需要新的发展观与新的科技观”。确立论点，提出论点时，要求论点鲜明，具有单一性、倾向性。要直接开诚布公地表明论文的独到见解。

论据是证明论点正确、成立的一系列理论材料和事实材料。

围绕论点选择论据是论文成功的保证。恰当地引用理论论据，可以增强论文的理论深度，因为这类论据往往具有可靠性、正确性、权威性的特点。选用事实材料，可以增强论文的说服性、感染力，使论点真实可信。因为事实材料是不受主观意识制约的客观存在，因而具有真实性的特点。

2. 编写写作的提纲

学术论文的写作提纲是论文的内容和逻辑联系的提要。在它的指引下，论点和材料有机地组合成严密的理论体系，使作者的论点得以有效的表现。

写作提纲一般包括：标题、中心论点、内容纲要。内容纲要包括三部分：大项目，即上位论点，大段段旨；中项目，即下位论点（分论点），段旨；小项目，小段段旨，段中材料。内容纲要是论文逻辑构成的骨架，它要体现立论与各部分之间的联系，完成论据的选用、结构安排，使论文如行云流水。

学术论文写作提纲，可选用标题式提纲。或者用极简要的语言，像小标题，把各部分的内容概括出来。或者用一个意思完整的句子把每部分的内容概括出来。也可用图表式的思路提纲。标题式提纲简明、简单；思路提纲具体、直观，逻辑结构线索清楚。

3. 学术论文的格式及写法

（1）标题

学术论文拟写标题要求准确、具体、醒目。表现形式上，常有“论”“初论”“初探”“管见”等字眼为“标题格”。从标题的内容上看，有揭示论点的标题和揭示课题的标题。如《科教兴国重在落实》《志：中国哲学的重要范围》《充分发挥市场机制作用》，这些论文的标题，都是揭示学术论文论点的标题。《关于股份制的几个问题》《合作经济初探》《我国中央银行的存款准备金制度的完善问题》，这些论文的标题都揭示了论文所研究的课题。

论文的标题可选用单行标题形式，也可选用双行标题的形式。如《泸州曲酒厂经营战略的探讨》《发展问题对策——关于我区乡镇工业发展中几个问题的探讨》《一个重要的决定——保证重点建设必须集中财力物力》。

（2）署名

一般在标题的下方署上论文作者的姓名，一则表明文权所有，二则表明文责自负。

（3）摘要

它是对论文内容的简要概括，可以帮助读者在阅读论文之前对论文的主要内容有所了解。这部分要写明论文研究的目的、范围、基本论点、论证方法和结论。在写作这部分时，不是一定按上述内容一一写到，主要突出基本观点和结论，要做到准确、精练、具体，篇幅上可长可短。

（4）关键词

关键词是从论文中选取出来，用以表示论文主要内容信息的词语或术语。一篇论文可选取 3～8 个词作为关键词。关键词的运用主要是为了适应国际计算机联机检索的需要。

（5）正文

正文是论文的核心，一般由绪论、本论和结论三部分组成。

绪论部分可以从几方面入笔：交代选题的缘由、目的；论题的价值、意义；解释概念；回顾论题的历史，说明现状；有的绪论部分还交代论文的论证方法。总之，这部分是论文的开端，要认真对待，以写得简明扼要、干净明快、点到为止为行文基本原则。

本论是表明作者研究成果的部分，要依据课题的需要展开论证。应紧紧围绕中心论点，展开论文大小层次间的内在联系。在结构上可采用横式结构、纵式结构、纵横交叉式结构。

横式结构也叫并列分论式结构，即本论部分各层次之间的关系是并列的，围绕中心论点从各角度提出问题，运用分论点论证中心论点。这种结构体现出总分思路。

纵式结构也叫三段式结构，即本论部分沿着提出问题、分析问题、解决问题的步骤安排层次，这种推论式论证可使论题层层深入，体现出递进思路。

纵横交叉结构也叫混合式结构，即分论点之间的关系有的是纵式的，有的是横式的，或是横中有纵、纵中有横，纵横结合起来共同完成对中心论点的论证。篇幅长，内容复杂的论文多选用这种结构方式。

写作本论可正面立论，也可批驳错误观点，还可解决疑难问题。总之，要恰当地选择论证方法，揭示论点和论据之间的逻辑关系。要多侧面、多角度、周详地论证学术论文的全部论点。这部分是全文的核心，写作时要多下功夫。

结论是论文的收尾。它要简括论文的结论，也可对论题作展望设想，还可以答谢给予写作者帮助的老师、同事等。这部分应写得简洁明了。

（6）注释

注释的形式有夹注、脚注、章节注、尾注等。学术论文多采用尾注。注释部分的序码应与被注释处的序码一致。对注释引文的，一般顺序是：著者、书名或篇名、出版者、出版年月、页码。

（7）参考文献目录

这是学术论文的附加部分，是作者撰写论文所参考的文献资料，表明作者治学严谨，观点、材料有案可稽，也是对他人科研成果的尊重。

总之，一篇规范的学术论文都应有上述几个部分。具体写作时，也可以根据实际需要酌情设置结构要素，学术论文应是一个统一的完整的整体。

（五）写作学术论文应注意的事项

1. 选题不宜过大

人们在撰写学术论文时，最常犯的毛病是选题过于宽泛。一个过大的选题会使写作者难以驾驭，难免在论述时不严密周到，从而使论题不能充分深入地被研究、论证，影响说服力。所以选题不宜过大。这便于论证时笔力集中，避免论述流于肤浅、空泛。把问题阐述透彻，才会有征服人的逻辑力量。

2. 要充分占有材料

写作学术论文一定要占有大量材料。材料是提出见解的依据。没有占有材料这个环节就不会有上乘学术论文的诞生。大量占有材料有助于启迪作者的思考，也才会使论据充分，论证有力。用孤证来证明论点不仅会使论文显得苍白无力，还会导致产生错误的结论。因为孤证是欠科学的，缺乏说服力的，不能使人信服。只有大量占有材料，并把它“优化”组织在一篇文章里，才能构成言之有理、言之有序、言之有物的学术论文。

3. 要重视修改

拟出论文初稿后，要认真修改。写出后的初稿宜经过一段时间的“冷处理”，再拿出来推敲、打磨，要检查、分析：论据是否充分、典型，论证是否严密，条理是否清楚，论证过程是否完善，分析说明是否做到无懈可击；论点是否需要修正、补充、强调、突出，是否深刻、新颖、独特；论点与材料、论据与论题是否达到了“同一性”，没有游离，没有节外生枝，前后一贯；语言表达是否做到了深入浅出、明白晓畅。除此而外，文中引用的事实、数据要认真核实。标点符号的使用也不能马虎，要认真检查，看有无乱标乱点，查是否符合使用规则。经过这样反复修改，再一丝不苟地誊清，从而完成一篇学术论文。

例文：

基于文化视角的新型城镇化内涵建设研究

（四川文化产业职业学院　龙　飞）

【摘　要】文化是一个国家和民族自信力、向心力、凝聚力与创造力的基础和重要源泉，从城市发展的历程来看，城镇化的进程实质是文化内涵发展的体现，文化是城镇发展的内涵和灵魂。本文就文化视角，探讨新型城镇化建设过程中内涵建设的基本思路。

【关键词】文化　新型城镇化　内涵

【中图分类号】F292　　**【文献标识码】**A　　**【文章编号】**

一、引　言

新型城镇化是以绿色、高效、集约、生态、和谐为特征的城镇化。新型城镇化建设，关键在于“新”。其科学内涵是以人为本，通过集约化和生态化的发展模式，辅之多元的城镇功能，构建合理的城镇体系，最终达到城乡统筹、实现城乡一体化。《国家新型城镇化规划（2014—2020年）》提出“‘注重人文城市建设’意义深远。新型城镇化，‘新’在更加宜居宜业，更加富有远见，更加懂得文化传承。”[1]从政策的层面我们可以这样理解，新型城镇化的实质要更加注重文化建设。新型城镇化，其核心还是“人”的城镇化，它不是简单地将农民转化为城镇居民过程中人口和生产要素的集中，也不仅仅是物质层面“破旧立新”的发展过程，更重要的是将现代城市文明向农村传播发展，将城市文化价值凝炼和萃取后结合传统的乡村文明进行相互融合。城镇化的进程，实际上是文化基因的传承、文化记忆的存留和文化历史的延续。[2]因此，我们必须从文化角度来思考，文化建设与新型城镇化的关系，如何理解新型城镇化的文化内涵、做好城镇化建设中文化建设的定位、提升新城镇的文化内涵与文化特色。

二、文化内涵是新型城镇化建设的核心要素

（一）城镇化进程实质是文化内涵发展的体现

从世界各国城市发展的历史进程来看，城镇化的进程实质是文化内涵发展的体现。如欧洲的城镇化是以巴尔干半岛上希腊城邦的形成为标志。城邦是以城镇为中心，辐射周边村庄和田地的新型社会组织形式。城邦的诞生派生出一系列包括公民、政治生活、宪法、政府、公民团体、政治家、城市管理学等概念，一方面开启了人类民主化的进程，另一方面还催生了优秀的古希腊文明（神话、哲学、戏剧、竞技体育与奥林匹克精神等）。从美国城市形成的时间，大致可以看出美国城市化的历程体现了其文化发展的轨迹。美国的城镇化历史很短，其进程是以东部港口城市建设为起点，伴随着商业贸易、钢铁产业、机械制造、交通运输产业、高科技产业、信息产业、文化产业等产业结构的调整而形成其并存的多元文化，主要特点体现为城市化与工业化同步，乡村向城市的转变过程中，生活方式与价值观念也发生了根本的改变。我国城镇化的发展过程更是体现了文化内涵发展的历史进程，从各个历史文化名城到各个历史文化小镇，如古都型、传统风貌型、风景名胜型、地方及民族特色型城镇，无论是在茶马古道上、丝绸之路上还是“苏南模式”带动形成的长三角、珠三角城镇群等，究竟是产业结构还是文化发展在推动城市的发展进程，恐怕我们无法细说清楚，但当我们置身于这些代表性的城市和古镇，任何一处都能让我们感悟到扑面而来的文化魅力。

（二）新型城镇化促进现代城市文明向农村传播发展

传统城镇化，强调的只是城市的建设和发展，期望从城市化和现代化角度，强化城市的集聚与辐射功能，从而以点带面，达到城乡统筹、城乡一体，带动城市周边及整个区域的发展。新型城镇化，更加注重“以人为本”的新的发展理念，注重现代城市文明向广大农村的传播。因为，城镇化不是盖几栋高楼，修几条马路、建几座车间，将农民变成产业工人这么简单。党的十八大报告中，首次提出了“新四化”概念（新型工业化、信息化、城镇化、农业现代化），揭示了相比传统城市化更加丰富和深刻的内涵。“新”在于突出了新的城乡关系，要求新型城镇作为连接中心城市与广大农村的桥梁与纽带，现代化基础设施向农村延伸，大中小城市的优质资源和生产要素向广大农村流动，现代城市文明通过新城镇化过程中各种文化设施建设向农村进行传播和融合。在现代化基础设施向农村延伸的过程中，现代城市文明也将以“润物细无声”的方式向农村进行传播。

（三）文化内涵是新型城镇发展的根基和灵魂

文化是一座城市的名片，更是一座城市的灵魂。只有通过文化的浸润，城市才能彰显其独特的气质与魅力。不管从城市到农村，无论生活在哪里，如果没有文化的植入，人就会感到空虚和无所适从。曾听一些人说他们回到乡下会觉得很踏实，除了感觉到浓厚的乡村特色和浓浓的乡村文化气息，还有一种看得见、摸得着的“乡愁”让人萦怀，人待着就会很踏实。同样，如果我们到一些文化名城去游览，总会被那里的城墙遗址、一砖一瓦所承载的厚重历史所打动，让人深思，让人感动，让人流连忘返。因为它们就是一本打开的书，一物一景、一草一木都体现其独特的城市气质和文化特色，承载了这座城市的历史。作家冯骥才曾指出：“任何城市的文化都是一个地域人们审美积累的结果，是历史不断积累形成的，而不是某些人就能决定的。”[3]

文化造就城镇的气质，影响城镇的魅力。新型城镇化与传统城镇化的一个重要区别，还在于新型城镇化更加注重城市文明与乡村文明的融合，更加注重传统文化的挖掘与保护，更加重视文化传承和城镇文化建设。新型城镇化建设不能忽略历史的传承，更不能置文化建设于不顾，也不能绕过文化培育这道坎，否则就会演变成千城一面的“造城”运动。对一个城镇来讲，如果没有将现代城市文明与传统的乡村文化进行有机融合，并体现出自己不同其他城市的文化特色，那就会湮灭于“千城一面”“千镇一面”的雷同之中，没有发展潜力。乡土文化是一个地方的特色与灵魂，更是城镇化后本土文化发展的根基所在。所以，在新型城镇化过程中，必须重视文化的内涵建设，重视乡土文化的传承和保护，不能因为城镇化建设后失去了文化的浸润，从而失去发展的根脉。同样，新城镇化的建设过程应该视为一种富有个性的文化成长过程，因为文化的繁荣才能体现城镇的魅力，深厚的文化积淀才能使城镇充满发展后劲。在新城镇建设过程中，理应将富有特色的地方文化元素、地方文化资源、乡土传统文化与现代城市文明一起融入城镇建设与规划之中，让传统文化和现代文化在继承、扬弃、传播与再创造过程中共同凝结为新城镇的文化魂魄，形成新城镇独特的文化魅力。比如，在城镇建设过程中，建筑也可以承载和体现独特的乡村文化气息，能够让城镇中的居民和游人能够通过老街、古建筑、老字号等与流逝的岁月相衔接，引导和唤回那久远的文化记忆。

三、新型城镇化文化内涵建设的基本思路

文化是每个城镇的灵魂。没有文化活动内容、没有文化环境营造、没有文化传播宣传及文化发展创造，这样的小城镇是没有活力的，只是一种人为的造城运动，这样的城镇化就不是新型城镇化。所以，文化资源中包含的地区文化、乡村文化、传统文化以及城市流行娱乐文化等文化元素都可以作为一条条主线，可以在城镇建设的文化定位方面与之结合，以形成和提升城镇化的新品质。

（一）研究和规划方面要善借“东风”

先进的设施、完备的功能、优美的环境，将体现一个城市良好的城市形象。但是一些地方也出现了将承载了久远历史文化元素的传统建筑拆毁的痛心事件，农村人口向城市流动过程中，传统文化也随着村落大面积消逝而不断流失。正所谓“新建设”不新、“老环境”失落。其根源在于城镇发展规划忽视了对城镇特色文化的把握和对主题文化的定位，没有意识到从文化的角度对城镇建设进行长远的规划。“千城一面”、盲目模仿让城镇的文化个性模糊了，让城镇失去了传统的乡村记忆和历史底蕴，当然也失去了城镇的魅力和吸引力。类似的城镇，到处都能见到，无主题文化定位，无城镇特色可言。新型城镇化如何避免重城镇、轻文化现象？这是每一个城镇规划者、建设者应当重点思考的问题，要解决这个问题，需要在城镇文化建设的发展规划上下足功夫，要善借当地的文化资源，明确城镇建设的文化定位。主管部门和建设单位在强化城市功能建设的同时，应当认清文化建设的角色定位，认清文化在城镇多元功能中的重要地位和作用。城镇化最重要的是“人”的变化，文化内容设计、文化设施建设、文化服务提供、文化消费引导等因素都必须纳入新型城镇化建设的必选项目，甚至是核心要素进行通盘考虑。地方政府在规划建设中，要善用当地文化资源这一“东风”，推动农业经济向文化经济转型。这方面成功案例很多，比如北京宋庄小堡行政村利用艺术家资源，实现农业经济向艺术经济转型，在产业转换、农民职业转换、农民精神文化及生活面貌方面完全实现了就地城镇化；云南大理新华村是一个经济欠发达的地区，该村利用其上千年的银器加工历史和环境优美的大片湿地，依托银器加工工艺和丰富的旅游资源，形成了特色的新型产业群，成功实现了产业转型和农民的职业转换；四川成都新津县，基于城乡统筹发展的大背景，将创意和设计与农业经济相结合，以祈福文化、绿色生态文化、健康休闲文化为核心，打造出一系列各具特色的文化村镇。

（二）提炼和挖掘历史文化要有创造性

富有特色和个性的新型城镇，在内涵建设过程中，必须明确文化定位。从一定意义上说，城镇化是一个城乡融合的过程，这种融合，不单单是城乡居民身份的改变，也不是空间和地理性质的简单融合，它还包含经济与社会的深度融合以及城市文明和乡村文化碰撞后的文化资源的融合。在传统城镇化举步维艰之际，文化资源的挖掘和提炼更显重要。在文化定位上，可以从研究当地文化脉络和体系方面入手，科学厘清当地的历史传承和文化渊源，将最能体现当地人文精神的文化元素及文化符号提炼和挖掘出来，融入设计师的设计理念之中、融入建筑师的建筑理念之中，最后物化到城镇基础设施建设之中，从而以文化建设来引导新城镇发展，提升新城镇功能，树立新城镇形象，突出新城镇特色。这方面的案例是比较多的。比如，江苏省泰州姜堰充分挖掘和提炼当地特色文化资源的潜在经济价值，利用“溱潼会船甲天下”的传统文化资源，通过举办一年一度的“溱潼会船”节，不断丰富和创新“溱潼会船”的文化内涵，有效地提升当地的文化层次，使“溱潼会船”成为当地具有重要影响的文化名片，为新城镇建设提供了一个挖掘和提炼文化资源、推进地方文化产业发展的成功样本。四川成都双流的黄龙溪古镇，其文化定位则是从历史文化入手，根据当地流传的许多关于龙的传说和典故，结合千年水码头和场镇名称由来等历史文化突出之处，从民间舞火龙、赛龙舟等与龙有关的民俗着手，充分发掘当地的历史文化特色，结合现代休闲文化和旅游文化，确定了黄龙溪古镇千年水码头与“蜀汉龙文化”交融的文化核心元素和文化主题。当置身于黄龙溪古镇时，那壮阔的河流水景、以龙为形的人造主体景观，辅之以水为魂的精心设计，你能感受和触摸到千年水码头与蜀汉龙文化的融合之美。[4]

（三）不能忽视历史遗存文化的保护和发展

历史文化遗产是人类历史的见证，是文明传承的源头和纽带，是体现一个地方和民族的文化渊源。保护文化遗产就是延续历史文化的根脉。文化古迹和历史遗存，也是具有生命的，它们的身上寄予了居于其间的人诸多的情感、记忆与乡愁。保护历史文化遗产，维系历史文化脉络，既是当今人们生存发展的心理需求，也是我们对祖先和子孙不可推卸的责任。然而，伴随着我国城镇化快速发展的同时，我们也看到一幕幕对传统文化资源造成的不可逆转的摧毁性破坏。如具有地域特色和历史韵味的遵义老城民居，在专家们的痛惜声中一点一点地消逝；保存最为完整的明清古城——古朴端美的定海古城，也在“开发”热潮中逐渐消失，“建设性破坏”现象时有发生。[5]历史文化遗存保护出现上述问题，主要原因还是这些城镇在快速发展的同时，将保护历史遗存当成了城市发展的阻力，简单粗暴地让其为商业项目让路，正是这一错误思维的误导，让城镇建设割裂了历史记忆，出现了“去历史、去文化”的现象。一个地方的文化资源，特别是历史文化遗产，是体现其地方特色的文化品牌和文化个性，更是塑造其城镇特色的文化根基。因此，在新型城镇化过程中，一定要善待历史文化遗产，学会把历史遗存和历史文化变成内涵建设和城市发展的动力，使其成为一个城镇区别于其他城镇的重要特征，成为其独具魅力的“唯一性”的文化品牌和文化名片；一定要注意维护当地的历史风貌，保护具有鲜明地域文化特色的街区、建筑和特色文化标志；一定要做好物质文化遗产和非物质文化遗产的保护与开发工作，让丰富的文化内涵和厚重的历史文化不断提高新城镇的影响力和吸引力。

四、结　语

随着城镇化进程的快速推进，在农业文明向工业文明过渡过程中，许多农民一下子由农业人口转变为城镇居民，身份变了，生活的环境也变了，但体现在人的思想观念层次的文化意识却与现代城市文化还不能完全适应，人们的思维方式、价值观念、行为方式、文化形态以及生活方式，都需要一个适应过程，需要进行引导。目前，我国大部分农民的生活水平较改革开放前有了较大水平的提高，随着信息科技的发展，现代城市文明也逐渐被接触和了解，但他们的生产方式、生活方式、长期形成的乡村管理体制及少数地方依然存在的宗族管理模式，无法在短时期内得到根本性的转变，其社会圈子及人际关系的处理，依然是原有的方式与套路，甚至部分农村居民中还有部分人对现代城市文明常常持怀疑甚至是否定的态度，一旦现代文明生活方式与他们的陈规陋习不一致，甚至影响到少数人的眼前利益时，他们本能的反应不是学习，不是思变，而是对新生事物和外来现代文化的抵触，甚至可能是激烈的、联合起来的对抗，如湖北仙桃富迪连锁超市经营公司在周边发展进行扩张开业时遭遇到当地人封堵和抵制正是这种情形的体现。[6]究其原因还是这些居民普遍缺乏城市文明意识、市场经济理念和法制观念。所以，新型城镇化文化内涵建设过程中，还有一个重要任务，就是培植由农民转变过来的新市民的现代文明意识，革除其长期存在的小农意识，培育其成为新一代市民的思想品质和精神风貌，潜移默化地转变其行为方式，接受城市文明的约束、洗礼，尽快成长为新型的、现代文明市民。

参考文献

[1] 冯蕾，李慧．新型城镇化：让文化记忆延续——专家眼中的《国家新型城镇化规划（2014—2020年）》[N]．光明日报，2014-03-17.

[2] 范周．赋予中国新型城镇化以文化内涵 [N]．光明日报，2013-10-16.

[3] 邹广文．推进有文化记忆的城镇化 [N]．光明日报，2014-02-10.

[4] 田文红．成都地区古镇文化定位探析 [J]．中华文化论坛，2012 (5).

[5] 韩禄．文化在城镇化建设中的定位问题研究 [EB/OL]．求是理论网，http://www.qstheory.cn/laigao/2014-06/07/c_1111030440.htm，2014-06-07.

[6] 彭智敏．现代城市文明是农村城镇化的重要内容 [J]．小城镇建设，2005 (5).

第二节　毕业论文

一、毕业论文的含义

毕业论文是各类大专院校学生毕业前，根据所学专业，有选择地进行学术研究，并写出文字报告的一种学术论文。它是学生大学学习成果的结晶。

毕业论文是在教师指导下完成的。它是学生学习情况的一个总结，是对学生综合素质的考核。它反映学生的学识、思维能力、创造能力、研究作风、研究方法，乃至文字表达水平，是学生总体素质的体现。

二、 毕业论文的分类

从不同的角度划分，毕业论文可分为不同的种类。

从毕业论文所涉及的专业分，可分为政治学科毕业论文、教育学科毕业论文、历史学科毕业论文、文学学科毕业论文、语言学科毕业论文、秘书学科毕业论文、经济学科毕业论文、法学学科毕业论文、农学学科毕业论文、医学学科毕业论文、理学学科毕业论文等。

从毕业论文的写作形式上分，可分为以文字写作为主的毕业论文，也有医学、工科学生的实验报告，还有毕业设计等类别。

三、 毕业论文的写作

写作毕业论文大体要分为三个阶段，一是准备阶段，包括选题、拟写论文提纲、搜集材料；二是研究、写作阶段；三是修改成文阶段。

（一）准备阶段

在这个阶段，应以选好论文选题，拟好论文提纲为中心。

毕业论文和一般的学术论文不同，它的选题应围绕所学专业的专业课程，依据所学专业、特长来选题，要突出自己的优势。在选题时，还要以自己的兴趣为前提，这样在撰写论文时才不会被动。此外，要搜集足够的材料。最后，还要虚心求教于论文指导老师，避免事倍功半。

写好论文提纲是顺利完成毕业论文的前提。一份好的论文提纲，是完成毕业论文的根本保证。它要在撰写论文前斟酌推敲，理清思路，设置好每一个进步的阶梯。

毕业论文提纲可详写，也可以提纲挈领以小标题的形式来完成。这要根据论文形式来决定。但一般以详写为好。

例文四川经济管理学院学员陈小明的论文提纲，便是一份详细提纲。

《利用市场实现计划管理之我见》提纲

绪论（略）

本论

第一部分：利用市场实现计划管理的客观必然性

（一）市场客观地存在于社会主义经济中，同时顽强地发挥作用

1. 商品经济是社会主义经济不可逾越的历史阶段

（1）马克思提出社会主义不是商品经济的两个前提条件

（2）实际情况：社会主义恰恰是建立在生产力水平和生产社会化程度低的国家

①存在广泛的分工

②存在着独立的经济利益不同的经济实体

③存在着劳动力的部分个人所有制只能采取商品货币关系下等价交换的形式

2. 社会主义的商品经济性质决定了市场存在的客观必然性

（1）市场是商品经济的载体，商品只有通过市场才能得以实现

（2）市场经济与商品经济是同质的

3. 市场在社会主义经济运行中的作用是客观的

（二）社会主义的计划性与市场性不是简单的并列或机械的统一，而是社会主义经济本质所决定的一种内在的有机的统一

1. 现阶段社会主义经济存在着计划性和市场性双重属性

2. 计划性与市场性的差异

（1）一个以公有制为基础，另一个以商品经济关系为基础

（2）一个反映根本利益的一致性，另一个反映人们物质利益的差别

（3）一个以计划为调节手段，另一个以市场机制为调节手段

（4）一个表现人们的主观意志，另一个反映客观的必然

由此，产生误解：认为二者互不关联（板块说）；强调计划，否认市场。

3. 计划与市场的内在联系

（1）社会主义有计划的商品经济与资本主义市场经济的共同点：必须遵守价值规律

（2）在社会主义条件下，价值规律是通过市场机制转化为市场调节的

（3）价值规律不仅体现在市场调节上，还体现在计划调节上

（4）社会主义计划经济的特征是能使计划与主市场适当地结合起来，这种结合的联结点是价值规律。这种结合的本质是社会整体利益与企业、劳动者局部利益的结合。这种结合单有计划协调而无价值规律的自觉运用，是不可能实现的

4．市场与计划相互作用，互为补充，互相渗透，共同作用于经济过程

（1）计划要从市场出发，反映市场需求，同时接受市场的检验和校正

（2）市场调节受计划制约，市场机制受计划影响

（三）利用主市场实现计划管理是社会主义经济内在的本质属性决定的

1．商品经济中的计划只能是立足于市场关系的基础上，并以这种关系为内容，适应这种关系内在要求的计划只能是对价值规律市场机制的自觉运用

2．在社会主义公有制条件下，市场机制的作用是可以被人们认识的和自觉地加以运用，使之为计划经济服务的

3．从计划管理的目标——实行宏观控制，保持总供给与总需求的基本平衡来看，实现计划管理有赖于市场

4．间接控制的计划方式和手段是依存于市场关系之中的

（1）直接控制与间接控制的根本区别在于是否充分利用市场

（2）企业与国家，微观与宏观，计划与自由选择在市场上结合起来，国家调控市场，市场调节企业

（3）主导机制——计划机制的调节功能要以基础机制——市场机制的调节作用的充分发挥为前提，并且主导机制的功能要通过基础机制才能实现

5．从我国国情看，市场机制的作用利大于弊。

6．从历史的经验教训看，计划管理不能排斥市场。

第二部分：怎样利用市场实现计划管理

（一）建立完整的市场体系和市场管理体制，是利用市场实现计划管理的基础

（略）

（二）完善市场运行机制，促使市场运行入轨，是利用市场实现计划管理的必要条件

（略）

（三）健全市场功能机制，发挥市场功能作用，是利用市场实现计划管理的基本途径

（略）

结论

在有计划的商品经济条件下，市场的作用是客观的，它不因任何主体的好恶而改变。关键在于如何认识，引导、利用其积极作用，限制、控制其消极作用。

这种认识、引导、调节的过程，同时也就是利用市场实现计划管理的过程。

这份提纲详尽有序，保证了论文能环环相扣，更好地组织材料为论题服务。

（二）研究、写作阶段

选好论文题，拟好论文提纲，接着就要动手写作论文。写好论文，应了解论文文体的特点。毕业论文、学术论文都属于论说文范畴，首先要确立好中心论点，这样才能为论文的顺利展开奠定良好基础，确立中心论点时要做到正确、准确、创新。

选作论据的材料，本身的真实性必须是已被证实过的。在用来证明中心论点的成立时，能有足够的说服力、典型性、新鲜感。这就要在选用材料前，潜心研究材料和中心论点，研究课题之间的关系，要让选用的论据做到以一当十，达到观点与材料契合。

论证是论文区别于其他文体的显著特征。它是用论据推导、证明、阐发论点正确无疑的过程。论证要遵循论题的内在层次关系，也要针对阅读者认识事物的必然轨迹来进行，这样才能完成有效论证。毕业论文的论证，要集中力量挖掘论题的本质和规律性，把论点论透。要做到这一点，就要以充分调动思考研究方式为前提，灵活多样的思维方式才能多侧面、多角度地拓宽思路，这样中心论点就被展开了，可以获得充分有力的论证，使论文有广度、有深度。

（三）修改成文阶段

这是毕业论文的后期工作。在修改时，应采取谨慎的态度。要审视论文的标题，让文与题相吻合。要核对材料、数据、事实材料，保证论题的可靠性。要审查结构是否合理，思路是否清晰连贯，这也是对论文推理顺序的验证。最后要审视语言，删繁就简，推敲措辞，看表达是否准确明白，修辞手段的使用是否恰当，从而准确达意，又具文采，形式和内容臻于完美。

反复修改后，便可誊清成文。

四、 科技论文的编写格式

科技论文是某一学术课题在实验性、理论性或观测性上具有新的科学研究成果，或创新见解和知识的科学记录。也可以是就已知原理在实际应用中取得新成果、新进展的科学总结。

（一）种类

常见的科技论文有：

1. 理论型论文

主要是理论分析、理论证明，发表对研究对象的理论上的突破、修正、补充、质疑否定等。

2. 实验型论文

主要是为阐述科学上某一现象而创造特别的条件，以观察和记录其变化、结果。在写作上由材料、方式、结果讨论等部分组成。

3. 描述型论文

主要是用语言文字把自然界客观事物或研究对象具体地形象地表现出来，对新的发现、新的现象做出解说、判断。写作上一般由描述和讨论两部分组成。

4. 评论型论文

主要是针对某个具体研究对象进行评论，提出作者的看法。多用于应用研究方面。行文时多按照提出问题、分析问题、解决问题的顺序来写。

（二）科技论文的写作

依照《中华人民共和国国家标准科学技术报告、学位论文和学术论文的编写格式》要求，科技论文写作要由以下几部分组成：

前置部分
- 封面、封二
- 题名页
- 序或前言
- 摘要
- 关键词
- 目次页
- 插图和附表清单
- 符号、标志、缩略词、首字母缩写
- 单位、术语、名词等
- 注释表

（章）（条）（款）（项）

主体部分

	（章）	（条）	（款）	（项）
引言	1			
正文	2	2.1		
	2	2.2		
	2	2.3	2.3.1	
			2.3.2	2.3.2.1
				2.3.2.2

- 图 1（或图 2.1）
- 图 2
- ……
- 表 1（或表 2.1）
- 表 2
- ……
- 结论
- 致谢

参考文献表

附录部分（必要时）
- 附录 A
- 附录 B　B.1　B 1.1
- 　　　　　　B 1.2—B 1.2.1
- 图 1
- 表 B1.

结尾部分（必要时）
- 可供参考的文献题录
- 索引
- 封三、封底

有时，也可不必完全按照上述各项行文。一般行文内容有：

1. 标题
2. 作者
3. 论文摘要
4. 关键词
5. 引言
6. 正文

由于科技论文不同类型对正文行文要求不同，所以正文部分内容无法统一规定，但一般应有两部分内容：(1) 实验和理论分析；(2) 结果和讨论。

7. 结论
8. 致谢
9. 参考文献

五、 毕业论文答辩

答辩是学术论文写作过程中的最后一个环节，是由论文审定小组（或委员会）围绕论文，对论文作者公开审查、检验的一种方式。

（一）论文答辩的意义

1. 考察论文写作的真实性。这是最低层次上的意义。
2. 对论文质量的考核评估。这是最基本的也是较高层次的意义。
3. 可以帮助论文作者补充、完善、修改论文，有指导意义。

（二）论文答辩的程序

答辩是由答辩人和主答辩者共同配合进行的。它含答辩人自述、答问、宣布结果三个程序。

1. 自述

答辩开始时，首先是由答辩学生作15分钟左右的自述。简要说明论文写作的意图，课题研究的背景，选用的研究方法；论文的中心论点、分论点、小论点；论文选用的主要材料，全文结构的基本特点；本论文课题研究的发展方向前景；论文存在的不足。可采取演讲式或宣读式来完成这部分。自述完毕，应有礼貌地请主持答辩的专家教授提问。

2. 答问

答辩学生就答辩教师提出的问题一一作答。答辩学生可充分表述自己的学术见解，介绍学术研究成果，体现论文价值。也让答辩教师考察确认论文的真实性及论文的价值，还是学术交流的过程，促使论文作者的认识深化。

3. 宣布结果

答辩结束后，答辩教师经过商议，由主答辩教师当场宣布论文与答辩是否通过。再经过“和议评级”程序，为论文评出成绩等次，书面通知答辩学生。一般按优、良、中、及格、不及格来评定成绩。

（三）论文答辩的准备

论文答辩的水平和成绩取决于答辩准备。有充分的准备，便能为答辩通过和取得好成绩打下基础。

1. 资料准备

除精心准备自述提纲外，还应围绕论文内容搜集有关资料，预计答辩教师可能会提出的问题，可采取准备资料卡片的方式来完成资料的准备工作。

2. 心理准备

要克服侥幸心理，克服怯场。要相信自己，从容自信地参加论文答辩。

可以提前到达答辩现场，熟悉环境和气氛。只要准备充分，心中有底，就能消除紧张和怯场。

（四）答辩的要求

1. 内容要正确清晰

自述有鲜明的逻辑性、科学性、理论性。答问要有针对性，避免答非所问。

2. 语言要流畅自然

在自述及答问时，语调自然，发音清楚，言语富有节奏感，表情大方，手势自然得体。

3. 态度要诚恳谦虚

答辩是一次学习的好机会，要有求知的诚恳态度，神态和用语都应谦虚委婉，切忌强词夺理，胡搅蛮缠。

（五）答辩的技巧

答辩时应掌握和运用一般的答辩技巧。

1. 善于倾听，把握题旨

要专注听取教师的提问，快速领悟题旨，这样才不会答非所问。

2. 善于补救，坦诚直言

若一时没能完全领会提问的意图、指向，可以虚心诚恳地以求教的口吻请提问人再重复一遍问题。若是意识到自己回答有误，应立刻勇敢承认，并主动纠正，获得重新答问的机会。

3. 化解难度，先易后难

若遇到答辩教师连续发问，可选取容易的问题先答，再攻克难题。这样可以保证自信心不受困扰，有效发挥能力、水平。

4. 简洁明快，不枝不蔓

回答问题应干净利落，简洁明快。回答问题时，要紧紧围绕问题作答，不可随意尽兴发挥和扩展问题。这样才能在有限时间内完成任务，还能避免言多失误。

5. 谨慎试探，适时进退

若遇到难题，如过深、范围较广，可谨慎地用“设问法”限制题意，或用“余留法”采用商询式的肯定方式作答，使答问有余地，从而简述自己的见解。答问时还要把握好进退。如答辩教师听得满意，可稍做发挥，进一步阐述，以“扩大战果”；当然也要见好就收，以免画蛇添足。

（六）答辩的注意事项

1. 答辩前要做好充分的资料准备和心理准备，不打无准备之仗。

2. 答辩时要沉着冷静，保持理智的头脑、谦虚的态度，创造良好的答辩氛围。

3. 答辩后要认真总结经验教训，若意识到论文的不足，还可做修改，完善、提高自己的学术水平和论文的质量。

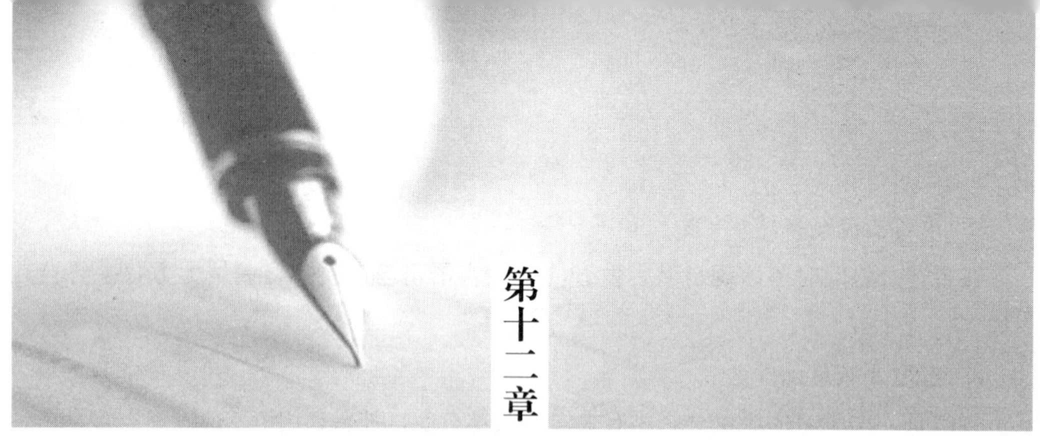

第十二章 经济文书

第一节　经济文书概说

一、 经济文书的含义

凡在经济实践活动中使用的各种专业性很强，直接用于该领域的应用文，都称为经济文书。其中包括传播型文书的商业广告，预测型文书的市场调查报告、经济预测报告、经济活动分析报告，协调型文书的经济合同，评估型文书的审计报告、查账报告等。

二、 经济文书的特点

（一）内容的合法性

社会主义市场经济，本身就是法制经济。为社会主义市场经济服务的经济文书，其内容当然必须合法，必须符合国家的法律、法规，符合党和国家的路线、方针、政策。这种特点主要体现在两个方面。一方面，有的经济文书，如经济法规、规章，经济领导和管理部门的有些公文，本身就是法律、政策的载体，就是传达、颁布国家的经济法规以及党和国家的经济方针、政策的。另一方面，大量的处理经济工作的各种经济文书其内容也必须遵循、依据、符合国家的有关法律、法规和规章以及党和国家的有关方针、政策，否则就会削弱行文的现实效用，甚至达不到预期的目的。如订立经济合同，就必须遵循《中华人民共和国合同法》和工商行政管理部门的有关规定，每一类合同的条文内容甚至书写格式，都必须按照严格规定拟写或填写，使之合法、合理、完善、明确，以确保其法律效力。如果不按规定写作经济合同，就可能违法行文而成为无效合同，得不到法律的保护。

（二）表达的直述性

经济文书是用于管理经济工作、处理经济事务的，要求它的表达必须准确、简明、直述，使人一目了然，易懂可行。这种特点，主要体现在以下几点。

1. 大量使用数据

经济工作离不开定量分析，离不开数据。经济活动的每一个环节都要通过数据来发现问题、分析问题、解决问题。经济文书要通过对数据的统计、分析，说明某一经济活动的现状、变化和发展，反映经济形势和背景，展示经济效益。这样显得非常具体、直观，使阅者做到胸中有数。

2. 常使用统计图表

为说明某一经济活动的发展变化，反映某一经济工作的成绩与失误，揭示某项经济指标在整体中的地位，有些经济文书也常常使用各种统计图表，诸如简单统计表、分组统计表、复合统计表、曲线图、条形图、示意图、箭头图等。图表的使用，使表述更准确、清楚、形象、直观，使人获得更明确而深入的了解。

3. 部分文种有效地使用不成文式的文面表现形式

为增强表达效果，使内容更简明、清楚，使写作撰制更简便、易行，使阅读更直观、形象，部分经济文书不拘泥于文章稳定、规范的结构形式，而使用了不成文式结构中的表格式、图文式。如企业登记注册文书、税务文书、审计文书、财务文书、合同文书、专利文书等，大量使用表格式，撰写时只需在规定的项目填上相应的内容即可。又如广告，常使用图文结合，图文并茂，甚至是形、声、图、文结合，相得益彰。

（三）体式的程式性

在长期的实践中，经济文书逐渐形成了一定的习惯形式。有关系统、行业的领导部门不断总结经验，又对某些专业的文书形式做了相应的规定，使习惯形式更臻完美，成为大家行文的规范。经济文书的这一特点，为它的撰写、处理、使用带来了极大的方便，加速了工作的规范化、制度化、标准化，极有利于提高工作质量和效率。经济文书程式性这一特点，主要体现在以下几点。

1. 有惯用的文章体式。各类经济文书的结构体式，都有其相对的稳定性，有的专业文书的结构体式甚至由有关主管部门作出了统一规定。如经济合同，国家工商行政管理局及有关行业主管机关对各类合同都规定了规范文本，先写出什么，后写出什么，都不能随意增删、更改。

2. 有约定俗成的语言习惯。经济文书中语言的运用习惯，如数字的表述、专用词语的运用、专业术语的选用，都达成了共识，自有其特殊性。

3. 有规范的文面格式。有些主管部门根据《党政机关公文处理条例》和有关法规、规章的规定，结合行业特点，对某些专业文书的撰写内容、方法及文面格式，都作了统一规定，使用时必须按规定的文面格式撰制、填写。有些经济文书的文面格式虽无统一规定，但有大家公认的习惯形式，撰写时一般不宜别出心裁，另搞一套。

（四）制发的时效性

在时间就是金钱、效率就是生命的当今社会，作为经济工作的经济文书，当然更注重其时效性。经济文书时效性的特点主要体现在以下几点。

1. 大多数经济文书只在规定的时限内发生效力、作用，时过境迁，它们就失去了现实效用，只具有历史档案作用或参考价值了。如经济合同、企业法人登记注册书、市场调查报告等，都只在限定的时间里起作用。

2. 为了充分发挥经济文书的效力，经济文书的撰写制作要及时、迅速，处理要快。经济文书格式的规范化、计算机技术的运用，都为此提供了便利条件。

三、 经济文书的写作要求

（一）要符合国家的法律、法规和政策

经济工作具有很强的政策性，要写好经济应用文，就必须熟悉党和国家有关经济方面的方针、政策。同时要了解、掌握客观经济规律。要了解当前的生产、分配、交换、消费等环节的情况及其相互关系。总之，要使写作的经济文书能够正确体现党和国家的方针、政策精神，否则，即使文章写得再好，也只能是贻误工作，造成损失。

（二）内容要真实可靠，讲究时效

经济文书的内容要实在，有实用性，要以获取经济效益和社会效益为目的，要确保对经济活动起指导和促进作用。如经济合同一经签订、公证，便具有法律效力，必须明确具体，涉及的标的要准确无误，对其数量和质量的要求要标注出“国标”或“行业标准”的具体要求。

（三）语言要准确、简洁，格式要规范

准确、简洁是经济文书的基本要求。行文措辞要避免使用产生歧义歧见的词。如标题的拟制要准确地表明文章的内容；做结论时，所用词语应与事实相符；数据要准确，

要经过核实。

遣词造句要简洁明了，决不拖泥带水，努力做到言简意明。忌浮华夸饰，矫揉造作。

文章的格式是约定的一种格式，它便于文书的起草、签署、收发、存档，它维护着经济文书的严肃性，也有利于提高工作效率。所以我们在写作经济文书时，应注意格式规范。能使用规范文本的尽可能使用规范文本。

第二节　经济合同

一、经济合同的含义

合同是平等主体的自然人、法人、其他组织之间设立、变更、终止民事权利义务关系的协议。经济合同是法人或其他具有民事主体资格的当事人，为实现一定的经济目的，明确相互的权利和义务而共同订立的契约或协议。

二、经济合同的特点

（一）合法性

合同是双方的法律行为。即需要两个或两个以上的当事人互为意思表示（意思表示就是将能够发生民事法律效果的意思表现于外部的行为）。经济合同的撰写要严格遵守《中华人民共和国合同法》的各项规定，在合同的内容、形式、主体等方面，要符合国家的法律、法规、政策。

（二）对等性

经济合同的当事人在法律上是平等的，双方的权利和义务是对等的。双方当事人意思表示须达成协议。

（三）规范性

在格式上，国家工商局和有关主管部门制定了各类经济合同统一的规范化文本样式，并在全国推广实施。因此，经济合同在书写格式上表现出规范性的特点。

三、 经济合同的种类

按照不同的标准，合同可以分为不同的类型。

（一）按内容分

经济合同通常分为十类：购销合同（包括供应、采购、预购、购销结合及协作、调剂等合同）、建设工程承包合同（包括勘察、设计、建筑、安装等）、加工承揽合同、货物运输合同、供用电合同、仓储保管合同、财产租赁合同、借款合同、财产保险合同、科技协作合同（包括科研、试制、成果推广、技术转让、技术咨询服务等）。

（二）按合同的形式分

有分条列项的条文式合同；有以表格为主，辅以数据的表格式合同；还有表格条文结合式合同。

四、 经济合同的写作

（一）经济合同的内容和结构

尽管合同的种类各异，但在写作上一般均按首部、主部、尾部三部分行文。

1. 首部

主要包括以下各项：

（1）标题

标写在合同首页上方正中位置，要明确写出合同的性质，如“购销合同”“工程安装合同”。接着在标题下方书写合同的编号。

（2）合同当事人

要写明当事人的名称或姓名和住所。

合同当事人是指签订合同的双方或多方。要明确写出签约单位或个人的全称、全名，并在其后注明双方约定的固定指代：“甲方”“乙方”。如有第三方，可将其称为“丙方”。在对外贸易合同中，有时可指代为“买方”“卖方”。不论在什么情况下，合同中都不能用不定指代“你方”“我方”来指定当事人。

（3）引言

引言就是合同的开头部分，主要写签订合同的目的或签订合同的依据。常表述为：“为了”或“依据”“根据”。若是选用的“表格式合同”，则可以依据国家工商管理局和有关部门制定的规范文本要求，向表格内填写有关内容。

2．主部

这部分是经济合同的主要部分。按双方当事人的约定，详细写明主要条款和其他条款的内容。

（1）主要条款

①标的　这是经济合同当事人权利义务所共同指向的对象，是合同的基本条款。没有标的的合同是无效合同。标的可以是物、货币、劳务、智力成果等。签订合同的双方对标的要协商一致，写得具体、明确。

②数量和质量　这是从数量和质量的角度对标的进行精确度量，它决定双方当事人承担的权利义务的大小、范围。数量就是标的的具体计量，如借款金额、建设工程项目、工作量等。要明确标的的计量单位，如吨、米、件等。质量就是对标的的质的要求，如产品、商品、工程的优劣程度。应明确标的质量的技术标准（如国家标准、行业标准）、等级、检测依据等。

③价款或酬金　这是合同标的的价金，是合同双方当事人根据国家法律、法规、政策和有关规定，对标的议定的价格；是合同一方以货币方式取得对方商品或接受对方劳务所应支付的货币、数量。要明确标的的总价、单价、货币计算标准、付款方法、程序、结算方式。若与外方合作，还要写明支付的币种。

④合同履行的期限、地点和方式　履约期限就是合同的有效期限，是合同法律效力的时限和责任界限，过时则属违约。日期用公元纪年，年、月、日书写齐全。地点是指当事人履行合同义务、完成标的义务的地点。履行方式是当事人履约的具体办法，如借贷合同的出资方要以提供一定的货币来履约；劳务合同的某一方要提供某种具体的劳动服务，如照看小孩，打扫卫生等。

⑤违约责任　就是合同当事人不能履约或不能完全履约时，所要承担的经济和法律后果。它包括违约金、赔偿金和其他承担责任的法律形式等。“违约责任”是履行合同的重要保证，也是出现矛盾分歧时解决合同纠纷的可靠依据。

（2）其他条款

这里所说的条款就是除上述必备条款外，经双方当事人协商确定的其他条款。它包括：

①不可抗力条款　这项条款主要是明确在签约后，如果发生了当事人不能预见或人力不可抗拒的事故，如洪水、地震、台风等，导致履行合同困难，当事人可根据这一条款免于承担不履约或延期履约的责任。此条款的内容包括不可抗力事故的范围、后果等。

②解决争议的方式　此条款要约定在履行合同发生争议时解决问题的方式和程序，

要明确注明是通过仲裁解决，还是通过诉讼解决。此条款主要包括约定仲裁机构、仲裁事项或管辖法院等内容。

3. 尾部

尾部是指合同的结尾和落款部分。主要包括：

（1）合同的有效期和文本保存

有效期是指合同执行的起止日期，是合同当事人要求必须具备的条款，只需注明合同的生效、终止时间。

文本保存是注明合同文本保管的方式，即合同一式几份，当事人保管的份数。

（2）落款

这部分是经济合同特定的内容和格式。即合同的有效期限和保管条款下方，依次写出当事人的名称、签章、法定通信地址、法人代表、银行账号、签约日期、地点等。

有些合同有特殊要求，或有附件，也要在尾部注出。通常是在合同正文“其他条款”之后注明：“合同附件、附表均为本合同的组成部分，且有同等的法律效力。”如工程承包合同要在附件中列出工程项目表、工程进度表、工程图纸等。这些附件、附表均写在合同的落款的最下方，即“年、月、日”以后的部位。

由于经济活动多种多样，合同也就有各自的特点和侧重点，拟写一份合同，要在遵守国家法律、法规的前提下，视实际情况而定。

经济合同的体式，由国家工商局和有关部门制定了统一的规范化的格式。现选录几种作为文本样式。

仓储合同格式：

GF—2000—0901

仓　储　合　同

（示范文本）

合同编号：____________

保管人：____________　　签订地点：____________

存货人：____________　　签订时间：__________年________月________日

第一条　仓储物

品名	品种规格	性质	数量	质量	包装	件数	标记

品名	品种规格	性质	数量	质量	包装	件数	标记

（注：空格如不够用，可以另接）

第二条　储存场所、储存物占用仓库位置及面积：____________________

____

第三条　仓储物（是/否）有瑕疵。瑕疵是：____________________

____

第四条　仓储物（是/否）需要采取特殊保管措施。特殊保管措施是：__________

第五条　仓储物入库检验的方法、时间与地点：____________________

第六条　存货人交付仓储物后，保管人应当给付仓单。

第七条　储存期限：从________年________月________日至________年________月________日。

第八条　仓储物的损耗标准及计算方法：____________________

____

第九条　保管人发现仓储物有变质或损坏的，应及时通知存货人或仓单持有人。

第十条　仓储物（是/否）已办理保险，险种名称：______________；保险金额：______________；保险期限：______________；保险人名称：______________

第十一条　仓储物出库检验的方法与时间：____________________

____

第十二条　仓储费（大写）：________________元。

第十三条　仓储费结算方式与时间：____________________

____

第十四条　存货人未向保管人支付仓储费的，保管人（是/否）可以留置仓储物。

第十五条　违约责任：____________________

____

第十六条　合同争议的解决方式：本合同在履行过程中发生的争议，由双方当事人协商解决；也可由当地工商行政管理部门调解；协商或调解不成的，按下列第________种方式解决：________

（一）提交________仲裁委员会仲裁；

（二）依法向人民法院起诉。

第十七条　其他约定事项：____________________

____

存　货　人	保　管　人	鉴（公）证意见：
存货人（章）：	保管人（章）：	
住所：	住所：	
法定代表人：	法定代表人：	
委托代理人：	委托代理人：	
电话：	电话：	
开户银行：	开户银行：	鉴（公）证机关（章）
账号：	账号：	经办人：
邮政编码：	邮政编码：	年　月　日

监制部门：　　　　　　　　　　　　　印制单位：

（二）经济合同的写作要求

1. 要遵守国家的法规、政策

经济合同写作中，必须学习、掌握国家的法规、政策。合同的内容、条款要严格遵守法规、政策，要有利于国家和集体的利益，维护正常的经济秩序。

2. 遵守平等互利、协商一致、等价有偿的原则

平等互利是合同的当事人平等地享有经济权利和承担经济义务。协商一致是合同的当事人在平等的基础上，为了共同预定的经济目的，达成一致，任何一方不得把自己的意志强加给对方。等价有偿是指公平合理的交换，一方给付，另一方也按同等价值作出相应的给付。互相履行义务，享受权利。

3. 条款明确具体，书写规范

合同条款明确具体是保证履行合同的前提，措辞准确，行文简洁，标点无误，字迹工整，不随意涂改，行文格式符合文体的要求，也是拟好合同的重要原则。

第三节　经济活动分析报告

一、经济活动分析报告的含义和分类

（一）经济活动分析报告的含义

经济活动分析是以国家现行经济政策和经济理论为指导，根据会计、计划、统计、业务核算等资料，对某一部门、企业的全部或部分经济活动状况进行系统科学的分析和

评价。把经济活动分析的内容和结果写成书面报告，就是经济活动分析报告，也简称为经济活动分析。

（二）经济活动分析报告的分类

1. 按范围分，有宏观经济活动分析报告、微观经济活动分析报告。

2. 按部门行业分，有工业经济活动分析报告、农业经济活动分析报告、商业经济活动分析报告等。

3. 按时间分，有定期经济活动分析报告、不定期经济活动分析报告，事前预测性分析报告、事后总结性分析报告。

4. 按内容分，有全面经济活动分析报告、专题经济活动分析报告。

全面经济活动分析也叫综合分析、系统分析。它是对一个单位或部门在一定时期的经济活动做整体性分析，即作出全面、系统、综合的分析。全面经济活动分析报告所涉及的面较广，反映的问题较多。

专题分析也叫专项或单项分析。它是对某一突出的重要问题，或有影响的经济事实做专项分析。专题经济活动分析报告内容单一，中心明确，写作时间不固定，可根据需要编写。

二、经济活动分析常用的方法

经济活动分析是对经济活动规律的探讨和分析，采用的方法有：

（一）比较分析法

这是经济活动分析中最基本的、广泛使用的方法，也是定量分析中常用的方法。

比较分析是把同一基础上具有可比性的数据资料加以对比，从而总结经验，查找问题，为制定、调整计划提供依据。

在具体比较中，常从以下几点进行比较分析：

1. 比计划

就是用实际完成的指标与计划指标相比，找出两个指标之间的差距。

2. 比历史

就是用实际完成的指标与上期或历史上同期完成的指标相比，反映出经济活动发展变化趋势。

3. 比先进

就是用实际完成的指标与国内同类先进行业或国际同行业先进单位指标相比，以便学习和赶超。

（二）因素分析法

就是从数量上把一个综合经济指标分解成各个因素的方法。它剖析、探究影响经济发展的诸多因素中具有本质特点和最大影响的主要因素，并分析这些主要因素的变化对经济发展的影响因素。

（三）动态分析法

就是根据分析对象和目的，把有关经济指标或反映有关发展水平的动态指标，按时间顺序排成动态序列进行分析，从中可分析其经济活动过程及规律。

三、 经济活动分析报告的写作

经济活动分析报告由标题、正文、落款三部分组成。

（一）标题

经济活动分析报告的标题有三种写法。

1. 四项式标题

写明单位名称、分析时限、分析内容、文种四要素，如《××采购供应站 2015 年二季度财务状况分析报告》。

2. 标题只标明分析的问题或材料的内容范围

如《××商场的利润为什么上不去?》《××公司的净收入构成因素分析》。

3. 以分析报告的意见或建议做标题

如《关于降低废品率的建议》《关于节支增收扭亏增盈的意见》。

（二）正文

这部分包括基本情况、分析评价、建议三部分。

1. 基本情况

对经济活动做概要介绍，说明经济指标完成的情况。一般开门见山，用简要的文字和准确的数字来说明情况。

如《美的集团 2014 年度财务分析报告》开篇介绍基本情况：

美的集团是以家电制造业为主的大型综合性企业集团，2013 年 9 月 18 日在深交所上市，旗下拥有小天鹅、威灵控股两家子上市公司。2013 年，美的集团整体实现销售收入达 1210 亿元，外销销售收入 74 亿美元。2013 年“中国最有价值品牌”评价中，美的品牌价值达到 653.36 亿元，名列全国最有价值品牌第 5 位。2014 年美的集团用工总数 13 万人，旗下拥有美的、小天鹅、威灵、华凌、安得、美芝等十余个品牌。集团在国内建有广东顺德、广州、中山；安徽合肥及芜湖；湖北武汉及荆州；江苏无锡、淮安、苏州及常州；重庆、山西临汾、江西贵溪、河北邯郸等 15 个生产基地，辐射华南、华东、华中、西南、华北五大区域；在越南、白俄罗斯、埃及、巴西、阿根廷、印度等 6 个国家建有生产基地。现拥有中国最完整的空调产业链、冰箱产业链、洗衣机产业链、微波炉产业链和洗碗机产业链；拥有中国最完整的小家电产品群和厨房家电产品群；在全球设有 60 多个海外分支机构，产品远销 200 多个国家和地区。

文章开篇，用数字直接摆出了美的集团的发展规模，文字简要。

2. 分析评价

用科学的方法对经济活动具体的情况作出分析，如取得哪些成绩，存在哪些问题，这些情况产生的原因，然后在此基础上作出评价。若是全面经济活动分析，则应对各项经济指标逐项进行分析，全面反映经济情况。若是专题经济活动分析，则要对专题内容要点展开分析，重点要突出，选材要典型。

社会主义经济是生产、交换、分配、消费的总过程，是一个有机体。在进行经济活动分析、评价时，要立足全局，从宏观经济着眼，从微观经济入手，把微观分析与宏观分析结合起来，全面、正确地分析经济活动。

科学地使用资料、数据，也是正确分析评价经济活动的保证。要把收集到的统计数据、会计核算资料、有关历史资料、数据等结合起来，通过因素分析、比较分析，有根有据地评析经济活动情况。

经济活动报告使用数字说明比较多，要充分利用其有利条件，辅以必要的简要的文字说明和分析增强说服力。

3. 建议

在分析评价的基础上，提出改进的措施建议。写作时要文字准确、简明，可操作性强。

（三）落款

写明分析单位（人员）和成文时间。

例文：

新常态　新战略　新发展

——“十二五”时期我国经济社会发展成就斐然

“十二五”时期的五年，是改革开放伟大历史进程中具有鲜明里程碑意义的五年。这五年，世情国情发生深刻变化，我国经济发展步入新常态。从国际看，世界经济处在危机后的深度调整期，呈现低增长、不平衡、多风险的特征，地缘政治等非经济因素影响加剧，我国发展面临的外部环境更趋复杂。从国内看，“三期叠加”的阵痛持续加深，多重困难和挑战相互交织，改革转型任务繁重。面对复杂多变的国际环境和艰巨繁重的改革发展任务，党中央、国务院总揽全局，审时度势，紧紧围绕“四个全面”战略布局，主动适应引领经济发展新常态，扎实推动“大众创业、万众创新”，坚持稳中求进工作总基调，不断创新宏观调控政策、思路、方式；坚持实施创新驱动发展战略，大力推进结构调整和转型升级；坚持改革开放不动摇，着力开拓发展新空间、激发新动力，实现了经济平稳较快发展和社会和谐稳定，为全面建成小康社会奠定了坚实基础。

一、国民经济保持中高速增长，综合国力显著增强

进入“十二五”时期，支撑我国经济高速增长的要素条件与市场环境发生明显改变，潜在生产率趋于下行，与此同时，“三期叠加”的影响不断深化，经济面临较大的下行压力。面对困难和挑战，党中央、国务院把握规律，积极作为，向改革要动力，向结构调整要助力，向民生改善要潜力，激活力、补短板、强实体、控风险，确保了经济增长换挡不失势。

经济增长保持中高速。2011—2014 年，国内生产总值年均增长 8.0％，由高速增长转为中高速增长。分年度看，2011 年比上年增长 9.5％，2012、2013 年年均增长 7.7％，2014 年增长 7.3％，2015 年上半年增长 7.0％。“十二五”期间，预计我国经济年均增长近 8％，不仅高于同期世界 2.5％左右的年均增速，在世界主要经济体中也名列前茅。

经济总量稳居世界第二位。继 2009 年超过日本成为世界第二大经济体后，我国经济总量稳步攀升，2014 年达到 636139 亿元，折合 10.4 万亿美元，占世界的份额达到 13.3％，比 2010 年提高 4.1 个百分点。我国经济对世界经济复苏作出了重要贡献，2011—2014 年对世界经济增长的贡献率超过四分之一。

人均国内生产总值稳步提高。2014 年，我国人均国内生产总值 46629 元，扣除价格因素，比 2010 年增长 33.6％，年均实际增长 7.5％。根据世界银行数据，我国人均国民总收入由 2010 年的 4300 美元提高至 2014 年的 7380 美元，在上中等收入国家中的位次不断提高。

外汇储备位居世界第一位。2011 年末，我国外汇储备突破 3 万亿美元大关，2014 年末达到 38430 亿美元，比 2010 年增长 35.0%，年均增长 7.8%，连续九年稳居世界第一位。

二、经济发展迈向中高端，经济结构明显改善

“十二五”时期，面对多年积累的结构性矛盾和转型发展的压力，党中央、国务院把调结构转方式放在更加突出的位置，在发展中促转型，在转型中谋发展，经济结构调整不断迈出新步伐，经济发展的后劲和内生动力明显增强。

服务业成为第一大产业。随着我国经济发展水平的提高，对生产性和生活性服务的需求不断扩大，服务业在国民经济中的地位上升。2012 年，我国第三产业现价增加值占国内生产总值的比重上升到 45.5%，首次超过第二产业成为国民经济第一大产业。2014 年，第三产业比重上升到 48.1%，比 2010 年提高 3.9 个百分点，2015 年上半年进一步上升到 49.5%。

工业转型升级步伐加快。坚持走新型工业化道路，推动工业化和信息化深度融合，工业发展向中高端迈进。2011—2014 年，装备制造业和高技术产业增加值年均分别实际增长 13.2%和 11.7%，快于规模以上工业增加值 2.7 和 1.2 个百分点；2014 年，装备制造业和高技术产业现价增加值占规模以上工业增加值的比重分别达到 30.4%和 10.6%，比 2010 年提高 0.8 和 1.7 个百分点。2015 年上半年，高技术产业增加值占比提高到 11.4%。

内需特别是消费对经济增长贡献明显增强。在扩大内需战略的带动下，消费的基础性作用和投资的关键性作用得到较好发挥，特别是消费结构升级带动居民消费潜力有序释放，消费成为拉动经济增长的主动力。2011—2014 年，最终消费对经济增长的年均贡献率为 54.8%，高于投资贡献率 7.8 个百分点。2015 年上半年，消费对经济增长的贡献率上升为 60%。

新型城镇化稳步推进。2011 年末，城镇人口首次超过农村人口，城镇化率突破 50%，2014 年进一步提高到 54.77%，2011—2014 年城镇人口每年增加近 2000 万人，带动了巨大的投资和消费需求。与此同时，稳步推进农民工市民化，我国城镇化不仅有量的扩大，更有质的提升。

三、经济发展质量效益明显提高，可持续发展能力增强

“十二五”时期，党中央、国务院积极推动经济发展方式从规模速度型粗放增长转向质量效率型集约增长，以创新驱动提高劳动生产率和资源利用率，努力建设资源节约型、环境友好型社会，经济运行质量不断提高，可持续发展能力不断增强。

国家财政实力明显增强。2011 年，我国公共财政收入突破 10 万亿元大关，2014 年超过 14 万亿元，比 2010 年增长 68.9%，年均增长 14.0%。随着国家财政实力增强，

财政对经济社会发展的支持不断加大。2014 年，我国公共财政支出超过 15 万亿元，比 2010 年增长 68.7%。重点领域民生支出得到较好保障。2011—2014 年，城乡社区事务、医疗卫生、交通运输、教育、社会保障和就业支出年均分别增长 21.1%、20.4%、17.2%、16.2%和 14.9%。

企业利润、居民收入持续增长。2014 年，规模以上工业企业实现利润总额 68155 亿元，比 2010 年增长 28.5%，年均增长 6.5%。2011—2014 年，扣除价格因素，城镇居民、农村居民人均可支配收入年均实际分别增长 7.9%、10.1%。2014 年，全国居民人均可支配收入已达到 20167 元，比上年增长 8.0%，比 GDP 增速快 0.7 个百分点；2015 年上半年全国居民人均可支配收入增长 7.6%，继续快于经济增长。

节能降耗成效显著。加强工业、交通、建筑等重点领域节能，积极发展绿色低碳产业，能源消费结构发生深刻变化，单位产出能耗水平大幅下降。2014 年，水电、风电、核电、天然气等清洁能源消费量占能源消费总量的比重为 16.9%，比 2010 年提高 3.5 个百分点。2011—2014 年，单位国内生产总值能耗累计下降 13.4%，2015 年上半年同比下降 5.9%。

环境质量得到改善。深入实施大气污染防治行动计划，实行区域联防联控，污染物排放总量逐步得到控制。2012—2014 年，全国化学需氧量排放量累计下降 8.2%，二氧化硫排放量累计下降 11.0%。2014 年，十大流域的水质监测断面中，Ⅰ～Ⅲ类水质断面比例占 71.2%，占比持续提高。

新的增长动力加快孕育。随着互联网经济的快速发展，新业态、新模式、新产品不断涌现，信息消费、电子商务、物流快递等蓬勃发展。2014 年，全社会电子商务交易额达 16.39 万亿元，同比增长 59.4%；快递业务量达到 140 亿件，超过美国问鼎世界第一，连续 4 年保持了超过 50%的增长速度。

四、基础产业和基础设施明显加强，经济社会发展后劲提高

“十二五”时期，党中央、国务院在完善基础产业、提高基础设施建设水平上进一步加大了力度，通过统筹规划，协调推进，突出重点，优化布局，基础产业和基础设施对经济社会发展的保障能力继续提高。

农业基础进一步巩固。2014 年，粮食总产量取得历史性突破，达到 60703 万吨，比 2010 年增长 11.1%，年均增长 2.7%，实现“十一连增”。近年来，我国谷物、肉类、籽棉、花生、茶叶、水果等农产品产量稳居世界第一位。

交通运输能力持续增强。高效、便捷的铁路网、公路网、航空运输网、城际铁路网、航道网逐渐形成。2014 年末，铁路营业里程、公路里程、高速公路里程、定期航班航线里程分别达到 11.2 万公里、446.4 万公里、11.2 万公里、463.7 万公里，分别比 2010 年末增长 22.6%、11.4%、51.0%、67.7%。特别是，高速铁路迎来了史无前

例的大发展，2014 年高速铁路运营里程突破 1.6 万公里，位居世界第一，我国高铁还驶出国门，参与多国铁路建设，成为独具特色、彰显国力的中国名片。

信息通信发展水平快速提高。2014 年，我国邮电业务总量 21846 亿元（按 2010 年不变价格计算），比 2010 年增长 90.4％，年均增长 17.5％。移动互联网产业方兴未艾，“宽带中国”战略加快实施。2014 年末，移动电话用户、互联网上网人数分别达到 12.9 亿户、6.5 亿人，分别比 2010 年增长 49.7％、41.9％；移动电话普及率、互联网普及率分别达到 94.5 部 / 百人、47.9％，分别比 2010 年提高 30.1 部 / 百人、13.6 个百分点。

五、对外开放不断向纵深推进，新一轮高水平对外开放局面初步形成

“十二五”时期，党中央、国务院统筹国内国际两个大局，实施新一轮高水平对外开放，加快构建开放型经济新体制，以开放的主动赢得发展的主动、国际竞争的主动，对外开放的深度和广度得到进一步拓展。

进出口贸易规模稳步扩大。尽管国际金融危机以来世界经济复苏步履蹒跚，但由于党中央国务院积极应对，我国进出口贸易总体上保持了稳定增长，占国际贸易的份额继续上升。2014 年，我国货物进出口总额达到 26.4 万亿元，居世界第一位，比 2010 年增长 31.0％，年均增长 7.0％。货物进出口总额占世界贸易总额的比重为 11.3％，比 2010 年提高 1.7 个百分点。

进出口结构不断优化。初级产品出口占全部出口的比重由 2010 年的 5.2％下降到 2014 年的 4.8％，工业制成品出口比重则由 94.8％上升到 95.2％。贸易伙伴更趋多元化，在巩固同美、欧、日三大传统贸易伙伴关系的基础上，与新兴市场国家的贸易往来快速发展。

服务贸易取得长足发展。2014 年，服务进出口总额达到 6043 亿美元，比 2010 年增长 66.7％，年均增长 13.6％。服务贸易结构逐步优化，计算机、保险、金融、咨询等高附加值服务贸易出口增长势头强劲。

利用外资规模跃居世界第一。利用外资从追求量的扩大转向质的提高。2011—2014 年，我国累计实际使用外商直接投资 4649 亿美元，年均增长 3.1％，其中，2014 年实际使用外商直接投资 1196 亿美元，首次跃居全球第一。外商投资领域也从一般制造业向高技术产业和金融、保险等服务业拓展。

“走出去”战略加快实施。对外投资进入加速发展阶段，沿海开放、沿边开放展现新格局。2014 年，非金融类对外直接投资 1072 亿美元，比 2010 年增长 78.1％，年均增长 15.5％，2015 年上半年非金融类对外直接投资同比增长 29.2％。2014 年，对外承包工程业务完成营业额 1424 亿美元，比 2010 年增长 54.5％，年均增长 11.5％。自贸区建设取得重要突破，2013 年我国在上海设立了首个自由贸易园区，此后又新设广东、

天津、福建自由贸易园区；与冰岛、瑞士自贸区启动实施，中韩、中澳自贸区完成实质性谈判。积极推进丝绸之路经济带和21世纪海上丝绸之路合作建设，参与境外基础设施建设和产能合作，在铁路、电力、通信、油气等领域对外合作取得重要成果。

六、民生事业大幅改善，发展成果普惠人民

“十二五”时期，党中央、国务院坚持民生优先，不断加强就业、收入分配、社会保障、住房等保障和改善民生的制度安排，全力推进基本公共服务均等化，人民生活水平有新提高，生活质量有新改善。

就业稳步增加。高度重视就业工作，以改革促进大众创业、万众创新，在经济增速放缓的背景下就业总量不降反升。2014年末，全国就业人员达到77253万人，比2010年末增加1148万人。其中，城镇就业人员增加到39310万人，占全部就业人员的比重为50.9%，比2010年末提高5.3个百分点。2014年农民工总量为27395万人，比2010年增长13.1%，年均增长3.1%。2015年上半年新增就业718万人，完成全年目标的71.8%。

居民消费水平不断提高。2011—2014年，扣除价格因素，城镇居民、农村居民人均消费支出年均实际分别增长6.3%、10.4%。2014年，全国居民人均消费支出达到14491元。其中，全国居民人均消费支出中食品比重为31.0%，比2010年有所降低；教育文化娱乐支出占10.6%，交通和通信支出占12.9%，均比2010年提高。

覆盖城乡居民的社会保障体系不断健全。坚持广覆盖、保基本、多层次、可持续方针，加快推进社会保障体系建设，社会保障水平稳步提高。2014年末，全国参加城镇职工基本养老保险、城镇职工基本医疗保险、失业保险、工伤保险、生育保险的人数分别比2010年末增加8417万人、4561万人、3667万人、4478万人、4703万人。新型农村合作医疗覆盖面不断扩大。2014年末，参加新农合人数达到4965万人，比2010年末增加350万人。此外，国家还统一了城乡居民基本养老保险制度，不断提高企业退休人员基本养老金水平，全面启动机关事业单位养老保险制度改革。

七、各项社会事业全面进步，公共服务均等化水平提高

“十二五”时期，党中央、国务院以增进民生福祉为目的，不断加大社会事业投入，推进基本公共服务均等化，科教文卫体等各项社会事业全面进步。

教育事业成绩显著。2014年，小学学龄儿童净入学率达到99.8%；中等职业教育招生629万人，在校生1803万人，毕业生633万人；全国普通本专科招生721万人，在校生2548万人，毕业生659万人，分别比2010年增加60万人、316万人、84万人；高等教育毛入学率达到37.5%，比2010年提高11个百分点。

科技事业成果丰硕。2014年，研究与试验发展（R&D）经费支出13312亿元，比2010年增长88.5%，占国内生产总值的比重为2.09%，比2010年提高0.36个百分

点。专利申请量和授权量大幅增加。2014 年，受理境内外专利申请 236 万件，授予专利权 130 万件，分别比 2010 年增长 93.2%和 59.9%。基础研究和前沿技术研究取得一批重大成果，探月工程、载人深潜、卫星应用、超级计算等重大科研项目取得新突破，为产业转型升级提供了强有力的技术支撑。

卫生事业稳步推进。2014 年末，全国共有医疗卫生机构 98.1 万个，比 2010 年末增加 4.4 万个；共有医疗卫生机构床位 660.1 万张，增加 181.4 万张；共有卫生技术人员 759 万人，增加了 171 万人。不断完善重大疾病防控，实施国民健康行动计划，全面推行公共场所禁烟，居民健康状况继续改善。婴儿死亡率由 2010 年的 13.1‰下降到 2014 年的 8.9‰，孕产妇死亡率由 30/10 万下降到 21.7/10 万，均提前实现了联合国千年发展目标。

文化、体育事业蓬勃发展。2014 年末，全国共有公共图书馆 3117 个，比 2010 年末增加 233 个；博物馆 3660 个，增加 1225 个；广播节目综合人口覆盖率为 98.0%，提高 1.2 个百分点；电视节目综合人口覆盖率为 98.6%，提高 1.0 个百分点。文化产业异军突起。2014 年，全国电影总票房达到 296 亿元，同比增长 36.2%。体育事业创造新辉煌。2011—2014 年，我国运动员共获得世界冠军 467 个，创造了 45 项世界纪录。

回首过去的五年，我国经济社会发展经受住了各种重大挑战和考验，在高起点上取得了新的伟大成就。经济保持中高速增长，转型升级和改革创新稳步推进，人民生活持续改善，社会事业全面进步，综合国力和国际影响力显著提升，在全面建成小康社会征程中迈出了坚实步伐，谱写了中国特色社会主义事业新篇章。尤为值得强调的是，这些成绩是在困难和挑战大大超出预期的情况下实现的，更显得来之不易。这一切，是党中央、国务院统揽全局、把握大势、科学决策的结果，是全国各族人民共同努力、积极探索、顽强拼搏的结果。五年取得的成绩来之不易，积累的经验弥足珍贵，创造的精神财富影响深远。

展望未来，我们信心百倍，经济社会发展仍有巨大的潜力、韧性和回旋余地，有条件而且完全有能力推动经济社会发展、综合国力、人民生活再上新台阶，同时，我们也清醒地认识到经济社会发展进入新常态，正处在爬坡过坎的关口，体制机制弊端和结构性矛盾还很突出，需要我们保持忧患意识，坚持底线思维。面对大变革大调整的世界格局，面对改革深水区、矛盾凸显期一系列时代课题，我们比以往任何时候都需要唤起改革的勇气、弘扬创新的精神。让我们紧密团结在以习近平同志为总书记的党中央周围，高举中国特色社会主义伟大旗帜，凝神聚力、勇于担当、务实创新、攻坚克难，全面深化改革开放，坚决破除体制机制障碍，为实现“两个一百年”奋斗目标和中华民族伟大复兴的中国梦作出新的更大贡献！

（来源：国家统计局）

第四节　经济预测报告

一、 经济预测报告的含义和分类

（一）经济预测报告的含义

以经济理论为指导，运用科学的方法，从经济的角度对未来的市场发展趋势作出推测，把它写成书面报告就是经济预测报告。经济预测报告是反映和描述经济预测分析研究过程及其成果的经济文书。

（二）经济预测报告的分类

从不同的角度分类，经济预测报告有不同的种类。

1. 按预测的范围，可分为宏观经济预测报告和微观经济预测报告。

2. 按预测的方法，可分为定量经济预测报告和定性经济预测报告。

3. 按预测的时间，可分为长期经济预测报告、中期经济预测报告、短期经济预测报告。

4. 按预测的内容，可分为市场需求预测报告、销售预测报告、技改预测报告、资源预测报告、成本预测报告、产量预测报告。

二、 常用的预测法

（一）直观型预测

就是根据人的感觉、经验、知识和综合分析能力，就诉诸视野和直接接触到的客观事物进行预测。

（二）探索型预测

就是按客观事物发展的规律，从现状推测未来。

（三）规范型预测

就是依据社会发展需要，设置未来的模式，然后再从这个未来的模式回溯到现在，预测从现在到实现设想的模式所需要的时间、方式和条件。

（四）反馈型预测

就是根据信息反馈来预想未来。

以上四种为最常用的经济预测方法，此外还有管理人员评判意见、销售人员估计、用户调查等预测方法。

三、经济预测报告的写作

经济预测报告一般由标题和正文组成。

（一）标题

四项式标题由预测区域、预测期限、预测目标和文种四要素组成，如《2016 年全国汽车产量预测报告》《2016 年全国房地产销售预测》。新闻式标题，如《十种工业产品将进行重大调整》《“生态时装”将成为“大众情人”》。

（二）正文

一般包括现状、预测、建议三部分。

1. 现状

在这一部分，是利用资料和数据对预测对象的历史和现状做说明，是进行预测的重要基础。

预测不是主观臆断，它是在实践基础上的科学预测。在确定了预测的对象和目标后，就应对所要预测的对象目前的状况做分析和研究，找出影响事物发生、发展、变化的前因后果，从而获得合乎逻辑的结论。

2. 预测

预测是预测报告的核心部分，通过对数据、资料的科学分析，推断出经济活动的发展趋势和前景。要评价一份预测报告的质量高低，预测部分是关键。要写好这部分必须做到分析全面深入，推断有理有据。

如《2000 年人口、就业形势与 2001 年展望》一文，在预测 2001 年就业形势时，从“新增加就业人数与 2000 年大体持平”“下岗再就业形势依然严峻”“就业结构和就业形势呈多元化的发展态势”“随着西部大开发的深入发展，到中西部就业将成为新的就业亮点”等四个部分作出预测，由于论述有理有据，较好地说服读者接受文章的观点，把作者的论点和主张自然彰显出来。

3. 建议

根据预测分析，提出切合实际的建议或措施，这也是预测报告的目的，这一部分可以采用条文式写法，将建议或措施逐条明确写出来。

预测报告的正文一般是按照上述的逻辑关系来行文的，有时也会根据需求，做部分变动。如有的经济预测报告在正文之前加个前言，或概说预测的时间、范围、对象、目的、结果，或是介绍预测对象的性质、特点、用途等，为正文作个铺垫。也有的经济预测报告就用"预测"部分作结，只发表自己对事物发展未来的推断，并不再作"建议"。

例文：

2016年中国装备工业发展形势展望

2016年是"十三五"规划开局之年，展望2016年，我国装备工业发展机遇与挑战并存，既有"十三五"各项新的政策开始实施、产业发展空间不断拓展等积极因素，也有国内外需求持续低迷、企业面临的困难超出预期等不利因素，但总体机遇大于挑战，我国装备工业将呈现新的发展形态和趋势，新能源汽车、高端装备、智能制造等将成为增长亮点。

一、对2016年形势的基本判断

（一）生产、出口增速加快回升

2015年以来，发达国家经济复苏依旧缓慢，新兴经济体扩张偏弱，地缘政治等非经济因素的影响仍然存在。我国经济正处在新旧动能转换的艰难进程中，尽管经济运行整体平稳趋势没有改变，但受汽车等主要行业市场下行波动及需求低迷影响，前8个月我国装备工业增加值增速持续低位徘徊。9月和10月，汽车等行业快速回升，装备工业增速也实现企稳回升。1—10月，规模以上装备制造企业工业增加值同比增长5.2%，低于全国工业同期水平，不足2014年同期的一半。预计全年我国装备工业增速将继续回升，但在投资需求收缩和外贸形势压力下，回升幅度有限，2015年全年增速在5.5%左右。出口方面，1—10月出口交货值增速呈逐月回落态势，累计同比下降2.15%，10月下滑幅度略有减小，同比下降4.32%。预计全年出口形势仍将严峻，出口交货值累计同比降低幅度在2.5%左右。

预计2016年，在"十三五"开局一系列政策刺激下，我国装备工业下行压力将减小。尽管国际经济形势仍然严峻，但随着我国三大区域发展战略、中长期制造强国建设战略及加快国际产能和装备制造合作等逐步深入实施和加快落实，新的增长点、增长极、增长带逐步形成，国内经济将保持中高速增长。在此带动下，2016年全年我国装备工业将加快发展，工业增加值增速同比加速回升，全年有望保持在7%左右。出口方面，“十三五”时期我国将把装备工业作为新的出口主导产业培育发展，同时因2015年出口基数下降，2016年我国装备产品出口增速有望加快回暖，出口交货值将实现同比增长，预计全年累计增幅在5%左右。

（二）汽车工业增速继续回暖趋稳

2015年以来，我国汽车工业加快转型，前7个月产销增速延续下降趋势，行业下行压力不断增大。进入8月份，随着国家政策实施效应开始显现以及新的1.6升及以下乘用车购置税减半等政策出台，汽车产销增速跌幅逐步减小，10月双双回暖为正增长。1—10月产销1928.03万辆和1927.81万辆，同比增长0.02%和1.51%，较上年同期虽均大幅减缓，但月度回暖趋势十分明显。其中，乘用车产销增长较快，10月产销分别完成189.97万辆和193.69万辆，同比分别增长8.1%和13.3%。自主品牌乘用车市场份额保持增长，1—10月实现销售675.71万辆，同比增长12.6%，占乘用车的销售比例比上年同期提高了3.2个百分点。新能源汽车产销增速持续攀升，1—10月累计生产181225辆，销售171145辆，同比分别增长2.7倍和2.9倍。预计在政策推动下，年内汽车产销将持续快速回暖，全年汽车产销增速将达到4%和3%。

预计2016年，受宏观经济增速趋稳及利好政策影响，汽车产销增速将保持较快回暖态势。但经济结构调整带来的经济增速下行压力仍然存在，受环境保护、交通拥堵的限行限购不利因素影响继续加深，汽车回暖空间有限，预计全年汽车产销增速将逐渐趋稳，保持在7%左右增长。随着国家对新能源汽车的战略重视及多重政策继续实施，各地政府为治理雾霾和节能减排也大力推广应用新能源汽车，我国新能源汽车产销将持续上扬，带动汽车产业技术创新和自主品牌汽车加快发展。同时，由“互联网+”推动的智能网联汽车以及无人驾驶汽车、新型燃料电池汽车也将在“十三五”开局取得新突破。

（三）机械工业延续分化走势

2015年以来，我国机械工业运行面临较大困难，主要指标增速创新低，总体呈低迷走势，部分行业表现分化。1—10月，通用设备制造业增加值实现同比增长3.2%，专用设备制造增长3.5%，电气机械和器材制造增长7.3%，仪器仪表制造增长5.7%。主要通用机械产品如泵、齿轮、气体压缩机、风机等产量均呈现不同程度的下降；金切机床产量同比下降8.2%，其中数控金属切削机床产量同比下降9.8%，金属成形机床下降6%；工程机械产量全线下滑，挖掘机、装载机产量分别同比下降24.5%、28.9%；火电、风电等传统发电设备产量下降幅度较大，但风电机组产量同比增长15.8%；大型拖拉机产量同比大幅增长32.3%，中型拖拉机增长7.2%，但小型拖拉机产量同比下降15.5%。

预计2016年，影响行业经济运行的不确定因素仍然存在，机械工业仍将经受严峻考验。但随着国家宏观调控政策逐步到位，宏观经济形势逐步好转，机械工业下行态势也将逐渐企稳，加上行业发展的积极因素也在不断积聚，部分结构调整起步较早的企业、行业和地区将加快回升。同时，一些机械行业将延续增长分化走势：工程机械、重型机械、矿山机械、石化设备、常规发电装备等传统投资类产品以及机床、交流电动机、低压电器、电线电缆、中小型普通农机产品等产能相对过剩行业将延续下降趋势，国家重点支持的新型农业机械、节能环保装备、文物保护装备、现代物流设备等将加快增长。

（四）船舶工业将逐渐好转

2015 年，受全球航运市场低迷影响，船舶和海工增长压力较大。虽然我国造船完工量年初实现企稳回升，但由于新承接船舶订单延续上一年度的疲软态势，同比持续大幅下降，导致手持船舶订单从 3 月份开始一直负增长，三大指标呈现一升两降的发展态势。加上新船价格持续低位徘徊，船舶企业交船难、融资难等问题突出，经济效益出现下滑，船舶工业面临形势严峻。1—10 月，全国造船完工量 3287 万载重吨，同比增长 15.4%。承接新船订单量 2038 万载重吨，同比下降 62.1%。截至 10 月底，手持船舶订单 13201 万载重吨，同比下降 14%。重点监测船舶企业工业总产值、营业收入保持平稳增长，出口交货值出现下降。同时，海洋工程装备市场也出现较大程度萎缩。

预计 2016 年，国际船市新一轮大调整持续深入，产业调整周期的特征不断显现，需求结构出现一些趋向性变化，散货船等常规船型需求仍然乏力，海洋工程装备及高技术船舶需求将企稳回升。同时，受船舶能效和排放更高标准要求的影响，节能环保的新型散货船、集装箱船、油船有望成为市场需求主体，LNG 船、LPG 船将保持旺盛需求，汽车运输船、远洋渔船、豪华游轮等需求增长将表现明显。综合来看，受 2015 年的基数水平及“十三五”大环境的影响，2016 年造船完工量增速将继续回升企稳，新接订单量同比降幅将大幅度减小，手持订单降幅进一步收窄。

（五）智能制造继续加速发展

2015 年以来，智能制造受到前所未有的政策重视。《中国制造 2025》、“互联网＋”行动重点部署智能制造，提出大力发展智能制造，开展智能制造试点示范，实施智能制造重大工程等，重点推进制造过程智能化。中德智能制造和工业 4.0 合作迈入实际性阶段，经常性工作机制正式建立。以智能工厂、数字化车间、增材制造技术应用及大规模个性化定制、网络协同开发、在线监测、远程诊断与云服务等为代表的新业态新模式快速发展，工业机器人、服务机器人、新型传感器、智能仪器仪表与控制系统、可穿戴设备、智能家电、智能电网等智能装备和产品的应用不断拓展，需求规模呈快速扩大的态势。

预计 2016 年，随着“十三五”将智能制造提高到新的高度，各领域智能制造推进路线进一步明确，以及中德合作的进一步加深，国家将构建开放、共享、协作的智能制造产业生态，推动生产装备智能化升级、工艺流程优化改造、基础数据全方位共享及关键智能装备和产品、核心部件不断突破，促进新一代信息通信技术、高端装备、节能与新能源汽车、电力装备、农机装备、新材料、生物医药及高性能医疗器械等产业不断发展壮大，逐步形成新型制造体系。并进一步依托智能制造创新产业业态和发展模式，培育出行业的新的增长点。

（六）高端装备创新发展出现新起色

2015 年，为应对国内外市场需求的变化，装备制造业不断转型升级，高端装备发展取得明显成效，高端装备制造业产值占装备制造业比重逐步提高。《中国制造 2025》明确将高端装备创新工程作为政府引导推动的五个工程之一，提出组织实施大型飞机、航空发动机及燃气轮机、民用航天、智能绿色列车、节能与新能源汽车、海洋工程装备及高技术船舶、智能电网成套装备、高档数控机床、核电装备、高端诊疗设备等一批创新和产业化专项、重大工程。目的是集中资源，统筹推进，突破瓶颈，提高创新发展能力和国际竞争力，抢占竞争制高点。

预计 2016 年，高端装备创新发展成为未来制造业发展的主要趋势愈发明显。我国将深入实施创新驱动发展战略，着力打造发展新引擎和支撑平台，加快培育经济增长新动力。以科技创新为核心，以公共服务平台为支撑，以重大专项为抓手，以产业化应用为目标的高端装备创新发展加快推进，一批标志性、带动性强的重点产品和重大装备将加快布局，自主设计水平和系统集成能力、核心部件研制技术水平逐步提升，产业创新能力不断增强。一批首台（套）高端装备将在国民经济建设、社会生产生活和国防建设相关领域开展应用试点和示范，产业发展路径和模式将取得突破，带动传统产业结构调整和转型升级，为构建我国制造业竞争新优势、建设制造强国奠定更为扎实的基础。

二、需要关注的几个问题

（一）国内有效需求持续低迷

受国内外需求疲软影响，装备产品订单普遍减少，市场竞争更为激烈，总体价格水平延续了近几年的下行态势。1—9 月，装备产品累计价格同比下降 1.2%，降幅进一步扩大。全社会总体环境不利于实体经济发展，企业投资意愿相对较弱。1—10 月，全国固定资产投资（不含农户）447425 亿元，同比增长 10.2%，增速继续回落。其中，制造业投资 148458 亿元，同比增长 8.3%；装备制造业投资 59480 亿元，同比虽增长 10.4%，增速也比 1—9 月份提高 0.3 个百分点，但全国工业新开工项目计划总投资仅同比增长 4.1%，与此同时，8、9、10 月我国制造业 PMI 指数分别为 49.7%、49.8%、49.8%，连续三个月低于 50%。因此，2016 年仍需关注我国装备制造业国内有效需求低迷问题。

（二）出口仍面临一定压力

当前国际经济复苏道路依然曲折，国际市场需求总体仍然偏弱，从制造业PMI来看，美国等仍在底部徘徊，欧洲和日本虽然近期复苏势头较为稳定，但扩张力度偏弱，基础并不牢固。各国产业间竞争仍然激烈，我国在国际市场面临的贸易保护压力依然较大，地缘政治等非经济因素的影响依旧存在，抑制我国外贸增速的负面因素得以延续。装备制造企业出口遭遇技术性、绿色环保、标准等贸易壁垒的倾向增多。同时，从制造业出口订单来看，自2014年10月以来，出口订单指数一直在50%以下，且呈现下降趋势，2015年10月为47.4%，同比已降低了2.5个百分点。尽管国内政策有望推动我国装备产品出口增速加快回暖，但国外的环境形势对出口仍将形成较大压力。

（三）企业生产经营仍然困难

一是成本压力增大，利润空间减小。1—9月，装备工业企业主营业务收入同比增长3.22%，但主营业务成本同比增长3.78%，管理费用增长则达到6.69%，应收账款同比增长6.5%，导致企业利润总额同比降低0.03%，而且企业面临的要素成本、环境成本、社会负担等都在不断增加。二是产成品库存逐月走高，1—9月同比增长6.83%，企业产品销售困难。三是融资压力不断加大，虽然今年央行已多次降准、降息，但银行惜贷与部分企业不愿贷并存，工程机械、船舶等行业普遍反映的融资难、贷款成本高、制造商担保融资负担重等问题较为突出，如目前，不少民营造船企业融资成本已高达8%—12%，企业融资困难，进而导致保函难以开到，不少新船订单流失。据此预计，2016年我国装备工业企业生产经营仍将面临较大的困难。

（四）部分行业亟待加快结构调整

2015年以来，我国装备制造业部分行业通过结构调整实现了快速增长，但仍有部分行业低端产能过剩，恶性竞争加剧。在“十三五”重点推动智能制造、高端装备发展等环境形势下，这些行业亟待加快结构调整和转型升级。如作为智能制造领域的主要行业之一的工业机器人行业，我国国产工业机器人还主要以搬运和上下料机器人等中低端产品为主，大多是三轴和四轴机器人，应用于汽车制造、焊接等领域的六轴或以上的高端工业机器人市场则主要被日本和欧美企业占据。由于行业进入门槛低，许多企业盲目投入，到处圈地组装，低水平重复建设，造成新兴产业产能过剩倾向，全国40多个园区、800多家企业中，能够真正实现自主高端制造及盈利的寥寥无几。

三、应采取的对策建议

（一）加强自主创新，提高行业竞争力

一是按照《中国制造2025》等部署和要求，加快组织实施国家制造业创新中心建设工程、高端装备创新工程、工业强基工程、绿色制造工程等，启动建设一批重点装备制造领域国家创新中心、国家实验室，针对关键核心技术、基础共性技术、集成创新能力等进行攻关，推动试点示范应用。二是继续组织实施装备领域科技重大专项及科研或产业化专项，论证启动机器人、3D打印等一批新兴成长性产业扶持专项工程，引导企业加大研发投入，突破技术瓶颈。三是加快首台套重大技术装备保险补偿机制等创新应用政策的制定和推进，鼓励制造企业与使用部门共同开展研发，促进研发成果应用。四是鼓励产学研用加强合作，推动产业技术创新联盟建设，加快建立产业共性技术平台、行业检测试验服务平台，加强创新型、应用型人才培养。

（二）加快提升智能制造发展水平

一是加快推进智能制造试点示范，推动智能制造在生产工艺过程、企业管理和服务、能源管理、物流等方面的广泛应用，加快开发一批智能装备和产品，推动智能制造生产模式的集成应用。二是加快组织实施智能制造工程，开发智能产品和自主可控的智能装置并实现产业化，建设重点领域智能工厂/数字化车间，建立智能制造标准体系和信息安全保障系统，搭建智能制造网络系统平台。三是结合“互联网＋”计划，加快开展工业云、互联网等新一代信息技术与制造装备融合的集成创新和工程应用，搭建合作平台，加速制造业智能化、服务化转型。四是加快推动中德智能制造合作，推动各领域智能制造发展。

（三）积极推动企业开拓国内外市场

一是贯彻落实各项“稳增长”举措，多措并举，为装备制造企业营造良好的国内市场需求环境。二是加快落实国务院《关于推进国际产能和装备制造合作的指导意见》，加强部门间政策交流和合作，联合推进境外经贸区建设，完善政企银合作平台，继续推动装备制造业走出去。三是支持引导国内优势装备企业以“一带一路”沿线国家和地区为重点，推进轨道交通装备、电力装备、石化冶金设备、汽车、工程机械、农业机械、航空装备、船舶和海洋工程装备等领域的项目合作。

（四）推进结构调整，优化产业布局

一是优化产品结构。鼓励采用高新技术改造提升传统装备制造产业，加快培育和发展高端装备、智能制造、新能源汽车等战略性、新兴先进装备制造产业。二是优化组织结构。围绕汽车、船舶等重点行业，大力推进企业兼并重组和资源整合，提高重点行业的产业集中度，打造具有较强核心竞争力和国际化经营能力的大型企业集团；围绕工业机器人、民用无人机、增材制造等新兴产业，加强标准规范和行业准入政策制定，规范行业发展和市场竞争。三是优化空间布局，创建一批项目成长性好、产业水平高端、龙头企业突出、集群配套完善的产业化的示范基地，打造国际知名的装备制造产业集群。（www.cechina.cn 2016—01—13）

四、经济预测报告的写作要求

要写好一篇经济预测报告，要注意以下几个问题。

（一）明确预测目标，及时预测

经济预测要牵涉许多层面的因素，范围也广，要明确预测的目标，才便于搜集材料，作出准确的推断。在经济飞速发展的今天，反映经济发展变化的预测报告应及时快速，否则会降低或失去预测报告的价值。

（二）广泛搜集材料，准确使用材料

经济预测是科学预测，它是建立在经济活动的现实基础上，所以要花工夫广泛搜集大量的相关材料；在使用材料时，也要做到准确地使用，为经济预测提供科学的依据。

（三）语言表述客观、准确

介绍历史、现状时，用语要朴素、客观；引用数据时，要准确，不含糊；在表述事物发展可能性、必然性时，多用模糊判断语态，如大概、可能、必定、势必等。准确使用语言会使经济预测报告达到预期的效果。

第五节　市场调查报告

一、市场调查报告的含义、作用和分类

（一）市场调查报告的含义

市场调查报告也称市场调查，它是以市场为对象，运用科学方法，有目的有计划地对市场做“产、供、销、购”等几方面的调查，探索出市场变化的规律，从而写出的书面材料。

（二）市场调查报告的作用

1. 为企业提供可靠的信息、数据，促进生产发展

市场调查可以使企业更好地了解市场需求，适应市场，调整自己的经营生产方针，更好地为社会服务。

2. 有利于市场的繁荣

市场调查既可以了解生产、库存、进出口等方面的商品供应情况，也可以了解社会的需求情况，如消费水平、消费结构、购买力等，沟通产、供、销几方面的联系，为繁荣市场提供有利条件。

3. 有利于促进企业经营管理水平的提高

市场调查可以帮助企业了解同行业的先进经营管理、技术改造、新产品开发、营销政策等情况，能促进企业加强经营管理，提高竞争能力，搞活经济，使企业得到发展。

（三）市场调查报告的分类

按不同的标准，可从不同的角度进行分类。

1. 按市场调查的目的来分

可分为探测性市场调查，即为了进一步深入调查而进行的非正式的初步调查。描述性市场调查，即对客观现实情况资料的搜集、记录、分析研究的正式调查。因果关系调查，即对事物变化的因果关系而做的专题调查。预测性调查，是预测报告的基础，它是为预测市场在未来的变化与趋势而做的调查。

2. 按市场调查的内容来分

可分为商品生产情况调查、商品供应情况调查、社会购买力情况调查（包括对生产资料购买力的调查、对生活资料购买力的调查）。

3. 按市场调查的范围来分

可分为专题性市场调查和综合性市场调查。前者是针对某一问题或事物而进行的调查，有着明确的针对性和目的性。后者是就某一现象、问题做的全方位多层次的调查，它的涵盖面较大，反映的内容也是多侧面的。分类是为了帮助认识市场调查的多侧面、多角度，而在实际工作中，分类不可能是绝对的。

二、市场调查报告的写作过程

（一）确定调查目标

明确了调查对象，才可能开展调查，所以要首先确定调查目标、调查地点、范围、调查的时间。

（二）确定调查人员

根据调查的规模、要求，确定调查人员，根据个人的特长、素质情况进行合理分工，最大限度发挥每个工作人员的作用。

（三）确定调查方法

常用的调查法有询问法、观察法、实验法、资料法等。可根据调查目标选用最适当的调查方法。

（四）展开调查，搜集资料

在明确调查目标的前提下，搜集被调查者以及与之有关的各类资料。包括历史的、现实的、正面的、反面的资料，被调查者的各种内部资料，如会计、统计资料，相关的数据、文件、报刊、信息等。占有的资料越多，越有利于调查的深入。

（五）整理资料，执笔写作

对搜集到的各种资料、数据进行筛选，去粗取精，去伪存真，对已产生的各种观点、认识进行统计分析评判，然后执笔写作。

三、 市场调查报告的写作

市场调查报告尽管分类较多，但基本上都由标题、前言、正文、结尾四部分组成。

（一）标题

完整的市场调查报告的标题要包括调查的单位、内容、范围和文种，如《湖北省关于东风汽车在国内市场销售情况的调查》。有的市场调查报告的标题中并不标“调查”二字，如《小米手机为何走俏》《儿童爱喝什么饮料》。

（二）前言

要用简要的语言概述市场调查的目的，调查的时间、地点、对象、范围，调查选用的方式等。也有的只简述市场调查报告的内容主旨。这一部分要求用语简练，突出调查主旨。如《中国人怎样读书——97 全国图书市场与读者需求调查》，开篇就直述“调查说明”：“不久前，北京印刷学院出版系学生进行了一次图书市场调查，有来自全国 20 个省市的 69 名同学参加。其中 59 名参加实地问卷调查，每人各交综合有效问卷 10 份，共计 590 份，可信度达 95%。另外 10 名作书面调查，完成论文 10 份。本栏目共抽取具有代表性的综合问卷 300 份，进行统计分析，由于选项并非单选，个别数据总和将超过 100%。”

（三）正文

这是市场调查报告最重要的部分。由三部分组成。

1. 基本情况概述

就过去或现在的客观实际进行叙说、解释、说明，包括市场覆盖面、消费增长率等，有时使用数据、图表辅助说明。它是作出预测、提出结论的基础。

2. 科学分析情况

根据调查获得的资料进行分析研究，找出规律性的东西，为生产、购销、新产品开发，获得经济效益提供可靠依据。写作时要求实事求是，数字准确，文字叙说详细，分析问题态度客观、科学。

3. 作出结论或建议

通过对调查整理资料的分析研究，针对调查目的写出结论，亦可提出可行的建议。有的市场调查报告能根据对事实的分析判断，作出结论，同时还对未来作出预测。这部分若内容较多，可采用小标题形式分层叙写。

（四）结尾

是全文的结束，也是对前言的照应。可以强调观点、主张，也可提出建议、希望。也有些市场调查报告直接以结尾或建议作结，就如同有的文章省去前言部分，直接进入正文一样。只要调查的目标完成了，结论有了，这样的变通式文体都是可行的。

例文：

第35次调查报告：网络游戏市场发展状况

一、游戏用户规模和特征

（一）用户规模

截至2014年12月，网民中整体游戏用户的规模达到37716万人，占网民总体的58.1%。游戏作为互联网娱乐性应用的代表，因其丰富的游戏内容、代入感强、拥有社交属性等特点，已经成为大多数网民日常生活中不可或缺的重要组成部分。

从2010年至2013年网游用户在整体网民中的使用率逐年下降，这主要可以归因于手机网民的增长远高于PC网民的增长，而对应的手机网游的发展则比较滞后。随着2014年手机网络游戏逐步走向成熟以及游戏用户终端设备的普及，这一状况正在被扭转，预计在未来一段时间内我国网络游戏产业将继续保持稳定发展，并在不断完善自身及周边健康生态的过程中寻求更加广阔的用户范围和多终端、多玩法的游戏模式。

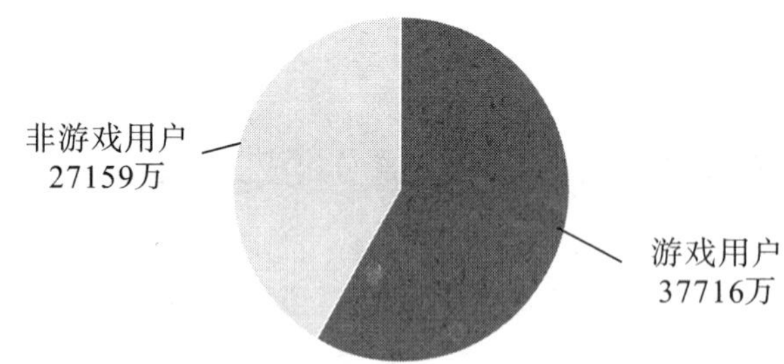

图 1　2014 年中国游戏用户规模

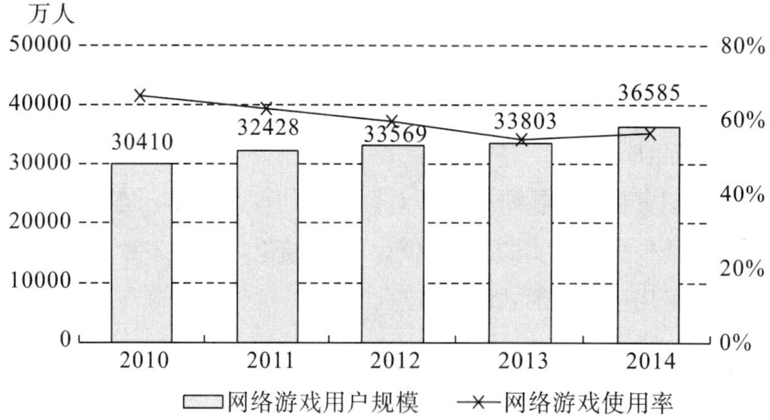

图 2　2010—2014 年中国网络游戏用户规模及使用率

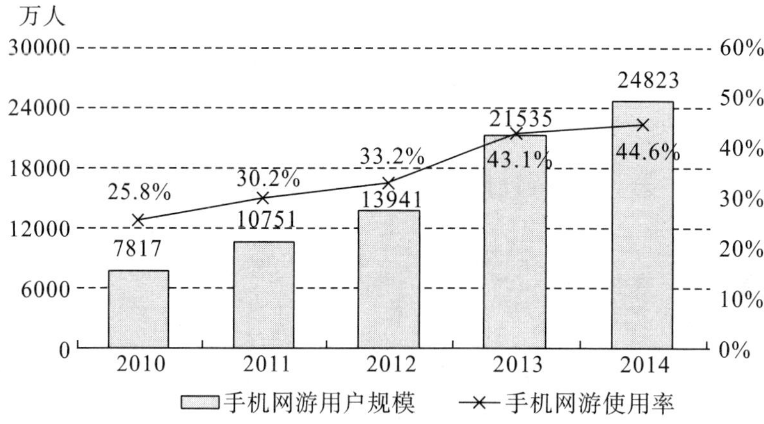

图 3　2010—2014 年中国手机网游用户规模及使用率

（二）网游用户的上网设备和游戏设备使用

网游用户对上网设备的使用表现得更为前沿和多样化，对平板电脑和电视上网的使用高于网民平均水平。

台式机/笔记本电脑和手机/平板电脑是网游用户最主要使用的游戏设备，而以电视游戏主机和手持游戏机为代表的专业游戏设备使用率仍然不高。随着游戏主机政策的进

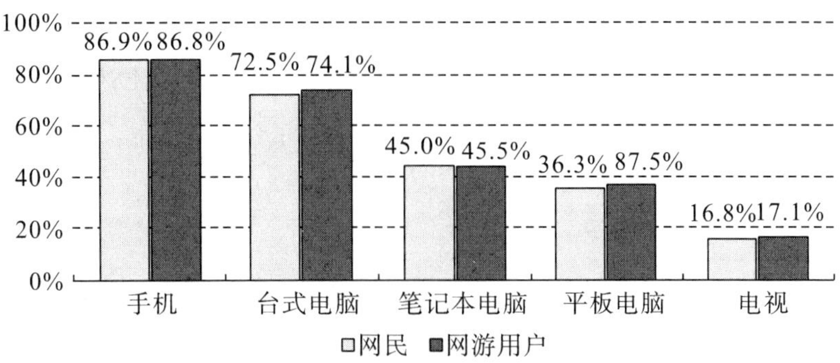

图 4　网游用户上网设备使用情况

一步完善，9 月 29 日 Xbox One 于国内正式发售而 PS4 国行版也预期于 2015 年初发售，使得国内游戏用户的设备选择进一步拓宽，为未来的家庭娱乐中心和主机游戏市场的发展拉开了序幕。

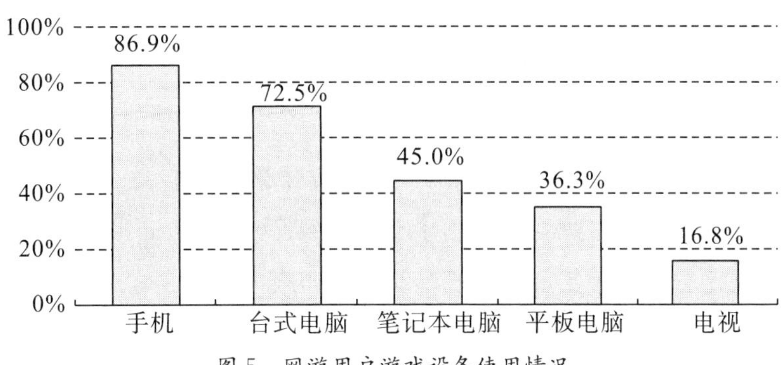

图 5　网游用户游戏设备使用情况

二、游戏用户行为特征和偏好

（一）PC 网游用户行为特征和偏好

1.1　PC 网游用户游龄结构

PC 网游游龄在 3 年以上的老用户占到 50.6%，而半年及以内的新增用户为 7.3%，从游龄的分布也可以看出 PC 网游增长放缓的趋势。

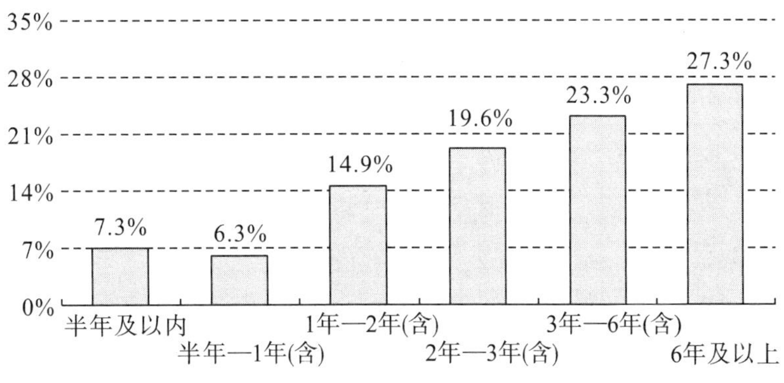

图 6　PC 网游用户游龄结构

1.2 PC 网游游戏时长

PC 网游用户游戏日均在线时长集中在 2 小时以内，2 小时以上的占比仅为 35.5%。而作为重度游戏的 PC 端游用户的日均在线时长明显高于平均水平，2 小时以上的占比达到 50.6%。

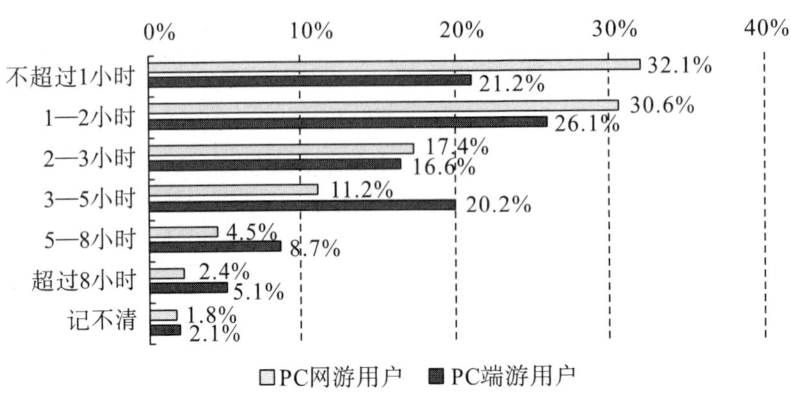

图 7 PC 网游日均在线时长

1.3 PC 网络游戏付费情况

PC 网游用户中，付费用户占到 24.9%，月均付费集中于 11 元—300 元之间。PC 端游用户的付费率则达到了 48.3%，且月均付费在 300 元以上的用户在所有 PC 端游付费用户中占比超过 30%，可见端游依然以其强大的代入感和丰富细致的游戏体验扮演着 PC 网游收入支柱的角色。

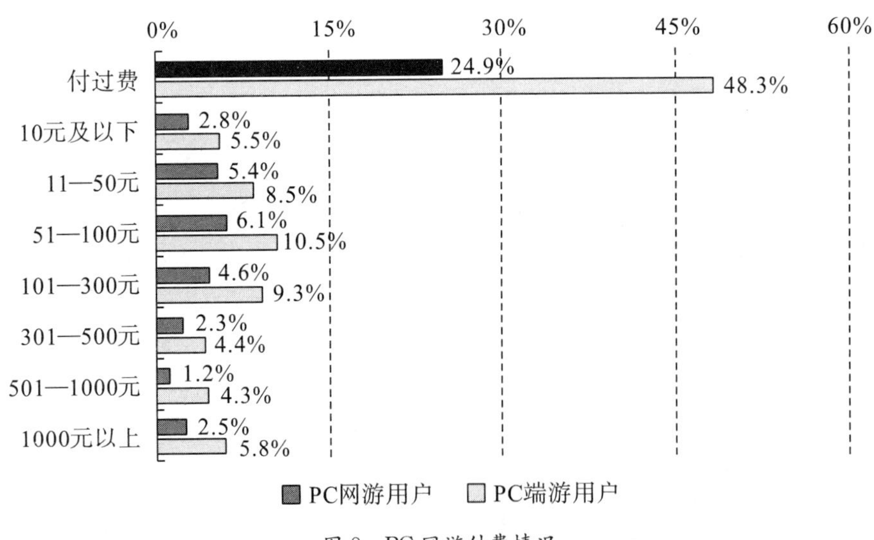

图 8 PC 网游付费情况

1.4 PC 网游主要游戏产品

PC 网游的产品使用率相对集中，用户规模排名前 15 位的游戏产品用户规模都在

100 万以上。其中，腾讯公司占据 8 款，网易公司占据 3 款，搜狐畅游、完美世界、世纪天成和盛大网络各占据 1 款。此外，从游戏上线时间可以看出，PC 网游的生命周期较长，最久的已经运营了 13 年。从游戏类型上可以看出，角色扮演类、动作格斗类、射击类、即时战略类等重度游戏类型是用户偏好的主要类型。

表 1 PC 网游主要游戏产品

排名	游戏名称	类型	运营公司	上线时间
1	穿越火线 CF	第一人称射击类	腾讯公司	2007 年
2	英雄联盟	即时战略类	腾讯公司	2011 年
3	QQ 飞车	竞速类	腾讯公司	2008 年
4	地下城与勇士	动作格斗类	腾讯公司	2005 年
5	魔兽世界	角色扮演类	网易公司	2004 年
6	QQ 炫舞	音乐类	腾讯公司	2008 年
7	梦幻西游/梦幻西游 2	角色扮演类	网易公司	2003 年
8	剑灵	角色扮演类	腾讯公司	2013 年
9	大话西游（系列游戏）	角色扮演类	网易公司	2001 年
10	逆战	第一人称射击	腾讯公司	2011 年
11	反恐精英/CS Online	第一人称射击	世纪天成	2008 年
12	天龙八部（系列游戏）	角色扮演类	搜狐畅游	2007 年
13	DOTA2	即时战略类	完美世界	2013 年
14	QQ 游戏大厅	休闲类	腾讯公司	2003 年
15	传奇/热血传奇	角色扮演类	盛大公司	2001 年

1.5 PC 网游游戏信息获取和下载渠道

PC 网游的信息获取渠道较为多元，游戏网站/论坛和朋友推荐（口碑）是最重要的两大渠道。而 PC 网游的下载渠道则较为集中，游戏官网是最重要的下载渠道，这反映了 PC 网游的运营商对渠道具有绝对优势的掌控力。

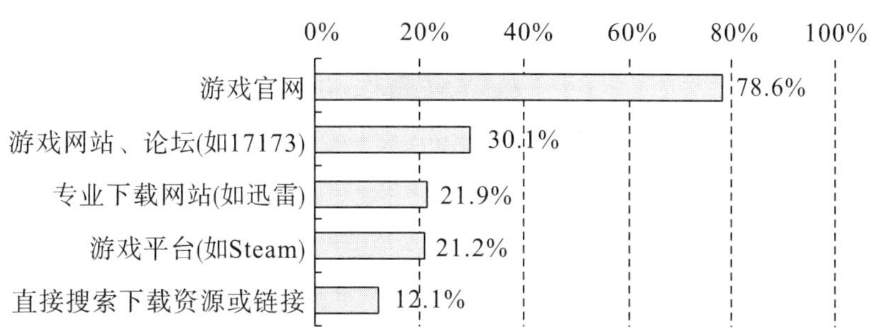

图 9 PC 网游下载渠道

（二）手机游戏用户行为特征和偏好

2.1 手机游戏用户游龄结构

49.7%的手机游戏用户都是2年以内的新用户，反映了手机游戏在最近2年内的爆发式增长。移动网络环境的改善、智能手机性能的提升和价格的下降，资本和游戏厂商的发力都是推动手机游戏发展的重要因素。

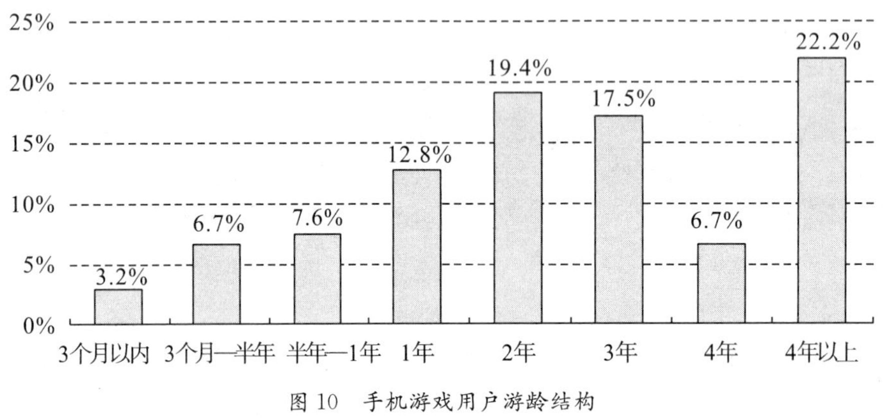

图10 手机游戏用户游龄结构

2.2 手机游戏类型偏好

手机游戏已经逐渐从单机为主过渡到以网游为主。类型方面，跑酷躲避类、棋牌类、休闲益智类等轻游戏最受玩家青睐，而作为手机重度游戏的动作格斗类、角色扮演类、战争策略类发展势头良好，用户使用率在10%—20%之间，未来手机游戏收入的增长将主要来自这部分玩家。

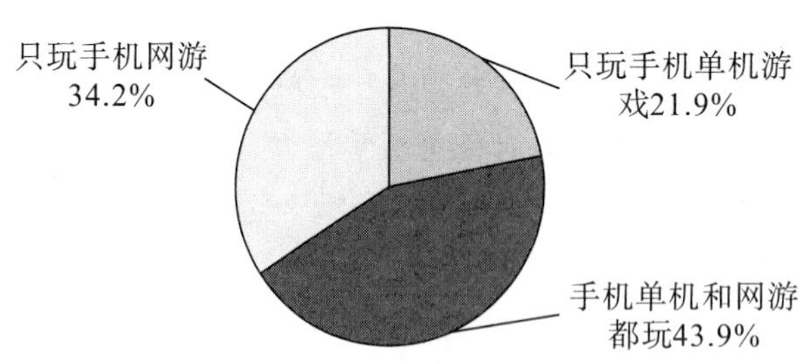

图11 手机游戏用户类型

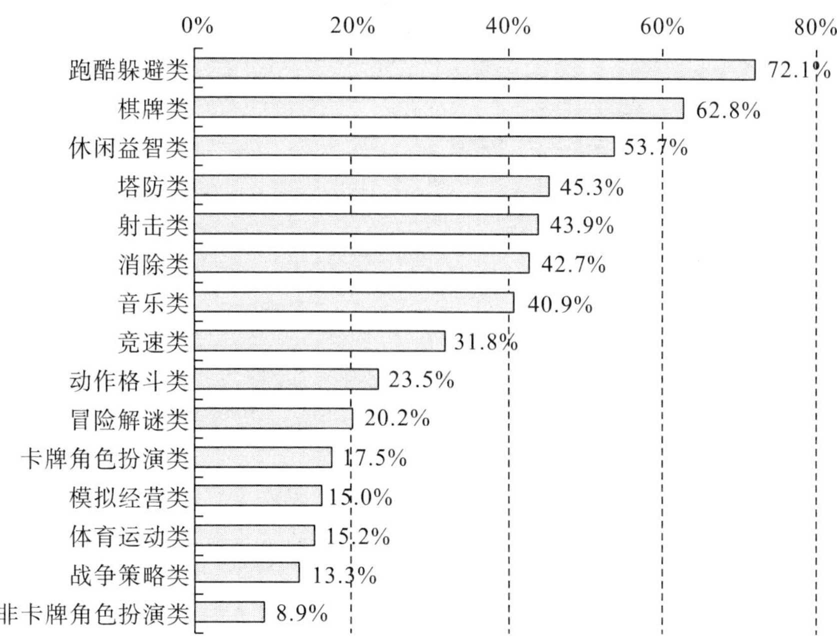

图 12　手机游戏类型偏好

2.3　手机游戏时长分布

手机游戏日均在线时长在 2 小时内的用户占到 79.6%，表现出碎片化的特征。随着移动游戏制作商的注意力逐渐从轻度网游转移到精品的重度网游、智能终端硬件水平的提升和 4G 网络的发展，预计手机游戏将逐渐重度化而使得日均在线时长逐渐上升。

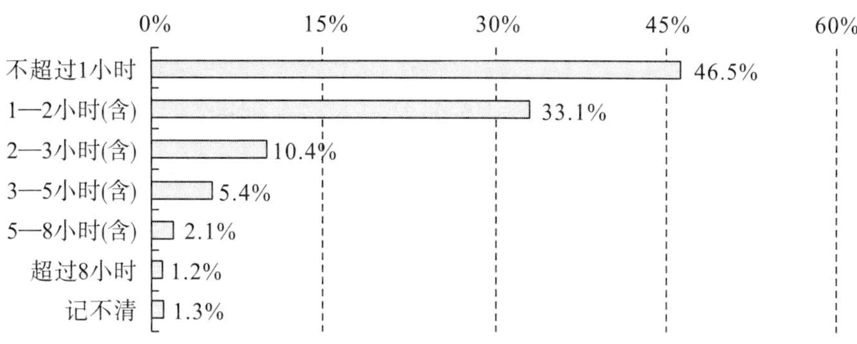

图 13　手机游戏日均在线时长

2.4　手机游戏付费情况

手机游戏用户中，付费用户占到 24.0%，并且月均付费不超过 100 元的用户占付费用户总量的 72%。随着用户成熟度的提升、手机支付功能的完善以及重度手机游戏的增多，未来手机游戏的付费情况依然有很大的提升空间。

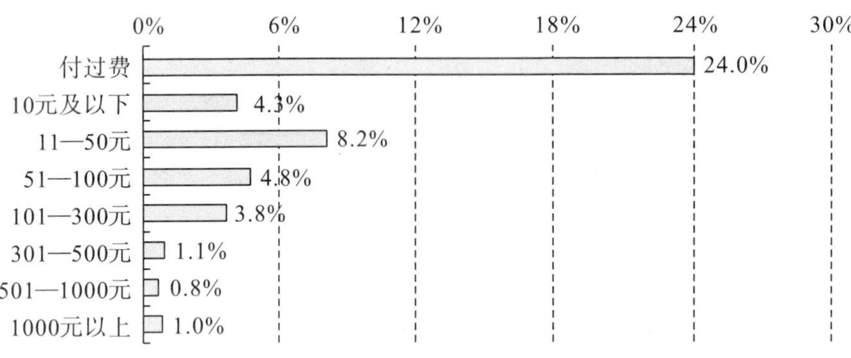

图 14　手机游戏付费情况

2.5　手机游戏主要游戏产品

排名前 15 位的手机游戏产品用户规模都在 1000 万以上。其中，网游 8 款，全部为腾讯公司所有；单机游戏 7 款，国外厂商占据 4 款，国内厂商占据 3 款。此外，从游戏上线时间可以看出，虽然手机游戏的生命周期较短，但精品单机游戏的存活时间仍然可以超过 5 年。

表 2　手机游戏主要游戏产品

排名	游戏名称	类型	运营公司	上线时间
1	天天酷跑	跑酷躲避类	腾讯公司	2013 年
2	天天飞车	竞速类	腾讯公司	2013 年
3	全民飞机大战	射击类	腾讯公司	2014 年
4	节奏大师	音乐类	腾讯公司	2012 年
5	雷霆战机	射击类	腾讯公司	2014 年
6	天天爱消除	消除类	腾讯公司	2013 年
7	欢乐斗地主	棋牌类	腾讯公司	2012 年
8	愤怒的小鸟	休闲益智类	Rovio	2009 年
9	植物大战僵尸	休闲益智类	PopCap Games	2009 年
10	水果忍者	休闲益智类	Halfbrick Studios	2010 年
11	开心消消乐	消除类	腾讯公司	2013 年
12	捕鱼达人	休闲益智类	触控科技	2011 年
13	消灭星星	消除类	掌游天下	2014 年
14	保卫萝卜	塔防类	飞鱼科技	2012 年
15	神庙逃亡	跑酷躲避类	Imangi Studios	2012 年

2.6　手机游戏信息获取和下载渠道

从用户的手机游戏信息获取和下载渠道来看，和PC网游不同，手机游戏的推广对渠道的依赖性非常高，这直接导致手机游戏推广的费用居高不下，众多小型的手游厂商生存困难，研发费用受到挤压，手游精品难以出现。可以预见，拥有渠道的手游厂商将进一步垄断手游市场。

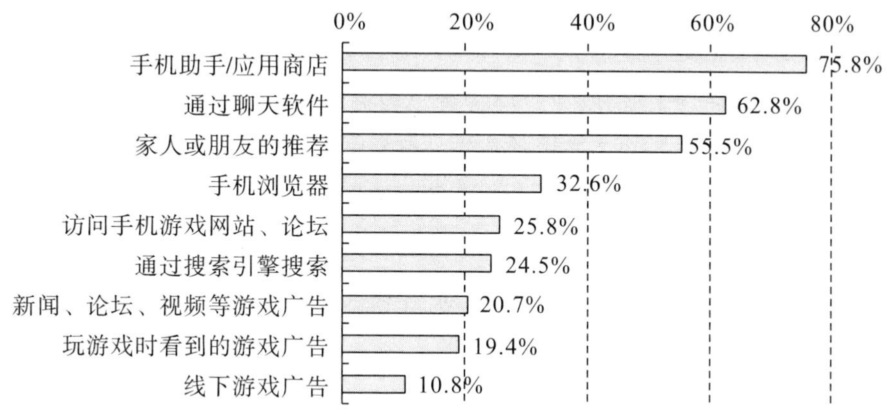

图15　手机游戏信息获取渠道

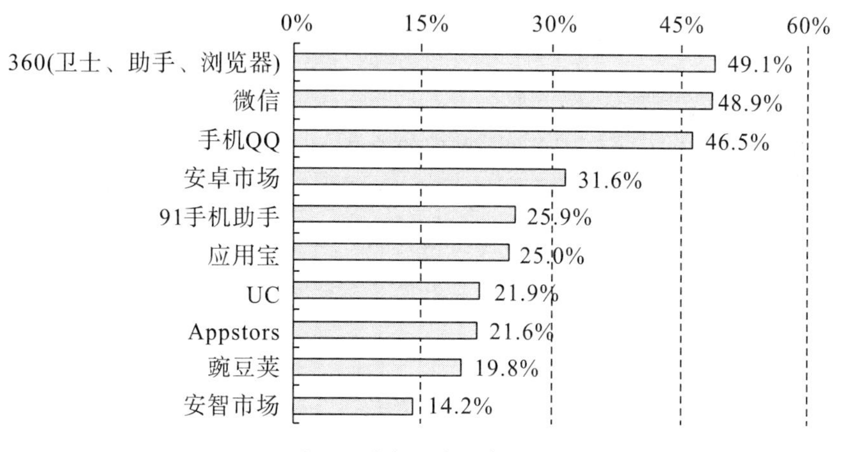

图16　手机游戏下载渠道

三、2015年游戏市场的发展趋势

PC网游——仍是市场中坚，增长进一步放缓，新的商业模式涌现

从用户规模、在线时长以及游戏收入等方面来看，PC网游吸引了最具价值的深度用户，仍然是游戏市场的中坚。但网民增长的整体放缓，人口结构导致的低龄网民的比例下降，以及PC网游用户随着年龄增长的自然流失，都是导致PC网游增长放缓的原因。

而另一方面，PC网游也在不断探索着适合于自己的新商业模式，逐渐从原本单纯的在线上进行游戏发展到线上游戏与线下比赛、甚至电视转播相结合，越来越多的商业化竞技游戏比赛开始走进人们的视线，如今年7月在美国西雅图举行的竞技游戏国际邀请赛，中国队伍包揽该项赛事的冠亚军并获得了超过600万美元的奖金，而这些奖金主要是通过众筹方式从游戏玩家购买比赛的电子门票中抽取一部分添加到比赛奖金池获得的。在类似的商业比赛中，玩家、参赛选手、俱乐部赞助商和赛事举办方各取所需，这种变化不仅给玩家带来了更多参与感，给PC网游产业本身注入了新的活力，同时也带动游戏周边产业有了新的发展。如早期作为网游语音通话工具的YY语音、QT语音，以及由此发展而来的斗鱼、虎牙、17173等专业的游戏直播平台，游戏玩家可以通过这些平台与自己喜欢的竞技游戏高手进行交流，而其中某些玩家则因为其高水平或富有亲和力而成为明星，与游戏直播平台对直播过程中的收益进行分成，形成了又一条完整的新产业链。随着行业的不断规范和主流媒体的日益关注，竞技游戏将网络游戏与竞技体育进行融合，采用已经非常成熟了的商业化运作模式，作为PC网游的新方向或许将成为未来网络游戏的下一个支柱。

手机游戏——规模稳中有降，网游份额将进一步扩大

手机游戏的爆发式增长在2014年上半年达到最高峰，下半年开始逐渐进入洗牌期，并表现出稳中有降的趋势，而预计2015年在延续这一趋势的同时，手机网游的份额将进一步扩大。

一直以来，生命周期短、渠道成本高、产品同质化严重是制约手机游戏发展的核心问题。手游市场经过2013和2014两年时间的洗牌，逐渐过滤掉了缺乏创新、技术实力较差的中小型开发者，而手机游戏也逐渐从低成本、玩法单一的小制作单机游戏开始向画面精细、玩法多样的大流量精品网络游戏过渡。伴随着4G网络与各种终端的普及，手游未来必将突破以前的固有玩法，发展出更多令玩家可以深度参与的新游戏类型，而寻求游戏的差异化、增强玩家体验、赋予游戏更多内涵将是当前游戏开发者不可回避的问题，也是我国未来从手游大国向手游强国转型的根本方向。

电视游戏——新的市场热点，盒子的发展快过主机

2014年，随着国务院发布在上海自贸区对游戏主机解禁的政策，电视游戏成为新的市场关注的焦点。从目前电视游戏市场的发展态势来看，未来1年内将迅速占领市场的不是游戏主机，而是互联网电视/盒子。首先，目前互联网电视/盒子的用户已经超过1亿，使用互联网电视/盒子玩过游戏的用户超过千万，并且互联网电视/盒子的普及率还在迅速增长。而游戏主机用户目前只有4000多万，游戏主机的价格、购买渠道以及单一的游戏功能都决定了其普及率的增长会远低于互联网电视/盒子。其次，国内硬件厂商和游戏厂商都更为关注互联网电视/盒子，一些游戏厂商甚至已经开始与硬件厂商合作共同推出互联网电视/盒子产品。而游戏主机的主要生产者由微软、索尼和任天堂

三大国外厂商所垄断，虽然国内游戏主机政策有放开的迹象，但三大厂商仍在持谨慎的观望态度，并没有急于推进。因此，预计 2015 年电视游戏市场将先由互联网电视/盒子引爆，而游戏主机还有较长的路要走。

（来源：中国互联网信息中心）

第六节　广　告

一、广告的含义、特点和作用

（一）广告的含义

广告是为了某种特定的需要，通过大众传播媒介，公开而广泛地向社会传递信息的一种手段。它是使人们了解某事物的语言、文字和图像。从广告的直接目的来分，可分为不以营利为目的的广告，如中央电视台播出的公益广告。还有以营利为目的的广告，如商品推销广告。前者属广义广告，后者是狭义广告，也叫商业广告、经济广告。我们在这里讨论的是狭义广告，即商业广告。商业广告是企业借助各种传媒，如电视、电台、报纸、杂志等，有组织、有计划地向消费者或服务对象宣传产品与服务，最终目的是影响公众，促成公众的购买行为从而达到扩大销售的目的。

（二）广告的特点

1. 真实性

商业广告在推介产品时，要以事实为依据，真实、健康、清晰、明白地向社会诉说商品的性能、用途、使用方法等。要体现社会公德和商业道德。

2. 功利性

随着市场经济的发展，市场竞争异常激烈，企业、商家为增强竞争能力，既要靠高技术、高质量，又要借助与公共关系密切配合的、高水平的广告宣传活动，制作精良的广告。这样既可以提高商品的竞争能力，又可以说服感染消费者，促成购买行为，为企业、商家带来良好的经济效益。

3. 艺术性

商业广告随着社会的发展、科学的进步，在制作时，文字、图画、音响、实物多媒体结合，有较强的逼真性和艺术感染力。在语言表达上，常常简明优美，可读性强。制作精良、艺术性强的广告，有时还成为时尚楷模。

（三）广告的作用

1. 交流信息，拓宽产销渠道。

广告可以沟通生产、流通、交换、消费各个环节，使这一有机整体更好地发挥社会效益和经济效益。把商家、消费者紧密地联系起来，开拓产销渠道，为发展经济作贡献。

2. 指导消费，拓宽经营。

商业广告是消费信息的一种形式，它向人们传递商品信息、市场信息，科学地指导消费者购买和使用商品。对企业商家来说，商业广告也常常给一个企业，甚至整个地区带来经济、商业的大发展。如“百事可乐”饮料，通过各种广告宣传，名扬四海，效益倍增。

3. 推动生产发展，促进经营管理。

商业广告通过沟通产销方面可以促进生产。企业要想占领市场，就得对自己的产品加以改进，并不断完善售后服务。同时企业还得改善内部管理经营机制，挖潜力，增效益，增加竞争优势。这样就推动了社会生产的发展。

4. 扩大外贸，创收增汇。

商业广告还可以沟通国际国内商情，促进国际贸易交流。它可以向世界介绍我国的名优特产品，促进出口贸易；也可以让国内商家、厂家从外商广告中了解国际市场新动向，发现进出口贸易的态势，推进我国的经济生产发展，使我国在国际竞争中获得优势。

二、 广告的分类

（一）按广告的直接目的可分为：为促进销售而做的销售广告、为建立信誉而做的建立信誉的广告、为建立观念而做的建立观念广告

（二）按广告的不同对象可分为：消费者广告、工业用户广告、商品批发商广告

（三）按广告覆盖的地区可分为：全国性广告、区域性广告、地方性广告

（四）按广告选用的媒体可分为以下几类：

1. 报纸广告

其覆盖面宽，发行量大，读者面广，传播迅速，表现形式灵活多样，留存时间长，便于重复阅读和存查。

2. 杂志广告

其读者面广，广告插页和加印装潢的机动性大，多数印制精美，留存时间长，便于重复阅读和存查。

3. 广播广告

它包括无线广播电台和有线广播站播出的广告。它是一种高级的有声广告，属于纯

粹的听觉广告。

4. 电视广告

它从声、光、色、形等全方位生动形象地介绍商品，质感强，表现力强，一旦制成，可重复播放，不受时间、空间限制。

5. 邮寄广告

它是指通过邮局寄出的货样单、产品说明书等。

6. 交通广告

是指设置在汽车、电车、火车、地铁、轮船等公共交通工具上的广告，也包括张贴在上述交通工具上和车站码头上的广告。这种广告宣传费用低，影响却较大，效果也很好。

7. 标牌广告

指设置在公共场合广告牌上的广告。

8. 其他媒体广告

三、 广告的写作

广告的构成包括文字、视觉形象、音响等，我们着重介绍文字广告的写作。文字广告一般由标题、正文、结尾三部分构成。

（一）标题

广告的标题是广告的内容集中体现的旗帜和眼睛，要让读者一见就被吸引住，要充满魅力。

常用的标题形式有：

1. 直接标题

就是直截了当地将广告的主要内容传递给读者。直接广告往往以商品、商标或企业名称作标题，如“美好酒”“郫县豆瓣”“金嗓子喉宝”等。

2. 间接标题

标题并不直接介绍产品或劳务，而只是暗示读者。如手表广告：“以时间为友”；红旗轿车：“坐红旗车，走中国路”；日本丰田车“车到山前必有路，有路必有丰田车”；美特斯·邦威：“不走寻常路”；美容院：“世界上不是缺少美，而是缺少修饰！”

3. 复合标题

这种标题是将直接标题和间接标题综合起来，主要用于内容多、较复杂的广告。它可以是正副标题法，也可以采用眉题正题法，还可以眉题、正题、副题三者结合。如：“学琴的孩子不会变坏——山叶钢琴”“不溶在手，只溶在口——M&M 巧克力”；又如："治感冒要靠　苯三缓释胶囊　苯三缓释胶囊替你挡住下一个喷嚏!"

（二）正文

这是广告的核心部分，首先要确立广告的主题。如果是处于商品的创牌期，主题应围绕商品的特点，与同类产品在构造、性能等方面的新异之处展开，以引起消费者的注意，产生购买欲望和购买行为。如果是处于商品发展成长期的广告，主题可确定在介绍商品更新改进情况，与同类商品相比的优点，努力培养原有用户对广告产品的信任度，巩固消费者队伍。如果是处在商品成熟期的广告，则应宣传商品已获得的声誉，权威机构的认证鉴定，突出"名牌效应"，巩固已有的市场地位。

广告的正文一般是有所侧重地对商品的品种、范围、质量、特点、型号、规格、结构、用途、性能、效果、方法、包装、出售方式、价格、售货地点等内容加以简要而突出的说明。

目前世界广告宣传已进入"印象 * 理性 * 情感"的诉求时期。一则成功的广告，能迅速引起消费者注意，使其正确理解广告中的信息并加以记忆，使人受到感染，最终激发起购买欲望，产生购买动机，采取购买行为，这就是广告传播和诉求的心理过程。广告的诉求方式可分为情感诉求和理性诉求。情感诉求强调的是感觉、情感、伦理等，理性诉求则依靠于观念、态度、事实、论证等。在任何一则广告中，广告创意、设计人员都要精心选定诉求方式。

日本精工表广告采用情感诉求向消费者推荐自己：

恰当地表达自己真挚温馨的爱情，不仅仅是一份勇气，更是一种艺术。象征永恒的精工对表，是高贵爱情标志，也是天长地久的爱情魅力，在我们生命中的某些时候，爱情，应该看得见的。

广告虽然只字未提商品的性能、特点，但却营造出柔情似水、浓浓温馨的氛围，让人回味无穷，激起拥有之情。可见，广告的主题、诉求方式要根据具体的商品特点来确定，不能一概而论。

广告正文的写法常采用：

1. 简介式

用简洁而平实的语言，开门见山地介绍商品，如商品的名称、规格、特点、性能、适用范围、价格等。

2. 证书体

着重宣传商品的获奖情况，使商品的信誉、美誉充分展现，增加消费者对商品的信任。

3. 新闻体

用写新闻的方法来撰写广告，既有新闻真实可靠的特色，又有广告推介商品的风格。

4. 文艺体

用诗歌、散文、方言诗等形式宣传商品，节奏感强，韵律美，容易使消费者迅速记住，并产生好感。

除上述方法外，还有问答体、联语体等写作方法。选用哪种方法来写，要针对商品的性质、广告的主题、选用的媒体来定。

（三）结尾

结尾是全文的收束。主要写明广告者的名称，销售商家的名称、地址、联系电话、电传、电挂、邮政编码等。有时也注明开户银行、账号等。

四、广告的写作要求

（一）要遵守国家的法律法规，恪守社会公德和商业道德

《中华人民共和国广告法》规定广告不得有下列情形：1. 使用或者变相使用中华人民共和国的国旗、国歌、国徽，军旗、军歌、军徽；2. 使用或者变相使用国家机关、国家机关工作人员的名义或者形象；3. 使用“国家级”“最高级”“最佳”等用语；4. 损害国家的尊严或者利益，泄露国家秘密；5. 妨碍社会安定，损害社会公共利益；6. 危害人身、财产安全，泄露个人隐私；7. 妨碍社会公共秩序或者违背社会良好风尚；8. 含有淫秽、色情、赌博、迷信、恐怖、暴力的内容；9. 含有民族、种族、宗教、性别歧视的内容；10. 妨碍环境、自然资源或者文化遗产保护；11. 法律、行政法规规定禁止的其他情形。

（二）要实事求是，杜绝弄虚作假

《中华人民共和国广告法》第二十八条明确广告有下列情形之一的，为虚假广告：1. 商品或者服务不存在的；2. 商品的性能、功能、产地、用途、质量、规格、成分、价格、生产者、有效期限、销售状况、曾获荣誉等信息，或者服务的内容、提供者、形式、质量、价格、销售状况、曾获荣誉等信息，以及与商品或者服务有关的允诺等信息与实际情况不符，对购买行为有实质性影响的；3. 使用虚构、伪造或者无法验证的科研成果、统计资料、调查结果、文摘、引用语等信息作证明材料的；4. 虚构使用商品或者接受服务的效果的；5. 以虚假或者引人误解的内容欺骗、误导消费者的其他情形。

（三）要新颖独特，形式多样

（四）要语言简练、准确、生动

例文：

聚美优品广告词 1.

你只闻到我的香水，却没看到我的汗水；你有你的规则，我有我的选择；你否定我现在，我决定我的将来；你嘲笑我一无所有不配去爱，我可怜你总是等待；你可以轻视我们的年轻，我们证明这是谁的时代；梦想是注定孤独的旅行，路上少不了质疑和嘲笑，但那又怎样！哪怕遍体鳞伤也要活得漂亮！我是陈欧，我为自己代言。

聚美优品广告词 2.

从未年轻过的人一定无法体会这个世界的偏见，我们被世俗折散也要为爱情勇往直前，我们被房价羞辱也要让简陋的现实变得温暖，我们被权威漠视也要为自己的天分保持骄傲，我们被平庸折磨也要开始说走就走的冒险，所谓的光辉岁月并不是后来闪耀的日子，而是无人问津时你对梦想的偏执，你是否有勇气对自己忠诚到底。

第七节　审计报告和查账报告

一、 审计报告和查账报告的同异

审计报告和查账报告都是根据有关规定，反映被查对象经济活动情况的文件。

（一）审计报告的含义

《中华人民共和国审计法实施条例》指出：审计是审计机关依法独立检查被审计单位的会计凭证、会计账簿、会计报表以及其他与财政收支、财务收支有关的资料和资产，监督财政收支、财务收支真实、合法和效益的行为。由此可见，审计报告是指注册会计师根据审计准则的规定，在执行审计工作的基础上，对财务报表发表审计意见的书面文件。

审计报告具有总结性、答复性、公正性等特点。它可以为有关领导部门制定政策、法规提供依据，也是审计机关履行审计监督职能的手段。

（二）查账报告的含义

查账报告是查账员通过对被查机关、企事业会计核算资料的检查分析，确认其财务状况的正确性、真实性而向被查单位或委托查账单位报告查账经过和结果的书面文件。

查账报告可以使企业内部获得可靠的财务信息，以便评价经营活动，改进管理，提高效益。

（三）审计报告和查账报告的同异

两者的相同点：都是根据有关法规、政策对被查、被审计单位的经济活动、财务状况做客观的说明、判断，是社会主义经济建设的重要一环。

两者的区别表现在：第一，主持单位不同，财务大检查是以财政部门为主，审计部门可以参与配合；财务审计是审计部门独立进行。第二，执行时间不同，财务大检查以往是一年一次，财务审计可以根据需要的时间段（年、季、月甚至几年、几天）进行。第三，财务大检查是以年度财务情况为对象，而财务审计可以年度、任期、专题等不同对象进行审计。审计报告的审计内容范围要广一些、复杂一些，而查账报告的着眼点是放在被查单位的财务状况上。审计报告可以为领导机关的决策提供相关依据，为政策法规的完善提供相应的参照系数；查账报告只局限于对财务报表的分析、判断，它为企业的发展、运作提供有效的帮助，它也是税务机构决定所得税额的依据。审计报告既从微观的角度考核被审计单位财经工作的效果，又从宏观的角度确定被审计单位的财经工作对国家是否作出贡献，对整个国民经济产生了哪些影响；查账报告主要是分析企业经营效果、资本利用状况，监督企业经营活动的合法性和反映财经纪律的遵守情况，为企业的投资者、经营者和相关人员部门提供资料。

审计报告和查账报告既有联系，又有区别。它们都是不可缺少的重要经济文书。

二、审计报告、查账报告的分类

（一）审计报告的分类

1. 例行审计报告

例行审计报告是审计机关、机构或部门派出的审计工作组，在完成审计工作后，提交的全面反映情况的报告。

撰制例行审计报告分为两种情形：一是凡正式接到审计通知书的被审计项目，无论有无问题，都要在审计后提交审计报告；二是一种定期报送的审计报告。

2. 财务审计报告

主要是在企业财务收支实现以后进行的，属于“事后审计”。这种对企业财务收支的凭证、账册、报表的审核，可以确认企业财务处理是否合理，它属于“合法审计”。

3. 财政审计报告

主要是根据国家的政策和财政法规，对审查单位在执行单位预算的财政收支进行检查监督。主要是对税收的审计。

4. 经济效益审计报告

经济效益要通过“投入”与“产出”及“所费”与“所得”之间的经济关系来体现。经济效益审计是对企业更好地发挥人力、物力、财力在生产过程的作用，获得经济效益而进行的审计。在审计中，较多地使用经济分析的方法，以解剖各个经济指标中可能存在的问题。

以上是按审计报告的性质进行的分类。如果按报告的内容，可分为综合审计报告和专项审计报告。按撰写报告的主体，可分为内部审计报告和外部审计报告。按写作形式，可分为叙事式、条文式、表格式、综合式的审计报告。按《中国注册会计师审计准则第 1501 号——对财务报表形成审计意见和出具审计报告》，审计报告分为：标准审计报告，是指不含有说明段、强调事项段、其他事项段或其他任何修饰性用语的无保留意见的审计报告；非标准审计报告，是指带强调事项段或其他事项段的无保留意见的审计报告和非无保留意见的审计报告。

（二）查账报告的分类

1. 查账报告

查账报告也称查账验证报告，它是注册会计师完成对会计报表查账验证之后出具的报告。

注册会计师根据查账验证的结果和编报单位对有关问题的处理情况，要编制和出具无保留意见、保留意见、反对意见或拒绝表示意见四种类型之一的标准查账报告。

2. 查账说明书

是查账员通过对被查企业会计核算资料的检查分析，确认其财务状况，或正确、真实，或存在问题所出具的证明文件。

三、审计报告的写作

审计报告应当包括下列要素：

（一）标题

审计报告应当具有标题，统一规范为“审计报告”。

（二）收件人

即审计工作的交办或委办单位。

（三）引言段

引言段应当包括下列方面

1. 指出被审计单位的名称。
2. 说明财务报表已经审计。
3. 指出构成整套财务报表的每一财务报表的名称。
4. 提及财务报表附注（包括重要会计政策概要和其他解释性信息）。
5. 指明构成整套财务报表的每一财务报表的日期或涵盖的期间。

（四）管理层对财务报表的责任段

即以标题为“管理层对财务报表的责任”的段落。描述被审计单位中负责编制财务报表的人员的责任。这种责任包括：

1. 按照适用的财务报告编制基础编制财务报表，并使其实现公允反映。

2. 设计、执行和维护必要的内部控制，以使财务报表不存在由于舞弊或错误导致的重大错报。

（五）注册会计师的责任段

即以标题为“注册会计师的责任”的段落。该段落说明下列内容：

1. 注册会计师的责任是在执行审计工作的基础上对财务报表发表审计意见。

2. 注册会计师按照中国注册会计师审计准则的规定执行了审计工作。中国注册会计师审计准则要求注册会计师遵守中国注册会计师职业道德守则，计划和执行审计工作以对财务报表是否存在重大错报获取合理保证。

3. 审计工作涉及实施审计程序，以获取有关财务报表金额和披露的审计证据。选择的审计程序取决于注册会计师的判断，包括对由于舞弊或错误导致的财务报表重大错报风险的评估。在进行风险评估时，注册会计师考虑与财务报表编制和公允列报相关的内部控制，以设计恰当的审计程序，但目的并非对内部控制的有效性发表意见。

审计工作还包括评价管理层选用会计政策的恰当性和作出会计估计的合理性，以及评价财务报表的总体列报。

4. 注册会计师相信获取的审计证据是充分、适当的，为其发表审计意见提供了基础。

（六）审计意见段

即以标题为“审计意见”的段落。如果对财务报表发表无保留意见，除非法律法规另有规定，审计意见应当使用“财务报表在所有重大方面按照［适用的财务报告编制基础（如企业会计准则等）］编制，公允反映了……”的措辞。

如果在审计意见中提及的适用的财务报告编制基础不是企业会计准则，而是国际财务报告准则、国际公共部门会计准则或者其他国家或地区的财务报告准则，注册会计师应当在审计意见段中指明国际财务报告准则或国际公共部门会计准则，或者财务报告准则所属的国家或地区。

（七）注册会计师的签名和盖章

（八）会计师事务所的名称、地址和盖章

（九）报告日期

以下选录中国注册会计师协会颁发的“非标准审计报告的参考格式”样式。

例文 1. 带强调事项段的无保留意见的审计报告

审计报告

ABC 股份有限公司全体股东：

我们审计了后附的 ABC 股份有限公司（以下简称 ABC 公司）财务报表，包括 20×1 年 12 月 31 日的资产负债表，20×1 年度的利润表、股东权益变动表和现金流量表以及财务报表附注。

一、管理层对财务报表的责任

按照企业会计准则和《××会计制度》的规定编制财务报表是 ABC 公司管理层的责任。这种责任包括：(1) 设计、实施和维护与财务报表编制相关的内部控制，以使财务报表不存在由于舞弊或错误而导致的重大错报；(2) 选择和运用恰当的会计政策；(3) 作出合理的会计估计。

二、注册会计师的责任

我们的责任是在实施审计工作的基础上对财务报表发表审计意见。我们按照中国注册会计师审计准则的规定执行了审计工作。中国注册会计师审计准则要求我们遵守职业道德规范，计划和实施审计工作以对财务报表是否存在重大错报获取合理保证。

审计工作涉及实施审计程序，以获取有关财务报表金额和披露的审计证据。选择的审计程序取决于注册会计师的判断，包括对由于舞弊或错误导致的财务报表重大错报风险的评估。在进行风险评估时，我们考虑与财务报表编制相关的内部控制，以设计恰当的审计程序，但目的并非对内部控制的有效性发表意见。审计工作还包括评价管理层选用会计政策的恰当性和作出会计估计的合理性，以及评价财务报表的总体列报。

我们相信，我们获取的审计证据是充分、适当的，为发表审计意见提供了基础。

三、审计意见

我们认为，ABC 公司财务报表已经按照企业会计准则和《××会计制度》的规定编制，在所有重大方面公允反映了 ABC 公司 20×1 年 12 月 31 日的财务状况以及 20×1 年度的经营成果和现金流量。

四、强调事项

我们提醒财务报表使用者关注，如财务报表附注×所述，ABC 公司在 20×1 年发生亏损×万元，在 20×1 年 12 月 31 日，流动负债高于资产总额×万元。ABC 公司已在财务报表附注×充分披露了拟采取的改善措施，但其持续经营能力仍然存在重大不确定性。本段内容不影响已发表的审计意见。

××会计师事务所　　　　　　　　　　中国注册会计师：×××

（盖章）　　　　　　　　　　　　　　（签名并盖章）

中国注册会计师：×××

（签名并盖章）

20××年×月×日

例文 2. 保留意见的审计报告（审计范围受到限制）

审计报告

ABC 股份有限公司全体股东：

我们审计了后附的 ABC 股份有限公司（以下简称 ABC 公司）财务报表，包括 20×1 年 12 月 31 日的资产负债表，20×1 年度的利润表、股东权益变动表和现金流量表以及财务报表附注。

一、管理层对财务报表的责任

按照企业会计准则和《××会计制度》的规定编制财务报表是 ABC 公司管理层的责任。这种责任包括：（1）设计、实施和维护与财务报表编制相关的内部控制，以使财务报表不存在由于舞弊或错误而导致的重大错报；（2）选择和运用恰当的会计政策；（3）作出合理的会计估计。

二、注册会计师的责任

我们的责任是在实施审计工作的基础上对财务报表发表审计意见。除本报告“三、导致保留意见的事项”所述事项外，我们按照中国注册会计师审计准则的规定执行了审计工作。中国注册会计师审计准则要求我们遵守职业道德规范，计划和实施审计工作以对财务报表是否存在重大错报获取合理保证。

审计工作涉及实施审计程序，以获取有关财务报表金额和披露的审计证据。选择的审计程序取决于注册会计师的判断，包括对由于舞弊或错误导致的财务报表重大错报风险的评估。在进行风险评估时，我们考虑与财务报表编制相关的内部控制，以设计恰当的审计程序，但目的并非对内部控制的有效性发表意见。审计工作还包括评价管理层选用会计政策的恰当性和作出会计估计的合理性，以及评价财务报表的总体列报。

我们相信，我们获取的审计证据是充分、适当的，为发表审计意见提供了基础。

三、导致保留意见的事项

ABC公司20×1年12月31日的应收账款余额×万元，占资产总额的×%。由于ABC公司未能提供债务人地址，我们无法实施函证以及其他审计程序，以获取充分、适当的审计证据。

四、审计意见

我们认为，除了前段所述未能实施函证可能产生的影响外，ABC公司财务报表已经按照企业会计准则和《××会计制度》的规定编制，在所有重大方面公允反映了ABC公司20×1年12月31日的财务状况以及20×1年度的经营成果和现金流量。

××会计师事务所　　　　　　　　　　　　中国注册会计师：×××

（盖章）　　　　　　　　　　　　　　　　（签名并盖章）

中国注册会计师：×××

（签名并盖章）

20××年×月×日

例文3. 否定意见的审计报告

审计报告

ABC股份有限公司全体股东：

我们审计了后附的ABC股份有限公司（以下简称ABC公司）财务报表，包括20×1年12月31日的资产负债表，20×1年度的利润表、股东权益变动表和现金流量表以及财务报表附注。

一、管理层对财务报表的责任

按照企业会计准则和《××会计制度》的规定编制财务报表是ABC公司管理层的责任。这种责任包括：(1) 设计、实施和维护与财务报表编制相关的内部控制，以使财务报表不存在由于舞弊或错误而导致的重大错报；(2) 选择和运用恰当的会计政策；(3) 作出合理的会计估计。

二、注册会计师的责任

我们的责任是在实施审计工作的基础上对财务报表发表审计意见。我们按照中国注册会计师审计准则的规定执行了审计工作。中国注册会计师审计准则要求我们遵守职业道德规范，计划和实施审计工作以对财务报表是否存在重大错报获取合理保证。

审计工作涉及实施审计程序，以获取有关财务报表金额和披露的审计证据。选择的审计程序取决于注册会计师的判断，包括对由于舞弊或错误导致的财务报表重大错报风险的评估。在进行风险评估时，我们考虑与财务报表编制相关的内部控制，以设计恰当的审计程序，但目的并非对内部控制的有效性发表意见。审计工作还包括评价管理层选用会计政策的恰当性和作出会计估计的合理性，以及评价财务报表的总体列报。

我们相信，我们获取的审计证据是充分、适当的，为发表审计意见提供了基础。

三、导致否定意见的事项

如财务报表附注×所述，ABC公司的长期股权投资未按企业会计准则的规定采用权益法核算。如果按权益法核算，ABC公司的长期投资账面价值将减少×万元，净利润将减少×万元，从而导致ABC公司由盈利×万元变为亏损×万元。

四、审计意见

我们认为，由于受到前段所述事项的重大影响，ABC公司财务报表没有按照企业会计准则和《××会计制度》的规定编制，未能在所有重大方面公允反映ABC公司20×1年12月31日的财务状况以及20×1年度的经营成果和现金流量。

××会计师事务所　　　　　　　　　　　中国注册会计师：×××

(盖章)　　　　　　　　　　　　　　　　　　(签名并盖章)

中国注册会计师：×××

(签名并盖章)

20×2年×月×日

4. 无法表示意见的审计报告

审计报告

ABC股份有限公司全体股东：

我们接受委托，审计后附的ABC股份有限公司（以下简称ABC公司）财务报表，包括20×1年12月31日的资产负债表，20×1年度的利润表、股东权益变动表和现金流量表以及财务报表附注。

一、管理层对财务报表的责任

按照企业会计准则和《××会计制度》的规定编制财务报表是ABC公司管理层的责任。这种责任包括：(1) 设计、实施和维护与财务报表编制相关的内部控制，以使财务报表不存在由于舞弊或错误而导致的重大错报；(2) 选择和运用恰当的会计政策；(3) 作出合理的会计估计。

二、导致无法表示意见的事项

ABC公司未对20×1年12月31日的存货进行盘点，金额为×万元，占期末资产总额的40%。我们无法实施存货监盘，也无法实施替代审计程序，以对期末存货的数量和状况获取充分、适当的审计证据。

三、审计意见

由于上述审计范围受到限制可能产生的影响非常重大和广泛，我们无法对ABC公司财务报表发表意见。

中国注册会计师：×××
（签名并盖章）

××会计师事务所
（盖章）

中国注册会计师：×××
（签名并盖章）
20××年×月×日

四、查账报告的写作

查账报告一般由标题、主送机关、公函、范围段、说明段、意见段、落款等部分组成。

（一）标题

一般应包括查账单位名称、查账内容和文种。有时也只标注查账内容与文种，如《关于汽运2站运费收款员何××贪污案查账报告》。

（二）主送机关

（三）公函

是用来递送查账报告的文书。一般附在报告的首页，或另附在查账报告的正文之外。有时也不单独成页，而是放在查账报告的首段。主要让读者充分认识到事关重大，引起重视。

（四）范围段

按《注册会计师查账验证报告规则（试行）》中的规定，这部分包括以下内容：

1. 检查验证的各主要会计报表的名称、反映的会计期间和编制日期。
2. 所执行的查账程序和完成情况。
3. 对于资产负债表中的期初数和利润表中的上期数等比较资料由何注册会计师检查验证。
4. 查账验证所依据的法律、行政法规和编报单位所执行的财务制度等的名称。

（五）说明段

说明段是充分叙述对会计报表所持有意见的理由。要说明对形成意见产生影响的有关事项，以及这些事项对会计报表相关的影响情况。

若是无保留意见的查账报告，可以省略这个部分。

这部分是查账报告的中心。在用具体数字来说明情况时，必须辅以文字说明，把问题的实质叙述准确、具体。

这部分首先要说明有无错误、过失，如有，要指出其所在。其次，要分析说明财务状况及经营情况。最后，要评述被查单位会计制度是否完善、内部组织是否合理，并提出相应的建议。

在结构上，要以对被查单位概况说明为开头，然后记写经营业绩，并加以分析说明，根据查账表顺序依次表述企业经营、财务等状况，若需要叙述，一般都放在查账报告的结尾部分。如果查账报告的内容繁多，这一部分可以分条列项的方式来安排。在语言表述上，应力求简练、清楚、明白。

（六）意见段

意见段主要包括以下内容：

1. 会计报表的编制是否符合有关会计制度的规定和所遵守会计制度的正式名称。

2. 会计报表能否恰当地反映编报单位的财务状况、经营成果和资金变动情况。

3. 有关会计事项的处理方法和会计报表各项目的分类及编制方法是否与前期一致。

当然，表示反对意见的查账报告对这部分的第 3 条内容可以不作说明。拒绝表示意见的查账报告应说明对本部分上述各项内容无法表示意见。

（七）落款

要写明查账人的姓名、职务、职称，注明查账报告成文的年、月、日。

当然，查账报告在体式上应由上述几部分组成，但因为工作需要，有些查账报告也不完全由这几部分构成。

企业管理文书

第一节　企业管理文书概说

一、 企业管理文书的含义及作用

企业管理文书是企业管理各个环节、各个部门使用的各种文书的总称。它属经济文书的一大门类，但又有其独特的适用范围和自身特点，为适应有关专业学员今后工作需要，本书辟专章介绍。企业管理文书所涉及的种类较多，尤其是在企业办社会的现象还没有完全消除的情况下，企业管理文书既涉及企业本身所组织的科研、设计、工艺、制造、产品开发以及销售和销售过程中的服务，也涉及通用公务文书的写作。本章仅介绍几种专用的企业管理文书。企业管理文书是企业管理的重要工具之一。在建立、完善和发展现代企业制度的过程中，必须树立现代化的管理思想，采用现代化管理的手段，而企业管理文书常常是体现这种管理思想、管理手段的重要载体形式。企业管理的每个环节，例如企业的组建、投产、发展、壮大，产品的发明、研制、生产、销售、保护，企业对人、财、物的合理利用、管理，这一切都离不开运用企业管理文书。

二、 企业管理文书的特点

企业管理文书除具备公务文书、经济文书的共同特点外，还具有其自身的特点。

（一）内容科学、专业性强

企业管理文书区别于其他类型文书的主要特点在于内容的特殊性。企业管理文书涉及的内容，常常是属于自然科学和技术范畴的信息，而且有极强的专业性。其科学性要求内容真实可信，先进可行。无论作出的论断、设想，还是具体材料的选用，都必须科学有据，真实可靠，切实可行，来不得半点臆测和猜想，否则会导致谬误，使企业和国家蒙受损失。企业管理文书内容的真实准确，往往联系着职工的生命和企业的财产，决不容丝毫虚假。其专业性既体现在内容上，也反映在读者的限定性上。企业管理文书的受文对象往往是懂管理、懂专业的内行，因而它的写作崇尚务实、简明，不一味讲求趣味性、欣赏性和可读性。

（二）体式规范、文本成熟

国际标准化组织制定了一系列科技文献和科技情报工作的国际标准，我国技术监督局和有关部门也制定了一系列国家标准和行业标准（即部颁标准），有关部门又制定了一些专业、行业管理文书的规范文本。这些标准和规范文本，对企业管理文书有关文种的内容、格式、名词术语、处理程序等，都做了相应规定，极有利于企业管理文书写作和处理的制度化、规范化和科学化，有利于提高管理水平和效率。我们在撰写和填写相关企业管理文书时，必须严格遵守这些规定。

（三）图表并用、数据准确

撰写企业管理文书，除运用文字表达系统外，还大量使用非文字表达系统，即图、表、数据、符号、公式和照片系统。图表的使用，使企业管理文书的表述更加简明、直观、形象，更有表现力。企业管理文书还大量使用数据，通过数量的计算、统计、比较、分析，来说明有关事物的现状及发展变化。图表数据使用必须准确无误，决不能“统计加估计”随意杜撰。引用数据时，力求精确，尽可能不用“大概”“大约”“估计”“可能”之类模糊数量。

第二节　设计说明书

一、设计说明书的含义和用途

设计说明书是设计者对其设计的技术产品或工作项目进行文字说明的技术性文件。其作用是帮助使用者正确地理解设计目标、原理和方法，方便审核者复核和审查，是指导设计项目生产和施工的基本依据文件之一。

设计说明书是极其重要的技术文件，但在生产和施工时，还必须据此而编制可供直接生产、施工的其他技术文件诸如工艺文件等。

二、 设计说明书的特点

设计说明书是说明书的一种，它既具有说明书的共性特点，又有其个性特征。

（一）内容注重科学性

无论是对设计原理、依据的阐述，还是对设计内容的说明，甚至引用的数据、资料，编列的图表，都十分注重科学、准确、客观、规范，不容丝毫疏忽和马虎。

（二）说明严谨、细致

设计说明书在说明设计方案、技术指标、工艺流程等关键内容时，往往十分严密、精细、谨慎，计算精确丝毫不差，陈述周密、清楚毫不含糊。例如机械设计说明书，即使对一个孔的尺寸大小，一个螺钉的位置，都不可忽视。任何一点细小疏忽，都会铸成“差之毫厘，失之千里”的严重后果。

（三）表述直观、形象

设计说明书往往是文字说明和数据图表说明并重，各种数字的计算、图表的使用，占了极大篇幅，既简洁又醒目，很说明问题。

（四）语言质朴、准确、简洁

大量使用专业术语，更反映出它的科学性、专业性。结构注重条理化和逻辑性。

三、 设计说明书的写作

设计说明书，分为产品设计说明书和工程设计说明书两种。

（一）产品设计说明书

产品设计说明书包含技术设计说明书、设计计算书和工作图设计三部分内容。其一般格式为：

1. 封面

写明设计产品名称，设计单位及设计人，设计日期，以及设计人、设计单位签字。

2. 扉页

产品外观总图或设计效果图照片。

3. 目录

各部分题目和页码。

4. 正文

（1）设计的依据和理由　说明设计的原因、作用及发展前途。

（2）设计的目标和要求　说明该产品的主要用途、适用地区和部门及所需的工作环境。

（3）设计的技术内容　这是产品设计说明书的核心部分。

①设计方案的确定　在同类的先进产品中作一比较，说明有哪些主要设计方案，本产品采用了何种设计方案及其原因。

②技术设计说明　产品的具体结构，包括内部结构和外观设计、主要生产工艺和设备的选择及计算、产品的零件尺寸及技术条件、对材料的要求、厂房建筑及动力原材料和劳动力的消耗、附属设施及对环境和能源的影响等。

③工作图设计　包括总图、装配图、专用零件工作图、产品安装图、包装图等。

④主要的技术关键和措施　对在生产中会影响产品质量的技术关键和相应的保护措施应分别列出。

（4）产品的主要技术参数

5. 附录

各种图表、参考资料均一一列出。

（二）工程设计说明书

工程设计说明书由设计说明书、设计图纸和工程概算三部分文件组成。其写作的一般格式是：

1. 封面

包含项目为设计名称、设计单位负责人、设计负责人、设计单位名称及设计日期。

2. 目录

3. 正文

（1）设计目的及依据

（2）设计的范围与分工　由于工程项目一般内容较多，常将它分成若干部分分别设计后再加以综合。本部分提出总体设计同各分项设计的内容与关系。工程项目需先进行总体设计，对整个建设工程的建筑规模、产品方案、生产方式、工艺流程、设备选型、公用设施、“三废”处理与综合利用以及布局、交通、水电供应等进行研究，提出总体设计方案和分项设计方案后，再进行项目设计。

（3）技术设计　根据设计分工完成本分项目的设计，绘出施工图纸并编制说明。

（4）目标与测算　对完成期限、投资额度及分期、劳动定员控制等提出目标和测算，并列表说明。

（5）完成工程概算书的编制　工程设计说明书应力求符合实际，用数据说话，写作时原理少写，技术要求一定交代清楚，万勿马虎。

例文：

××宾馆工程设计说明书

封面和目录

××宾馆工程设计

设计号××

院长　　　×××

总建筑师　×××

总工程师　×××

设计总负责人　×××

×××设计院

×年×月×日

设计说明书目录

一、设计依据

二、建筑部分

三、客房室内布置

四、结构部分

五、暖、通、空调部分

六、供电部分

七、电气照明

八、动力部分

九、经济效益估算、图纸

十、工程设计说明书（正文略）

第三节　技术鉴定报告

一、技术鉴定报告的含义和用途

技术鉴定报告又叫技术鉴定书。它是科技主管部门根据国家颁布的科技标准和规定，邀请有关专家对科研人员的研究成果进行分析、鉴别、验证之后而写出的评价性文书。技术鉴定报告是新技术、新成果的证明性文件，也是新产品转入试制和正式投产的具有法律效力的依据。

二、技术鉴定报告的特点

（一）结论权威

凭借先进的鉴定手段、科学的鉴定方法，依靠专家学者的集体智慧而写出的技术鉴定报告，其结论是科学的、权威的。

（二）评价公正

技术鉴定报告是依据国际标准、国家标准、部颁标准或有关技术规定、要求，对鉴定对象作出的鉴定、评价，这种评价和结论意见应全面、真实、准确、公允，切忌片面、拔高或贬低。

（三）写作规范

其内容范围、写作格式，都按照规范文本的要求来安排。语言力求准确、简洁、得体，多用专业术语。

三、技术鉴定报告的写作

技术鉴定分为国家级鉴定、部级鉴定、地方鉴定、基层鉴定，而技术鉴定报告的写法均必须按照国家科委下发的文件要求进行。

（一）封面

1.《技术鉴定报告》标志

2. 编号

3. 项目名称

4. 研究试制单位

5. 组织鉴定单位

6. 鉴定日期

（二）正文

1. 技术规格和简要说明

应写得简洁、具体、准确。通常是先用一段简要文字总说，然后用条款式列出其规格、指标和性能。

2. 鉴定意见

这是鉴定报告的核心内容，一般根据被鉴定的内容采用分条目撰写的方法。鉴定意见多由肯定性意见、改进性意见及对所提供的技术文件的审查情况三部分组成。

3. 组织鉴定单位审查意见

此项内容由组织鉴定单位填写，并签上主持鉴定工作负责人的姓名。

4. 主要技术文件及提供单位

要一一列出提供会议的技术文件及提供单位。如某一技术文件是共同完成的，应把主要负责单位写在前面。

5. 主管部、委审查意见

6. 鉴定委员会成员名单

依表格逐项填写，不要遗漏。

（三）附录

附录的有无可视具体情况而定，一般而言附录的内容不宜过多。

例文：

技术鉴定报告

铁道部初产 77019 号

GJC—1 型校正望远镜

研究试制单位：（略）

鉴定日期：××××年×月×日

组织鉴定单位：（略）

一、技术规格和简要说明

针对现场生产中存在的长距离、变孔径、高精度的准直测试问题，研制了 GJC—1 型校正望远镜。经过大量技术测试和工业性试验，并与德国进口同类型仪器作了实地对比试验，证明仪器的性能是良好的，给国内精密仪器的制造，填补了一个空白。

主要技术规格如下：

测量距离：0—20 米

水平、垂直方向测量范围：±1 毫米

最小格值：0.001 毫米

仪器测量精度：±（3n+E+2△）

其中：n 为测量次数

E 为测量距离（米）

△为在测量时测微器的读数值对于测量范围中心偏差（毫米）

主机尺寸（长×宽×高）：375×138×320 毫米

主机重量：10 千克

仪器应在良好的环境下使用

二、鉴定意见

1. 仪器具有测量精度高，用途广，测量方法简易，读数直观等特点，适用于制造和修理行业。

2. 仪器在精度上符合设计要求，是一种良好的准直仪器。

3. 对仪器的几条改进意见：

（1）应加配五角棱鉴等附件，扩大使用范围。

（2）增添双刻线标靶。

（3）为利于粗调校正，光源设计要予以修改。

4. 根据上述意见，为了满足生产需要，为早日实现四个现代化作出贡献，建议安排在××光学仪器厂进行小批量试生产。

三、组织鉴定单位审查结论

同意鉴定意见，可以进行小批量试生产。

四、主要技术文件及提供单位（略）

五、主管部委审查意见与鉴定委员会成员（略）

第四节 招标、投标书

一、招标、投标书的含义

招标，是国际上普遍运用的、有组织的市场交易行为，是贸易中的一种工程、货物、服务的买卖方式。招标是兴建工程或进行大宗商品交易时，公布标准和条件，提出价格，招人承包或承买的一种经济行为。投标是承包人或买主在承包工程或承买大宗商品时，按照发包方或卖主提出的标准和条件，报出自己愿意承担的价格和要求，填写标单的一种经济行为。

招标书是招标人利用投标者之间的竞争，以优选承包者或买主，力求获取工程项目发包或大宗商品承卖的最佳经济效益这一经济行为所形成的书面文件。

投标书是投标人按招标书的要求，具体表明自己愿意接受的条件和承诺，以争取承包或承买这一经济行为所形成的书面文件。它与招标书是对应形成、互为因果的。

二、招标书的写作

（一）基本结构

1. 标题

一般由标的（即招标项目）和文种构成，也可再加上发标单位，如《××水电站二期工程招标书》《××厂××生产线安装工程招标书》。标题中明确标的，宣传效果更好。

2. 正文

一般由前言、主体和结尾构成。

（1）前言简要说明招标单位（或发标单位）基本情况，招标的目的、原因、法律依据等。

（2）主体逐条逐项说明招标文书编号、招标项目、招标范围、质量技术规格、时限要求、招标对象、招标方法、投标及开标程序、方法、时间和地点、招标文件索要或购买方式、保证招标工作顺利进行的其他应知事项等。

（3）结尾写明发标（招标）单位名称、地址、电话号码、电报挂号、电传信号、邮政编码等。如果是国际招标书，还应写明付款货币、付款方式等项。

正文常采用总分条文式、条文式、分项贯通式文面结构。

3. 落款

招标单位（或法人代表签署）、成文时间。

（二）写作要求

1. 内容合法合理，切实可行

招标书的要求和应知事项要符合国家有关法律、法规、政策规定；技术质量标准要载明是国际标准、国家标准、部颁标准或是企业标准；招标方案既要科学、先进，又要适度、可行。

2. 重点明确，内容周密

招标项目（即标的）是招标书的核心内容，对其有关情况、招标范围、具体要求，都要写清楚。如建设项目，应写明工程名称、数量、技术质量要求、进度要求，甚至建筑材料的要求等。该写的一定要写全，尽可能周到无漏洞和无空子可钻。

3. 语言表述应简明、准确

无论是定性还是定量说明，都应准确无误，没有歧义，尽可能使用精确语言而少用模糊语。

三、 投标书的写作

（一）基本结构

1. 标题

一般由投标项目和文种构成，也可只写“投标书”。

2. 正文

由前言、主体构成。

前言简要写明投标的依据和主导思想。

主体部分则按照招标书的要求和规定，逐一写明投标项目、拟议的数量、质量、费用、时限目标及技术指标、经营措施、投标方有利因素和条件、需招标方提供的保证条件、双方应承担的法律责任、附件附录说明等。

正文亦常用总分条文式、条文式或分项贯通式文面结构，亦可按招标单位统一印制的表格式投标书逐项填写。

3. 落款

写明投标单位、法人代表及投标时间。应具体写明联系地址、联系方式等项。

（二）写作要求

1. 实事求是，具体明确

切忌为中标而妄加许诺，以致影响企业声誉和经济效益。

2. 有的放矢，针对性强

要对照招标书要求，逐一写明或填写有关内容，要言不烦，不枝不蔓。

3. 语言准确，简明；按时送标

建设工程施工招标书：

第一部分

________［工程名称］____施工［总承包］招标公告

根据__［立项批文］、［用地批文］、［规划批文］__批准，并且本工程具有施工图审查证明文件及资金证明，__［招标单位］__现对__［工程名称］__工程施工进行施工［总承包］公开招标，选定承包人。

一、工程名称：【工程名称】________________

二、招标单位：________________

联系人：________　　联系电话：________

项目建设管理单位：________________

联系人：________　　联系电话：________

招标代理机构：________________

联系人：________　　联系电话：________

招标监督机构：________________

投诉电话：________________

三、建设地点：________________

四、项目概况：

五、标段划分及各标段招标内容、规模和招标控制价：

1. 本工程划分为____个标段。

2. 各标段招标内容、规模和招标控制价：

【标段号】、【项目编号】、【标段招标内容、规模和招标控制价】

注：两个或两个以上标段的，应明确允许兼中或不兼中时，明确对项目负责人的数量要求。对于包含两个或两个以上专业的招标项目，应分别明确各专业对应的招标内容、规模和招标控制价的专业组成费用。

六、资金来源：____

七、发布招标公告时间：从____年____月____日至____年____月____日____时____分。

注：发布招标公告的时间为招标公告发出之日起至递交投标文件截止时间止。

八、递交投标文件时间与开标时间

1. 递交投标文件起始时间：____年____月____日____时____分，截止时间：____年____月____日____时____分。

2. 开标时间：____年____月____日____时____分。

3. 递交投标文件截止时间与开标时间是否有变化，请密切留意招标答疑中的相关信息。递交投标文件截止时间后，开标时间因故推迟的，相关评标信息仍以原递交投标文件截止时间的信息为准。

九、办理投标登记手续

投标人应在递交投标文件截止时间前，登录××公共资源交易中心网站办理网上投标登记手续。

1. 投标人应遵循以下程序完成网上投标登记手续：

（1）登录××公共资源交易中心网站投标人服务专区完成投标人的相关信息录入。

（2）核对并确认投标信息无误后，上传带有电子签名及电子签章的加密投标文件。在递交投标文件截止时间前，投标人可以替换投标文件。投标文件须于递交投标文件截止时间前完整上传并保存到××公共资源交易中心的电子评标系统。如果投标文件于递交投标文件截止时间未能上传完毕，该投标文件将视为无效投标文件。

2. 投标担保及投标报名费：

（1）投标担保____万元，投标担保须在开标前完成缴纳。

（2）投标报名费为100元/标段，报名费须在递交投标文件截止时间前完成缴纳。

十、资格审查方式：

本工程采用资格后审方式，实行电子化资格审查。

十一、投标人合格条件：

1. 投标人具有法定代表人资格，委托投标时，应出具法定代表人证明书和法定代表人授权书。

2. 投标人持有建设行政主管部门颁发的企业资质证书及安全生产许可证。

3. 投标人应具备以下资质之一：

①投标人具有承接本工程所需的____________级或以上级别施工总承包资质（适用于按照建市〔2001〕82号文标准颁布的旧版资质证书）。

②投标人具有承接本工程所需的____________级或以上级别施工总承包资质（适用

于按照建市〔2014〕159号文颁布的新版资质证书）（注：应选择符合招标内容的一种施工总承包资质；联合体的，以资质等级低的一方为等级标准）。

投标人拟担任本工程项目负责人的人员为：①______专业____级或以上级别的注册建造师（注：大、中型项目选择此项）或②________专业二级或以上级别的注册建造师，或具备________专业的小型项目负责人资质（注：小型项目选择此项）。

注：招标内容含有设计要求，且设计要求仅为深化设计的，在投标人的资质设置要求中，不允许设置设计资质要求。建造师的专业及等级标准按《注册建造师执业管理办法（试行）》及《注册建造师执业工程规模标准（试行）》；注册建造师包括延续注册成功的注册临时建造师。根据××省建设厅《关于明确省外二级建造师入粤注册和执业有关问题的通知》（粤建市函〔2011〕218号），二级建造师执业资格证书、注册证书仅限所在行政区域内有效，不得跨省执业。小型项目负责人需符合穗建筑〔2010〕915号文规定，专业以企业聘书上所聘专业为准，如聘书中专业未明确，以小型负责人继续教育培训合格证中的专业为准。

4. 投标人近5年（按本年1月1日往前计）已完成过质量合格的类似工程业绩（类似工程是指第3点所述资质级别的低一个等级方能承接的工程，招标项目所需企业资质级别已是最低级别的，不得设置业绩要求），需同时提供中标通知书、施工合同、竣工验收报告或竣工验收证明。如以上资料不能证明业绩规模的技术指标（指面积、高度、跨度、管径等）的，须另提供可证明业绩技术指标的其他资料。

（1）业绩取自××公共资源交易中心企业库。

（2）单独招标的专业工程业绩，需同时提供中标通知书、施工合同、竣工验收报告或竣工验收证明。由总承包单位依法分包的专业工程业绩，需提供经业主和总承包单位确认的分包合同、竣工验收报告或竣工验收证明。

5. 专职安全人员须具有安全生产考核合格证（C类），项目负责人和安全员不为同一人。

6. 投标人建立了企业诚信档案（A类IC卡），拟担任本工程项目负责人为本企业（IC卡）中的在册人员［注：诚信档案（A类IC卡）应在有效期内］。

7. 投标人按规定的格式及内容要求签署了《投标申请人声明》。

8. 投标人具有在××地区可使用适合本工程的沥青摊铺机数量的证明文件（本项规定只适用于招标内容含有市政道路面层沥青摊铺且超过预计发包价50%或以上的大中修市政公用工程项目）。

9. 关于联合体投标：

（采用单一资质的，招标人应明确是否允许联合体，涉及多资质的，招标人应允许联合体投标。）

如投标人组成联合体，应以________为主办方，并签订联合体工作协议。投标人拟任本工程项目负责人应为主办方正式员工。联合体工作协议应明确约定各方拟承担的工作和责任。

（一）组成联合体承接按资质标准划分为同一类工程的投标人，在资格审查环节，其资质、业绩、信誉等指标按联合体成员中最低者确定；在择优和评标环节，其业绩、信誉、诚信综合评价分数等指标均按成员中最低者进行评审，其人员、资金、机械设备等资源性指标可合并计算。

（二）组成联合体承接按资质标准划分为多类工程的投标人，应在联合体协议中明确承接每一类工程的成员单位。在资格审查、择优和评标环节，均应先按本条第（一）项规定逐类评审，再将各类评审结果汇总，各成员单位诚信分以招标控制价中各类工程的占比作为权重，将其各类诚信分加权平均计算。

注：（1）项目负责人在任职期间不得担任专职安全员，项目专职安全员在任职期间也不得担任项目负责人。

（2）上述投标人合格条件2至7项的信息取自投标人在××公共资源交易中心企业库登记的信息，企业库记录的该部分信息将被视为投标申请人递交资格审查资料的一部分。评标委员会对该部分资料的审查将以递交投标文件截止时间在××公共资源交易中心企业库记录的信息为依据。投标人应及时维护其在××公共资源交易中心企业库登记的信息，确保各项信息在有效期内。

未在招标公告第十一条单列的资审合格条件，不作为资审不合格的依据。

十二、招标公告网上发布时，同时发布招标文件、施工图纸、招标控制价。招标公告发布之日起计算编制投标文件时间，编制投标文件的时间不得少于20天。

如招标人需发布补充公告的，以最后发布的补充公告的时间起计算编制投标文件时间，并需在招标答疑中明确说明。

十三、资格审查结果及中标结果将在××公共资源交易中心网站公示，公开接受投标人的监督。

十四、满足资格审查合格条件的投标人不足5名或通过否决性条款审查的投标人不足3名时为招标失败（当N个标段同时招标且不允许兼中时，满足资格审查合格条件的投标人不足N+4名或通过否决性条款审查的投标人不足N+2名时为招标失败）。招标人分析招标失败原因，修正招标方案，报有关管理部门核准后，重新组织招标。

招标人因两次或多次招标失败，需申请改变招标方式或不招标的，应按《××省实施〈中华人民共和国招标投标法〉办法》（省第十届人大常委会第二次会议通过2003.4.2）的第四十条规定执行。

十五、本工程根据国家和省、市有关计价规范设置招标控制价。财政投资的房屋建筑工程等项目按《××市城乡建设委员会关于发布政府投资的房屋建筑等工程施工招标阶段造价控制指标及措施的通知》（穗建筑〔2014〕240号）执行。

十六、潜在投标人或利害关系人对本招标公告及招标内容有异议的，向招标人书面提出。

异议受理部门：__________

异议受理电话：__________

地　　　址：__________

十七、本公告在××公共资源交易中心网站和__________、__________、__________等法定媒体发布，本公告的修改、补充在××公共资源交易中心网站发布。本公告在其他法定媒体发布的文本如有不同之处，以在广州公共资源交易中心网站发布的文本为准。

十八、本招标公告及招标文件使用GZZB2014－1.1招标文件范本。本公告与范本内容不同之处均以下划线标明，所有标明下划线部分属于本公告的组成部分，同其他部分具有同等效力。

十九、本项目为电子评标，投标文件一律不接受纸质文件，投标人将被要求递交具备法律效力的电子投标文件。为此，投标人应当使用在××省内依法设立的电子认证服务机构发放的电子签名认证证书对电子投标文件进行电子签名及电子签章。投标人可以到上述电子认证服务机构在××公共资源交易中心设立的办理点办理电子签名认证证书和电子签章（已经办理过电子签名证书的可携带电子签名证书到上述办理点增加电子签章。）

编制电子投标文件须使用最新版本的投标文件管理软件。

二十、投标人在××公共资源交易中心网站下载招标图纸。

二十一、招标人须将招标文件（招标公告）报招投标监管机构备案后，方可发布。

第二部分

［工程名称］

招标文件

招标单位：__________________

项目建设管理单位（或称项目代建单位）：________

招标代理单位：________________

日　　　期：________年____月

（以下略）

第五节　产品说明书

一、 产品说明书的含义和作用

产品说明书又叫产品使用说明书，它是生产部门介绍其产品性能特点、构造、作用、使用方法、维护保养方法，以指导消费者正确使用该产品的应用文。

产品说明书是企业生产产品、推销产品必不可少的资料，常常随产品附送。其作用是：

（一）介绍产品，引导消费者选择合适的产品，指导用户按照最正确、合理的程序、方法使用产品，以取得最佳效果。这是主要作用。

（二）宣传产品，帮助消费者了解产品，激发其购买欲望。这起到了推销产品的广告作用。

（三）具有情报价值，为科技人员设计、制造新产品提供了参考资料。

二、产品说明书的特点

（一）内容科学

好的产品说明书也是传播产品有关知识的科普性文章或文字资料，内容必须准确无误，真实可信，实事求是。尤其是介绍产品的性能、作用时，决不能夸大其词、弄虚作假，给消费者造成误导。尤其是在介绍医药用品、家用电器等关系用户生命财产健康和安全的产品时，要把其用途、使用方法和注意事项说清楚，以免使用户蒙受损失。

（二）语言准确简明、通俗易懂

产品说明书主要采用直接说明的方法介绍产品，表述力求准确。无论篇幅长短，专业术语多少，语言都注重简洁、明白，通俗易懂。但也切忌因强调篇幅简短而造成表达不清楚，陈述不明白，使用户看了仍然无法使用。

（三）表述直观、形象

产品说明书在使用文字说明的同时，常配以图表、画面，既直观、简明，又形象、生动。文图结合，增强了说明书的可读性和可操作性。

三、产品说明书的写作

（一）基本结构

产品说明书的内容因物而异，写法也各不相同。内容简单的仅几十个字的文字说明，直接印在产品或产品包装物上就行。内容比较复杂的，常印成小册子，图文并茂。一般包括下列组成部分，可根据需要对其作详略取舍。

1. 封面

标明产品名称、规格型号、注册商标、批准生产文号、生产单位及生产日期等。有的还辅以产品照片或外形图。封面讲究装帧艺术，以吸引用户关注。

2. 目录

较长的产品说明书标示目录，以方便用户翻检查阅。

3. 前言

极简要地概述生产单位历史及现状、产品信誉等，以突出产品形象、企业形象。

4. 正文

这是产品说明书的主体部分，主要介绍以下内容。

（1）性能指标和主要技术参数　如温度、湿度、压力、电源电压等及其允许变化范围。对精密仪器仪表，要列出精确度、精密度、误差范围等。常用数据、表格说明这些内容。

（2）工作原理　简介产品设计、工作原理，以使用户对产品有一些理性认识，对产品使用方法、操作程序能知其所以然，更好地使用和保护产品。

（3）使用方法　这是重点内容，要按安装、操作使用程序或用法用量，逐一列出要领及注意事项。对易损部位、易损件、使用关键环节、使用不当的副作用，应予强调说明。应让用户明白应该怎么做，不该怎么做。常配以图表作直观介绍。

（4）维护与修理　配以图表介绍保养方法及常见故障排除方法。

（5）附录、附件　列出随产品附有的备件、工具、图表（如电路图、结构图）、合格证、保修证等。

（6）售后服务说明

5. 封底

标明厂址、电话、邮政编码、联系部门或人员等，以便用户和厂家联系。有的还注明批号、有效期、质检员，以示对用户负责。有的还附上《征询用户意见书》。

（二）写作要求

1. 内容真实确凿，语言准确质朴，不说“假大空”话，对消费者负责。

2. 换位思考，设身处地为用户着想，表述清楚明白，使用户看得懂、用得来。在国内销售的产品，要使用汉字，适合中国人的阅读习惯。内容尽可能周到、完备、适用。

第六节　质量检查报告

一、 质量检查报告的含义和用途

质量检查报告是根据计划和标准化的要求，对产品的形成、生产过程、使用等各个环节的质量活动进行监督检查、研究分析后写成的书面报告。

质量检查报告的用途主要有以下几点：第一，它是说明产品质量优劣的凭证；第二，它是改进产品质量的重要信息；第三，它是开展全面质量管理活动所必需的重要资料；第四，它是实施质量问题仲裁、维护用户合法权益的依据。

二、质量检查报告的种类

按检查对象不同，质量检查报告可分为三类：产品质量检查报告、工程质量检查报告、工作质量检查报告。产品质量检查报告是对产品进行检查测试后写成的报告，工业产品的质量检查，包括对内在质量如性能、精度、成分、尺寸及对外在质量如形状、色彩、音响、气味等的检查。工程质量检查报告是在一项工程完工后进行质量检查所形成的书面报告。工作质量检查报告是通过对产品质量的检查、工程质量的检查所反映出来的工作质量的书面报告。按检查的方式，可分为普遍检查报告和抽样检查报告。按检查的时段，可分为事前检查报告、事中检查报告和事后检查报告。

三、质量检查报告的写作

（一）质量检查报告的基本结构

质量检查报告主要有两种格式：一是表格式，二是文字说明式。

表格式质量检查报告是检查者依据栏目要求而逐项填写所形成的报告，企业中常使用的《质量检查报告单》即属此类。

文字说明式的质量检查报告，其写作格式如下：

1. 标题

一般是《××企业××产品质量检查报告》，如不是针对某企业的产品质量检查，则不必冠以企业名称。

2. 正文

一般包括前言、主体和结尾三部分。

（1）前言　主要写检查者与被检查者的一般概况，检查的目的、依据，检查的时间、地点、范围以及检查的手段和方法。

（2）主体　这是质量检查报告的核心部分。通常要写明下列内容：

一是被检产品的质量状况。要通过质检部门运用科学检测手段的测试、产品使用的实地调查和产品使用状况的追踪调查，对产品的内在性能和外观形式的质量、产品整体和部分的质量，作出全面的、定性和定量的说明、评价。

二是对产品质量的分析。实事求是地分析产品质量的优劣、产品存在质量问题的原因。

三是对产品质量的结论意见。要恰如其分地、准确地作出鉴定。

（3）结尾　提出提高产品质量的意见和建议。

3. 落款

参加检查部门、人员签章、签名，写明成文时间。

（二）质量检查报告写作要求

1. 对产品质量的检查分析要有科学的标准，要依据国家或行业的统一技术要求、质量标准，乃至国际质量标准来对照衡量、检查产品，以提高产品质量和市场竞争力。若是比较说明，则要注意可比性。

2. 要围绕产品质量搜集大量数据，掌握翔实的第一手材料。数据、材料要准确、系统、完整，以使作出的评价、鉴定更准确。

3. 定量说明和定性分析相结合。要有据有理，数据、材料充分，分析、说理透彻，揭示事物本质。分析时既要分清产生质量问题的主客观原因，多角度、多方位地找出问题所在，又要分清主次，抓住主要矛盾，突出重点。在写作时，既可先列数据，从事到理地后作分析；也可先作分析，再列数据加以说明。

4. 要注意内容的完整性。不但要提出质量问题，分析产生问题的原因，而且要解决问题，提出提高质量的意见和建议。

第七节　事故报告

一、 事故报告的含义

事故报告又叫事故调查分析报告。它是事故发生后，人们对其产生过程、后果及内在原因，进行调查、分析、研究和提出对策，并写成书面材料的一种报告。在工厂企业里，由于加强了现代化、科学化、规范化管理，人身及机器设备的安全保障已有了很大变化，产品质量、工作质量、工程质量也有了很大提高，因而发生事故的频率已大大降低。但事故仍时有发生，因而事故报告如何撰写，仍有介绍的必要。事故发生后，由事故责任单位或个人保护现场并口头或书面尽快逐级上报，然后企业有关主管部门派员或会同有关系统人员作实地调查、分析，找出事故的原因并确定事故的责任人，同时按职责、权限作出符合有关条例规定的处罚，最终形成事故报告。鉴于企业的事故类型不一样，一般而言，凡属工作质量事故的，由企业的监察部门负责实施调查；凡属人身及设备事故的，由生产安全技术装备部门负责调查；凡属产品质量事故的，由质量管理部门、经营销售部门、用户服务部门调查。事故报告要言之有据，事实要清楚，分析要符合事实，处理要有章可循，事故的责任者要落实；事故报告要向全厂通报，死亡事故、重大设备事故及需要向上级主管部门报告的事故，要按规定和程序上报。

二、事故报告的基本结构

（一）标题

通常用公文式标题，写为《关于××事故的报告》。

（二）正文

1. 引言

概述企业简况，事故调查概况，事故的后果即造成人、财、物损失的情况。

2. 事故状况

条理清楚地写明事故发生的时间、地点、开始、经过、结果及当事人所作所为、受伤害人受伤害的过程等。

3. 事故原因、事故发生后采取的措施及事故控制情况分析

分析要客观、全面。要分析物的原因、人的原因和管理的原因。分清直接原因和间接原因、主要原因和次要原因。

4. 经验教训

要写出主要的经验教训。对于直接责任人、责任部门及间接责任人、责任部门应汲取什么教训，不能回避，更不能避重就轻或有意拔高。

5. 意见建议

针对前面分析提出事故处理意见和改进工作的意见建议。对有关当事人的处理意见要实事求是，责任分明。工作建议着重提出消除事故后果及预防事故重演的主要技术措施和组织措施，要科学、合理、切实可行。

（三）落款

写明报告单位及成文时间。有专门的事故调查组时，则由调查组负责人、企业负责人签字并加盖公章。

三、事故报告写作要点

（一）叙述事故状况，分析事故原因，提出处理意见和工作建议，都要通过调查取证，搜集足够的材料，认真分析。要坚持“三不放过”，即事故原因分析不清不放过，事故责任者和群众没有受到教育不放过，没有明确防范措施不放过。

（二）要实事求是地把情况和问题讲清楚，把事故的经过原委、结果、性质写明白。这是写作事故报告最基本的要求。要按国务院《生产安全事故报告和调查处理条例》的有关规定，写清上述有关内容。

（三）事故报告要及时写作、及时上报，以便让上级和有关领导尽快了解有关情况，及时处理、指挥工作。事故发生后，事故现场有关人员应当立即向本单位负责人报告；单位负责人接到报告后，应当于 1 小时内向事故发生地县级以上人民政府安全生产监督管理部门和负有安全生产监督管理职责的有关部门报告。特别重大事故、重大事故逐级上报至国务院安全生产监督管理部门和负有安全生产监督管理职责的有关部门。对特别重大事故发展过程中的重要情况和有待进一步调查的事项，还要及时续报。如果有意谎报情况或者拖延报告限期的，要给予必要的处分。

第八节　专项申请书

一、专项申请书概述

专项申请书同一般的申请书不同，它除了具有针对性强这一共性特点外，主要具有程序性和规范性。例如专利请求书、发明申报书、发明奖申（报）请书、企业升级申报书等，都有着它必备的内容、条款和标准。

二、专项申请书写作要点列举

（一）《发明申报书》

发明申报书是按照国家规定对科技新成果申请发明权时所设计的一种报表式书面报告，供发明者依项填写。

其格式和要求如下：

发明申报书

建议密级

批准密级

序　　号

<table>
<tr><td colspan="2">国际专利分类号</td></tr>
<tr><td colspan="2">发明名称</td></tr>
<tr><td colspan="2">发明者</td></tr>
<tr><td colspan="2">申报部门</td></tr>
<tr><td rowspan="2">起止时间</td><td>基层申报日期</td></tr>
<tr><td>部门申报日期</td></tr>
<tr><td colspan="2">发明的详细内容及列为发明的理由</td></tr>
<tr><td colspan="2">附件目录</td></tr>
<tr><td colspan="2">申报部门审查意见</td></tr>
<tr><td colspan="2">国家科委发明评选委员会审批意见</td></tr>
</table>

填表要求如下：

《发明申报书》应按规定格式和顺序编写，大小为标准 16 开纸（长 260 毫米、宽 88 毫米）竖装，基边留 30 毫米宽作为装订用。打印或铅印，字体不能小于 4 号字。不加封面。向国家科委报送份数：申报三、四等发明奖为 40 份，申报一、二等发明奖为 50 份。

“建议密级”由国务院有关部门或省、自治区、直辖市科委填写。

“批准密级”由国家科委填写。

“序号”由国家科委发明评选委员会办公室填写。

“国际专利分类号”应按《国际专利分类表》标出本发明的分类符号。

“发明名称”应简明、准确，与发明内容一致，一般不准采用代号。

“发明者”包括完成发明的单位及其发明人。两个以上单位完成的发明，其发明人应由单位协商，按对发明权项的贡献大小排列顺序。

“申报部门”指受理申报的国务院有关部门或省、自治区、直辖市科委。

“起止时间”指发明的开始及完成时间。

“基层申报日期”指发明单位向申请部门提出申请的日期。

“部门申报日期”指申报部门向国家科委提出申请的日期。

“发明的详细内容及列为发明的理由”这一栏是填表的重点部分，必须按规定的标题及顺序编写。编写方法是：

1. 当前国内外尚未解决（或国内保密）的技术问题

应简明扼要地写明四点：

（1）发明所属的技术领域及主要用途。

（2）引用已查阅的专利文献及非专利文献，说明当前在解决同一课题方面有哪些最先进的技术，指出与本发明最相近的专利文献或非专利文献的技术特点，设备发明应附结构图，方法发明应附成分范围、工艺流程，物质发明应附组成部分、结构式及获得该物质的手段，新用途发明应写明原有用途。

（3）指出已有同类先进技术存在的缺点或待解决的问题。

（4）本发明采用了什么新的技术手段，解决了前人未解决的哪几个问题。

2. 发明的详细内容及发明权项

主要是回答发明了什么，哪些内容需要对国外保密，哪些内容要求得到保护。要叙述发明的全部内容，包括技术诀窍。发明内容应与发明权项一致。需对国外保密的内容以横线示出。具体写法：

（1）设备　发明设备包括机组、机器、器械仪表、电路、工具、零部件等。设备作为发明对象，发明内容的基本写法是按结构描述其特点，一般要写四点：①按结构图（装配图、剖面图）从静态到动态作总的描述，静态用以说明构成发明的组成部分，动态用以说明动作程序。②画出关键部件作深入描述，包括特殊加工工艺、特殊材料、特殊调试技术等。③列出性能指标。④构成发明权项的其他内容。所有机械图均不注尺寸，但应按比例绘制并标出图序，注上零部件的名称。

（2）方法发明　包括设计方法、新工艺、加工方法、测量方法、控制方法、安装方法、采矿方法、采伐方法、栽培方法以及其他方法。方法作为发明对象、发明内容的基本写法是按动作顺序及实现的条件描述其特点，一般要写四点：①基本原理，已知的原理只需写明采用了什么原理；新的原理要列出结论性的公式（不要写推导过程），并注明公式中各种符号的物理含义。②说明动作顺序，如工艺流程、安装步骤等。③实现的条件，如工艺条件、使用的原料等。④完成动作所用的设备、构成发明权项的特殊设备，应参照设备发明的写法，详细描述其特征。

（3）物质发明　物质可分用化学方法获得的物质和用非化学方法获得的物质两类。

用化学方法获得的物质，包括所有化合物。其发明内容的基本写法是按每种元素的原子量、化学键和它们的分布状况以及获得该物质的方法为特征描述，一般要分四点：①组成部分，包括各元素的名称、特性、配比及结构式。②合成方法，包括工艺流程、工艺参数（含最佳参数）。③物化性能。④列举1～2个完成本发明的实例（含最佳条件）。用非化学方法获得的物质，包括所有混合物，如合金、玻璃、陶瓷、涂料等。其发明内容的基本写法是以组成的元素和获得该物质的方法为特征描述，一般要写五点：①组成成分，包括各元素的名称、特点、形状、性能及配比（重量百分比），关键成分的机理。②合理工艺，包括工艺流程和工艺参数（含最佳参数）。③完成工艺所需的特殊设备。④物化性能。⑤列举1～2个完成本发明的实例（含最佳条件）。

（4）新用途发明　是指对已知设备、方法、物质发明找到了非传统的新用途。新用途发明的基本写法是：①阐明以往解决同一技术问题有哪些方法。②已知发明的原来用途。③新用途的使用对象及使用条件。

3. 发明的作用、意义。应写明：

（1）与已有同类最先进技术经济指标的全面对比，说明本发明的先进性（如提高产品质量、提高劳动生产率、节约原材料、降低成本等）。

（2）计算年节约价值，首先计算出每年取得的直接的节约价值，其次是已落实的预测的年节约价值，二次效果不考虑。

（3）其他作用意义，如改善劳动条件、减少环境污染以及在国防建设、医疗卫生等方面的重要意义。凡应当定量描述的，均要有具体数据。

4. 发明可以应用的事实根据。写明哪些单位已经按本发明进行生产，哪些单位正式应用了本发明；或写明进行过中试的情况，中试装置是否正式投入生产；或证明本发明可以应用的其他根据。生产和应用单位应写全称，并注明详细地址、生产规模。

5. 保密要点。将发明内容中须保密的部分明确写出。

“附件目录”附包括查阅国内外专利文献及非专利文献情况、鉴定证书、应用证明、发明人情况表。附件的大小要和《发明申报书》相同，装订在申报表后面。

“申报部门审查意见”由国务院有关部门或省、自治区、直辖市科委填写，其内容包括同意申报发明的意见、建议奖励的等级、建议划定的密级、印章。

“国家科委发明评选委员会审批意见”由国家科委根据国家科委发明评选委员会审

批结果填写。

（二）《发明奖申（报）请书》

分为自然科学发明奖申请书和国家发明奖申报书。现将自然科学发明奖申请书的编写格式列表如下：

自然科学发明奖申请书

序号：

项目名称	起讫日期
作者	
请奖单位或推荐者	
内容摘要	
请奖单位或推荐的意见 盖章或签字 年　月　日	

自然科学奖初审意见

同行审议意见 盖章 年　月　日
主管部门审查意见 盖章 年　月　日
归口部、委评审意见 盖章 年　月　日

（三）《企业升级申报书》

企业升级申报书是企业搜集材料，整理分析而撰写的升级申请文书。企业各项经济技术指标达到先进企业（或更高一级企业）的标准，就可以向上级或主管部门提出升级申报，经过有关单位的严格考核、取证、验收，再由政府的企业管理领导审批、认可。其写作格式是：

1. 标题

如《××公司企业升级情况汇报》。

2. 内容

大体分为四个部分：

（1）企业概况。

（2）企业升级情况。

（3）达标情况汇报。

（4）今后工作打算。

（四）《专利请求书》

专利请求书是专利申请人为了取得专利权所写成的书面文字。所谓“专利权”是指依法批准的发明人在一定年限内对其发明创造所拥有的专有实施的权利。

我国国家专利局设计了统一的《发明专利请求书》《实用新型专利请求书》和《外观设计专利请求书》的表格，可依表填写。

例表：

发明专利请求书

<table>
<tr><td colspan="3">发明名称</td></tr>
<tr><td colspan="2">发明人姓名</td><td>地址</td></tr>
<tr><td rowspan="4">申请人</td><td>姓名或名称</td><td>电话</td></tr>
<tr><td colspan="2">地址</td></tr>
<tr><td>国籍或总部所在地国家名称</td><td>经常居所或营业所所在地国家名称</td></tr>
<tr><td colspan="2">代表姓名</td></tr>
</table>

<table>
<tr><td rowspan="2">专利代理机构</td><td colspan="2">名称　　　　　　　　　　　　　地址</td></tr>
<tr><td colspan="2">代理人姓名　　　　　　　　　　登记号</td></tr>
<tr><td colspan="3">□申请费　元，已通过□邮局□银行□专利局收款处缴纳
□已在中国政府主办或承认的国际展览会上首次展出
□已在规定的学术会议或技术会议上首次发表
□可能涉及国家重大利益需要保密处理</td></tr>
<tr><td colspan="2">申请文件清单
1. 请求书　份　每份　页
2. 说明书　份　每份　页</td><td>附加文件清单
□代理人委托书
□要求优先权声明
□优先权证明材料
□要求提前公开声明
□实质审查请求书
□不丧失新颖性证明文件
□
□</td></tr>
<tr><td>上述以外的发明人</td><td>上述以外的申请人</td><td>申请人或代理人签章
年　月　日</td></tr>
</table>

《实用新型专利请求书》的格式与《发明专利请求书》的格式相同；而《外观设计专利请求书》的格式同《发明专利请求书》相比，大部分相同，仅在“申请文件清单”上，换成另外三种材料：请求书、图书或照片、简要说明。

第十四章 诉讼文书

第一节　诉讼文书概说

一、诉讼文书的含义和分类

诉讼文书有广义、狭义之分。狭义的诉讼文书是指从事法律事务的专业人员（如律师）以及公民在从事刑事、民事、行政诉讼活动时依据国家法律，按规定格式撰写的具有法律意义的文书。广义的诉讼文书则除了狭义的诉讼文书内容外，还包括国家司法机关如公安机关、检察机关、人民法院在依据法律处理刑事、民事、行政案件活动中使用的各种司法文书。

本教材的诉讼文书专指狭义的诉讼文书。根据用途不同，可将诉讼文书分为各类诉状（包括起诉状、上诉状和申诉状）、答辩状和辩护词。

二、诉讼文书的特点

（一）主旨的鲜明性

诉讼文书的制作都是为了解决诉讼活动中的具体问题，因而写作目的必须明确、单一，解决问题的意见、理由、依据必须明确、具体，主旨必须鲜明。比如各类诉状中的请求事项、事实理由、法律依据都必须做到清晰、鲜明、集中、具体，让人一目了然。

（二）材料的客观性

诉讼文书必须写明案件事实，民事的、行政的纠纷事实或刑事的案件事实，所有这些材料都必须真实可靠、确凿无误。

为保证诉讼文书中所使用的材料的客观性，首先，要明确材料和主旨在诉讼文书制作过程中的辩证统一关系。在通过对大量事实材料分析的基础上（以事实为依据），结合现行法律的规定，产生并提出主旨（以法律为准绳）。而在制作诉讼文书时，则应由主旨统帅材料，让材料说明主旨。

其次，围绕主旨选材，必须选择足以说明问题的事实材料，舍弃不能说明问题事实的材料。即所选事实材料应与案件本身存在联系，并有利于支撑主旨。

最后，表述事实材料应当把具体叙述和概括叙述有机地结合起来。

（三）语言的准确性

诉讼文书必须依法制作，法律用语均有其严格的内涵和外延，因而，在制作诉讼文书时，语言表述必须准确无误。无论是对案情事实的叙述，对问题性质的认定，对处理理由的阐发，对处理意见的说明，都必须做到解释单一、没有歧义，以维护法律的尊严。

（四）格式的规范性

格式的规范性是诉讼文书外在形式的重要特征，这是和它很强的实用性能直接相联系的。这种格式的规范性，既有助于文书制作者及时制作，也有助于文书的有效实施。诉讼文书格式的规范性特点，主要表现在两方面：

一是结构的固定化。诉讼文书大多有较为固定的组织结构，尤其是诉讼文书中的各类诉状，其主体一般都依次为当事人身份情况、请求事项、事实和理由等。

二是用语模式化。诉讼文书的部分用语是程式化的语言，有的甚至是固定成文的语言，如判决书中的交代上诉权部分，上诉状中不服原审裁判的事由部分，一般是固定用语。

三、诉讼文书的作用

诉讼文书是为司法实践活动服务的，因而它也是司法实践活动的产物。和具体的司法工作结合起来，它具有以下作用：

（一）诉讼文书是保护公民合法权益的有力武器

随着改革开放的进一步深化，我国法制建设日益完善，人们的法律意识日益增强。随着计划经济体制被社会主义市场经济体制所代替，中国加入 WTO，我国提出“一带一路”“亚投行”并付诸实践，对外经济贸易往来将愈加频繁；随着改革开放的进一步深化，各方面各阶层利益的进一步调整，必然会带来一些新的矛盾和问题。各种矛盾和问题需要通过经济的、法律的、行政的手段来加以解决。更为重要的是，随着市场经济体制的建立和人们法治观念的加强，用法律作为保护自身合法权益的有力武器，已成为越来越多公民、企业和其他组织的重要选择。尤其是在民事、行政等诉讼活动中（诸如合同纠纷、财产纠纷、商标纠纷、涉外经济纠纷等），当事人一般都在协商调解无效时诉诸法律。各种诉讼文书也发挥出越来越重要的作用。

（二）诉讼文书是司法实践活动的客观记载

各种司法实践活动特别是涉及诉讼的活动，都需要有翔实的文字记载。各种诉讼文书与相应的司法文书配合，能完整记载诉讼过程。有的诉讼文书属于某项诉讼活动的文书凭证，如一宗经济合同纠纷案，一般就有原告的起诉状、被告的答辩状、律师的代理词、各种证据等，所以我们说诉讼文书是司法实践工作完整、客观的记载。

诉讼文书的种类繁多，用途广泛，本教材只讨论常用的诉状、答辩状和辩护词。

第二节　诉　状

一、诉状的含义和分类

诉状，是诉讼当事人或其他公民为保护和实现自身合法权益，依法行使其诉讼权利时撰写的法律文书，俗称“状子”。

按其性质不同，诉状可分为刑事、民事、行政三大类。刑事类又可分为刑事自诉状、刑事上诉状、刑事申诉状；民事类又可分为民事起诉状、民事上诉状、民事申诉状；行政类主要有行政起诉状、行政上诉状、行政申诉状。

二、 诉状的特点和用途

（一）刑事诉状

被害人或其法定代理人，依照法律规定直接向人民法院起诉，提请审判的刑事案件，称自诉案件。刑事自诉案件的自诉人，根据事实和法律，直接向人民法院控告被告人侵犯自身权益，要求追究刑事责任的书状，称为刑事诉状，也称为刑事自诉状，以别于绝大多数刑事案件中由国家公诉机关——人民检察院提起公诉时的“起诉书”。

刑事诉状具有以下特点：

1. 必须是被害人或其法定代理人提起自诉的书状；提起刑事诉讼的人，称为自诉人。

2. 被告人（即被起诉、被控告的人）的行为涉嫌违反刑事法律、构成犯罪。

3. 刑事诉状是向对本案有管辖权的第一审人民法院起诉的书状。

4. 必须是对法定的自诉案件提起诉讼的书状，即对告诉才处理或其他不需要进行侦查的轻微刑事案件提起自诉的书状。

刑事诉状的作用在于向人民法院提起诉讼，通过刑事诉状，把案件的事实叙述清楚，把起诉的理由和法律依据讲明白，把诉讼的目的和请求告诉法院。所以，刑事自诉是人民法院对自诉刑事案件进行审理的基础和启动程序，刑事诉状则是启动法院审理自诉案件的重要诉讼文书。

（二）民事诉状

民事案件的原告或其诉讼代理人，为维护原告的民事权益，就有关民事权利和义务的争议，或其他民事纠纷，向有权受理本案的第一审人民法院起诉，要求依法处理而送交的书状，称为民事诉状，又叫作民事起诉状。

民事诉状具有以下特点：

1. 必须是由与本案有直接利害关系的人提起的。

2. 必须是向有权受理本案的第一审人民法院提起的。

3. 争执焦点是民事权益或者其他民事纠纷，例如财产所有权、财产继承权、知识产权、债权、合同纠纷以及婚姻家庭纠纷等属于广义的民事法律规范（包括民法通则、物权法、侵权责任法、合同法、婚姻法、继承法等）所调整的范围。

民事诉状是启动人民法院对民事案件进行审理和调解的重要诉讼文书。

（三）行政诉状

公民、法人或者其他组织认为行政机关和行政机关工作人员的具体行政行为侵犯其合法权利，向有权受理本案的第一审人民法院起诉，要求依法处理而送交的书状，称为行政诉状，又叫行政起诉状。

行政诉状具有以下特点：

1. 必须是由与本案有直接利害关系的公民、法人或者其他组织提起的。

2. 必须是向有权受理本案的第一审人民法院提起的。

3. 行政诉讼的对象是行政纠纷，即行政机关和行政机关工作人员的具体行政行为（如行政处罚、行政强制执行、行政许可、行政检查、行政征收等）引起的纠纷。

行政诉状是启动人民法院对行政案件进行审理的重要诉讼文书。

（四）刑事上诉状

刑事上诉状是刑事诉讼当事人及其法定代理人，不服地方各级人民法院的第一审刑事判决或裁定，依照法定程序和期限，向上一级人民法院提起上诉，请求撤销或变更原审裁判的书状。

刑事上诉状具有以下特点：

1. 上诉必须是刑事诉讼当事人及其法定代理人提起的。

2. 必须是对地方各级人民法院（而不能对最高人民法院）的第一审（而不能对第二审，第二审裁判是终审裁判）裁定或判决不服提起的。

3. 必须是按照法定程序和期限提起，即在法定期限内，向作出第一审裁判的法院的上一级法院提起。不能超期，也不能越级。

赋予当事人上诉权，有利于保护刑事案件当事人的合法权益，有利于防止冤假错案的发生，有利于保证审判质量。刑事上诉状是启动第二审人民法院受理案件并进行审理的重要诉讼文书。

（五）民事上诉状和行政上诉状

民事上诉状、行政上诉状是民事、行政诉讼当事人及其法定代理人，不服地方各级人民法院第一审民事、行政判决或裁定，依照法定程序和期限，向上一级人民法院提起上诉，请求撤销或变更原审裁判而提出的书状。

民事、行政上诉状具有以下特点：

1. 必须是民事、行政诉讼当事人及其法定代理人提起的，别人无权提起。

2. 必须是对地方各级人民法院第一审裁判不服才提起的。

3. 必须依照法定程序和期限，向制作第一审裁判文书的法院的上一级人民法院提起上诉。

民事、行政上诉状是启动第二审人民法院受理案件并进行审理的重要诉讼文书，通过民事、行政上诉状，可以使第二审人民法院了解上诉人对第一审裁判的看法、意见、要求，有助于正确、及时、合法地处理案件，保证审判质量，防止错案的发生，有利于保护当事人的合法权益。

（六）刑事、民事、行政申诉状

申诉状可分为刑事申诉状、民事申诉状和行政申诉状。

刑事申诉状是刑事诉讼当事人及其法定代理人、被害人及其亲属，对已经发生法律效力的刑事判决、裁定认为确有错误的，依法向人民法院或者人民检察院提出申请复查纠正的书状。

民事、行政申诉状是民事、行政诉讼当事人及其法定代理人，对已经发生法律效力的判决、裁定不服，向原审人民法院或其上一级人民法院提出申请复查纠正的书状。

申诉状具有如下特点：

1. 必须是与本身权益有关的公民提出的（行政申诉和民事申诉，还可以是法人或其他组织）。

2. 可以向人民检察院（仅指刑事申诉，而民事、行政申诉不能向人民检察院提出）、原审人民法院或其上一级人民法院提出。

3. 申诉是对已经发生法律效力的判决、裁定不服提出的。

三、 各类诉状的写作

（一）刑事诉状、民事诉状与行政诉状的写作

在写作格式上，这几类诉状基本相同，由首部、请求事项、事实和理由、尾部和附项四部分组成。

1. 首部

首部包括两项内容，即标题和当事人身份等基本情况。

（1）标题：按诉讼内容、性质，直接标写“刑事诉状”“民事诉状”或“行政诉状”。需要注意的是，民事诉状的标题不必再加注“经济合同纠纷”“离婚”“财产继承”等字样。

（2）当事人身份的基本状况：按当事人各人一段排列，在每人姓名前，要标明这个当事人的称谓，即其在诉讼中的地位，是“自诉人”还是“被告人”。

在刑事诉状中，首先列出自诉人的姓名、性别、年龄、民族、籍贯、职业和住所。

自诉人如果有代理人的，在列出自诉人以后，紧接着另起一行列出代理人的称谓，是法定代理人、指定代理人，还是委托代理人。在称谓之后，列出该代理人的姓名、性别、年龄、民族、籍贯、职业和住所，与被代理人的关系。再列写被告人的姓名、性别、年龄、民族、籍贯、职业和住所。

如果自诉人和被告人不止一人的，应根据主次情况、顺序排出。先将自诉人一一列出，然后逐一列写被告人。

而民事诉状一般都由法院上诉告诉法庭提供专用的封面，只需在原告栏目内和被告栏目内，分别写明原告、被告的姓名、年龄、民族、籍贯、工作单位和住址等项目。原告、被告不止一人的，则分别写明其基本情况。

如果当事人是企事业单位、机关、团体（法人）的，则先写其名称、地址，如属企业，应写明其经营范围、银行账号及电话号码等。后写法定代表人（法人代表）的姓名、职务，例如：

原告：××公司。地址：××市××路××号。

法定代表人：×××（姓名），总经理。

如法定代表人委托律师为诉讼代理人，则在其下一行写：

委托代理人：×××（姓名），××律师事务所律师。

行政诉状的被告只能是行使国家行政管理职权的行政机关或法律授权的组织，所以被告方只需写出机关名称或组织名称、主要负责人。

2. 请求事项

在刑事诉状中，请求事项可以显示“案由”，相当于行政公文的“事由”。请求事项主要写明被告人的罪名和向人民法院提出的请求。

在具体写法上，请求事项要写得明确、具体；认定被告人的犯罪性质，确定其罪名，应以刑法有关条款为依据；文字要力求简明扼要，清楚准确。

刑事诉状涉及的案件一般可分为两类：一类只要求追究刑事责任；另一类既要求追究被告人的刑事责任，还附带提起民事诉讼，要求被告人赔偿损失。以后者为例，其请求事项可分条款列出：“①被告人的行为构成故意伤害罪，请求依法判处相应刑罚；②自诉人医疗费××××元，营养费×××元，误工经济损失×××元，共计××××元，全部由被告人负担。”

在民事诉状的请求事项里，主要写明请求解决的诉讼纠纷或争议，提出诉求，请人民法院依法裁判。如遗产继承案件，则要写明遗产情况和如何分割以及向法院的请求。

例如：“要求与被告人共同继承父母遗产三居室一套 80m^2 住房和×万元存款，请人民法院依法判决。”

相对刑事诉状而言，民事诉状的请求事项要求写得更详细一些，具体说来：

一是要明确、具体。对诉讼的请求事项一定要明确、具体地提出来，不能笼统、含糊。例如离婚案件，请求事项应该提出：①准予同被告人离婚；②子女归谁抚养，抚养费如何负担；③财产如何分割；④其他请求。

二是要合理、合法。请求事项要以事实为根据，以法律为准绳，从实际出发，合情合理，于法有据。例如合同纠纷案件，由于被告违约，造成原告直接经济损失30万元，那么，要求被告赔偿直接经济损失最高不得超过30万元。

三是文字要概括、简练。写请求事项，文字要求概括、简练，不必解释原因、说明理由，因为第三部分“事实和理由”才展开阐述。

在行政诉状的请求事项里，主要向人民法院提出对行政决定予以撤销、变更的请求，或者请求人民法院判令行政机关履行某种行为或给予行政损害赔偿，或者请求人民法院确认具体行政行为违法。

3. 事实和理由

事实和理由是诉状的主要内容，三种诉状又有所区别。

就刑事诉状而言，犯罪事实，应当写明被告人在何时何地，在何种情况下，出于什么动机、目的，采取什么手段实施犯罪行为，造成什么后果，具体的情节。尤需注意把当事人之间的关系，犯罪的动机、目的和主要情况叙述清楚，便于人民法院调查核实，作出处理。

犯罪事实写清楚后，还应写明能证实被告人犯罪的证据，如人证、物证和书证等都需一一交代清楚。方法上既可以一边叙事一边举证，也可以在叙事完毕后集中列举证据。

起诉理由是自诉人对被告人犯罪事实的分析和评论，也是自诉人控告被告人犯罪的道理和原因。主要包括：有分析地说明证据价值，援引相应的法律条款，论证案情性质和从重、从轻、加重、减轻的情节等项内容。

民事、行政诉状的事由和理由，一是摆事实，二是讲道理。摆事实，要求写明被告侵犯原告民事权利的具体事实或当事人双方权益发生争执的具体情形，并要列举有关的证据。讲道理，就是对事实加以评论，分析纠纷性质、起因、是非责任，以及权利和义务的关系等，并引用适当的法律条款作为起诉的依据。

事实和理由应分开写，各有侧重。事实部分要围绕诉讼目的，全面反映案件的真实情况。一是叙事要完整，即把民事、行政案件案情事实的时间、地点、人物、事件、原因、结果等六个要素及有关情况交代清楚。二是叙事要真实，实事求是地反映出客观事实的本来面貌。既要反映出有利于原告的事实和证据，说明原告应当享有的权利，又要反映出不利于原告的事实和证据，主动说明原告应承担的责任。既不要夸大对自己有利的情节，也不要渲染对对方不利的因素。三是叙事要明确，善于组织材料，合理裁剪，用词造句准确无误，做到表述恰当。

理由部分则要根据事实，对照有关法律条款作分析论证，理由是民事、行政诉状的重要内容，只有理由充分，合法合理合情，才具有说服力，诉讼的请求才站得住脚，诉讼目的才容易达到。

写理由就是讲道理，一是要在叙事的基础上，分析纠纷的性质，说明是非曲直；二是要分析证据，说明起诉所依据的事实的可靠性；三是论证权利和义务的关系，说明提出的诉讼请求是合理合法的；四是引用恰当的法律条文说明起诉是有法律依据的。在具体的民事诉讼状中，理由具体怎么写，要根据事件的性质和具体的案情来确定，一定要抓住实质，抓住关键，抓住特点，突出重点，不必面面俱到。

4. 尾部和附项

在写作格式上，刑事诉状和民事诉状的尾部附项写法基本相同。

(1) 写明呈送机关，分两行写为“此致”“×××人民法院”。“此致”提行空两格，“×××人民法院”要提行顶格写，以示尊重。

(2) 诉状右下方写明“具状人：×××（签名或盖章）”，同时写明具状年月日。如果是律师代书，还需写明“×××律师事务所律师×××（姓名）代书”。

(3) 附项。包括本状副本×份（副本份数，一般按被告人的人数和法院存档1份制作），证物×件，书证×件。

在具体司法实践活动中，相对来说，民事诉状的使用频率高于刑事诉状。在民事诉状中，又以合同纠纷、离婚、财产继承等案为多。

例文：

民事诉状

原告：××市化工公司。住所：××市××路××号。

法定代表人：钱××，董事长。

被告：××市化工原料公司。住所：××市××路××号。

法定代表人：王××，总经理。

诉讼请求：

1. 请求判令被告按合同约定立即履行合同，于2014年8月底交货。

2. 请求判令被告按合同约定向原告支付违约金16000元。

3. 本案诉讼费、保全费由被告承担。

事实和理由：

2014年3月5日，原告通过××市××化工工程公司采购科长张×了解到，被告向张×所在公司发出电子邮件推销甲种化工原料。邮件正文称：有甲种化工原料100

吨，每吨单价 24000 元，总金额 2400000 元（大写：贰佰肆拾万元整），全部装运，运费由供方负责，速汇预付货款 200000 元，3 月 25 日准时装车启运。当时张×所在公司不需此批货物，而原告急需，便于 3 月 10 日通过银行给被告电汇预付货款 20 万元。同时向被告方发电子邮件：经张×介绍，我公司愿购买甲种化工原料 100 吨，完全同意供方在给化工工程公司邮件中提出的条件，已电汇 20 万元。希被告于 3 月 25 日发货，并告知收货地址及单位名称。

以上事实，两份电子邮件和汇款凭证可资证明。但被告并未在 3 月 25 日发货。4 月 25 日，原告又发电子邮件催货，但被告仍未发货。

2014 年 5 月 10 日，被告总经理王××与其销售科长赵××来我公司，称货款早已收到，也愿意做这笔生意，只是没签正式合同不便发货。要求与原告签订此项买卖合同。经双方协商一致，于 5 月 11 日正式签订了合同，并经××市公证处公证。合同规定：供方于 2014 年 5 月 30 日发货，甲种化工原料的单价、数量、金额及装运方式、费用均不变。合同签订后，被告方并未按合同于 5 月 30 日发货。2014 年 6 月 10 日、7 月 15 日，原告先后两次派人员到供方催货。被告总经理王××却说他们一开始并未给原告发推销甲种化工原料电子邮件，此批货已订给别人，后来签订的合同是无效的，不能和原告做这笔生意。原告要求被告履行合同，如不能履行合同则立即退回货款。而王××却说：合同肯定不能履行了，至于所收货款，财务上什么时候有钱就什么时候退款。经多次协商无效，被告至今仍未退还货款，亦未供货。

根据我国合同法的规定，合同一经签订，双方的权利义务关系就已确立，当事人均应按合同约定履行义务，如果单方面违约，则要承担相应的法律责任。原告早已按约交付预付货款 20 万元，履行了相应义务，而被告违约逾期不交货，还长期扣压货款。身为法人代表的王××竟然宣称："合同是无效的，货早已订给别人"，更是严重违反我国有关合同法律的规定。被告既然不具备履行合同的能力，就不应与原告签订合同。被告为了谋利，欺骗原告与其签订合同，骗取货款，致使合同不能履行，其违约责任全在被告方。由于被告的违约，使原告的生产经营受到极大影响，造成了严重的经济损失。被告的行为已严重违反了相关法律的规定，侵犯了原告的合法权利。根据《中华人民共和国合同法》第一百零七条、第一百零八条、第一百二十二条及《中华人民共和国民事诉讼法》第一百一十九条之规定，应依法追究被告的违约责任，赔偿由此给原告造成的经济损失，同时要求被告立即履行合同。请人民法院依法裁决，支持原告的诉讼请求。

此致

××市××区人民法院

具状人：××市化工公司（公章）

2014 年 8 月 15 日

附：

1. 本状副本×份。

2. 证人：张×，××市××化工工程公司采购科长，××市××区××路××号××小区×幢×单元×号。

3. 书证：合同、电子邮件两份，汇款凭证共四件。

（二）刑事上诉状、民事上诉状与行政上诉状的写作

在写作格式上，这几类上诉状也基本相同，由首部、上诉请求、上诉理由、尾部和附项四部分组成。

1. 首部

首部包括三项内容：

（1）标题

按诉讼内容、性质，直接标写“刑事上诉状”（如附带民事诉讼的，则写明“刑事附带民事上诉状”）、“民事上诉状”或“行政上诉状”。

（2）当事人的基本情况

在刑事上诉状中，又分为“公诉案件”和“自诉案件”。在公诉案件中，先列写上诉人（一审被告人）：姓名、性别、年龄、民族、籍贯、职业和住址，何时被拘留，何时被逮捕，现在何处羁押。自诉案件，先列写上诉人（一审自诉人或被告人）的基本情况（同上）。

上诉人如有法定代理人的，列写完上诉人的基本情况后，紧接着另起一行，列写法定代理人：姓名、性别、年龄、民族、籍贯、职务、工作单位或住址，与上诉人的关系。

自诉案件在写完上诉人之后，接着另起一行列写被上诉人。被上诉人即与上诉人相对的一方。列写方法是：被上诉人（原审被告人或自诉人）姓名、性别、年龄、民族、籍贯、职业和住址，何时被拘留，何时被逮捕，现在何处羁押。

被上诉人不止一人的，可按原裁判文书上列写的次序依次排列。注意：公诉案件无被上诉人，不能把人民检察院列为被上诉人。

在民事、行政上诉状中，当事人栏目按上诉人、被上诉人、第三人的顺序分别列写其基本情况。上诉人和被上诉人是公民的，分别列写其姓名、性别、年龄、民族、籍贯、职业和住址。如果有法定代理人或委托代理人则各自分列在上诉人、被上诉人之后。

上诉人和被上诉人是企事业单位、机关、团体（法人）的，则先列写上诉人，写明单位全称及其所在地，另起一行列写该单位法定代表人的姓名和职务，如果有委托代理

人，则紧接着提行列写委托代理人的姓名和职务。

（3）写明不服一审判决或裁定的事由

把当事人的基本情况写完之后，接着另起一行，写明不服原审裁判的事由。

刑事上诉状此部分包括罪名、原审法院名称、裁判文书名称、字号和制作时间，并作上诉的表示等内容，如："上诉人因××（罪名）一案，不服×××人民法院（原审法院名称）××年×月×日刑字×号刑事判决（或裁定），现提出上诉，上诉的请求和理由如下……"

民事、行政上诉状此部分也包括案由，原审人民法院名称，处理时间，文书的名称、字号，以及作出上诉的表示等内容，与刑事上诉状此部分格式大同小异。

2. 上诉请求

上诉请求一般包括三项内容：

首先，用高度概括的语言，综合说明一下案情，紧接着详细叙述原审裁判主文。

其次，说明对原审裁判主文是全部不服，还是部分不服；如果是部分不服，具体说明对哪一部分不服。

最后，是请求第二审人民法院对原审裁判作部分变更，还是撤销原判全部改判。如刑事上诉状"请二审人民法院撤销原判，改判原告上诉人无罪"；又如民事上诉状"请二审人民法院撤销原判。准予上诉人与被上诉人离婚"。

上诉请求部分，要明确、具体、详尽，不能含糊其词，并且要有针对性。

3. 上诉理由

这一部分，主要是针对原审裁定或判决的不当之处，进行有理有据的论述，实际上就是对原审裁判的批驳。

刑事上诉状的上诉理由可以从以下四方面阐述：

（1）论证原审裁判认定事实错误。如果原审裁判认定事实有错误或混淆罪与非罪的界限，那么以错误的事实为依据作出的裁判就不会公正，这就要求必须提出客观准确的事实予以说明，如果能提出确凿、充分的证据就更好。

（2）论证原审裁判事实不清。这是指如果原审裁判认定的事实有证据不足的，应作为重点予以提出。如果原审定罪量刑的证据确实不足，那么从法律上讲，应宣告被告人无罪。

（3）论证原审裁判适用实体法不当。如果原审裁判适用实体法（刑法）错误，对法律条文作了错误的解释，裁判就会出现偏差。

（4）论证原审违反程序法导致处理不当。这是指原审在审理活动中违反了刑事诉讼法的规定，导致处理不当，影响到案件的公正裁决。

而在民事上诉状中，在阐明理由时，主要针对原审裁判进行，而不是针对对方当事人。针对原审裁判，论证不服的理由，也应从以下几方面考虑：

（1）事实方面，着重提出原审裁判认定的事实是全部错误，还是部分错误，说明客观事实究竟如何，有无充分证据。

（2）原审裁判对纠纷性质判断是否正确。是非是否清楚，责任是否分明，具体指出定性不当之处。

（3）原审裁判的结论是否得当，是否合乎情理，有无法律依据，引用的实体法是否恰当，与案情事实是否相适应，引用法律条文是否片面等。

（4）原审裁判在处理案件中，违反程序法的规定等。

当然，无论是哪一类上诉状，这几方面不一定都同时具备，一定要根据实际情况，有的放矢。

4. 尾部和附项

（1）写明呈送机关：分两行写为“此致”“×××中级（或高级）人民法院”。

（2）右下方写明：上诉人：×××，签名或盖章，注明年月日。如律师代书，还应写明“×××律师事务所律师×××（姓名）代书”。

（3）附项，依次写明本状副本×份、证物×件、书证×件、证人姓名和住址。

（三）刑事申诉状、民事申诉状与行政申诉状的写作

在写作格式上，这几类申诉状基本相同，与上诉状的格式也基本相同，亦由首部、申诉请求、申诉理由、尾部和附项四部分组成。

1. 首部

首部包括三项内容：

（1）标题

标题根据案件的性质确定，写明“刑事申诉状”“民事申诉状”或“行政申诉状”。

（2）当事人的基本情况

在申诉人栏内，写明申诉人的姓名、性别、年龄、民族、籍贯、工作单位、职业和住址。刑事自诉案件和民事案件、行政案件的当事人申诉，应在申诉人后面用括号注明其在原审中的诉讼地位。对方当事人（即被申诉人）在申诉人下一行列写出，其书写项目与申诉人书写项目相同。与公诉刑事案件的上诉相类似，当事人的申诉只写申诉人，不写被申诉人，不能把人民检察院看成是一般的当事人。

（3）写明不服原审生效裁判的事由

这一部分包括原来案件的案由，原处理机关名称，处理时间，处理文件的名称、字号，作不服从的表示等内容。具体表述较为固定，一般可写为：“申诉人因××（案由）一案，不服×××人民法院××年×月×日×字第×号×事判决（或裁定），现提

出申诉，申诉的请求和理由如下……"

2. 申诉请求

用简明、扼要、概括的语言说明原来的处理有什么错误不当之处，要求解决什么问题，怎样改变处理。提出申诉请求要实事求是，合法合理合情。一般可作如下表述："请求撤销原判第×项，改判××（改判内容）"等。

3. 申诉理由

申诉理由是申诉状的主要内容，应抓住原来的处理决定不当之处进行批驳。应具体说明原判决书或裁定书在认定事实、适用法律、适用程序诸方面有何错误，以致造成错误的处理结果，必须依据事实和法律进行充分而具体的分析，从而讲清申诉的道理。

4. 尾部及附项

在尾部及附项，应依次写明如下内容：

（1）呈送机关，分两行写明"此致""×××人民法院（或×××人民检察院）"。

（2）在右下方写明：申诉人：×××，签名或盖章，注明年月日。如系律师代书，还应写明"××律师事务所律师×××（姓名）代书"。

（3）附项，写明以下内容：本状副本×份、证物×件、书证×件。

（四）上诉状与申诉状的区别

上诉状与申诉状的性质、目的相同，都是对原审法院的判决或裁定不服，要求纠正错误。但二者又有明显的区别（尽管二者在写作格式上几乎相同）：

1. 上诉状是对未发生法律效力的判决、裁定进行上诉，而申诉状是针对已经发生法律效力的判决、裁定不服提出的。

2. 上诉有时间限制，申诉没有时间限制。

3. 上诉只能向上一级人民法院提出，而申诉状可向原审判的法院或原审的上级人民法院、人民检察院提出。

第三节　答辩状

一、答辩状的含义和用途

所谓答辩状，就是被告或被上诉人针对起诉的事实和理由或上诉的请求理由进行回答和辩解的文书。

答辩状分刑事答辩状、民事答辩状，它是与诉状和上诉状相对的文书。有刑事诉状（自诉案件），就有刑事答辩状，有民事、行政诉状，就有民事、行政答辩状；有刑事上诉状，就有刑事被上诉答辩状（专指刑事自诉案件），有民事、行政上诉状，就有民事、行政被上诉答辩状。对民事、行政被告或刑事自诉人来说，提出答辩状，既是义务，主要还是权利。也就是说，既可以提出答辩状，也可以不提出答辩状。以使用频率较高的民事答辩状为例，一般在两种情况下提出：

一是原告向第一审人民法院起诉后，被告就诉状（起诉状）提出答辩状。根据我国《民事诉讼法》第一百二十五条，人民法院应当在立案之日起五日内将起诉状副本发送被告，被告应当在收到之日起十五日内提出答辩状。答辩状应当记明被告的姓名、性别、年龄、民族、职业、工作单位、住所、联系方式；法人或者其他组织的名称、住所和法定代表人或者主要负责人的姓名、职务、联系方式。人民法院应当在收到答辩状之日起五日内将答辩状副本发送原告。被告不提出答辩状的，不影响人民法院审理。

二是案件经第一审人民法院审理终结后，一方当事人不服，提起上诉，被上诉人就上诉状提出答辩状。根据我国《民事诉讼法》第一百六十七条，原审人民法院收到上诉状，应当在五日内将上诉状副本送达对方当事人，对方当事人在收到之日起十五日内提出答辩状。人民法院应当在收到答辩状之日起五日内将副本送达上诉人。对方当事人不提出答辩状的，不影响人民法院审理。原审人民法院收到上诉状、答辩状，应当在五日内连同全部案卷和证据，报送第二审人民法院。

总之，人民法院在收到原告的起诉状和上诉人的上诉状以后，应当在规定的期间内将副本送达被告人或被上诉人，被告或被上诉人应当在法定的期限内提出答辩状。因此，在制作时间上的法定性是答辩状写作时必须严格遵守的前提条件之一。

答辩状具有以下作用：

一是有利于体现诉讼当事人权利、义务一律平等的原则。被告和被上诉人通过答辩状，可以针对原告或上诉人提出起诉或上诉的事实、理由和根据以及请求事项，进行有的放矢的回答辩解，阐明自己的理由和要求，并提出事实和证据来证实自己的观点，以保护自身合法权益。

二是有利于人民法院在全面了解案情的基础上，判明是非，作出正确的判决。通过对诉状或上诉状、答辩状的全面了解，人民法院可以全面了解诉讼当事人的意见、要求，对如何进行调查、调解和审理，作出适当的考虑和安排，以保证正确、合法合理合情地及时处理好案件。

此外，根据具体案情，答辩人还可以通过答辩状对刑事诉讼的自诉人和民事诉讼的原告提起反诉。

二、 答辩状的特点

答辩状具有以下特点：

（一）作者的特定性

答辩状必须是由刑事、民事、行政案件的被告、上诉案件的被上诉人提出的。

（二）写作时间上的规定性

答辩状必须是在法定期限内提出的。

（三）内容上的针对性

答辩状必须是针对起诉状和上诉状的内容答辩。

由于答辩状是有关当事人自身民事、行政诉讼的答复和对刑事控诉的辩护，因此，要对对方当事人提出的事实作出分析，辨明真伪，指出其中存在的问题。如果所诉事实全部不能成立，就全部予以否定；部分事实不能成立，就部分予以否定，提出符合客观实际的事实加以说明。对其提出的理由辩驳，推翻不实之词，驳斥谬误，阐明正确的主张和意见，维护答辩人的合法权益。写作时，对起诉状或上诉状的副本，一定要认真研究，吃透其内容，抓住关键、实质性问题进行辩驳，讲清答辩理由。

三、 答辩状的格式和写作

答辩状由首部、答辩理由、尾部和附项三部分组成。

（一）首部

首部应写明下列内容：

1. 标题

标题要写明“刑事（或民事、行政）答辩状”“刑事（或民事、行政）被上诉答辩状”。前者为第一审案件答辩状，后者为上诉案件答辩状。

2. 答辩人的基本情况

被告人是公民的，就列写答辩人的姓名、性别、年龄、民族、籍贯、职业和住所。有代理人的，紧接着另起一行列写代理人，并须标明是法定代理人、指定代理人，还是委托代理人，写明其姓名、性别、年龄、民族、籍贯、职业和住址。如果是法定代理人，还要写明其与答辩人的关系。如委托律师代理，只写明其姓名和执业律师机构、职务。

被告人是企事业单位、机关、团体（法人）的，先列写答辩人及其单位全称或所在地。另起一行写该单位的法定代表人及其姓名、职务。再另起一行，列写委托代理人及其姓名、职务。

至于对方当事人的情况不用单独列写，只需在答辩理由中说明起诉人或上诉人是谁、起诉或上诉的案件是什么即可。

3. 答辩事由

第一审案件答辩状和上诉案件答辩状的事由写法有所不同：

（1）在第一审案件中的答辩人是被告人，答辩事由可简明扼要表述为“因××（案由）一案，现提出答辩如下……”。例如原告提出起诉，要求与被告离婚，其事由可写为“因原告×××（姓名）提出与答辩人离婚一案，现提出答辩如下……”

（2）在上诉案件中的答辩人是被上诉人，答辩事由的具体行文为“上诉人×××（姓名）因××（案由）一案，不服×××人民法院××年×月×日×字第×号×事判决（或裁定），提起上诉，现提出答辩如下……”例如上诉人因经济合同纠纷案不服一审人民法院判决，提起上诉，其事由可写为：“上诉人×××（姓名）因合同纠纷一案，不服×××人民法院××年×月×日×字第×号民事判决，提起上诉，现提出答辩如下……”

（二）答辩理由

这是答辩状的核心部分，在写法上没有统一的规定，要根据原告的诉状或上诉人的上诉状来确定。通常应针对原告或上诉人在起诉状中提出的事实和理由，进行反驳。反驳要以事实和法律为依据，要有针对性，不能强词夺理或空发议论。

在充分阐明答辩理由的基础上，还应简要写明自己的看法和主张。可以根据事实，说明自己答辩的正确性，亦可根据有关法律法规，说明自己的答辩的合法性；可以指出原告或上诉人的诉讼请求的谬误性；亦可以提出请法院合法合理裁判的请求等。

答辩理由要写得有理、有利、有节，如果起诉状或上诉状的某些内容是可以肯定或接受的，也应表明态度。如果要反诉原告或上诉人，则要提出反诉请求。

（三）尾部和附项

本部分包括以下内容：

1. 呈送的机关，先写“此致”，再另起一行写“×××人民法院”。

2. 右下方写明：答辩人×××，签名或盖章，注明年月日，如系律师代书，还要注明代书人。

3. 附项注明证物、书证的名称和件数。

第四节　辩护词

一、辩护词的含义、作用和特点

（一）辩护词的含义

辩护词是刑事案件的被告的辩护人在法庭上为被告人做辩护时的演讲词，是辩护人对案件的结论性意见，是辩护人根据事实和法律，履行辩护责任提出的理性判断案件和对被告人有利的综合性意见，辩护是实现辩护职能的重要手段。

根据我国《刑事诉讼法》第三十二条规定：犯罪嫌疑人、被告人除自己行使辩护权以外，还可以委托一至二人作为辩护人。下列的人可以被委托为辩护人：（一）律师；（二）人民团体或者犯罪嫌疑人、被告人所在单位推荐的人；（三）犯罪嫌疑人、被告人的监护人、亲友。正在被执行刑罚或者依法被剥夺、限制人身自由的人，不得担任辩护人。

（二）辩护词的作用

辩护词具有以下作用：

1. 可以更好地维护被告人的合法权益

被告人除了自己行使辩护权外，还可委托辩护人为其辩护，法庭条件下人民法院应指定辩护人为其辩护。我国《刑事诉讼法》第三十五条明文规定：“辩护人的责任是根据事实和法律，提出犯罪嫌疑人、被告人无罪、罪轻或者减轻、免除其刑事责任的材料和意见，维护犯罪嫌疑人、被告人的诉讼权利和其他合法权益。”而辩护人要履行职责，完成法定任务，撰写并演讲辩护词是其重要手段。辩护人应当在认真查阅案卷，听取被告人的陈述，向有关人员调查情况，了解和熟悉全部案情的基础上，经过分析研究、去伪存真、去粗取精，形成观点正确、论据充分、说理透彻、条理清楚、层次分明、具有说服力的辩护词。这样的辩护词，有助于维护被告人的合法权益。

2. 有助于人民法院提高办案质量，减少冤假错案

在法庭辩论中，公诉人与辩护人所处角度不同，因而发言往往针锋相对，各执一端。公诉人出庭支持公诉，发表公诉词，主要是揭露犯罪的社会危害性，阐明提起公诉、把被告人交付法庭审理的理由；而辩护人则从有利于被告人的角度，提出证明其无罪、罪较轻或者减轻、免除其刑事责任的材料和意见，有助于全面地、客观地查清案

情，判明真伪，划清罪与无罪的界限，正确定罪量刑。这就有助于提高人民法院的办案质量，减少冤假错案。

3. 体现社会主义国家法治的民主精神和法律面前人人平等的原则

（三）辩护词的特点

辩护词具有以下特点：

1. 辩护词是为被告人辩护的，具有辩驳性。

2. 辩护词的目的是为了维护刑事被告人的合法权益。

3. 辩护词辩论的对象是公诉人，或者是自诉人及其代理人，而不是法庭组成人员。

二、 辩护词的写作

辩护词在写作上没有固定的格式，但一般将其正文分为三个部分，即序言〔或前言〕、辩护理由和结论。在正文之外，标题写明“关于×××（被告人姓名）××（案由）一案的辩护词”。在序言之前，根据法庭组成人员的情况，抬头写明称呼如“审判长、人民陪审员”、“审判长、审判员、人民陪审员”或“审判长、审判员”。

（一）序言

序言一般包括三项内容：

1. 说明辩护人出庭的合法身份和出庭任务

根据不同的情况，有两种写法。如果是经人民法院指定、被告人同意的，表述为“根据《中华人民共和国刑事诉讼法》第三十四条的规定，我经×××人民法院指定，并征得被告人×××（姓名）的同意，担任他的辩护人，出庭为他进行辩护”。如果是受被告人委托的，则表述为“根据《中华人民共和国刑事诉讼法》第三十二条的规定，我接受被告人×××（姓名）的委托，担任他的辩护人，出庭为他辩护”。这既说明了出庭的合法性，又说明了出庭的任务。

2. 简要说明辩护人在开庭前进行活动的情况

如：“在出庭前，我详细地查阅了本案的全部材料，会见了被告人，走访了有关证人，并进行了必要的调查了解，今天又参加了法庭的调查审理，使我对本案的事实有了更加深刻的了解。”这就向法庭表明，辩护人的辩护意见来自对案件的调查研究，是有根有据的。

3. 提出对本案的基本看法

在说明自己的合法身份、任务和开庭前活动的情况之后，接着对人民检察院的起诉书或自诉人的刑事诉状内容，提出自己的基本看法，进入辩护理由部分，如“我认为，××市××区人民检察院×检刑诉（2015）5号起诉书，对被告人王××故意伤害罪的指控是不能成立的，其理由如下……”

当然，也有的辩护词的序言不提对本案的基本看法，而只是对本案发表几点辩护意见，供法庭参考，这也是可以的。

（二）辩护理由

这是辩护词的中心内容，通常可以从以下三方面阐述：

1. 从认定犯罪事实方面辩护

犯罪事实是定罪量刑的基础和依据，如果起诉书或自诉状中所举的事实不能成立，或不能完全成立，就应当首先从否定事实入手，否定被指控的全部或部分事实。而在否定被指控的事实时，最有效的办法就是否定原有的证据，提出新的证据，证明被告人被指控的事实根本不成立，或部分不能成立，从而达到辩护的目的。有人将此法称为“釜底抽薪法”。

如果起诉书或自诉状中认定事实所列举的证据不够确实、充分，也要在提出充分理由的基础上，指出证据不足，事实不能认定，从而达到为被告人辩护的目的。

如果起诉书或自诉状认定被告人的犯罪事实虽然全部存在或部分存在，但有所夸大，甚至有所歪曲，辩护词也应在事实方面说明真相，建议法庭根据被告人的罪行实际来评判被告人的罪行轻重。

2. 从适用法律方面辩护

被告人的行为是否构成犯罪、构成什么罪、罪重还是罪轻、是一罪还是数罪，要用法律衡量，才能确定其性质。适用法律条款恰当，定性准确，对案件的处理才公正客观。在起诉书或自诉状中，如果适用法律不当，对被告人的罪行性质指控错误，例如把故意伤害致死控告为故意杀人，把盗窃指控为抢劫等，则应该引证有关法律条款结合被告人的罪行行为进行主客观分析论证，指出控诉一方适用法律不当，定性不准，通过辩护词写作，来维护被告人的合法权益。

3. 从可以从轻、减轻或免除处罚的情节和条件方面来辩护

如果被告人行为已构成犯罪，起诉书或自诉状认定犯罪事实清楚，证据确实、充分，适用法律条款恰当，那么，要从犯罪事实、犯罪性质和运用法律方面进行辩护就比较困难。辩护人应在认真分析案情的基础上，从中寻找、搜集可以从轻、减轻或免除处罚的情节和条件，在辩护词中作为辩护理由提出来，加以深入分析、论证。法定和酌定的从轻、减轻或免除处罚的情节和条件较多，如不满十八周岁的青少年犯罪、防卫过当、有主动立功表现等（可以参阅刑法有关规定）。

总之，辩护词的理由阐述要从实际出发，力求全面、客观。辩护人在刑事案件辩护中所追求的是公正的判决，而不是单纯有利于被告人的判决，要把保证国家法律的正确实施和维护当事人的合法权益有机地结合起来，以充分发挥辩护词的作用。

（三）结论

结论包括两点内容：

1. 辩护人对自己的发言归纳总结，提出结论性的意见，让法庭成员了解辩护词的基本观点。

2. 对被告人如何定罪量刑，适用什么刑法条款，向法庭提出看法、要求和建议。如："综上所述，本律师认为，被告人陈××的行为，系正当防卫，根本不构成故意伤害罪。建议法庭宣布陈××无罪，予以释放，请法庭考虑。"

总之，在辩护词的写作中，务求做到观点明确，针对性强；叙事论理，有根有据；逻辑严密，辩驳有力；语言简明，结构完整。

例文：

胡××盗窃、抢劫案辩护词

尊敬的审判长、审判员：

××律师事务所接受被告人胡××近亲属的委托，并经胡××同意，指派我作为其涉嫌抢劫、盗窃一案的一审的辩护人。依《中华人民共和国刑事诉讼法》第三十二条、第三十五条以及《中华人民共和国律师法》第二十八条之规定，为维护被告人的合法权益，在经过庭前阅卷、会见在押被告人、今天又参加了法庭审理后，对本案有了充分的了解。为履行辩护人应尽的职责，现依据事实和法律，发表如下几点辩护意见供法庭参考：

辩护人认为公诉机关以××检未刑诉（2015）第90号起诉书所认定的被告人胡××涉嫌抢劫、盗窃一案的事实基本属实，对起诉书中指控被告人胡××的行为触犯了《中华人民共和国刑法》第263、264条之规定，构成抢劫罪、盗窃罪的定性也不持异议。下面辩护人谈谈以下四点意见，望合议庭予以采信：

一、胡××协助公安机关抓获团伙主犯余×，有立功表现。

2014年××月××日，××分局辖区××处发生车辆玻璃被砸盗窃车内财物的案件。该局经侦查，很快锁定了犯罪嫌疑人胡××。

2014年××月××日，××分局派侦查人员在××医院将胡××抓获。经突审，胡××主动交代了同伙余×也参与了抢劫、砸车盗窃财物的犯罪事实。并提供了余×

应该在家中的线索，胡××主动要求带领侦查人员抓捕余×。赶到余×家附近，胡××用电话将余×调出，使侦查人员当场顺利将余×抓获。根据刑法第68条和《最高人民法院关于处理自首和立功具体应用法律若干问题的解释》第五条之规定，被告人胡××的行为应当认定为立功表现，可以从轻或减轻处罚。

二、胡××在共同的团伙犯罪中起次要作用，系从犯。

辩护人通过阅卷，根据本案4人的犯罪事实和情节，认为符合了刑法第25条共同犯罪有关规定，同时应适用刑法第26条、27条有关规定对共同犯罪人进行分类，划分主犯和从犯，按其在共同犯罪中所起的作用大小，分别处罚，以遵循罪行相适应原则。具体到本案，在共同犯罪中，余×是起主要作用的犯罪分子，他直接指使、安排团伙成员的犯罪活动。一是2014年××月××日计划去××市砸车玻璃盗窃，是他首先提出来的，也是他用自己的身份证租了一辆轿车，亲自开车把胡××、丁××、郑××等3人拉到××路××酒吧附近。当晚12时许，在酒吧门口抢劫蒋××，也是余×提出并指使其他三人动手的。二是2014年××月××日凌晨2时许，4人开车行至××市场附近，是余×又指使胡××、丁××、郑××等3人抢劫了在路边等车的唐××。所有这些事实有胡××、丁××、郑××等人在公安机关的讯问笔录予以证明。

由此可以证明，余×在本案的犯罪中系主犯，被告人胡××的犯罪行为是在余×的组织、指挥下实施的，胡××应为从犯。根据刑法第27条的规定，在共同犯罪中起次要或辅助作用的，是从犯，对于从犯，应当从轻、减轻或者免除处罚。

三、被告人胡××对抢劫赵××一案构成特别自首。

根据××区公安分局的材料，可以证实，2014年××月××日，在××小区楼下发生多台车玻璃被砸盗窃车内财物案件，该公安分局是根据此案锁定胡××后将案犯抓获，即公安部门当时对共同团伙犯罪中抢劫梁××的案件事实并不掌握。在2014年××月××日公安分局对被告人胡××第一次讯问笔录中，胡××不但如实供述了自己及同案犯砸车盗窃的事实，还对公安部门不掌握的抢劫梁××的犯罪事实做了详尽供述。区公安分局找梁××核对案情的询问笔录，也证实了这一点。梁××称因被抢东西不值钱，又因为后来工作忙就没有报案。因此，被告人胡××对于抢劫赵××的犯罪事实构成特别自首无疑。按刑法第六十七条第二款之规定“被采取强制措施的犯罪嫌疑人、被告人和正在服刑的罪犯，如实供述司法机关还未掌握的本人其他罪行的，以自首论”。另外《最高人民法院关于处理自首和立功具体应用法律若干问题的解释》第3条规定，被告人如实供述司法机关还未掌握的其他罪行的，以自首论。对于自首的犯罪分子，可以从轻或者减轻处罚，其中，犯罪较轻的，可以免除处罚。

四、被告人应受的惩罚。

1. 被告人有法定从轻、减轻处罚的情节。起诉书指控被告人胡××的抢劫、盗窃犯罪，从被告人的供述和庭审查明的事实看，被告人犯罪年仅16周岁，作为未成年人，认识和判断能力有限。根据刑法第十七条第三款“已满十四周岁不满十八周岁的人犯罪，应当从轻或者减轻处罚”的规定，考虑到其犯罪动机、手段、情节等应当对胡××适用从轻或者减轻处罚。

2. 被告人还有酌情从轻处罚的情节。在参与的所有犯罪活动中，被告人都属于从犯，是在其他共同犯罪的人的组织和指挥下做出犯罪行为的，并且在实施抢劫的过程中，主要任务多是放风和收集、清点财物，并没有危及被害人的人身安全，而且所涉金额不大，造成的社会危害性相对较小，其主观恶性也相对较小。

侦查人员第一次讯问被告人胡××时，他就如实供述了自己的犯罪行为，还如实地交代了犯罪事实和同案犯的姓名及基本情况。依据《最高人民法院关于处理自首和立功具体应用法律若干问题的解释》第6条之规定，“共同犯罪案件的犯罪分子到案后，揭发同案犯共同犯罪事实的，可以酌情予以从轻处罚”。

再者，被告人胡××系初犯，在被羁押期间能积极配合办案人员的工作，多次表示对其行为深感后悔，有悔罪表现。依据《最高人民法院、检察院、司法部关于适用普通程序审理“被告人认罪案件”的若干意见》第9条之规定，“人民法院对自愿认罪的被告人，酌情予以从轻处罚”。

综上所述，被告人胡××具有诸多法定及酌定从轻或减轻处罚的情节，且其认罪态度较好，有悔罪表现。并且在犯罪时是未成年人，对未成年人犯罪实行预防和教育为主的原则，是我国的一贯方针。我国《未成年人保护法》第五十四条规定：“对违法犯罪的未成年人，实行教育、感化、挽救的方针，坚持教育为主、惩罚为辅的原则，对违法犯罪的未成年人，应当依法从轻、减轻或者免除处罚。”《最高人民法院关于审理未成年人刑事案件具体应用法律若干问题的解释》规定：为正确审理未成年人刑事案件，贯彻“教育为主，惩罚为辅”的原则，同时根据刑法等有关法律的规定，对未成年人罪犯适用刑罚，应当充分考虑是否有利于未成年人罪犯的教育和矫正。同时《中华人民共和国刑事诉讼法》第五编“特别程序”中的第一章专设了“未成年人刑事案件诉讼程序”，可见，对未成年人犯罪的刑事处罚能轻则轻，能减则减，能免则免，最大限度地降低对未成年人罪犯限制人身自由的程度，是我国对未成年人罪犯审判的一项重要原则。相信被告人胡××本人已经充分认识到其行为的社会危害性，因此，特请求法院以体现惩罚与教育相结合，同时着重以教育为主，惩罚为辅的原则，依法从轻或减轻判处被告人胡××，也给他一次重新做人的机会，使得被告人胡××投入到社会中去，为社会作出贡献。

辩护律师：曾××

2015年11月10日

第十五章 求职应试文书

第一节 求职信

一、求职信的概念

求职信是求职者写给用人单位人事部门或单位领导人介绍自己的实际才能、表达自己就业愿望的一种书信。求职信有着毛遂自荐的作用，其写作直接关系到求职者是否能进入面试或面谈角逐。

二、求职信的特点

文字简洁。有效的求职信应当易于阅读，文章简短，字数一般在500字左右。

称谓恰当。求职信不同于一般私人书信，受信人未曾见过面，所以称谓要恰当，郑重其事。

用语热情。求职信属于非正式的信函，它必须在双方之间建立融洽的氛围。所以，你要用热情洋溢、精力充沛和令人振奋的语言来感染对方。

三、求职信的格式和写法

求职信的格式主要有称谓、正文、结尾、署名和日期、附件几部分。

（一）称谓（对收信者的称呼）

称呼要恰当，对于不甚明确的单位，可写成“人事处负责同志”“尊敬的领导同志”“尊敬的招聘主管”（不要使用“尊敬的先生”，因为招聘主管或许是位女士）等；对于明确了用人单位负责人的，可以写出负责人的职务、职称，如“尊敬的李处长”“尊敬的张经理”等。称呼写在第一行顶格，之后用冒号，另起一行，写上问候语“您好”。

（二）正文

第一部分：道明来函目的

说明获得招聘信息的来源，道出求职的意愿，列明申请的职位。

如：“我叫李民，现年22岁，男。是一名财会专业的大学本科毕业生。从报上我看到贵公司招聘一名专职会计人员的消息，不胜喜悦，以本人的水平和能力，我不揣冒昧地毛遂自荐，相信贵公司定会慧眼识人，会使我有幸成为贵公司的一名会计人员。”“我写此信应聘贵公司招聘的________职位。我很高兴地在招聘网站得知你们的招聘广告，我学习________专业已________学期了，并一直期望能有机会加盟贵公司。”

第二部分：说明自己具备的素质和能力

自我介绍：简介自己的学历、工作经验等，并选取与申请职位有关的个人优点和强项作重点介绍，再列举例子证明自己适合所申请的职位。

内容包括：现时的工作，职责范围，工作经验，学历资格，过人技能。表述对所求职位的浓厚兴趣，并以相关的教育、技能和个性特征，说明自己适合这个职位的原因。

这部分是求职信的重点，简明扼要并有针对性地概述自己，要着重介绍自己应聘的有利条件，要特别突出自己的优势和“闪光点”，以使对方信服。如：“我于1996年7月毕业于东北财经学院财会专业。毕业成绩优秀，在省级会计大奖赛中，获得‘能手’嘉奖（见附件），在海南金融杂志上发表过多篇学术论文（见附件）。我在有关材料上看到过关于贵公司的情况介绍，我喜欢贵公司的工作环境，钦佩贵公司的敬业精神，又很赞赏贵公司在经营、管理上的一整套的切实可行的规章制度。这些均体现了在当前改革开放的经济大潮中，贵公司的超前意识。我十分愿意到这样的环境中去艰苦拼搏，更愿为贵公司贡献我的学识和力量。我相信，经过努力，我会做好我的工作的。”写这段内容，语言要中肯，恰到好处；态度要谦虚诚恳，不卑不亢。

第三部分：希望对方能录用自己

表达希望获得面试机会，多谢收信人阅读你的信及附带文件。如：“希望您能为我安排一个与您见面的机会”或“盼望您的答复”“我希望您能感到我是该职位的有力竞争者，并希望能尽快收到面试通知”或“敬候佳音”之类的语言。

说明附上的相关证明材料。如：“附 1：个人简历”“附 2：成绩表”等。

（三）结尾

另起一行，空两格，写表示敬祝的话。如：“此致敬礼”“祝工作顺利”“事业发达”等相应词语。

结尾还要留下电话、手机、Email 等联系方式。

（四）署名和日期

写信人的姓名和成文日期写在信的右下方。姓名写在上面，成文日期写在姓名下面。姓名前面不必加任何谦称的限定语，以免有阿谀之感，或让对方轻看你的能力。成文日期要年、月、日俱全。

（五）附件

有说服力的附件是对求职者的鉴定的凭证，所以求职信的附件是不可忽视的组成部分。

附件应在信中注明。然后将附件的复印件单独订在一起随信寄出。附件不需太多，但必须有分量，足以证明你的才华和能力。

例文 1

尊敬的领导：

您好！非常感谢您在百忙之中翻阅我的材料。我是××师范大学文学院汉语言文学（国家优秀文科基地班）专业的应届毕业生。希望能在贵公司找到一份合适的工作，恳请您给我加入贵公司的机会。本人有信心、有能力成为一名出色的员工。自从考上大学以后我“自信、自立、自强”，不但努力学习专业知识，而且主动参与各种社会实践，经过大学四年的学习和社会锻炼，我具备了以下几个方面的能力：

一、扎实的专业基础知识和深厚的文学功底。

进入国家优秀文科基地学习的四年里，我认真学习各门专业课程，具备了扎实的汉语言文学基础知识和专业技能，也具备了较强的科研思维和论文写作能力，多次参加“创新杯”科研学术论文竞赛，均获院级二等以上奖励。由我创建的“中国学术批评论坛”在拯救国学、构建学术评价新体系上起推动作用，引起过国内学者关注。

我喜欢文学，常常利用课余时间参与各种文学沙龙活动、阅读大量文学书籍。2006 年应邀参加“第二届××青年诗歌会”，开阔了视野，增长了知识。曾在《××晚报》上发表作品多篇。

二、丰富的社会实践和突出的工作能力。

我曾在中国海尔集团、中国网通分别担任促销员、业务代理、销售部助理等职务，在岗位上均取得优异业绩，得到了用人单位的好评。在校期间曾担任班长、团支书、读书俱乐部副会长，增长了才干，积累了一定的社会活动经验，为在贵单位工作奠定了一定基础。

三、强烈的品牌理念和合作的团队精神。

大学四年，我时刻注意抓住机会锻炼自己，并时刻思索做好工作的方法。担任团支书（一个学期），所在班级获得“校级优秀团支部”称号；担任班干（一年），所在班级获得了“××区级优秀班集体”称号。此外，我是一个有能力而且有团队精神的人，我能很快地适应新的工作环境，并做好工作。

期望我能适合您的要求，也期望您选择我，您的选择就是我的希望。为了方便您更详细地了解我的情况，请审阅我呈上的简历以及相关材料。期待您的回复。

祝贵单位事业蒸蒸日上、硕果累累！

此致

敬礼！

自荐人：×××

20××年××月××日

此信从介绍求职者自己的文学才华、社会活动能力、团队精神等方面，突出介绍自己在学校的表现。最后希望公司方能提供机会，并祝对方事业蒸蒸日上。

例文 2

尊敬的领导：

感谢您在百忙之中翻阅我的自荐材料！我叫章××，是××经管学院 2008 届管理工程专业（市场营销）的本科毕业生。在大学的三年中，我学习了本专业及相关专业的理论知识，并以优异的成绩完成了相关的课程，为以后的实践工作打下了坚实的专业基础。同时，我注重外语的学习，具有良好的英语听、说、读、写能力，并通过了大学英语国家四级测试，初步学习了初级日语的基本知识。在科技迅猛发展的今天，我紧跟科技发展的步伐，不断汲取新知识，熟练掌握了计算机的基本理论和应用技术，并顺利通过了国家计算机二级（C 语言）考试。

三年来，我一直担任学生工作，致力于学生的自我管理和组织学生活动，曾先后担任校学生会体育部副部长，院学生会体育部长、常委、副主席等职务。三年的学生工作培养了我的团队协作精神，提高了我的组织协调能力。在组织学生活动的同时，我也参加学校和社会的各项活动，努力培养自己的各种兴趣爱好，积极参加文体娱乐活动、社会实践调查等。通过组织活动和参与活动，我养成了良好的工作作风和处世态度。

在老师的支持和自身的努力下，我在学习和工作中都取得了优异的成绩，不仅完善了知识结构还锻炼了我的意志，提高了我的能力，并光荣地加入了中国共产党。

恕冒昧，如果我能成为贵公司的一员，我定当用我的热情和能力投入到我的工作中去。请相信：你们所要实现的正是我想要达到的！

此致

敬礼！

自荐人：××

20××年××月××日

此信开头感谢对方阅信和简单介绍毕业院校以及专业，然后突出介绍自己大学三年在校的表现：取得英语、计算机相关证书，学生会干部，加入了中国共产党。简短的几段文字把求职者的团队协作精神、组织协调能力陈述得十分清楚。

四、 求职信写作的注意事项

（一）使用纯白 A4 纸。

（二）信的长度控制在一页之内。

（三）提供内附资料时，不要写“详情请参阅简历”的字样，而写“另附有证明材料”。

（四）确保求职信有职业风范。绝对不出现拼写、打印和语法错误。不要使用涂改液或橡皮擦，纸张不要沾上污迹，以示对人的尊重。

（五）如果你是用电子邮件的话，注意使用中文排版方式，如段首应空两格，句号不能是“.”等。邮件“主题”一定写上“张××的求职信”，或“张××应聘××职位的求职信”。若同时发给几家单位勿使用“抄送”功能发邮件。

（六）行距要适中，页面美观。

第二节　求职简历

一、 求职简历的含义

求职简历又称个人简历等，是求职者将自己与所申请职位紧密相关的个人信息经过分析整理并清晰简要地表述出来的书面求职资料，是一种应用写作文体。求职者在求职简历中应用真实准确的事实向招聘者陈述自己的教育背景、知识技能、实习实践成果等内容。

二、 求职简历的特点

内容简洁。招聘者一般都要看很多简历，通常他们停留在一份简历上的时间只有二三十秒。因此求职简历一般不超过 2 页。

倒叙写作。为了让招聘者更快更好地了解求职者的最新情况，简历中教育背景、获奖、实践等内容都应采用倒叙的方式由近而远陈述。

全面介绍。不仅介绍求职者的教育背景、知识结构、专业技能、获得的奖励，还可以明示求职者的其他特长及其业余爱好等。

三、 求职简历的格式和写法

求职简历格式可以是文本形式，也可是表格形式。内容有以下组成部分：

个人信息：姓名、地址、邮编、电话、电子信箱等内容。这项内容放在简历第一页的上部，以方便招聘者与自己联系。

职业（工作）目标：紧随姓名、地址和电话之后的便是你的职业或工作目标。目标填写要简明扼要，表明你应聘的类型，或你正在寻求的特定的职位头衔。

教育背景：求职者的接受教育情况，如何时何校获何学历或者学位，采用倒叙的方式，把最高的学历或者学位放在最前面，然后依次往前推导。假如你目前仍在校就读，就应写明毕业的时间。

“主要课程”或“相关课程”：列出学过的与应聘工作有关的一些课程。

主要技能：外语水平、计算机水平、普通话水平以及获得的其他职业资格证书。

荣誉与成就：求职者在校曾担任学生会或班级干部，或获得了奖项，或成功组织某项活动等。

社会实践经历：参加社会实践的情况及其取得的成效。写作时力求量化你的工作成果，如：①数字：人员、销售额、发行量等的增加；②节约的时间：你是多么迅速地解决了问题，你能再多快一些来完成工作；③效果：你工作所带来的长期、短期的积极效果；④持久性：你的一个建议、方法、解决方案已多长时间被采用；⑤扩展：你的方法被应用于其他部门或成为其他项目的一部分；⑥你曾写过一些促销的或教育性的材料、手册、小册子或小传单；⑦参加的志愿工作，列出这些职位的责任和义务。

简历的最后一部分一般是列举有关的证明人及有关附加材料，附加材料包括学历证明、获奖证书、专业技术职务证书、专家教授推荐信，所发表的论文著作等复印件。证明人，一般提供3～5个，是对你求职资格、工作能力和个人情况的保证人。

例文1

〖个人概况〗

姓名：××　　民族：汉

出生年月：1987年6月　　政治面貌：中共党员

籍贯：中国　四川　绵阳　　目前所在地：四川　成都

〖求职意向〗

愿到中西部企事业单位、国家行政机关及军队中从事行政管理、人力资源管理、行政助理等相关工作；或者在中西部及沿海地区从事销售、营销、策划工作。

〖教育背景〗

毕业院校：成都××高等专科学校　　专业：房地产与物业管理

毕业时间：2009年6月

学制：三年　　学历：专科

〖受教育培训经历〗

2006年—2009年6月　成都××经贸与外语系房地产与物业管理专业教育

2007年3月—6月　消费心理和商务礼仪培训

2008年9月　楼盘销售人员培训

〖获得证书〗

2007年夏取得“计算机等级考试一级证书”

2007年秋取得“共青团干部培训结业证书”

2007年冬取得“国家英语等级考试四级证书”

其他：熟悉各类策划文案、公文撰写　考取驾驶证　获得健美操等级证书

〖主修课程〗

房地产营销　房地产估价　房地产经纪　房地产金融　房地产与WTO　房地产投资分析　房地产经济学　广告学　物业管理法规　物业管理实务　工程造价管理　建筑识图　环境规划与管理

在校任职情况及奖励：担任学院学生会副主席兼舞蹈队队长、担任学校环保协会会长

〖获奖情况〗

1. 学校二等奖学金

2. 2006年，参加我校“爱国魂　民族颂”诗词朗诵赛，获三等奖

3. 2007年，在四川省大学生演讲比赛中，获“优胜奖”

4. 2007年，参加学校“海报设计大赛”，获“金奖”

5. 2007年，参加大学生暑期“三下乡”社会实践，获“学校先进个人”

6. 2008年，在地震重灾区的家乡当志愿者，获当地政府好评

7. 2006—2007学年度，被评为“年度优秀学生干部”

8. 2007—2008学年度，被评为“年度优秀学生干部”

〖社会活动及实践〗

1. 2008秋季房交会期间，担任一房产公司的展场沙盘解说员，5天的时间成功说服25批客户去现场看房，并且有两套的成交量。让我体会到对工作投入热情，工作才会让你更有激情！

2. 2008年9月，做一糖果的促销，规定10天销量4000RMB，我只用了7天。让我明白了，工作必须积极主动、不厌其烦！

3. 2007年10月，做一新品香烟的促销，让我更加坚信，工作必须认真仔细！

4. 2007年8月，做一新品洋酒的试饮促销，增长了我的阅历，更让我懂得了：服务行业好的态度的重要！

5. 2007年6月—8月，做一新款手机的礼仪促销。工作简单，却很辛苦，让我懂得了：坚持和耐心的意义！

6. 2006年10月—12月，在一家电脑公司协助市场部做数据调查和展场工作。由于工作努力认真，最后得到额外奖金，让我懂得了：付出就有收获！

〖自我评价〗

善于交流，工作积极主动，自信地认为对事认真负责，能最快地进入状态投身工作，良好的团队合作意识和沟通协调能力，具有较强的集体荣誉感，愿意接受挑战和承担压力，具有扎实的专业知识和良好的学习能力。

此简历重点突出了学校表现和兼职工作业绩，透过仅有的工作表现雇主可以对求职者的未来工作潜力有所期待。

四、求职简历写作的注意事项

一是突出“卖点”。简历需要如何突出自己的特点呢？将你的成果和业绩进行量化是最有效的方式之一。简历制作应该以“为雇主带来的价值”为线索，可以通过量化过去学习、实践中的成果来强调自身价值。

简历里这几栏内容是关键：1. 成绩。以你的骄人业绩去打动未来的雇主。突出你的技能和成绩，集中对能力进行细节描写，运用数字、百分比或时间等量化手段加以强化。2. 社会实践和工作经历。应当包括你所有的社会实践和工作历史，无论是有偿的

还是无偿的，全职的还是兼职的。在保证真实性的前提下，尽量扩充与丰富你的工作经历，但用词必须简练。强调业绩和成果。3. 技能。列出所有和求职有关的技能。

二是简洁表述。避免使用第一人称，要采用简洁的无主句式表达，尽量使用行为动词，少用形容词等修饰性语言。应避免“活泼开朗、外向大方、勤奋努力”等模糊性的描述。要使用强势语词而非弱势语词，强势语词有：计划、选择、监督、设计、预算、编辑、建立、领导等；弱势语词有：参与了、协助了、在……领导下工作、被赋予了……责任、由……领导等。

三是客观真实。求职简历所列内容务必实事求是，不能注水，任何虚假的内容都不要怀着侥幸心理写入求职简历。作为一个职场新人，你可以坦诚地写上：虽然我缺少经验，但相信时间可以证明，我会是一名优秀的员工。若是在简历的最后能够附上班主任或学校领导的推荐信，会显得更客观、公正一些，避免王婆卖瓜之嫌。

四是针对职位。一份简历闯天下是当今求职者的一种常用手法，然而这也是应聘失败的根源，同一份简历无法对应不同的公司、不同职位，即使是相同职位，如果不是同一家公司，那么简历也一定要区分对待。

五是注重格式。一份好的简历不仅有主题突出的经历，而且有特点的包装和格式是吸引住用人单位人事经理的主要方面之一。

使用 Email 发出简历时，不要把求职简历写成烦琐保守的自传书信体或者封闭表格式；随文本发出简历时，需要上传附件（同样内容的、排版美观的简历）一并发出，方便用人单位需要时打印你的简历。

简历应当避免拼写、语法、打印错误。还应仔细地核对，不要相信电脑能查出所有的错误。雇主们总认为错别字说明人的素质不够高，他们最讨厌错字、别字，许多人说：“当我发现错别字时我就会停止阅读。”

第三节　申　论

一、 什么是申论

申论是专门用于国家公务员考试的应试文体，也是随着公务员录用考试制度而出现、推行的一种测查应试者从事机关工作应当具备的基本能力的考试科目。申论考试是具有模拟公务员日常工作性质的能力考试。申论主要考查应试者对给定材料的概括、分析、提炼、加工，测查应试者的阅读理解能力、综合分析能力、提出问题和解决问题能力、文字表达能力。

从字面上理解，“申”可以理解成申述、申辩、申明，“论”则是议论、论说、论证。所谓申论，也就是对相关材料、事件或问题归纳说明、分析缘由、提出对策，有所申述进行论证。

二、申论考试的基本特点

（一）分级分类的命题原则

2010年以来国家公务员考试申论大纲对该科目进行全新定义，明确对国考申论按照省级以上（含副省级）综合管理类、市（地）以下综合管理类和行政执法类职位的不同要求，设置两类试卷，分类考查。

1. 省级以上（含副省级）综合管理类职位申论考试主要测查报考者的阅读理解能力、综合分析能力、提出和解决问题能力、文字表达能力。

阅读理解能力——要求全面把握给定资料的内容，准确理解给定资料的含义，准确提炼事实所包含的观点，并揭示所反映的本质问题。

综合分析能力——要求对给定资料的全部或部分的内容、观点或问题进行分析和归纳，多角度地思考资料内容，作出合理的推断或评价。

提出和解决问题能力——要求借助自身的实践经验或生活体验，在对给定资料理解分析的基础上，发现和界定问题，作出评估或权衡，提出解决问题的方案或措施。

文字表达能力——要求熟练使用指定的语种，运用说明、陈述、议论等方式，准确规范、简明畅达地表述思想观点。

2. 市（地）以下综合管理类和行政执法类职位申论考试主要测查报考者的阅读理解能力、贯彻执行能力、解决问题能力和文字表达能力。

阅读理解能力——要求能够理解给定资料的主要内容，把握给定资料各部分之间的关系，对给定资料所涉及的观点、事实作出恰当的解释。

贯彻执行能力——要求能够准确理解工作目标和组织意图，遵循依法行政的原则，根据客观实际情况，及时有效地完成任务。

解决问题能力——要求运用自身已有的知识经验，对具体问题作出正确的分析判断，提出切实可行的措施或办法。

文字表达能力——要求熟练使用指定的语种，对事件、观点进行准确合理的说明、陈述或阐释。

（二）固定内容的命题结构

申论试卷内容主要由以下三部分组成：

1. 注意事项

首先说明考试时限，题本构成，满分 100 分等内容；其次是提示考生在答题卡指定位置填写自己的姓名，填涂（写）准考证号，以及严格在答题位置作答；最后是相关考试纪律等。

2. 给定资料

材料约 7000 字，内容广泛，对政治、经济、法律、文化、教育等均有涉及，一般都是社会热点或者大众媒体关注的焦点，即背景不生僻，具有普遍性。

3. 作答要求

一般要求考生完成 3—5 个题。一些省的公务员考试通常是 3 个题，中直机关公务员考试通常 4—5 个题。

（三）广泛深入的材料主题

自招录公务员要求考申论以来，申论命题均是不同的材料主题，涉及中国社会发展和经济建设的方方面面。如：

2011 年省级试卷的主题是“弘扬黄河精神，继续推进黄河治理工作”，市级试卷的主题则是“推动城乡教育一体化，解决外来务工人员无根化问题”；

2012 年省级试卷的主题是“化解社会道德危机，推进社会道德重建”，市级试卷的主题则是“加强安全文化教育，重视公共安全”；

2013 年省级试卷的主题是“保护文化遗产，保留文化多样性”，市级试卷的主题则是“维护国家文化安全，促进文化繁荣发展”；

2014 年省级试卷的主题是“倡导慢生活，积极应对社会心理问题”，市级试卷的主题则是“提倡理性、平和的社会心态，引导社会平稳转型”；

2015 年省级试卷的主题是“生命化是合乎伦理的科技发展方向”，市级试卷的主题则是“人文让科学更精彩”。

三、申论试题常用类型

申论试题总是在不断发展变化的，一般说来，通常有以下类型题目。

（一）归纳概括

这类题目是要求用限定的字数，准确、简明扼要地概括给定材料所反映的主要问题、主要内容，或者按照不同规定要求作出定性归纳。题目着重考察考生阅读理解、归纳概括的能力。

归纳概括有几种不同的规定。一是概括出给定资料的主要内容（包括归纳给定材料的主要观点）；二是归纳出给定资料所反映的主要问题；三是定性归纳概括，这类题目对归纳概括的范围、具体要求，都作出了更为严格的限制性规定，其内涵十分明确，不容置疑。

定性归纳概括又有以下类型。

1. 撰写摘要、综述题

这类题目类似于概括主要内容的要求，需要全面归纳概括。但它与全面概括主要内容又有不同之处，一是作答容量通常比概括主要内容多些，篇幅更长些；二是它既可针对全部给定材料，也可针对局部给定材料撰写提要摘要；三是载体形式要求结构更加完整，一般要撰写成篇，写成短文（包括短篇公文或者公文提纲）。这就与考查公文写作能力结合起来了。例如："根据'给定材料1、2'的内容，整理一份供有关负责同志参阅的材料。""围绕本期《新闻1+1》的标题'我们要进城'（可理解为"让新生代农民工进城"），用自己的语言，为'给定资料二'的内容写个提要。"

2. 专题集纳性归纳概括题

这类试题在定性归纳概括类题目中采用最多。所定专题，可以集中限定于某方面有关内容、有关问题、有关情况，或者原因根源、后果影响、经验教训、现成对策等某一专项。有时，也可能是两三个专项问题的综合归纳，比如归纳概括目的和意义、原因和后果等。例如："根据给定资料，请简要概括几十年来广大群众学习雷锋精神的基本情况。""用200字的篇幅概括和总结汤敏同志的先进事迹和先进思想。""结合给定资料，谈谈'微博打拐'活动的积极作用及其存在的主要问题。"

3. 归纳概括不同（或者对立、矛盾）观点（或者反差）题

这类试题要求对给定材料中所反映的不同意见、看法、举措，按照题目规定的指向来归纳概括。例如："在怒江开发水电资源问题上有重大争议。请根据给定资料1～8指出争议的焦点是什么，并对主张怒江水电开发和反对怒江水电开发的理由分别加以概述。""给定材料中针对机关浪费现象存在许多反差，请你简要归纳、列举这些反差。"

4. 解释概念题

这是根据给定材料提供的散乱的现成资料，加以整合提炼后，对有关名词概念予以解释。例如："请依据给定资料内容，对'出生性别比'的概念作出诠释。""给定材料3提到，辽宁省委、省政府'变送文化下乡为下乡"种文化"'。这里的'种文化'是什么意思。"

5．提炼主题（或者段旨）题

这是要求提炼归纳概括全部给定材料的主题，或者某一部分材料的主题（中心），或者某一语段的段旨、层旨。例如："请用 100 字左右归纳提炼'材料二'第 4 条的主题。"

（二）分析阐述

这类题目是规定用限定的字数，准确、简明、深刻地分析阐释试题规定的问题。它着重要求运用议论的表达方式，对有关问题作出理解、剖析、阐述，着重考察考生阅读理解、分析问题的能力。分析阐述类题目又有以下类型。

1．专题表述分析题

通常要求围绕指定专题限定的内容范围，主要运用议论方式，对有关问题予以引申、分析、阐述。例如："对'给定资料 3'中林老板的心态进行分析，并指出他的心态所反映的本质问题。""郭明义说：'有同志说我傻，可我自己并没有一点做傻事的感觉……为社会多做一些力所能及的事，觉得自己被党组织所信任、被群众所信赖、被社会所需要，就会感到很充实、很快乐、很幸福。'你怎么理解郭明义的幸福观？请加以阐述。"

2．理解阐释语意题

这是要求深刻理解试题中指定的语句或者关键词语的语义，并加以分析阐述。例如："请结合给定资料中的具体事例，谈谈你对'海洋的污染将毁灭鱼儿的家园，但让人类不寒而栗的毁灭绝非仅此而已！'这句话的理解。""'给定资料 6'中国人民大学 C 教授认为'人肉搜索'是一把双刃剑，请简要谈一谈对这句话的理解。"

3．原因分析题

这是要求对试题锁定问题产生的原因（或者依据）予以归纳分析阐述。例如："请根据给定材料，结合社会生活实际，简要分析产生'民工荒'的原因。"有的题目既要归纳概括有关问题，又要分析存在问题的原因，这就增加了作答难度，但也为作答增强针对性提供了依据。例如："根据给定资料内容，分析我国目前经济适用房政策存在的问题及其原因。"

4．后果（影响）分析题

这是要求对试题指定的问题（或者事件、情况）可能产生的后果（影响），加以分析阐述，涉及正面负面、直接间接、现实长远的后果和影响。例如："概括并简要分析奥运经济对国家带来的影响。""请用不超过 200 字简要分析网络给社会生活带来的种种影响。"

5．实质分析题

这是要求分析阐述试题指定的问题（或者事件、情况）的实质。例如："H 总经理采取停水36天的举措，形成强烈的社会舆论。这种舆论的实质是什么?”“‘给定资料3’中环保专家认为‘兵库县堪称环保错位的典型’。请结合资料内容，对‘环保错位’的实质进行阐释。”

6. 比较分析题

这是要求对给定材料所反映的有关情况，或者举措、问题、看法、意见作出比较分析阐述。它又包括对比分析题、类比分析题和选比（比对）分析题。

——对比分析题　这是要求对相反的、分歧的，或者矛盾、对立的处置、举措，或者观点、认识、看法、意见作出判断并加以分析阐述。例如：“根据给定资料（十一），针对某地交警部门挂出的标语，有两种截然不同的意见。你赞成哪种意见？为什么？请简要阐述你的看法。”

——类比分析题　这是要求对同类的、相似的若干情况、处置、举措，或者观点、认识、看法、意见作出提炼归纳并加以分析阐述。例如：“黄来女、刘霆、刘芳艳的事迹有何共同之处？请用不超过200字的篇幅，予以归纳分析。”

——选比（比对）分析题　这是要求针对同一事件、情况、问题陈述的多种不同做法、举措，或者多种不同观点、认识、看法、意见作出判断、筛选、比对，并加以分析阐述。例如：“浏阳镉污染事件发生后，当地党政领导机关相继采取了以下措施，你认为其中摆在第一位的措施应该是哪一项？为什么？请用100字以内的篇幅简要说明。1. 关闭污染企业、依法执纪严肃查处责任人；2. 依法处理涉嫌寻衅滋事、非法集会游行、围堵政府机关的为首者；3. 与群众面对面沟通，畅通群众诉求渠道，解除群众心头疑虑，争取群众理解支持；4. 对化工厂附近的村民全部体检，对镉超标群众妥善治疗并做好心理疏导；5. 启动食物配送制度，对污染区村民予以补助，对受污染农产品统一收购销毁；6. 共同努力迅速清理污染源，截断污染传播途径，全面展开环境治理，切实维护群众利益；7. 积极疏导情绪，正确引导社会舆论，维护社会稳定。”

7. 答复、论辩评论题

这是针对有关事件、情况、问题的专家学者质疑、群众来信来访、网友帖子或者社会不同声音的答复、应对、论辩、评论。例如：“‘给定资料6’引述了某学报C主编提出的意见，请你站在水电规划部门的立场，对C主编的意见做出答复。”“‘给定资料5’对内地省区‘欢迎沿海地区产业转移’的口号提出质疑。请对此进行分析，谈谈你的见解。”这类试题中的评论题，例如“请就‘材料三’的内容写一篇150字内的短评”，就是融分析阐述与写作为一体的了。

8. 案例式分析题

这是融案例分析题与申论分析题为一体的创新题型。例如：“请根据给定材料案例所反映的问题，从政府作为角度，简要分析归纳我国重金属污染屡治不绝的原因。要求：针对案例问题，角度准确，分析全面、深刻，阐述简洁，条理清楚逻辑性强；不超过400字。”“你作为一名机关公务员，请结合材料案例，简要分析阐述‘三公’经费公开的积极意义。”

有时，分析阐述类题目上述类型也综合运用，甚至与归纳概括类题目结合命制。例如：“给定资料9、10中，L教授和T教授在解决水资源问题上存在两种截然不同的看法，这两种看法是什么？你对此怎么评价？理由是什么？”

（三）提出对策

这类题目是要求用限定的字数，针对给定材料所反映的（主要）问题或者限定问题，提出解决问题的方案（对策、举措、建议、意见）。限定字数一般在400字以内。提出的对策要求要有条理性、针对性和可操作性。这类题目着重考察考生提出问题、解决问题的能力以及贯彻执行能力。根据提出对策不同的要求和角度，形成了以下几种对策题型。

1. 全面对策

即笼统、全面地提出解决问题的对策，例如：“用不超过400字的篇幅，提出解决给定材料所反映问题的方案。”

2. 定位对策

即要求考生站在一个具体的虚拟职位或者某机关单位的角度，提出对策，例如：“站在统计管理部门的角度，提出解决给定材料所反映问题的对策意见。”

3. 定性对策

即要求考生按照规定的范围、限定的角度，提出对策，例如：“分析彩民有不同反映的原因，并提出解决问题的方案”“从经济角度提出你的建议”。这又有以下几种类型。

——归纳性对策　这是要求对给定材料中所反映出的对策，予以筛选、提炼、归纳，而不要求考生另外提出对策。显然这是把归纳概括与提出对策融为一体了。例如：“依据给定材料，归纳概括出解决农民看病难、就医难问题的对策建议。”

——直接性对策（限定性对策）　这是要求针对限定问题、范围、角度，直接提出解决某方面问题的对策。例如：“给定材料第（二）条中谈到要‘尽快改变九龙治水的现象’。你认为应该怎样解决行政执法和管理中‘九龙治水’的问题？请用300字以内的篇幅简要说明。”

——析因性对策　这是要求在简要指出问题分析原因的基础上，提出解决问题的对策。例如：“假定你是一名派到农村的支教人员，请根据给定资料简要分析希望小学遭废弃的原因，并提出解决希望小学遭废弃问题的具体建议，供上级有关部门参考。”

——评价性对策 这是要求对给定材料所列对策举措、处置方式的正误是非作出判断，陈述理由，加以分析阐述。例如："'给定资料 11'提出了解决我国粮食问题的对策，认为提高粮食价格是关键之策，不必担忧对低收入人群的影响。他的这种观点有没有道理，为什么？请谈谈你的见解。"

——有效性对策 这是要求针对给定材料或试题提出的若干对策，甄选出正确的、有效的举措，加以分析阐述，或者修改补充完善。例如："给定资料罗列了解决我国农村农民问题的多种意见。其中反映了两种不同思路，请对这两种思路分别加以简述。"

——启示性对策 这是要求针对给定材料所反映的正面事迹业绩或者反面的情况问题，分析阐述其带来的经验启示或者教训启发。有的将其列入归纳概括类题目，实际上它是综合了归纳概括和对策研究而落脚在揭示经验教训启示的对策类试题。例如："简析'福州净菜进城'对解决城市垃圾问题的启示。""试分析'给定资料 6—9'对加快我国城乡经济社会发展一体化建设提供了哪些重要启示。"

——案例式对策 这是融案例题与申论对策题为一体的题目。要求紧扣案例所反映的问题提出对策。例如："针对 D 县人大代表提出的《关于大力开展关爱留守儿童工作的建议》，作为 D 县政府办公室的工作人员，请你草拟一份回复。""请简要阐述，四川在发展经济尤其是发展工业经济时，可以从给定材料所述案例反映的问题和情况中，得到哪些有益的经验教训和启示?"

——文案式对策 这是把对策融合在写作尤其是公文写作中，或写全文，或写提纲。例如："根据给定资料所陈述的汤敏同志的先进事迹和先进思想，以《××县公安局关于开展'向汤敏同志学习，争做汤敏式人民警察'活动的通知》为题，代拟一篇公文稿。""请根据给定材料提供的内容，在镉污染群体事件发生后，面对广大群众及社会各方面，立即以《浏阳市镇头镇人民政府关于处理镉污染事件的紧急通告》为题，写一篇公文。"

从上述实例也可以看出，各种对策题型有时也综合运用。例如："请参考给定资料，结合社会生活实际，谈谈作为农民工输入地 A 市劳动部门（即用工主管机关）应采取哪些措施应对'民工荒'。"本题就属定位定性结合题，作答时一定要注意到这种综合性要求。

（四）申发论述

这类题目通常要求用限定的字数（一般在 800—1200 字范围内），针对给定材料所反映的情况、问题，引申发挥进行论述。要求：中心明确，内容充实，论述深刻，有说服力。申发论述的作文，能够集中体现、展示考生知识基础、能力水准、思维品质、文采笔力，往往是整个申论考试的"重头戏"。申发论述的作文题，通常采用以下类型。

1. 选题作文

任选角度，自己命题作文。早期申论考试多用此法。例如“根据给定材料，自选角度，自拟题目，写一篇800—1000字的文章，发表自己的看法见解。要求：紧扣给定材料，联系社会生活实际，观点鲜明，论述深刻，条理清楚，语言顺畅。”

2. 话题作文

这是要求按照试题限定的范围或话题，自拟题目作文。例如：“以‘从张海超开胸验肺事件谈起’为副标题，自选角度，自己命题，写一篇800—1000字的议论文。”

3. 论题作文

这是要求按照试题限定的论题（即论证对象），自拟题目作文。例如：“参考给定资料，围绕‘海洋的保护与开发’，自选角度，自拟题目，写一篇文章。”“针对给定资料反映的情况，围绕‘小事’与‘大事’，或者‘平凡’与‘伟大’这一话题，自拟标题，写一篇议论文。”

4. 命题作文

这是要求按照试题规定的题目作文。题目可以是话题、论题或者主题。作答时要善于分析。例如：“根据给定材料反映的情况，联系社会生活实际，自选角度，以《农民利益无小事》为题，写一篇议论文。”“请以《环境保护也是民生问题》为题，联系给定材料和社会生活实际，写一篇文章。”

命题作文也有一种限定性命题作文的特例，既规定命题，又限定作文内容。例如：“请依据给定资料，以‘证人保护亟待制度跟进’为题，写一篇不少于1200字的文章。要求有‘数字对比’、‘瞬间回眸’、‘畅想未来’，观点明确，论述虚实结合，有说服力，思路清晰。”

5. 公文式作文

这是要求按照试题规定的内容和文种撰写公文，或写全文，或写要点提纲。申发论述的作文通常以议论文为主，但少数有其他规定，要求写公文。这类试题可列入申发论述类作文题，有时这类试题也和对策题结合成文案式对策题。例如：“根据材料三，假如你是到现场采访的记者，请你根据采访情况，撰写一份‘关于黔江特大交通事故的报告’，报于市委、市政府。”“以宣传无偿献血为目的，撰写一篇面对公众的电视讲话稿，讲话人身份设定为地方政府官员。”“请根据给定材料提供的内容，在镉污染群体事件发生后，面对广大群众及社会各方面，立即以《浏阳市镇头镇人民政府关于处理镉污染事件的紧急通告》为题，写一篇公文。”

6. 案例式作文

这是融案例分析题要求与申论式作文要求为一体的新题型。例如：“请结合给定材料案例和社会生活实际，以《环境保护关涉民生、民心大事》为题，写一篇文章。要求：要有数据分析、案例实证；立意深刻，观点鲜明，论述充分，结构严谨，条理清楚，语言简洁；书写工整，卷面整洁；限1000—1200字。”

上述各种类型的申发论述作文题，有时也综合运用。

四、申论的作答方法与技巧

（一）归纳概括

本题作用不可低估，它还影响到分析阐述、提出对策的针对性，关系到展开论证有无坚实的立论基础。

1. 各种类型题目作答基本要求

（1）概括主要内容

应着眼于全部材料的整体、全局，抓住以下要件：把握给定材料反映的基本事实（即怎么样、是什么），包括话题以及基本情况或者成绩、问题；对上述基本事实作出分析认识（即为什么），包括分析造成所述情况或者取得成绩、存在问题的原因或者后果，或者对其作出评价；对上述基本事实下结论（即怎么办、该怎么），包括对有关情况作出定性结论，或者阐明事件的发展趋势，或者笼统说明应对措施，或者简要归纳已存建议（注意不是新提出的对策意见，而是材料本身陈述的处置方法建议）。例如：

投资环境直接关系着一个地区招商引资和地方经济的发展。（话题）成都市在改善投资环境方面做了一些卓有成效的工作，但同时存在不少问题，诸如投资体制不顺、审批环节过多、行政效率低下、“亲商”意识不够、工作作风不实、“三乱”现象严重等等。（问题）这一切严重影响了成都投资软环境，阻碍了成都市的发展。（分析后果）要努力改善成都市投资环境：加大投资体制改革的力度，减少行政审批事项；转变政府职能；改进工作方式、方法；改进工作作风，热情为企业服务。（应对）

（2）归纳主要问题

应着眼于材料的局部、深度，抓住以下要件：把握基本事实（即怎么样），着重指出问题所在；作出分析认识（即为什么），包括分析上述问题产生的后果或者原因、性质；下结论（即怎么办），指陈述对上述问题的定性结论，或者应对措施、已存建议。例如：

成都市在改善投资环境方面做了一些工作，但存在不少问题：存在体制性障碍，职权交叉，审批事项、审批环节过多；工作效率低下，办事疲沓；部分职能部门缺乏责任心，工作互相推诿，服务不到位；“衙门”作风严重，工作作风不踏实；存在“三乱”现象和以权谋私的腐败行为；部分地方领导、群众缺乏“亲商”意识，存在“仇商”情绪，吓跑了投资者。（问题）这一切严重阻碍了成都市的发展。（后果）必须努力改善成

都市投资环境，特别是软环境。（应对）

要注意归纳主要问题和概括主要内容的区别。“主要问题”是对“主要内容”中提出的“问题”部分的内容，更加深入、集中的阐述。比较上述例卷申论“概括主要内容”和“归纳主要问题”的不同答卷，可以看出它们的明显区别。

（3）定性归纳

解答这类题目，首先要审准题目要求，明确归纳概括作答方向；然后要在通读给定材料的基础上，限定精读范围（也要注意旁及延伸连带部分）；精读中注意抓住关键字眼，把握关键用语的层次性；最后按照题目规定扼要归纳概括。而不同类型的定性归纳题目，又有其不同作答要求。

——撰写摘要、综述题　这类题目是“概括主要内容”类试题的浓缩、节编版。它要求对全部给定材料或者指定部分材料做全面归纳概括：要按照题目规定抓准全部要点，善于归纳组合；要注意归类的角度，即归类排列的逻辑标准；把握组题思路，或者由综述材料的情况—问题—结果—原因—举措，或者由事件情况的前到后，或者由主到次、由实到虚；注意作答的成文性，一定要按照题目规定要求，写成内容完整的短文。

——专题集纳性归纳概括题　一般要直接从给定材料中甄选、归纳组合成段，客观性极强。作答时，应扣紧材料加以归纳、整合、阐述，不多加发挥；主要运用说明叙述方式，客观作出归纳概括，不必多加引申分析阐述；答题思路多用总分思路，少用递进思路。例如申论（雷锋精神）“根据给定资料，请简要概括几十年来广大群众学习雷锋精神的基本情况”的答卷：

几十年来雷锋精神影响着广大青年和群众。层出不穷的先进人物先进集体、舍己救人的大学生、做好事不留名的年轻人，都把雷锋作为道德楷模。时下，具有强大感召力的雷锋精神和奉献、友爱、互助、进步的志愿者精神融为一体，学雷锋已逐渐赋予新的内容和形式，人们做了多元化探索和多种有益尝试。广大群众正努力摒弃学雷锋口号式、季节式、程式化、简单化等形式主义倾向，但更反对把雷锋商业化、娱乐化、低俗化等亵渎雷锋精神的做法。雷锋精神必将成为我国人民核心价值观。

这是以“几十年来”的时间跨度为线索，以“广大群众”为对象正面介绍，以“学雷锋情况”为陈述事实构建并列对举（从时间层面对材料纵剖）情况，极为客观地作了简要归纳概括。

——归纳概括不同（或者对立、矛盾）观点（或者反差）题　要注意题目规定的实质性要求，抓准关键词语；要根据题目要求，注意阅读材料的重点，是区别、差异，还是分歧、矛盾或者对立、反差之处，作答时要把握题目措辞分寸与区别；要注意相关部分内容的完整性；罗列对举要点时注意排列的逻辑顺序，从主要到次要、重点到一般；多用总分思路构成语段。例如申论（治理楼堂馆所）“给定材料所暴露的问题，从许多角度、不同层面反映出一些巨大反差，请用400字以内篇幅，简要归纳出这些反差”的答卷：

部分机关单位违规修建豪华楼堂馆所造成如下反差和对比。这些违建典型与党中央、国务院关于严格控制党政机关办公楼等楼堂馆所建设，努力降低行政成本，建设节约型政府，反对奢侈浪费的规定有极大反差；与当地的经济发展水平落后、地方财政严重亏空和人民群众生活水平较低形成极大反差；与当地街道破旧，有些群众住房困难，学校尚有危房形成鲜明对比；不少地方、部门和单位讲排场、比阔气，花钱大手大脚的奢侈之风与强烈的群众反映之间，有的地方政府把修建豪华办公楼当作“展现地方形象”的“政绩工程”，与败坏政府形象，招致群众反感形成反差；有的党政机关、大型国企培训中心的工作要求与培训中心经营理念错位，甚至功能严重异化造成巨大反差；我国部分党政机关和单位讲排场、比阔气，花钱大手大脚，违规修建豪华楼堂馆所的奢侈之风，与如同普遍民居的或者非常简陋的美国、印度等国政府大楼形成强烈对比。

该答卷从不同方面归纳概括了给定材料所反映出的各种反差对比，极为全面客观且主次分明。总分思路构建的语段条理清楚逻辑严谨。

——解释概念题　这种名词概念的解释，通常是从概念的外延入手，而不是从其内涵入手；要注意解释概念用语的科学性和准确性，尽量不用自己的习惯用语，多用给定材料中的现成语言。例如“根据‘给定材料6’，试分别解释‘存量土地’和‘地荒’的含义”的答卷：

所谓“地荒”，指土地供应中已经出现无地可供，不再向开发商和土地使用者提供土地的情况。

所谓“存量土地”，指不按经济规律办事，盲目铺摊子、上项目、大面积征用土地，或者因土地管理不力而出现的变相非法批地、盲目征用或出让土地，或者城乡规划中粗放用地而占用大量建设用地指标，而这些征地又没有使用长期闲置的土地。

上述答案的内容，在给定材料中是有所反映的，作答时只需对其认真遴选、归纳、整合。

——提炼主题（或者段旨）题　这是浓缩的主题、中心思想的解答方法。要注意把握有关部分材料的深层次思想内容，由浅入深、由表及里地提炼、归纳概括主题或者段旨（层旨）；通常采用“某某问题（事件、情况、事实），说明（反映）了……，揭示出……”之类语句，用递进思路组段；归纳概括时注意语言的精练。

2. 归纳概括类试题解题总体要求

（1）通常不是简答题式地分点分项用条文式答题，而是写一个语段。要力求中心突出，重点鲜明；内容完整、周严；条理清楚，逻辑性强。要保持内容、结构的完整性和语言的连贯性。

（2）切忌轻率概括归纳。对材料的概括归纳，应该有系统思维的意识和方法，要在研读了全部材料或者有关部分材料后，分析了全部或者有关材料的内在联系，把握了相关材料逻辑关系的基础上进行。这样概括归纳出来的结论，才可能是系统、完整、深刻的。

3. 解答归纳概括题时，一般要客观地忠于原材料，不改变材料的中心和要点；不随意附加应试者的主观看法，把答案写成了分析评论。

4. 语言准确、简洁、流畅，字数不超过规定字数的10%。

5. 注意主要内容和主要问题、主题的区别。“主题”即主旨、中心、核心、主题思想、中心思想，它是从思想层面、内在层面对文章、材料的归纳，它通常是文章中心内容与作者意图的融合，常常是融入了作者的主观感受。而“主要内容”“主要问题”是客观地概括、归纳材料的内容或者问题，它通常是从材料的外在层面、内容层面分析相关问题。“主题”关注文章、材料的深度，而“主要内容”“主要问题”着眼于材料整体和广度。

6. 通常采用以下形式作答

（1）递进式

①通常情况下，由话题（缘起）→说明情况（现状）→分析原因（或后果）→作出结论（定性分析、对策办法），或起因→经过→结果→结论或评价，或概况→事迹→评价→宣传或教育。

②由围绕话题（提出问题）→简要分析→作出结论。它通常是按照“摆情况，作分析，下结论”的递进思路来安排语段内容。

例如：

当前大中专毕业生的“就业难”，反映出人才需求“供大于求”的表面现象。（缘起）但从我国国情，西部大开发对人才的需求和我省各地人才特别是短线专业人才匮乏的实际来看，大中专毕业生“供不应求”。（现状）供需失衡是由于用人政策不尽完善、用人观念不够正确、用人标准脱离实际需要、学校培养的人才不适销对路、毕业生就业观念陈旧等原因造成的。（分析原因）党政各级有关部门尤其是人事、教育、劳动等职能部门、大中专院校、用人单位和毕业生都要采取措施来解决这一问题。（应对）

（2）总分式

总说——分述式结构，多是提出话题——归纳诸说的结构，也有提出话题——归纳诸说——作出总括。

例如：

黄来女、刘霆、刘芳艳是当代青年学生的道德楷模。他们不顾艰辛，带着病危父母上大学并悉心照顾，还努力回报社会，具有敬老行孝、知恩图报的传统美德；他们克服种种困难，靠打工维持生活，具有坚韧不拔、持之以恒的拼搏精神；他们在紧张打工的同时，还勤奋学习，积极参加社会活动，立志成才、执著追求；他们身处逆境，毫不悲观气馁，具有自强不息、乐观向上的阳光心态。这些品德值得广大青年学习。

（二）分析阐述

这类题目能够从比较多的层面、角度检测到考生的理解领悟、综合分析以及社会认知能力。

1. 各类型题目作答基本要求

（1）专题表述分析题　作答时首先要注意它与前述归纳概括类题目中的专题集纳性归纳概括题的区别：前者重在客观归纳概括，后者重在主观认识分析阐述；前者主要根据给定材料归纳概括，后者除依据给定材料对指定专题简要归纳外，还要结合社会生活实际加以分析深化认识；前者主要运用说明叙述方式作答，后者重在运用议论方式作答。其次，要注意审准题目，抓准关键词语，缩小阅读范围；作答时切忌只重题目的表面意义，而要去伪存真、去粗取精、由表及里地深入分析有关问题。最后，注意答题思路，可根据题目要求，分别采用递进思路或者总分思路构成语段。

（2）理解阐释语意题　要注意题目的表面意义，更要注意其深层次引申意义，决不能就事论事地回答，要注意深度，深入挖掘“为什么”；注意认识问题的辩证性，全面务实辩证而不失之偏颇，切题而不空发议论；作答多用因果式层层解剖的递进思路，有时也用到总分思路。例如四川申论（开胸验肺）第二题“给定材料第（九）条中提到‘真正有必要开胸验肺的恰恰是少数官员’。你对此有何看法？请用300字以内的篇幅简要阐述你的看法。”解答此题，不能拘泥于给定材料就事论事，而应从多方面、多角度问政于少数领导干部宗旨观、执政观、科学发展观、政绩观、勤政观、亲农爱农观，强调树立正确的执政理念的重要性、必要性。

若是解说关键词的试题，例如“座谈会的主持人说，‘关键是我们如何来平衡’。这里所说的‘平衡’指什么？为什么说这是‘关键’？”就要注意与归纳概括类题目中解释概念题目的区别：一重实解概念一重虚析评论；一内容限定窄，就根据给定材料解释概念，一内容宽，既要叙实简析概念，还有析虚作出分析、议论、评析。

（3）原因分析题　和前述归纳概括原因类试题的不同之处在于：这类题目不只是对给定材料所陈述的原因加以客观归纳概括，而是还要结合社会生活实际，深刻分析阐述有关原因（或者依据），阐释自己对产生问题的原因的认识、看法、理解。作答时，要注意题目两种规定要求的不同，一种是指出问题并且分析原因，另一种针对有关问题分析原因，就不要画蛇添足再讲问题，而应只分析原因；要注意多角度、多层次、全方位分析原因，确保内容全面完整，更要注意深层次分析原因，确保内容的深刻性；注意诸多原因主次重轻、内因外因排列的逻辑顺序；多用总分思路和因果思路构段，按照题目规定，集中或者逐一分析。例如“参照材料内容，用200字以内的篇幅，简要分析导致农民工职业病高发且诊断治疗难的主要原因”的答卷：

导致农民工职业病高发且诊断治疗难的主要原因一是用人企业片面追求经济利益，职业病防治意识淡薄，忽视工人健康和安全。二是一些地方领导片面追求经济发展，放宽企业准入条件，忽视对污染企业的限制。三是政府职能部门政出多门，法规政策不配套，职能分割，职责交叉，监管体制经常出现脱节，协同配合机制尚未形成，监管“缺位”。四是农民工自我保护和依法维权意识较差，维权成本高。此外也缺乏有力的社会监督。

该答卷从企业、地方领导、职能监管、农民工自身及社会监督等方面，全面分析了导致农民工职业病高发且诊断治疗难的主要原因，主次分明，要言不烦，符合要求。

（4）后果（影响）分析题　要熟悉给定材料，结合社会生活实际，从中了解后果（影响）存在的客观性；涉及后果（影响），包括正面负面、直接间接、现实长远后果、影响，要按照题目规定，注意多角度、多层次、全方位分析后果，确保内容的全面完整；多用总分思路构段作答，要注意诸多后果（影响），排列注重逻辑顺序。

（5）实质分析题　实质即本质，指事物本身所固有的，决定事物性质、面貌和发展的根本属性。我们经常说要把握事物本质，就是要通过对事物的表面现象进行分析，探究其内部规律。解答这类试题在精不在多，先扼要点明问题或者情况、看法、表现，再分析存在这种问题，或者出现这种看法，或者有这种表现的深层根本原因即实质。要能够把握逻辑推理的思维方法，由表及里、由浅入深，透过现象看问题，把握深层次问题即实质。即透过现象分析原因，进一步查找根源，从中探究本质。多用递进思路构段作答，即点明问题—解剖实质—作出结论或应对。要注意从认识论思维方法论层面和政治学社会学层面思考问题。例如2010年国考适用于市（地）以下综合管理类和行政执法类职位的申论（海洋保护）第一题第2小题：“‘给定资料3’中环保专家认为‘兵库县堪称环保错位的典型。’请结合资料内容，对‘环保错位’的实质进行阐释。”其参考答案：

兵库县大肆填海造地发展工业经济，在获得巨大经济利益的同时，也造成严重的海洋污染牺牲了环境，影响人类生存和经济社会可持续发展。及至要投入更大财力花费更长时间治理污染恢复环境，代价更大。<u>其环保错位的实质是“先污染、后治理”，忽视了经济和环境协调发展</u>。这是许多发达国家曾经走过的非常错误的发展道路，我国必须引以为鉴。

不少培训资料在解答这道试题时，都只是认定“环保错位的实质是‘先污染、后治理’”，这是不够完整深刻的，也是不完全正确的答案。

（6）比较分析题　首先要审准题目规定和要求，明确是哪种类型的比较分析题，据此来确定精读范围和内容。类比分析题就要从若干个别中合并同类项；对比分析题就要按照题目规定角度，搜尽给定材料中的分歧、区别、对立、不同、矛盾之处，再来选择有用观点材料；选比分析题则要注意先优选所有有关材料，再按题目的规定要求，从中选择正确的，或者最好的、最恰当的、最佳的、最重要的选项。其次，要准确把握题目规定要求的关键词语，注意区分其同异，诸如相同、一致之与类似、相似，区别、不同、分歧之与对立、矛盾，最正确之与最好最佳或者最恰当、最重要等。最后，陈述要点，分析缘由，都要注意排列的逻辑顺序：从主要到次要、重点到一般。构段多用总分思路（包括果因思路），一般逐一回答分析。例如例题“根据给定资料（十一），针对某地交警部门挂出的标语，有两种截然不同的意见。你赞成哪种意见？为什么？请简要阐述你的看法。”可参见《四川历年申论真题汇析》之申论（治理酒驾）的答案：

随着社会文明化程度提高和构建和谐社会的要求，通常情况下，遏止不良行为的宣传标语应力求文明、礼貌、和谐，既告之以理又动之以情，既起到教育警示作用，又体现对人的尊重。但在集中整治酒后驾驶交通违法行为专项行动这种特殊情况下，为了加大对酒驾肇事违法行为的打击力度，为了唤起驾驶员和公众的高度警醒，宣传标语以形象语言强化酒驾恶果，点住酒驾痛穴，更能起到生动、鲜明的警示作用，这就是一种很必要的好的宣传创意了。

此题看似简单，实则有一定难度。意在考察考生阅读理解和综合分析的能力，既能够把握与时俱进的新观念，了解社会存在的热点话题，又能够从矛盾的普遍性和特殊性层面阐述问题，注意到认识问题的辩证性。

（7）答复、论辩评论题　第一，注意题目规定，明确回应、回答、论辩的目标、内容、角度、态度，加强答复论辩的针对性，不要旁逸斜出、节外生枝；尤其要明确答题者虚拟的身份，准确定位。第二，内容一般要实事求是地陈述有关事实、真相、情况是怎么样的，简要具体说明问题、情况、事情为什么产生、有什么后果，有针对性地申明怎么办的应对措施、处理意见。第三，多用递进思路集中回答分析；注意题目规定的文体要求，弄清有没有公文文种的规定。第四，注意必要的应对礼貌和回避技巧，对于确实无法或者不能解决的问题，应据实说明原因。第五，这类分析阐述题常与对策分析题结合命制，其综合性就更强，难度就更大了。

（8）案例式分析题　从案例题的角度，要求紧贴案例实际，按照试题要求，深入剖析阐述；从申论分析阐述题的角度，要求不是只按案例题作答方式回答要点，还必须注重文字表达能力。两者要求紧密结合。这类案例式分析题既保留了案例分析题客观性的特色，又增加了主观创造性的要求，作答的阐述余地较大。不同于一般案例分析题多是从旁观者角度作答的是，申论式案例或者案例式申论中的案例式分析题，可以从旁观者角度作答，也可把考生置于案例的情景之中，成为情景模拟题，要求考生按照特定的虚拟角色定位要求，定向处理、认识回答问题，作答时要注意到这种不同要求。这类答案通常文字较多，可用总分思路、递进思路组织文字。

2. 分析阐述类试题解题总体要求

（1）通常也不是简答题式地答题，而是写一个语段。少数有其特殊要求，比如写成答复、回帖之类。作答时要力求中心突出，重点鲜明；内容完整、周严；条理清楚，逻辑性强，保持内容、结构的完整性和语言的连贯性。

（2）作答更加注重考生的主观看法，要求考生针对题目要求，作出分析评论阐述。要注重作答的深度，力求去伪存真、去粗取精、由表及里地深入分析有关问题。

（3）要审准题目，注意题目的定型（属哪类型分析阐述题）、定位（要求考生站在什么虚拟角度来分析问题）、定性（看题目要求对什么问题作出分析，或者探因溯果、追根溯源、比较鉴别、回复应对等）、定向（看题目要求针对什么对象作出分析阐述）、定体（看题目规定用什么方式或者什么文种解题）。

（4）一般说来，比较分析题、原因分析题、后果（影响）分析题多用总分（果因）思路作答。其他类型的分析阐述题，则多用递进思路作答。

（三）提出对策

1. 不同类型对策类题目作答要求

（1）全面对策　第一，视野应开阔，要注重综合、全面：定位层次注意全方位，事情涉及的上级、下级和具体部门都要考虑到；考虑角度要有全局观，既要考虑大政方针方面的对策，又要有具体操作的可行性措施；对策内容必须全覆盖，有关事项方方面面解决问题的举措都要兼顾到；处理时态包含全过程，首先考虑对过去时已经出现问题的处置方法，再提出对现实存在问题的现在时处理意见，还要关注未来可能出现类似问题将来时的预警方案建议。第二，注意对策的针对性，要针对给定材料反映出的问题和试题规定要求，针对社会生活实际和机关管理工作实际。第三，注意对策主次、重轻、先后、虚实的逻辑排序；用语精练，表述得体。

（2）定位对策　第一，定位应确定专一，要根据试题要求，看是领导层面，还是执行层面或者研究层面，提出的对策、举措符合相应责权利规定，角度符合定位角色，用语恰当得体。第二，定位对策一般都涉及本职工作举措、对下级的部署指导、对上级的建议意见、对有业务工作统管监管责任的有关方面的引导、对需要统筹协同办理相关工作的有关机关单位的配合协作协调等等内容。第三，应注意不同层面定位举措的区别：若属领导层面，诸如各级党委、人大、政府，或者上级部门，则要站在领导指导管理的角度，注意对策的综合性、全局性、法政性、宏观性、原则性；若属执行层面，诸如下级部门、执法职能机关、事涉机关单位，则要站在具体岗位角度，注意对策的执行性、专门性、业务性、操作性；若属研究层面，诸如调研咨询机构、政协及其界别、人大代表政协委员、普通公民、具体办事人员等，则要站在参谋议政的角度，注意对策的全面性、务实性、建议性、可行性、客观性。

（3）定性对策　不同类型的定性对策，又有不同的解题思路和方法。

——归纳性对策　这是集归纳概括与提出对策为一体的小综合性题目。要对给定材料反映出的有关对策，予以筛选、提炼、归纳。例如“依据给定材料，归纳提出解决农民看病难、就医难问题的对策建议”。作答时，一要注意深刻、仔细把握给定材料指定部分的内容，以提炼相关要点；但又要注意旁及其他部分内容，以全面了解情况。二要明确作答时根据给定材料有关内容，主要讲做什么、怎么做、什么时候谁做等要件。

——限定性对策　要注意针对性，明确试题限定的问题、范围、角度，不可超越规定范围、角度旁逸斜出、画蛇添足。解决问题的对策要单一、集中。

——析因性对策　这是把分析原因的分析阐述题与对策题融为一体的小型综合题。要求在简要分析有关问题原因的基础上，提出解决问题的对策。注意这类试题是原因、对策并存，但重点是提出对策；所提对策一定要对应分析原因，以增强针对性、适用性。

——评价性对策　应重在分析试题所列对策、问题看法的是与非，阐述为什么。一般循怎么样（是什么）——为什么——该怎么这一递进思路来阐述意见。

——有效性对策　这类题目不单讲该做什么、不该做什么、怎么做，还要极其简要地分析为什么该做不该做。对给定材料或试题提出的对策加以甄选、分析阐述、补充完善，这类试题有一定难度，要特别注意了解相关背景材料，针对给定材料，结合社会生活实际，认真比较分析，才能准确判断对策的正误是非。

——启示性对策　它是综合了归纳概括和对策研究而落脚在提出对策的小型综合试题。第一，解答这类题目不是直接提出对策，而要先分析给定材料或者试题限定问题处理情况、处置方式成功的经验，或者失误的教训，再从其举措的利弊引申出所得到的启发启示，进而提出解决问题的对策意见。重点还是在由启示到对策，以对策为主。第二，作答一般应采取情况问题——分析评价——提出对策的递进思路构成语段。

——案例式对策　作答既要符合对策类试题要求，又要符合案例分析题要求；既要有案例作答要点，又要有书面表达要求。与上述对策类试题最大的不同，在于更加重视客观性因素，要求必须紧贴案例实际，根据试题要求作答，对策要点要齐全、完备。这类试题往往有较大难度，作答时，要特别注意“角色意识”，了解相关背景材料和行业工作实际情况，不能说外行话。例如“请简要阐述，四川在发展经济尤其是发展工业经济时，可以从给定材料所述案例反映的问题和情况中，得到哪些有益的经验教训和启示？要求：分析阐述全面、深刻，有可行性和可操作性；语言简洁，条理清楚逻辑性强；不超过600字。”这是把限定性对策题、启示性对策题和案例式对策题融合为一体的试题。

——文案式对策　第一，既要把握对策类试题应对规律、方法、技巧，还要把握常用公文写作方法要求。第二，审准试题要求，看是要求写全文还是拟提纲，不可无视公文特殊要求或者超出试题规定要求节外生枝。第三，内容重于形式，要看重公文写作基本要素：标题、主送对象、正文、落款（发文单位、成文日期），尤其是正文。也要注意格式规范，诸如文面格式、序号及不同文种公文的不同要求等。

2. 提出对策类试题作答一般要求

（1）要有条理地陈述。这是指内容的逻辑性和语言的严谨性。它不是简答题，写成条文式就行；而要写成内容基本完整、语言表述严谨的语段，通常是总分条文式语段。

（2）要有针对性。或者针对给定材料反映出的问题尤其是主要问题，或者针对题目的特定指向；要针对经济社会生活和公务员工作实际。要换位思考，角色易位。不能只站在“学生人”的角度，而要进入创设的“情景”，站在“公务员人”或者题目假定的工作职位来考虑对策。这样，提出的对策的针对性、有效性、现实性、可行性才比较强。要宏观把握、整体思考对策。不能“见子打子”、就事论事，针对材料中的一个具体问题支一个招，对策缺乏条理性，显得支离破碎，不得要领。

（3）注意认识问题的视角，处理好几个关系

一是发散与集中的关系。可以多角度、多方位、多层面地考虑对策，尽可能周到、周全、周密，但是，这种发散思维又要在集中的前提下运行。要集中于题目的规定范围和要求，要集中于给定材料反映出的主要问题上。

二是创新与求实的关系。提出的对策不能一味人云亦云、因循守旧，而要尽可能有自己的独特创意。但是，这种创新又必须以求实为基础。要从机关单位工作实际出发，从当前经济社会生活实际出发来出新。

三是主要与次要的关系。提出对策，解决问题，要抓住主要矛盾，首先考虑主要的、重点的对策。不能捡了芝麻丢了西瓜，本末倒置。

四是主观与客观的关系。这是要首先抓住矛盾的主要方面，先从当事者主观方面、内因方面找对策，再考虑客观因素和外因条件。

五是应变与稳定的关系。机关单位处理问题既要一切从实际出发，具体问题具体处理，不可能“一刀切”，这是讲的应变性。但从领导管理工作的实际出发，处理问题又总是有规律可循，总是有一定之规，这是讲的稳定性。考生在提出对策时，要把握工作的基本规律，又要针对不同实际，学会以不变应万变。

（4）要有可操作性。要从公共管理工作实际出发，提出的对策合法、合理、合情，

有可行性和操作性。应针对给定材料的具体情况和管理工作实际，分别从以下各方面来考虑解决问题的手段和方法。尤其要注意，并不是每一次“提出对策”都要运用到以下所有手段、措施、方法，一定要根据给定材料的具体情况，选择其中合适的方式。诸如法律手段、行政手段、经济手段、管理手段、教育手段、纪律监督手段、协调手段、自律手段等。有时，上述手段、因素也是互相交织、综合在一起的。例如法律手段与行政手段、法律手段与经济手段、法律手段与教育手段等，都可能结合在一起，不能截然分开。

(5）绝大多数提出对策采用了总分思路构成的总分式结构的语段。注意提出对策构段的逻辑性，即提出的对策的逻辑排列顺序。应该从具体处理发生问题的意见到以后如何采取预警措施，从主要到次要对策，从直接到间接对策，从主观作出努力到提供客观条件，从微观对策到宏观对策或者从宏观到微观，从务虚对策到务实对策或者从务实到务虚。

(6）考生解答“提出对策”类题目存在的主要问题

——对策缺乏针对性，没有抓准材料中的主要问题。

——提出的对策不够全面，或者主次颠倒，或者重点不突出。

——有的对策缺乏可行性和可操作性，有的只是一些口号式语句。

——有的对策是就事论事，针对给定材料中反映的一个具体问题支一个招，治标不治本。要解决这类问题，就要注意透过现象抓住本质，善于分析问题。先从整体材料看主要有哪些问题，再深入剖析造成这些问题的原因，然后针对找出的原因标本兼治地来全面设计解决问题的对策。

——简答题式作答，没有形成语段；或者排列无序，缺乏逻辑性。

——有的提出对策没有抓住“做什么”“怎么做”，而是过多的分析评价，在阐述“为什么”。

——有的角度不对，没有首先考虑针对已经出现的问题怎么处理，而是一味讲以后出现类似问题怎么预防。

——有的定位对策的定位不准确。有的是根本不了解所假定角色的职责权限，乱蒙一气。

（四）申发论述

申论的申发论述类应试作文，应该做到：符合题目规定要求，准确辨析作文题型；紧扣材料，选好角度，引申发挥；见解深刻，立意独到；主题突出、新颖，观点正确、鲜明；内容充实，论证充分；结构完整，思路清晰；语言简洁、流畅、得体；格式规范，卷面清楚。针对这些要求，下面择要介绍一些应试方法和技巧。

1．认真辨析申发论述常用作文题型

（1）选题作文　选择角度时，一要从给定材料的背景考虑，注重宏观思考，又要从微观入手，选择一个小的入口切入，朝纵深开掘；二要注意“三贴近”，选择角度贴近给定材料重点、现实生活和行政机关工作实际，贴近自身优势写自己最熟悉的内容。

（2）话题作文　它没有规定主题，但是必须在话题限定范围内选择论述角度、论述主题和论述内容。例如四川申论（开胸验肺）“以‘从张海超开胸验肺事件谈起’为副标题，自选角度，自己命题，写一篇800—1000字的议论文”就属话题作文，只要涉及张海超“开胸验肺”事件引发的有关思考和论述，都可以作为选择角度。诸如立法的缺失与不足，体制的弊端，职业病防治的问题，政府有关部门的缺位失职，必须遏制少数企业的冷漠冷酷，企业追求经济效益不能以牺牲农民工健康为代价，必须重处无视农民工健康和生命安全的违法企业，农民工维权的艰难，白衣天使为什么缺乏“天使之情”，生命诚可贵尊严价更高，以人为本首先得以人的生存健康为本，农民工维权的榜样，农民工利益无小事，应给渎职领导“开胸验肺”，不能以牺牲农民工的健康和生命为代价换取GDP增长，张海超的伤口是留在我们每个人心上的伤疤，正义与良知的思考，农民工职业病问题是民生大事，从源头遏制职业病，“开胸验肺”不能止于个案，等等。但无论选择什么角度，都要紧扣规定话题和范围来展开论述。

（3）论题作文　这是要求按照试题限定的论题（即论证对象），自拟题目作文。例如四川申论（学习汤敏）“针对给定资料反映的情况，围绕‘小事’与‘大事’，或者‘平凡’与‘伟大’这一论题，自拟标题，写一篇800—1000字的议论文。”试题实际上规定了两个论题，即“小事与大事”“平凡与伟大”，考生可以任选一个论题作文。但无论选择什么主题和角度来作文，都必须围绕论题，即从小事与大事或者平凡与伟大的辩证关系来展开论述。

如果题目规定为“根据给定材料，结合社会生活实际，自选角度自拟标题写一篇文章”的选题作文，作文就不一定非限定在“小事与大事”或者“平凡与伟大”的论题范围内了，除了可以选择这两个论题作文外，还可以论述新时期为什么应该学习汤敏、怎样学习汤敏、学习汤敏全心全意为人民服务、公务员应该心里时刻装着群众、基层干部要成为联系政府和人民的纽带、人民警察为人民、人民警察靠人民、人民警察人民爱、从为民服务中学习服务本领、在游泳中学会游泳、业精于勤、行行出状元等更多的主题，只要根据给定材料，选择什么角度都行。

如果题目规定为“根据给定材料，结合社会生活实际，围绕社区群众‘有事情找汤敏’为话题，自选角度，自己命题，写一篇文章”的话题作文，那就要求在规定的范围内选择论述角度和主题了。诸如论述为什么群众有事情找汤敏、怎样理解群众的这种心态和取向、怎样认识“有事情找汤敏”的深刻内涵、公务员应该心里时刻装着群众、警民关系鱼水情深、群众心里有杆秤、群众的眼睛是雪亮的、让人民群众为我们的工作打分、公务员应该像汤敏那样心里时刻装着群众、基层干部要像汤敏那样成为联系政府和人民的纽带、人民警察为人民等。显然，这类话题作文所选择角度就不如选题作文宽泛、自由了；但也不像论题作文把主题方向限定得那样窄。它只要“围绕社区群众‘有事情找汤敏’为话题”来选择主题展开论述，都是可以的；就不必像前述论题作文那样只能够围绕“小事与大事”或者“平凡与伟大”这一论题来展开论述。

由此我们也可以看到话题与论题的区别：话题限定选题范围、对象，而论题限定论证对象指定作文主题方向；前者选择的主题可以在话题框定的大范围内自由选择，后者确立的主题只能在论题确定的方向里限定选择。

（4）命题作文　这种要求按照规定题目的作文，题目可以是话题、论题或者主题，作答时要善于分析。

（5）公文式作文　作答时一要明确题目的规定要求：写什么文种，对格式有何规定，虚拟的定位定向定性是什么——站在什么角度写、写给谁、内容有什么限制和要求。其中尤其要注意有时试题规定“不必写出正本文头文尾部分”，这是说不必标注正式公文文本的版头部分（即眉首）和版记（即文尾部分），而不是不要标题、主送机关单位和发文机关单位、成文日期等公文要素（组成部分）。

（6）案例式作文　作答时既要按照案例题要求切合案例所反映的实际情况来深入剖析阐述，又要按照申论作文题的要求，根据案例展开申而论之，要体现表达功力。

上述各种类型的申发论述作文题，有时也综合运用。

2. 紧扣材料，选好角度，引申发挥

（1）紧扣材料

这涉及如何从给定材料切入自己作文的论证中心，如何适当利用原材料的论点论据等问题。

①要善于从给定材料切入自己作文的论证中心。这非常重要。一则符合申论要求，二则使自己知道作文论述方向，三则使阅卷老师一接触你的答卷就知道你是在针对给定材料申发论述。

引据给定材料提出自己文章的主题或者论题，可采用直引、反引、顺引、意引等方法。

——直引可以用百来字概述原材料切入点。例如：

【直引】**湖南少数党政机关干部拖贷几十亿元、欠贷长达一二十年不归还的失信行径和矿工聂清文遇矿难将生死置之度外，临终还信守承诺，把欠他人债务写在安全帽上的惊世骇俗之举，形成了天壤之别的鲜明对比。**（注：黑体字部分为给定材料内容，以下同）一个在精神文明建设中的重要话题，不由得摆在了我们面前：党政干部更应该以诚实守信为荣，以见利忘义为耻。

——反引是从正面观点、论述、情况，对比地用“但是”引出原材料话题。例如：

【反引】“人无信不立”“言必信，行必果”“一言既出，驷马难追”这些流传了千百年的古训，形象地表达了中华民族诚实守信的品质。去年3月，胡锦涛同志在“八荣八耻”中提倡的“以诚实守信为荣、以见利忘义为耻”，更是对中华民族传统美德与时俱进的精辟概括。党员干部作为我们这个社会的示范群体，更要言必践，行必果，说到做到，表里如一，严格自律，率先垂范，成为诚实守信的积极实践者、坚定维护者，为社会树立良好的道德典范。可是，湖南少数党政干部却违背了诚实守信的基本职业道德，长期欠贷、拖贷不还，在社会上造成了极为恶劣的影响。而据新闻媒体反映，类似情况，在全国各地都不同程度地存在着。这就不能不引起我们高度重视，呼吁……

——顺引是从正面观点、论述、情况，类比引出原材料话题。例如：

【顺引】诚信是中华民族的传统美德，“言而有信”“言必信，行必果”“一诺重千金”“一言既出，驷马难追”，这些千古名言，融入了民族的心灵中，铭记在大家的脑海里，传承于不息的血脉里。“以诚实守信为荣、以见利忘义为耻”，更成为了新时代做人的基本准则。普通矿工聂清文，在突遇矿难时，将生死置之度外，临终也不忘信守承诺，把欠他人债务写在安全帽上，提醒家人归还。他这一感天动地、惊世骇俗之举，为世人竖起了一座诚信的不朽丰碑，把守信重诺的基本道德，提高到了一个至尊境界。每个人学习道德楷模，对照自身行为，都应该考虑到：从我做起，从现在做起，坚守诚信道德底线。

——意引则从热门话题联系到原材料话题。例如：

【意引】这些年来，人们在谈论诚实守信的职业道德时，总会提到那少数为官不仁、诚信尽失的害群之马。比如，台上讲官话、台下讲鬼话的国家药监局局长郑筱萸，当面满口仁义道德，背后浑然男盗女娼的“广西王”、全国人大常委会原副主任成克杰，人前正人君子人后恶贯满盈的原江西省副省长胡长清，如此等等。他们的所作所为，或多或少都使得党和政府在群众中的公信力受到影响。而湖南少数党政干部欠贷数额极大、拖贷时间很长的失信行为，也同样在群众中造成极为恶劣的影响。问题无论大小，都是不讲诚信。由此，我们不能不大声疾呼：党政干部要……

②要适当选用原材料作为自己作文的论点论据。不少给定材料总是经过挑选的，有的甚至是经过精选的，这样的材料常有极强的说服力。因此，在申发论述时，适当选用原材料作为论点论据，是极为精要和有力的。而且，选用得当也符合申论紧扣材料的要求。但是，引用原材料一定要适度，否则，也不符合引申发挥的要求。

（2）选好角度

申论给定材料虽然都有或明或隐的中心，但围绕中心反映的问题，却往往涉及某一事务、事件、事情、事理的多侧面、多方面、多层次。考生作文立意时，鉴于考试时间较短、作文篇幅有限、思考余地不大等因素，就不宜从比较全面、宽泛角度来写，而要选择一个较为具体的角度确立切入点。选择的入口要小，开掘要深。

选择角度要宏观思考，微观入手。注意点一定要放在给定材料反映问题的主要方面、重点方面，而不要放在极不重要、不能反映材料本质属性的枝节问题上。要在立足宏观的前提下着眼微观，力求“小”中见“大”。大处起笔，显得大气，站得高；小处落笔，切口小，容易驾驭，又容易深化。

（3）引申发挥

这是申论申发论述性作文一个显著的特点。它要求遵循以下几点：

①引申有据。如果试题没有限定性规定，就要从给定材料涉及的主要内容、重点部位引申出话题、论题或者主题。决不能脱离给定材料限定内容，另写一通。

②申发有度。这个度，指考虑问题正确的角度、分析问题辩证的深度、处理问题务实的效度。总之，要注意力求从管理工作实际的角度，运用管理人员的思维方法，来申发论述。

③发挥有新。无论确立论点、选用论据，都要尽可能避免人云亦云、千人一面、千部一腔。要有新意，以显示自己创新的思维水平和能力，以博取阅者喜新的阅读心理和阅卷心理。

④议论有关。这个“关”指“关联”“关系”，是说申论的申发论述作文一定要关联材料和社会生活实际。或者针对给定的个别典型材料，联系社会现实，找准相似点，将二者紧密结合起来分析推论；或者针对给定材料提供的多则材料，分析它们之间的必然联系，以这个联系点作为由头生发开去阐述议论。这样，申发论述作文就不会偏离申论要求了。

3. 做到思路清晰，结构严谨

通常情况下，申论的议论文应尽量采用递进式结构，较少采用总分式结构。递进式结构是按递进思路组织而成的，一环扣一环的、逐层深入的一种纵式结构。这种结构可以是由浅入深层层推进式，也可以是由提出问题——分析问题——解决问题式。

提出问题部分，或者是陈述存在的问题、困难，或者介绍工作成绩、效果，或者说明工作措施、办法，或者反映基本情况，或者表明对某一问题的认识和看法等。分析问题部分，或者分析存在问题（取得成绩）的原因，或者分析带来的结果（包括造成的恶果或者取得的成果），或者对前述情况的评价，或者阐述相关认识和看法的意义。解决问题部分，或者表述对处理相关问题的设想、打算、对策研究、意见建议，或者对有关事态的进展展望其发展趋势，或者对有关情况、认识看法作出结论。提出问题部分就是摆事实，分析问题部分就是讲道理，解决问题部分就是下结论。

总分式结构是按总分思路组织成的总说分述结构。这种结构先是一段总说（导语），或简要陈述情况，确立论述方向；或提出问题，点明立论中心观点；或介绍背景，为分述作好铺垫。然后，列举分述的分论点部分。这种结构用图式表明，就是总说——分述。有的在分述之后，还有个结语即总括部分：或者简要总结上文，深化中心；或者强调分述的重点；或者补充完善次要内容等。这种结构就是总说——分述——总括。

这两类结构各有特点。总分式结构层次单一、简明，条理明晰。递进式结构常常由实到虚，由事及理，结构较为复杂，内容容量较大，论事较为深刻。我们不妨针对改善投资环境材料，比较"政府行政机关要在改善投资环境中率先垂范"这一论题所使用的两种结构形式的不同。

例一：总分式结构提纲

政府行政机关要在改善投资环境中率先垂范。

一、努力转变公共管理理念，强化服务意识。

二、切实转变工作作风，提高服务质量。

三、引入先进管理方法，实行科学管理。

结语：深化主题。

例二：递进式结构提纲

一、人人都是投资环境，但政府行政机关应在改善投资环境中"率先垂范"

二、为什么应该"率先垂范"

三、分析不"率先垂范"的后果

四、怎样"率先垂范"

1. 努力转变公共管理理念，强化服务意识。

2. 切实转变工作作风，提高服务质量。

3. 引入先进管理方法，实行科学管理。

层后总括：只有"率先垂范"才能……才能……才能……（深化主题）

不难看出，使用递进式结构，议论显得更为深刻。正因为如此，在申论的申发论述作文中，应该尽可能使用递进式结构。

4. 力求主题突出，观点鲜明

这包括恰当选用标题、显示主题句、强调观点等方法，本书前面有所阐述。

5. 确保内容充实

要做到这一点，一是论据要充分有力，论据材料不能太单薄，一篇文章就一个论据，不能有力支撑论点。二是材料要实在而不空泛，有说服力。三是材料新颖而不一般化，尽可能不要老调重弹。四是注意选材角度，恰当使用材料。

6. 学会议论

不善议论，是部分考生作答申发论述类作文存在的普遍问题。除了本书前面所阐述的议论方法外，还要注意以下几点。

（1）不要硬套预制板，诸如三段式之类的万能模式，要我手写我心，写自己对每次不同给定材料的认识、体会、感悟，反映自己的所见所闻所思所想，这也就常常符合“联系社会生活实际”的要求了。例如不要一见到“三农”问题，就用培训时提供的解决“三农”问题的对策、作文模式来硬套。给定材料不同，试题要求角度不同，作答时一定要从给定材料和试题规定要求的实际出发，采取不同的相应的方式方法。

（2）注意议论成分，要学会分析。从作文内容来考虑，不能把笔力主要放在就事说事的层面，而要放在就实论理的分析阐述层面；从写作重点来看，不能只停留于反映“是什么”“怎么样”，而一定要有相当分量地阐述“为什么”“该怎么”；从表达方式来看，全文主要篇幅不能以叙述说明为主，而要有相当分量的议论。尤其要注意在叙述说明之后，对所叙事实、情况、问题的评价、分析、结论，这就是议论了。如果只是下面的写法：

有的毕业生留恋大城市的繁荣、舒适、方便，不愿意到艰苦的基层去经风雨、见世面；有的眼界甚高，一外资二国企，不去乡企、民营和个体；有的追求享受，只愿坐办公室，不去现场和工地；凡此种种不一而足……与此同时，也有不少毕业生选择了正确的择业意向。不少大学生投身西部创业计划，为西部大开发建功立业；有的自愿到贫困山区当基层干部和小学教师，为艰苦地区农民致富贡献青春；有的投笔从戎，到军营经风雨见世面，把自己的满腔热血贡献给国防建设事业；有的放弃优越的条件，自主创业，办起了养猪场、修鞋店、加工厂，以自己的聪明才智，闯出了成才大道……可见，只要树立了正确择业观，投身于社会的广阔天地，毕业生就可以施展抱负，大展宏图。

显然没有一定的评价、分析，缺乏必要的议论，就没有深度和新意了。如果改为：

有的毕业生留恋大城市的繁荣、舒适、方便，不愿意到艰苦的基层去经风雨、见世面；有的眼界甚高，一外资二国企，不去乡企、民营和个体；有的追求享受，只愿坐办公室，不去现场和工地；凡此种种不一而足。正是这种落后的、陈旧的择业观，限制了青年人的发展与成长。与此同时，也有不少毕业生选择了正确的择业意向。不少大学生投身西部创业计划，为西部大开发建功立业；有的自愿到贫困山区当基层干部和小学教师，为艰苦地区农民致富贡献青春；有的投笔从戎，到军营经风雨见世面，把自己的满腔热血贡献给国防建设事业；有的放弃优越的条件，自主创业，办起了养猪场、修鞋店、加工厂，以自己的聪明才智，闯出了成才大道……正是这种与时俱进的、现代的、务实的择业观，在毕业生面前展示了无限广阔的成才空间。真正是“进一步”，海阔天空。可见，不是英雄无用武之地，而是“英雄”没有发现或者无视“用武之地”。只要树立了正确择业观，投身于社会的广阔天地，毕业生就可以施展抱负，大展宏图。

这就加强了议论成分，既有一定深度又有新意。

（3）注意作文对策与对策题的区别

相当部分考生在申发论述作文时，常常是循着提出问题——分析问题——解决问题的逻辑思路写文章，解决问题部分当然就是针对问题提出对策；也有的考生把对策作为作文重点集中阐述。可见对策在申发论述作文中是有相当分量的。但是，一定要注意申发论述作文中的对策，与提出对策类的对策，是有明显不同的。其一，提出对策题着重讲做什么、怎么做、谁做；而作文中的对策还要讲为什么“做”，从这个意义上说，作文中的对策准确的说法应该是“对策分析”。其二，提出对策题主体就是对策；而在申发论述的作文中，对策只是全文的一个组成部分。而且为了规避答卷的同质性，建议通常不要把对策作为作文的主要部分、重点部分。其三，提出对策题通常要按照试题规定要求的范围方向，全面提出对策；而申发论述作文题中的对策不求完整全面，而要力求深刻精要，有创造性。

也要注意如果没有专门规定，一般也不要把申发论述作文写成了策论文。策论文是针对设定的社会现实生活中的矛盾或情况，分析问题，提出解决处理问题的对策举措的一种议论性应试文书。策论文一般依循提出问题——分析问题——解决问题的递进思路，来安排内容和结构。这对实际工作经验和理论修养尚嫌不足的公招考生而言，很容易落入程式化陷阱。而且由于培训机构模板式“三段式”方式造成的练习效应，已经不能够反映考生的真实水平，因此近年来在申论试题命制和试卷评阅中，已经在对类似策论文写法的筋条式对策文章倍加关注。因此，如果没有专门规定写策论文，考生就不必照这种模式来写。通常情况下，不要轻易把申发论述作文写成了对策性文章。作答时针对不同情况，应作出不同处理。

第一，如果对策只是全文一部分，而在作文其他部分有比较深刻全面的分析阐述议论，那么无论对策有无分析，就都不是对策性文章了。若作文主体篇幅是对策，只是干巴巴几条筋讲做什么、怎么做、谁做，而没有对对策加以分析、评论、阐述，那就是没有议论，这就属不合要求的筋条式对策性文章了。

第二，作文中若对策篇幅较多，成了全文主要部分，那就要求对所提对策不仅讲应该怎么做，而且要对所提对策做出分析评价和议论。或者分析为什么采取这种举措的原因，或者分析这样做有什么好处和意义，或者分析不这样做有什么负面效果和不良影响，或者对有关对策展开深层次的剖析。这样才是议论。而不能千篇一律地套用预制模板，不能人云亦云地复述陈旧过时的口号套话，不能没有具体内容和分析阐述就剩干巴巴的筋条。

第三，申发论述作文中的对策分析，不同于提出对策注重全面完整，而要精要、深刻、出新，有自己独特、新颖的思考和表述。

（4）注意论证过程中的“四性”。

——论证的辩证性：注意发展的观点、全面的观点、联系的观点、求实的观点、平衡的观点、矛盾的观点，避免片面性、极端化、绝对化。

——论证的深刻性：要有分析，不能只有“是什么”“怎么办”，而且一定要有“为什么”。

——论证的新颖性：不能照搬大家通用的作文预制板模式，千篇一律，旧题新议。不能只停留于“旧观点”，应该写出“新思维”，包括新时期、新情况、新角度、新观点、新语言等。

——论证的自我（切身）性：谈“体会”要求既要跳出来（结合现实生活实际），又要摆进去（结合自身实际），既要旁观者清，又要当事者清。

7. 要注意申发论述作文语言的特殊性

要注意申论语言的特殊性。申发论述文章的语言属于政论实用语体。这种语体特征同时具有政论文和公文的语体特征，兼有政论性和实用性。这种特殊性要求做到以下几点：

（1）要准确、简洁、质朴、得体。

（2）要把握语体特征，注意克服“学生腔”。一定要站在“公务员人”至少是“社会人”的角度来写申发论述文章，切忌一味站在“学生人”的立场上，用“学生腔”来写“社会文”。例如下面这些华而不实的标题和语段，都是典型的“学生腔”，应该尽可能避免。

①《经济发展！环境污染？》

②二十年，弹指一挥间，我国的改革开放已经走过了二十年的历程。在这二十年中，我们经济建设取得了前所未有的发展，人民的生活水平不断提高，整个社会发生了翻天覆地的变化。这一切，都让我们自豪。

③综上，事实不容乐观，还有很多的困难和挑战，但前途是光明的，我们应该充满信心。让我们少做点儿虚的，多干点儿实的，拿出行动来！

④人类已经迈到二十一世纪，文明、新鲜的二十一世纪向我们招手，希望我们社会去迎接初升的新世纪朝阳。我相信在二十一世纪，我们国家在胡锦涛为首党中央领导下，在温家宝总理“以人为本、为民安身、为民立命”的行政治理下，我们的国家一定能够做到“为民急而所急，为民想而所想”，把我们国家带到一个文明、富强社会主义现代化国家。不是吗？我们国家有的地方很好地解决人民“救命钱”的问题。

（3）适当说古论今，追求文章韵味，加强感性。在表意归旨的同时，适当体现文化色彩，追求行文的文化底蕴，显示哲理思辨。

相当多考生申发论述的文章，都写得干巴巴的，缺乏感性的表达，文化味很淡。要使文章受看可读，就要在增强论证逻辑性、深刻性的同时，也要在语言运用上追求一种韵味，将诗意融于人生感悟、社会认知当中，注意感性的表达，扩大语言的信息容量，给阅者以回味和美感感受。

8. 注意论证的辩证性

不少考生在申论的申发论述时，常常自觉不自觉地出现了论证的片面性。有的看问题极端、片面，有的轻易地肯定一切或者否定一切，有的前后自相矛盾，如此等等。之所以出现这类问题，一则因为给定材料多是暴露我们经济、社会和政治生活中的矛盾和问题的，这种情况本身就给考生的思考设置了“陷阱”，稍不经意就可能朝负面去考虑，去延伸，去放大问题，以致陷入更大的片面性。二则因为不少年轻人缺乏社会生活经验，没有成熟的政治敏锐性，有时看问题难免有些偏颇、极端，不够全面、辩证。三则因为申论考试时间比较短，题量大，再加上考试的临场压力，不少考生来不及认真、仔细、冷静地思考问题，难免忙中有误，出现一些片面性。

面对这种实际，考生应该有充分的思想准备，树立以下辩证的观点。

（1）发展的观点

申论试题给定材料，相当部分是揭露社会阴暗面的，有的问题甚至是十分严重的。但是我们应该清醒地认识到，我们正在进行的改革，是一场伟大的历史创举。在改革开放的过程中出现这样那样的问题，常常是难免的。尤其是当前我国正处于矛盾凸现期，各种矛盾互相交织，我们决不可轻视矛盾和问题。但是，我们也不能无视我们党和政府解决矛盾和困难的勇气、智慧和有力举措。用发展的观点看问题，就要认识到解决问题的前景是乐观的、光明的。而且，我们之所以敢于暴露这些问题，正表明我们敢于正视问题，表明我们有勇气和能力去解决这些问题。当考生透过现象看到问题的实质以后，还可以“瞻前顾后”，看到前面推后面，依据现在判断未来。

（2）全面的观点

在现实生活中，许多政治、经济、社会问题、现象，总是以一种复杂的形式、情况存在、反映出来，而不完全是简单、纯粹的。常常可能是有正有反，有得有失，有主有次，既有成绩又有问题，既有成功又有失误，既有顺境又有困难，既有正确又有错误……面对这些实际，我们看待、判断问题，一定要全面、辩证，要有一分为二的两点论、多点论，从多角度、多方面、多层次全面地、系统地去了解情况，分析原因，提出意见，以避免片面性、绝对化。决不能只计一点不顾全局、一叶障目不见森林，过分强调一个因素、一种意见、一方面观点。分析问题是否充满辩证法。论据角度明确，分析揭示了事物的本质，对那些内容复杂的现象，为避免片面，最好是肯定一点，顾及其他。

（3）联系的观点

任何事物都不是孤立存在的，总是有其千丝万缕的联系。因此，我们在分析客观事物的问题、矛盾时，都不能孤立地看待，而要注意到相关的联系因素。诸如分析矛盾时，矛盾对立双方、主要矛盾与次要矛盾、矛盾主要方面与矛盾次要方面的联系；分析人际、群际关系时，领导与群众、上级与下级、中央与地方、东部与西部、城市与农村、国外与国内、老年人与年轻人的联系；分析原因时，内因与外因、主要原因与次要原因、主观原因与客观原因、历史原因与现实原因、政策原因与工作原因的联系，等等。我们注意到事物、事理的联系、协调，也能够使我们认识问题更加全面、辩证、客观。

（4）求实的观点

“实事求是”“一切从实际出发”，这是我们党的思想路线和工作作风，也是我们认识客观事物的出发点。对申论给定材料所反映出的问题，我们一定要据实作出判断、分析、评价，有一是一，有二是二，既不夸大也不缩小。这就要求我们在应考时注意以下四点。

一是要细致、认真地阅读、把握材料，认准看实材料反映的问题、情况、矛盾，决不能蜻蜓点水，浮光掠影，似是而非。

二是要善于透过现象抓住本质。有的材料从它本身孤立地看是真实的，是客观生活中发生的真人真事。但是透过现象看本质，这个真人真事却未必最真实地反映了生活的本质。这种材料，就不能作为真实的材料写入文章中了。比如一份反映某校积极开展勤工俭学的简报，选用了教师上街卖冰棍这个事例。而这个材料一度被人一引再引，作为了说明教师经济地位、社会地位低下的重要论据。其实，这个别的、偶然的事实并没有反映出学校生活的本质，也不足以说明教师经济地位低下。而认为这反映教师社会地位低下，又会贬低卖冰棍的普通劳动者，陷入一种不能自圆其说的悖论。因此，不能随便选用这类材料。这正如列宁在《统计学与社会学》中指出的：“在社会现象方面，没有比胡乱地抽出一些个别事实和玩弄实例更普遍更站不住脚的方法了。罗列一般例子是毫不费劲的，但这是完全没有意义的或者完全起相反的作用，因为在具体的历史情况下，一切事情都有它个别的情况。如果从事实的全部总和、从事实的联系去掌握事实，那么，事实不仅是‘胜于雄辩的东西’，而且是证据确凿的东西。如果不是从全部总和、不是从联系中去掌握事实，而是片断的和随便挑出来的，那么事实就只能是一种儿戏，或者甚至连儿戏也不如。”

申论的申发论述必然要涉及一些具体的事实，但不要以为在文章中列举的事实越多越好，不要认为有了这些事实就有了说服力，其实不然。作者在分析问题、发表自己的看法时，注意将这一件事和周围的事情，或者说和它有关联的事情联系起来思考，由此及彼，由表及里，即是看到表面求实质。申发论述中，论述的深刻性就在这里。

三是要关注给定材料所反映问题、矛盾、情况的背景，以把握有关问题、矛盾在一定范围（背景）内的地位，更为准确地判断其性质、状况、程度。关于背景问题，本书第一章已有所论及。

四是要有与时俱进的时代感。如何体现时代感？第一，审题看时代，选择立意角度、确定文章主题找到与当今时代的契合点，考虑对人们关注的社会焦点问题有什么认识。第二，选择新材料，文中论据内容适当选用新近发生的事。第三，引用流行的大众语言，给文章打上时代的印记。

（5）“平衡”的观点

这是说在阐明观点、主张、看法时，要注意运用“平衡”的手法。即在强调一个主要观点的同时，不忽视次要观点，特别是不同的观点；在突出一个主要意见的同时，不忽视其他的意见，尤其是相反的意见。说话写文章注意留有余地，不说过头话、绝对话。

这并不是说肯定了主要观点，就一定要同时陈述次要观点或者反面观点；在突出主要意见时，就一定要同时说明其他意见或者相反的意见。而是说，我们在强调主要观点、主要意见时，要想到可能存在的不同观点、不同意见，特别是相反的观点和意见。这样，我们陈述看法时，就不会出现片面性，而显得客观、辩证。也就是说，要善于看了这面想那面。世界上的事情是复杂的，考生在分析问题时，为了使自己的立论有说服力，逻辑思维严密，在看到事物的某一面的同时，要想一想事物的另一面。这也要求注意思辨性，能够写出两面内容，注意辩证地、“一分为二”地看问题。

在申发论述时运用“平衡”手法，要注意以下两点：

（1）注意判断的量。从逻辑的角度看，我们把判断分为单称判断、特称判断和全称判断。单称判断是对事物个别作出的断定，例如“刘某某是抗震救灾的先进个人”。特称判断是对事物部分作出的断定，例如“部分大学毕业生有志于当公务员”。全称判断是对事物全体作出的断定，例如“这些腐败分子都是共产党的败类”。值得注意的是，不要把特称判断误为全称判断，脱离实际地轻易否定一切或者肯定一切，犯轻率归纳的错误。申论申发论述所指向的往往是矛盾、困难和问题，对这些负面状况，尤其要注意不要以偏概全，搞“一刀切”。

（2）注意模糊语言的使用。恰当使用模糊语言，能够帮助我们减少片面性。尤其要注意，不要说绝对的话、极端的话、过头的话。

党政机关公文处理工作条例

（中办发〔2012〕14号）

第一章　总　则

第一条　为了适应中国共产党机关和国家行政机关（以下简称党政机关）工作需要，推进党政机关公文处理工作科学化、制度化、规范化，制定本条例。

第二条　本条例适用于各级党政机关公文处理工作。

第三条　党政机关公文是党政机关实施领导、履行职能、处理公务的具有特定效力和规范体式的文书，是传达贯彻党和国家的方针政策，公布法规和规章，指导、布置和商洽工作，请示和答复问题，报告、通报和交流情况等的重要工具。

第四条　公文处理工作是指公文拟制、办理、管理等一系列相互关联、衔接有序的工作。

第五条　公文处理工作应当坚持实事求是、准确规范、精简高效、安全保密的原则。

第六条　各级党政机关应当高度重视公文处理工作，加强组织领导，强化队伍建设，设立文秘部门或者由专人负责公文处理工作。

第七条　各级党政机关办公厅（室）主管本机关的公文处理工作，并对下级机关的公文处理工作进行业务指导和督促检查。

第二章　公文种类

第八条　公文种类主要有：

（一）决议。适用于会议讨论通过的重大决策事项。

（二）决定。适用于对重要事项做出决策和部署、奖惩有关单位和人员、变更或者撤销下级机关不适当的决定事项。

（三）命令（令）。适用于公布行政法规和规章、宣布施行重大强制性措施、批准授予和晋升衔级、嘉奖有关单位和人员。

（四）公报。适用于公布重要决定或者重大事项。

（五）公告。适用于向国内外宣布重要事项或者法定事项。

（六）通告。适用于在一定范围内公布应当遵守或者周知的事项。

（七）意见。适用于对重要问题提出见解和处理办法。

（八）通知。适用于发布、传达要求下级机关执行和有关单位周知或者执行的事项，批转、转发公文。

（九）通报。适用于表彰先进、批评错误、传达重要精神和告知重要情况。

（十）报告。适用于向上级机关汇报工作、反映情况，回复上级机关的询问。

（十一）请示。适用于向上级机关请求指示、批准。

（十二）批复。适用于答复下级机关请示事项。

（十三）议案。适用于各级人民政府按照法律程序向同级人民代表大会或者人民代表大会常务委员会提请审议事项。

（十四）函。适用于不相隶属机关之间商洽工作、询问和答复问题、请求批准和答复审批事项。

（十五）纪要。适用于记载会议主要情况和议定事项。

第三章　公文格式

第九条　公文一般由份号、密级和保密期限、紧急程度、发文机关标志、发文字号、签发人、标题、主送机关、正文、附件说明、发文机关署名、成文日期、印章、附注、附件、抄送机关、印发机关和印发日期、页码等组成。

（一）份号。公文印制份数的顺序号。涉密公文应当标注份号。

（二）密级和保密期限。公文的秘密等级和保密的期限。涉密公文应当根据涉密程度分别标注“绝密”“机密”“秘密”和保密期限。

（三）紧急程度。公文送达和办理的时限要求。根据紧急程度，紧急公文应当分别标注“特急”“加急”，电报应当分别标注“特提”“特急”“加急”“平急”。

（四）发文机关标志。由发文机关全称或者规范化简称加“文件”二字组成，也可以使用发文机关全称或者规范化简称。联合行文时，发文机关标志可以并用联合发文机关名称，也可以单独用主办机关名称。

（五）发文字号。由发文机关代字、年份、发文顺序号组成。联合行文时，使用主办机关的发文字号。

（六）签发人。上行文应当标注签发人姓名。

（七）标题。由发文机关名称、事由和文种组成。

（八）主送机关。公文的主要受理机关，应当使用机关全称、规范化简称或者同类型机关统称。

（九）正文。公文的主体，用来表述公文的内容。

（十）附件说明。公文附件的顺序号和名称。

（十一）发文机关署名。署发文机关全称或者规范化简称。

（十二）成文日期。署会议通过或者发文机关负责人签发的日期。联合行文时，署最后签发机关负责人签发的日期。

（十三）印章。公文中有发文机关署名的，应当加盖发文机关印章，并与署名机关相符。有特定发文机关标志的普发性公文和电报可以不加盖印章。

（十四）附注。公文印发传达范围等需要说明的事项。

（十五）附件。公文正文的说明、补充或者参考资料。

（十六）抄送机关。除主送机关外需要执行或者知晓公文内容的其他机关，应当使用机关全称、规范化简称或者同类型机关统称。

（十七）印发机关和印发日期。公文的送印机关和送印日期。

（十八）页码。公文页数顺序号。

第十条　公文的版式按照《党政机关公文格式》国家标准执行。

第十一条　公文使用的汉字、数字、外文字符、计量单位和标点符号等，按照有关国家标准和规定执行。民族自治地方的公文，可以并用汉字和当地通用的少数民族文字。

第十二条　公文用纸幅面采用国际标准 A4 型。特殊形式的公文用纸幅面，根据实际需要确定。

第四章　行文规则

第十三条　行文应当确有必要，讲求实效，注重针对性和可操作性。

第十四条　行文关系根据隶属关系和职权范围确定。一般不得越级行文，特殊情况需要越级行文的，应当同时抄送被越过的机关。

第十五条　向上级机关行文，应当遵循以下规则：

（一）原则上主送一个上级机关，根据需要同时抄送相关上级机关和同级机关，不抄送下级机关。

（二）党委、政府的部门向上级主管部门请示、报告重大事项，应当经本级党委、政府同意或者授权；属于部门职权范围内的事项应当直接报送上级主管部门。

（三）下级机关的请示事项，如需以本机关名义向上级机关请示，应当提出倾向性意见后上报，不得原文转报上级机关。

（四）请示应当一文一事。不得在报告等非请示性公文中夹带请示事项。

（五）除上级机关负责人直接交办事项外，不得以本机关名义向上级机关负责人报送公文，不得以本机关负责人名义向上级机关报送公文。

（六）受双重领导的机关向一个上级机关行文，必要时抄送另一个上级机关。

第十六条　向下级机关行文，应当遵循以下规则：

（一）主送受理机关，根据需要抄送相关机关。重要行文应当同时抄送发文机关的直接上级机关。

（二）党委、政府的办公厅（室）根据本级党委、政府授权，可以向下级党委、政府行文，其他部门和单位不得向下级党委、政府发布指令性公文或者在公文中向下级党委、政府提出指令性要求。需经政府审批的具体事项，经政府同意后可以由政府职能部门行文，文中须注明已经政府同意。

（三）党委、政府的部门在各自职权范围内可以向下级党委、政府的相关部门行文。

（四）涉及多个部门职权范围内的事务，部门之间未协商一致的，不得向下行文；擅自行文的，上级机关应当责令其纠正或者撤销。

（五）上级机关向受双重领导的下级机关行文，必要时抄送该下级机关的另一个上级机关。

第十七条　同级党政机关、党政机关与其他同级机关必要时可以联合行文。属于党委、政府各自职权范围内的工作，不得联合行文。

党委、政府的部门依据职权可以相互行文。

部门内设机构除办公厅（室）外不得对外正式行文。

第五章　公文拟制

第十八条　公文拟制包括公文的起草、审核、签发等程序。

第十九条　公文起草应当做到：

（一）符合党的理论路线方针政策和国家法律法规，完整准确体现发文机关意图，并同现行有关公文相衔接。

（二）一切从实际出发，分析问题实事求是，所提政策措施和办法切实可行。

（三）内容简洁，主题突出，观点鲜明，结构严谨，表述准确，文字精练。

（四）文种正确，格式规范。

（五）深入调查研究，充分进行论证，广泛听取意见。

（六）公文涉及其他地区或者部门职权范围内的事项，起草单位必须征求相关地区或者部门意见，力求达成一致。

（七）机关负责人应当主持、指导重要公文起草工作。

第二十条　公文文稿签发前，应当由发文机关办公厅（室）进行审核。审核的重点是：

（一）行文理由是否充分，行文依据是否准确。

（二）内容是否符合党的理论路线方针政策和国家法律法规；是否完整准确体现发文机关意图；是否同现行有关公文相衔接；所提政策措施和办法是否切实可行。

（三）涉及有关地区或者部门职权范围内的事项是否经过充分协商并达成一致意见。

（四）文种是否正确，格式是否规范；人名、地名、时间、数字、段落顺序、引文等是否准确；文字、数字、计量单位和标点符号等用法是否规范。

（五）其他内容是否符合公文起草的有关要求。

需要发文机关审议的重要公文文稿，审议前由发文机关办公厅（室）进行初核。

第二十一条　经审核不宜发文的公文文稿，应当退回起草单位并说明理由；符合发文条件但内容需作进一步研究和修改的，由起草单位修改后重新报送。

第二十二条　公文应当经本机关负责人审批签发。重要公文和上行文由机关主要负责人签发。党委、政府的办公厅（室）根据党委、政府授权制发的公文，由受权机关主要负责人签发或者按照有关规定签发。签发人签发公文，应当签署意见、姓名和完整日期；圈阅或者签名的，视为同意。联合发文由所有联署机关的负责人会签。

第六章　公文办理

第二十三条　公文办理包括收文办理、发文办理和整理归档。

第二十四条　收文办理主要程序是：

（一）签收。对收到的公文应当逐件清点，核对无误后签字或者盖章，并注明签收时间。

（二）登记。对公文的主要信息和办理情况应当详细记载。

（三）初审。对收到的公文应当进行初审。初审的重点是：是否应当由本机关办理，是否符合行文规则，文种、格式是否符合要求，涉及其他地区或者部门职权范围内的事项是否已经协商、会签，是否符合公文起草的其他要求。经初审不符合规定的公文，应当及时退回来文单位并说明理由。

（四）承办。阅知性公文应当根据公文内容、要求和工作需要确定范围后分送。批办性公文应当提出拟办意见报本机关负责人批示或者转有关部门办理；需要两个以上部门办理的，应当明确主办部门。紧急公文应当明确办理时限。承办部门对交办的公文应当及时办理，有明确办理时限要求的应当在规定时限内办理完毕。

（五）传阅。根据领导批示和工作需要将公文及时送传阅对象阅知或者批示。办理公文传阅应当随时掌握公文去向，不得漏传、误传、延误。

（六）催办。及时了解掌握公文的办理进展情况，督促承办部门按期办结。紧急公文或者重要公文应当由专人负责催办。

（七）答复。公文的办理结果应当及时答复来文单位，并根据需要告知相关单位。

第二十五条　发文办理主要程序是：

（一）复核。已经发文机关负责人签批的公文，印发前应当对公文的审批手续、内容、文种、格式等进行复核；需作实质性修改的，应当报原签批人复审。

（二）登记。对复核后的公文，应当确定发文字号、分送范围和印制份数并详细记载。

（三）印制。公文印制必须确保质量和时效。涉密公文应当在符合保密要求的场所印制。

（四）核发。公文印制完毕，应当对公文的文字、格式和印刷质量进行检查后分发。

第二十六条　涉密公文应当通过机要交通、邮政机要通信、城市机要文件交换站或者收发件机关机要收发人员进行传递，通过密码电报或者符合国家保密规定的计算机信息系统进行传输。

第二十七条　需要归档的公文及有关材料，应当根据有关档案法律法规以及机关档案管理规定，及时收集齐全、整理归档。两个以上机关联合办理的公文，原件由主办机关归档，相关机关保存复制件。机关负责人兼任其他机关职务的，在履行所兼职务过程中形成的公文，由其兼职机关归档。

第七章　公文管理

第二十八条　各级党政机关应当建立健全本机关公文管理制度，确保管理严格规范，充分发挥公文效用。

第二十九条　党政机关公文由文秘部门或者专人统一管理。设立党委（党组）的县级以上单位应当建立机要保密室和机要阅文室，并按照有关保密规定配备工作人员和必要的安全保密设施设备。

第三十条　公文确定密级前，应当按照拟定的密级先行采取保密措施。确定密级后，应当按照所定密级严格管理。绝密级公文应当由专人管理。

公文的密级需要变更或者解除的，由原确定密级的机关或者其上级机关决定。

第三十一条　公文的印发传达范围应当按照发文机关的要求执行；需要变更的，应当经发文机关批准。

涉密公文公开发布前应当履行解密程序。公开发布的时间、形式和渠道，由发文机关确定。

经批准公开发布的公文，同发文机关正式印发的公文具有同等效力。

第三十二条　复制、汇编机密级、秘密级公文，应当符合有关规定并经本机关负责人批准。绝密级公文一般不得复制、汇编，确有工作需要的，应当经发文机关或者其上级机关批准。复制、汇编的公文视同原件管理。

复制件应当加盖复制机关戳记。翻印件应当注明翻印的机关名称、日期。汇编本的密级按照编入公文的最高密级标注。

第三十三条　公文的撤销和废止，由发文机关、上级机关或者权力机关根据职权范围和有关法律法规决定。公文被撤销的，视为自始无效；公文被废止的，视为自废止之日起失效。

第三十四条　涉密公文应当按照发文机关的要求和有关规定进行清退或者销毁。

第三十五条　不具备归档和保存价值的公文，经批准后可以销毁。销毁涉密公文必须严格按照有关规定履行审批登记手续，确保不丢失、不漏销。个人不得私自销毁、留存涉密公文。

第三十六条　机关合并时，全部公文应当随之合并管理；机关撤销时，需要归档的公文经整理后按照有关规定移交档案管理部门。

工作人员离岗离职时，所在机关应当督促其将暂存、借用的公文按照有关规定移交、清退。

第三十七条　新设立的机关应当向本级党委、政府的办公厅（室）提出发文立户申请。经审查符合条件的，列为发文单位，机关合并或者撤销时，相应进行调整。

第八章　附　则

第三十八条　党政机关公文含电子公文。电子公文处理工作的具体办法另行制定。

第三十九条　法规、规章方面的公文，依照有关规定处理。外事方面的公文，依照外事主管部门的有关规定处理。

第四十条　其他机关和单位的公文处理工作，可以参照本条例执行。

第四十一条　本条例由中共中央办公厅、国务院办公厅负责解释。

第四十二条　本条例自2012年7月1日起施行。1996年5月3日中共中央办公厅发布的《中国共产党机关公文处理条例》和2000年8月24日国务院发布的《国家行政机关公文处理办法》停止执行。

中华人民共和国国家标准

GB/T 9704—2012

代替 GB/T 9704—1999

党政机关公文格式

目 次

前 言

本标准按照 GB/T 1.1—2009 给出的规则起草。

本标准根据中共中央办公厅、国务院办公厅印发的《党政机关公文处理工作条例》的有关规定对 GB/T 9704—1999《国家行政机关公文格式》进行修订。本标准相对 GB/T 9704—1999 主要作如下修订：

a）标准名称改为《党政机关公文格式》，标准英文名称也作相应修改；

b）适用范围扩展到各级党政机关制发的公文；

c）对标准结构进行适当调整；

d）对公文装订要求进行适当调整；

e）增加发文机关署名和页码两个公文格式要素，删除主题词格式要素，并对公文格式各要素的编排进行较大调整；

f）进一步细化特定格式公文的编排要求；

g）新增联合行文公文首页版式、信函格式首页、命令（令）格式首页版式等式样。

本标准中公文用语与《党政机关公文处理工作条例》中的用语一致。

本标准为第二次修订。

本标准由中共中央办公厅和国务院办公厅提出。

本标准由中国标准化研究院归口。

本标准起草单位：中国标准化研究院、中共中央办公厅秘书局、国务院办公厅秘书局、中国标准出版社。

本标准主要起草人：房庆、杨雯、郭道锋、孙维、马慧、张书杰、徐成华、范一乔、李玲。

本标准代替了 GB/T 9704—1999。

GB/T 9704—1999 的历次版本发布情况为：

——GB/T 9704—1988。

党政机关公文格式

1 范围

本标准规定了党政机关公文通用的纸张要求、排版和印制装订要求、公文格式各要素的编排规则，并给出了公文的式样。

本标准适用于各级党政机关制发的公文。其他机关和单位的公文可以参照执行。使用少数民族文字印制的公文，其用纸、幅面尺寸及版面、印制等要求按照本标准执行，其余可以参照本标准并按照有关规定执行。

2 规范性引用文件

下列文件对于本标准的应用是必不可少的。凡是注日期的引用文件，仅所注日期的版本适用于本标准。凡是不注日期的引用文件，其最新版本（包括所有的修改单）适用于本标准。

GB/T 148　印刷、书写和绘图纸幅面尺寸

GB 3100　国际单位制及其应用

GB 3101　有关量、单位和符号的一般原则

GB 3102（所有部分）　量和单位

GB/T 15834　标点符号用法

GB/T 15835　出版物上数字用法

3 术语和定义

下列术语和定义适用于本标准。

3.1

字　word

标示公文中横向距离的长度单位。在本标准中，一字指一个汉字宽度的距离。

3.2

行　line

标示公文中纵向距离的长度单位。在本标准中，一行指一个汉字的高度加 3 号汉字高度的 7/8 的距离。

4 公文用纸主要技术指标

公文用纸一般使用纸张定量为 60 g/m²—80 g/m² 的胶版印刷纸或复印纸。纸张白度 80%—90%，横向耐折度≥15 次，不透明度≥85%，pH 值为 7.5—9.5。

5 公文用纸幅面尺寸及版面要求

5.1　幅面尺寸

公文用纸采用 GB/T 148 中规定的 A4 型纸，其成品幅面尺寸为：210mm×297mm。

5.2 版面

5.2.1 页边与版心尺寸

公文用纸天头（上白边）为 37mm±1mm，公文用纸订口（左白边）为 28mm±1mm，版心尺寸为 156mm×225mm。

5.2.2 字体和字号

如无特殊说明，公文格式各要素一般用 3 号仿宋体字。特定情况可以作适当调整。

5.2.3 行数和字数

一般每面排 22 行，每行排 28 个字，并撑满版心。特定情况可以作适当调整。

5.2.4 文字的颜色

如无特殊说明，公文中文字的颜色均为黑色。

6 印制装订要求

6.1 制版要求

版面干净无底灰，字迹清楚无断划，尺寸标准，版心不斜，误差不超过 1mm。

6.2 印刷要求

双面印刷；页码套正，两面误差不超过 2mm。黑色油墨应当达到色谱所标 BL100%，红色油墨应当达到色谱所标 Y80%、M80%。印品着墨实、均匀；字面不花、不白、无断划。

6.3 装订要求

公文应当左侧装订，不掉页，两页页码之间误差不超过 4mm，裁切后的成品尺寸允许误差±2mm，四角成 90°，无毛茬或缺损。

骑马订或平订的公文应当：

a）订位为两钉外订眼距版面上下边缘各 70mm 处，允许误差±4mm；

b）无坏钉、漏钉、重钉，钉脚平伏牢固；

c）骑马订钉锯均订在折缝线上，平订钉锯与书脊间的距离为 3mm—5mm。

包本装订公文的封皮（封面、书脊、封底）与书芯应吻合、包紧、包平、不脱落。

7 公文格式各要素编排规则

7.1 公文格式各要素的划分

本标准将版心内的公文格式各要素划分为版头、主体、版记三部分。公文首页红色分隔线以上的部分称为版头；公文首页红色分隔线（不含）以下、公文末页首条分隔线（不含）以上的部分称为主体；公文末页首条分隔线以下、末条分隔线以上的部分称为版记。

页码位于版心外。

7.2　版头

7.2.1　份号

如需标注份号，一般用 6 位 3 号阿拉伯数字，顶格编排在版心左上角第一行。

7.2.2　密级和保密期限

如需标注密级和保密期限，一般用 3 号黑体字，顶格编排在版心左上角第二行；保密期限中的数字用阿拉伯数字标注。

7.2.3　紧急程度

如需标注紧急程度，一般用 3 号黑体字，顶格编排在版心左上角；如需同时标注份号、密级和保密期限、紧急程度，按照份号、密级和保密期限、紧急程度的顺序自上而下分行排列。

7.2.4　发文机关标志

由发文机关全称或者规范化简称加“文件”二字组成，也可以使用发文机关全称或者规范化简称。

发文机关标志居中排布，上边缘至版心上边缘为 35mm，推荐使用小标宋体字，颜色为红色，以醒目、美观、庄重为原则。

联合行文时，如需同时标注联署发文机关名称，一般应当将主办机关名称排列在前；如有“文件”二字，应当置于发文机关名称右侧，以联署发文机关名称为准上下居中排布。

7.2.5　发文字号

编排在发文机关标志下空二行位置，居中排布。年份、发文顺序号用阿拉伯数字标注；年份应标全称，用六角括号“〔　〕”括入；发文顺序号不加“第”字，不编虚位（即 1 不编为 01），在阿拉伯数字后加“号”字。

上行文的发文字号居左空一字编排，与最后一个签发人姓名处在同一行。

7.2.6　签发人

由“签发人”三字加全角冒号和签发人姓名组成，居右空一字，编排在发文机关标志下空二行位置。“签发人”三字用 3 号仿宋体字，签发人姓名用 3 号楷体字。

如有多个签发人，签发人姓名按照发文机关的排列顺序从左到右、自上而下依次均匀编排，一般每行排两个姓名，回行时与上一行第一个签发人姓名对齐。

7.2.7　版头中的分隔线

发文字号之下 4mm 处居中印一条与版心等宽的红色分隔线。

7.3　主体

7.3.1　标题

一般用2号小标宋体字，编排于红色分隔线下空二行位置，分一行或多行居中排布；回行时，要做到词意完整，排列对称，长短适宜，间距恰当，标题排列应当使用梯形或菱形。

7.3.2　主送机关

编排于标题下空一行位置，居左顶格，回行时仍顶格，最后一个机关名称后标全角冒号。如主送机关名称过多导致公文首页不能显示正文时，应当将主送机关名称移至版记，标注方法见7.4.2。

7.3.3　正文

公文首页必须显示正文。一般用3号仿宋体字，编排于主送机关名称下一行，每个自然段左空二字，回行顶格。文中结构层次序数依次可以用“一、”“(一)”“1.”“(1)”标注；一般第一层用黑体字、第二层用楷体字、第三层和第四层用仿宋体字标注。

7.3.4　附件说明

如有附件，在正文下空一行左空二字编排“附件”二字，后标全角冒号和附件名称。如有多个附件，使用阿拉伯数字标注附件顺序号（如“附件：1. ×××××”)；附件名称后不加标点符号。附件名称较长需回行时，应当与上一行附件名称的首字对齐。

7.3.5　发文机关署名、成文日期和印章

7.3.5.1　加盖印章的公文

成文日期一般右空四字编排，印章用红色，不得出现空白印章。

单一机关行文时，一般在成文日期之上、以成文日期为准居中编排发文机关署名，印章端正、居中下压发文机关署名和成文日期，使发文机关署名和成文日期居印章中心偏下位置，印章顶端应当上距正文（或附件说明）一行之内。

联合行文时，一般将各发文机关署名按照发文机关顺序整齐排列在相应位置，并将印章一一对应、端正、居中下压发文机关署名，最后一个印章端正、居中下压发文机关署名和成文日期，印章之间排列整齐、互不相交或相切，每排印章两端不得超出版心，首排印章顶端应当上距正文（或附件说明）一行之内。

7.3.5.2　不加盖印章的公文

单一机关行文时，在正文（或附件说明）下空一行右空二字编排发文机关署名，在发文机关署名下一行编排成文日期，首字比发文机关署名首字右移二字，如成文日期长于发文机关署名，应当使成文日期右空二字编排，并相应增加发文机关署名右空字数。联合行文时，应当先编排主办机关署名，其余发文机关署名依次向下编排。

7.3.5.3　加盖签发人签名章的公文

单一机关制发的公文加盖签发人签名章时，在正文（或附件说明）下空二行右空四

字加盖签发人签名章，签名章左空二字标注签发人职务，以签名章为准上下居中排布。在签发人签名章下空一行右空四字编排成文日期。

联合行文时，应当先编排主办机关签发人职务、签名章，其余机关签发人职务、签名章依次向下编排，与主办机关签发人职务、签名章上下对齐；每行只编排一个机关的签发人职务、签名章；签发人职务应当标注全称。

签名章一般用红色。

7.3.5.4 成文日期中的数字

用阿拉伯数字将年、月、日标全，年份应标全称，月、日不编虚位（即 1 不编为 01）。

7.3.5.5 特殊情况说明

当公文排版后所剩空白处不能容下印章或签发人签名章、成文日期时，可以采取调整行距、字距的措施解决。

7.3.6 附注

如有附注，居左空二字加圆括号编排在成文日期下一行。

7.3.7 附件

附件应当另面编排，并在版记之前，与公文正文一起装订。“附件”二字及附件顺序号用 3 号黑体字顶格编排在版心左上角第一行。附件标题居中编排在版心第三行。附件顺序号和附件标题应当与附件说明的表述一致。附件格式要求同正文。

如附件与正文不能一起装订，应当在附件左上角第一行顶格编排公文的发文字号并在其后标注“附件”二字及附件顺序号。

7.4 版记

7.4.1 版记中的分隔线

版记中的分隔线与版心等宽，首条分隔线和末条分隔线用粗线（推荐高度为 0.35mm），中间的分隔线用细线（推荐高度为 0.25mm）。首条分隔线位于版记中第一个要素之上，末条分隔线与公文最后一面的版心下边缘重合。

7.4.2 抄送机关

如有抄送机关，一般用 4 号仿宋体字，在印发机关和印发日期之上一行、左右各空一字编排。“抄送”二字后加全角冒号和抄送机关名称，回行时与冒号后的首字对齐，最后一个抄送机关名称后标句号。

如需把主送机关移至版记，除将“抄送”二字改为“主送”外，编排方法同抄送机关。既有主送机关又有抄送机关时，应当将主送机关置于抄送机关之上一行，之间不加分隔线。

7.4.3 印发机关和印发日期

印发机关和印发日期一般用 4 号仿宋体字，编排在末条分隔线之上，印发机关左空一字，印发日期右空一字，用阿拉伯数字将年、月、日标全，年份应标全称，月、日不编虚位（即 1 不编为 01），后加“印发”二字。

版记中如有其他要素，应当将其与印发机关和印发日期用一条细分隔线隔开。

7.5 页码

一般用 4 号半角宋体阿拉伯数字，编排在公文版心下边缘之下，数字左右各放一条一字线；一字线上距版心下边缘 7mm。单页码居右空一字，双页码居左空一字。公文的版记页前有空白页的，空白页和版记页均不编排页码。公文的附件与正文一起装订时，页码应当连续编排。

8 公文中的横排表格

A4 纸型的表格横排时，页码位置与公文其他页码保持一致，单页码表头在订口一边，双页码表头在切口一边。

9 公文中计量单位、标点符号和数字的用法

公文中计量单位的用法应当符合 GB 3100、GB 3101 和 GB 3102（所有部分），标点符号的用法应当符合 GB/T 15834，数字用法应当符合 GB/T 15835。

10 公文的特定格式

10.1 信函格式

发文机关标志使用发文机关全称或者规范化简称，居中排布，上边缘至上页边为 30mm，推荐使用红色小标宋体字。联合行文时，使用主办机关标志。

发文机关标志下 4mm 处印一条红色双线（上粗下细），距下页边 20mm 处印一条红色双线（上细下粗），线长均为 170mm，居中排布。

如需标注份号、密级和保密期限、紧急程度，应当顶格居版心左边缘编排在第一条红色双线下，按照份号、密级和保密期限、紧急程度的顺序自上而下分行排列，第一个要素与该线的距离为 3 号汉字高度的 7/8。

发文字号顶格居版心右边缘编排在第一条红色双线下，与该线的距离为 3 号汉字高度的 7/8。

标题居中编排，与其上最后一个要素相距二行。

第二条红色双线上一行如有文字，与该线的距离为 3 号汉字高度的 7/8。

首页不显示页码。

版记不加印发机关和印发日期、分隔线，位于公文最后一面版心内最下方。

10.2 命令（令）格式

发文机关标志由发文机关全称加“命令”或“令”字组成，居中排布，上边缘至版心上边缘为 20mm，推荐使用红色小标宋体字。

发文机关标志下空二行居中编排令号，令号下空二行编排正文。

签发人职务、签名章和成文日期的编排见 7.3.5.3。

10.3　纪要格式

纪要标志由“×××××纪要”组成，居中排布，上边缘至版心上边缘为 35mm，推荐使用红色小标宋体字。

标注出席人员名单，一般用 3 号黑体字，在正文或附件说明下空一行左空二字编排“出席”二字，后标全角冒号，冒号后用 3 号仿宋体字标注出席人单位、姓名，回行时与冒号后的首字对齐。

标注请假和列席人员名单，除依次另起一行并将“出席”二字改为“请假”或“列席”外，编排方法同出席人员名单。

纪要格式可以根据实际制定。

11　式样

A4 型公文用纸页边及版心尺寸见图 1；公文首页版式见图 2；联合行文公文首页版式 1 见图 3；联合行文公文首页版式 2 见图 4；公文末页版式 1 见图 5；公文末页版式 2 见图 6；联合行文公文末页版式 1 见图 7；联合行文公文末页版式 2 见图 8；附件说明页版式见图 9；带附件公文末页版式见图 10；信函格式首页版式见图 11；命令（令）格式首页版式见图 12。

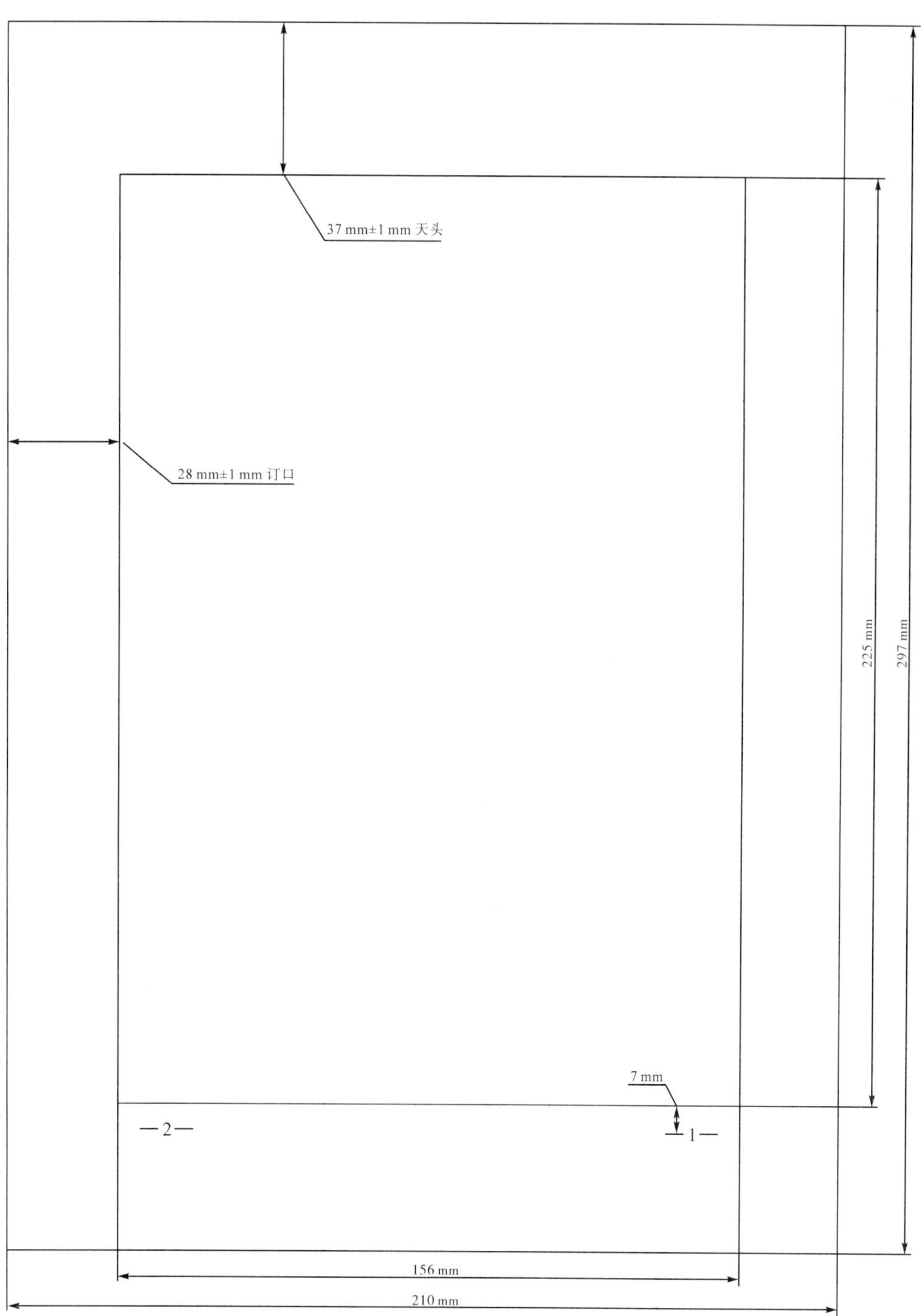

图1　A4型公文用纸页边及版心尺寸

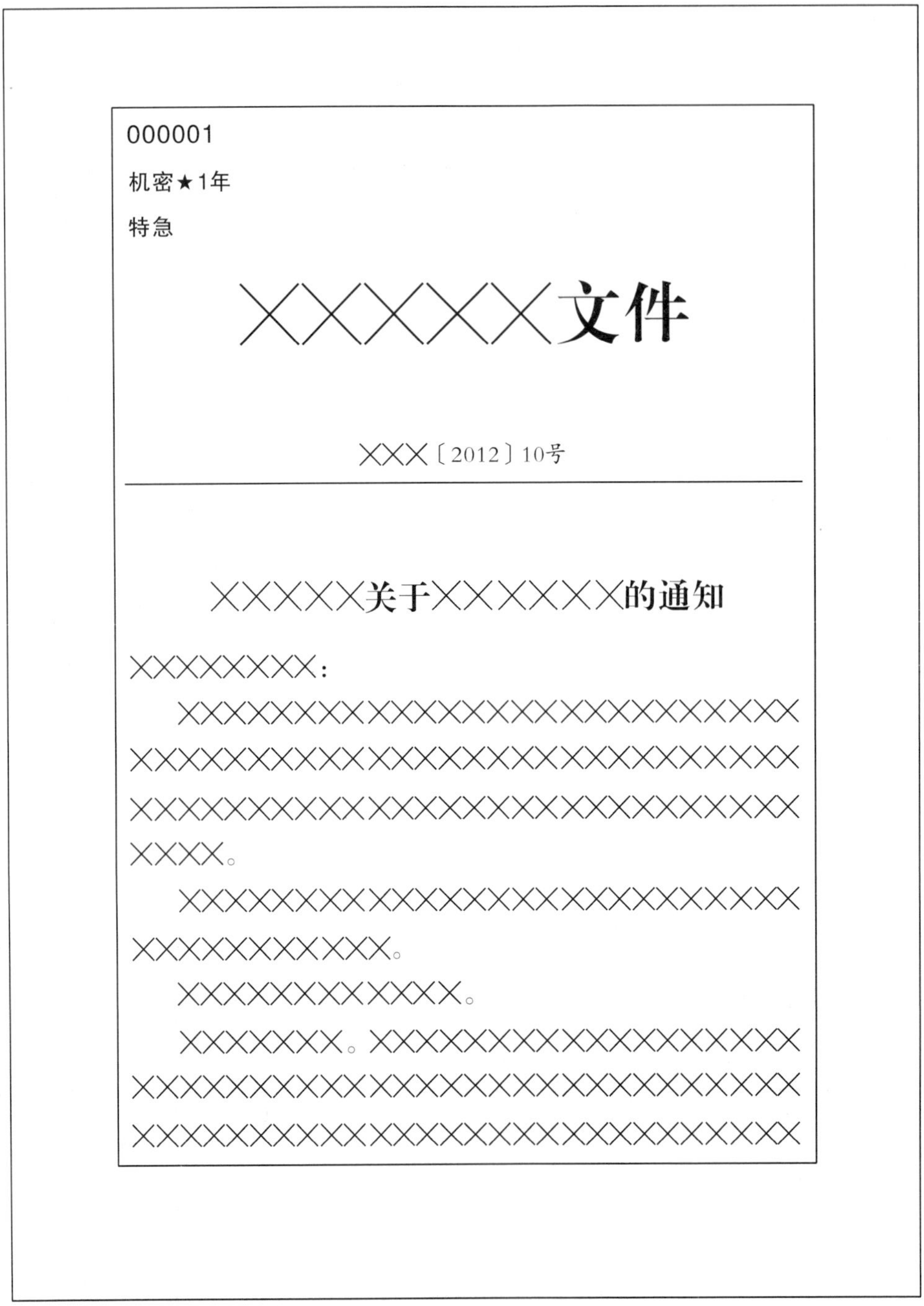

000001

机密★1年

特急

××××××文件

×××〔2012〕10号

×××××关于××××××的通知

×××××××××：

××。

××××××××××××××××××××××××××××××××××××××。

××××××××××××。

×××××××。××

图2 公文首页版式

注：版心实线框仅为示意，在印制公文时并不印出。

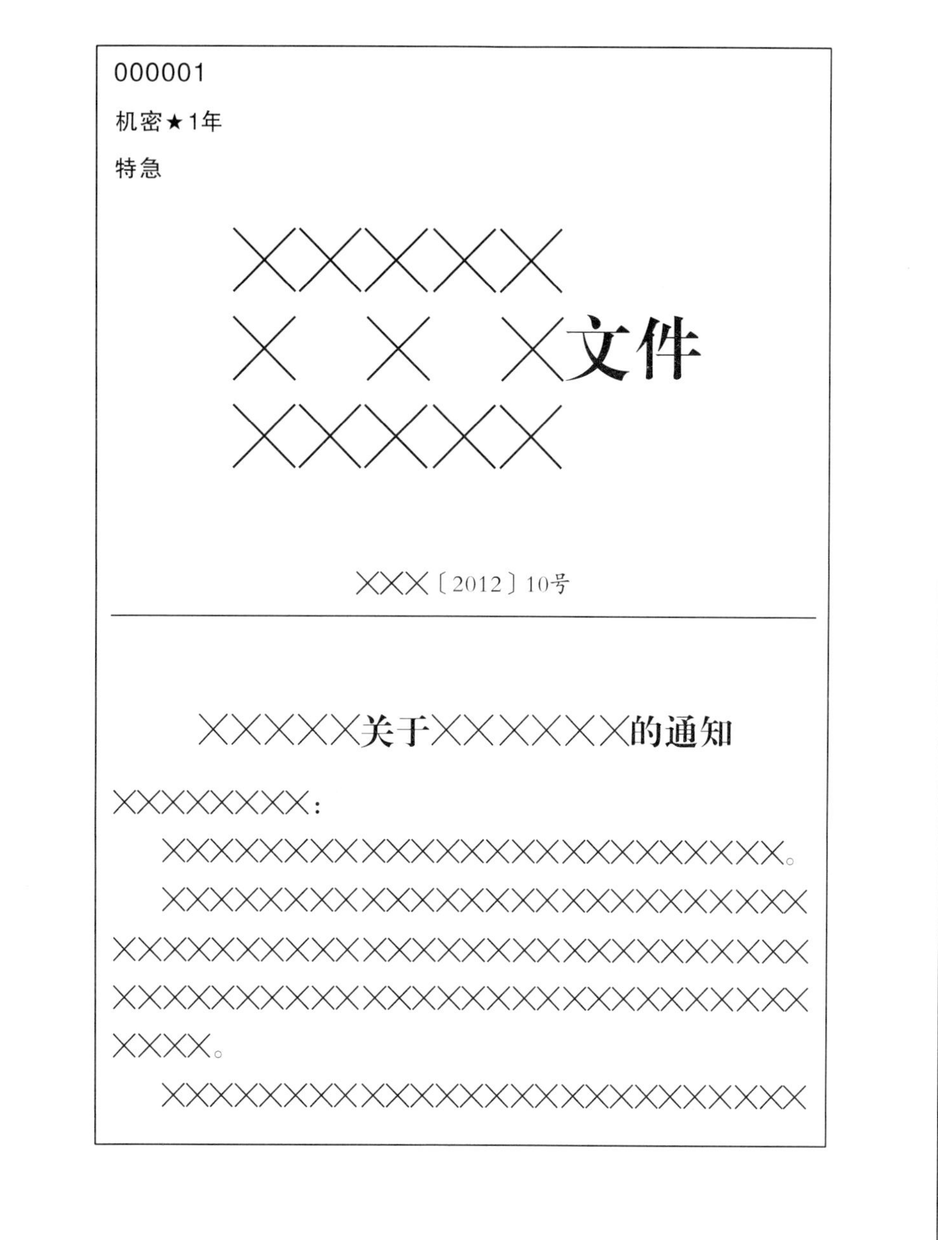

000001

机密★1年

特急

×××××
× × ×文件
×××××

×××〔2012〕10号

×××××关于××××××的通知

×××××××××：

××××××××××××××××××××××××××。

××××××××××××××××××××××××××××
××××××××××××××××××××××××××××××
××××××××××××××××××××××××××××××
××××。

××××××××××××××××××××××××××××

图3　联合行文公文首页版式1

注：版心实线框仅为示意，在印制公文时并不印出。

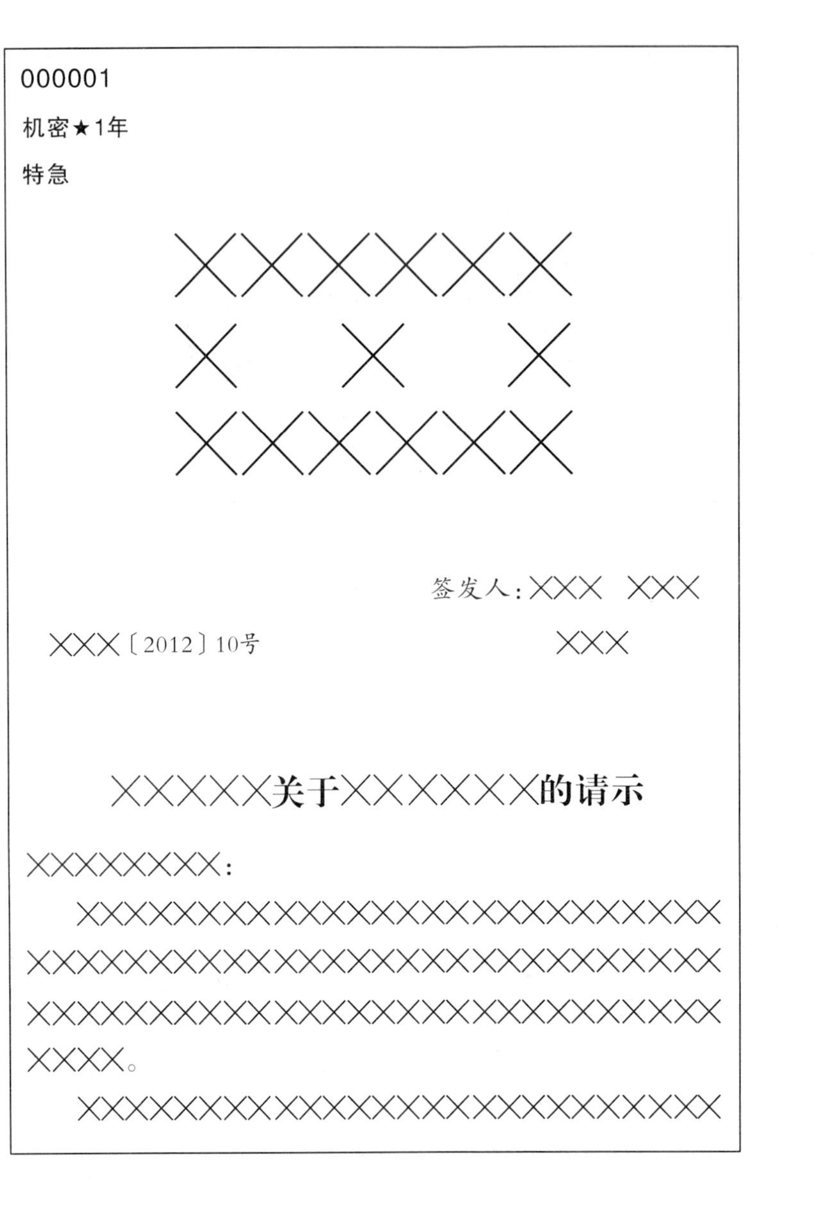

000001

机密★1年

特急

××××××

× × ×

××××××

签发人：××× ×××

×××〔2012〕10号 ×××

××××关于××××××的请示

×××××××××：

××。

××××××××××××××××××××××××××

图4 联合行文公文首页版式2

注：版心实线框仅为示意，在印制公文时并不印出。

XXXXXXXXXXXXX。

XXXXXXXXXXXXXXXXXXXXXXXXXXXXXXXXXXXXXXXXXXXXXXXXXXXXXXXXXXXXXXXXXXXXXXXXXXXXXXXXXXXXX。

中华人民共和国××××部

2012年7月1日

（XXXXX）

抄送：XXXXXXXXX，XXXXXXX，XXXXXX，XXXXXX，XXXXXX。

XXXXXXXXXX　2012年7月1日印发

图5　公文末页版式1

注：版心实线框仅为示意，在印制公文时并不印出。

XXXXXXXXXXXX。

XXXXXXXXXXXXXXXXXXXXXXXXXXXXXXXXXXXXXXXXXXXXXXXXXXXXXXXXXXXXXXXXXXXXXXXXXXXXXXXXX。

XXXXXXXXXXXX

2012年7月1日

（XXXXX）

抄送：XXXXXXXX，XXXXXX，XXXXX，XXXXX，XXXXX。

XXXXXXXXXX 2012年7月1日印发

图6 公文末页版式2

注：版心实线框仅为示意，在印制公文时并不印出。

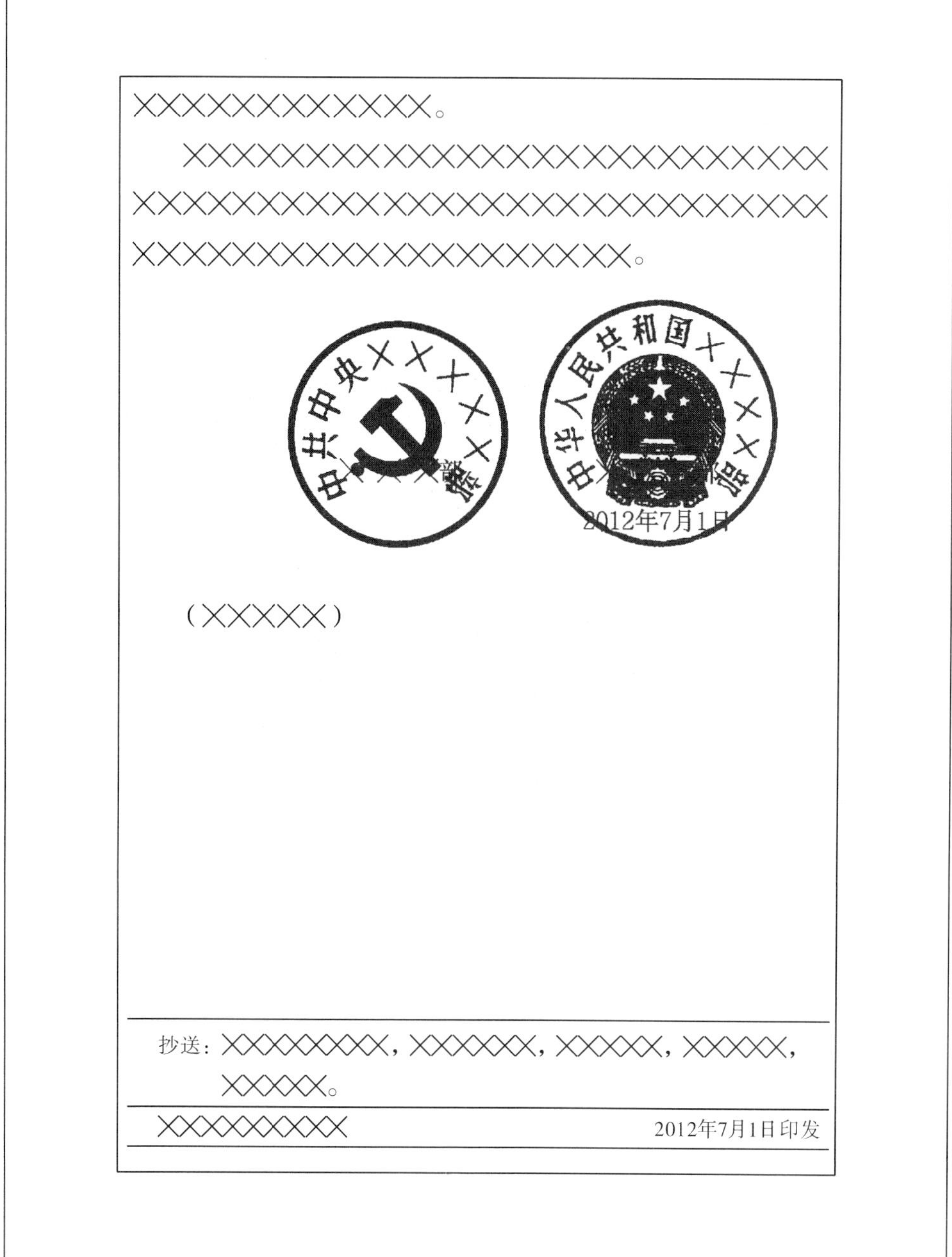

XXXXXXXXXXXXX。

XXXXXXXXXXXXXXXXXXXXXXXXXXXXXXXXXXXXXXXXXXXXXXXXXXXXXXXXXXXXXXXXXXXXXX。

2012年7月1日

（XXXXX）

抄送：XXXXXXXX，XXXXXX，XXXXX，XXXXX，XXXXX。

XXXXXXXXXX　　2012年7月1日印发

图7　联合行文公文末页版式1

注：版心实线框仅为示意，在印制公文时并不印出。

××××××××××××。

××。

中华人民共和国××××部　中华人民共和国××××部　中华人民共和国××××部

中华人民共和国××××部　中华人民共和国××××部

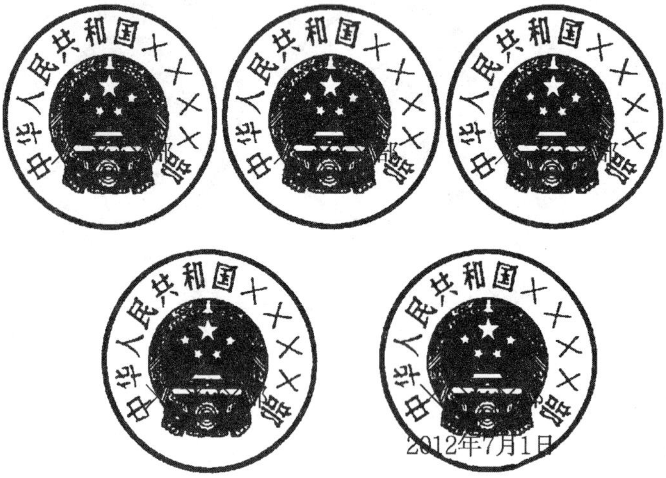

2012年7月1日

（×××××）

抄送：××××××××，××××××，×××××，×××××，×××××。

×××××××××　2012年7月1日印发

图8　联合行文公文末页版式2

注：版心实线框仅为示意，在印制公文时并不印出。

×××××××××××××。

××。

附件：1 ××××××××××××××××××××××××××××××××

2. ××××××××××××××××

×××××××

× × × ×

2012年7月1日

（×××××）

图9 附件说明页版式

注：版心实线框仅为示意，在印制公文时并不印出。

附件2

XXXXXXXXXXXXXXX

XXXXXXXXXXXXXXXXXXXXXXX XXXXXXXXXXXXXXXXXXXXXXXX XXXXXX。

XXXXXXXXXXXXXXXXXXXXXXX XXXXXXXXXXXXXXXXXXXXXXXX XXXXXXXXXXXXXXXXXXXXXXXX XXXXXXXXXXXXXXXXXXXXXXXX XXXXXXXXXXXXXXXXXXXXXXXX XXXXXXXX。

抄送：XXXXXXXX，XXXXXX，XXXXX，XXXXX，XXXXX。

XXXXXXXXX 2012年7月1日印发

图10 带附件公文末页版式

注：版心实线框仅为示意，在印制公文时并不印出。

中华人民共和国×××××部

000001　　　　　　　　　　　　×××〔2012〕10号

机　密

特　急

×××××关于×××××××××的通知

××××××××：

　　××××××××××××××××××××××××××
××××××××××××××××××××××××××××
××××××××××××××××××××××××××××
×××××××××××××××××××××××××。

　　××××××××××××××××××××××××××
××××××××××××××××××××××××××××
××××××××××××××××××××××××××××
××××××××××××××××××××××。

　　××××××××××××××××××××××××××
××××××××××××××××××××××××××××
××××××××××××××××××××××××××××
××××××××××××××××××××××××××××
××××××××××××××××××××××××××××
××××××××××××××××××××××××××××
×××××××××××××××××××××××××。

图11　信函格式首页版式

注：版心实线框仅为示意，在印制公文时并不印出。

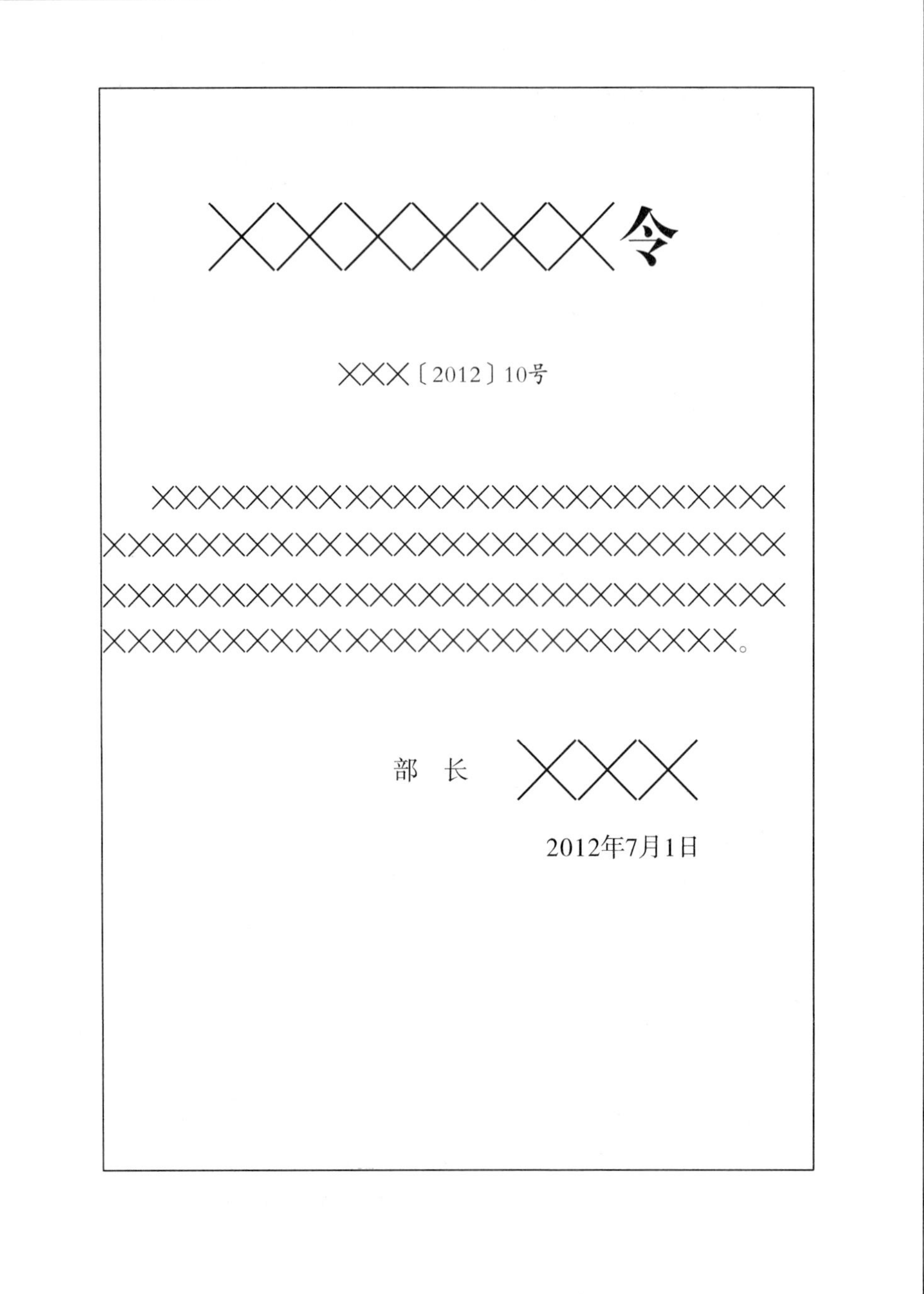

图12　命令（令）格式首页版式

注：版心实线框仅为示意，在印制公文时并不印出。

中华人民共和国国家标准

GB/T 15834—2011
代替 GB/T 15834—1995

标点符号用法
General rules for punctuation

目 次

前　言

本标准按照 GB/T 1.1—2009 给出的规则起草。

本标准代替 GB/T 15834—1995，与 GB/T 15834—1995 相比，主要变化如下：

——根据我国国家标准编写规则（GB/T 1.1—2009），对本标准的编排和表述做了全面修改；

——更换了大部分示例，使之更简短、通俗、规范；

——增加了对术语“标点符号”和“语段”的定义（2.1/2.5）；

——对术语“复句”和“分句”的定义做了修改（2.3/2.4）；

——对句末点号（句号、问号、叹号）的定义做了修改，更强调句末点号与句子语气之间的关系（4.1.1/4.2.1/4.3.1）；

——对逗号的基本用法做了补充（4.4.3）；

——增加了不同形式括号用法的示例（4.9.3）；

——省略号的形式统一为六连点“……”，但在特定情况下允许连用（4.11）；

——取消了连接号中原有的二字线，将连接号形式规范为短横线“-”、一字线“—”和浪纹线“～”，并对三者的功能做了归并与划分（4.13）；

——明确了书名号的使用范围（4.15/A.13）；

——增加了分隔号的用法说明（4.17）；

——“标点符号的位置”一章的标题改为“标点符号的位置和书写形式”，并增加了使用中文输入软件处理标点符号时的相关规范（第 5 章）；

——增加了“附录”：附录 A 为规范性附录，主要说明标点符号不能怎样使用和对标点符号用法加以补充说明，以解决目前使用混乱或争议较大的问题。附录 B 为资料性附录，对功能有交叉的标点符号的用法做了区分，并对标点符号误用高发环境下的规范用法做了说明。

本标准由教育部语言文字信息管理司提出并归口。

本标准主要起草单位：北京大学。

本标准主要起草人：沈阳、刘妍、于泳波、翁姗姗。

本标准所代替标准的历次版本发布情况为：

——GB/T 15834—1995。

标点符号用法

1 范围

本标准规定了现代汉语标点符号的用法。

本标准适用于汉语的书面语（包括汉语和外语混合排版时的汉语部分）。

2 术语和定义

下列术语和定义适用于本文件。

2.1 标点符号 punctuation

辅助文字记录语言的符号，是书面语的有机组成部分，用来表示语句的停顿、语气以及标示某些成分（主要是词语）的特定性质和作用。

注：数学符号、货币符号、校勘符号、辞书符号、注音符号等特殊领域的专门符号不属于标点符号。

2.2 句子 sentence

前后都有较大停顿、带有一定的语气和语调、表达相对完整意义的语言单位。

2.3 复句 complex sentence

由两个或多个在意义上有密切关系的分句组成的语言单位，包括简单复句（内部只有一层语义关系）和多重复句（内部包含多层语义关系）。

2.4 分句 clause

复句内两个或多个前后有停顿、表达相对完整意义、不带有句末语气和语调、有的前面可添加关联词语的语言单位。

2.5 语段 expression

指语言片段，是对各种语言单位（如词、短语、句子、复句等）不做特别区分时的统称。

3 标点符号的种类

3.1 点号

点号的作用是点断，主要表示停顿和语气。分为句末点号和句内点号。

3.1.1 句末点号

用于句末的点号，表示句末停顿和句子的语气。包括句号、问号、叹号。

3.1.2 句内点号

用于句内的点号，表示句内各种不同性质的停顿。包括逗号、顿号、分号、冒号。

3.2 标号

标号的作用是标明，主要标示某些成分（主要是词语）的特定性质和作用。包括引号、括号、破折号、省略号、着重号、连接号、间隔号、书名号、专名号、分隔号。

4 标点符号的定义、形式和用法

4.1 句号

4.1.1 定义

句末点号的一种，主要表示句子的陈述语气。

4.1.2 形式

句号的形式是“。”。

4.1.3 基本用法

4.1.3.1 用于句子末尾，表示陈述语气。使用句号主要根据语段前后有较大停顿、带有陈述语气和语调，并不取决于句子的长短。

示例 1：北京是中华人民共和国的首都。

示例 2：（甲：咱们走着去吧？）乙：好。

4.1.3.2 有时也可以表示较缓和的祈使语气和感叹语气。

示例 1：请你稍等一下。

示例 2：我不由地感到，这些普通劳动者也同样是很值得尊敬的。

4.2 问号

4.2.1 定义

句末点号的一种，主要表示句子的疑问语气。

4.2.2 形式

问号的形式是“？”。

4.2.3 基本用法

4.2.3.1 用于句子末尾，表示疑问语气（包括反问、设问等疑问类型）。使用问号主要根据语段前后有较大停顿、带有疑问语气和语调，并不取决于句子的长短。

示例 1：你怎么还不回家去呢？

示例 2：难道这些普通的战士不值得歌颂吗？

示例 3：（一个外国人，不远万里来到中国，帮助中国的抗日战争。）这是什么精神？这是国际主义的精神。

4.2.3.2 选择问句中，通常只在最后一个选项的末尾用问号，各个选项之间一般用逗号隔开。当选项较短且选项之间几乎没有停顿时，选项之间可不用逗号。当选项较多或较长，或有意突出每个选项的独立性时，也可每个选项之后都用问号。

示例 1：诗中记述的这场战争究竟是真实的历史描述，还是诗人的虚构？

示例 2：这是巧合还是有意安排？

示例 3：要一个什么样的结尾：现实主义的？传统的？大团圆的？荒诞的？民族形

式的？有象征意义的？

示例4：（他看着我的作品称赞了我。）但到底是称赞我什么：是有几处画得好？还是什么都敢画？抑或只是一种对于失败者的无可奈何的安慰？我不得而知。

示例5：这一切都是由客观的条件造成的？还是由行为的惯性造成的？

4.2.3.3 在多个问句连用或表达疑问语气加重时，可叠用问号。通常应先单用，再叠用，最多叠用三个问号。在没有异常强烈的情感表达需要时不宜叠用问号。

示例：这就是你的做法吗？你这个总经理是怎么当的？？你怎么竟敢这样欺骗消费者???

4.2.3.4 问号也有标号的用法，即用于句内，表示存疑或不详。

示例1：马致远（1250？—1321），大都人，元代戏曲家、散曲家。

示例2：钟嵘（？—518），颍川长社人，南朝梁代文学批评家。

示例3：出现这样的文字错误，说明作者（编者？校者?）很不认真。

4.3 叹号

4.3.1 定义

句末点号的一种，主要表示句子的感叹语气。

4.3.2 形式

叹号的形式是“!”。

4.3.3 基本用法

4.3.3.1 用于句子末尾，主要表示感叹语气，有时也可表示强烈的祈使语气、反问语气等。使用叹号主要根据语段前后有较大停顿、带有感叹语气和语调或带有强烈的祈使、反问语气和语调，并不取决于句子的长短。

示例1：才一年不见，这孩子都长这么高啦!

示例2：你给我住嘴!

示例3：谁知道他今天是怎么搞的!

4.3.3.2 用于拟声词后，表示声音短促或突然。

示例1：咔嚓！一道闪电划破了夜空。

示例2：咚！咚咚！突然传来一阵急促的敲门声。

4.3.3.3 表示声音巨大或声音不断加大时，可叠用叹号；表达强烈语气时，也可叠用叹号，最多叠用三个叹号。在没有异常强烈的情感表达需要时不宜叠用叹号。

示例1：轰！！在这天崩地塌的声音中，女娲猛然醒来。

示例2：我要揭露！我要控诉！！我要以死抗争！！！

4.3.3.4 当句子包含疑问、感叹两种语气且都比较强烈时（如带有强烈感情的反问句和带有惊愕语气的疑问句），可在问号后再加叹号（问号、叹号各一）。

示例 1：这么点困难就能把我们吓倒吗？！

示例 2：他连这些最起码的常识都不懂，还敢说自己是高科技人才？！

4.4 逗号

4.4.1 定义

句内点号的一种，表示句子或语段内部的一般性停顿。

4.4.2 形式

逗号的形式是“，”。

4.4.3 基本用法

4.4.3.1 复句内各分句之间的停顿，除了有时用分号（见 4.6.3.1），一般都用逗号。

示例 1：不是人们的意识决定人们的存在，而是人们的社会存在决定人们的意识。

示例 2：学历史使人更明智，学文学使人更聪慧，学数学使人更精细，学考古使人更深沉。

示例 3：要是不相信我们的理论能反映现实，要是不相信我们的世界有内在和谐，那就不可能有科学。

4.4.3.2 用于下列各种语法位置：

a）较长的主语之后。

示例 1：苏州园林建筑各种门窗的精美设计和雕镂功夫，都令人叹为观止。

b）句首的状语之后。

示例 2：在苍茫的大海上，狂风卷集着乌云。

c）较长的宾语之前。

示例 3：有的考古工作者认为，南方古猿生存于上新世至更新世的初期和中期。

d）带句内语气词的主语（或其他成分）之后，或带句内语气词的并列成分之间。

示例 4：他呢，倒是很乐观地、全神贯注地干起来了。

示例 5：（那是个没有月亮的夜晚。）可是整个村子——白房顶啦，白树木啦，雪堆啦，全看得见。

e）较长的主语中间、谓语中间和宾语中间。

示例 6：母亲沉痛的诉说，以及亲眼看到的实事，都启发了我幼年时期追求真理的思想。

示例 7：那姑娘头戴一顶草帽，身穿一条绿色的裙子，腰间还系着一根橙色的腰带。

示例 8：必须懂得，对于文化传统，既不能不分青红皂白统统抛弃，也不能不管精华糟粕全盘继承。

f）前置的谓语之后或后置的状语、定语之前。

示例 9：真美啊，这条蜿蜒的林间小路。

示例 10：她吃力地站了起来，慢慢地。

示例 11：我只是一个人，孤孤单单的。

4.4.3.3　用于下列各种停顿处：

a）复指成分或插说成分前后。

示例 1：老张，就是原来的办公室主任，上星期已经调走了。

示例 2：车，不用说，当然是头等。

b）语气缓和的感叹语、称谓语和呼唤语之后。

示例 3：哎哟，这儿，快给我揉揉。

示例 4：大娘，您到哪儿去啊？

示例 5：喂，你是哪个单位的？

c）某些序次语（“第”字头、“其”字头及“首先”类序次语）之后。

示例 6：为什么许多人都有长不大的感觉呢？原因有三：第一，父母总认为自己比孩子成熟；第二，父母总要以自己的标准来衡量孩子；第三，父母出于爱心而总不想让孩子在成长的过程中走弯路。

示例 7：《玄秘塔碑》所以成为书法的范本，不外乎以下几方面的因素：其一，具有楷书点画、构体的典范性；其二，承上启下，成为唐楷的极致；其三，字如其人，爱人及字，柳公权高尚的书品、人品为后人所崇仰。

示例 8：下面从三个方面讲讲语言的污染问题：首先，是特殊语言环境中的语言污染问题；其次，是滥用缩略语引起的语言污染问题；再次，是空话和废话引起的语言污染问题。

4.5　顿号

4.5.1　定义

句内点号的一种，表示语段中并列词语之间或某些序次语之后的停顿。

4.5.2　形式

顿号的形式是“、”。

4.5.3　基本用法

4.5.3.1　用于并列词语之间。

示例 1：这里有自由、民主、平等、开放的风气和氛围。

示例 2：造型科学、技艺精湛、气韵生动，是盛唐石雕的特色。

4.5.3.2　用于需要停顿的重复词语之间。

示例：他几次三番、几次三番地辩解着。

4.5.3.3　用于某些序次语（不带括号的汉字数字或“天干地支”类序次语）之后。

示例1：我准备讲两个问题，一、逻辑学是什么？二、怎样学好逻辑学？

示例2：风格的具体内容主要有以下四点，甲、题材；乙、用字；丙、表达；丁、色彩。

4.5.3.4 相邻或相近两数字连用表示概数通常不用顿号。若相邻两数字连用为缩略形式，宜用顿号。

示例1：飞机在6000米高空水平飞行时，只能看到两侧八九公里和前方一二十公里范围内的地面。

示例2：这种凶猛的动物常常三五成群地外出觅食和活动。

示例3：农业是国民经济的基础，也是二、三产业的基础。

4.5.3.5 标有引号的并列成分之间、标有书名号的并列成分之间通常不用顿号。若有其他成分插在并列的引号之间或并列的书名号之间（如引语或书名号之后还有括注），宜用顿号。

示例1：“日”“月”构成“明”字。

示例2：店里挂着“顾客就是上帝”“质量就是生命”等横幅。

示例3：《红楼梦》《三国演义》《西游记》《水浒传》，是我国长篇小说的四大名著。

示例4：李白的“白发三千丈”（《秋浦歌》）、“朝如青丝暮成雪”（《将进酒》）都是脍炙人口的诗句。

示例5：办公室里订有《人民日报》（海外版）、《光明日报》和《时代周刊》等报刊。

4.6 分号

4.6.1 定义

句内点号的一种，表示复句内部并列关系分句之间的停顿，以及非并列关系的多重复句中第一层分句之间的停顿。

4.6.2 形式

分号的形式是“；”。

4.6.3 基本用法

4.6.3.1 表示复句内部并列关系的分句（尤其当分句内部还有逗号时）之间的停顿。

示例1：语言文字的学习，就理解方面说，是得到一种知识；就运用方面说，是养成一种习惯。

示例2：内容有分量，尽管文章短小，也是有分量的；内容没有分量，即使写得再长也没有用。

4.6.3.2 表示非并列关系的多重复句中第一层分句（主要是选择、转折等关系）之间的停顿。

示例 1：人还没看见，已经先听见歌声了；或者人已经转过山头望不见了，歌声还余音袅袅。

示例 2：尽管人民革命的力量在开始时总是弱小的，所以总是受压的；但是由于革命的力量代表历史发展的方向，因此本质上又是不可战胜的。

示例 3：不管一个人如何伟大，也总是生活在一定的环境和条件下；因此，个人的见解总难免带有某种局限性。

示例 4：昨天夜里下了一场雨，以为可以凉快些；谁知没有凉快下来，反而更热了。

4.6.3.3 用于分项列举的各项之间。

示例：特聘教授的岗位职责为：一、讲授本学科的主干基础课程；二、主持本学科的重大科研项目；三、领导本学科的学术队伍建设；四、带领本学科赶超或保持世界先进水平。

4.7 冒号

4.7.1 定义

句内点号的一种，表示语段中提示下文或总结上文的停顿。

4.7.2 形式

冒号的形式是“：”。

4.7.3 基本用法

4.7.3.1 用于总说性或提示性词语（如“说”“例如”“证明”等）之后，表示提示下文。

示例 1：北京紫禁城有四座城门：午门、神武门、东华门和西华门。

示例 2：她高兴地说：“咱们去好好庆祝一下吧！”

示例 3：小王笑着点了点头：“我就是这么想的。”

示例 4：这一事实证明：人能创造环境，环境同样也能创造人。

4.7.3.2 表示总结上文。

示例：张华上了大学，李萍进了技校，我当了工人：我们都有美好的前途。

4.7.3.3 用在需要说明的词语之后，表示注释和说明。

示例 1：（本市将举办首届大型书市。）主办单位：市文化局；承办单位：市图书进出口公司；时间：8 月 15 日—20 日；地点：市体育馆观众休息厅。

示例 2：（做阅读理解题有两个办法。）办法之一：先读题干，再读原文，带着问题有针对性地读课文。办法之二：直接读原文，读完再做题，减少先入为主的干扰。

4.7.3.4 用于书信、讲话稿中称谓语或称呼语之后。

示例 1：广平先生：……

示例 2：同志们、朋友们：……

4.7.3.5　一个句子内部一般不应套用冒号。在列举式或条文式表述中，如不得不套用冒号时，宜另起段落来显示各个层次。

示例：第十条　遗产按照下列顺序继承：

第一顺序：配偶、子女、父母。

第二顺序：兄弟姐妹、祖父母、外祖父母。

4.8　引号

4.8.1　定义

标号的一种，标示语段中直接引用的内容或需要特别指出的成分。

4.8.2　形式

引号的形式有双引号““””和单引号“‘’”两种。左侧的为前引号，右侧的为后引号。

4.8.3　基本用法

4.8.3.1　标示语段中直接引用的内容。

示例：李白诗中就有“白发三千丈”这样极尽夸张的语句。

4.8.3.2　标示需要着重论述或强调的内容。

示例：这里所谓的“文”，并不是指文字，而是指文采。

4.8.3.3　标示语段中具有特殊含义而需要特别指出的成分，如别称、简称、反语等。

示例 1：电视被称作“第九艺术”。

示例 2：人类学上常把古人化石统称为尼安德特人，简称“尼人”。

示例 3：有几个“慈祥”的老板把捡来的菜叶用盐浸浸就算作工友的菜肴。

4.8.3.4　当引号中还需要使用引号时，外面一层用双引号，里面一层用单引号。

示例：他问：“老师，‘七月流火’是什么意思?”

4.8.3.5　独立成段的引文如果只有一段，段首和段尾都用引号；不止一段时，每段开头仅用前引号，只在最后一段末尾用后引号。

示例：我曾在报纸上看到有人这样谈幸福：

“幸福是知道自己喜欢什么和不喜欢什么。……

“幸福是知道自己擅长什么和不擅长什么。……

“幸福是在正确的时间做了正确的选择。……”

4.8.3.6　在书写带月、日的事件、节日或其他特定意义的短语（含简称）时，通常只标引其中的月和日；需要突出和强调该事件或节日本身时，也可连同事件或节日一起标引。

示例 1：“5·12”汶川大地震

示例 2：“五四”以来的话剧，是我国戏剧中的新形式。

示例 3：纪念“五四运动”90 周年

4.9　括号

4.9.1　定义

标号的一种，标示语段中的注释内容、补充说明或其他特定意义的语句。

4.9.2　形式

括号的主要形式是圆括号“（　）”，其他形式还有方括号“[　]”、六角括号“〔　〕”和方头括号“【　】”等。

4.9.3　基本用法

4.9.3.1　标示下列各种情况，均用圆括号：

a）标示注释内容或补充说明。

示例 1：我校拥有特级教师（含已退休的）17 人。

示例 2：我们不但善于破坏一个旧世界，我们还将善于建设一个新世界！（热烈鼓掌）

b）标示订正或补加的文字。

示例 3：信纸上用稚嫩的字体写着：“阿夷（姨），你好！”

示例 4：该建筑公司负责的建设工程全部达到优良工程（的标准）。

c）标示序次语。

示例 5：语言有三个要素：（1）声音；（2）结构；（3）意义。

示例 6：思想有三个条件：（一）事理；（二）心理；（三）伦理。

d）标示引语的出处。

示例 7：他说得好：“未画之前，不立一格；既画之后，不留一格。”（《板桥集·题画》）

e）标示汉语拼音注音。

示例 8：“的（de）”这个字在现代汉语中最常用。

4.9.3.2　标示作者国籍或所属朝代时，可用方括号或六角括号。

示例 1：[英] 赫胥黎《进化论与伦理学》

示例 2：〔唐〕杜甫著

4.9.3.3　报刊标示电讯、报道的开头，可用方头括号。

示例：【新华社南京消息】

4.9.3.4　标示公文发文字号中的发文年份时，可用六角括号。

示例：国发〔2011〕3 号文件

4.9.3.5　标示被注释的词语时，可用六角括号或方头括号。

示例 1：〔奇观〕奇伟的景象。

示例 2：【爱因斯坦】物理学家。生于德国，1933 年因受纳粹政权迫害，移居美国。

4.9.3.6　除科技书刊中的数学、逻辑公式外，所有括号（特别是同一形式的括号）应尽量避免套用。必须套用括号时，宜采用不同的括号形式配合使用。

示例：〔茸（róng）毛〕很细很细的毛。

4.10　破折号

4.10.1　定义

标号的一种，标示语段中某些成分的注释、补充说明或语音、意义的变化。

4.10.2　形式

破折号的形式是“——”。

4.10.3　基本用法

4.10.3.1　标示注释内容或补充说明（也可用括号，见 4.9.3.1；二者的区别另见 B.1.7）。

示例 1：一个矮小而结实的日本中年人——内山老板走了过来。

示例 2：我一直坚持读书，想借此唤起弟妹对生活的希望——无论环境多么困难。

4.10.3.2　标示插入语（也可用逗号，见 4.4.3.3）。

示例：这简直就是——说得不客气点——无耻的勾当！

4.10.3.3　标示总结上文或提示下文（也可用冒号，见 4.7.3.1、4.7.3.2）。

示例 1：坚强，纯洁，严于律己，客观公正——这一切都难得地集中在一个人身上。

示例 2：画家开始娓娓道来——

数年前的一个寒冬，……

4.10.3.4　标示话题的转换。

示例：“好香的干菜，——听到风声了吗？”赵七爷低声说道。

4.10.3.5　标示声音的延长。

示例：“嘎——”传过来一声水禽被惊动的鸣叫。

4.10.3.6　标示话语的中断或间隔。

示例 1：“班长他牺——”小马话没说完就大哭起来。

示例 2：“亲爱的妈妈，你不知道我多爱您。——还有你，我的孩子！”

4.10.3.7　标示引出对话。

示例：——你长大后想成为科学家吗？

——当然想了！

4.10.3.8　标示事项列举分承。

示例：根据研究对象的不同，环境物理学分为以下五个分支学科：

——环境声学；

——环境光学；

——环境热学；

——环境电磁学；

——环境空气动力学。

4.10.3.9 用于副标题之前。

示例：飞向太平洋

——我国新型号运载火箭发射目击记

4.10.3.10 用于引文、注文后，标示作者、出处或注释者。

示例 1：先天下之忧而忧，后天下之乐而乐。

——范仲淹

示例 2：乐浪海中有倭人，分为百余国。

——《汉书》

示例 3：很多人写好信后把信笺折成方胜形，我看大可不必。（方胜，指古代妇女戴的方形首饰，用彩绸等制作，由两个斜方部分叠合而成。——编者注）

4.11 省略号

4.11.1 定义

标号的一种，标示语段中某些内容的省略及意义的断续等。

4.11.2 形式

省略号的形式是“……”。

4.11.3 基本用法

4.11.3.1 标示引文的省略。

示例：我们齐声朗诵起来：“……俱往矣，数风流人物，还看今朝。”

4.11.3.2 标示列举或重复词语的省略。

示例 1：对政治的敏感，对生活的敏感，对性格的敏感，……这都是作家必须要有的素质。

示例 2：他气得连声说：“好，好……算我没说。”

4.11.3.3 标示语意未尽。

示例 1：在人迹罕至的深山密林里，假如突然看见一缕炊烟，……

示例 2：你这样干，未免太……！

4.11.3.4 标示说话时断断续续。

示例：她磕磕巴巴地说：“可是……太太……我不知道……你一定是认错了。”

4.11.3.5　标示对话中的沉默不语。

示例：“还没结婚吧？”

“……”他飞红了脸，更加忸怩起来。

4.11.3.6　标示特定的成分虚缺。

示例：只要……就……

4.11.3.7　在标示诗行、段落的省略时，可连用两个省略号（即相当于十二连点）。

示例1：从隔壁房间传来缓缓而抑扬顿挫的吟咏声——

床前明月光，疑是地上霜。

…………

示例2：该刊根据工作质量、上稿数量、参与程度等方面的表现，评选出了高校十佳记者站。还根据发稿数量、提供新闻线索情况以及对刊物的关注度等，评选出了十佳通讯员。

…………

4.12　着重号

4.12.1　定义

标号的一种，标示语段中某些重要的或需要指明的文字。

4.12.2　形式

着重号的形式是“ . ”标注在相应文字的下方。

4.12.3　基本用法

4.12.3.1　标示语段中重要的文字。

示例1：诗人需要表现，而不是证明。

示例2：下面对本文的理解，不正确的一项是：……

4.12.3.2　标示语段中需要指明的文字。

示例：下边加点的字，除了在词中的读法外，还有哪些读法？

着急　子弹　强调

4.13　连接号

4.13.1　定义

标号的一种，标示某些相关联成分之间的连接。

4.13.2　形式

连接号的形式有短横线“-”、一字线“—”和浪纹线“～”三种。

4.13.3　基本用法

4.13.3.1　标示下列各种情况，均用短横线：

a）化合物的名称或表格、插图的编号。

示例 1：3-戊酮为无色液体，对眼及皮肤有强烈刺激性。

示例 2：参见下页表 2-8、表 2-9。

b）连接号码，包括门牌号码、电话号码，以及用阿拉伯数字表示年月日等。

示例 3：安宁里东路 26 号院 3-2-11 室

示例 4：联系电话：010-88842603

示例 5：2011-02-15

c）在复合名词中起连接作用。

示例 6：吐鲁番-哈密盆地

d）某些产品的名称和型号。

示例 7：WZ-10 直升机具有复杂天气和夜间作战的能力。

e）汉语拼音、外来语内部的分合。

示例 8：shuō shuō-xiào xiào（说说笑笑）

示例 9：盎格鲁-撒克逊人

示例 10：让-雅克・卢梭（“让-雅克”为双名）

示例 11：皮埃尔・孟戴斯-弗朗斯（“孟戴斯-弗朗斯”为复姓）

4.13.3.2　标示下列各种情况，一般用一字线，有时也可用浪纹线：

a）标示相关项目（如时间、地域等）的起止。

示例 1：沈括（1031—1095），宋朝人。

示例 2：2011 年 2 月 3 日—10 日

示例 3：北京—上海特别旅客快车

b）标示数值范围（由阿拉伯数字或汉字数字构成）的起止。

示例 4：25～30 g

示例 5：第五～八课

4.14　间隔号

4.14.1　定义

标号的一种，标示某些相关联成分之间的分界。

4.14.2　形式

间隔号的形式是“・”。

4.14.3　基本用法

4.14.3.1　标示外国人名或少数民族人名内部的分界。

示例 1：克里丝蒂娜・罗塞蒂

示例 2：阿依古丽・买买提

4.14.3.2　标示书名与篇（章、卷）名之间的分界。

示例：《淮南子·本经训》

4.14.3.3 标示词牌、曲牌、诗体名等和题名之间的分界。

示例1：《沁园春·雪》

示例2：《天净沙·秋思》

示例3：《七律·冬云》

4.14.3.4 用在构成标题或栏目名称的并列词语之间。

示例：《天·地·人》

4.14.3.5 以月、日为标志的事件或节日，用汉字数字表示时，只在一、十一和十二月后用间隔号；当直接用阿拉伯数字表示时，月、日之间均用间隔号（半角字符）。

示例1："九一八"事变　"五四"运动

示例2："一·二八"事变　"一二·九"运动

示例3："3·15"消费者权益日　"9·11"恐怖袭击事件

4.15 书名号

4.15.1 定义

标号的一种，标示语段中出现的各种作品的名称。

4.15.2 形式

书名号的形式有双书名号"《　》"和单书名号"〈　〉"两种。

4.15.3 基本用法

4.15.3.1 标示书名、卷名、篇名、刊物名、报纸名、文件名等。

示例1：《红楼梦》（书名）

示例2：《史记·项羽本纪》（卷名）

示例3：《论雷峰塔的倒掉》（篇名）

示例4：《每周关注》（刊物名）

示例5：《人民日报》（报纸名）

示例6：《全国农村工作会议纪要》（文件名）

4.15.3.2 标示电影、电视、音乐、诗歌、雕塑等各类用文字、声音、图像等表现的作品的名称。

示例1：《渔光曲》（电影名）

示例2：《追梦录》（电视剧名）

示例3：《勿忘我》（歌曲名）

示例4：《沁园春·雪》（诗词名）

示例5：《东方欲晓》（雕塑名）

示例6：《光与影》（电视节目名）

示例 7：《社会广角镜》（栏目名）

示例 8：《庄子研究文献数据库》（光盘名）

示例 9：《植物生理学系列挂图》（图片名）

4.15.3.3　标示全中文或中文在名称中占主导地位的软件名。

示例：科研人员正在研制《电脑卫士》杀毒软件。

4.15.3.4　标示作品名的简称。

示例：我读了《念青唐古拉山脉纪行》一文（以下简称《念》），收获很大。

4.15.3.5　当书名号中还需要书名号时，里面一层用单书名号，外面一层用双书名号。

示例：《教育部关于提请审议〈高等教育自学考试试行办法〉的报告》

4.16　专名号

4.16.1　定义

标号的一种，标示古籍和某些文史类著作中出现的特定类专有名词。

4.16.2　形式

专名号的形式是一条直线，标注在相应文字的下方。

4.16.3　基本用法

4.16.3.1　标示古籍、古籍引文或某些文史类著作中出现的专有名词，主要包括人名、地名、国名、民族名、朝代名、年号、宗教名、官署名、组织名等。

示例 1：孙坚人马被刘表率军围得水泄不通。（人名）

示例 2：于是聚集冀、青、幽、并四州兵马七十多万准备决一死战。（地名）

示例 3：当时乌孙及西域各国都向汉派遣了使节。（国名、朝代名）

示例 4：从咸宁二年到太康十年，匈奴、鲜卑、乌桓等族人徙居塞内。（年号、民族名）

4.16.3.2　现代汉语文本中的上述专有名词，以及古籍和现代文本中的单位名、官职名、事件名、会议名、书名等不应使用专名号。必须使用标号标示时，宜使用其他相应标号（如引号、书名号等）。

4.17　分隔号

4.17.1　定义

标号的一种，标示诗行、节拍及某些相关文字的分隔。

4.17.2　形式

分隔号的形式是“/”。

4.17.3　基本用法

4.17.3.1　诗歌接排时分隔诗行（也可使用逗号和分号，见 4.4.3.1/4.6.3.1）。

示例：春眠不觉晓/处处闻啼鸟/夜来风雨声/花落知多少。

4.17.3.2　标示诗文中的音节节拍。

示例：横眉/冷对/千夫指，俯首/甘为/孺子牛。

4.17.3.3　分隔供选择或可转换的两项，表示“或”。

示例：动词短语中除了作为主体成分的述语动词之外，还包括述语动词所带的宾语和/或补语。

4.17.3.4　分隔组成一对的两项，表示“和”。

示例1：13/14次特别快车

示例2：羽毛球女双决赛中国组合杜婧/于洋两局完胜韩国名将李孝贞/李敬元。

4.17.3.5　分隔层级或类别。

示例：我国的行政区划分为：省（直辖市、自治区）/省辖市（地级市）/县（县级市、区、自治州）/乡（镇）/村（居委会）。

5　标点符号的位置和书写形式

5.1　横排文稿标点符号的位置和书写形式

5.1.1　句号、逗号、顿号、分号、冒号均置于相应文字之后，占一个字位置，居左下，不出现在一行之首。

5.1.2　问号、叹号均置于相应文字之后，占一个字位置，居左，不出现在一行之首。两个问号（或叹号）叠用时，占一个字位置；三个问号（或叹号）叠用时，占两个字位置；问号和叹号连用时，占一个字位置。

5.1.3　引号、括号、书名号中的两部分标在相应项目的两端，各占一个字位置。其中前一半不出现在一行之末，后一半不出现在一行之首。

5.1.4　破折号标在相应项目之间，占两个字位置，上下居中，不能中间断开分处上行之末和下行之首。

5.1.5　省略号占两个字位置，两个省略号连用时占四个字位置并须单独占一行。省略号不能中间断开分处上行之末和下行之首。

5.1.6　连接号中的短横线比汉字“一”略短，占半个字位置；一字线比汉字“一”略长，占一个字位置；浪纹线占一个字位置。连接号上下居中，不出现在一行之首。

5.1.7　间隔号标在需要隔开的项目之间，占半个字位置，上下居中，不出现在一行之首。

5.1.8　着重号和专名号标在相应文字的下边。

5.1.9　分隔号占半个字位置，不出现在一行之首或一行之末。

5.1.10　标点符号排在一行末尾时，若为全角字符则应占半角字符的宽度（即半个字位置），以使视觉效果更美观。

5.1.11　在实际编辑出版工作中，为排版美观、方便阅读等需要，或为避免某一小节最后一个汉字转行或出现在另外一页开头等情况（浪费版面及视觉效果差），可适当压缩标点符号所占用的空间。

5.2　竖排文稿标点符号的位置和书写形式

5.2.1　句号、问号、叹号、逗号、顿号、分号和冒号均置于相应文字之下偏右。

5.2.2　破折号、省略号、连接号、间隔号和分隔号置于相应文字之下居中，上下方向排列。

5.2.3　引号改用双引号“﹃”“﹄”和单引号“﹁”“﹂”，括号改用“︵”“︶”，标在相应项目的上下。

5.2.4　竖排文稿中使用浪线式书名号“﹏”，标在相应文字的左侧。

5.2.5　着重号标在相应文字的右侧，专名号标在相应文字的左侧。

5.2.6　横排文稿中关于某些标点不能居行首或行末的要求，同样适用于竖排文稿。

附录

（规范性附录）

标点符号用法的补充规则

A.1　句号用法补充规则

图或表的短语式说明文字，中间可用逗号，但末尾不用句号。即使有时说明文字较长，前面的语段已出现句号，最后结尾处仍不用句号。

示例1：行进中的学生方队

示例2：经过治理，本市市容市貌焕然一新。这是某区街道一景

A.2　问号用法补充规则

使用问号应以句子表示疑问语气为依据，而并不根据句子中包含有疑问词。当含有疑问词的语段充当某种句子成分，而句子并不表示疑问语气时，句末不用问号。

示例1：他们的行为举止、审美趣味，甚至读什么书，坐什么车，都在媒体掌握之中。

示例2：谁也不见，什么也不吃，哪儿也不去。

示例3：我也不知道他究竟躲到什么地方去了。

A.3　逗号用法补充规则

用顿号表示较长、较多或较复杂的并列成分之间的停顿时，最后一个成分前可用“以及（及）”进行连接。“以及（及）”之前应用逗号。

示例：压力过大、工作时间过长、作息不规律，以及忽视营养均衡等，均会导致健康状况的下降。

A.4　顿号用法补充规则

A.4.1　表示含有顺序关系的并列各项间的停顿，用顿号，不用逗号。下例解释“对于”一词用法，“人”“事物”“行为”之间有顺序关系（即人和人、人和事物、人和行为、事物和事物、事物和行为、行为和行为等六种对待关系），各项之间应用顿号。

示例：〔对于〕表示人，事物，行为之间的相互对待关系。（误）

〔对于〕表示人、事物、行为之间的相互对待关系。（正）

A.4.2　用阿拉伯数字表示年月日的简写形式时，用短横线连接号，不用顿号。

示例：2010、03、02（误）

2010-03-02（正）

A.5　分号用法补充规则

分项列举的各项有一项或多项已包含句号时，各项的末尾不能再用分号。

示例：本市先后建立起三大农业生产体系：一是建立甘蔗生产服务体系。成立糖业服务公司，主要给农民提供机耕等服务；二是建立蚕桑生产服务体系。……；三是建立热作服务体系。……。（误）

本市先后建立起三大农业生产体系：一是建立甘蔗生产服务体系。成立糖业服务公司，主要给农民提供机耕等服务。二是建立蚕桑生产服务体系，……。三是建立热作服务体系。……。（正）

A.6 冒号用法补充规则

A.6.1 冒号用在提示性话语之后引起下文。表面上类似但实际不是提示性话语的，其后用逗号。

示例1：郦道元《水经注》记载："沼西际山枕水，有唐叔虞祠。"（提示性话语）

示例2：据《苏州府志》载，苏州城内大小园林约有150多座，可算名副其实的园林之城。（非提示性话语）

A.6.2 冒号提示范围无论大小（一句话、几句话甚至几段话），都应与提示性话语保持一致（即在该范围的末尾要用句号点断）。应避免冒号涵盖范围过窄或过宽。

示例：艾滋病有三个传播途径：血液传播，性传播和母婴传播，日常接触是不会传播艾滋病的。（误）

艾滋病有三个传播途径：血液传播，性传播和母婴传播。日常接触是不会传播艾滋病的。（正）

A.6.3 冒号应用在有停顿处，无停顿处不应用冒号。

示例1：他头也不抬，冷冷地问："你叫什么名字？"（有停顿）

示例2：这事你得拿主意，光说"不知道"怎么行？（无停顿）

A.7 引号用法补充规则

"丛刊""文库""系列""书系"等作为系列著作的选题名，宜用引号标引。当"丛刊"等为选题名的一部分时，放在引号之内，反之则放在引号之外。

示例1："汉译世界学术名著丛书"

示例2："中国哲学典籍文库"

示例3："20世纪心理学通览"丛书

A.8 括号用法补充规则

括号可分为句内括号和句外括号。句内括号用于注释句子里的某些词语，即本身就是句子的一部分，应紧跟在被注释的词语之后。句外括号则用于注释句子、句群或段落，即本身结构独立，不属于前面的句子、句群或段落，应位于所注释语段的句末点号之后。

示例：标点符号是辅助文字记录语言的符号，是书面语的有机组成部分，用来表示语句的停顿、语气以及标示某些成分（主要是词语）的特定性质和作用。（数学符号、货币符号、校勘符号等特殊领域的专门符号不属于标点符号。）

A.9 省略号用法补充规则

A.9.1 不能用多于两个省略号（多于12点）连在一起表示省略。省略号须与多点连续的连珠号相区别（后者主要是用于表示目录中标题和页码对应和连接的专门符号）。

A.9.2 省略号和“等”“等等”“什么的”等词语不能同时使用。在需要读出来的地方用“等”“等等”“什么的”等词语，不用省略号。

示例：含有铁质的食物有猪肝、大豆、油菜、菠菜……等。（误）

含有铁质的食物有猪肝、大豆、油菜、菠菜等。（正）

A.10 着重号用法补充规则

不应使用文字下加直线或波浪线等形式表示着重。文字下加直线为专名号形式（4.16）；文字下加浪纹线是特殊书名号（A.13.6）。着重号的形式统一为相应项目下加小圆点。

示例：下面对本文的理解，不正确的一项是（误）

下面对本文的理解，不正确的一项是（正）

A.11 连接号用法补充规则

浪纹线连接号用于标示数值范围时，在不引起歧义的情况下，前一数值附加符号或计量单位可省略。

示例：5公斤—100公斤（正）

5—100公斤（正）

A.12 间隔号用法补充规则

当并列短语构成的标题中已用间隔号隔开时，不应再用“和”类连词。

示例：《水星·火星和金星》（误）

《水星·火星·金星》（正）

A.13 书名号用法补充规则

A.13.1 不能视为作品的课程、课题、奖品奖状、商标、证照、组织机构、会议、活动等名称，不应用书名号。下面均为书名号误用的示例。

示例1：下学期本中心将开设《现代企业财务管理》《市场营销》两门课程。

示例2：明天将召开《关于“两保”“两挂”的多视角理论思考》课题立项会。

示例3：本市均向70岁以上（含70岁）老年人颁发《敬老证》。

示例4：本校共获得《最佳印象》《自我审美》《卡拉OK》等六个奖项。

示例5：《闪光》牌电池经久耐用。

示例6：《文史杂志社》编辑力量比较雄厚。

示例 7：本市将召开《全国食用天然色素应用研讨会》。

示例 8：本报将于今年暑假举行《墨宝杯》书法大赛。

A.13.2　有的名称应根据指称意义的不同确定是否用书名号。如文艺晚会指一项活动时，不用书名号；而特指一种节目名称时，可用书名号。再如展览作为一种文化传播的组织形式时，不用书名号；特定情况下将某项展览作为一种创作的作品时，可用书名号。

示例 1：2008 年重阳联欢晚会受到观众的称赞和好评。

示例 2：本台将重播《2008 年重阳联欢晚会》。

示例 3："雪域明珠——中国西藏文化展"今天隆重开幕。

示例 4：《大地飞歌艺术展》是一部大型现代艺术作品。

A.13.3　书名后面表示该作品所属类别的普通名词不标在书名号内。

示例：《我们》杂志

A.13.4　书名有时带有括注。如果括注是书名、篇名等的一部分，应放在书名号之内，反之则应放在书名号之外。

示例 1：《琵琶行（并序）》

示例 2：《中华人民共和国民事诉讼法（试行）》

示例 3：《新政治协商会议筹备会组织条例（草案）》

示例 4：《百科知识》（彩图本）

示例 5：《人民日报》（海外版）

A.13.5　书名、篇名末尾如有叹号或问号，应放在书名号之内。

示例 1：《日记何罪！》

示例 2：《如何做到同工又同酬？》

A.13.6　在古籍或某些文史类著作中，为与专名号配合，书名号也可改用浪线式"﹏﹏"，标注在书名下方。这可以看作是特殊的专名号或特殊的书名号。

A.14　分隔号用法补充规则

分隔号又称正斜线号，须与反斜线号"\"相区别（后者主要是用于编写计算机程序的专门符号）。使用分隔号时，紧贴着分隔号的前后通常不用点号。

附录

（资料性附录）

标点符号若干用法的说明

B.1 易混标点符号用法比较

B.1.1 逗号、顿号表示并列词语之间停顿的区别

逗号和顿号都表示停顿，但逗号表示的停顿长，顿号表示的停顿短。并列词语之间的停顿一般用顿号，但当并列词语较长或其后有语气词时，为了表示稍长一点的停顿，也可用逗号。

示例1：我喜欢吃的水果有苹果、桃子、香蕉和菠萝。

示例2：我们需要了解全局和局部的统一，必然和偶然的统一，本质和现象的统一。

示例3：看游记最难弄清位置和方向，前啊，后啊，左啊，右啊，看了半天，还是不明白。

B.1.2 逗号、顿号在表示省略的“等”“等等”之类词语前的使用

并列成分之间用顿号，末尾的并列成分之后用“等”“等等”之类词语时，“等”类词前不用顿号或其他点号；并列成分之间用逗号，末尾的并列成分之后用“等”类词时，“等”类词前用逗号。

示例1：现代生物学、物理学、化学、数学等基础科学的发展，带动了医学科学的进步。

示例2：写文章前要想好：文章主题是什么，用哪些材料，哪些详写，哪些略写，等等。

B.1.3 逗号、分号表示分句间停顿的区别

当复句的表示不复杂、层次不多，相连的分句语气比较紧凑、分句内部也没有使用逗号表示停顿时，分句间的停顿多用逗号，当用逗号不易分清多重复句内部层次（如分句内部已有逗号），而用句号又可能割裂前后关系的地方应用分号表示停顿。

示例1：她拿起钥匙，开了箱上的锁，又开了首饰盒上的锁，往老地方放钱。

示例2：纵比，即以一些事物的各个发展阶段作比；横比，则以此事物与彼事物相比。

B.1.4 顿号、逗号、分号在标示层次关系时的区别

句内点号中，顿号表示的停顿最短、层次最低，通常只能表示并列词语之间的停顿；分号表示的停顿最长、层次最高，可以用来表示复句的第一层分句之间的停顿；逗

号介于两者之间，既可表示并列词语之间的停顿，也可表示复句中分句之间的停顿。若分句内部已用逗号，分句之间就应用分号（见 B.1.3 示例 2）。用分号隔开的几个并列分句不能由逗号统领或总结。

示例 1：有的学会烤烟，自己做挺讲究的纸烟和雪茄；有的学会蔬菜加工，做的番茄酱能吃到冬天；有的学会蔬菜腌渍、窖藏，使秋菜接上春菜。

示例 2：动物吃植物的方式多种多样，有的是把整个植物吃掉，如原生动物；有的是把植物的大部分吃掉，如鼠类；有的是吃掉植物的要害部位，如鸟类吃掉植物的嫩芽。（误）

动物吃植物的方式多种多样：有的是把整个植物吃掉，如原生动物；有的是把植物的大部分吃掉，如鼠类；有的是吃掉植物的要害部位，如鸟类吃掉植物的嫩芽。（正）

B.1.5　冒号、逗号用于"说""道"之类词语后的区别

位于引文之前的"说""道"后用冒号。位于引文之后的"说""道"分两种情况：处于句末时，其后用句号；"说""道"后还有其他成分时，其后用逗号。插在话语中间的"说""道"类词语后只能用逗号表示停顿。

示例 1：他说："晚上就来家里吃饭吧。"

示例 2："我真的很期待。"他说。

示例 3："我有件事忘了说……"他说，表情有点为难。

示例 4："现在请皇上脱下衣服，"两个骗子说，"好让我们为您换上新衣。"

B.1.6　不同点号表示停顿长短的排序

各种点号都表示说话时的停顿。句号、问号、叹号都表示句子完结，停顿最长。分号用于复句的分句之间，停顿长度介于句末点号和逗号之间，而短于冒号。逗号表示一句话中间的停顿，又短于分号。顿号用于并列词语之间，停顿最短。通常情况下，各种点号表示的停顿由长到短为：句号＝问号＝叹号＞冒号（指涵盖范围为一句话的冒号）＞分号＞逗号＞顿号。

B.1.7　破折号与括号表示注释或补充说明时的区别

破折号用于表示比较重要的解释说明，这种补充是正文的一部分，可与前后文连读；而括号表示比较一般的解释说明，只是注释而非正文，可不与前后文连读。

示例 1：在今年——农历虎年，必须取得比去年更大的成绩。

示例 2：哈雷在牛顿思想的启发下，终于认出了他所关注的彗星（该星后人称为哈雷彗星）。

B.1.8　书名号、引号在"题为……""以……为题"格式中的使用

"题为……""以……为题"中的"题"，如果是诗文、图书、报告或其他作品可作为篇名、书名看待时，可用书名号；如果是写作、科研、辩论、谈话的主题，非特定作

品的标题，应用引号。即“题为……”“以……为题”中的“题”应根据其类别分别按书名号和引号的用法处理。

示例1：有篇题为《柳宗元的诗》的文章，全文才2000字，引文不实却达11处之多。

示例2：今天一个以“地球·人口·资源·环境”为题的大型宣传活动在此间举行。

示例3：《我的老师》写于1956年9月，是作者应《教师报》之约而写的。

示例4：“我的老师”这类题目，同学们也许都写过。

B.2 两个标点符号连用的说明

B.2.1 行文中表示引用的引号内外的标点用法

当引文完整且独立使用，或虽不独立使用但带有问号或叹号时，引号内句末点号应保留。除此之外，引号内不用句末点号。当引文处于句子停顿处（包括句子末尾）且引号内未使用点号时，引号外应使用点号；当引文位于非停顿处或者引号内已使用句末点号时，引号外不用点号。

示例1：“沉舟侧畔千帆过，病树前头万木春。”他最喜欢这两句诗。

示例2：书价上涨令许多读者难以接受，有些人甚至发出“还买得起书吗?”的疑问。

示例3：他以“条件还不成熟，准备还不充分”为由，否决了我们的提议。

示例4：你这样“明日复明日”地要拖到什么时候?

示例5：司马迁为了完成《史记》的写作，使之“藏之名山”，忍受了人间最大的侮辱。

示例6：在施工中要始终坚持“把质量当生命”。

示例7：“言之无文，行而不远”这句话，说明了文采的重要。

示例8：俗话说：“墙头一根草，风吹两边倒。”用这句话来形容此辈再恰当不过。

B.2.2 行文中括号内外的标点用法

括号内行文末尾需要时可用问号、叹号和省略号。除此之外，句内括号行文末尾通常不用标点符号。句外括号行文末尾是否用句号由括号内的语段结构决定：若语段较长、内容复杂，应用句号。句内括号外是否用点号取决于括号所处位置：若句内括号处于句子停顿处，应用点号。句外括号外通常不用点号。

示例1：如果不采取（但应如何采取呢?）十分具体的控制措施，事态将进一步扩大。

示例2：3分钟过去了（仅仅才3分钟!），从眼前穿梭而过的出租车竟达32辆!

示例3：她介绍时用了一连串比喻（有的状如树枝，有的貌似星海……），非常形象。

示例4：科技协作合同（包括科研、试制、成果推广等）根据上级主管部门或有关部门的计划签订。

示例5：应把夏朝看作原始公社向奴隶制国家过渡时期。（龙山文化遗址里，也有俯身葬。俯身者很可能就是奴隶。）

示例6：问：你对你不喜欢的上司是什么态度？

答：感情上疏远，组织上服从。（掌声，笑声）

示例7：古汉语（特别是上古汉语），对于我来说，有着常人无法想象的吸引力。

示例8：由于这种推断尚未经过实践的考验，我们只能把它作为假设（或假说）提出来。

示例9：人际交往过程就是使用语词传达意义的过程。（严格说，这里的"语词"应为语词指号。）

B.2.3　破折号前后的标点用法

破折号之前通常不用点号；但根据句子结构和行文需要，有时也可分别使用句内点号或句末点号，破折号之后通常不会紧跟着使用其他点号；但当破折号表示语音的停顿或延长时，根据语气表达需要，其后可紧接问号或叹号。

示例1：小妹说："我现在工作得挺好，老板对我不错，工资也挺高。——我能抽支烟吗？"（表示话题的转折）

示例2：我不是自然主义者，我主张文学高于现实，能够稍稍居高临下地去看现实，因为文学的任务并不仅在于反映现实。光描写现存的事物还不够，还必须记住我们所希望的和可能产生的事物。必须使现象典型化。应该把微小而有代表性的事物写成重大的和典型的事物，这就是文学的任务。（表示对前几句话的总结）

示例3："是他——？"石一川简直不敢相信自己的耳朵。

示例4："我终于考上大学啦！我终于考上啦——！"金石开兴奋得快要晕过去了。

B.2.4　省略号前后的标点用法

省略号之前通常不用点号。以下两种情况例外：省略号前的句子表示强烈语气、句末使用问号或叹号时；省略号前不用点号就无法标示停顿或表明结构关系时。省略号之后通常也不用点号，但当句末表达强烈的语气或感情时，可在省略号后用问号或叹号；当省略号后还有别的话、省略的文字和后面的话不连续且有停顿时，应在省略号后用点号；当表示特定格式的成分虚缺时，省略号后可用点号。

示例1：想起这些，我就觉得一辈子都对不起你。你对梁家的好，我感激不尽！……

示例2：他进来了，……一身军装，一张朴实的脸，站在我们面前显得很高大，很年轻。

示例3：这，这是……？

示例4：动物界的规矩比人类还多，野骆驼、野猪、黄羊……，直至塔里木兔、跳鼠，都是各行其路，决不混淆。

示例5：大火被渐渐扑灭，但一片片油污又旋即出现在遇难船旁……。清污船迅速赶来，并施放圈栏以控制油污。

示例6：如果……，那么……。

B.3 序次语之后的标点用法

B.3.1 “第”“其”字头序次语，或“首先”“其次”“最后”等做序次语时，后用逗号（见4.4.3.3）。

B.3.2 不带括号的汉字数字或“天干地支”做序次语时，后用顿号（见4.5.3.3）。

B.3.3 不带括号的阿拉伯数字、拉丁字母或罗马数字做序次语时，后面用下脚点（该符号属于外文的标点符号）。

示例1：总之，语言的社会功能有三点：1. 传递信息，交流思想；2. 确定关系，调节关系；3. 组织生活，组织生产。

示例2：本课一共讲解三个要点：A. 生理停顿；B. 逻辑停顿；C. 语法停顿。

B.3.4 加括号的序次语后面不用任何点号。

示例1：受教育者应履行以下义务：（一）遵守法律、法规；（二）努力学习，完成规定的学习任务；（三）遵守所在学校或其他教育机构的制度。

示例2：科学家很重视下面几种才能：（1）想象力；（2）直觉的理解力；（3）数学能力。

B.3.5 阿拉伯数字与下脚点结合表示章节关系的序次语末尾不用任何点号。

示例：3　停顿

3.1　生理停顿

3.2　逻辑停顿

B.3.6 用于章节、条款的序次语后宜用空格表示停顿。

示例：第一课　春天来了

B.3.7 序次简单，叙述性较强的序次语后不用标点符号。

示例：语言的社会功能共有三点：一是传递信息；二是确定关系；三是组织生活。

B.3.8 同类数字形式的序次语，带括号的通常位于不带括号的下一层。通常第一层是带有顿号的汉字数字；第二层是带括号的汉字数字；第三层是带下脚点的阿拉伯数字；第四层是带括号的阿拉伯数字；再往下可以是带圈的阿拉伯数字或小写拉丁字母。一般可根据文章特点选择从某一层序次语开始行文。选定之后应顺着序次语的层次向下行文，但使用层次较低的序次语之后不宜反过来再使用层次更高的序次语。

示例：一、……

（一）……

1. ……

（1）……

①/a. ……

B.4　文章标题的标点用法

文章标题的末尾通常不用标点符号，但有时根据需要可用问号、叹号或省略号。

示例1：看电脑会有害聪明，让他下盘围棋吧

示例2：猛龙过江：本店特色名菜

示例3：严防“电脑黄毒”危害少年

示例4：回家的感觉真好

——访大赛归来的本市运动员

示例5：里海是湖，还是海？

示例6：人体也是污染源！

示例7：和平协议签署之后……

中华人民共和国国家标准

GB/T 15835－2011

代替 GB/T 15835－1955

出版物上数字用法

前　言

本标准按照 GB/T 1.1—2009 给出的规则起草。

本标准代替 GB/T 15835—1995《出版物上数字用法的规定》，与 GB/T 15835—1995《出版物上数字用法的规定》相比，主要变化如下：

——原标准在汉字数字与阿拉伯数字中，明显倾向于使用阿拉伯数字。本标准不再强调这种倾向性。

——在继承原标准中关于数字用法应遵循“得体原则”和“局部体例一致原则”的基础上，通过措辞上的适当调整，以及更为具体的规定和示例，进一步明确了具体操作规范。

——将原标准的平级罗列式行文结构改为层级分类式行文结构。

——删除了原标准的基本术语“物理量”与“非物理量”，增补了“计量”“编号”“概数”作为基本术语。

本标准由教育部语言文字信息管理司提出并归口。

本标准主要起草单位：北京大学。

本标准主要起草人：詹卫东、覃士娟、曾石铭。

本标准所代替标准的历次版本发布情况为：

——GB/T 15835—1995。

出版物上数字用法

（中华人民共和国国家质量监督检验检疫总局、中国国家标准化管理委员会于2011年7月29日发布，2011年11月1日起实施）

1　范围

本标准规定了出版物上汉字数字和阿拉伯数字的用法。

本标准适用于各类出版物（文艺类出版物和重排古籍除外）。政府和企事业单位公文，以及教育、媒体和公共服务领域的数字用法，也可参照本标准执行。

2　规范性引用文件

下列文件对于本文件的应用是必不可少的。凡是注日期的引用文件，仅注日期的版本适用于本文件。凡是不注日期的引用文件，其最新版本（包括所有的修改单）适用于本文件。

GB/T 7408—2005　数据元和交换格式　信息交换　日期和时间表示法

3　术语和定义

下列术语和定义适用于本文件。

3.1　计量（measuring）

将数字用于加、减、乘、除等数学运算。

3.2　编号（numbering）

将数字用于为事物命名或排序，但不用于数学运算。

3.3　概数（approximate number）

用于模糊计量的数字。

4　数字形式的选用

4.1　选用阿拉伯数字

4.1.1　用于计量的数字

在使用数字进行计量的场合，为达到醒目，易于辨识的效果，应采用阿拉伯数字。

示例1：－125.03　34.05％　63％～68％　1∶500　97/108

当数值伴随有计量单位时，如：长度、容积、面积、体积、质量、温度、经纬度、音量、频率等等，特别是当计量单位以字母表达时，应采用阿拉伯数字。

示例2：523.56 km（523.56千米）　346.87 L（346.87升）

5.34 m^2（5.34平方米）　567 mm^3（567立方毫米）

605 g（605克）　100～150 kg（100～150千克）

34～39℃（34～39摄氏度）　北纬40°（40度）

120 dB（120 分贝）

4.1.2　用于编号的数字

在使用数字进行编号的场合，为达到醒目、易于辨识的效果，应采用阿拉伯数字。

示例：电话号码：98888

邮政编码：100871

通信地址：北京市海淀区复兴路 11 号

电子邮件地址：x186@186.net

网页地址：http：//127.0.0.1

汽车号牌：京 AOOOO1

公交车号：302 路公交车

道路编号：101 国道

公文编号：国办发〔1987〕9 号

图书编号：ISBN 978－7－80184－224－4

刊物编号：CN11－1399

章节编号：4.1.2

产品型号：PH—3000 型计算机

产品序列号：C84XB—JYVFD—P7HC4—6XKRJ—7M6XH

单位注册号：02050214

行政许可登记编号：0684D10004—828

4.1.3　已定型的含阿拉伯数字的词语

现代社会生活中出现的事物、现象、事件，其名称的书写形式中包含阿拉伯数字，已经广泛使用而稳定下来，应采用阿拉伯数字。

示例：3G 手机　MP3 播放器　G8 峰会　维生素 B1　97 号汽油　“5·27”事件　“12·5”枪击案

4.2　选用汉字数字

4.2.1　非公历纪年

干支纪年、农历月日、历史朝代纪年及其他传统上采用汉字形式的非公历纪年等等，应采用汉字数字。

示例：丙寅年十月十五日　庚辰年八月五日　腊月二十三　正月初五　八月十五中秋

秦文公四十四年　大平天国庚申十年九月二十四日　清咸丰十年九月二十日

藏历阳木龙年八月二十六日　日本庆应三年

4.2.2　概数

数字连用表示的概数、含“几”的概数，应采用汉字数字。

示例：三四个月　一二十　四十五六岁　五六万套　五六十年前

几千　二十几　一百几十　几万分之一

4.2.3 已定型的含汉字数字的词语

汉语中长期使用已经稳定下来的包含汉字数字形式的词语，应采用汉字数字。

示例：万一　一律　一旦　三叶虫　四书五经　星期五　四氧化三铁　八国联军

七上八下　一心一意　不管三七二十一　一方面　二百五　半斤八两

五省一市　五讲四美　相差十万八千里　八九不离十　白发三千丈

不二法门　二八年华　五四运动　“一·二八”事变　“一二·九”运动

4.3 选用阿拉伯数字与汉字数字均可

如果表达计量或编号所需要用到的数字个数不多，选择汉字数字还是阿拉伯数字在书写的简洁性和辨识的清晰性两方面没有明显差异时，两种形式均可使用。

示例1：17号楼（十七号楼）　3倍（三倍）

第5个工作日（第五个工作日）　100多件（一百多件）

20余次（二十余次）　约300人（约三百人）

40左右（四十左右）　50上下（五十上下）

50多人（五十多人）　第25页（第二十五页）

第8天（第八天）　第4季度（第四季度）

第45份（第四十五份）　共235位同学（共二百三十五位同学）

0.5（零点五）　76岁（七十六岁）

520周年（五百二十周年）　1/3（三分之一）

公元前8世纪（公元前八世纪）　20世纪80年代（二十世纪八十年代）

公元253年（公元二五三年）　1997年7月1日（一九九七年七月一日）

下午4点40分（下午四点四十分）　4个月（四个月）

12天（十二天）

如果要突出简洁醒目的表达效果，应使用阿拉伯数字；如果要突出庄重典雅的表达效果，应使用汉字数字。

示例2：北京时间2008年5月12日14时28分

十一届全国人大一次会议（不写为“11届全国人大1次会议”）

六方会谈（不写为“6方会谈”）

在同一场合出现的数字，应遵循“同类别同形式”原则来选择数字的书写形式，如果两数字的表达功能类别相同（比如都是表达年月日时间的数字），或者两数字在上下文中所处的层级相同（比如文章目录中同级标题的编号），应选择相同的形式。反之，如果两数字的表达功能不同，或所处的层级不同，可以选用不同的形式。

示例 3：2008 年 8 月 8 日　二〇〇八年八月八日（不写为“二〇〇八年 8 月 8 日”）

第一章　第二章……第十二章（不写为“第一章　第二章……第 12 章”）

第二章的下级标题可以用阿拉伯数字编号：2.1，2.2……

应避免相邻的两个阿拉伯数字造成歧义的情况。

示例 4：高三 3 个班　高三三个班（不写为“高 33 个班”）

高三 2 班　高三（2）班（不写为“高 32 班”）

有法律效力的文件、公告的文件或财务文件中可同时采用汉字数字和阿拉伯数字。

示例 5：2008 年 4 月保险账户结算日利率为万分之一点五七五零（0.015750%）

35.5 元（35 元 5 角　三十五元五角　叁拾五元五角）

5　数字形式的使用

5.1　阿拉伯数字的使用

5.1.1　多位数

为便于阅读，四位以上的整数或小数，可采用以下两种方式分节：

——第一种方式：千分号

整数部分每三位一组，以“,”分节。小数部分不分节。四位以内的整数可以不分节。

示例 1：624,000　　92,300,000　　19,351,225.235767　　1256

第二种方式：千分空

从小数点起，向左和向右每三位数字一组，组间空四分之一个汉字，即二分之一个阿拉伯数字的位置。四位以内的整数可以不加千分空。

示例 2：55 235 367.346 23　　98 235 358.238 368

注：各科学技术领域的多位数分节方式参照 GB 3101—1992 的规定执行。

5.1.2　纯小数

纯小数必须写出小数点前定位的“0”，小数点是齐阿拉伯数字底线的实心点“.”。

示例：0.46 不写为 .46 或 0。46

5.1.3　数值范围

在表示数值的范围时，可采用浪纹式连接号“～”或一字线连接号“—”。前后两个数值的附加符号或计量单位相同时，在不造成歧义的情况下，前一个数值的附加符号或计量单位可省略，如果省略数值的附加符号或计量单位会造成歧义，则不应省略。

示例：－36～－8℃　　400～429 页　　100～150 kg　　12500～20000 元

9 亿～16 亿（不写为 9～16 亿）　13 万元～17 万元（不写为 13～17 万元）

15%～30%（不写为 15～30%）　$4.3\times10^6\sim5.7\times10^6$（不写为 $4.3\sim5.7\times10^6$）

5.1.4　年月日

年月日的表达顺序应按照口语中年月日的自然顺序书写。

示例 1：2008 年 8 月 8 日　1997 年 7 月 1 日

“年”“月”可按照 GB/T 7408—2005 的 5.2.1.1 中的扩展格式，用“-”替代，但年月日不完整时不能替代。

示例 2：2008-8-8　　1997-7-1　　8 月 8 日（不写为 8-8）

2008 年 8 月（不写为 2008-8）

四位数字表示的年份不应简写为两位数字。

示例 3：“1990 年”不写为“90 年”

月和日是一位数时，可在数字前补“0”。

示例 4：2008-08-08　　1997-07-01

5.1.5 时分秒

计时方式既可采用 12 小时制，也可采用 24 小时制。

示例 1：11 时 40 分（上午 11 时 40 分）　　21 时 12 分 35 秒（晚上 9 时 12 分 35 秒）

时分秒的表达顺序应按照口语中时、分、秒的自然顺序书写。

示例 2：15 时 40 分　　14 时 12 分 36 秒

“时”“分”也可按照 GB/T 7408—2005 的 5.3.1.1 和 5.3.1.2 中的扩展格式，用“:”替代。

示例 3：15:40　　14:12:36

5.1.6　含有月日的专名

含有月日的专名采用阿拉伯数字表示时，应采用间隔号“·”将月、日分开，并在数字前后加引号。

示例：“3·15”消费者权益日

5.1.7　书写格式

5.1.7.1　字体

出版物中的阿拉伯数字，一般应使用正体二分字身，即占半个汉字位置。

示例：234　　57.236

5.1.7.2　换行

一个用阿拉伯数字书写的数值应在同一行中，避免被断开。

5.1.7.3　竖排文本中的数字方向

竖排文字中的阿拉伯数字按顺时针方向转 90 度。旋转后要保证同一个词语单位的文字方向相同。示例：

示例一

雪花牌 BCD188 型家用电冰箱容量是一百八十八升，功率为一百二十五瓦，市场售价两千零五十元，返修率仅为百分之零点一五。

示例二

海军 J12 号打捞救生船在太平洋上航行了十三天，于一九九〇年八月六日零时三十分返回基地。

5.2　汉字数字的使用

5.2.1　概数

两个数字连用表示概数时，两数之间不用顿号“、”隔开。

示例：二三米　　一两个小时　　三五天　　一二十个　　四十五六岁

5.2.2　年份

年份简写后的数字可以理解为概数时，一般不简写。

示例：“一九七八年”不写为“七八年”

5.2.3　含有月日的专名

含有月日的专名采用汉字数字表示时，如果涉及一月、十一月、十二月，应用间隔号“·”将表示月和日的数字隔开，涉及其他月份时，不用间隔号。

示例：“一·二八”事变　　“一二·九”运动　　五一国际劳动节

5.2.4　大写汉字数字

——大写汉字数字的书写形式

零、壹、贰、叁、肆、伍、陆、柒、捌、玖、拾、佰、仟、万、亿

——大写汉字数字的适用场合

法律文书和财务票据上，应采用大写汉字数字形式记数。

示例：3,504 元（叁仟伍佰零肆圆）　　39,148 元（叁万玖仟壹佰肆拾捌圆）

5.2.5　“零”和“〇”

阿拉伯数字“0”有“零”和“〇”两种汉字书写形式。一个数字用作计量时，其中“0”的汉字书写形式为“零”，用作编号时，“0”的汉字书写形式为“〇”。

示例：“3052（个）”的汉字数字形式为“三千零五十二”（不写为“三千〇五十二”）

“95.06”的汉字数字形式为“九十五点零六”（不写为“九十五点〇六”）

“公元 2012（年）”的汉字数字形式为“二〇一二”（不写为“二零一二”）

5.3　阿拉伯数字与汉字数字同时使用

如果一个数值很大，数值中的“万”“亿”单位可以采用汉字数字，其余部分采用

阿拉伯数字。

示例 1：我国 1982 年人口普查人数为 10 亿零 817 万 5288 人

除上面情况之外的一般数值，不能同时采用阿拉伯数字与汉字数字。

示例 2：108 可以写作“一百零八”，但不应写作“1 百零 8”“一百 08”

4000 可以写作“四千”，但不应写作“4 千”

后　记

《应用写作》自20世纪90年代作为四川省成人高等教育统考科目教材编写出版至今，20多年已经多次改版印刷了近30次。我省高校对这本教材普遍认同，省外同行对本教材也给予了充分肯定。大家认为，本书无论体例、内容，还是配套练习，都比较科学、规范、新颖，很适合教学使用。而这些特点，正是我们当初编写这本教材的初衷。同行们的评价，使我们感到稍稍放心了。在使用中，老师们也提出了一些宝贵的意见和建议，这对我们是非常有益的帮助，我们表示由衷的感谢。

2012年7月1日起，中共中央办公厅和国务院办公厅颁布的《党政机关公文处理办法》、国家质量监督检验检疫总局和中国国家标准化管理委员会发布的《党政机关公文格式》国家标准（GB/T9704—2012）实施，这标志着公文处理工作进入了法制化、规范化、科学化的新阶段。在这前后，党政有关领导部门先后发出了一系列关于公文处理工作的文件，对改进和加强新形势下的公文处理工作做了一些新规定。本书正是根据上述新规定，对有关内容做了较大的修改、调整和补充，以便更加符合公文写作和公文处理工作的实际。即使如此，本书错漏还是难免，希望得到大家的指正。

本书原作者为万平、邓琴容、叶黔达、费绍康、郭玲。这次修订再版时，曹丽娟、叶黔达、廖华、游功慧、周玉成参与了本书编写、修改。李建兰、罗振宇、王蓉、夏春秋、江明、幸宇、毛莉蓉、韩最蛟、李季、章德昭、鲜艳、刘俐、刘叶、秦雪莲、罗笑、夏晓明、罗向荣、覃建彬、叶香、王静等参与了本书部分编写和资料工作。赵德强、杨戎、曾玉洁、白冰、王炎龙、李明丽、施文义、唐若兰认真细致地审读了本书。谨向支持本书再版的同志表示诚挚谢意！

编　者

2016年10月